中华传世文汇

歇后语

石磊 编著

民主与建设出版社
·北京·

图书在版编目（CIP）数据

中华传世文汇．2，歇后语/石磊编著．－－北京：
民主与建设出版社，2023.1

ISBN 978-7-5139-4096-2

Ⅰ．①中… Ⅱ．①石… Ⅲ．①汉语－歇后语 Ⅳ．
①H136.31

中国国家版本馆 CIP 数据核字（2023）第 020297 号

中华传世文汇．2，歇后语

ZHONGHUA CHUANSHI WENHUI 2 XIEHOUYU

编　　著	石　磊	
责任编辑	郝　平	
封面设计	峰林汇	
出版发行	民主与建设出版社有限责任公司	
电　　话	（010）59417747 59419778	
社　　址	北京市海淀区西三环中路 10 号望海楼 E 座 7 层	
邮　　编	100142	
印　　刷	三河市宏顺兴印刷有限公司	
版　　次	2023 年 1 月第 1 版	
印　　次	2023 年 5 月第 1 次印刷	
开　　本	680 毫米 ×960 毫米　1/16	
印　　张	20.75	
字　　数	250 千字	
书　　号	ISBN 978-7-5139-4096-2	
定　　价	112.00 元（全 2 册）	

注：如有印、装质量问题，请与出版社联系。

前 言

　　歇后语是群众在生活实践中所创造的一种特殊的语言形式，是一种短小、风趣、形象的语句。歇后语也叫俏皮话，可以看成一种汉语的文字游戏。歇后语是熟语的一种，熟语还包括成语、谚语和惯用语。

　　歇后语一般将一句话分成两部分来表达某个含义，前一部分是隐喻或比喻，后一部分是解释。在一定的语言环境中，通常说出前半截，"歇"去后半截，就可以领会和猜想出它的本义，所以称它为歇后语。

　　歇后语由劳动人民在日常生活中创造，具有鲜明的民族特色和浓郁的生活气息。歇后语幽默风趣，耐人寻味，为广大人民所喜闻乐见。

　　歇后语是经历史沉淀、淬炼、凝聚成的绝妙的汉语言艺术。其中歇后语以其独特的表现力，给人以深思和启迪，千古流传，反映了华夏民族特有的风俗传统和民族文化，品味生活，明晓哲理，提升智慧。歇后语一般寓意深刻，短短一句却凝聚了很多智慧。

　　这本《中华歇后语大全》收词条近万条，以常用、实用和经典为选词原则。词条前半截为形象的比喻，后半截为说明、解释，表意形象而贴切。

目　录

第一篇　B

1

杯弓蛇影——自相惊扰

杯水车薪——无济于事

杯水救燎原——无济于事

北冰洋的梅子——寒酸

北冰洋的夜晚——冷静

北冰洋上聊天——全是冷言冷语

北极的冰川——顽固不化

北极的另一端——难（南）极

北极熊打呵欠——尽吹冷风

北京的萝卜——心里美

北京鸭吃食——全靠填

北京鸭走路——摇摇摆摆

北门外开米店——外行

北面开窗——不怕冷风

背绑手骑车——根本不服（扶）

背地里骂知县——没用处；没得用

背鼎锅上山——吃不住劲

背鼎锅跳加官——吃力不讨好

背筷里头摇锣鼓——乱想（响）

背儿媳回家——出力又挨骂

背方桌下井——随方就圆

背鼓进祠堂——一副挨打的相

背鼓上门——寻着打

背鼓追槌——讨打

背棺材跳河——自取灭亡

背锅上坡——钱（前）紧

背后藏茄子——生了外心

背后挂胡琴——拉不着

背后挂镜子——照见别人，照不见自己

背后拉弓——暗箭伤人

背后来了虎——不敢回头

背后施一礼——不领情

背后捅刀子——暗里伤人

背后作揖——反礼；瞎做人情

背集摆摊子——外行

背脊梁吃人参——候（后）补

背街摆箩筐——外行

背靠背睡觉——体贴人

背靠背走路——各奔东西

背靠悬崖——没退路了

背门板上街——好大的牌子

背米讨饭——装穷

背菩萨下河——淘神

背起棺材过黄河——连后路都准备好了

背起磨石唱戏——费力不讨好

背人偷酒吃——冷暖自家知

背上被刺扎——不能自拔

背上的灰——自己看不见

背石头上山——硬吃亏；自找麻烦

背石头下河——摸底

背石头游华山——累赘

背时（倒霉）的媒婆——两头挨骂

背手上鸡窝——不简单（捡蛋）

背手作揖——没这一理（礼）

背水作战——不留后路

背死人过河——吃力不讨好

背媳妇过独木桥——又惊又喜

背媳妇烧香——费劲不落好

背心藏臭虫——久仰（痒）

背心穿在衬衫外——乱套了

背阳坡上的太阳——难长久

背阴李子——酸透了

背油桶救火——引火烧身

背着包袱跑步——不利索

背着醋罐子讨饭——穷酸

背着碓窝（石臼）打官司——费力不讨好

背着粪筐上坟——给祖宗添脏

背着粪筐上银行——臭钱

背着粪篓满街串——找死（屎）

背着甘蔗上楼梯——步步高，节节甜

背着棺材上阵——豁出去了

背着棺材跳黄河——成心找死

背着棺材下大海——自己找死

背着哈哈镜走路——不怕后人见笑

背着孩子爬山——要上都上

背着孩子找孩子——昏头了

背着黑锅做人——直不起腰、抬不起头

背着脚扣上梯子——多此一举

背着喇叭赶集——揽差事

背着喇叭坐飞机——吹上天了（比喻过分地说大话）

背着灵牌上火线——要拼命

背着灵牌下火海——自取灭亡

背着马桶出差——走一路臭一路

背着棉絮过河——越背越重

背着木鱼进庙门——一脸挨打的相

背着牛头不认账——死赖

背着婆娘看戏——丢人又受累

背着人作揖——各尽其心

背着石头上山——自找麻烦

背着手爬泰山——步步高升

背着算盘满街串——找仗（账）打

背着蓑衣去救火——惹火烧身

背着梯子骂街——发贼横

背着娃娃推磨——添人不添劲

背着先人过河——失（湿）谱

背着丈夫打酒喝——招待外人

背仔找仔——昏了头

被踩烂的毒菌——浑身冒坏水

被虫咬了的花朵——缺伴（瓣）儿

被虫子咬过的果实——未老先衰

被打败的公鸡——垂头丧气

被单补袜子——大材小用

被单里眨眼睛——自欺欺人

被单蒙桌子——作为（包围）很大

被单做尿布——太浪费

被封住了嘴巴——哼不出声

被糊涂油蒙了心——一点不清醒

被猎人追赶的金鹿——慌里慌张

被埋没的陶俑——永无出头之日

被面上刺绣——锦上添花

被人追赶的贼娃子——慌不择路

被窝里不见了针——不是婆婆就是孙

被窝里的跳蚤——翻不了天

被窝里放屁——能文（闻）能武（捂）；自己臭自己

被窝里放收音机——自得其乐

被窝里划拳——怀恨在心；没掺外手

被窝里挤眉弄眼——自己糊弄自己

被窝里磨牙——怀恨在心

被窝里抹眼泪——独自悲伤

被窝里伸出一只脚——你算老几

被窝里伸手——摸清底细

被窝里使眼色——自欺欺人

被窝里耍拳——有力无处使

被窝里踢皮球——施展不开

被窝里喂虎——害人又害己

被窝里养老虎——留下后患

被窝里捉跳蚤——瞎抓

被追打的老鼠——见洞就钻

被子裹冰棒——包涵（寒）

被子里边烂——表面好

2

本土的麻雀——帮手多

笨厨子做菜——荤素一锅熬

笨狗撵兔子——不沾边

笨姑娘纳鞋底——坑坑洼洼

笨驴子过桥——步步难

笨牛吃麻雀——不好捉弄

笨婆娘打架——拉拉扯扯

笨人下棋——死不顾家

笨媳妇纳的袜底儿——凹凸不平

笨鸭子——上不了架

笨贼偷法官——自投罗网

笨贼偷石臼——费力不讨好

笨猪拱刺蓬——自找苦吃

3

崩鼻子戴眼镜——没着落

崩了群的马——四处逃散

崩着牙吹笛——没有好声

甏（bèng，坛子）里捞螺蛳——摸底

镚子（小型硬币）当眼镜——看不透

4

逼出来的口供——信不得；不是实话

逼楚霸王寻死——心理战术

逼公鸡下蛋——故意刁难；没法办

逼人跳悬崖——害人不浅

逼上梁山——横竖一拼

逼上门的生意——没有好货

逼生蚕做硬茧——故意刁难；使不得

逼着牯牛（公牛）生子——强人所难

逼着山羊去拉犁——拼老命

鼻尖上的黑痣——就在眼前

鼻尖上吊镰刀——怎么挂得住

鼻尖上放糖——可望而不可即

鼻尖上抹黄连——苦在眼前

鼻尖上着火——迫在眉睫

鼻孔穿草绳——自谦（牵）

鼻孔喝水——够呛

鼻孔里长瘤子——气不顺

鼻孔里穿草绳——不老（牢）实

鼻孔里的汗毛——了（燎）不得

鼻孔里滴醋——受不了

鼻孔里刮出来的杨梅花——心里有数（树）

鼻孔里灌米汤——够呛

鼻孔里塞灯泡——文（闻）明

鼻窟窿看天——有眼无珠

鼻梁骨包孝帕——不顾脸面

鼻梁骨上摆摊子——眼界要放宽

鼻梁碰着锅底灰——触霉头

鼻梁上放菜刀——好险；冒险

鼻梁上挂眼镜——四平八稳

鼻梁上挂钥匙——开口

鼻梁上架望远镜——目光远大

鼻梁上落马蜂——眼前受到威胁

鼻梁上套绳索——让人牵着鼻子走

鼻梁上推小车——走投（头）无路

鼻梁上堆屎——难开口

鼻涕流到嘴里——吃亏沾光没外人；各人吃各人的

鼻涕流进喉咙里——吃亏沾光没外人

鼻涕往上流——反常；反了

鼻涕往嘴里滴——顺势

鼻头搽白粉——一副好相；装丑

鼻头上安雷管——祸在眼前

鼻头上长犄角——出格

鼻头上挂炊帚——耍（刷）嘴

鼻头上挂粪桶——不知香臭

鼻头上抹蜂糖——干馋捞不着

鼻头上抹鸡屎——脸上尴尬

鼻头上耍木偶——面上人

鼻洼里打墙——不理（犁）你的

鼻烟壶掉茅缸——臭不可闻

鼻眼里钻跳蚤——好进不好出

鼻子大了压到嘴——难开口

鼻子底下挂电灯——文（闻）明

鼻子底下那一横——嘴巴

鼻子里插大葱——装相（象）

鼻子里灌醋——酸溜溜的

鼻子两旁画眉毛——不要脸

鼻子上戴花——不是正经地方

鼻子上吊秤锤——撬嘴

鼻子上挂秤砣——抬不起头来

鼻子上挂灯笼——明眼人

鼻子上挂钉锤——可（掴）耻（齿）

鼻子上挂磨盘——抬不起头来

鼻子上挂肉——油嘴滑舌

鼻子上挂团鱼——四脚无靠

鼻子上冒烟——急在眼前

鼻子上生疮——亲眼见

鼻子上贴定胜膏（演旧戏时，奸臣

的鼻子上贴的半圆形装饰物）——一副奸相

鼻子生疮贴膏药——不顾脸面

鼻子眼里生豆芽——怪事一桩；伸不开腰

比干丞相——没心

比赛场上的运动员——争先恐后

比着被子伸腿——量力而行

比着箍箍买鸡蛋——哪有这么合适的

比着葫芦画瓢——生搬硬套；走不了样

秕谷喂鸡——长不肥

笔杆子吹火——小里小气

笔杆子吞进肚——胸有成竹

笔管里打瞌睡——细人

笔尖上涂石灰——净写别（白）字

笔筒里看天——目光狭窄

笔头掉到面缸里——净写别（白）字

笔直的大马路——正直公道

闭灯看家书——公私分明

闭卷考试——看不到输（书）

闭口葫芦——肚里空

闭了眼和面——瞎掺和

闭门造车——自作聪明；不合辙；自作主张

闭目养神——悠悠自得

闭眼吃虱子——眼不见为净

闭眼放崖炮——瞎崩

闭眼瞧东西——装瞎

闭眼撕皇历——瞎扯

闭眼听见乌鸦叫，睁眼看见扫帚星——倒霉透了

闭眼撞南墙——碰得头破血流

闭眼捉麻雀——乱抓乱摸

闭着眼睛打架——瞎抓挠

闭着眼睛发言——瞎说

闭着眼睛放炮——瞎崩

闭着眼睛鼓风——瞎吹

闭着眼睛过河——听天由命

闭着眼睛哼曲子——心里有谱

闭着眼睛解灯谜——瞎猜

闭着眼睛进山洞——到处碰壁

闭着眼睛砍木头——胡批（劈）

闭着眼睛拉车——不看路线

闭着眼睛卖布——胡扯

闭着眼睛摸田螺——瞎碰；瞎摸一气

闭着眼睛撒网——瞎张罗

闭着眼睛上马路——瞎逛

闭着眼睛跳舞——盲目乐观；瞎蹦

闭着眼睛跳崖——盲目冒险

闭着眼睛下围棋——混淆黑白

闭着眼睛训话——瞎说

闭着眼睛走路——净走歪道儿；瞎摸

闭着眼睛走南墙——瞎碰；瞎撞

壁缝里的风——到处钻

壁虎捕虫——不动声色；出其不意

壁虎的尾巴——活的；节节活

壁虎掀门帘——露一小手

壁画上的耕牛——不中用；离（犁）不得

壁画上的樱桃——中看不中吃

壁角里使镢头（刨土的工具）——挖墙脚（角）

壁上的寒暑表——善于看气候

壁上挂鬼图——鬼话（画）

壁上挂甲鱼——没有依靠

5

壁上挂魁星——鬼话（画）

壁上挂帘子——不像话（画）；不成话（画）

壁上挂美人——你爱她，她不爱你

壁上挂网——斜眼多

壁上画棋盘——一个子留不住

壁上画琴——不能谈（弹）

壁上种灯草——白费工夫

壁头上的春牛——惊（耕）不得

壁头上挂蒲席——不像话（画）；不成话（画）

箅子上抓蒸馍——手到擒来

箅子上取窝头——十拿九稳

5

八百吊钱掉河里——难摸哪一吊

八百亩地一棵苗——无比娇贵

八百年前立的旗杆——老光棍

八百钱开当铺——支持不久

八百铜钱穿一串——不成调（吊）

八磅大锤钉钉子——稳扎稳打；笃定

八宝饭掺糯子——糊涂到一块

八宝饭上撒点盐——又添一味

八宝鸭子——好的在里面

八辈子的老陈账——说不清

八尺布剪单衫——只大不小

八尺沟浜（小河）六尺跳板——搭不上

八寸脚穿七寸鞋——别别扭扭

八斗的米缸——装不下一石

八竿子打不着边——远着了

八哥的嘴——爱叫

八哥的嘴巴——人云亦云

八哥啄柿子——拣软的欺（吃）

八哥叫人——学舌

八哥学舌——说人话不办人事；装人腔

八个耗子闯狼窝——好戏在后头

八个老汉划拳——三令五申（伸）

八个老头一根胡——胡稀

八个麻雀抬轿——担当不起

八个钱的膏药——粘上了；黏人

八个钱儿的馄饨——不见面

八个钱算命——哪能包你一世

八个人抬大轿——步调一致

八个人抬轿七人到——缺一不可

八个歪脖坐一桌——谁也不正眼看谁

八个歪头站一排——互相看不起（齐）

八个歪头坐一桌——各有偏向（项）

八个油瓶七个盖——不周全

八股文的格式——千篇一律

八卦炉里睡觉——热气腾腾

八卦阵里骑马——出路难找

八虎（指《杨家将》中杨继业的八个儿子）闯幽州——死的死，丢的丢

八级工拜师傅——精益求精

八级工学技术——老来发愤

八级泥水匠——抹得平

八级师傅学手艺——长到老，学

到老

八级油漆工——光图（涂）表面

八角掉进粪坑里——难分香臭

八戒投胎——借尸还魂

八斤半的鳖吞了大秤砣——狠心王八

八斤半的王八中状元——规矩（龟举）不小

八九不离十——差不多

八里庄的萝卜——心里美

八两线织匹布——没见过

八面找九面——没见过世（十）面

八亩地里一棵谷——就这一个

八匹马拉不开——难分难解

八千岁留胡子——大主意个人拿

八擒孟获——多此一举

八十的妈妈找主——哪有那个头

八十多岁比干劲——老当益壮

八十多岁没儿女——老来孤单

八十个人抬轿子——好威风

八十老公公挑担子——心有余而力不足

八十老汉害个摇头病——由不得人

八十老汉扛石磙——力不能及

八十老妈妈狼来追——说不尽老来苦

八十老人吹喇叭——喘不上气；上气不接下气

八十老头牵猴子——玩心不退

八十老头学打球——老练

八十老翁练琵琶——老生常谈（弹）

八十老翁娶亲——力不能及

八十老翁学打拳——越练越结实

八十老翁学手艺——老来发奋

八十年的碓（石臼）嘴巴——老对（碓）头

八十岁不留胡子——装孙子

八十岁吹喇叭——寿长气短

八十岁当吹鼓手——充老行

八十岁的阿婆——老掉牙了

八十岁的寡妇——没指（子）望

八十岁的老绝户头——后继无人

八十岁的老头吹笛子——寿长气短；老调子

八十岁的老头耍猴子——老把戏

八十岁的老头学文化——活到老，学到老

八十岁的妈妈生儿子——难上加难

八十岁公公耍猴子——老把戏

八十岁刮胡子——不服老

八十岁考状元——人老心不老

八十岁老汉不戴帽——白头翁

八十岁老奶奶跳皮筋儿——活宝

八十岁老奶奶扎红头绳——老来俏

八十岁老人进幼儿园——返老还童

八十岁老人堂上睡——寿终正寝

八十岁老人拄拐杖——一颠一簸

八十岁老太太抹粉——老来装俏

八十岁留胡子——老主意

八十岁奶奶搽胭脂——老来俏

八十岁婆婆穿袜子——老一套

八十岁婆婆打哈哈——一望无涯（牙）

八十岁婆婆戴刺梅花——别人不夸自己夸

八十岁婆婆嫁到饭馆里——光图吃；只讲吃

八十岁婆婆没牙——蠢（唇）说

八十岁生儿子——代代落后

7

八十岁跳舞——老天真

八十岁玩猴子——老把戏

八十岁无儿——绝户到老；老来苦

八十岁学吹打——出息（气）不大

八十岁学吹笛——尽是老调；老调子

八十岁学吹鼓手——学来吹不久

八十岁学吹笙——不一定晚

八十岁学摔打——拼老命

八十岁学小旦——难为情

八十岁演员扮孩子——返老还童

八十岁养崽——独一条

八十岁站柜台——老在行

八岁的娃娃耍新娘——瞎凑热闹

八岁口的黄牛——老掉牙

八抬大轿没底儿——丢人了

八五炮打兔子——得不偿失

八仙吹喇叭——神气十足

八仙过海不用船——自有法度（渡）

八仙过海——各显神通

八仙聚会——神聊

八仙施法——都有上天的本领

八仙桌打撑子——四平八稳

八仙桌当井盖——随方就圆

八仙桌旁的老九——坐不上正位；哪有你的位置；

八仙桌缺只腿——搁不平

八仙桌上摆夜壶——不是个成就（盛酒）的家伙；算不了摆设

八仙桌上放盏灯——明摆着

八仙桌子盖酒坛——大材小用

八仙桌子——有棱有角

八仙做寿——老排场

八贤王进宫——好难请

八旬奶奶三岁孙——老的老，小的小

八月的桂花——到处飘香

八月的核桃——挤满了人（仁）儿

八月的花椒——龇牙咧嘴

八月的苦瓜——心里红

八月的栗子——爱张口

八月的莲藕——又鲜又嫩；正摊嫩时候

八月的生姜——越老越辣

八月的石榴——满脑袋的点子；龇牙咧嘴；合不拢嘴

八月的柿子——越老越红；老来红

八月的丝瓜——黑了心

八月的天气——一会儿晴，一会儿雨（比喻人或事物多变，让人捉摸不透）

八月间的地瓜——又白又嫩

八月节的团圆饼——不给外人

八月节放鞭炮——没人当回事

八月里的瓜——不摘自落

八月里的黄瓜棚——空架子（比喻只有形式没有内容的东西）

八月里的蒜——味道尖

八月里的芝麻——满顶啦

八月十八放木排——赶潮头

八月十五办年货——赶早不赶晚

八月十五吃年糕——还早了点儿

八月十五吃元宵——与众不同

八月十五吃月饼——正是时候

八月十五吃粽子——不是时候

八月十五的海浪——高超（潮）

八月十五的月饼——人人欢喜；上下有

八月十五的月亮——年年都一样；

正大光明；众人仰望

八月十五桂花香——花好月圆

八月十五过端阳——晚了

八月十五过年——差得远

八月十五看龙灯——迟了大半年

八月十五卖门神——不是时候

八月十五生孩子——赶巧了

八月十五送鸡子儿——没这一理
（礼）

八月十五送月饼——赶在节上

八月十五团圆节——一年一回

八月十五无月光——不该咱露脸

八月十五夜里吃圆饼——上有缘
（圆）下有缘（圆）

八月十五月儿圆——年年有

八月十五云遮月——扫兴

八月十五涨大潮——一浪高过一浪；
后浪推前浪

八月十五蒸年糕——趁早（枣）

八月十五种花生——瞎指挥

八月十五种麦——太早了

八月十五捉兔子——有你过节，无
你也过节（比喻有没有无关大局）

八月石榴——该张嘴啦

八月霜打的花园——空荡荡

八只脚的螃蟹——横行霸道

八字不见一撇——没眉目；差得远

八字写一撇——少一画（比喻缺得
太多）

巴掌被蚊咬——手痒

巴掌长疮——毒手

巴掌穿鞋——行不通

巴掌打空——劳而无功

巴掌砍树——快手

巴掌蒙眼睛——其实遮不住天

巴掌捧生姜——辣手

巴掌劈砖头——硬功夫

巴掌上摊煎饼——巧手；好手

巴掌心里长胡须——老手

巴拉狗蹲墙头——硬装坐地虎

巴拉狗掀门帘——全仗一张嘴

巴拉狗咬月亮——不知天多高

扒开肚皮——见了心

扒了锅的稀饭——胡诌（煳粥）

扒了皮的癞蛤蟆——活着讨厌，死
了还吓人

扒了墙的庙——慌了神

扒着软梯上天——高攀不上；想高攀

芭蕉剥皮——看见心了

芭蕉插在古树上——粗枝大叶

芭蕉秆盖房子——不是那个料

芭蕉结果——一条心；紧相连

芭蕉敲锣——面面俱到

芭蕉叶上垒鸟窝——好景不长

疤瘌眼长疮——坏到一块儿了

疤瘌眼照镜子——自找难看

疤瘌眼做梦娶西施——净想好事

疤上生疮——根底坏；坏到一块
儿了

粑粑吊在二梁上——眼饱肚中饥

拔草引蛇——自找苦吃

拔葱种海椒——一茬辣过一茬

拔掉屋檐卖架子——穷极了

拔河比赛——齐心合力；强拉硬拽；
拉拉扯扯

拔脚花狸猫——溜啦；说跑就跑

拔节的高粱——节节高

拔节的玉米——步步高升

拔节的竹笋——天天向上（比喻有
出息、有发展前途）

9

拔了的闹钟——专做提醒人的事

拔了萝卜——窟窿在

拔了萝卜窟窿在——有凭有据

拔了萝卜栽上葱——一茬比一茬辣

拔了毛的凤凰——不如鸡

拔了毛的鸽子——看你咋飞（比喻手段一个比一个厉害）

拔了毛的狮子——惹猴笑；惹人笑

拔了塞子不淌水——死心眼儿

拔了桩的篱笆——东倒西歪

拔苗助长——急于求成

把鼻涕往脸上抹——自找难看

把肥料浇到莠草（狗尾草）上——劳而无功

把镰刀挂在脖子上——找不自在

把脸装进裤裆里——见不得人

把魔当成菩萨拜——害己又害人

把墨水喝到肚子里——五脏黑透了

把牛角安在驴头上——四不像

把砒霜放在糖浆里害人——心狠手辣

把皮鞋当帽子戴——上下不分

把人赶到墙根下——走投无路

把手插在磨眼里——自找苦吃

把娃娃当猴耍——愚弄人

把妖精当成菩萨——善恶不分

把珍珠当泥丸——真不识货

把状元关到门背后——埋没人才

靶场上的老黄忠——百发百中

靶场上练瞄准——睁只眼闭只眼

靶子上的洞眼——明摆着

坝下开会——口中热闹

霸王被围——四面楚歌

霸王逼死在乌江——无脸见江东父老

霸王别姬——无可奈何

霸王的兵——勇往直前；散了

霸王请客——吃也得吃，不吃也得吃

霸王项羽——不可一世

6

白鼻子（戏剧中的丑角）演戏——陪衬

白笔写白墙——没改变

白璧微瑕——无伤大雅

白玻璃瓶装清水——看透了

白脖老鸹——开口是祸

白脖子屎壳郎——与众不同

白鹁鸪抱老鹰——要你的命

白布掉进靛缸里——格外出色

白布跌油桶——洗不清

白布丢在染缸里——难（蓝）了

白布进染缸——洗不清

白布上盖黑印——黑白分明

白布做棉袄——反正都是理（里）

白菜熬豆腐——谁也不沾谁的光（比喻谁也占不到谁的好处）

白菜帮子——中看不中吃

白菜长心——老了

白菜地里耍镰刀——散了心

白菜叶子炒大葱——亲（青）上加亲（青）

白痴的葫芦——傻瓜一个

白鹅过河——各顾各（咯咕咯）

白发人送黑发人——悲痛欲绝

白干兑（掺和）凉水——没味

白鸽子过河——沉不下去

白骨精扮新娘——妖里妖气

白骨精唱歌——怪腔怪调

白骨精打跟头——鬼把戏

白骨精的饭食——碰也不要碰

白骨精放屁——妖气

白骨精给唐僧送饭——没安好心

白骨精化美女——人面鬼心

白骨精叫阵——这回看猴哥的了

白骨精她妈——老妖精

白骨精开口——不讲人话

白骨精骗孙悟空——哄不住人

白骨精骗唐僧——一计不成又生一计

白骨精说人话——妖言惑众

白骨精想吃唐僧肉——痴心妄想

白骨精演说——妖言惑众

白骨精遇上了孙悟空——原形毕露

白骨精照镜子——里外不是人

白瓜子皮喂牲口——不是好料

白鹤跌进沙滩——拿嘴撑着

白鹤流眼泪——想愚（鱼）了

白鹤落到鸡群里——高众一头

白鹤站在鸡群里——突出

白虎进门——大难临头

白灰店里买眼药——找错了门

白脚布里的虱子——老角色（脚虱）

白开水画画——轻（清）描淡写

白蜡杆子翻场——独挑

白蜡树结桂花——根子不正

白蜡做的心——见不得日头见不得火

白脸奸臣出场——恶相

白脸狼穿西服——装文明人

白脸狼戴草帽——变不了人；假充善人

白脸狼戴眼镜——冒充好人

白脸媳妇当包公——清官

白了尾巴尖的狐狸——老奸巨猾

白露过后的庄稼——一天不如一天

白鹭鸶找鱼虾——嘴长

白萝卜扎刀子——不出血的东西（比喻不肯多出钱）

白萝卜紫皮蒜——辣嘴

白麻纸上坟——哄鬼

白蚂蚁——好厉害的嘴

白猫钻灶坑——自己给自己抹黑

白毛狐狸戴礼帽——道行不小

白毛乌鸦——与众不同

白门楼上绑吕布——叫爷也不饶

白米换糠——有福不会享

白面掺蒺藜——没法活（和）了

白面掺石灰——瞎掺和

白娘娘喝了雄黄酒——现了原形；头昏脑涨

白娘子斗法海——精打光

白娘子救许仙——尽心尽力

白娘子哭断桥——记起旧情

白娘子水漫金山——大动干戈

白娘子痛饮雄黄酒——得意忘形

白娘子压在雷峰塔下——总有人搭救

白娘子遇许仙——千里姻缘一线牵

白漆灯笼——空白

白切猪头肉——三不精

白日见鬼——玄乎；心里有病

白日做梦——胡思乱想

白蛇不过端阳节——怕露形迹

白市驿的板鸭——干绷

白水冲酱油——越来越淡

白水锅里揭奶皮——办不到

白水下石膏——成不了豆腐

白水煮白菜——淡而无味

白水煮冬瓜——没啥滋味

白水做饭——无米之炊

白素贞不舍许仙——恩爱难分

白素贞盗灵芝草——舍命不舍夫

白糖拌黄瓜——干干（甘甘）脆脆

白糖拌苦瓜——又苦又甜（比喻矛盾的心理状态或复杂的感情）；同甘共苦

白糖拌蜜糖——甜上加甜

白糖包大葱——皮甜心里辣

白糖包砒霜——心里毒

白糖涂在鼻尖上——看到吃不到

白糖嘴巴刀子心——口蜜腹剑

白天打灯笼——白搭

白天的太阳，夜晚的月亮——独一无二

白天点灯——没用

白天见鬼——心虚了；心里有病

白天盼月亮——休想

白天烧香，晚上逾墙——伪君子；阳一套，阴一套

白天照电筒——多此一举

白天捉鬼——没影儿的事

白铁打的刀刃——一碰就卷

白铁斧头——两面光

白铁匠戴眼镜——看透了

白兔想吃灵芝草——眼睛都急红了

白仙鹤长了个秃尾巴——美中不足

白杨树叶子——两面光

白杨树种在花园里——占了好地方

白洋河里的鹅卵石——圆圆滑滑

白衣秀士当寨主——不能容人

白蚁王后——见不得太阳

白蚁蛀观音——自身难保

白蚁蛀石柱——无坏可使

白蚁钻过的料——坏透了

白蚁钻心——暗里使坏

白银子碰着黑眼睛——见财起意

白纸包杨梅——显出颜色

白纸黑字——黑白分明

白纸上画黑道——抹不掉；明摆着；清清楚楚

白纸做的灯笼——一点就亮

百步穿杨——好武艺

百尺大树当榫头——大材小用

百尺竿头挂剪刀——高才（裁）

百尺竿头拿天顶——没处落脚

百川归海——大势所趋

百合田里栽甘蔗——苦根甜苗

百合田里种麦子——苦苤子

百花争艳——各有异彩

百货大楼卖西装——一套一套的

百货店里卖鞋袜——各有尺码

百家姓不念第一个字——开口就是钱

百家姓里的老四——说的是理（李）

百家姓上少了第二姓——缺钱

百脚虫怕老母鸡——一物降一物

百斤担子加铁砣——重任在肩

百斤担子挑千斤——力不能及

百斤面蒸寿桃——废物点心

百斤重担能上肩，一两笔杆提不动——大老粗

百里草原一人家——孤孤单单

百里长的公路不用拐弯——太直了

百里外去挑水——远水解不了近渴

百里奚（春秋时虞国大夫，后为秦国左相）认妻——位高不忘旧情

百里奚饲牛拜相——人不可貌相

百灵鸟唱歌——自得其乐

百灵鸟的嘴巴——唱得好听

百灵鸟碰到鹦鹉——会唱的遇上会说的（比喻各有特长）

百灵戏牡丹——鸟语花香

百米短跑——有始有终

百米赛跑——分秒必争；奋起直追

百亩田中长棵谷——独此一棵

百年的大树——根深蒂固

百年的瓜子千年的树——根深蒂固

百年的歪脖树——定型了

百年老龟下臭卵——老坏蛋

百年松当烧柴——大材小用；屈才（材）

百年松树，五月芭蕉——粗枝大叶

百鸟展翅——各显神通

百日不下雨——久情（晴）

百岁公公吹火——老气

百岁老人过生日——难得有一回

百岁老人跑步——动漫（慢）

百岁老人学跳舞——人老心不老

百岁老人做大寿——四世同堂

百岁老翁攀枯树——好险；冒险

百岁养儿——难得

百万雄师过大江——势不可当

百万雄师下江南——兴师动众

百丈高竿挂红灯——红到顶了；外面看见里面红

百只麻雀炒碟菜——尽是嘴

百只兔子拉个车——乱套

百足之虫——死而不僵

柏木椽子——宁折不弯

柏油路上跑马车——没辙

柏油路上赛摩托——道平车快；畅通无阻

柏油马路过牛车——稳稳当当

柏油烫猪头——连根拔

摆船运蚂蚁——度（渡）量太小

摆渡不成翻了船——两头误

摆龙门阵抱娃娃——两不耽误

摆上香案请观音——一片诚心

败兵公鸡——不搭嘴了

败兵误入迷魂阵——分不清东西南北

败家子回头——金不换

败将收残兵——重整旗鼓

拜把子兄弟开茧店——结党营私（丝）

拜罢天地去讨饭——没过一天好日子

拜佛走进吕祖庙——找错了门

拜了天地入洞房——好事成双

拜年不磕头——干什么来了

拜年踩高跷——什么角（脚）

拜年的见了面——你好我也好

拜年的嘴巴——尽说好话

拜年走进吕祖（吕洞宾）庙——走错门了

拜堂不成亲——这算什么事儿

拜堂抽脚筋——自跪

拜堂的夫妻——谢天谢地

拜堂听见乌鸦叫——倒霉透了；扫兴

稗草子和瘪谷——贱货

13

7

扳不倒掉到水缸里——没有稳当劲；摇摇摆摆

扳不倒掉进血盆里——红人儿

扳不倒盖被子——人小辈（被）大

扳不倒盖在升子里——四下无门

扳不倒骑兔子——不稳当

扳不倒照镜子——里外不是人

扳不倒坐到烧饼上——面上人

扳不倒坐火车——没有稳当劲；摇摇摆摆

扳倒大树掏老鸹——拣有把握的干；太死板了

扳倒大瓮掏小米——摸到底了

扳倒碓窝吓婆婆——泼妇

扳倒葫芦洒了油——一不做，二不休

扳倒是鼓，反转是锣——两面派

扳手紧螺帽——丝丝入扣

扳手拧螺母——顺着转

扳手敲轮胎——真棒

扳着腕亲嘴——不知香臭

扳着炉子烤头发——了（燎）不得

扳着指头算账——有数；数一数二

班长坐在台上——官小架子大

班房里的衙役——听差的

班房里识字——求（囚）学

班门弄斧——自不量力

斑鸠抱窝——悬蛋

斑鸠吃小豆——心中有数

斑鸠吃萤火虫——肚里亮堂

斑鸠打架——卖弄风流

斑鸠翻跟头——耍什么花屁股

斑马的脑袋——头头是道

搬家丢了老婆——粗心

搬块豆腐垫脚——白费力气

搬了菩萨没拆庙——老一套

搬楼梯摘星星——没谱儿

搬菩萨洗澡——越弄越糟；白费神

搬起碌碡（石磙）打天——不知天高地厚

搬起碾盘打月亮——痴心妄想

搬起石磙砸碾盘——实（石）打实（石）

搬起石头打脑壳——自讨苦吃

搬起石头砸自己的脚——自找难受

搬石头上山——吃力不讨好；出的闲劲

搬竹竿进胡同——直来直去

搬着车轱辘上山——硬干

搬着磨盘过江——费力不讨好

搬着梯子上擂台——没有好下场

搬着梯子上天——无门

板齿生毛——开不得口

板凳倒立——四脚朝天

板凳爬上墙——怪事一桩

板凳上放鸡蛋——危险；靠不住

板凳上搁蒺藜——坐不稳；坐不住

板凳上睡觉——往宽处想；好梦不长；翻不了身

板凳上玩麻将——扒拉不开；打不开场面

板凳上钻窟窿——有板有眼

板斧劈柴——一面砍

板门上贴门神——一个向东，一个

向西

板上的泥鳅——无地容身；无处藏身

板上钉钉子——实实在在；没跑；变不了

板上敲钉子——稳扎稳打

板上扎刺——存心不让走

半边铃铛——想（响）不起来；啥想（响）

半边羊头——独角

半边猪头——独眼

半道上拔气门芯——故意刁难

半道上捡个喇叭——有吹的了

半道上捡麒麟——乐不可支

半道上遇亲人——喜相逢

半吊子的一半——二百五

半个铜钱——不成方圆

半个月绣不出一朵花——真（针）慢

半根麻线——少私（丝）

半截梭子织布——独来独往

半截砖头——甩了

半斤对八两——彼此彼此；没高低（比喻彼此不分上下）

半斤放在四两上——翘得高

半斤换八两——谁也不吃亏

半斤肉一斤佐料——够味了

半斤鸭子四两嘴——就是嘴硬

半斤一个的汤圆——大疙瘩

半空的云彩——变幻莫测

半空翻跟头——终究要落地

半空挂口袋——装疯（风）

半空里打灯笼——糟糕（照高）

半空里打秋千——不落实

半空里哨响——想（响）着各自（鸽子）的事

半空中长草——破天荒

半空中打把式——栽个大跟头

半空中的火把——高明

半空中的气球——上不着天，下不着地

半空中点灯——高明

半空中吊帐子——不着实地

半空中放爆竹——想（响）得高

半空中放风筝——总有牵线人

半空中盖房子——没处落脚

半空中赶牲口——露出马脚

半空中刮蒺藜——讽（风）刺

半空中挂灯笼——上不着天，下不着地；无依无靠

半空中挂锅铲——吵（炒）翻了天

半空中挂剪刀——高才（裁）

半空中开吊车——谢（卸）天谢（卸）地

半空中落大雪——天花乱坠

半空中抹糨子——胡（糊）云

半空中骑马——腾云驾雾；露了蹄

半空中数指头——算得高

半空中响喇叭——空喊

半空中响锣鼓——远近闻名（鸣）

半空中用蒸笼——气冲霄汉

半空中抓云——一句空话

半拉瓜子——不算个人（仁）

半篮子喜鹊——叫唤起来没有个完；叽叽喳喳

半两面做煎饼——摊不着你

半两人说千斤话——好大的口气

半路出家——从头学起

半路丢斗笠——冒（帽）失

半路丢竹子——损（笋）失

半路开小差——有始无终

半路上爆了胎——进退两难

半路上的新闻——道听途说

半路上丢算盘——失算了

半路上捡个孝帽进灵棚——哭了半天，不知死的是谁

半路上接姑娘——从头说起

半路上接新娘子——白费工夫

半路上留客——口上热闹；嘴上热情

半路上碰见截道的——凶多吉少

半路上认姐姐——多疑（姨）

半路上杀出个程咬金——出了岔；措手不及；突如其来

半路上杀出个杨排风——好厉害的丫头

半路上拾碗片——凑词（瓷）儿

半屏山的蝴蝶——花花世界

半瓶子醋——乱晃荡

半山坡上弯腰树——值（直）不得

半山崖的观音——老实（石）人

半山腰挨雨——进退两难

半山腰倒恶水（泔水）——下流

半身子躺在棺材里——等着死（比喻不能再为人民做贡献了）

半升米打糍粑——没有几个

半天打不出喷嚏来——难受

半天空里吊孩子——天生的

半天空里掉下块石头——到底是咋回事

半天空里飞过的鸟——一晃就不见了

半天云里踩钢丝——提心吊胆

半天云里唱歌——调子太高

半天云里吃喝——空喊

半天云里出亮星——吉星高照

半天云里吹唢呐——想（响）得高

半天云里打电话——空谈

半天云里打麻雀——空对空

半天云里打闪——高明

半天云里的雨——成不了气候

半天云里吊铜铃——无依无靠

半天云里翻账簿——算得高

半天云里放屁——臭气熏天

半天云里金钟响——名（鸣）声远扬

半天云里看厮杀——袖手旁观

半天云里拉家常——空谈

半天云里聊天——高谈阔论

半天云里扭秧歌——空欢喜（比喻白白地高兴一场，并没有达到目的）

半天云里拍巴掌——空想（响）

半天云里抛棉花——肯定落空

半天云里跑马——露马脚

半天云里飘气球——高高在上；没着落

半天云里骑仙鹤——远走高飞

半天云里射靶子——高见（箭）

半天云里伸巴掌——高手

半天云里响炸雷——惊天动地

半天云里想办法——主意高

半天云里写文章——空话连篇

半天云里演杂技——艺高人胆大

半天云里宴客——空袭（席）

半天云里找对象——要求太高

半天云里做演说——高论

半天中撒小米——为（喂）谁呀

半天抓云——一句空话飞了天

半桶水——好贱（溅）

半夜拔河——暗中使劲

半夜吃黄瓜——不知头尾（比喻不

知事情的经过或底细）

半夜吃黄连——暗中叫苦

半夜吃烧鸡——思思想想（撕撕响响）

半夜吃桃子——专拣软的捏

半夜吃小鱼——不知头尾

半夜出门做生意——赚黑钱

半夜出生——害（亥）死（时）人

半夜吹笛子——暗中作乐

半夜打雷心不惊——问心无愧

半夜打跑牛——到哪里找

半夜弹钢琴——暗中作乐

半夜登门——没安好心

半夜过独木桥——步步小心

半夜喊开敬德门——寻着挨揍

半夜喝顿面条——赶（擀）那儿啦

半夜和面——瞎捣鼓

半夜回家不点灯——瞎摸

半夜鸡叫——不晓；乱了时辰

半夜叫城门——自找钉子碰

半夜叫姑娘的门——来者不善；不怀好意

半夜掘墓——捣鬼

半夜开窗户——心（星）挂外头

半夜里不见枪头子——攮（nǎng，刺）到贼肚里

半夜里打算盘——另有打算

半夜里的被窝——正在热乎劲上

半夜里的铺盖——没人理

半夜里放炮——一鸣惊人

半夜里赶集——起得早

半夜里回家不点灯——乌龟（归）

半夜里捡得封包——谁来数你

半夜里看钟——观点不明

半夜里哭妈妈——想到哪儿说到哪儿

半夜里抡大斧——瞎侃（砍）一通

半夜里梦见做皇帝——登了一会儿金銮殿；快活一时是一时

半夜里摸帽子——为时过早

半夜里摸捅火棍——摸不着头尾

半夜里磨牙——想吃人

半夜里尿床——流到哪儿算哪儿

半夜里起来烧水——渴极了

半夜里撒吆挣（熟睡时说话或动作）——迷迷糊糊

半夜里伸腿——猛一蹬

半夜里收玉米——瞎掰

半夜里梳头——出暗计（髻）

半夜里睡磨盘——想转了

半夜里套驴——摸不着套

半夜里捅鸡窝——暗中捣蛋

半夜里玩龙灯——往回走

半夜里下雪——下落不明

半夜里绣花——越看眼越花

半夜里铡草——为（喂）你

半夜里摘茄子——不论老嫩

半夜里捉麻雀——掏窝儿

半夜里捉迷藏——瞎摸；摸不着

半夜里捉虱子——摸不着

半夜聊天——瞎说

半夜摸黄瓜——不知头尾

半夜爬山——不知高低

半夜起来背粪筐——找死（屎）

半夜起来穿衣服——为时过早

半夜起来喝凉水——烧心不过

半夜起来喝水——渴急了

半夜起来喝稀饭——迷迷糊糊

半夜起来骂阎王——等死等不到天亮

半夜起来去要饭——摸不着门；哪里去讨

半夜起来收玉米——瞎干

半夜起来望天光——早哪

半夜起来摘桃子——按着大的捏

半夜牵来一头猪——哪里来的蠢货

半夜敲门心不惊——问心无愧

半夜敲钟——一鸣惊人

半夜三更上吊——等死不到天明

半夜三更上茅房——迫不得已

半夜偷鸡——看不见的勾当

半夜洗衣月下晒——明是阳来暗是阴

半夜下饭馆——有什么吃什么；吃闭门羹

半夜下雨——下落不明

半夜涨大水——没人见

半夜做噩梦——虚惊一场

半夜做买卖——暗中交易

半夜做梦娶新娘——想得倒美

半云空里失火——天然（燃）

扮关公的没卸妆——好个红脸大汉

扮潘金莲的没卸妆——谁没见过油头粉面

扮裴生的没卸妆——好个白面书生

扮秦桧的没卸妆——谁没见过那二花脸

扮上黑脸照镜子——自己吓唬自己

扮猪吃老虎——大智若愚

绊倒趴在粪池边——离死（屎）不远

绊倒拾个梨核——不肯（啃）

8

帮好汉打瘸子——以强凌弱

梆子改木鱼——总是挨打的货

绑到绳上的蚂蚁——由不得你

绑匪撕票——图财害命

绑在线上的蚂蚱——跑不了

绑着头发打秋千——悬天悬地

绑着腿的青蛙——跳不了啦

膀子上绕绳子——自找罪受

膀子一甩——不管了

膀子折断了往袖里塞——干吃哑巴亏

蚌壳里取珍珠——好的在里面；图财害命

傍着城隍打小鬼——得了神力

棒槌吹火——一窍不通

棒槌打缸——四分五裂

棒槌打鼓——大干一场

棒槌打孩子——掌握分寸

棒槌打锣——响当当

棒槌打石榴——敲到点上了

棒槌弹棉花——不沾弦；乱谈（弹）

棒槌当针——粗细不分（比喻没深没浅，分不出好坏）

棒槌当针用——一点儿没心眼

棒槌缝衣服——当真（针）

棒槌改蜡烛——好粗的心（芯）

棒槌灌米汤——滴水不进

棒槌进城——成精作怪

棒槌拉二弦——不是个家伙

棒槌里插针——粗中有细

棒槌敲竹筒——空想（响）

棒槌上天——总有一天落地

棒槌牙签——捅不进去

棒打鸭子——刮刮（呱呱）叫

棒打鸳鸯——难分开；两分离

棒上抹油——光棍

棒子面（玉米粉）押面条——要的就是这个劲儿

棒子面打糨糊——不沾（粘）

棒子面煮葫芦——糊里糊涂

棒子面煮鸡蛋——糊涂蛋

棒子面做蛋糕——不是正经材料

磅秤上放粒芝麻——无足轻重；自不量力

9

包办的婚姻——身不由己

包大人的告示——开诚布公

包单（被单）布洗脸——大方

包袱皮儿当毛巾——大方

包工头监工——动口没动手

包公搽粉——光图（涂）表面；表面一层

包公的公堂——好进难说

包公的娘鼓肚子——怀的是丞相才

包公的尚方宝剑——先斩后奏

包公的衙门——好进难出；认理不认人

包公的铡刀——不认人（比喻大公无私）

包公的作风——铁面无私

包公断案——明察秋毫；铁面无私

包公放粮——为穷人着想

包公给嫂嫂赔礼——秉公惹下祸

包公开铡——除暴安良

包公脸上抹煤灰——黑上加黑

包公杀亲侄——先治其内，后治其外

包公升堂——尽管直说；青天在上

包公铡陈世美——大快人心

包公铡驸马——公事公办；刚正不阿

包公铡皇亲——法不容人

包公铡侄子——不留情面，大义灭亲

包公斩包勉——正人先正己；公事公办

包河里的藕——没私（丝）

包脚布当头巾——高升到顶了

包脚布当孝帽——能到顶了；一步（布）登天

包脚布裹金条——内中有宝；外贱内贵

包脚布满天飞——打的什么旗号

包脚布上飞机——一步（布）登天

包脚布上生虮子——好角色（脚虱）

包脚布围嘴——臭不可闻

包脚布洗脸——没里外

包脚布做鞭子——文（闻）不能文（闻），武（舞）不能武（舞）

包脚布做夹扣子——又臭又硬

包脚布做围脖儿——转着圈儿臭

包老爷立案——明察秋毫

包老爷升堂——一呼百应；前呼后拥；有话直说

包老爷私访——哪有不欢迎的

包老爷坐大牢——不白之冤

包青天的横匾——明镜高悬

包元宵的做烙饼——多面手

包子吃到豆沙边——尝到甜头

包子出了糖——露了馅儿

包子店里卖蒸笼——热门儿货

包子里的热气——冒完算了

包子里面加砒霜——陷（馅）害人

包子馒头做一笼——大家都争气

包子没动口——不知啥滋味

包子没馅——蛮（馒）头

包子破了口——露馅了儿

包子铺的酱油——白给

包子熟了不揭锅——窝气

苞谷棒子生虫——专（钻）心

苞谷秸子喂牲口——天生的粗料

苞谷面打糨糊——不黏

苞谷面糊——没多大油水

苞谷面撒饭——黏得很

苞谷面做元宵——捏不到一块儿

苞谷馍馍蘸蜂蜜——甜上又加蜜

苞谷蒸酒——有股冲劲；冲劲大

苞谷做粑粑——中看不中吃；好看不好吃

苞谷做馍馍——皇（黄）帝（的）

苞米棒喘气儿——吹胡子

苞米棒子揩屁股——里外不顺茬

苞米秸子喂牲口——不是好料

龅牙齿（牙齿突出于嘴唇外的人）啃西瓜——条条是道；路子多

电打的高粱秆——光棍一条

雹子砸了棉花棵子——光杆司令

宝剑出鞘——锋芒毕露

宝囊里取物——手到擒来

宝塔顶上的宝葫芦——尖上拔尖

宝玉出家——一去不回

宝玉和湘云哭贾母——各有各的伤心处

饱带干粮晴带伞——有备无患

保护视力——小心眼儿

保家卫国——人人有责

保姆当妈妈——手熟

保姆做嫁妆——替别人欢喜

保温瓶的塞子——赌（堵）气

保险柜挂大锁——万无一失

保险柜里安家——目的是安全

保险柜里安雷管——暗藏杀机

保险箱——铜墙铁壁

报国寺里卖骆驼——没有那个事（寺）

报时的雄鸡——不用催；叫得早

报纸上的社论——句句讲真理

抱干柴救烈火——越帮越忙

抱杆子下河坝——打一辈子烂仗

抱孩子进当铺——拿人不当人；人家不当人，咱当人

抱孩子跳井——犹豫不定

抱黄连敲门——苦到家了

抱火炉吃西瓜——不知冷热

抱鸡婆长胡子——窝里老

抱鸡婆扯媚眼——两眼一翻

抱鸡婆打摆子——窝里战（颤）；又扑又颠

抱鸡婆带鸡仔儿——只管自家一窝

抱鸡婆抓糠壳——空欢喜

抱紧肚子装饱汉——空虚

抱母鸡啄狗——一个扎头

抱木偶打狗——拿人不当人

抱木头跳江——不成（沉）

抱琵琶进牛棚——对牛弹琴

抱菩萨睡觉——一头热；一头冷来一头热

抱起菩萨洗澡——淘神费力

抱上别人的娃娃亲嘴——假心疼

抱窝鸡带息——可忙啦

抱元宝跳井——舍命不舍财

抱在怀里的西瓜——没跑；十拿九稳

抱住影子跳舞——虚报（抱）

抱着茶壶喝水——嘴对嘴

抱着灯芯救火——惹火烧身

抱着擀面杖当笙吹——一窍不通

抱着孩子拜天地——双喜临门

抱着孩子纳底子——插针的空都不留

抱着孩子推磨——添人不添劲

抱着葫芦不开瓢——死脑筋

抱着黄连做生意——苦心经营

抱着火炉拉家常——句句暖心窝

抱着机器人亲嘴——你有情他无意

抱着金砖挨饿——活该

抱着金砖跳海——人财两空

抱着金砖咽气——舍命不舍财

抱着蜡烛取暖——无济于事

抱着老虎喊救命——找死

抱着木棍推磨——死转圈子

抱着木炭亲嘴——碰了一鼻子灰

抱着脑袋赶老鼠——抱头鼠窜

抱着琵琶跳井——越谈（弹）越深

抱着屁股上楼——自己抬举自己

抱着菩萨亲嘴——一头热乎

抱着钱匣子睡觉——财迷心窍

抱着桥桩撑船——蠢人蠢事

抱着石头跳深渊——死不回头

抱着书本骑驴——走着瞧

抱着铁耙子亲嘴——自找钉子碰

抱着弦子放牛——乱谈情（弹琴）

抱着香炉打喷嚏——触一鼻子灰

抱着银子去上吊——死都要抓点钱

抱着枕头跳舞——自得其乐

抱着枕头做好梦——空喜一场

豹子吃马鹿——好大的胃口

豹子借猪狗借骨——有去无回

豹子进山——浑身是胆

豹子啃石头——白啃

豹子临死还想扑人——本性难移

鲍老送灯台——一去永不来

鲍叔识管仲——知心

暴风雨中的航船——顶风破浪

暴雨前的闪电——大发雷霆

暴雨——长不了

爆炒鹅卵石——油盐不进

爆米花沏茶——泡汤了

爆竹的脾气——一点就炸

爆竹店里失火——自己庆贺；想（响）得心痛

爆竹店着火——一响全响；响得好热闹

爆竹掉进水里——不想（响）

10

边吃苞米边拉呱儿（闲谈）——开黄腔

边放鞭炮边打枪——真真假假

编编匠（善于哄骗的人）的嘴——说得好听

蝙蝠的眼睛——目光短浅

蝙蝠观阵——哪边胜站哪边

蝙蝠看太阳——瞎了眼；颠倒黑白

蝙蝠扑太阳——不知高低

蝙蝠身上插鸡毛——你是什么鸟

蝙蝠睡觉——反恐（空）

鞭打快牛——忍辱负重

鞭打绵羊过火焰山——往死里逼

鞭打棉絮——到处开花

鞭打千里驹——快马加鞭

鞭打死马——劳而无功

鞭杆当笛吹——没心眼

鞭杆做大梁——不是正经东西

鞭炮店失火——自己恭维自己

鞭炮两头点——想（响）到一块儿了

鞭炮扔进麻雀窝——炸飞了

鞭梢上的蛤蟆——不经摔打

鞭梢上拴两个蛤蟆——经不起摔打

鞭子抽耳朵——打听

鞭子抽蚂蚁——专拣小的欺

扁担不带钩——两头滑

扁担插进桥眼里——担不起

扁担撑船——行不远

扁担冲水——牌子很大

扁担吹火——一窍不通

扁担戳鸡子儿——捣蛋

扁担打跟头——先一头落地

扁担倒了也认不出来——一字不识

扁担倒在鸡窝里——捣蛋

扁担捣鸡笼——鸡飞蛋打

扁担钩的眼睛——长长了

扁担开花——不可能的事；没人见过

扁担靠在电杆上——矮了一大截

扁担窟窿插麦苫——对上眼了

扁担两头挂箩筐——成双成对

扁担量布——大家有数

扁担料子——做不了房梁

扁担搂柴——管得宽

扁担绕在竹竿上——有靠

扁担上搁鸡蛋——冒险；危险；不稳当

扁担上睡觉——翻不了身；想得宽

扁担腾空——诽谤（飞棒）

扁担挑彩灯——两头美

扁担挑柴火——心（薪）挂两头

扁担挑灯笼——两头明

扁担挑缸钵——两头滑脱；两头耍滑

扁担挑水——挂两头

扁担挑水走滑路——心挂两头

扁担挑下水（可食用的牲畜内脏）——两头担心

扁担挑油——心悬两头

扁担无钉——两头耍滑

扁担无钩——两头滑

扁担砸杠子——直打直

扁担做桨用——划不来

扁担做裤带——转不过弯来

扁担做桅杆——担风险

扁豆绕在竹竿上——有靠了

扁豆馅里掺砒霜——心里毒

扁鹊开处方——妙手回春

扁食（饺子）馅里掺砒霜——心里毒

扁嘴子（鸭子）过河——摸不着底

便壶没鼻——难捉摸

便桶底渗出水来——下流

便宜买回的处理品——贱货

变戏法的本领——全凭手快

变戏法的打滚——没招啦

变戏法的打锣——虚张声势

变戏法的功夫——手疾眼快

变戏法的跪下——没了法

变戏法的亮手帕——不藏不掖

变戏法的拿块布——掩掩盖盖

变戏法的耍猴——就显他了

变形的钢板——难校正

变质的鸡蛋——臭在里面

11

镖打窦尔敦——冷不防

表店的师傅——一眼看中（钟）

表面火热心里冷——笑面虎

表上的针——总在原地转

婊大娘进庵堂——假正经

婊子挂起贞节牌——假正经

婊子嫁人——弃恶从善

婊子进教堂——假装正经

婊子立牌坊——假正经；不要脸

婊子骂娼——一路货色

婊子送客——假仁假义；虚情假意

裱糊店里的纸人——一点就透；一戳就破

裱糊匠的铺子——字多画多

裱糊匠开糟房（酿酒作坊）——酒少话（画）多

裱糊匠上天——胡（糊）云

裱画店里的蛀虫——吃人家的话（画）

裱画店里失火——自己丢出话（画）来

第二篇　C

1

吃罢黄连劝儿媳——苦口婆心

吃霸王的饭，给刘邦干事——不是真心

吃梆条屙笊篱——满肚子胡编

吃棒子面打哈欠——开黄腔

吃包子扔皮儿——各有所好

吃饱的肥猪——大腹便便

吃饱饭打嗝——气不顺

吃饱饭闲嗑牙——没事找事

吃豹子胆长大的——凶恶极了

吃别人嚼过的馍——没味道

吃冰棍儿拉冰棍儿——没话（化）

吃冰棍儿舍不得扔棒棒——小气鬼

吃饼吃馒头——不用快（筷）

吃不了兜着走——自担责任

吃曹操的饭，干刘备的事——人在心不在；吃里爬外

吃曹家饭，管刘家事——心不在焉

吃炒面哼小曲——含含糊糊

吃刺扎嗓子——自找罪受

吃大鱼大肉的——肚里一点没数（素）

吃得耳朵都动弹——味道好爽

吃的成盐真不少——净管闲（咸）事

吃的灯草灰——放的轻巧屁

吃的黑芝麻——满肚的黑点子

吃灯草灰长大的——说话没分量

吃点退烧药——降降温

吃点心抹酱油——不是味儿

吃豆腐多了——嘴松

吃豆腐花肉价——划不来

吃豆腐啃骨头——服软不服硬

吃豆腐渣长大的——嘴松

吃豆子喝凉水——屁事挺多

吃多了安眠药——不醒悟

吃多了碎米——啰唆

吃多了盐——尽讲闲（咸）话

吃饭馆，住旅店——什么事也不管

吃饭泡米汤——喝粥的命

吃饭泡汤——占地方

吃饭舔碗边——穷相毕露；吝啬鬼

吃饭咬颗沙子——搁（硌）着了

吃饭咬舌头——出于无意

吃饭住旅店——啥事不管

吃蜂蜜戴红花——甜美

吃蜂蜜说好话——甜言蜜语

吃蜂蜜蘸葱——找死

吃甘蔗爬楼梯——节节甜来步步高

吃甘蔗上山——一步比一步高，一

节比一节甜

吃橄榄不吐核——看他怎么吞下去

吃个馒头就饱——没度量

吃根灯草——说话轻

吃狗肉喝白酒——里外发烧

吃瓜不要子——甩种

吃瓜子吃出虾米来——什么人（仁）都有；遇到了好人（仁）

吃瓜子——吞吞吐吐

吃挂面不调盐——有言（盐）在先

吃罐头没刀——难开口

吃过干饭打更——不是时候

吃过黄连喝蜂蜜——先苦后甜

吃过三斤老蒜头——好大的口气

吃过晌午搭早车——赶不上趟

吃过屎的狗——嘴巴臭

吃过午饭打更——不是时候；为时过早

吃海水长大的——管得宽

吃核桃——非砸不可

吃红薯蘸蒜汁——各对口味

吃黄瓜蘸雪——乏味

吃鸡蛋不拿钱——浑蛋

吃鸡蛋噎嗓子——进退两难

吃家饭屙野屎——吃里爬外

吃江水，说海话——好大的口气

吃饺子不吃馅儿——调（挑）皮

吃荆条屙箩筐——满肚子瞎编

吃酒陪新娘——装模作样

吃烤山芋——又吹又拍

吃口樱桃肉，塞了嗓子眼儿——小心眼儿

吃辣的送海椒（辣椒），吃甜的送蛋糕——投其所好

吃辣椒屙不出——两头受罪

吃辣椒喝白干——里外发烧

吃狼奶长大的——凶恶极了

吃烙饼卷木炭——黑心肝

吃烙饼卷手指——自己咬自己

吃雷公屙火闪——胆大包天

吃凉粉——不塞牙

吃凉粉发抖——凉透心

吃粮不管事——省心

吃了白糖吃冰糖——乏味

吃了苞米羹羹——开黄腔

吃了包子付面钱——混账

吃了豹子胆——天王老子都不怕

吃了扁担——横了肠子（比喻决心很大，豁出一切）

吃了冰糖吃豆腐——先硬后软

吃了不害臊的药——不知羞耻

吃了蚕茧——一肚子私（丝）

吃了苍蝇——直感到恶心

吃了抄手（馄饨）吃馄饨——一码事

吃了秤杆——一肚子心眼

吃了秤砣——铁心了（下了决心不可改变；狠了心，心肠硬，不为感情所动）

吃了敌百虫的老母鸡——抬不起头

吃了定心丸——做事踏实

吃了冬眠灵——昏昏欲睡

吃了豆腐——软了心

吃了豆腐渣——散了心

吃了对门谢隔壁——错了；晕头转向

吃了饭就砸锅——不干了

吃了风——高傲

吃了蜂蜜——心里甜

吃了狗屎问香臭——明知故问

吃了海椒（辣椒）啃甘蔗——嘴甜心辣

吃了虎豹的心肝——好大的胆子

吃了黄连吃甘草——先苦后甜

吃了鸡下巴——爱搭嘴；接别人的话

吃了蒺藜豆——扎心

吃了开心药——合不拢嘴

吃了筐烂杏——心酸

吃了雷公的胆——天不怕地不怕

吃了两天豆腐想成仙——想得容易

吃了两只公鸡——在肚里斗

吃了灵芝草——一心想成仙；长生不老

吃了麻绳子——尽说长话

吃了煤炭——火气冲天

吃了蒙汗药——动弹不得；任人摆布；不省人事

吃了蜜蜂屎——轻狂起来了

吃了棉花——拉线儿屎

吃了磨刀的水——秀（锈）气在内

吃了木炭——黑了良心

吃了鸟枪药——火气冲天

吃了炮仗——一跳三丈高

吃了砒霜的老母鸡——抬不起头来

吃了砒霜毒狗——害人先害己

吃了砒霜药老虎——打的什么算盘

吃了砒霜再上吊——必死无疑；心里有底

吃了枪药——火气大

吃了三天斋就想上西天——功底还浅

吃了三碗红豆饭——满肚子相思

吃了烧酒穿皮袄——周身火热

吃了烧茄子——多心

吃了生姜嚼黄连——辛苦了

吃了剩饭想点子——光出馊主意

吃了算盘子——心里有数

吃了桐油呕生漆——连本带利

吃了窝脖鸡——憋气

吃了乌龟皮——装王八憨

吃了五味想六味——贪得无厌

吃了喜鹊蛋——乐开怀

吃了线团子——心里结疙瘩

吃了蝎子草的骆驼——四脚朝天

吃了蝎子——心肠歹毒

吃了哑巴药——开不得口

吃了一包回形针——满肚子委屈（曲）

吃了一肚子响雷——胆大包天

吃了一肚子账本——心中有数

吃了一堆烂芝麻——满肚子坏点子

吃了一团烂麻——心里乱糟糟

吃了萤火虫——心里透亮

吃了鱼钩的牛打架——钩心斗角

吃了芋头不下肚——顶心顶肺（比喻心里不好受）

吃了早饭睡午觉——乱了时辰

吃了炸药——开腔就爆

吃了猪肝想猪心——贪得无厌

吃了猪苦胆——心里苦

吃了猪下巴——爱搭嘴

吃琉璃屙琉璃蛋——死（屎）顽固

吃柳条拉筐子——肚子里编

吃萝卜喝烧酒——干脆

吃麻油唱曲子——油腔滑调

吃馒头打嗝——霉气

吃米不记种田人——忘本

吃米饭拣谷子——挑剔

吃棉花长大的——心软

吃棉花拉线团——肚里有文章

吃面条找头子——多余

吃内脏的虫子——心腹之患

吃奶的娃娃——不知愁

吃奶娃娃当家——幼稚得很

吃藕使筷子——挑眼

吃秦椒（细长的辣椒）烤火——周身火热

吃秦椒长大的水晶猴子——不光刁滑，肚里还辣

吃人不吐骨头——心狠手辣

吃人的东西坐大殿——豺狼当道

吃人的老虎拍照——恶相

吃人的狮子——不露牙

吃人饭拉狗屎——没有人味儿

吃桑叶吐蚕丝——肚里有货

吃烧饼掉芝麻——免不了

吃蛇不吐骨——厉害

吃生萝卜的——说话干脆

吃生米的碰到嗑生谷的——恶人遇恶人

吃剩饭长大的——尽出馊主意

吃虱子留后腿——小气

吃石头拉硬屎——死（屎）顽固

吃屎的狗儿——性难改；嘴巴子臭

吃屎狗难断吃屎路——本性难移

吃水不记掘井人——忘本

吃死老公（丈夫）睡塌床——懒婆娘

吃馊饭长大的——出不了好主意；坏肚肠

吃笋子剥皮——一层层来

吃天鹅肉——痴心妄想

吃甜的有蜜糖，吃辣的有辣汤——各对口味儿

吃歪藤长大的——乱纠缠

吃豌豆咽鸡蛋——一个赛一个

吃完黄连吃白糖——苦尽甜来

吃苇坯拉炕席——满肚子瞎编

吃窝头就辣椒——图爽快

吃乌龟皮——装王八孙子

吃稀饭加米汤——亲（清）上加亲

吃稀饭泡米汤——多余

吃稀糊糊游西湖——穷开心

吃咸菜长大的——闲（咸）操心

吃咸菜蘸酱油——多此一举

吃咸鱼蘸酱油——闲（咸）透啦

吃馅儿饼抹油——白搭

吃香蕉剥皮——吃里爬（扒）外

吃蝎子吞辣椒——太毒辣

吃盐翻跟头——闲（咸）得慌

吃药用冰糖做引子——又苦又甜

吃一升米的饭，管一斗米的事——管得宽

吃油条蘸大油（猪油）——腻透了

吃鱼不吐骨头——说话带刺儿

吃枣不吐核儿——囫囵吞枣

吃斋的恶婆子——口素心不善

吃斋碰着月份大——倒霉透了

吃猪脚不吐骨头——不知怎么吞下去的

吃猪肉念佛经——冒充善人

吃猪血屙黑屎——当面见效

吃竹竿长大的——直性子

吃竹子拉笊篱——满肚子瞎编

吃着冰棍拉家常——冷言冷语

吃着菠萝问酸甜——明知故问

吃着肥肉唱歌——油腔滑调

吃着甘蔗上台阶——步步高，节节甜

吃着海椒（辣椒）训人——说话带辣味

吃着话梅讲话——一股酸味

吃着黄连唱着歌——以苦为乐

吃着鸡，抓着鸭——贪得无厌

吃着梅子问酸甜——明知故问

吃着碗里瞧着锅里——贪得无厌

吃着油条唱歌——油腔滑调

吃自来食的水鸟——长脖子老等

吃粽子蘸蒜泥——各有各的口味；各对口味

痴鸟等湖干——痴心妄想

痴情碰冷遇——伤透心肝

痴人买画——一样一张

痴人睡在乱冢里——不怕死

痴人说梦——不屑一听；胡言乱语

池里的王八，塘里的鳖——一路货色

池塘的浮萍——浮在面上

池塘干涸——露了底

池塘里的癞蛤蟆——叫起来没个完（比喻没完没了）

池塘里的风波——大不了

池塘里的荷花——出淤泥而不染

池塘里的荷叶——随风摆

池塘里的莲藕——嫩的好；心很多

池塘里的麻雀——没见过风浪

池塘里的泥鳅——掀不起大浪

池塘里的小鱼——尤（游）物

池塘里的鸭子——不用赶

池塘里的鱼——没见过风浪

池塘里摸菩萨——劳（捞）神

池塘里潜水——没深度

池塘里撒网——鱼虾兼收

池塘里洗澡——未必就干净

池鱼追火——找死

池中捞藕——拖泥带水

池子里拾蟹子——十拿九稳

赤膊穿刺笆（荆棘）——进退两难

赤膊上阵——拼命；要大干了

赤膊捅马蜂窝——蛮干；不惜血本

赤膊钻进蒺藜窝——浑身是刺

赤膊钻进麦秸堆——浑身是刺

赤脚拜观音——诚心实意

赤脚戴礼帽——顾上不顾下

赤脚的和尚——两头光

赤脚撵穿高跟鞋的——赶时髦

赤虾撞桥脚——不觉得

赤眼看见火石头——怒火冲天

赤着脚板去拜年——辛苦讨来快活吃

赤着双脚戴皮帽——顾上不顾下

赤着双足登高山——铁脚板

翅膀长硬的鸟——要飞了

2

冲锋枪上的通条——直来直去；难转弯

冲沟里放牛——两边吃

冲瞎子问路——方向不明；找错

了人

冲着告示点头——混充识字儿的

冲着和尚骂秃子——寻着惹气

冲着柳树要枣吃——故意刁难

冲着尼姑叫姑爷——看错了人；认错了人

冲着姨父叫丈人——乱认亲

虫吃梨子——心里肯（啃）

虫吃桑叶——不吐丝

虫蛀的扁担——经不住两头压

虫蛀的大树——蔫坏

虫蛀的老槐树——腹内空空

虫蛀的苹果——放到哪儿，烂到哪儿

虫蛀的幼苗——长不大

虫子打架——没声响

虫子掉在糨糊盆里——动弹不得

虫子钻进核桃里——混充好人（仁）；算什么人（仁）

崇明岛上修寺庙——没靠山

崇祯后期——大势已去

崇祯皇帝上吊——盼谁谁不来，想谁谁不到；走投无路

宠了媳妇得罪娘——两难；好一个，恼一个

3

抽大烟的说梦话——不过瘾

抽刀断水——枉费心机

抽风的鸭子——不走正道

抽风攥拳头——手紧

抽干塘水捉鱼——一个也跑不了；不顾后果

抽急的陀螺——团团转

抽了脊梁骨的癞皮狗——扶不上墙

抽了架的丝瓜——蔫了

抽了筋的老虎——塌了架

抽香烟打吗啡——一码是一码

抽芽的蒜头——多心

抽烟不带火——沾光

抽烟烧了枕头——怨不得别人

仇人打擂——有你无我

仇人相见——分外眼红

绸缎上绣牡丹——锦上添花

绸子包鸡笼——外面好看里面空

绸子包金条——好的在里面

绸子布包狗屎——臭名在外

绸子揩屁股——不惜代价

绸子做尿布——屈才（材）

丑八怪搽胭脂——自以为美

丑八怪出台——见笑了

丑八怪戴花——不知自丑；自不知趣

丑八怪相媳妇——乔装打扮

丑八怪演花旦——别出心裁

丑旦化妆——油头粉面

丑妇见翁姑——怕不得

丑姑娘给俊女婿——混着过

丑女嫁丑汉——丑上加丑

丑婆娘逛灯——活现眼

丑婆娘照镜子——就是那个样子

丑媳妇见公婆——迟早有一次

丑小鸭变天鹅——高升了

臭虫爬到礼盒里——这回可找到理（礼）了

臭虫咬胖子——揩油

臭虫咬人——出嘴不出身（比喻用不着费别的事，只要用嘴说一说就行了）

臭虫钻到花生壳里——放不了好人（仁）；硬充好人（仁）

臭豆腐擦鼻子——霉气

臭豆腐上撒大粪——臭上加臭

臭豆腐——闻着臭，吃着香

臭豆腐下油锅——有点香

臭腐乳上浇麻油——外香骨里臭

臭蛤蟆下染缸——贪色不怕死

臭狗舍不得臭屎坑——本性难移

臭鸡蛋拌虾酱——臭上加臭

臭鸡蛋进锅——吵（炒）也没用

臭鸡蛋——甩了

臭肉包饺子——争（蒸）也没用

臭屎壳郎——没人理

臭水坑里的核桃——不算好人（仁）

臭田螺遇上了饿老鸦——臭味相投

臭袜子当手帕——亏你做得出

臭蚊子——死叮

臭羊皮——不消（硝）

4

出殡忘了抬棺材——太大意

出巢的黄蜂——满天飞

出得龙潭，又入虎穴——祸不单行

出东门往西拐——糊涂东西

出洞的狐狸——贼头贼脑

出洞的黄鼠狼——又鬼祟又狠毒

出洞的老鼠——左顾右盼；怕见人

出工一条龙，干活一窝蜂——出工不出活

出锅的大虾——卑躬（背弓）屈膝

出锅的热糍粑——软作一堆

出锅的烧鸡——窝着脖子别着腿

出国的大轮船——外行（航）

出海捕鱼——多少总会有收获

出海带救生圈——有备无患

出家人不爱财——多多益善

出家人吃饭——不动婚（荤）

出家人化缘——到处求人

出家人娶媳妇——不守规矩

出家遇着矮和尚——从师不高

出家做和尚——没法（发）儿

出嫁的姑娘——满面春风；有主了

出口转内销——高级处理品；掉价了

出来进去走窗户——没门儿

出了茶馆又进澡堂——里外挨涮

出了厨房进冰窖——忽冷忽热

出了灯火钱，坐在暗地里——明吃亏

出了架的导弹——迅雷不及掩耳

出了笼的黄雀——自由自在

出了土的春笋——能顶千斤石；冒尖

出了芽的蒜头——多心

出了衙门骂大街——没事找事

出了窑的砖——定型了

出林的笋子——招风

出笼的馍馍烤着吃——欠火候

出笼的鸟儿——要飞了；远走高飞；放得出，收不回

出笼的小鸟——自由飞翔

出炉的钢锭——定型了

出炉的红铁——找打

出炉的铁水——沾不得

出门带伞——有备无患

出门带条狗——随人走

出门戴口罩——嘴上一套

出门逢债主，回屋难揭锅——内外交困；倒霉透了

出门逢债主——真倒霉；扫兴

出门两条腿——随人走

出门骑骆驼——不用照料

出门坐飞机——远走高飞

出山的老虎——威风不小

出山的猛虎——凶相毕露；势不可当

出山的太阳——火红一片

出师就取胜——好开场

出师前折旗——不吉利

出水的芙蓉（荷花）——一尘不染；楚楚动人；参差不齐

出水的虾子——活蹦乱跳

出膛的子弹——不会拐弯；永不回头；勇往直前；不认人

出膛的子弹射出的箭——一发而不可收

出头的椽子——先烂

出头的钉子——先挨砸

出头的疖子——好得快

出头的鸟——先挨打

出土的春笋——捂不住

出土的甘蔗——节节甜（比喻日子过得一天比一天好）

出土的木俑——老成（陈）人

出土的陶俑——总算有了出头之日

出土笋子逢春雨——节节高

出土文物——宝贝疙瘩；老古董

出污水沟又掉茅坑——真倒霉

出须的萝卜——腹中空；空虚；心虚

出窑的石灰遭雨淋——四分五裂

初八过重阳节——不久（九）

初吃甘蔗——尝到了甜头

初出窝的小鸟——净攀高枝

初次挖藕——摸着干

初冬的薄冰——一戳就破；踏不得

初二三的夜晚——处处不明

初二三的月亮——不明不白

初七八的月亮——半边阴

初晴露太阳——重见天日

初身唱老旦——没痛快一天

初升的太阳——光芒四射；一片红火

初生的牛犊——不怕虎；不知道厉害

初生的娃娃——小手小脚

初十的月亮——不圆

初写黄庭——恰到好处

初学滑冰——没有不摔跤的

初学交谊舞——不知进退

初学太极拳——不会推

初一拜年——彼此一样

初一吃十五的饭——前吃后空

初一的潮水——看涨

初一晚上走路——漆黑一片

初一夜里出门——处处不明

初一早上放鞭炮——正是时候

除了死法净活法——变通着来

除夕吃团年饭——皆大欢喜

31

除夕进厨房——你忙我也忙

除夕晚上的案板——不得闲

除夕晚上的蒸笼——同时忙

除夕晚上借砧板——不看时候

除夕晚上看月亮——没有指望；不是时候

除夕晚上投井——活得不耐烦

除夕夜守岁——送旧迎新

厨房里打架——砸锅

厨房里的柴——果然是真心（薪）

厨房里的馋猫——记吃不记打

厨房里的灯笼——常常受气

厨房里的火筒——两头空

厨房里的垃圾——破烂货；鸡毛蒜皮

厨房里的砂锅——淘气（陶器）

厨房里的灶——时冷时热

厨房里落石头——砸锅

厨房旁边盖茅房——香香臭臭

厨师熬粥——难不住

厨师搬家——另起炉灶

厨师炒菜——添油加醋

厨师出身——喜欢吵（炒）

厨师的柜子——装荤（荤）

厨师的围裙——揩油；油透了

厨师动锅铲——吵（炒）起来了

厨师回家了——不跟你吵（炒）

厨师解围裙——不干了

厨师进厨房——内行来了

厨师拍屁股——坏了菜

厨师试菜——尝尝咸淡

厨师洗手——不想吵（炒）

厨子剥葱——扯皮

厨子磨刀——只图快

锄地不带锄——干什么来的

锄头耕地——有一下，算一下

锄头钩月亮——够不着

锄头刨黄连——挖苦

橱窗里的东西——任人摆布

楚霸王举鼎——力大无穷

楚霸王困垓下（古地名，在今安徽灵璧县）——四面楚歌

楚霸王请客——去也得去，不去也得去；凶多吉少

楚霸王种蒜——栽到家了（比喻失败惨重，或当众出丑）

楚霸王自刎——身败名裂

楚霸王自刎乌江——没脸回江东

楚国君拿晏子开心——辱人反倒己被辱

楚汉相争——势不两立；胜者为王；在谋不在勇

楚河汉界——清清楚楚

楚人夸矛又夸盾——自相矛盾

楚王打霸王——自知疼痛

楚庄王猜谜语——一鸣惊人（比喻平常不露声色，突然做出惊人的事情）

楚庄王理政——一鸣惊人

5

揣着明白说糊涂——装傻

揣着明白——装糊涂

揣着手走亲戚——没啥可拿

6

穿背心戴棉帽——不相称

穿背心作揖——光想露两手

穿冰鞋上沙滩——你别想溜

穿不过的巷子——死胡同

穿不破的鞋——底子好

穿草鞋打领带——土洋结合

穿草鞋戴礼帽——不伦不类；不相称

穿草鞋上树——欠妥（拖）

穿长衫着短裤——不配套

穿绸缎吃粗糠——表面光

穿大褂子作揖——不限定（现腚）

穿钉鞋踩屋瓦——捅娄（漏）子

穿钉鞋上瓦屋——不可行也

穿钉鞋外搭拄拐棍——双保险

穿钉鞋拄拐棍——步步扎实；把稳着实

穿钉鞋走钢板——走一路响一路

穿钉鞋走泥路——步步有点；步步扎实

穿钉鞋走石子路——寸步难行

穿冬衣戴夏帽——不知春秋（比喻不识时务）

穿冬衣摇夏扇——不知冷热

穿短裤套短袜——差一大截

穿短袜着短裤——两头够不着；拉扯不上

穿高跟鞋跑步——想快也快不了

穿高跟鞋上山——自己跟自己过不去

穿过胡同上大街——路子越走越宽

穿汗衫戴棉帽——不知春秋；不协调

穿节的竹竿——灵通起来了

穿紧身马褂长大的——贴心

穿孔的皮球——泄了气

穿裤扎脚管——毫毛不丢一根

穿了鼻子的牛——让人牵着走

穿了三年的乌拉——破鞋

穿没底的鞋——脚踏实地

穿木屐（木板拖鞋）干活——拖拖拉拉

穿木屐过摩天岭——走险

穿木屐上高墙——战战兢兢

穿木拖鞋走路——响声大，步子小

穿皮袄吃醪糟（江米酒）——周身火热

穿皮袄打赤脚——凉了半截

穿皮袄喝烧酒——正在热乎劲上；里外发烧

穿皮袜子戴皮手套——毛手毛脚

穿破衫戴礼帽——不成体统

穿旗袍跳芭蕾舞——中西结合

穿青衣的骑黑驴——一样的皮毛；一样的颜色

穿山甲扒窝——越掏越空

穿山甲的本领——会钻

穿山甲拱泰山——攻（拱）不倒

穿山甲过的路——空洞

穿湿棉袄背秤砣——一身沉重

33

穿梭子不带线——空来空往

穿蓑衣救火——自讨麻烦；迟早都要烧

穿堂风——凉快

穿兔子鞋的——跑得快

穿拖鞋跳芭蕾舞——洋不洋土不土

穿袜子没底——装面子

穿西装戴斗笠——土洋结合

穿西装戴瓜皮帽——不洋不土；中西结合

穿小鞋走窄门——自己跟自己过不去

穿孝鞋走路——白跑

穿孝衣道喜——胡来

穿鞋卧人床——恶相

穿心的烂冬瓜——坏透了

穿新鞋走老路——因循守旧

穿新衣逛新城——样样新鲜

穿靴子光脚——自己心里明白

穿衣戴帽——各有一套；各有所好

穿衣镜前作揖——自己恭维自己；自尊自敬

穿衣镜照人——原原本本

穿针——一孔之见

穿着草鞋跳芭蕾舞——土洋结合

穿着袈裟作揖——露一手

穿着坎肩儿打躬（作揖）——露两手

穿着棉衣游泳——甩不开膀子

穿着孝衣拜天地——悲喜交加

穿着靴子搔痒痒——麻木不仁

穿着衣裳洗澡——诗（湿）人

穿着毡靴子上炕——毛手毛脚

传说中的八仙——各有千秋

传闲话，落不是——自讨没趣；无事生非

传言过语——搬弄是非

船板做棺材——漂流了半辈子，到老才成（盛）人

船舱里打老鼠——跑不了

船舱里生小鸡——漂浮（孵）

船到江心才补漏——来不及

船到江中触暗礁——散板了

船到码头车到站——到达目的地了；停滞不前；各人走各人的路

船到桥头——不直也得直；不顺也得顺

船到竹篙撑——随机应变

船底板做棺材——总算成材了

船底雕花——多此一举

船底下放鞭炮——闷声闷气

船工租船游西湖——划得来

船家打老婆——早晚是一顿

船家的鸡——见水不得饮

船进断头浜（小河）——进退两难

船开才买票——错过时机

船老大带徒弟——从何（河）说起

船老大的犁头——无用；没得用

船老大敬神——为何（河）

船老大坐后艄——看风使舵

船上打伞——没天没地（比喻说话没深浅或没礼貌）

船上的蚂蚁——空搬家

船上开晚会——载歌载舞

船上迈步——越走越窄

船上人充油灰——慢慢来

船上人上岸——不（步）行

船上失火——躲也没处躲；急坏了岸上的人；有底

船头办酒席——难铺排

船头上跑马——转不过弯来；前途有限；走投无路

船头上撒网——纲举目张

船头上烧纸——为何（河）

船脱离了水——行不通

船尾朝北——难（南）行

串鸡毛——壮胆（掸）子

串起来的螃蟹——横行不了几天

串亲遇上下雨天——人不留客天留客

串绳子养海带——根在上边

7

擦镫时间多，骑马时间少——本末倒置

擦火柴点电灯——其实不然（燃）

擦脚布擦飞机——臭上天了

擦脚布当领带——不是正经材料

擦亮眼睛更敢干——明目张胆

擦胭粉进棺材——死要面子

擦脏了的纸巾——捡它干啥

8

猜对了谜底——言重（中）了

才出壳的鸡娃——嫩得很

才出窝的麻雀——翅膀不硬

才揭盖的蒸笼——热气腾腾

才输了当头炮——慌什么哩

才脱了阎王，又撞着小鬼——祸不单行

才捉到的鲤鱼——活蹦乱跳

才子和佳人——一对

才子佳人结鸳鸯——好事成双

才子配佳人——恰好一对；十全十美

财迷转向——走路算账（比喻总是在算计）

财神庙的土地——爱财

财神爷摆手——没有钱

财神爷吹牛——有的是钱

财神爷打灯笼——找钱

财神爷打官司——有钱就有理

财神爷打架——挣钱

财神爷戴乌纱帽——钱也有，权也有

财神爷的土地——爱才（财）

财神爷发慈悲——有的是钱

财神爷翻脸——不认账

财神爷放账——无利可图

财神爷叫门——好事临头；钱到家了

财神爷进门——富起来了

财神爷摸脑壳——好事临头

财神爷敲门——福从天降

财神爷休妻——不为穷人着想（比喻不可怜穷人）

财神爷要饭——装穷

财神爷招手——好事临头；来福了

财神爷着烂衫——人不可貌相

财主家的狗——认富不认穷

财主截道——为富不仁

财主杀妻——为富不仁

裁缝搬家——依依（衣衣）不舍

裁缝比手艺——认真（针）

裁缝不带尺——存心不良（量）

裁缝不用剪子——胡扯

裁缝打架——真（针）干

裁缝戴眼镜——见缝插针；认真（纫针）；以身作则

裁缝的本事——真（针）好；真（针）狠

裁缝的尺子——量人不量己

裁缝的顶针——当真（针）

裁缝的家当——真正（针挣）的

裁缝的肩膀——有限（线）

裁缝的手艺——认真（纫针）

裁缝的熨斗——烫人

裁缝的针箍——顶真（针）

裁缝掉了剪子——就剩下吃（尺）了；找吃（尺）

裁缝端碗油——不是喷的

裁缝干活——忘不了吃（尺）

裁缝和木匠结亲——一正（针）一作（凿）

裁缝剪衣——以身作则

裁缝老师买田——千真（针）万真（针）

裁缝摞（放下）剪子——不睬（裁）

裁缝没得米——当真（针）

裁缝拿线——认真（纫针）

裁缝铺扯筋（闹纠纷）——争长论短

裁缝铺倒闭——当真（针）

裁缝铺的衣服——一套一套的

裁缝师傅包脚布——不要正经材料

裁缝师傅不上任——忘了俭（剪）啦

裁缝师傅传经——句句真（针）话

裁缝师傅戴戒指——顶真（针）

裁缝师傅的尺子——量体裁衣

裁缝师傅对绣娘——一个行当

裁缝师傅落脱了线——纯真（寻针）

裁缝师傅手艺巧——全靠真（针）功夫

裁缝师傅手中忙——穿针引线

裁缝绣娘——各干一行

裁缝坐飞机——天才（裁）

裁缝做嫁衣——替旁人欢喜（比喻自己劳动，别人得到好处）

裁缝做龙袍——格外小心

裁缝做衣不用尺——自有分寸

裁缝做衣服——要良心（量身）；因人而异

裁缝做衣——讲究分寸

裁剪师傅的手艺——量体裁衣

彩虹和白云谈情——一吹就散

踩板凳够月亮——手短

踩瘪了的鱼泡——泄气

踩凳子钩月亮——差得远

踩高跷的过河——半截不是人

踩高跷过吊桥——拿性命开玩笑

踩高跷上高墙——胆战心惊

踩虎尾，踏春冰——好险；冒险

踩了尾巴的狗——气得嗷嗷叫

踩死蛤蟆大肚子——气可不小

36

踩死蚂蚁也要验尸——过分认真

踩着矮凳子上房檐——够不着

踩着鼻子上脸——欺人太甚

踩着地图走路——一步十万八千里

踩着高跷过独木桥——艺高人胆大

踩着高跷看戏——高出一截子

踩着肩膀撒尿——成心糟蹋人

踩着肩头往头上拉屎——硬欺负人

踩着井绳当是蛇——胆小鬼；大惊小怪

踩着人头上天——上层人

踩着石头过河——脚踏实地

踩着梯子摘星星——离天远着哪；差得远呢

踩着土地爷头上拉屎——欺负神小

踩着乌龟叫出头——越逼越不行

踩着西瓜皮打排球——能推就推，能滑就滑

踩着银桥上金桥——越走越亮堂

菜板上的肉——任人宰割

菜刀碰菜板——乒乒乓乓

菜刀切豆腐——不费劲

菜刀切藕——心眼多；片片有眼

菜刀剃头——与众不同；太悬乎

菜地里的蚯蚓——钻得不深

菜地里少水——蔫啦

菜地里围篱笆——没有不透风的墙

菜瓜打驴——一断半截

菜瓜打锣——一锤子买卖

菜馆里的揩台布——酸甜苦辣样样尝过

菜锅里炒鹅卵石——油盐不进

菜篮里装泥鳅——走的走，溜的溜

菜盘子里落鸡毛——挟它出去

菜勺子掏耳朵——进不去；没法下去

菜摊上的黄菜叶——不值钱

菜园里不种菜——闲员（园）

菜园里长狗尿苔（一种有毒的真菌）——不是好苗头

菜园里的长人参——稀罕事

菜园里的海椒——越老越红

菜园里的苦瓜——越老心越红

菜园里的辣椒——越高越厉害

菜园里的垄沟——四通八达

菜园里的辘轳（安在井上汲水的器具）——由人摆布

菜园里的羊角葱——越老越辣

菜籽不出油——太（菜）糟

菜籽里的黄豆——数它大

菜子落到针眼里——遇了缘（圆）；凑巧了

蔡伦论战——纸上谈兵

蔡瑁迎刘备——好话说尽，坏事做绝

9

参谋皱眉头——一筹（愁）莫展

参天的大树——高不可攀

餐桌上的苍蝇——混饭吃

餐桌上放痰盂——算哪盆菜

餐桌上搁痰盂——不是正经家伙；不是个家伙

残局的棋盘——就那么几个子儿

残局的卒子——说不定要靠他（它）；不可小看

蚕宝宝吃桑叶——胃口越来越大

蚕宝宝打架——私（丝）事

蚕宝宝的嘴巴——出口成诗（丝）

蚕宝宝读书——私（丝）念；思（丝）念

蚕宝宝拉稀——少私（丝）

蚕宝宝牵蜘蛛——私（丝）连私（丝）

蚕宝宝伸头——私（丝）人

蚕宝宝说媒——私（丝）情

蚕宝宝演讲——私（丝）话

蚕宝宝咬牙——私（丝）恨

蚕宝宝做茧——自己捆自己

蚕吃桑叶——一星半点地啃下去

蚕豆就萝卜——嘎嘣脆

蚕豆开花——黑心

蚕儿肚子——净是私（丝）；私（丝）心

蚕儿嘴上长疮——没事（丝）

蚕茧拉出丝头——扯个没完

蚕爬扫帚——净找岔（杈）

蚕子变蛾子——要飞了

蚕子的脑壳——亮的

灿烂的朝霞——红红火火

10

仓底米——太陈旧

仓库搬家——翻老底儿

苍蝇拜把子——小玩意

苍蝇包网子（妇女罩头的小网）——好大的脸皮

苍蝇不抱没缝的蛋——到底有影儿

苍蝇不咬人——恶心

苍蝇采花——装疯（蜂）

苍蝇吃蜂蜜——沾（粘）上了

苍蝇吃进肚子里——恶心

苍蝇吹喇叭——自不量力

苍蝇打哈欠——没好气

苍蝇戴个莲蓬帽——人小脸面窄

苍蝇戴凉帽——人小面子窄

苍蝇到处飞——讨人嫌

苍蝇的翅膀——扇不起多大风浪

苍蝇的肚子——有屈（蛆）

苍蝇的世界观——哪儿臭往哪儿钻（比喻参与干些肮脏事）

苍蝇掉进饭碗里——恶心

苍蝇掉进汤锅里——难拍

苍蝇掉在白面里——显不出黑白

苍蝇掉在酱盆里——糊里糊涂

苍蝇掉在面盆里——飞不起，跳不高

苍蝇掉在奶桶里——扑腾不开

苍蝇叮疮疤——尽咬你的痛处

苍蝇叮狗屎——臭味相投；一哄而上

苍蝇叮鸡蛋——无孔不入

苍蝇叮菩萨——没有人味；看错人了

苍蝇叮在黑炭上——哪来油水

苍蝇放屁——吓谁哩

苍蝇飞到鸡蛋上——寻缝儿

苍蝇飞到驴腚上——可抱住粗腿了

苍蝇飞到牛胯上——抱粗腿

苍蝇飞进粪堆里——都是一样臭屎虫

苍蝇飞进花园里——装疯（蜂）

苍蝇飞进牛眼里——自讨麻烦；找累（泪）吃

苍蝇飞进盐店里——不识闲（咸）儿

苍蝇给牛抓痒痒——无济于事

苍蝇跟上卖炭的——吃什么

苍蝇跟屎壳郎做朋友——臭味相投

苍蝇跟着蜜蜂飞——冒充采蜜的

苍蝇害眼疾——早晚要碰壁

苍蝇轰狗屎——见人起飞

苍蝇会蜘蛛——自投罗网

苍蝇豁了鼻——没脸

苍蝇见粪堆——盯（叮）住不放

苍蝇进虎口——不够塞牙缝；不够嚼

苍蝇卡喉咙——恶心

苍蝇尥蹶子——小踢蹬

苍蝇落到鸡蛋上——见缝下蛆

苍蝇落到热油锅——罪该万死

苍蝇落到蒜地里——净挑个儿大的

苍蝇落在供台上——沾了大佛爷的光

苍蝇落在酒瓶里——没有出路

苍蝇落在米汤里——糊涂虫

苍蝇落在蜜盆里——沾（粘）上了

苍蝇落粥盆——糊里糊涂

苍蝇抹胭脂——没人招惹

苍蝇爬到马尾上——依附别人

苍蝇爬过的——有点痕迹

苍蝇碰玻璃——看到光明无前途

苍蝇碰酒瓶——前途光明，没有出路

苍蝇碰上蜘蛛网——难脱身；有去无回

苍蝇掐了头——垂头丧气

苍蝇绕着茅厕飞——干哄不吃食

苍蝇生背疮——没多大的脓血

苍蝇耍灯草——死中作乐；死快活

苍蝇推墙——自不量力

苍蝇拖大炮——难驾（架）

苍蝇围着厕所转——臭味相投

苍蝇围着鸡蛋转——没门儿

苍蝇闻着腥臭味——不招自来

苍蝇舞灯草——摆起架势来了

苍蝇洗脸——假装干净

苍蝇寻狗屎——气味相投

苍蝇寻烂肉——臭味相投

苍蝇眼里掏脂油——吝啬得很

苍蝇药不死人——恶心死人

苍蝇找地方下蛆——光钻空子；见缝就钻

苍蝇找地方下嘴——钻空子

苍蝇撞上癞蛤蟆——送来的口食

苍蝇钻到了瓶瓶里——四处碰壁

苍蝇钻进臭虫窝——见缝下蛆

苍蝇钻茅房——沾腥惹臭

苍蝇嘴巴狗鼻子——灵得很

藏经阁失火——输（书）光了

藏民穿皮袄——露一手

藏起灯草点松脂——昧了良心（芯）

藏在开关里的线路——很复杂

操场上的士兵——步调一致

操场上捉迷藏——无地容身；无处藏身

操练的士兵——步调一致

操纵木偶——不能放手

11

曹操八十万兵马过独木桥——没完没了

曹操败走华容道——不出所料；不幸中之大幸；兵荒马乱；走对了路子

曹操背时遇蒋干，胡豆背时遇稀饭——倒霉透了

曹操不回城——大败而逃

曹操吃鸡肋——食之无味，弃之可惜

曹操打徐州——报仇心切

曹操的人马——多多益善

曹操割须——以己律人

曹操派蒋干——用人不当

曹操杀蔡瑁——上当受骗；操之过急；中了反间计

曹操杀华佗——恩将仇报；以怨报德；讳疾忌医

曹操杀吕伯奢——将错就错

曹操杀吕布——悔之莫及

曹操杀杨修——嫉妒之心

曹操下江南——来得凶，败得惨

曹操用计——又奸又滑

曹操用人——唯才是举

曹操遇关公——喜不自禁

曹操遇蒋干——倒霉透了；差点儿误大事

曹操遇马超——割须弃袍

曹操遇庞统——中了连环计

曹操战宛城——大败而逃

曹操张飞打哑谜——你猜你的，我猜我的

曹操诸葛亮——脾气不一样

曹操转胎——疑心重

曹操做事——干干净净

曹操做寿——贺礼实收

曹刿论战——一鼓作气

曹雪芹和鲁迅对垒——比较文学

曹营的徐庶——人在曹营心在汉

曹营贴赏格——招兵买马

曹植吟七步诗——一气呵成；逼出来的

曹植作诗——七步成章

槽笛吹火——到处泄气

草拔了根——活不长远

草把儿打仗——假充好汉

草把儿撞钟——不想（响）

草把子做灯——好粗的心（芯）

草包竖大汉——能吃不能干

草车后头拴头牛——是个拽家

草船借箭——满载而归；巧用天时；多多益善；坐享其成

草刺卡嗓子——说不出话来

草丛里的鹌鹑——溜啦

草丛里的眼镜蛇——歹毒

草袋换布袋——一代（袋）强似一代（袋）

草地里的蚂蚱——不容易暴露

草地上的蘑菇——单根独苗

草甸上的苇子——靠不住

草垫上绣花——底子太差

草房上安兽头——配不上

草稞里的蚂蟥——不是善虫

草里头的斑鸠——不知春秋

草驴（母驴）卖了买叫驴（公驴）——胡倒腾

草帽戴在膝盖上——不对头

草帽当钹——没有音

草帽当锅盖——乱扣帽子

草帽当锣打——想（响）不起来

草帽端水——七零八落；一场空

草帽盖锅——走了气啦

草帽烂了边——顶好；没言（檐）

草帽没有顶——露头

草泥塘里冒泡——发笑（酵）

草坪丢针——没处寻

草人吹笛——无声

草人的肚子——没货

草人的头——没脑子

草人的胸腔——无心

草人的腰杆——硬不起来

草人翻脸——无情无义

草人过河——漂浮不定

草人讲话——口气不硬

草人救火——自取灭亡；自身难保

草人举手——没指望

草人看秤——不知轻重

草人看戏——无动于衷

草人落水——不成（沉）

草入牛口——其命不久

草上的露水——难长久；见不得太阳

草上露水瓦上霜——见不得阳光；长不了

草绳拔河——经不住拉

草绳吊绣球——粗人做细事

草绳湿了水——格外来劲

草窝里扒出个状元郎——埋没人才

草窝里长葫芦——不等出头就老了

草窝里抓刺猬——不好下手

草鞋里面长青草——慌（荒）了手脚

草鞋上拴鸡毛——飞快；跑得快

草鞋上镶珍珠——不值得

草鞋脱襻——甩了

草鞋无样——边打边相（端详）

草鞋撞钟——打不响

草药铺的甘草——处处少不了他（它）

草原的苇子——肚里空空

草原上比赛——马不停蹄

草原上出门——起码（骑马）

草原上的百灵鸟——嘴巧

草原上的疯骆驼——见人就撺

草原上的劲风——挡不住

草原上的狍子——三五成群

草原上的天气——变化多端

草原上点火——着慌（荒）

草原上放牧——漫无边际

草原上跑马——大有奔头

草籽喂牲口——不是好料

41

第三篇　D

1

刁鹰飞入鸡儿场——没有好心肠

叼羊游戏中的小羊羔——任人撕扯

叼着喇叭敲鼓——自吹自擂

叼着鲜花放屁——美不遮丑

貂蝉嫁吕布——英雄难过美人关

貂蝉唱歌——有声有色

貂皮下面安狗尾——不相称

碉堡里伸机枪——伺机伤人

雕虫小技——不足为道

雕花的扁担——中看不中用

雕花店里失火——刻不容缓

雕花匠不给神像磕头——知道老底

雕花匠的行头——动手就错（锉）

雕花匠做梦——想错（锉）了

雕花师傅戴眼镜——精雕细刻

雕塑匠手里的泥巴——得心应手；随人捏；随心所欲

吊车干活——拿得起放得下

吊车坏了——无法提高；不提了

吊车提物——举重若轻

吊颈鬼脱裤子——又不要脸，又不要命

吊骆驼上楼——费力不讨好

吊起的冬瓜——头重脚轻

吊起锅儿当钟打——穷得叮当响

吊起来打秋千——要的就是这个劲

吊扇下面拉家常——讲风凉话

吊死鬼扮新娘——人不像人，鬼不像鬼

吊死鬼搽粉——死要面子

吊死鬼打飞脚——不上不下

吊死鬼打花脸——色鬼

吊死鬼打眼角（做媚眼调情）——死不要脸

吊死鬼戴花——美死啦；死不要脸

吊死鬼当婊子——死不要脸

吊死鬼的裹脚布——死臭

吊死鬼瞪眼——死不瞑目

吊死鬼脸上抹黑——死不要脸

吊死鬼流鼻血——难看

吊死鬼流眼泪——死得屈

吊死鬼卖俏——死不要脸

吊死鬼抹脖子——挂不住啦

吊死鬼上路——找熟人

吊死鬼上银行——死要钱

吊死鬼伸舌头——勒的

吊死鬼耍大刀——死得屈来闹得凶

吊死鬼讨账——活该

吊死鬼照镜子——自己吓唬自己

吊桶打水——先下后上

吊桶落在井里——不上不下

吊桶脱箍——没法提

吊桶在你井里——由你做主

吊在房梁上的葱头——皮焦根枯心不死；叶烂皮干心不死

吊在房檐上的大葱——叶黄皮干心不死（比喻敌人不甘心失败，妄想作垂死挣扎）

吊着头发打秋千——不要命；玩命干

钓过的黄鳝——难上钩

钓上来的鱼——自己上钩

钓鱼的鱼漂——现（显）在上面

钓鱼竿上挂肝肺——悬着心

钓鱼钩变成针——以屈求伸

调虎离山——乘机行事

掉到井里打扑腾——死不死，活不活

掉到水里的肥皂——滑得很

掉光头发甩木梳——可以理解

掉进冰窟窿里——从头凉到脚

掉进冰水里——寒心

掉进草窝的绣花针——没处寻

掉进糨糊盆里的苍蝇——拔不出腿来

掉进开水锅里的虾——浑身不自在；急红了眼

掉进麦芒堆里——浑身不自在

掉进染缸里——一世洗不清

掉进水里的鞭炮——给谁都不要

掉进水里的手鼓——打不响

掉进陷阱里的狗熊——熊到底了

掉进陷阱里的野猪——张牙舞爪；死路一条

掉了耳朵的瓦罐——没法提；提不起来

掉了箍的水桶——散了板

掉了几根毫毛——无伤大体

掉了帽子喊鞋——头上一句，脚下一句

掉毛的麒麟——不如牛

掉门牙肚里咽——有苦说不出

掉片树叶怕碰头——胆小怕事

掉头的蛇——毒心未死

掉头蜻蜓——四下里直打转

掉下井的秤砣——扶（浮）不上来

掉在枯井里的牛犊——有力无处使

掉在油缸里的老鼠——滑头

2

爹爹给婆婆拜年——多此一举

爹妈许愿——保子

爹死哭娘——犟种一个

爹死娘嫁人——各人顾各人

跌倒还要抓把沙——不落空

跌倒拾个钱——走运

跌到车道沟里喊救命——吓得不知深浅

跌到井里的牛——有劲使不上

跌翻鸟窝砸碎蛋——倾家荡产

跌跟头捡金条——运气好

跌进糨糊盆的娃娃——糊涂人

跌落米坛的耗子——好景不长

跌下崖的汽车——翻了

碟子里的豆芽菜——开不了花，结不了果

碟子里的开水——三分钟的热劲

碟子里的清水——一眼看穿

碟子里生豆芽——难生根

碟子里盛水——太浅

碟子里洗澡——不知深浅

碟子里栽牡丹——根底浅

碟子里扎猛子（游泳时头朝下钻进水里潜泳）——不知深浅

3

丁丁猫［蜻蜓］挖眼睛——不要脸

丁丁猫咬尾巴——自害自

钉钉子锤了手——敲不到点子上

钉锅匠摇手——不含糊（焊壶）

钉锅碗打坏金刚钻——赔本生意

钉木鞋使锥——多余

钉耙戴斗笠——尖上拔尖

钉是钉，铆是铆——不含糊

钉头碰着铁头——硬对硬

钉头碰着钻头——奸（尖）对奸（尖）；狠对狠

钉掌的敲耳朵——不贴题（蹄）

钉掌的敲后背——离题（蹄）太远

钉子钉黄连——硬往苦里钻

钉子烂了顶——抠不出来

钉子锈在木头里——铁定了

顶大风过独木桥——担风险

顶刀子求雨——豁出命来

顶碓窝跳加官——自讨苦吃

顶风撑船——上劲；划不来

顶风顶浪上水船——力争上游

顶风顶水划船——硬撑

顶风放屁——自己搞臭自己

顶风扬帆——不辨风向

顶架的牛——好斗

顶礼膜拜的小人——一副奴才相

顶梁柱当柴烧——屈才（材）

顶门杠做牙签——大材小用；插不上嘴

顶磨盘踩高跷——难上加难

顶石头上山——多此一举

顶头上长眼睛——目中无人

顶针眼儿多——个个不通

顶着被子玩火——惹火烧身

顶着磨盘跳舞——费力不讨好

顶着碾盘唱戏——自讨苦吃

顶着笆箩望天——视而不见

顶着石臼做戏——费力不讨好

顶着石狮子耍把戏——费力不讨好

顶着娃娃骑驴——多此一举

鼎锅头做帽子——难顶难撑

鼎锅煮豆——难翻身

定航的班机——继往开来

定向爆破——一边倒

腚上吊沙罐——等死（屎）

4

搭房子封屋顶——铺天盖地

搭锯见末，水到渠成——立竿见影

搭客骡子——上不得车；上不了阵势（比喻因失败而丧失斗志）

搭棚子卖绣花针——买卖不大，架子不小

搭起牌楼卖酸枣——买卖不大，架子不小

搭起戏台卖螃蟹——货色不多，架势不小

搭人梯过城墙——踩着别人的肩膀往上爬

搭梯子上天——走投无路

搭梯子摘月亮——不知高低

搭戏台卖豆腐——架子不小

褡裢（中间开口的长方形口袋）背水——从前心凉到后心

妲己的子孙赴宴——露了尾巴；现了原形

打靶不中——偏了心

打靶眯眼睛——睁只眼，闭只眼

打靶中靶心——不偏不向；恰到好处

打败的鹌鹑斗败的鸡——上不了阵势

打败的士兵——垂头丧气

打半边鼓——旁敲侧击

打扮起来演戏——粉墨登场

打饱嗝带放屁——两头背时；两头没好气；气不打一处来

打抱不平的说理——仗义执言

打笔墨官司——是文人的事

打边边锣——帮腔

打饼子熬糖——各干一行

打不完的官司，扯不完的皮——一言难尽

打不完的官司——扯不完的皮

打不着狐狸——反惹一身臊

打不着狐狸弄身臊——自背臭名

打不着黄鼬——惹股子臊

打不着野狼打家狗——拿自己人出气

打草人拜石像——欺软怕硬

打草引蛇——自讨苦吃

打柴的下山——担心（薪）

打柴人回山庄——两头担心（薪）

打赤脚赶场——脚踏实地

打出的子弹射出的箭——永不回头

打出来的口供——信不得；假的

打出枪膛的子弹——有去无回

打春的萝卜，立秋的瓜——变味儿了

打春的萝卜——没人理睬

打醋的进当铺——找错了门

打灯笼赶嫁妆——两头忙

打灯笼上门台——越来越高明

打灯笼拾粪——找死（屎）

打灯笼照火把——又亮又光

打灯笼走亲戚——明去明来（比喻事情公开进行或有话直说，不拐弯抹角）

打灯笼走铁路——见鬼（轨）

打灯笼做事——照办

打地道战——背后袭击

打地雷战——四面开花

打电报发广告——简明扼要

打电报买快车票——急上加急

打电话遇忙音——不通

打电话做手势——看不见

打吊环荡秋千——一定要两手抓

打掉门牙肚里咽——忍气吞声；含苦在心

打豆人困觉——做事不当事

打断的胳膊——往外拐；往里拐

打断脊梁骨的癞皮狗——腰杆子不硬

打发闺女娶媳妇——两头忙

打发秃老婆上轿——没事儿了

打翻了测字摊——不识相

打翻了的醋瓶子——倒个精光；酸得很

打翻了的调味羹——甜酸苦辣味都有

打翻了的蜜罐子——甜滋滋的

打翻了的田鸡笼——一团糟

打翻了五味瓶——不知啥滋味；酸甜苦辣咸，样样都有（比喻心情复杂）

打个巴掌再给个甜枣——堵嘴

打个喷嚏洗洗脸——讲究过分啦

打个喷嚏吓死虎——赶上了

打更的孤雁——没对儿

打更人睡觉——做事不当事

打狗不赢咬鸡——欺小怯大

打狗看主人——势利眼

打谷场上的麻雀——胆子早练大了

打鼓不打面——旁敲侧击

打鼓的踩响鞭炮——想（响）到一个点上

打卦先生掂根棍——是个忙（盲）人

打官司的上堂——各执一词

打夯喊号子——合理（力）

打好的渔网——心眼儿多

打呼噜听见放炮——吓人一跳

打花脸照镜子——自己吓唬自己

打坏了的玻璃瓶——废物

打火不吸烟——闷（焖）起来了

打火机点烟——必然（燃）

打火机点烟袋锅——土洋结合

打击乐伴奏——旁敲侧击

打架揪胡子——谦虚（牵须）

打架拿块红薯——不是家伙

打架时借拳头——哪里腾得出手

打架脱衣服——赤膊上阵

打歼灭战——一扫而光

打酒只问提壶人——没错

打开棺材喊捉贼——冤枉死人（比喻被加上不应有的罪名，或受到不公平对待）

打开棺材治好病——起死回生

打开笼子放了雀——各奔前程

打开蜜罐又撒糖——甜上加甜；甜透了

打开天窗——说亮话（比喻不必遮掩，直截了当）

打开闸门的水——滚滚向前

打瞌睡的捡了个枕头——称心如意；正合适

打烂的暖水瓶——丧胆

打烂罐子做瓦片——划不来

打烂锅头——没得主（煮）

打烂门牙咽肚里——干吃哑巴亏

打烂油瓶——你没到（倒）就光了

打雷不下雨——虚张声势

打镰刀卡在喉咙里——吞又吞不下，

吐又吐不出来

打了败仗的士兵——溃不成军

打了的鱼缸——四分五裂

打了盘子对碗沿——不对碴儿

打了乒乓玩排球——推来推去

打了瓶子洒了油——两头不落一头

打了兔子喂狗——便宜让他得了

打了兔子喂鹰——好处给了恶人

打了一场疲劳战——个个没精打采

打猎的不说渔网，卖驴的不说牛羊——三句话不离本行

打猎放羊——各干一行

打猎捡柴火——捎带活

打猎人瞄准——睁只眼，闭只眼

打猎忘了带猎枪——丢三落四

打锣卖糖——各干一行

打锣找孩子——丢人打家伙

打马骡子惊——惩一儆百

打麦场上撒网——空扑一场

打猫吓唬狗——虚张声势

打猫吓贼——虚张声势

打鸟的眼睛——尽往上看（比喻眼高，净交些有用的人）

打鸟没打中——非（飞）也

打鸟眯眼睛——尽往上看

打鸟瞄得准——一目了然

打鸟姿态——睁只眼，闭只眼

打牛皮灯笼过煤堆——黑对黑；黑上加黑

打牌的不识字——看人

打屁股脱裤子——想脱臭名

打屁用手捏——自找麻烦

打乒乓球——你推我挡

打破的镜子——不能重圆

打破脸不怕扇子扇——拼上来了

打破了的水缸——难弄（拢）

打破脑袋不喊痛——气概非凡；充硬汉

打破脑袋叫扇子扇——豁出去了

打破脑袋用扇扇——无济于事

打破脑壳充硬汉——活受罪

打破砂锅问到底——追根求源

打破纸灯笼——个个眼里有火

打破嘴巴骂大街——血口喷人

打起脸来演戏——粉墨登场

打枪不瞄准——无的放矢

打枪眯眼睛——睁一只眼，闭一只眼

打拳头给个甜豆包——堵人家的嘴

打人的疯子——惹不得

打人嘴巴还吐唾沫——欺人太甚；欺人之谈（痰）

打入虎头牢房——死定了

打入十八层地狱——难见天日

打伞披雨衣——多此一举

打伞晒毛巾——一举两得

打煞男人，吓唬公婆——泼妇

打闪电战——速战速决

打扇抽烟——煽风点火

打上黑脸照镜——自己吓唬自己

打上句号——完了

打蛇不死打蚯蚓——欺小怯大

打蛇不死——后患无穷；留下后患

打蛇打到七寸上——恰到好处；抓住了关键

打蛇随棍上——顺势而为

打绳的摆手——到（倒）劲

打手击掌——一言为定

打手赛拳——各有一套

打鼠不成反摔碎罐罐——因小失大

打水不关水龙头——放任自流

打水上山——逐步提高

打水摇辘轳——抓住把柄不放

打水鱼跳——逼的

打死爹讨娘欢喜——岂有此理

打死儿子毒死闺女——自家人害自家人

打死儿子招女婿——图新鲜

打死扣的绳结——越拉越紧

打死老鼠喂猫——恼一个，好一个

打死蚂蚁踩脚——做得出奇

打酥油的棒棒——直来直去

打碎的盘子敲烂的碗——对不起

打碎牙齿咽肚里——干吃哑巴亏

打太极拳——快不得

打疼了的疯狗——反咬一口

打铁不看火色——傻干

打铁不用锤——硬充能耐

打铁的拆炉子——散伙（火）

打铁的分伙——另起炉灶

打铁的烧糠——火力不足

打铁掉地下——白搭一火

打铁匠打磨——依原路

打铁匠绣花——干的不是本行

打铁卖糖——各干一行

打铁烧红钳子——不识火色；看不出火候来

打铁烧鸡毛——留不住火

打兔子的牵条狗——准备几招呢

打兔子碰见了黄羊——捞了个大外快

打完豺狗抓兔子——谁也跑不了

打围碰到金钱豹——笑逐颜开

打蚊子喂象——不顶用

打下锅沿补锅底——不划算

打下去的桩头——定了

打响雷不下雨——虚惊一场

打消耗战——得不偿失

打一巴掌揉三揉——假仁假义；虚情假意

打油的漏斗——没底儿

打油钱不买醋——专款专用

打游击战——神出鬼没

打鱼不说枪，打猎不说网——三句话不离本行

打鱼得钱吸大烟——水里来火里去

打鱼的回家——不在乎（湖）

打鱼的烂网——百孔千疮

打鱼人碰烂船——倾家荡产

打鱼人上了街——有余（鱼）

打运动战——说走就走

打遭遇战——先发制人

打枣捎带粘知了——一举两得

打仗做买卖——战争贩子

打胀的皮球——一肚子气

打针拔火罐——当面见效

打针鼻眼里往外望——小瞧死人了

打针吃黄连——痛苦

打针眼里看人——小瞧人

打肿脸充胖子——死要面子活受罪；外强里虚；冒充富态

打准腹部——正中下怀

打准腰部才罢休——正中下怀

打着灯笼拉呱儿——明说

打着灯笼没处找——难得

打着灯笼偷驴——明人不做暗事

打着公鸡下蛋——强人所难

打着呼噜聊天——净说梦话

打着手电筒走夜路——前途光明

打着兔子跑了马——得不偿失

打着野猪去献佛——何乐而不为

打字机上的键盘——横竖不成话

打足了气的皮球——蹦老高；一肚子气；早晚要炸

打足气的轮胎——不怕压力

大白公鸡下花花蛋——离奇

大白天出星星——没谱；没见过

大白天打更——乱了时辰

大白天打劫——明目张胆

大白天的猫头鹰——睁眼瞎

大白天遇见阎王爷——活见鬼

大白天掌灯——多此一举；浪费

大鼻子的爸爸——老鼻子啦

大笔素描——粗线条

大便带出个擀面杖——恶（屙）棍

大伯背兄弟媳妇过河——费力不讨好

大伯哥见弟妹——没话说

大伯墓前哭爹——上错了坟

大伯子跟兄弟媳妇过——硬凑合

大草原上吹喇叭——想（响）得宽

大铲刨黄连——挖苦

大长鼻子产子——相（象）生

大车不拉——推行

大车后面拴小牛——歹毒（带犊）

大车后头套马——弄颠倒了；颠倒着做

大车拉煎饼——贪（摊）得多

大车拉王八——爱上哪儿上哪儿

大虫（老虎）吃耗子——囫囵吞

大虫吃小虫——一物降一物

大虫打哈哈——笑面虎

大虫的脑袋——虎头虎脑

大虫借猪——有借无还

大虫口里夺脆骨，骊龙颌下取明珠——好大的胆子；送死

大虫头，长虫尾——虎头蛇尾

大虫头，耗子尾——有始无终

大船出海——外行（航）

大船开到小河沟——搁浅

大船漏水——有进无出；有去无回

大船载太阳——勉强度（渡）日

大槌敲鼓——声声入耳

大锤把儿——专使后劲儿

大锤砸乌龟——硬碰硬

大慈悲看观音经——求人不如求己

大葱的皮——一层管一层

大葱掐了头——装蒜

大葱装蒜——不露头

大刀砍虱子——不上算

大刀上洒香水——能文（闻）能武

大刀斩小鸡——小题大做

大道边的驴——谁爱骑谁骑；你不骑我骑

大道边上贴布告——路人皆知

大道上洒香油，小道上捡芝麻——大处不算小处算

大堤上磕头——为何（河）

大地回春——百花齐放

大吊车吊灯草——轻巧；轻拿；不值一提

大吊车吊蚂蚁——轻而易举

大吊车吊小平板——稳拿

大动脉出血——赶快止住

大豆榨油——上挤下压

大肚罗汉吹喇叭——一团和气

大肚罗汉戏观音——睁只眼，闭只眼

大肚罗汉写文章——肚里有货

大肚女人过独木桥——铤（挺）而

走险（比喻无路走而只好冒着风险去行动）

大肚子不生孩子——枉担虚名

大肚子踩钢丝——铤（挺）而走险

大肚子穿裤子——没搭头

大肚子老婆骑驴——靠前不行，靠后也不行

大肚子上班——挺着干

大肚子上场——挺身而出

大肚子走悬崖——铤而走险

大耳牛——不听使

大粪车出村——装死（屎）

大粪缸里练游泳——真是不怕死（屎）

大粪烧臭蒿——臭上加臭

大粪装上火车——算是什么货

大风吹倒帅字旗——出师不利

大风吹倒梧桐树——有的说短，有的说长；自有旁人说短长

大风吹倒玉瓶梅——落花流水

大风吹翻麦草垛——乱糟糟

大风地里吃炒面——有口难开

大风地里吹牛角——两头受气

大风地里点油灯——吹了；一吹就了；难看

大风卷小雪——吹了；一吹就了

大风里卖炒面——吹了

大风天的蜡烛——吹了；一吹就了

大风天过独木桥——难通过

大风掀走窝棚顶——一下子全亮了底

大佛殿的罗汉——一肚子泥（比喻徒有外表而无真才实学）

大佛寺的大佛——半身全装

大夫摆手——没治了

大夫号脉——对症下药

大夫开棺材铺——死活都要钱

大伏天戴棉帽——乱套

大擀杖插到鸡窝里——捣蛋

大缸里放针——粗中有细

大缸里摸鱼——没跑

大哥不说二哥——彼此彼此

大个子盖小人被——顾头不顾脚

大个子站在矮檐下——抬不起头来

大公鸡吃米——不计其数

大公鸡打架——全仗着嘴

大公鸡闹嗓子——别提（啼）了

大公鸡上房顶——高明（鸣）

大公鸡住鸟笼——不宽松

大姑娘拜天地——头一回

大姑娘抱孩子——人家的；帮忙的

大姑娘不要婆家——假话

大姑娘裁肥裤——准备得早

大姑娘裁尿布——怪有远见；闲置忙用；赶早不赶晚

大姑娘出嫁——头一遭；又喜又怕

大姑娘穿花鞋——走着瞧

大姑娘当媒婆——缺少经验

大姑娘当媒人——先人后己；自顾不暇；有嘴讲别人，无嘴说自己

大姑娘荡秋千——欢跃欲飞

大姑娘的长辫子——往后甩；甩在脑后了

大姑娘的脊梁——女流之辈（背）

大姑娘的脸蛋——摸不得

大姑娘的鞋——净花样

大姑娘的心事——摸不透

大姑娘缝娃娃衣——总有用着的时候

大姑娘赶嫁妆——算日子

大姑娘怀孩子——满腹心事说不出

大姑娘嫁太监——享福没有受苦多；又喜又忧

大姑娘结婚——出格（阁）

大姑娘进男生宿舍——小脸通红

大姑娘看嫁妆——有主了

大姑娘哭儿子——胡咧咧

大姑娘盼闺女——想得太早

大姑娘骑驴——不配一点

大姑娘骑驴过街——到处招摇

大姑娘瞧新房——有日子的人啦

大姑娘上轿——磨磨蹭蹭；脸上哭，心里笑

大姑娘生的——见不得人

大姑娘说媒——有口难言

大姑娘讨饭——拉不开脸面；死心眼

大姑娘头一次见女婿（丈夫）——羞羞答答

大姑娘退订婚礼——不谈了

大姑娘相亲——忸忸怩怩

大姑娘想郎——敢想不敢说

大姑娘想婆家——口难开

大姑娘写信——情书

大姑娘绣花——细功夫；九曲十八弯

大姑娘绣嫁衣——穿针引线；细功夫

大姑娘养孩子——费力不讨好

大姑娘掌钥匙——有职无权；当家不做主

大姑娘肿脸——难看（比喻当众出丑）

大姑娘坐花轿——迟早有一次

大姑娘做嫁衣——闲时预备忙时用

大姑娘做客——羞羞答答

大牯牛的口水——太长

大牯牛落井里——有劲使不上

大观园里的闺秀——四体不勤，五谷不分

大观园里哭贾母——各有各的伤心处

大管子套小管子——不对口径

大闺女抱儿上街——不怕丢丑

大闺女的辫子——输（梳）定了

大闺女的荷包——花色多

大闺女的脾气——稳重

大闺女的围巾——绕脖子

大闺女看婆亲——做好准备

大闺女买假发——随便（辫）

大闺女盼郎——朝思暮想

大闺女祈祷——句句心里话

大闺女骑草驴——不简单

大闺女跳井——想不开

大闺女找男人——甭愁

大锅里熬鱼——水里来，汤里去

大海大洋里的小舟——不着边际

大海的潮水——时起时落；时好时坏

大海翻了豆腐船——水里来，水里去

大海捞针——没那么容易；无法下手；摸不着底

大海里捕鱼，深山里打猎——各吃一方

大海里荡舟——划不来

大海里的灯塔——光芒四射；指明航程

大海里的浮萍——没着落

大海里的黄花鱼——掀不起大浪

大海里的礁石——时隐时现

大海里的浪涛——波澜壮阔；一波未平，一波又起

大海里的沙粒——数不清

大海里的水——到哪里哪里嫌（咸）；永不自满；要多少有多少

大海里的水雷——一触即发

大海里的小船——风雨飘摇

大海里的一滴水——有你不多没你不少；渺小得很

大海里的鱼——经过风浪

大海里丢针——没处寻

大海里放鸭子——收不回来

大海里放鱼——各奔四方

大海里吐唾沫——不显眼

大海里下竿子——不知深浅

大海里行船，草原上放牧——漫无边际

大海里行船——乘风破浪

大海里腌咸菜——白费劲

大海里一片叶——漂浮不定

大海里捉鳖——不好捉摸

大海上起风暴——波澜壮阔

大海退了潮——水落石出

大汉子拉癫狗——人不松狗松

大旱天的甘霖——点点喜心头

大河边上的望江亭——近水楼台

大河的水——畅通无阻

大河决了堤——放任自流

大河里漂油花——一星半点

大河里淌下床单来——刘备（流被）

大河里洗煤炭——闲得没事干

大河里洗手——干干净净

大河里一泡尿——显不着

大河流水——管得宽；没完没了

大河涨水——泥沙俱下

大黑天没灯——难行

大黑天照镜子——没影儿的事

大红缎子上绣花——亮刷刷的

大胡子吃糖稀——撕扯不清

大胡子喝面汤——越吃越糊涂

大胡子买刀片——需（须）要

大胡子——难题（剃）

大花公鸡上舞台——谁跟你比漂亮

大花篮提水——有劲使不上

大花脸扮小生——改行

大花脸出场——先声夺人

大花脸的胡子——假的

大花脸的眼睛——活彩

大花脸发脾气——暴跳如雷

大花脸化妆——面目全非

大花脸画眉毛——超额

大花脸舞刀——耍威风

大花脸卸妆——恢复本来面目

大槐树底下等情人——急不可待

大槐树下挂灯笼——四方有名（明）

大火报警——一鸣惊人

大火烧到额头上——迫在眉睫

大火烧蚁窝——一举全歼

大伙都唱一个调——异口同声

大鸡不吃碎米——看不上眼

大家闺秀不出门——没见过大场面

大家看电影——有目共睹

大家提意见——一言难尽

大家小姐——口巧手拙

大江边的小雀——见过些风浪

大江大海一浪花——渺小

大江东去——永无休止

大江里撑船——探不到底

大江里的水泡——渺小

大江里漂浮萍——随波逐流

大江里抓鱼——人人有份

大将军骑马——威风凛凛

大脚穿小鞋——两头扯不来；钱（前）紧；迈步难；挤不进去

大脚女人——迈不出小步来

大街得讯小巷传——道听途说

大街上弹琴——听不听随你

大街上的疯子——惹不得

大街上的告示——有目共睹

大街上的挂钟——群众观点

大街上的红绿灯——有目共睹

大街上的霓虹灯——光彩夺目；引人注目

大街上的乞丐——蓬头垢面

大街上的行人——有来有往

大街上掂杂碎——提心吊胆

大街上搞募捐——多多益善

大街上卖笛子——自吹

大街上撒传单——自给

大街上生私孩子——当众出丑

大街上相亲——一厢情愿

大金牙说媒——满口谎（黄）言

大镜子当供盘——明摆着

大卡车开进小巷子——难转弯

大口唶住包子馅儿——抓重点

大口碗配个小盖子——合不拢

大款进高尔夫球场——打洞

大懒差小懒——都是懒汉

大懒使小懒——懒对懒；白瞪眼

大榔头砸豆腐——笃定

大浪打翻满船鱼——水里来，水里去

大老粗戴眼镜——硬装文化人

大老粗看佛经——茫然不懂

大老虎骑小老虎——马马虎虎

大老爷的惊堂木——官气（器）

大老爷开恩——放了

大老爷升堂——吆五喝六

大老爷下轿——不（步）行

大狸猫伸懒腰——唬（虎）起来了

大理石铺路——大材小用

大理石压咸菜缸——大材小用

大理石做门匾——牌子硬

大鲤鱼掉了鳞——一天比一天难过

大力士摆手——重要

大力士背碾盘——好大的力气

大力士进了铁匠铺——样样拿得起

大力士扔鸡毛——有劲使不上

大力士耍扁担——轻而易举

大力士绣花——不是干这活的料；力不从心；干不了细活；不对劲

大梁柁做文明棍——大材小用

大辽河的王八——净食吃

大流子的弟弟——二流子

大龙不吃小干鱼——看不上眼

大篓洒香油，满地拾芝麻——得不偿失

大路边的牡丹——众人共赏

大路边上裁衣服——有的说短，有的说长；自有旁人说短长

大路边上的碓窝——人人用

大路旁的小草——有你不多，无你不少

大路上长青草——死里求生

大路上的螃蟹——横行霸道

大路上的石头——明摆着

大路上的小石头——踢过来，踩过去

大路上的砖头——绊脚石；踢来踢去

大路上堆竹竿——蹩脚

大路上卖竹竿——这个说长，那个说短

大路上栽葱——白费劲

大轮船出海——畅通无阻

大轮船靠小港——挨不上

大轮船下锚——稳稳当当

大萝卜进菜窖——没影儿（缨）了

大麻风破皮——没治了

大麻风向着癞子哭——彼此彼此

大麻籽喂鸡——不是好粮食

大麻子喂麻雀——喂一个，跑一个

大马拉小车——有劲使不上

大马虾炒鸡爪——抽筋带哈腰

大麦掉在乱麻上——茫（芒）无头绪

大麦糊煮玉米糊——糊里糊涂

大麦芽做饴糖——好料子

大蟒吃猪娃——生吞活剥

大门板做棺材——屈才（材）；用才（材）不当

大门口的春联——年年有；一对红

大门口的石狮子——成双成对

大门口吊马桶——臭名在外

大门口挂灯笼——光耀门庭；一对儿；美名（明）在外

大门楼里放马桶——里外臭

大门楼里敲锣鼓——里外有名（鸣）声

大门上插秧——有门道（稻）

大门上的门神——是外人

大门上挂画——美名在外

大门上挂扫把——臊（扫）脸

大门外的砖头——踢出来的

大门外挂彩灯——美名在外

大米的弟弟——小米

大米饭串烟——变味了

大米饭里掺芋头——混着吃

大眠起来的春蚕——满肚子私（丝）

大拇指跟大腿比——小样；差一大截子

大拇指卷煎饼吃——自吃自

大拇指搔痒痒——随上随下（比喻听凭支使，照吩咐办事）

大拇指掏耳朵——难极了；难进；有劲使不上

大木料做馒把——大材小用

大南蛇厨屎——你还没见过厉害

大脑袋唱潘仁美——替人顶臭名

大年初一拜年——你好我也好；彼此彼此

大年初一吃饺子——随大流；年年都一样；人有我有；头一遭

大年初一吃面条——移风易俗

大年初一吃窝头——不香

大年初一串门——见人就作揖

大年初一打灯笼——年年如此

大年初一打拼伙——穷鬼们聚到一块了

大年初一打平伙——聚到一块了；穷凑合

大年初一逮兔子——有它过年，无它也过年（比喻微不足道，增减都不影响大局）

大年初一的袍子——借不得

大年初一翻皇历——头一回

大年初一见了面——净说好话

大年初一借袍子——不是时候；不识时务

大年初一看日历——日子长着呢

大年初一没月亮——年年都一样

大年初一生娃娃——双喜临门

大年初一死头驴——不好也算好

大年初一贴"福"字——吉庆有余

大年初一遇亲友——净说吉利话

大年初一早上见面——你好我也好

大年初一坐月子——赶在节上

大年初一做花圈——没心思玩乐

大年三十的案板——家家忙

大年三十的烟火——万紫千红

大年三十看皇历——没有日子了（比喻到了尽头）

大年三十没月亮——年年都一样

大年三十盼月亮——痴心妄想

大年三十晚上熬稀粥——年关难过

大年三十晚上卖门神——晚了

大年三十喂过年猪——来不及了

大年五更出月亮——离奇；头一回

大年午夜的鞭炮——天花乱坠

大年夜出太阳——离奇

大年夜的爆竹声——此起彼落

大年夜的蒸笼——热门货

大年夜里熬糯糊——贴对子

大年夜卖年画——不懂买卖经

大胖子穿小褂——不合身

大胖子爬竿——未必能上

大胖子骑瘦驴——不相称

大胖子跳井——深不下去；不深入

大胖子跳橡皮筋——软功夫

大胖子推磨——杜撰（肚转）

大胖子下山——连滚带爬

大胖子学游泳——浮力大

大胖子走窄门——自己跟自己过不去；难进

大胖子做前滚翻——滚球

大胖子坐小板凳——局促不安

大炮打麻雀——小题大做；不惜代价

大炮打群狼——一哄（轰）而散

大炮打跳蚤——小题大做；不惜代价；不划算

大炮打蚊子——大材小用

大炮的性子——爱轰

大炮轰苍蝇——不够本钱；大材小用；白费工夫

大炮轰瓷窟——土崩瓦解

大炮上刺刀——远近全能对付；蛮干

大炮筒里装手榴弹——不对口径

大炮筒子——不会拐弯

大鹏飞入网——只怕张不住

大鹏展翅——前程万里

大箩箩扣王八——跑不了

大锹刨黄连——挖苦

大巧背小巧——巧上加巧

大晴天晒山芋干——干干脆脆

大晴天遭冰雹——晕头转向

大庆王进喜——铁人

大热天吃炒豆——干干脆脆

大热天穿皮袄——不是时候

大热天掉到了冰窖里——透心凉

大热天掉进井里——从头凉到脚

大热天捧个烂西瓜——想扔舍不得

大热天送火炉——不是时候

大热天下暴雨——猛一阵；长不了

大人不计小人过——宽宏大量

大人不在家——讲小孩话

大人穿着小孩鞋——硬撑

大人的演出——不是儿戏

大人耍灯草——不称心

大扫帚抵门——软顶硬抗

大鲨鱼不吃小虾——看不上眼

大衫布做坎肩儿——亏了材料

大勺碰小勺——想（响）到一块了

大少爷种田——大手大脚

大舌头讲演——含含糊糊

大蛇过街——莽（蟒）行

大神不落土地庙——接不到

大声使铜银（指把铜质货币当银质货币使用）——公开作假

大圣吃毫毛——变得真快

大师傅熬稀粥——不在话下

大师傅拆灶——散伙（火）

大师傅打蛋——各个击破

大师傅的肚子——油水多

大师傅卷行李——散吹（炊）

大师傅下伙房——来了行家

大师傅蒸馍——不到火候不开锅

大石板上青苔毛——长不了

大石板压蛤蟆——鼓不起劲来

大石沉海——一落千丈

大石头压死蟹——以势压人

大世界（原上海著名的游乐场）里照哈哈镜——面目全非

大树底下的小草——见不得阳光

大树底下聊天——净说风凉话

大树底下晒太阳——阴阳不分

大树掉片树叶——无关大体

大树林里一片叶——有你不多，无你不少

大树上吊个口袋——装疯（风）

大树下歇凉——爽快

大树做椽子——揭（截）短

大水冲崩关帝庙——慌了神

大水冲了河坝——没题（堤）

大水冲了龙王庙——一家人不认识一家人

大水冲了菩萨——留（流）神；绝妙（庙）

大水缸里捞芝麻——难上加难

大水牛钻进象群里——比比还是小弟弟

大松树栽在花盆里——屈才（材）

大松树做柴烧——大材小用

大蒜剥皮——层层深入

大蒜调冻豆腐——难办（拌）

大蒜发芽——多心

大蒜结子——抱成团

大蒜苗当枕头——昏（荤）头昏（荤）脑

大太阳底下喝老酒——里外发烧

大铁锤敲铜锣——响当当

大厅里放盆火——满堂红

大厅中央挂字画——堂堂正正

大头猫作揖——腐败（虎拜）

大头蛆拱磨盘——白费劲

大头娃娃跳舞——改头换面

大头鱼（鳕鱼）背鞍子——跑江湖

大头针包饺子——露馅儿；扎心

大腿上把脉——不对路数；瞎摸胡来；不是地方

大腿上绑铜锣——走到哪儿响到哪儿

大腿上长疔疮——走到哪儿坏到哪儿

大腿上挂篷帆——一路顺风

大腿上挂铜铃——走一步响一步

大腿上画老虎——吓不了哪一个；吓唬老百姓

大腿上贴对联——算哪一门

大腿上贴门神——人走神搬家；走了神

大腿上贴商标——走到哪儿宣传到哪儿

大碗盖小碗——管得拢

大碗装糍粑——稳稳当当

大网捕小鱼——劳而无功

大网行里抛拖锚——自找麻烦

大尾巴狼装猎狗——只要脑袋像就行

大苇坑的蛤蟆——干鼓肚

大雾里看天——迷迷糊糊

大雾笼罩山腰——不识真面目

大雾天放鸭子——有去无回

大雾天看山峰——渺茫

大犀鸟离森林——活得不耐烦

大椰花喂牛——不经大嚼

大虾炒鸡爪——蜷腿带拱腰（比喻卑躬屈膝、低三下四的样子）

大虾掉进油锅里——闹了个大红脸

大下巴吃西瓜——滴水不漏

大厦将倾——独木难支

大象踩皮球——经不起

大象吃豆芽——不够塞牙缝；不够嚼

大象吃黄连——苦相（象）

大象吃蚊子——无从下口

大象逮老鼠——有劲使不上

大象的鼻子——能屈（曲）能伸

大象的屁股——推不动（比喻极其顽固、保守）

大象的牙，骆驼的峰——生就的骨头长就的肉

大象喝水——有度量

大象呼吸——双管齐下

大象换老鼠——不划算

大象进猪场——超群出众

大象口里拔牙齿——不是好惹的；不好办；好大的胆子

大象敲门——来头不小

大象身上的跳蚤——微不足道

大象抓凤凰——眼高手低

大象走路——稳稳当当；稳重

大小号齐奏——双管齐下

大小姐织布——手忙脚乱

大小子撵鸭子——呱呱叫

大猩猩穿马甲——装人

大熊猫吃秤砣——铁了心

大学生宿舍——公寓

大学生做加减法——太简单了

大雪落在海里头——看得见，摸不着

大雪天找蹄印——离奇；难极了

大烟鬼的牙——黑啦

大烟鬼拉车——有气无力

大眼瞪小眼——面面相觑

大眼筛子里捉黄鳝——跑的跑，溜的溜

大眼筛子盛米——一个不留

大眼网捕鱼——白费工夫；溜了小的

大眼贼（黄鼠）掉到昆明湖——不着边际

大眼贼哭兔子——本是一路货

大眼贼碰上仓老鼠——大眼瞪小眼

大雁吃莲秆——直脖子（比喻由于惊恐或凝神注目而伸长了脖子）

大雁东南飞——趾高气扬

大雁飞过拔根毛——总要捞一把

大雁飞行——成群结队

大雁跟着飞机跑——落后了

大雁和鹭鸶对歌——南腔北调

大洋马生骡子——杂种

大爷和太爷——只差一点

大衣柜没把手——抠门儿

大姨妈打鞋底——常（长）扯

大阴天吃凉粉——不看天气

大油烹鸡子儿——浑（荤）蛋

大鱼吃小鱼，小鱼吃虾米，虾米吃青泥——一物降一物；强者为王

大鱼吃小鱼，小鱼吃虾米——弱肉强食

大鱼嘴边的虾子——跑不了

大雨天打麦子——难收场

大雨天上房——找漏洞

大禹治水——不顾家

大丈夫的肚量——能屈能伸

大轴和马达——只有一个心眼儿

大轴里套小轴——话（画）里有话（画）

大字丢了横——装人样

大字写成太——多了一点

大自然的风——来去匆匆

大嘴乌鸦吃食——一副贪相

5

呆女嫁痴汉——谁也不嫌谁

呆子把脉——摸不着

呆子帮忙——越帮越忙

呆子不识走马灯——来的来，去的去

呆子吃盖杯——四下无门

呆子吃砒霜——找死

呆子观灯——一片明

呆子哼曲子——没谱

呆子进迷宫——摸不清东西南北

呆子看戏——光图热闹

呆子看烟火——傻了眼

呆子求财——多多益善

呆子求情——有理说不清；讲不清道理

呆子娶个秃老婆——两将就

呆子学铁匠——不识火色

呆子做账房先生——糊里糊涂

代别人写情书——不是真心

带刺的藤子——碰不得

带刺的铁丝——难缠

带刺的鲜花——好看是好看，有点扎手

带壳的核桃锅里煮——油盐不进

带了秤杆忘了砣——丢三落四

带泥的萝卜——有点土气

带你上天你还有气——不识抬举

带皮的板栗——浑身是刺

带素珠的老虎——假念弥陀（比喻假装心善）

带拖斗的卡车——拖拖拉拉

带崽的母老虎——分外凶

带着秤杆买小菜——斤斤计较

带着花岗岩脑袋见上帝——死不

改悔

带着救生圈出海——有备无患

带着老婆出差——公私兼顾

带着尿盆坐大堂——赃（脏）官

带着碗赶现成饭——白吃

带着烟不抽——装着玩

带着自行车乘汽车——多余

待人不分厚薄——一视同仁

袋鼠的本事——会跳

逮个兔子不剥头——给留着脸哩

逮个兔子死了鹰——得不偿失

逮鸡舍得一把米——以小诱大

逮兔子不用猫——有权（犬）

逮兔子打狐狸——一举两得

逮鱼的不带网——全凭手摸

戴草帽亲嘴——差一大截；对不上口；勿碰头

戴草帽扎猛子——下不去

戴穿了的帽子——出头了

戴大红花回朝——大功告成

戴大帽子穿小鞋——头重脚轻

戴斗笠打伞——双保险；多此一举

戴斗笠坐席子——独霸一方

戴碓窝玩狮子——劳而无功

戴耳环画眉毛——耳目一新

戴粪筐坐堂——赃（脏）官

戴钢盔登脚手架——硬着头皮上

戴钢盔爬树——硬着头皮上

戴瓜皮帽穿西服——土洋结合

戴红缨帽上树——红到顶了

戴假发画花脸——面目全非

戴口罩亲嘴——隔着一层

戴口罩——嘴上一套

戴礼帽的偷书——明白人办糊涂事

戴了笆斗进庙门——想充大头鬼

戴墨镜上煤堆——一团漆黑

戴木头眼镜看书——视而不见

戴起麻布帽子跳加官——苦中作乐

戴起眼镜迎客——看你来不来

戴上笼头的小毛驴——听人使唤

戴上面具的猴子——没脸见人

戴上捂眼的驴——转开了磨

戴特大帽子穿胶鞋——头重脚轻

戴乌纱帽弹棉花——有功（弓）之臣

戴孝帽进灵棚——随大流

戴孝帽看戏——乐而忘忧

戴眼镜拨算盘——找仗（账）打

戴眼镜买车轴——各对各眼

戴有色眼镜看人——有失本色

戴着斗笠亲嘴——差着一帽子

戴着碓窝拜年——费力不讨好

戴着鬼脸上街——不当人

戴着脚镣爬山——寸步难行

戴着帽子鞠躬——岂有此理（礼）

戴着帽子找帽子——糊涂到顶了

戴着面具进棺材——死不要脸

戴着面具——脸皮厚

戴着面具亲嘴——没一点人情味

戴着面具上街——没脸见人

戴着面具跳舞——谁还认识谁

戴着面罩做人——其貌不扬

戴着墨镜倒骑驴——尽走黑道

戴着木头眼镜——看不透

戴着破表讲话——说不准

戴着手套握手——不够礼貌

戴着乌纱帽不上朝——养尊处优

戴着孝帽去道喜——自讨没趣

戴着眼镜买车轴——各对其眼

戴着眼镜挑媳妇——看花了眼

戴着眼镜找眼镜——昏了头

戴着纸斗篷亲嘴——不相称

戴着雨帽进庙门——冒充大头鬼

黛玉焚稿——忍痛割爱

6

单车对炮双士——分不出高低

单车对士象——和为贵

单车杀不了马双象——不信试试看

单车追汽车——望尘莫及

单根青丝拴磨盘——千钧一发

单箭射双雕——一举两得

单口相声——一个人说了算；都听你的

单枪匹马上阵——孤胆英雄

单人表演——唱独角戏

单扇门没有闩——硬顶

单身汉分到房——自成一家

单身汉过日子——独揽一切

单身汉跑江湖——无牵无挂

单身汉碰到和尚——全是光棍

单身汉娶媳妇——自作主张；自拿主意

单身汉宿舍——没老没少的

单身汉填表——无事（氏）

单身汉要抱孙子——想得太远了

单手举磨盘——独力难撑

单眼儿看老婆——一目了然

单眼看布告——睁只眼，闭只眼

单眼看花——一目了然；白费劲

单眼挑媳妇——一眼看中

担百斤行百里——任重道远

担山填海——力不能及；白费工夫

担水的扁担进门——直来直去

担水往河里卖——劳而无功

担心手臂比腿粗——多余

担雪填深井——误人不浅；白费工夫

担着石磨赶庙会——负担太重

担子两头挂红灯——挑明

胆小鬼打仗——临阵脱逃

胆小鬼当兵——上不了阵

胆小鬼的眼睛——见什么都怕

胆小鬼偷东西——忐忑不安

胆小鬼走夜路——提心吊胆；腿软心虚

胆小鬼坐飞机——抖起来了

胆汁拌黄连——苦上加苦

胆汁滴在眉毛上——苦在眼前

掸子没毛——光棍一条

弹弓打飞机——差得远；挨不上

弹弓射鸟——由下向上

弹花匠的女儿——会谈（弹）不会访（纺）

弹花匠进官——有功（弓）之臣

弹棉花的戴乌纱帽——硬装有功（弓）之臣

弹琵琶的人——爱抖擞

弹弦儿吧嗒嘴——说啥不够调儿

弹药库爆炸——火气太大

弹药库房——不能发火

弹药库里玩火——万万不可

弹子掉在铜锣里——响当当

淡水蟹——吃不得咸水

淡水鱼放在咸水里——不知死活；死活不知

蛋打鸡飞——两头空

蛋壳垫桌脚——支撑不住

蛋壳黄都没干——卖啥老哩

蛋壳里做道场——摆不开架势

7

当婊子竖牌坊——不知羞耻

当兵的背算盘——找仗（账）打

当兵的垒灶——安营扎寨

当差放私骆驼——假公营私

当风扬灰——一吹就散

当官不坐高板凳——平起平坐

当官的拍桌子——惊堂

当官丢了印——昏了头

当和尚不敲钟——白吃饭

当红娘还包生崽——负责到底

当会计的——会打算盘

当家神（灶神）卖土地——一贫如洗

当了皇帝想成仙——贪得无厌

当了将军——就得传令

当了衣服打牙祭（偶尔吃顿丰盛的饭）——顾嘴不顾身

当了衣服换酒喝——顾嘴不顾腔

当了衣裳买粉搽——穷讲究；穷打扮

当面剥葱——一层一层地摆摆（比喻一件事一件事地说清楚）

当面锣，对面鼓——明打明敲

当面是人，背后是鬼——伪君子；阳一套，阴一套

当面诵善佛，背后念死咒——阳奉阴违

当娘的打扮小闺女——入细入微

当铺的阿哥——不肯认错

当铺的买卖——沾手三分肥

当铺丢娃娃——拿人不当人

当铺柜台——高得很

当铺里卖孩子——贱人

当上潜水员——下海了

当头炮——将住军啰（比喻给人出难题，使人为难）

当夜捉贼当夜送衙——马上行事；事不过夜

当一天和尚撞一天钟——得过且过

当贼的说梦话——想偷

当着老丈人唱淫曲——有眼不识泰山

当着阎王告判官——没有好下场

当着丈母娘唱淫曲——不开眼

挡风板当锅盖——受了冷气受热气

挡风玻璃做锅盖——明受气

荡货船——两头翘

61

8

刀把老鼠——最刁

刀底下的豆腐——任人宰割

刀剁自己的脚指头——自觉（脚）
自愿

刀割韭菜——一茬一茬地来

刀搁脖子——危在旦夕

刀架心头上——忍了

刀尖上安翅膀——飞快

刀尖上打拳——站不住脚（比喻不
能再继续停留下去）

刀尖上赌气——活不久

刀尖上翻筋斗——不怕死；冒险；
玩命的事

刀尖上过日子——危在旦夕

刀尖上立正——站不住脚

刀尖上抹手——冒险；危险

刀尖上耍把戏——不要命；玩命干

刀尖上耍杂技——瞎逞能

刀尖上跳舞——凶多吉少

刀尖上走路——玄乎

刀砍大海水——难舍难分

刀口上舔糖——冒险；危险

刀口下的绵羊——任人宰割

刀口遇滚水烫——疼痛难忍

刀里夹箭——给你个冷不防

刀马旦不会刀枪——笨蛋（旦）；
徒有虚名

刀马旦出身——会打

刀劈毛竹——迎刃而解；干脆利索；
一分为二

刀切大葱——两头空

刀切酥油——两面光

刀子切元宵——不圆满；不愿（圆）

刀刃上踩高跷——冒险；危险

刀刃上抹鼻涕——难下手

刀刃上骑车——不要命的主儿

刀剐黄连木——刻苦

刀子插进胸口——伤透心肝

刀子插在鞘里——锋芒不露

刀子对斧子——硬过硬

刀子哄小孩——不是玩意儿

刀子上打滚——身子硬

刀子耍在铁匠铺——不是地方

刀子遇见斧子——是个对手

刀子扎进肚里——心疼

刀子嘴，豆腐心——嘴硬心软；口
恶心善

导弹打飞机——同归于尽；跟踪
追击

导火线上拴炸药——一触即发

导演舞竹子——有节拍

导游者领路——引人入胜

倒背手放风筝——扯远了

倒背手看鸡窝——不简单（捡蛋）

倒长的山藤——根子在上头

倒吃甘蔗——一节比一节甜；甜头
在后

倒吃糖葫芦——大的在后头

倒吊的腊鸭——一嘴油

倒翻芝麻担——难以收场

倒粪倒出耙齿——又臭又硬

倒钩藤子揍娃娃——连拖带打

倒挂的狐狸——翘不起来

倒糠拍箩——一点不留

倒了庙宇压碎神像——失灵

倒了碾盘砸了磨——实（石）打实（石）

倒了五味瓶子——苦辣酸甜咸都有

倒了油瓶子不扶——袖手旁观；懒到家了

倒骑毛驴——往后瞧

倒瓢的冬瓜——一肚子坏水

倒闲话，落不是——全坏在嘴上

倒泻一篓蟹——各人手硬各人扒

倒爷发家——不义之财

倒在地上的水银——无孔不入

倒在地下的水——舀不起来

倒坐炕沿扇扇子——耍风流

捅了马蜂窝——不能善罢甘休

捣蒜剥葱——各管一工

捣蒜槌子打鼓——懂（冬）

捣蒜槌子——独根儿

到处埋雷——危机四伏

到处下蛆的苍蝇——无缝不钻

到饭馆里买葱——未必给你（比喻找错了门路，不会达到预期的目的）

到河边才脱鞋——事到临头

到火神庙求雨——找错了门

到了黄山想泰山——这山望着那山高

到了火车站——鬼（轨）多

到了奈何桥又回来——死不成

到了山顶想上天——贪得无厌

到了悬崖不勒马——死路一条

到了重庆——双喜

到庙里借梳子——找错了门

到派出所领东西——物归原主

到手的肥肉换骨头——心有不甘

到站的火车——叫得响，走得慢

盗马贼挂佛珠——假正经

盗马贼披袈裟——嫁祸于人

盗墓贼作案——捣鬼

道场里面打跟头——凑热闹

道人的头发——绾起

道士吹螺号——吓鬼

道士打醮（旧时道士设坛念经作法事）——鬼使神差

道士的辫子——绾得紧

道士掉了令牌——没法

道士念佛经——不务正业

道士念经——照本宣科

道士跳法场——装神弄鬼；鬼使神差

道士舞大钳——少见（剑）

道士遭雷打——作法自毙

道士捉妖——有福（符）

道士遭鬼打——作法自毙

稻草包黄鳝——溜啦

稻草弹被絮——不是正胚子

稻草点灯——十有九空

稻草肚子棉花心——虚透了

稻草堆里埋石头——软中有硬

稻草堆里找跳蚤——痴心妄想

稻草盖珍珠——内中有宝；外贱内贵

稻草秆打人——软弱无力

稻草个儿包老头——丢大人

稻草灰——随人捏

稻草人绑布条——吓唬小麻雀

稻草人跌跤——腰杆子不硬

稻草人放火——害人先害己

稻草人干活——不分昼夜

稻草人过河——不成（沉）

稻草人救火——引火烧身；自取灭

亡；自顾不暇；同归于尽

稻草人救人——自身难保

稻草人烤火——不要命了

稻草绳子拔河——经不住拉

稻草绳子做裤腰带——尴尬

稻场撒网——空捕一场

稻秆敲锣——不响

稻秆做枕头——草包一个

稻田夹菜地——黄一块青一块

稻田里拔稗草——拖泥带水

稻田里插秧——以退为进；后来居上

稻田里的稗子——你算哪棵苗

稻田里盖猪圈——肥水不落外人田

稻田里干活——拖泥带水

稻田里拉犁耙——拖泥带水

稻田里捉龟——十拿九稳

稻子去了皮——白人（仁）

9

得病不吃药——熬；看你怎么好

得到屋子想上炕——贪得无厌

得过且过——不求上进

得阑尾动手术——除恶务尽

得了口腔炎——一张烂嘴巴

得了狂犬病的恶狗——正在风（疯）头上

得了脑膜炎——坏透顶了

得了失眠症——没精打采

得了五谷想六谷，有了肉吃嫌豆腐——欲无止境

得了雨衣还要伞——贪得无厌

得陇望蜀——贪得无厌

得牛还马——礼尚往来

得势的猫儿——雄似虎；欢似虎

得一望十，得十望百——贪得无厌

得鱼丢钩——忘恩负义

德州扒鸡——窝着脖子别着腿

10

灯草变黑——死了心（芯）

灯草撑屋梁——做不了主（柱）

灯草搓绳，烂板搭桥——枉费心机

灯草搓绳绑野马——白费劲

灯草搓绳——紧不起来

灯草搭浮桥——走不得

灯草打鼓——想（响）不起来；不想（响）

灯草打孩子——只是吓唬吓唬

灯草打老牛——不痛不痒

灯草打锣——不想（响）

灯草打圈圈——扯不得

灯草打人——软弱无力；又爱又恨；不痛不痒

灯草打围墙——一点没事

灯草当秤砣——没有分量

灯草当拐棍——使不上劲

灯草抵门——靠不住

灯草点灯不用油——心（芯）好

灯草点火——有一分热，发一分光

灯草吊颈——做作；死不了

灯草吊乌龟——提不起

灯草掉在水里头——不成（沉）

灯草扎风筝——飘浮得很

灯草赶苍蝇——软收拾

灯草拐棍——难撑；不可靠；主
（拄）不得；做不得主（柱）

灯草灰过大秤——没分量

灯草灰——轻狂

灯草灰咽肚里——说话没分量

灯草捆草蛇——别提他（它）

灯草栏杆——靠不住

灯草剖肚——开心

灯草铺桥——过不去；走不得

灯草烧灰——飘飘然

灯草芯吊脖子——吓唬人

灯草织布——枉费心机

灯草做火把——一亮而尽

灯草做琴弦——不值一谈（弹）

灯蛾扑火——甘心找死；惹火烧身

灯迹不叫灯迹——笑面虎

灯尽油干——玩儿完

灯笼点蜡烛——心里亮

灯笼赶集——白瞪眼

灯笼救火——自焚

灯笼做枕头——承受不起；难撑

灯谜晚会——耐人寻味

灯下点烛——白费蜡

灯芯草挑刺——太软

灯影子里相媳妇——一白遮百丑

灯影子上饭馆——人多不吃食

灯影子作揖——下毒（独）手

灯盏里放毛线——变了心（芯）

灯盏里没灯草——无心（芯）

灯盏里洗澡——不晓得大小

灯盏上烧柴——放不下心（薪）

灯盏添油——不变心（芯）

灯盏无油——干熬；光费心（芯）；
火烧心（芯）（比喻非常着急，心急如焚）

登记结婚不同居——无妨（房）

登山运动员的氧气——受气的布袋

登上架子——总认为自己高

登上山顶望平地——回头见高低

登上泰山想升天——好高骛远

登太行望运河——远水不解近渴

蹬着刀尖进虎口——步步危险

蹬着梯子上天——没门儿

等公鸡下蛋——没得指望

等号后边画个圈——等于零

凳子比桌子还高——没大没小

凳子上插尖刀——坐不得

凳子上抹石灰——白挨

瞪着眼吹死猪——长吁短叹

瞪着眼睛咬着牙——怀恨在心

11

的确凉衬衫——看透了

的确凉做抹布——浪费材料

低个子看戏——随上人家说

低栏杆——靠不着

低头放焰火——刺眼

低头狗——暗下口

低头拉车——看不远

低着头走路——想事儿

羝羊触藩——进退两难

滴水穿石——非一日之功

滴水崖上滴水——没完没了

笛子吹火——到处泄气

笛子独奏——自吹

笛子没眼——吹不响

笛子配铜锣——响（想）不到一块

抵门杠做牙签——大材小用

地板擦子刷地——拖泥带水

地板上的骨头——没人肯（啃）

地板上放书——没架子

地板上铺地毯——不能拖

地道里布罗网——来一个，捉一个

地道里点灯——实在不高明

地道里开车——暗中来往

地道里卖黄金——不见得高贵

地道里卖门神——看出来的好话（画）

地道里下台阶——步步深入

地道里找对象——要求不高

地道里找人——暗中查访

地道里找绳子——暗中摸索

地道里照相——脸上不光彩

地道里装机关——看谁敢来

地洞里藏老鼠——见不得阳光

地洞里的瞎老鼠——怕见太阳

地府里打官司——死对头

地府里打冤家——鬼打鬼

地府里厕屎——懒鬼

地瓜不叫地瓜——白数（薯）

地瓜地里种豆角——纠缠不清

地瓜冒热气——熟透了

地黄瓜丢架子——嫁（架）不得

地脚螺丝——动不得

地窖里打灯笼——来明的

地窖里活命——难见天日

地窖里聊天——说黑话

地老鼠交给猫看——十有九空

地老鼠跑江湖——走路不少，见天不多

地里的萝卜——上清（青）下不清（青）

地里的蚯蚓——土生土长；能屈（曲）能伸；成不了龙；有股钻劲

地里的薤白——装蒜

地里的庄稼苗——顺风倒

地里的庄稼——土生土长

地面上的水——哪里低往哪里流

地皮上割草——不去根

地平线——天壤之别

地球安把——没法提；提不起来

地球绕着太阳转——周而复始

地上的蚂蚁——数不清

地上的爬虫——没骨头

地上的野草——除不尽

地上的影子——看得见摸不清；你走他也走

地上的砖头——踢一踢，动一动

地上捡起来的饼——不干不净

地上跳到炕上——不足为奇

地上栽电杆——正直

地烧三尺——寸草不留

地摊上卖暖壶——水平（瓶）有限

地毯上寻针——吹毛求疵（刺）

地头蛇，母老虎——不是好惹的

地头蛇请客——福祸莫测

地图上画个圈——谁知道有多大

地图上量距离——咫尺万里

地下摆摊——没有架子

地下流出来的水——来路不明

地狱里碰见救命菩萨——死里求生

地主的狗腿子——仗势欺人

地主老爷的碗——难端

弟兄们分家——另起炉灶

弟兄俩骂娘——自骂自

第六个手指——多余

第四篇　G

1

更夫打瞌睡——白吃干饭

耕地里背口袋——有种

耕地里甩鞭子——吹（催）牛

耕牛吃羊草——怎能吃得饱

耕牛吃庄稼——不分彼此

耕田的老牛——被人牵着鼻子走

2

工地上打夯——靠猛劲

工人做工农民种地——历来如此

弓起腰杆子淋大雨——背时（湿）

公安局门口打警察——没事找事

公安人员蹲监狱——以身试法

公安人员追上门——不是好案

公爹背着儿媳妇——挨压不值

公公背儿媳妇朝华山——费力不讨好

公公给儿媳妇揩鼻涕——好心成恶意

公公跨进媳妇房——进退两难

公共厕所里响地雷——激起公愤（粪）

公共汽车过站头——一靠就走

公鸡不下蛋——理所当然

公鸡长牙咬狐狸——成精作怪

公鸡吃了黄连籽儿——苦也不敢提（啼）

公鸡吃蜈蚣——一物降一物

公鸡打架——看谁的嘴巴厉害；头对头

公鸡打鸣，母鸡下蛋——各尽其责

公鸡打鸣——不简单（见蛋）

公鸡戴草帽——官（冠）上加官（冠）

公鸡跌下油缸——毛光嘴滑

公鸡飞上屋脊——到顶了；唱高调

公鸡割嗓子——别提（啼）了

公鸡给豺狼拜年——凶多吉少

公鸡害嗓子——提（啼）不得；名（鸣）声不好

公鸡和蜈蚣——见不得面

公鸡难下蛋——肚里没有

公鸡暖蛋儿——守不住窝

公鸡跑乱麻——脱不了爪

公鸡碰上恶猫——有理说不清

公鸡翘尾巴——叫死（时）

公鸡生蛋马生角——痴心妄想

公鸡耸冠子——神气活现

公鸡头上挨枪子——灌（冠）倒

公鸡头上插鹅毛——一语（羽）双关（冠）

公鸡头上刷糨子——昏官（混冠）

公鸡头上一块肉——大小是个官（冠）

公鸡尾巴——翘得老高

公鸡下蛋狗长角——弥天大谎；怪事一桩；怪事

公鸡下蛋猫咬狗——不可思议

公鸡中了蜈蚣毒——叫得难听

公鸡钻草垛——顾头不顾尾

公鸡钻篱笆——进退两难

公鸡钻灶——官僚（冠燎）

公路道班——各管一段

公路上的警告牌——引以为戒

公牛打架——有闯（撞）劲

公婆打官司——各说各有理

公说公有理，婆说婆有理——不知谁是谁非

公孙并坐——大小不分

公堂里造反——无法无天

公羊下羔——没指望

公要抄手婆要面——左右为难；众口难调

公园里的长颈鹿——就你脖子长

公园里的猴子——众人共赏

公园里的游客——三五成群

公园里开碰碰车——难免相撞

公园里看灯展——走着瞧

公主娘娘嫁花子——无可奈何

公子婆小姐——两相配

宫女患病——相思症

宫廷的宝贝——与我何益；与我何干

共吃水果拣大个——爱占便宜

共工（古代神话人物）造反——天昏地暗

3

沟边大树——见识（湿）多

狗扒鸡蛋——怪事

狗背上贴膏药——两不沾（粘）；毛病

狗鼻子插葱——装相（象）

狗不吃屎，狼不吃肉——假装；装假

狗不咬刺猬——教训过来的

狗长犄角——出洋（羊）相

狗扯连环——谁看不出

狗扯羊肠——越扯越长

狗吃不了日头——时间长着哩

狗吃豆腐——拣着软的下嘴

狗吃豆腐脑——闲（衔）不住

狗吃高粱——巴结（扒节）

狗吃黄瓜——错了时（食）

狗吃芥末——干瞪眼

狗吃麻花——干干脆脆

狗吃麦麸子——不见面；难见面

狗吃门帘子——瞎扯

狗吃泥娃娃——没有人味

狗吃牛屎——只图多

狗吃糯米粑粑——难张口；玩嘴

狗吃青草——长着一副驴心肠；装样（羊）

狗吃热肉——又爱又怕

狗吃石灰——一张白嘴

狗吃糖稀——不断头

狗吃天——没处下口

狗吃王八——找不着头（比喻没有头绪，或找不着负责人）

狗吃油条——油嘴滑舌

狗吃猪肠——撕扯不清

狗吃猪屎——好坏不分

狗吃主人心肝——忘恩负义

狗吃粽子——解不了那个扣；其实（食）不解

狗穿戏衣——狗性难收

狗打哈哈——一张臭嘴

狗打哈欠——不喘人气

狗打架——一嘴毛

狗打喷嚏——三日晴

狗打砂锅——乱撞一气

狗打石头人咬狗——岂有此理

狗逮老鼠——多管闲事

狗逮老鼠猫看家——反常；就生避熟

狗戴顶子——装出大人物的款儿了

狗戴嚼子——胡勒

狗戴礼帽——假装文明人；不像人样

狗戴箩筐——藏头露尾

狗戴人面具——本性难移

狗戴沙罐——晕头转向；藏头露尾

狗挡狼——两惊慌

狗的牙齿——参差不齐

狗等骨头——干着急；心里急

狗叼白菜帮——像块肉似的

狗叼骨头——本性难移

狗叼来的肉猫吃了——坐享其成

狗掉进水沟里——时髦（湿毛）

狗逗鸭子——呱呱叫

狗肚子——装不下四两酥油

狗对茅坑发誓——无用

狗对庙门叫——费（吠）神

狗屙狗屎——臭死人；死臭

狗儿坐轿——不识抬举

狗耳朵上戴了银响铃——扬扬得意

狗发誓不吃屎——没人信

狗吠日头——不识天有多高

狗吠月亮——空汪汪；少见多怪

狗赶鸭子——惹起来的叫唤；越赶越深

狗赶秧鸡——各顾各（咯咕咯）

狗给老虎搔痒痒——好心不得好报

狗跟在主子后咬人——狗仗人势

狗喝凉水——耍舌头

狗黑子（狗熊）念经——糊糊涂涂；没人听；难听

狗黑子掰棒子——掰一个丢一个

狗黑子吃饱——不认大马勺

狗黑子吹火——没有人气

狗黑子担皮球——大笨蛋

狗黑子跑到戏台上——当面出丑

狗黑子绣花——硬逞能

狗急跳墙——逼出来的；最后一着

狗见扁担——拔腿就跑

狗见了主人——摇头摆尾

狗见热油——高兴又害怕

狗见兔子——奋起直追

狗进厨房——嘴上前

狗进茅坑——文（闻）进文（闻）出

狗看星星——看不出稠稀；一片明

狗啃骨头——津津有味

狗啃麦根——装样（羊）

狗啃南瓜——无从下口

狗啃尿脬——空欢喜

狗啃石狮子——不可思议

狗啃碗片——满嘴词（瓷）儿（比喻讲起理论一套一套的）

狗啃西瓜——没处下口

狗啃象——不自量

狗啃油磨——溜舔一圈

狗拉烂羊皮——撕扯不清

狗揽八堆屎——管得宽

狗脸上长毛——翻脸不认人

狗脑壳上长角——洋（羊）气

狗撵狼——两面怕

狗撵兔子——急起直追

狗撵鸭子——呱呱叫

狗尿苔打卤——天生不是好蘑菇

狗尿苔长在金銮殿上——生到好地方了

狗尿苔长在山顶上——味虽不好根子硬

狗爬到猪槽里——吃混食

狗怕棍子牛怕鞭——一物降一物

狗跑到天边——本性还在

狗皮膏药补渔网——百孔千疮

狗皮膏药贴脓疮——揭也揭不掉啦

狗皮挂在墙上——不像话（画）

狗皮帽子——没反正

狗皮上南墙——太不像话（画）

狗皮上贴膏药——不沾（粘）；怕不沾（粘）哩

狗皮袜子——没反正

狗屁股塞黄豆——一窍不通

狗扑蚂蚱——细打细吃

狗抢到肉丸子——独吞

狗肉包子——上不了台盘；上不了席

狗肉——不上席面

狗肉炖野猫——搁到锅里一个味

狗肉贴在羊身上——栽赃（脏）

狗肉账——难算；难清

狗上锅台——不识抬举

狗上瓦坑——有门路

狗舌头舔刀口——不晓得厉害

狗身上寻圪针（某些植物枝梗上的刺儿）——吹毛求疵（刺）

狗生气咬猪腿——拿别人出气

狗屎搓绳——不搭茬

狗屎堆——没人理

狗屎做钢鞭——文（闻）不能文（闻），武（舞）不能武（舞）

狗舔锅台——溜沟子

狗舔碾子——软磨硬

狗守厕所——定有目的

狗撕皮袄——胡扯

狗死狗蚤死——同归于尽

狗蹄架葡萄——不成材料

狗蹄子打马掌——对不上号

狗舔锅底——碰一鼻子灰

狗舔空沙罐——乏味

狗舔猫鼻子——居心不良

狗舔磨盘——干赚（转）

狗舔油——一扫光

狗挑门帘——露一鼻子；全靠嘴

狗贴饼子——胡闹锅台

狗听人放屁——白欢喜

狗偷热油粑——又爱又怕

狗头摆在餐桌上——不相称

狗头绑皂角——装样（羊）子

狗头军师——尽出歪主意

狗头上插花——不配

狗头上长出角来——洋（羊）式的

狗头上戴眼镜——混充人；装文明人

狗头上的毛——长不了

狗头上放干鱼——靠不住

狗吐舌头——热的；热得心慌

狗推门子——嘴上前

狗腿子进村——四邻不安

狗腿子下乡——来者不善；百姓遭殃

狗吞辣椒——够呛

狗吞糖瓜——心里甜

狗娃跳圈圈——看主人的鞭子

狗望碗柜——痴心妄想

狗尾巴草长在墙缝里——根子不正

狗尾巴草充粟谷——妄自尊大

狗尾巴戴串铃——假装大生灵

狗尾巴的露水——经不起摇摆（比喻经不得考验）

狗尾巴上系鞭炮——追着炸

狗尾巴拴秤砣——拖后腿

狗尾巴沾糖稀——甜毛

狗尾巴做钢鞭——文（闻）不能文（闻），武（舞）不能武（舞）

狗尾巴做弦——不值一谈（弹）

狗尾草长在金銮殿上——生到好地方了

狗窝里长狗尿苔——没有好货

狗窝里放油糕——没指望

狗窝里剩馍——放不住

狗窝里耍拳——小架势

狗系响铃——快活畜生

狗衔羊肠——越拉越长

狗心放在驴肚里——大胆来往

狗心放在牛肚里——畅快

狗心狼肺——灭绝人性

狗熊挨鞭子——耍坏啦

狗熊掰棒子——掰一个，丢一个

狗熊摆手——不玩了

狗熊拜年——不敢受这个礼

狗熊搬石头——自找麻烦

狗熊变黑瞎子——骗（变）自己

狗熊穿大褂——装人样

狗熊打坐——充什么黑菩萨

狗熊戴礼帽——装大人物

狗熊戴手表——假装体面

狗熊弹琴——没音

狗熊当头——瞎管

狗熊的脾气——翻脸不认人

狗熊掉进粪坑里——没招了

狗熊掉陷阱——有去无回；有力无处使

狗熊蹲仓——总要爬出来的

狗熊贩臭海蜇——人熊货埋汰

狗熊见了刺猬——奈何不得

狗熊拉犁耙——不听那一套

狗熊拉磨——不听招呼

狗熊练玩意儿——混饭吃

狗熊念经——瞎说一气

狗熊爬墙头——笨手笨脚

狗熊爬树——上劲；天下奇闻

狗熊爬烟囱——太难过了

狗熊捧刺猬——遇上棘手事

狗熊请客——没人上门

狗熊耍扁担——翻来覆去还是那一套；混碗饭吃

狗熊耍门棍——人熊家伙笨

狗熊算数——瞎猜

狗熊贴饼子——不是人干的活

狗熊贴膏药——耍伤啦

狗熊吸烟——少见多怪

狗熊下山——奔吃来的

狗熊想吃人参果——痴心妄想

狗熊耍耙子——真有两下子

狗熊捉麻雀——瞎扑打

狗熊坐花轿——冒充新娘子

狗眼不识泰山——只敬衣帽不敬人

狗眼看人——咬穷不咬富

狗摇尾巴——献殷勤

狗咬包子——露馅儿

狗咬朝廷——骚驾

狗咬秤砣——好硬的嘴

狗咬出恭的——好坏不分

狗咬刺猬——无处下口（比喻无法开口，无法对付）

狗咬锻磨的——找捶（锤）

狗咬斧头——无从下口

狗咬赶猪的——挨鞭子的货

狗咬灌酒的——胡（壶）到

狗咬回头食——反扑

狗咬吉普车——少见多怪

狗咬叫花子——欺负穷人；畜生也欺人

狗咬拉屎人——忘恩负义

狗咬烂皮袄——撕扯不清

狗咬老虎——有去无回；不识死（比喻不知道死活，自己找死）

狗咬老鹰——差得远

狗咬雷公——惹天祸

狗咬吕洞宾——不识好人心

狗咬螺蛳壳——叽咯个不停

狗咬门板——吃不开

狗咬尿脬——空喜一场

狗咬皮影——没有人味

狗咬屁股——肯定（啃腚）

狗咬旗杆——不知高低

狗咬汽车——找错对象啦；少见多怪；瞎汪汪

狗咬热芋烫了喉——吞不下，吐不出

狗咬日头——狂妄（汪）

狗咬石匠——找捶（锤）

狗咬石狮子——好硬的嘴；没人味

狗咬烫芋头——甩不掉，舍不得

狗咬铁锚——张口就挨夹

狗咬瓦片——满嘴词（瓷）儿

狗咬碗橱——吃不开

狗咬尾巴——团团转

狗咬乌龟——哪是头啊

狗咬霄公——惹天祸

狗咬旋风——捕风捉影

狗咬云雀——相差太远

狗咬壮腿——无处下口

狗鱼脱钩——从此不回头

狗抓了心肝——着了慌

狗爪子抓墙——满是道道

狗子照镜子——嘴尖毛长

狗走千里吃屎，狼行千里吃肉——本性难移

狗钻篱笆——找突破口；得过且过

狗钻铁篱笆——两头受挤

狗钻下水道——溜沟子

狗嘴巴上贴对联——没门儿

狗嘴里的骨头——没多大油水

狗嘴里掉不出象牙来——什么人说什么话

狗嘴里丢骨头——投其所好

狗坐簸箕——不识抬举

4

旮旯里藏毒蛇——不露头

嘎小子买烧鸡——闹了个大窝脖

嘎鱼的脑袋——刺儿头

5

丐帮的打狗棍——非同一般

盖房请来箍桶匠——找错了人

盖房子不用柱脚——强（墙）顶

盖匠上房子——铺天盖地

盖了九床被子做美梦——想不透

盖了三年的破被——老套子

盖严了的蒸笼——大气不出；有气难出

6

干草把上吊草帽——尽吓唬小麻雀

干草点灯——十有九空

干草堆里寻绣花针——白费劲

干柴遇烈火——一点就着

干池塘里的青蛙——盼下雨

干打雷不下雨——虚张声势

干地拾鱼——白拣（捡）

干饭揭早了锅——夹生了

干粉子做汤圆——搓不圆

干蛤蜊，死牛筋——煮不烂，嚼不动

干旱的庄稼——熟得早

干河沟里逮鱼虾——没来路

干河沟里的鱼——跑不了

干河里撒渔网——空扑一场；瞎张罗（比喻没有效果地瞎忙活）

干河滩里栽牡丹——好景不长

干活打瞌睡——迷迷糊糊

干辣椒——串起来了

干鲤鱼跳龙门——弥天大谎

干萝卜丝熬汤——乏味

干面条做帐钩——经不起折

干墨鱼摆阵仗——弥天大谎

干泥巴做元宵——搓不圆；没法做

干皮大葱——不死心

干手沾芝麻——沾不上；不上手

干糯米做粑粑——搓不圆；没法做

干水塘里的泥鳅——滑不到哪里去（比喻再狡猾也逃脱不掉）

干丝瓜开膛——满肚子私（丝）

干潭子摸鱼——难得

干塘里的鲤鱼——蹦跶不了几天

干塘抓野鱼——人人有份；一点不剩

干土移花木——活不久；好景不长

干鱼肚里寻胆——少见

干榆木疙瘩——劈不开

干竹子榨油——没有搞头

甘露寺里的刘备——安然无恙

甘露寺招亲——弄假成真

甘罗拜相——小人得志

甘蔗地里长草——荒唐（糖）

甘蔗地里栽葱——比人家矮一截

甘蔗命——吃一节算一节

甘蔗拔节——一节也不通

甘蔗出土——节节甜

甘蔗当吹火筒——一窍不通；出不了这口气

甘蔗当烟囱——不通气

甘蔗倒吃——节节甜；越吃越甜

甘蔗地里栽黄连——又苦又甜

甘蔗老了——逗人爱

甘蔗林里种香瓜——从头甜到脚

甘蔗皮编席子——甜蜜（篾）

甘蔗梢上挂苦胆——一头苦来一头甜

甘蔗蘸蜜糖——甜透了

甘蔗支危房——不顶用

肝脏的兄弟——窝囊废（肺）

泔水桶里捞食吃——没出息

秆虫作揖——结（秸）拜

赶场带相亲——一举两得

赶场的买竹子——说长道短

赶场走进死胡同——行不通

赶场做买卖——随行就市

赶车不拿鞭子——拍马屁；穷咋呼

赶车的过泥塘塘——轱辘进去了

赶狗入死巷——反咬一口

赶鸡落池塘——追着下水

赶鸡下河——硬往死里逼

赶集不带钱——看的是热闹

赶集不拿口袋——存心不良（量）

赶集掉了爹——丢大人了

赶集卖竹笋——有的说短，有的说长；自有旁人说短长

赶集走进死胡同——此路不通

赶集走亲戚——顺路的事

赶脚的（赶着驴或骡子供人雇佣的人）不问道——路子对头

赶脚的开车——不懂那一套

赶脚的骑骡子——图个眼前舒服

赶脚的拾个料布袋——福从天降

赶考的落榜——功夫（攻书）不到

赶考中状元——机会难得

赶龙王下海——巴不得

赶马车的打响鞭——虚张声势

赶马车的开汽车——不在行

赶马车人的草料袋——草包

赶马车上坡——又打又拉

赶绵羊上树——难上加难

赶庙会失孩子——活丢人

赶牛进鸡舍——门路不对

赶牛下崖——往死路上逼

赶兔子过岭——快上加快

赶乌龟上山——慢慢来

赶鸭子上架——强人所难

赶鸭子上坡——各顾各（咯咕咯）

赶鸭子上树——故意为难

赶羊下崖——硬往死里逼

赶早市买活鱼——新鲜

赶着绵羊过火焰山——往死里逼

赶着绵羊上树——难往上巴（扒）结

赶着牛车出国——相差十万八千里

赶着牛车拉大粪——送死（屎）

赶着王母娘娘叫大姑——妄想；想高攀；想沾点仙气

赶着鸭子拉大磨——痴心妄想

敢在太岁头上动土——胆子不小

橄榄核垫台脚——横也不好，竖也不好；越垫越不平

橄榄核卡喉咙——不上不下

橄榄屁股——坐不稳；坐不得

橄榄头上插针——尖上拔尖

擀面杖，驴肘棍——没头没尾

擀面杖插到鸡窝里——捣蛋

擀面杖吹火——一窍不通

擀面杖打飞机——高不可攀

擀面杖当吹火筒——不通

擀面杖当笛子吹——没眼儿

擀面杖当旗杆——太矮

擀面杖当箫吹——实心眼儿；缺心眼儿

擀面杖分长短——大小各有用场

擀面杖灌米汤——滴水不进

擀面杖捞饺子——搅浑一锅汤

擀面杖抹油——光棍一条

擀面杖敲鼓——抡的哪一槌

擀面杖升云天——诽谤（飞棒）

擀面杖钻石头——纹丝不动

擀面杖做筷，盆当杯——大吃大喝

7

刚备鞍的马驹——挨鞭子的日子到了

刚捕上来的鱼虾——蹦蹦跳

刚长翅膀的鸟儿——不知天高地厚

刚长出的黄瓜——苦极了

刚扯帆就遇顶头风——出师不利

刚出火坑，又落陷阱——祸不单行

刚出壳的鸡娃——羽翼不全

刚出壳的鸡仔——太嫩；翅膀不硬；腿软嘴硬

刚出笼的馒头——带着气来的；热气腾腾

刚出笼的馒头烤着吃——欠火

刚出笼的馍馍——带着气

刚出笼的糖包子——热乎乎，甜蜜蜜

刚出炉的纯钢——宁折不弯；心地纯正

刚出炉的铁水——心地纯正

刚出山的老虎——有点猛劲

刚出山的猛虎——威风不小

刚出山的太阳——红光满面

刚出生的婴儿——没见过世面

刚出水的莲藕——鲜嫩

刚出水的虾子——活蹦乱跳

刚出土的黄连——苦苗苗

刚出土的幼芽——太嫩

刚出窝的雏鸡——飞不高

刚出窝的燕子——叽叽喳喳

刚从水沟里钻出的泥鳅——黑不溜秋

刚逮住的鲤鱼——活蹦乱跳

刚断了篙子（撑船用的竹竿）又得了桨——正合适

刚飞的鸟儿——不知高低

刚过门的媳妇见公婆——唯唯诺诺

刚过门的媳妇——心里扑腾；见不得人

刚揭盖的蒸笼——热气腾腾

刚结婚的黄花女——羞羞答答

刚进庙的和尚念佛经——现学现唱

刚开瓶的啤酒——圆圆满满；有股子冲劲

刚开坛的老白干——有股子冲劲

刚来报到就要跳槽——这山望着那山高

刚离虎口又入狼窝——躲了一灾又一灾

刚理发的碰上络腮胡——难题（剃）

刚落地的娃娃——从头到脚都是新

刚落地的雨水——浑浊不清

刚买来的马——不合群

刚冒尖的竹笋——又鲜又嫩

刚上套的牲口——不识号

刚上蒸笼的馒头——面生

刚生的娃娃——毛腥气

刚掏的茅缸——越搞越臭

刚下轿的媳妇——满面春风

刚下轿的新媳妇——不好看也爱看

刚摘的黄瓜——一时鲜

刚摘下来的水果——新鲜得很

刚坐扭的黄瓜——苦极了

岗上二亩水浇地——旱涝保收

缸边上走马——担险

缸钵里的泥鳅——团团转

缸里的金鱼——没见过风浪

缸里点灯——照里不照外；里头亮（比喻外表不怎么样，但里头好）

缸里端起葫芦瓢——泼冷水

缸里盛酒——不在乎（壶）

缸里掷色子——没跑

缸坛店里卖钵头——一套一套的

缸里捉王八——没跑

缸中倒豆——不藏不掖

钢板上打铆钉——毫不动摇；一是一，二是二

钢板上钉钉——硬碰硬

钢板上钉铆钉——丁（钉）是丁（钉），卯（铆）是卯（铆）

钢板一块——坚硬

钢厂的产品——全是硬货

钢刀对生铁——硬碰硬

钢刀落肚——割心肠

钢刀斩乌龟壳——硬砍

钢钉淬火——钻劲大；有股钻劲

钢筋加混凝土——结实得很

钢筋水泥盖鸡窝——一劳永逸

钢铃打锣——另有音

钢钎打炮眼——直来直去

钢钎打石头——硬碰硬；硬钻

钢钎凿到石头——一锤一个眼

钢枪换炮——越来越好

钢琴家义演——白眼（演）

钢刷刷锅——硬碰硬

钢水倒进模子里——定了型

钢丝穿豆腐——没法提；提不得

钢丝绳穿针——难通过

钢丝锁豆腐——挂不住

钢条做钉子——宁折不弯

钢头戴铁帽——双保险

钢针大头针——各有用处　　　认人
钢针屁股上的眼——只认衣衫不　　钢珠落进玉盘里——当当响

8

高大的乔木——腰杆硬
高大的竹子——节外生枝
高飞的鸟儿遇老鹰——凶多吉少
高个子跌跤——差（叉）得远
高个子进窑洞——不得不低头
高个子装矮个子——低声下气
高个子走到屋檐下——不得不低头
高级合金刀——无坚不摧
高级合金钢——过得硬；够硬
高级毛料做抹布——糟蹋材料
高价买来低价卖——尽做亏本事
高举拳头轻轻放——手下留情
高考的做法——择优录取
高空中演杂技——众人仰望
高力士进宫——熟门熟路
高粱地里打阳伞——难顶难撑
高粱地里放鸟枪——打发兔子起了身
高粱地里撵鸭子——不见机（鸡）
高粱地里套绿豆——高低不平；有
高有低
高粱地里栽葱——矮了一大截
高粱地里找棒子——瞎摆（掰）
高粱地里种玉米——秋后见高低
高粱秆上挂个破气球——垂头丧气
高粱秆打狼——两面怕
高粱秆当顶门杠——经不起推敲
高粱秆当柱子——撑（称）不起
高粱秆上结茄子——天下奇闻；弥
天大谎

高粱秆挑水——担当不起
高粱秆推磨子——玩不转
高粱秆子剥皮——光棍一条
高粱秆子做檩条——不是这块料
高粱秆做眼镜——空架子
高粱秆儿拴骡子——拉倒
高粱秆架房檐——不顶事儿
高粱秆上点火——顺杆儿往上爬
高粱秆抬轿子——担当不起
高粱秆做鞭杆——经不起摔打
高粱秆做磨棍——有劲使不上
高粱秆做梯子——上不去
高粱开花——到顶了
高粱米塌饭锅——闷（焖）起来了
高粱撒在麦子地——杂种；秋后见

高低

高楼里的电梯——能上能下
高楼平地起——日新月异
高炉红光冲云霄——热火朝天
高俅当太尉——一步登天
高山顶上搭台子——高高在上
高山顶上放风筝——起点高
高山顶上泼大粪——臭名远扬
高山放鞭炮——四方闻名（鸣）
高山放大炮——惊天动地；名
（鸣）声高
高山滚石头——永不回头；大翻身；
有去无回
高山毛栗子——浑身是刺

高山砌屋——图风流

高山上吹喇叭——远近闻名（鸣）

高山上打鼓——远闻

高山上打铜锣——四方闻名（鸣）；名（鸣）声高

高山上倒马桶——臭气熏天

高山上的草——根子深

高山上的瀑布——冲击力大；一落千丈

高山上的青松——根子硬；经得起狂风暴雨

高山上的松柏——四季常青；久经风雨

高山上的雪莲——一尘不染；不可多得

高山上点灯——远见

高山上挂红灯——有名（明）望

高山上滚马桶——臭气远扬

高山摔茶壶——光剩嘴

高山头种辣椒——红到顶了

高山响鼓——事出有因

高山有好水，平地有好花——各有所长

高射炮打苍蝇——本大利小；小题大做

高射炮打老鹰——得不偿失

高射炮打坦克——水平太低

高射炮打蚊子——小题大做

高射炮的瞄准器——尽往上瞧；向上看

高射炮手——见机行事

高速公路——通行无阻

高台上表演——众人仰望

高台上点灯——照远不照近

高兴得四脚趴地——得意忘形

高压电线——摸不得

高崖上搭长梯——太悬乎

高烟囱冒烟——热火朝天

高音喇叭掉井里——哇啦不上来了

高音喇叭上山头——远近闻名（鸣）

高字边上加一手——你想搞啥

膏药贴在背上——揭不得

稿纸上写情诗——做一行爱一行

稿纸上写字——框框多

稿子写到边——不够格

9

戈壁滩上的黄沙——无穷无尽

戈壁滩上的泉水——格外珍贵

戈壁滩上的石头——明摆着

戈壁滩上放牧——要水没水，要草没草

戈壁滩上盖大厦——底子差

戈壁滩上开车——没辙

戈壁滩上缺干粮——喝西北风

戈壁滩上找泉水——难极了

圪针上擦鼻涕——下不了手

圪针笼里逮蚂蚱——难下手

疙瘩饼子送闺女——实心实意

疙瘩汤里煮皮球——糊涂蛋

疙瘩嘴报信——巴巴结结

哥哥不在家——少（嫂）陪

哥哥的岳母，嫂嫂的娘亲——废话；

说话爱绕弯子

哥儿俩并坐——亲密无间

哥儿俩打冤家——自家人整自家人

哥儿俩分家——各人顾各人；自食
其力

哥儿俩上京城——同奔前程

哥儿俩上天平——比重

哥儿俩坐班房——难兄难弟

哥们儿的脑袋——凶手（兄首）

哥们儿瞪眼——凶（兄）相毕露

哥上关东，弟下西洋——各奔东西

胳膊当枕头——靠自己

胳膊扭大腿——拧不过

胳膊弯里打凉扇——两袖清风

胳膊往外拐——吃里爬（扒）外；
替别人出力

胳膊窝夹蜡扦——假装吹鼓手

胳膊窝里夹皮球——气胀人

胳膊窝下过日子——憋气；憋得
难受

胳膊折了往袖里藏——家丑不可外
扬；自掩苦处

胳膊肘长杈——横生枝节

胳膊肘朝里拐——好处自己揣；只
顾自己

胳膊肘——朝里弯；往里拐

胳膊肘里钉铁掌——不贴题（蹄）

胳膊肘里灌醋——酸溜溜的

胳膊肘上戴镯子——大大地露他
一手

胳肢窝插鸡毛——假充外国鸟

胳肢窝里放屁——没影儿的事

胳肢窝里夹耗子——冒充打猎人

胳肢窝里生疮——阴毒

胳肢窝下过日子——太窄

鸽子带风铃——虚张声势

鸽子光拣高门楼飞——忘本

鸽子尾巴带竹哨——想（响）得高

割草打兔子——捎带的事

割草的捡到大南瓜——捞外快

割草拾柴火——顺便

割柴的拿斧头——不要脸（镰）

割倒了的茅草——一大片

割鸡用牛刀——大材小用

割韭菜，剥黄麻——一码是一码

割韭菜不用镰刀——胡扯

割了脖子鸡还想飞——垂死挣扎

割了猫尾巴拌猫食——自己吃自己

割了脑袋还走十里路——人死心
没死

割了芝麻打跟头——碰到茬子上了

割麦不用镰刀——连根拔

割麦刮大风——一团糟

割屁股补脸蛋——死要面子活受罪；
不害臊

割肉补疮——只顾眼前

割肉养虎——枉害自身

割碎鱼胆——暗暗叫苦

割下鼻子换面吃——不要脸

搁浅的船——进退两难

歌手害嗓子——没正音

隔岸观火——幸灾乐祸；袖手旁观

隔辈的仇家结姻缘——不记前怨

隔壁包的饺子——谁知是什么馅儿

隔壁炒辣椒——有点呛

隔壁美妇人——爱不得

隔布袋猜瓜——难知好坏

隔布袋买猫——摸不准

隔布袋买猪——蒙着交易

隔长江抛媚眼——无人理会

隔道不下雨，隔村不死人——各有各的情况

隔肚皮估仔女——难猜

隔沟弹棉花——不沾弦

隔沟看见鸭吃谷——干瞪眼

隔河赶牛——鞭长莫及

隔河送秋波——没人领情

隔河想握手——差得太远

隔河眼瞅鸡啄米——干着急

隔河走路——清清楚楚

隔河作揖——承情不过

隔黄河赶车——鞭长莫及

隔口袋买猫——打估

隔口袋买猪——两不知

隔裤子捉虱子——大约捉摸

隔了夜的火笼——外面温温热热，里头全是火

隔门缝吹喇叭——名（鸣）声在外

隔门缝儿看吕洞宾——小看大仙了；看扁了活神仙

隔门缝瞧人——把人看扁了

隔门缝瞧诸葛亮——瞧扁了英雄

隔年的苍蝇——老不死

隔年的臭虫——瘪了

隔年的春联——无用；没得用

隔年的挂历——废话（画）

隔年的皇历——过时货；没看头

隔年的黄豆——油盐不进

隔年的鸡子儿——坏蛋

隔年的酒——有喝头

隔年的腊肉——干巴巴；有言（盐）在先

隔年的馒头——早发的

隔年的蚊子——老吃客

隔年的小树长成材——添枝加叶

隔皮靴抓痒——白费劲

隔墙点灯——谁也不沾谁的光；沾不着光

隔墙丢簸箕——不知仰着还是扣着

隔墙丢西瓜——给别人解渴

隔墙果子分外甜——人家的好

隔墙看花——伸不得手

隔墙拉车——行不通

隔墙撂（抛）老头——丢大人

隔墙撂帽子——不对头

隔墙扔扁担——横竖由他（它）去

隔墙扔簸箕——反复不定

隔墙扔肝肠——死心塌地

隔墙扔孩子——丢人

隔墙扔盒子——非（飞）礼

隔墙扔秫秸——乱七八糟

隔墙扔五脏——死心塌地

隔墙扔蒲包——非（飞）礼

隔墙问路——两不见面

隔墙相媳妇——不知好歹

隔墙摘果——手伸得长

隔日的传票——盯（钉）上了

隔山吹喇叭——对不上号

隔山打斑鸠——白费工夫；乱放一通；抢也白费

隔山打鸟——见者有份

隔山打隧道——里应外合

隔山的石头砸脑袋——飞来的横祸

隔山放羊——一辈子不见畜生面

隔山攻道——各有其法

隔山估大猪——无根无据

隔山喊话——遥相呼应

隔山看见蚊虫飞——好眼力

隔山买老羊——说不上是红是黑

隔山摘李子——相差太远

隔宿猪头——冷脸

隔外套搔痒——不过瘾

隔靴搔痒——抓不到实处；不解决问题；麻木不仁

隔夜的菠菜——不水灵

隔夜的饭菜——不新鲜

隔夜的剩饭——捏不拢；要不得

隔夜的鱼眼——红得发紫

隔夜的猪下水——有气儿

隔夜豆角——一肚子气

隔着玻璃窗亲嘴——里应外合；挨不上；意思意思；虚情假意

隔着玻璃看王八——一清二楚

隔着玻璃看戏——一眼看穿

隔着窗户咬耳朵——偏听偏言

隔着锅台上炕——非迈一大步不可

隔着河摆手——承情不过

隔着井跳河——舍近求远

隔着马甲的外套——不贴心

隔着门缝看戏——见的没有听的多

隔着门缝瞧王八——原（圆）形毕露

隔着筛箩看景致——模模糊糊

隔着筛子看人——把人看零碎了

隔着山头赶羊——鞭长莫及

隔着山头亲嘴——差得远

隔着围墙摘花——手伸得太长

各米下各锅——哪个怕哪个

各人自扫门前雪，休管他人瓦上霜——各人顾各人

虼蚤的脾气——一碰就跳

10

给白人戴黑帽子——诬赖好人

给财神爷磕响头——磕肿前额也没用

给刺儿头理发——难题（剃）

给大老爷舔痔疮——过分巴结

给个棒槌当针使——傻干

给狗起了个狮子名——有名无实

给好眼睛点药水——没病找病

给叫花子逗乐——拿穷人开心

给老虎医病——提心吊胆

给老虎引路——帮凶

给了九寸想一尺——得寸进尺

给聋子吹笛——白费工夫；不入耳

给聋子讲故事——白费力气

给聋子讲经——浪费口水

给漏底灯盏加油——永不满足

给你麦芒——岂能当真（针）

给三岁孩子娶媳妇——还差半辈子的事

给神主剃头——羞（修）先人

给石狮子灌米汤——滴水不进

给死人烤火——哄（烘）鬼

给死人送医——枉费工夫

给死人贴膏药——白搭

给死人医病——白费劲

给死猪抓痒痒——蠢人蠢事

给偷鱼的敲锣——落贼

给下山虎开路——头号帮凶

给鸭子填红苕——硬是气死人

给哑子说话——白张嘴

给哑子哑婆说亲——两头不讨好　　　给灶王爷烧香——多说吉利话

11

跟狗交朋友——离了吃喝不行

跟和尚借梳子——强人所难；找错了人

跟狐狸结亲——惹祸上身

跟鹰飞天，跟虎进山——跟着啥人学啥人

跟诸葛亮学的本事——能掐会算

跟着大鱼上串——挂住了花鳃

跟着猴子会钻圈——学坏了

跟着脚窝找毛病——俯首皆是

跟着老爷喝酒——沾光

跟着骡子数蹄印——步步不缺

跟着汽车拾粪——白跑

跟着师娘（巫婆）跳假神——学着骗人

跟着秃子走路——沾光

跟着巫师做神汉——学坏了

跟着英雄学好样——跟着啥人学啥人

第五篇　H

1

哄娘嫁女——骗出门

哄瞎子过河——千万莫为

哄着孩子买月亮——全是假的

烘炉烤大饼——翻来覆去老一套

烘炉里的王八——干瘪（鳖）

红白喜事一起办——哭笑不得

红鼻绿眼的鬼——不安好心

红绸子包山楂——里外红

红孩儿吃海参——头一回

红花女做媒——自身难保

红花胸前戴——脸上光彩

红鸡毛的挑刺——找毛病来

红蓝铅笔——两头挨削

红烙铁——沾不得

红楼梦里的贾府——大有大的难处

红萝卜菜放辣椒——没把你放在眼里

红萝卜雕花——中看不中吃

红萝卜雕神像——饮食菩萨

红萝卜掉油篓——又奸（尖）又猾（滑）

红萝卜——红皮白心儿

红萝卜刻娃娃——红人

红毛兔子——老山货

红木当柴烧——不识货

红木做匾——是块好料

红娘挨打——成全好事；为别人担不是

红娘拿到崔莺莺的信——心领神会

红娘牵线——成人之美

红娘行好反遭打——错在糊涂的老夫人

红皮萝卜紫皮蒜——最辣

红苹果落地——熟透了

红漆粪缸——臭讲究

红漆马桶送人情——外面红光光，里面黑屎汤

红苕熬成糖——甜上加甜

红苕充天麻——弄虚作假

红薯干充天麻——冒牌货

红薯窖里打拳——施展不开

红薯烤成炭——过火

红薯落灶——自该煨

红梭穿绿线——泾渭分明

红糖抖蜜——甜上加甜

红头苍蝇叮烂猪头——臭味相投

红头火柴——一擦就着

红头绳穿铜钱——心连心

红线穿灯草——心连心

红眼睛绿眉毛——认不得人

红眼老鼠出油盆——吃里爬外

红药水抹疖子——治表不治里

红枣炖冰糖——甜透了

红纸包烂肉——越盖越臭

红纸裱灯笼——装面子

红着眼睛咬着牙——怀恨在心

洪炉的料，食堂的钟——不挨打就挨敲；该打

洪水淹粮仓——泡汤了

洪水淹了龙王庙——自家人不识自家人

洪泽湖的鱼鹰——老等

鸿门宴上的刘邦——危机四伏

鸿门宴上——杀机四伏

鸿雁传书——空来往

2

侯宝林说相声——令人捧腹

侯门的小姐，王府的少爷——四体不勤，五谷不分

喉咙长刺口生疮——说不出好话来

喉咙灌铅——张口结舌

喉咙卡骨头——吞不下，吐不出；说话带刺

喉咙口使勺子——淘气

喉咙里插雷管——一谈（弹）就崩

喉咙里长疮——闷声不响

喉咙里长疙瘩——赌（堵）气

喉咙里发痒——伸不得手

喉咙里放鱼钩——提心吊（钓）胆

喉咙里灌铅——张口结舌

喉咙里塞胡椒——够呛

喉咙里伸出手来——嘴太馋

喉咙里吞了萤火虫——嘴里不响，肚里明白

喉头上长疔疮——痛不可言

猴不上杆——想挨鞭子

猴不钻圈——多敲锣

猴吃苞米——净瞎掰

猴吃芥末——拉（辣）鼻儿；翻白眼；傻了眼啦

猴吃辣椒——抓耳挠腮

猴吃梅苏丸——闹心

猴戴皮巴掌——毛手毛脚

猴弹棉花狗拉车——乱套了

猴腚上的虮——搁不久

猴儿吃了蒜——挠着屁股转磨磨

猴儿戳蜂包——自讨苦吃

猴儿戴箍儿——自落圈套

猴儿戴胡子——没那一出戏

猴儿戴帽子唱戏——想起一出是一出

猴儿戴帽子——没戴坏给鼓捣坏了；衣冠禽兽；煞有介事；装人样

猴儿的脸，猫儿的眼——说变就变

猴儿掉进冰窖——满凉

猴儿拉弓——不是样子

猴儿拉稀——坏了肠子

猴儿拉血——没治了

猴儿拿棒槌——胡抡

猴儿爬石崖——显出你的能耐了

猴儿屁股冒烟——火烧独门

猴儿骑骆驼——高棋（骑）；直往

上蹿；高高在上

猴儿上树——爬得快

猴儿手里夺枣——别想

猴儿耍大刀——胡砍

猴儿耍拳——小架势

猴儿托生的——满肚子心眼

猴儿下竹竿——一溜到底

猴儿照镜子——里外不是人

猴儿捉虱子——抓耳挠腮；乱抓；瞎掰

猴儿作揖——也学点人见识

猴纳鞋底——不是人做的活

猴攀杠子——就那么几下子

猴屁股补脸蛋——不害臊

猴屁股扎蒺藜——坐立不安

猴骑绵羊——神气十足

猴王闹天宫——大打出手

猴洗孩子——不等毛干

猴学样——装相

猴子挨打——耍坏啦

猴子掰苞谷——这只手掰，那只手丢

猴子抱块姜——想吃又怕辣

猴子抱西瓜——顾此失彼

猴子抱着板栗球——无从下口

猴子被火烧——原形毕露

猴子变人——尾巴难遮瞒

猴子不吃人——嘴脸难看

猴子不上竿——多敲几遍锣

猴子唱大戏——胡闹台

猴子吃大蒜——翻白眼

猴子吃大象——亏他张得开嘴

猴子吃核桃——全砸了

猴子吃麻花——满拧

猴子吃麻糖——扒拉不开

猴子吃生姜——辣喉（猴）

猴子吃糖——别人给的

猴子吃仙桃——眉飞色舞；好歹不分

猴子吃玉米——专拣嫩的捏

猴子吃枣——不吐核

猴子春米——乱冲（春）

猴子穿大褂——装人样

猴子穿汗衫——半截不像人

猴子穿花衣——光显自己漂亮

猴子穿衣戴帽——私充人物

猴子穿衣服——假装人样；冒充善人

猴子吹喇叭——没人声；难听

猴子打哈欠——沉不住气

猴子打加冠——要钱

猴子戴草帽——人干啥它干啥

猴子戴花帽——贪官（冠）不怕头痛

猴子戴花——学人样

猴子戴金冠——惹祸大王

猴子戴凉帽——不知几品

猴子戴面具——混充人；人面兽心

猴子戴纱帽——私充官人

猴子戴上乌纱帽——不知自己多大的官

猴子戴手套——毛手毛脚

猴子戴眼镜——冒充斯文

猴子倒立——尾巴翘起来了

猴子的脸——一会儿一变

猴子的屁股——自来红；坐不住

猴子登台——一出没有（指无戏可唱）

猴子叼烟卷——像人不是人

猴子顶笆斗——身子不大头不小

猴子夺锣槌——定了要钱的心

猴子夺锣鼓——不玩了

猴子翻跟头——轻巧；就那么几下子

猴子给老虎拜年——送货上门

猴子观花——印象不深

猴子滚绣球——滚的滚，爬的爬；连滚带爬

猴子会爬树——不用你教

猴子驾辕——不吃这一套

猴子见水果——欢天喜地

猴子教书——坐不住

猴子进公园——供人观赏

猴子井底捞月亮——白喜欢

猴子看报纸——假装斯文

猴子看果园——监守自盗；自食其果

猴子看镜子——得意忘形；忘（望）了自己

猴子看戏——干瞪眼；傻了眼

猴子扛大梁——受不了

猴子烤火——往怀里扒

猴子拉车——又蹦又跳；就那么两圈；不稳当

猴子拉犁——顶牛

猴子拉碾子——不懂那一套；不听使唤

猴子拿虱子——瞎抓

猴子拿帽子——等着要钱

猴子泥墙——小手

猴子爬板凳——各想一头

猴子爬到板凳上——俨然像个人

猴子爬到树梢上——你算爬到顶了

猴子爬到竹竿头——到顶了

猴子爬杆狗钻圈，黄鼠狼专钻水道

眼儿——各有各的门道

猴子爬山——一跳一蹴

猴子爬上粪堆顶——妄想称王

猴子爬上凉亭睡——丑鬼耍风流

猴子爬上樱桃树——粗人吃细粮

猴子爬石崖——显出你的能耐来

猴子爬树——乱窜；拿手戏

猴子爬梯——一跃而上

猴子爬箱子——不干了

猴子爬枣树——口里难掉出枣来

猴子爬皂角树——棘手

猴子捧个烫瓦盆——团团转

猴子扑嫦娥——痴心妄想

猴子骑老虎——下来完蛋

猴子骑马——高高在上；一跃而上

猴子骑羊——不成人马

猴子前头——玩不得刀

猴子亲孩子——一阵一阵的

猴子扇扇子——想学人见识

猴子上果树——肚里充实

猴子上圈套——任人摆弄

猴子上桃树——肚里实实的

猴子身上——摆不住虱子

猴子耍把戏——毛手毛脚；翻来覆去；老一套；假积极

猴子耍扁担——胡抡

猴子耍耗子——大眼瞪小眼

猴子套绳子——解不开；不解

猴子跳加官——人面兽心

猴子捅马蜂窝——倒挨一锥

猴子偷黄连——自讨苦吃

猴子偷南瓜——滚的滚，爬的爬；连滚带爬

猴子推车——干瞪眼

猴子推磨——玩不转

猴子玩把戏——活现形

猴子衔烟斗——混充人；装假

猴子想变人——尾巴遮不住

猴子笑兔子尾巴短——彼此彼此

猴子学走路——假惺惺（猩猩）

猴子沿钢丝——善搞平衡

猴子摇石柱——纹丝不动

猴子栽花——挪挪放放

猴子摘瓷瓶（用瓷制成的电器零件）——顺杆爬

猴子斩尾巴——一溜不回头

猴子着西装——不合身

猴子坐板凳——有板有眼

猴子坐到旗杆上——唯我独尊

猴子坐宫殿——惹祸大王

猴子坐火箭——远走高飞

猴子坐轿——不服人抬

猴子坐金銮殿——不似人君

猴子坐天下——手忙脚乱

猴嘴里掏枣，狗嘴里夺食——办不到

猴嘴里掏枣，虎口内走人——怎么可能

后半夜走路——步步光明

后半夜做美梦——好景不长

后背对着脊梁——一个向东，一个朝西

后背上长疮眼流脓——坏透了

后脖子抽了筋——抬不起头来

后播的荞子先结果——后来居上

后悔药——没有卖的

后婚娶后婚——床上两条心

后颈窝的头发——摸得着看不见

后颈窝抹血——假充挨刀

后脑壳上长疮——自己看不见

后脑壳上的头发——一辈子难见面

后脑勺戴眼镜——朝后看

后脑勺挂镜子——照见别人，照不见自己

后脑勺挂笊篱——置之脑后

后脑勺留胡子——随便（辫）

后脑勺拍巴掌——背后整人

后脑勺上长疮——自己看不见，以为别人也看不见

后娘打闺女——揪辫子

后娘打孩子——暗里使劲；巴掌赶两鞋底；早晚是一顿

后娘的拳头——毒极了；辣手

后娘坟上哭鼻子——假伤心

后台的锣鼓——见不得大场面

后台的演员——上不了场

后台上叫好——自捧自

后主降魏——不知羞耻

厚皮黄牛——宜打不宜牵

厚纸糊窗——不透风

候车室里的挂钟——群众观点

3

呼延庆打擂——奉命来的

囫囵啃石榴——先苦后甜

囫囵吞扁食——不知啥滋味

囫囵吞刺猬——扎心

囫囵吞人参——不知其味

囫囵吞笋——胸有成竹

囫囵吞枣——难消化；食而不知其味；独吞

囫囵吞芝麻——满肚子点子

狐狸拜年——用心歹毒

狐狸奔鸡窝——熟路

狐狸不叫狐狸——骚（臊）腥

狐狸搽花露水——臊气还在

狐狸吵架——一派胡（狐）言

狐狸吃不到的葡萄——全是酸的

狐狸吃刺猬——无从下口

狐狸出去老鼠来——一代不如一代

狐狸穿衣——不像个人

狐狸打不着——反惹一身臊

狐狸打哈欠——怪里怪气

狐狸打马蜂——不知道厉害；不知死活

狐狸大夫给鸡看病——绝没好心

狐狸戴草帽——不算人

狐狸戴礼帽——假装正经；人面兽心

狐狸当猴耍——不害臊

狐狸的尾巴——藏不住

狐狸掉进污水池——又臊又臭

狐狸洞里扛扁担——窝里横

狐狸放屁——臊气

狐狸给鸡拜年——不怀好意；阴险歹毒

狐狸给鸡祝寿——不敢受这个礼

狐狸给老虎搔痒——卖弄风骚

狐狸给兔子吊孝——兔死狐悲

狐狸跟着老虎走——狐假虎威

狐狸号脉——一窍不通

狐狸和狗拜把子——狐群狗党

狐狸回窝兜三兜——鬼花招

狐狸嫁黄鼠狼——都是骚（臊）货

狐狸进村——没安好心

狐狸进宅院——来者不善

狐狸精变美女——迷人心窍；人面兽心

狐狸精骂架——一派胡（狐）言

狐狸精打哈欠——妖里妖气

狐狸精放屁——妖气

狐狸精告状——一派胡（狐）言

狐狸精捧笙——胡（狐）吹

狐狸精拖尾巴——现原形

狐狸精问路——没有好道道儿

狐狸精作祟——胡（狐）闹

狐狸看刺猬——下不了口

狐狸看鸡——越看越稀

狐狸哭兔子——假慈悲；假慈善

狐狸念经——假充圣人

狐狸尿撒在麻袋上——骚（臊）货

狐狸骑在虎背上——狐假（驾）虎威

狐狸入虎穴——不知死活

狐狸说教——旨在投机（偷鸡）

狐狸同虎斗——不是对手

狐狸同老鸹上门来——凶多吉少；无灾必有祸

狐狸同猎人走——凶多吉少

狐狸偷蜂蜜——糊嘴

狐狸窝里的萝卜——骚（臊）货

狐狸窝里斗——自相残杀

狐狸想天鹅——得不到口

狐狸想偷天上月——梦想

狐狸与老鸹拜了把子——祸害当遭

狐狸遇上地老鼠——没办法

狐狸遇上小口瓶——插不上嘴

狐狸摘葡萄——手还不够长

狐狸找公鸡拜年——有你上的当

狐狸找羊交朋友——居心不良

狐狸照镜子——怪模怪样

狐狸转生的——心眼儿稠

狐狸装猫叫——没安好心；想投机（偷鸡）

狐狸撞猎枪——死到临头

狐狸捉刺猬——无从下手

狐狸钻罐子——藏头露尾

狐狸钻灶——露了尾巴

狐狸做梦——想着投机（偷鸡）

胡豆地里出油菜——杂种

胡蜂撞进了蜜蜂窝——不得安生

胡姑姑假姨姨——乱认亲

胡椒拌黄瓜——又辣又脆（比喻话语又厉害又干脆）

胡椒浸在醋里——辛酸得很

胡萝卜摆供——趁早收家伙

胡萝卜搬家——挪挪窝

胡萝卜拌白菜心——新鲜一阵

胡萝卜打鼓——越敲越短

胡萝卜打锣——去一半

胡萝卜打马——越来越少

胡萝卜打鸟——该断

胡萝卜戴草帽——红人儿

胡萝卜掉进腌菜坛——泡着吧

胡萝卜疙瘩——上不了台盘；上不了席

胡萝卜叫鹰——越叫越远

胡萝卜就酒——干脆

胡萝卜就烧酒——图个干脆

胡萝卜刻的小孩儿——红人

胡萝卜晒太阳——干脆

胡萝卜竖旗杆——上下全是黄

胡萝卜拴牯牛——无济于事

胡萝卜拴驴——跟着跑了

胡萝卜煮豆腐——红白不分

胡敲梆子乱击磬——欣喜若狂；高兴一时是一时；得意忘形

胡琴里藏知了——弦外有音

胡琴与琵琶合奏——谈（弹）到一块去了

胡琴上吊铜铃——弦外之音

胡桃果肉——要敲出来吃

胡同儿捉驴——两头堵

胡同里扛竹竿——直来直去

胡同里跑马——难回头

胡同里推大炮——直来直去；回头难

胡同里演戏——口上热闹

胡屠户的女婿——犯劲（范进）

胡须上的饭——饱不了人

胡子长疮——毛病

胡子上的饭，牙缝里的肉——没多大一点

胡子上挂霜——一吹就没了

胡子上抹狗屎——口难开

胡子上拴秤砣——拉下脸

胡子上天——虚（须）飘飘

胡子上贴膏药——毛病

胡子套索索——谦虚（牵须）

胡子贴膏药——毛病

胡子粘在眉毛上——瞎扯

壶里没水——白捎（烧）了

壶里伸进烧火棍——胡（壶）搅

壶里煮蚌——不好开口

壶里煮粥——不好搅

湖边的垂柳——随风摆

湖底的鱼——打不起来

湖面上的九曲桥——弯弯多

湖南到湖北——两省

湖南人唱京戏——南腔北调

湖心落石——圈套圈

猢狲穿衣裳——像个人似的

猢狲戴帽子——学做人

猢狲的屁股——坐不稳

猢狲画像——一副猴相

猢狲骑山羊——抖威风

猢狲入布袋——进了圈套

猢狲扫地——只顾眼前

猢狲耍把戏——老一套

猢狲推泰山——自不量力

猢狲照镜子——里外不是人

猢狲种树——摇摇晃晃

葫芦不破瓢——十足的傻瓜

葫芦掉井里——上不着天，下不着地；不成（沉）

葫芦蜂的窝——心眼多

葫芦架子一齐倒——分不清，理不明

葫芦结黄瓜——变种

葫芦锯了把儿——没嘴儿

葫芦壳挂颈上——自找麻烦

葫芦壳挂在房梁上——上不着天，下不着地

葫芦里看天——不知所以

葫芦里卖药——不知底细

葫芦里盛水——滴水不漏

葫芦里装糯米饭——装进容易倒出难

葫芦里装水——为的是嘴

葫芦里捉蛐蛐——没跑

葫芦落塘——摇摇摆摆；吞吞吐吐

葫芦蔓缠上南瓜藤——难解难分

葫芦瓢捞饺子——滴水不漏；连汤带水

葫芦藤上结南瓜——不可能的事；无奇不有

葫芦藤上开红花——没见过的事

葫芦头爬屋脊——两边滚

葫芦下水——吞吞吐吐

葫芦秧套南瓜秧——拉扯不清；胡搅蛮缠

煳锅巴雕灯影儿（指皮影戏中的人物剪影，用兽皮或纸板做成）——焦人

糊了纸的玻璃窗——看不透

糊涂虫当会计——混账

糊涂虫做媒——坏两头；两头挨骂

糊涂官判案——是非不清

糊涂官判无头案——审不清，断不明

糊涂老板糊涂账——难算

糊涂老婆——乱当家

糊涂庙里糊涂神——糊涂到一块了

蝴蝶飞进了花园里——难舍难离

蝴蝶落在鲜花上——恋恋不舍

蝴蝶群舞——花花世界

蝴蝶专往野地飞——拈花惹草

虎伴羊睡——靠不住

虎洞里坐菩萨——真是莫名其妙

虎踞高山，龙入大海——各有用武之地

虎口拔牙——好大的胆子

虎口里的人——生死未定

虎口里探头——找死；寻死

虎入中堂——家破人亡

虎生猪猡——又笨又恶

虎头上捉虱——找死

虎头铡下服刑——一刀两断

虎窝里跑出只羊羔——虎口余生

虎嘴上拔毛——好大的胆子　　　　　护城河的王八——混年号

虎坐莲台——假慈悲；假充善人

4

花棒棒打锣——有声有色

花被盖鸡笼——外面好看里头空

花布斜扯——歪道道多

花长虫——道不少

花绸被面做抹布——大材小用

花绸上绣牡丹——锦上添花

花绸子盖鸟笼——外面好看里边空

花绸子做尿布——屈才（材）

花大姐逛公园——花花世界

花旦戴帽子——没有那一套

花旦唱戏——有板有眼

花旦戴胡子——没有那一套；一出也没有

花旦念道白——句句好听

花朵遇到狂风——毁掉了

花粉喂牲口——不够塞牙缝

花岗石的脑袋——死不开窍

花岗岩雕人像——心肠硬

花岗岩下油锅——扎实（炸石）

花岗岩做招牌——牌子硬

花工师傅的把式——移花接木

花公鸡的能耐——就会叫么几声

花公鸡的尾巴——翘得高

花公鸡上舞台——谁跟你比漂亮；显你漂亮

花骨朵碰在屠刀上——心碎

花果山的猴王——无（悟）空；不服天朝管；称王称霸

花果山的猴子——无法无天

花果山的美猴王——个儿小本领强

花果山的日子——猴年猴月

花果山来了孙悟空——增寿（兽）

花果山上没外姓——一窝孙

花好月圆——美满

花和尚穿针鼻——大眼瞪小眼

花花轿子——不抬人

花花猫生了个灰老鼠——孬种

花花枕头装秕糠——外面好看里面空

花鲫鱼的拳头——剑（鳜）子手

花架下养鸡鸭——煞风景

花匠捧仙人球——扎手

花椒炒生姜——又麻又辣

花椒大料——两位（味）

花椒掉进大米里——麻烦（饭）了

花椒木雕孙猴——麻木不仁（人）

花椒树——浑身是刺

花椒树下种苞谷——又麻又瞎

花椒水洗脸——麻痹（皮）

花椒水洗脑袋——头皮发麻

花椒煮猪头——肉麻

花椒籽——黑心

花轿到了家门口——喜气盈盈

花轿里的新娘——不露脸

花轿没到就放炮——高兴得太早了

花轿前的乐队——大吹大擂

花开四季——长春

花篮里装泥鳅——跑的跑，溜的溜

花狸猫卧房顶——活受（兽）

花里胡哨的吊灯——外面好看里面空

花脸戴花——笑死大家

花了眼的婆婆绣花——看不清

花落结个大倭瓜——看也看了，吃也吃了

花猫蹲在屋脊上——唯我独尊

花木瓜——空好看

花木兰从军——冒名顶替

花木梨脑袋——太呆板

花盆里栽松树——不能成材；成不了树（比喻没有多大出息）

花盆里种皂角——人家栽花咱栽刺

花盆里种庄稼——收获不大

花皮蛇遇见饿蛤蟆——分外眼红

花瓶里的花——没有结果

花瓶里的鲜花——一天不如一天

花前月下散步——触景生情

花钱买个屎壳郎——相中的是废物

花钱买黄连——自讨苦吃

花钱买死马——得不偿失；尽干蠢事

花钱买蒸笼——就要争（蒸）气；找气来受

花钱磨刀——只图快

花圈店失火——提前完成使命

花蛇过溪——弯弯曲曲

花生剥了壳——好赖算个人（仁）儿

花生地里开花——落地生根

花生壳、大蒜皮——一层管一层

花生壳里的臭虫——冒充好人（仁）

花生里钻进臭虫——不是好人（仁）

花生米雕菩萨——只有这点本钱

花生米掉锅里——熟人（仁）

花生皮喂牲口——不是好料

花生去皮——红人（仁）

花手帕盖灯笼——外面好看里面空

花头鸡——惹事多

花蚊子咬人——叮（盯）住不放

花鞋踩在牛粪上——底子臭

花心萝卜充人参——冒牌货

花眼婆婆纫针——对不上眼

花眼蛇打喷嚏——满嘴是毒

花园里的蝴蝶——多姿多彩

花园里的牡丹——出类拔萃

花针对麦芒——奸对奸（尖对尖）

花纸糊灯笼——外面好看里面空

花籽喂牲口——不是好料

花子进庙——穷祷告

花子婆娘翻跟头——穷折腾

花子婆娘画眉毛——穷讲究；穷打扮

花子死了蛇——没什么弄的

花子养仙鹤——苦中作乐

花子早起——穷忙

华容道上放曹操——不忘旧情

华山一条路——绝境天险

华佗的药丸——万应灵丹

华佗开药方——手到病除

华佗施医术——起死回生

华佗行医——名不虚传；名副其实

华佗摇头——没救了

华佗治病——妙手回春

滑了牙的螺丝帽——团团转

化了妆的演员——油头粉面

化脓的疖子——不攻自破

化缘的和尚——没事（寺）

化装表演——改头换面

划子（筏子）追快艇——老落后；落后了

画笔敲敲——有声有色

画饼充饥——空喜一场；自欺欺人

画虎不成反类犬——弄巧成拙

画匠不拜佛——知道底细

画匠不给神作揖——知道你是哪块地里的泥

画匠打了碗——看你那个色

画匠的儿子——又会画龙，又会画虎

画匠的妈——会说不会画

画里的大饼——不能充饥

画了黑脸照镜子——自己吓唬自己

画龙点睛——功夫到家了

画眉的嘴儿——会说

画面上的酒菜——叫人眼饱肚饥

画屏上贴观音——话（画）里有话（画）

画上的车子——推不动

画上的春牛——中看不中用

画上的饿狼——吃不了人

画上的公鸡——不明（鸣）

画上的关公——脸红耳赤

画上的喇叭——吹不得

画上的老虎——谁怕你凶

画上的马——不见起（骑）

画上的猫——白瞪眼

画上的美女——不嫁人；爱不得

画上的鸟儿——飞不上天；有翅难飞

画上的人——有口难言

画上的仙桃——中看不中吃

画上的元宝——不值钱的货

画蛇添足——自作聪明；多此一举

话不投机——半句多

话儿把石头熔化——柔能克刚

话里揉进胡椒面——辣得很

话如绵里藏针——语气柔和，锋芒犀利

桦木扁担——吃不住劲

桦木拐杖——宁折不弯

5

蛤蟆被牛踏——浑身是伤；没死落得一身病

蛤蟆蹦到脚面上——高升了；吓人一跳

蛤蟆剥皮——死不瞑目

蛤蟆不长毛——天生这路种

蛤蟆不咬癞肚——都是一类货

蛤蟆吃花骨朵——心里美

蛤蟆吃黄蜂——反倒挨一锥

蛤蟆吃蝼蛄——不见得准死

蛤蟆吃骰子——满肚子点子

蛤蟆吃萤火虫——心里亮

蛤蟆充田鸡——差得远

蛤蟆打饱嗝——气胀的

蛤蟆打哈欠——口气大

蛤蟆打喷嚏——好大的口气

蛤蟆打伞——怪呀

蛤蟆戴笼头——好大的脸皮

蛤蟆戴帽子——充矮胖子

蛤蟆当鼓敲——气难消

蛤蟆荡秋千——摆不起来

蛤蟆的耳朵——是个泡

蛤蟆的眼睛——突出；往上翻

蛤蟆的嘴——唱不出好歌

蛤蟆垫板凳——死撑活挨

蛤蟆垫床脚——不是这块料；装硬

蛤蟆垫桌腿——鼓着肚子干；拼命呢

蛤蟆掉进滚水锅——死路一条

蛤蟆掉进井里——坐井观天

蛤蟆跌到醋缸里——忍气吞声

蛤蟆顶桌子——自不量力

蛤蟆腚上插鸡毛——不是好鸟

蛤蟆腚里插鸡毛——算什么鸟

蛤蟆跳井——不懂（扑通）

蛤蟆翻田坎——上蹿下跳

蛤蟆跟着甲鱼走——甘当王八的孙子

蛤蟆骨头熬汤——没多大油水

蛤蟆鼓肚子——气鼓气胀；干生气

蛤蟆挂铃铛——闹得欢；吵闹不休

蛤蟆过河——一鼓作气

蛤蟆和牯牛比大小——气鼓鼓

蛤蟆和牛比大小——胀破肚皮也没用

蛤蟆进了金銮殿——爬蹬到头了

蛤蟆进泡子——乱钻

蛤蟆蝌蚪子害头痛——浑身是病

蛤蟆蝌蚪子撑船——搭不上帮

蛤蟆蝌蚪子撑鸭子——找死

蛤蟆拉车——没后劲

蛤蟆没毛——随根种

蛤蟆闹塘——分不清点

蛤蟆撵兔子——没门儿

蛤蟆爬楼梯——又蹦又跳；上不去

蛤蟆爬旗杆——抱住不放

蛤蟆爬上樱桃树——想吃高味

蛤蟆爬香炉——触一鼻子灰

蛤蟆爬到脚面上——不咬人，恶心人

蛤蟆皮——不值一驳（剥）

蛤蟆扑苍蝇——供不上嘴

蛤蟆晒肚——仰面朝天

蛤蟆上墙——巴（扒）不得

蛤蟆伸长脖子想吞月亮——想得高

蛤蟆生气——干咕嘟（鼓肚）

蛤蟆拴到鞭梢上——不值得摔打

蛤蟆跳到鳌子上——欢乐一时是一时

蛤蟆跳到板凳上——人形一样

蛤蟆跳到蟒嘴里——送上门的肉

蛤蟆跳到牛背上——自以为大

蛤蟆跳到热锅上——欢乐一时是一时

蛤蟆跳进秤盘里——不知自己有几两肉

蛤蟆跳门槛——不碰鼻子就碰脸

蛤蟆跳竹帘——碰嘴又蹾腚

蛤蟆吞西瓜——无从下口

蛤蟆无路走——只得跳

蛤蟆想吃天鹅肉——想得美

蛤蟆想飞——不是上天的料

蛤蟆想吞天——好大的口气

蛤蟆咬秤砣——没那个口劲

蛤蟆抓耳朵——小手

蛤蟆装鞍子——奇（骑）怪

蛤蟆追兔子——差得远

蛤蟆钻窟窿——眼光短，办法笨

蛤蟆嘴底下落苍蝇——白送一口肉；送来的口食

蛤蟆坐轿子——不识抬举

哈巴狗吃牛屎——也没估个准

哈巴狗戴串铃——充什么大牲口（比喻小人物装作大人物的样子）

哈巴狗逮老鼠——像猫没猫的本事

哈巴狗戴串铃——混充大牲口；快活了狗腿子

哈巴狗戴眼镜——六亲不认

哈巴狗掉进茅坑里——饱餐一顿

哈巴狗抖尾巴——唬（虎）起来了

哈巴狗蹲墙头——装坐地土豪

哈巴狗赶兔子——工夫里磨

哈巴狗过高门槛——又蹲屁股又伤脸

哈巴狗过门槛——又抢鼻子又抢脸儿

哈巴狗见主人——摇尾乞怜；俯首帖耳

哈巴狗叫猫——错当一家人了

哈巴狗看门——忠实走狗

哈巴狗立在粪堆上——不识抬举

哈巴狗没了眼珠——瞎神气

哈巴狗撵兔——要跑没跑，要咬没咬

哈巴狗上粪堆——自封为王

哈巴狗上轿——不识抬举；谁抬你呀

哈巴狗上墙头——紧抓挠

哈巴狗舔脚跟——亲的不是地方

哈巴狗卧到粪堆里——强装大狗

哈巴狗掀门帘——突出一张嘴

哈巴狗学大狗——装腔作势

哈巴狗摇尾巴——献殷勤

哈巴狗要骑骆驼——巴结不上

哈巴狗钻炕洞——娇（焦）毛

哈巴狗坐门墩——硬充当家人

哈尔滨的冰雕——冷冰冰，硬邦邦

哈哈镜放在大街上——有意惹人笑

哈哈镜看东西——全都走了样

哈哈镜照脸——变了形

哈哈镜照人——当面出丑；变样了；看不出真相

哈哈镜——走了样

哈密瓜泡冰糖——甜透了

6

孩儿的脊梁——小人之辈（背）

孩儿脸——变化无常

孩儿他妈拿尺子——凄凉（妻量）

孩子病死不买药——省的不是地方

孩子不哭娘不哄——没有预见

孩子的节日——儿戏

孩子讲悄悄话——由他说去

孩子考妈妈——小题大做

孩子离了娘——无依无靠

孩子没有娘——说来话长

孩子们过年——常盼那一天

孩子撒娇——喊多哭少

海豹的眼睛——又明又亮

海豹子上山——办不到

海边的大雁——见过风浪

海边的鹭鸶——身高尾巴黑

海边捞虾——看潮流

海滨的潮汐——一浪高过一浪；后浪推前浪

海参长刺——不扎人

海底长海带——根子深

海底打捞绣花针——难办

海底打拳——功夫深；有劲使不上

海底的坑洼——摸不透

海底的鱼——不好打

海底动物——不见天日

海底捞月，天上摘星——想得到，办不到

海底捞月——望空扑影；白费劲

海底捞针——往哪儿找去

海底谋杀——害人不浅

海底栽葱——根底深

海儿接弟弟——胡（湖）来

海风阵阵——一波未平，一波又起

海关大钟——到时候就报

海河豚穿线——软硬使不出劲来

海椒命——老来红

海椒命，姜桂性——越老越辣

海军的衬衫——道道多

海里的礁石——时隐时现

海里的浪花——不用吹

海里的木头——东飘西荡

海里的王八——大得出奇

海里放鸭子——不简单（捡蛋）

海蛎上岸——甭想张嘴

海龙王搬家——厉害（离海）

海龙王吃螃蟹——敲骨吸髓

海龙王打哈欠——好大的口气

海龙王的喽啰——虾兵蟹将

海龙王发火——六亲不认

海龙王发脾气——兴风作浪

海龙王翻身——兴风作浪

海龙王找女婿——汤里来，水里去

海螺壳里睡觉——不肯露头

海绵里的水——挤出来的

海面上刮风——波澜起伏

海面上起风——不平静

海瑞的棺材——抬来抬去

海瑞见皇帝——拼着一死

海瑞上书——为民请命

海上的灯塔——指引航向

海上的孤舟——无依无靠

海上翻波浪——此起彼伏

海上泛舟——漫无边际

海上观测——往远处看

海上聊天——漫无边际

海上行船——见风使舵

海石秃上的螃蟹——明爬着（比喻明摆在那儿，很容易看清楚）

海市蜃楼，天涯彩虹——虚的虚，空的空

海水里长大的官——管得宽

海水煮黄连——苦上加苦

海滩上的沙子——有的是

海滩上开店——外行

海滩上寻贝壳——有的是；白捡

海外的和尚——洋参（僧）

海外侨胞抱火筒——两头受气

海象打架——光使嘴

海蜇皮送酒——干脆

海蜇皮做帽子——装滑头

海子里的虾米——翻不起浪

害喘病爬高山——上气不接下气

害儿子坑闺女——灭绝人性

害脚气长秃疮——两头落一头

害了伤寒病——忽冷忽热

97

害亲人挖祖坟——无恶不作　　　　　害啥病吃啥药——对症下药

7

憨鸡仔啄白米——一颗颗进肚

含冰糖说好话——甜言蜜语

含糖睡觉——梦里甜

含着骨头露着肉——吞吞吐吐

寒潮消息——冷言冷语

寒冬的电扇——令人生畏

寒冬喝冰水——点滴记（激）在心；透心凉

寒冬腊月摆龙门阵——冷言冷语

寒冬腊月吃冰水——点点入心；肚里有火；心都凉了

寒冬腊月打雷——成不了气候

寒冬腊月戴手套——保守（手）

寒冬腊月的马蜂窝——空空洞洞

寒冬腊月捞红鱼——不是时辰

寒冬腊月送扇子——不分时候

寒号虫儿——好吃懒做

寒号鸟过日子——过一天算一天

寒号鸟晒太阳——得过且过

寒流来了吹暖气——冷嘲（潮）热讽（风）

寒山寺里的大钟——搬不动

寒暑表里的水银柱——能上能下

寒暑表——忽冷忽热；有升有降；知冷知热

寒天吃冰棍——心里有火

寒天换毛的鹧鸪——没几天蹦头儿

韩湘子出家——一去不复返

韩湘子吹笛——不同凡响

韩湘子的花篮——要啥有啥

韩湘子拉着铁拐李——一个吹，一个捧

韩信背水之战——以弱胜强

韩信打仗——用兵如神

韩信打赵国——背水一战

韩信点兵——多多益善

韩信伐楚——明修栈道，暗度陈仓

汉高祖斩白蛇——一刀两断

汉笼头的马——揪扯不住

汉人官——没领（翎）儿

旱魃（传说能引起旱灾的怪物）拜夜叉——尽见鬼

旱地拔葱——费劲

旱地的葱过道的风，蝎子尾巴财主的心——又毒又辣又刺人

旱地的蛤蟆——干鼓肚没办法

旱地的螺蛳——有口难开

旱地的南瓜——越老越红

旱地的泥鳅——钻得深

旱地的蚯蚓——钻不透

旱地的乌龟——无处藏身

旱地的鱼虾——活不长；活不下去

旱地里插秧——不顾死活

旱地里的蛤蜊——不张嘴；不好开口

旱地里的螃蟹——横行不了几天

旱苗得甘霖——及时雨

旱苗得雨——正逢时

旱坡上划船——行不通

旱天的井——水平太低

旱天的庄稼苗——死不死，活不活

旱天逢甘霖——正适时

旱天刮西北风——干吹

旱鸭想吃水螺——想得倒美

旱鸭子不下水——练腿劲

旱鸭子过河——不知深浅

旱鸭子上架——办不到

旱鸭子追猫——紧赶

旱烟袋打狗——坏了杆了

旱烟袋当枪使——派错了用场

旱烟袋——一头热

焊枪的喷嘴——一点就着

焊条碰钢板——冒火

焊洋铁壶的出身——没有那把刷子

8

航船上的耗子——混充带毛的货

航船上的马桶——明摆着

航船遇沙滩——搁浅

航空兵操纵——随机应变

航天飞机出发——远走高飞

9

豪猪拱洞——吃里爬外

好袄做成破马褂——穷折腾

好柴烧烂灶——塞错了门道

好吃不好穿——顾嘴不顾身

好斗的公鸡——好了不起；肥不了

好斗的山羊——又顶又撞

好斗的小公鸡——神气十足

好儿无好媳——难得两全；美中不足

好官断案——不讲理

好汉挨木棒——痛死不开腔

好汉不吃眼前亏——识时务

好汉扛大个儿（指笨重的东西）——正在劲头上

好汉上梁山——逼出来的

好汉造反——逼上梁山

好虎斗群狼——寡不敌众

好花插在牛粪上——不合身份；真可惜

好花离了土——活不成

好花离了枝——蔫了

好叫的麻雀——没有二两肉

好经念给聋施主听——白费唾沫

好了病打大夫——忘恩负义

好马挨鞭打——忍辱负重

好马不吃回头草——倔犟

好女嫁丑汉——不般配

好女嫁歹汉，驴子吃牡丹——搭配不当

好人堆里挑坏人——不多

好人喊冤——不平则鸣

好人坐班房——不白之冤

好肉上贴橡皮膏——自讨麻烦

好媳妇抓豆芽——你说几根就几根

好心当成驴肝肺——不识好歹

好心遭雷打——冤枉

99

好心走一遭，回头被狗咬——恩将仇报；以怨报德

好字头上加了不——孬种

号手出身——会吹

号筒里塞棉花——吹不响

号嘴上塞棉花——没法吹

号嘴上贴胶布——没法吹了

耗干了油的灯盏——奄奄一息（熄）

耗子搬家——穷折腾；调动（洞）

耗子鼻子——能有多大

耗子变蝙蝠——食言（盐）了

耗子不留隔夜粮——吃光用光

耗子吃海椒——够呛

耗子吃鸡蛋——不好下嘴

耗子吃猫食——悄悄的

耗子吃猫——自不量力

耗子吃砒霜——性命难保

耗子吃香灰——分不清五谷

耗子充蝙蝠——白熬夜

耗子出洞——东张西望；先看动静；准没好事

耗子打洞——路路通；找门路

耗子打瞌睡——不显眼

耗子打秋千——头朝下

耗子带大棒——起了打猫的心

耗子逮蛐蛐儿——小收拾

耗子逮王八——无法下手

耗子戴眼镜——鼠目寸光；硬充文化人

耗子盗洞——一个劲儿往前钻；走后门

耗子的家——常搬

耗子的眼——见识短；只看一寸远

耗子登风车——尽走回头路

耗子掉到醋缸里——一身酸味

耗子掉灰堆——又憋气又窝火；触一鼻子灰

耗子掉进拌种箱——上下打转；无处奔

耗子掉进面缸里——白眼看人

耗子掉在水缸里——时髦（湿毛）

耗子跌进书箱里——咬文嚼字

耗子跌进坛子里——无缝可钻

耗子跌米缸——好进难出；悲喜交加

耗子盯小偷——贼眉鼠眼

耗子动刀——窝里反

耗子洞里摆神像——莫名其妙（庙）

耗子洞里打架——自相残杀

耗子逗猫——自取其祸

耗子给猫拜年——拼命讨好

耗子给猫当三陪——挣钱不要命

耗子给猫刮胡子——拼命巴结

耗子给猫捋（用手指顺着抹过去，使物体顺溜或干净）胡子——溜须不要命

耗子给猫梳头——拼命巴结

耗子跟猫睡觉——练胆儿；不知死活

耗子拱墙根——没缝找缝

耗子滚到米缸里——不吃不偷不可能；又喜又愁

耗子滚到面柜里——乐糊涂了；白眼看人；机会难得

耗子过街——人人喊打

耗子和蛤蟆交朋友——不怀好意

耗子滑冰——溜之大吉

耗子嫁猫——找死

耗子嫁女——小打小闹；讲吃不

讲穿

　　耗子见了猫——魂飞魄散；赶快逃

　　耗子进风箱——找气受

　　耗子进老鼠夹——离死不远

　　耗子进笼子——没有出路

　　耗子进牛角——已到尽头；不死脱层壳

　　耗子进书箱——蚀（食）本

　　耗子进铁桶——入地无门

　　耗子进碗架——净咬词（瓷）儿；满口是词（瓷）儿

　　耗子看粮仓——监守自盗

　　耗子扛枪——光会在窝儿里横；窝里反

　　耗子啃菜刀——死路一条

　　耗子啃茶壶——满口是词（瓷）儿

　　耗子啃床腿——白费牙

　　耗子啃碟子——满嘴词（瓷）儿

　　耗子啃海椒——够呛

　　耗子啃罗汉——不识大体

　　耗子啃骆驼——大有油水可捞

　　耗子啃猫鼻子——盼死等不到天亮

　　耗子啃木头——吃不消

　　耗子啃木箱——闲磨牙

　　耗子啃皮球——客（嗑）气

　　耗子啃菩萨——不识大体

　　耗子啃神龛——欺神灭相

　　耗子啃书本——咬文嚼字

　　耗子啃玉米棒——顺杆（秆）爬

　　耗子啃砖头——白磨牙

　　耗子哭猫——假惺惺

　　耗子窟窿——填不满

　　耗子拉秤砣——自塞门路；堵住了窝口

　　耗子拉鸡子儿——滚蛋

　　耗子拉木锨——大头在后头

　　耗子搂猫睡觉——感情处到份儿上了

　　耗子落到鼓上——不懂（扑通）

　　耗子磨牙——没活找活；勤恳（啃）

　　耗子撵猫——怪事一桩

　　耗子爬案板——熟路

　　耗子爬秤钩——自己称自己（比喻自我吹嘘）

　　耗子爬到牛角上——自高自大

　　耗子爬到树梢上——自高自大

　　耗子爬铁丝——难转弯；转不得身

　　耗子爬竹竿——一节一节来（比喻有步骤地进行）

　　耗子跑到猫背上屙屎——活找死

　　耗子跑到食盒里——捉住理（礼）啦

　　耗子皮做衣领——不孝（消）

　　耗子屁股抠骰子——小贫骨头儿

　　耗子骑大象——大的大，小的小

　　耗子请猫吃饭——找死

　　耗子扔手榴弹——瞎炸么（猫）

　　耗子上吊——猫逼的

　　耗子上房——不是发大水，就是下大雨

　　耗子伸腿——小手小脚

　　耗子生儿——喂猫的货

　　耗子睡猫窝——自送一口肉；死活不知

　　耗子睡在粮仓里——不愁吃

　　耗子算卦——搁下爪儿就忘

　　耗子舔猫鼻子——自己找死

　　耗子舔猫屁股——找死；拼命巴结

　　耗子跳到钢琴上——乱谈（弹）

耗子跳火坑——爪干毛净

耗子跳进钢琴上——乱弹琴

耗子铁板上打洞——钻不进

耗子偷秤砣——力不能及

耗子偷糯子——糊嘴

耗子偷米汤——勉强糊口；只能糊嘴

耗子偷牛——大干一场

耗子偷油喊捉贼——虚惊一场

耗子腿上摆宴席——小题（蹄）大做

耗子拖泰山——野心勃勃

耗子尾巴——长不壮

耗子尾巴上长癣——小毛病

耗子眼看天——小瞧

耗子在窝里藏粮——有备无患

耗子找不到窝啦——书（鼠）迷

耗子追猫——找别扭

耗子钻到竹筒里——死不回头

耗子钻到字纸篓——咬文嚼字

耗子钻烘炉——倒贴（盗铁）

耗子钻灰堆——闭着眼混

耗子钻进古书堆——吃老本

耗子钻进乱麻堆——没有头绪

耗子钻炉膛——自取灭亡

耗子钻米柜——刻（嗑）不容缓

耗子钻鸟笼——你算哪头鸟

耗子钻牛角尖——道越走越窄

耗子钻象鼻——大的没有小的能；小能降大

耗子钻油坊——吃香

耗子钻油壶——有进无出

耗子钻灶火——不死也要脱层皮；末日来临

耗子坐大堂——署（鼠）官

耗子做道场——哪有正经

10

喝饱了黄连水——满肚子苦水

喝茶拿筷子——摆设

喝敌敌畏跳井——必死无疑

喝多了滚开水——热心肠

喝海水长大的——见过风浪

喝海水说大话——没边没沿

喝江水，说海话——没边没沿

喝酒不吃菜——各人心里爱

喝酒不拿盅子——胡（壶）来

喝酒穿皮袄——里外发烧

喝酒就辣椒——爱的就是这一口

喝酒尿裤子——松包

喝酒晒太阳——周身火热

喝开水吃菜——各有所爱

喝开水拿筷子——多此一举；故作姿态；没有用

喝开水吞炒面——不含糊

喝老陈醋长大的——光说酸话

喝冷酒，拿赃钱——迟早是病

喝凉水吃生姜——乏味；不是滋味

喝凉水肚子痛——自找罪受

喝凉水落肚子疼——自找的

喝凉水塞牙缝——真倒霉

喝凉水剔牙缝——没事找事；穷要面子

喝凉水栽跟头——装晕

喝了白露水的知了——叫不了几天

喝了红薯烧酒——讲旧（酒）话

喝了黄连猪胆汤——一肚子苦水

喝了两斤老陈醋——心酸得很

喝了迷魂汤——昏了头；神魂颠倒；全忘记了

喝了柠檬水——心里酸溜溜的

喝了泉水就摔瓢——忘本

喝了润滑油——油嘴滑舌

喝了烧酒烤火——浑身发热

喝了太平洋的水——宽大无边

喝了五味汤——啥滋味都有

喝了一坛子山西醋——酸心透了

喝了御酒——有功之臣

喝米汤划拳——光图热闹

喝磨刀水长大的——内秀（锈）

喝水塞牙缝，放屁扭了腰——该倒霉

喝水用筷子——捞不着；故作姿态

喝松花江水长大的——管得宽

喝糖水加酱油——瞎掺和

喝完浆水上吊——糊涂死了

喝完烧酒挨嘴巴——里外发烧

喝西北风长的——没点热乎气

喝西北风打饱嗝——硬挺

喝西北风堵嗓子——倒霉透了

喝血的蚊子——全凭嘴伤人

喝盐开水聊天——净讲闲（咸）话

喝足酒跳太湖——罪（醉）该万死

禾草里头藏龙身——农家出英才

禾苗怕蝼蛄——一物降一物

合唱团里的哑巴——凑数

合金钢钻头——专拣硬的克

合起来讲五句——三言两语

合闸的马达芯子——团团转

何家的香火——何门何姓何祖宗

何家姑娘嫁郑家——正合适（郑何氏）

何仙姑回娘家——云里来雾里去

何仙姑要下凡——六神无主

和国王下棋——只能输不能赢

和卖炭的亲嘴——黑白不分

和尚拜堂——全是外行

和尚拜丈母娘——怪事一桩；栖（妻）身何处

和尚拜丈人——不可能的事

和尚搬家——省事（寺）

和尚背布袋——装正经

和尚背枷——知法犯法

和尚别发卡——调（挑）皮

和尚不吃豆腐——怪哉（斋）

和尚不吃斋——口是心非

和尚长头发——不光

和尚扯鞋面布——用处多

和尚吃豆腐——家常便饭

和尚吃狗肉——开不得口

和尚吃荤——知法犯法

和尚出山——走下坡路

和尚穿靴子——喇嘛

和尚串门——少来

和尚打梆梆——老一套

和尚打赤脚——两头光

和尚打架扯辫子——没有的事

和尚打架——抓不住辫子

和尚打喇嘛——管得宽

和尚打阳伞——无法（发）无天

和尚打仔——不心疼；没有的事

和尚戴红花——美妙（庙）

和尚戴礼帽——与众不同

和尚到了姑子庵——不妙（庙）

和尚到了家——妙（庙）

和尚的辫子——假的

和尚的衬衫——紧领

和尚的肚腹——没多大油水

和尚的儿子——捡的

和尚的房子——妙（庙）

和尚的家当——一舍之物

和尚的袈裟——东拼西凑

和尚的驴子——娇惯

和尚的帽子——平铺沓

和尚的木鱼——合不拢嘴；不打不响；挨敲打的货；老棒（帮）子

和尚的脑壳——没法（发）

和尚的念珠——串通好的

和尚的梳子——多余；无用之物

和尚吊腊肉——光怄（沤）气

和尚丢了腊肉——心急不好说

和尚丢了住家——没得话（化）了

和尚洞房花烛夜——破天荒第一遭

和尚分家——多事（寺）

和尚跟前买梳子——盲目随人

和尚跟着尼姑跑——无情必有意

和尚跟着月亮走——也借他点光

和尚挂袈裟——假正经

和尚管道士——管得宽

和尚化缘——到处求人

和尚换了秃子——一个样儿

和尚回寺庙——走老路

和尚结辫子——假的

和尚进了尼姑庵——走错了门

和尚进庙——无法（发）入门；以先为大

和尚开门——突（秃）出

和尚看花轿——空喜一场

和尚落深潭——无法可施

和尚骂人——没经念了

和尚买梳子——无用

和尚卖篦子——没啥可说（梳）

和尚卖肉——费力不讨

和尚没当上，老婆没娶上——两头误

和尚梦见嫁妆——幻想

和尚面前骂贼秃——指桑骂槐

和尚庙对着尼姑庵——没事也得有事

和尚庙里的鸡叫——搅了一世（寺）

和尚庙里的老鼠——听的经卷多

和尚庙里剃头——一个不留

和尚庙里住尼姑——是非多；没事找事

和尚庙前讲假话——惹是（寺）生非

和尚摸头——没有法（发）

和尚脑袋——净是点子；一溜精光

和尚尼姑——大伙无法（发）

和尚念经——长跪不起；老一套；自念自听

和尚盼儿子——下辈子的事

和尚起立——突（秃）起

和尚敲木鱼——老一套

和尚敲钟——响当当

和尚娶个天仙女——该你秃子好运气

和尚娶老婆——岂有此理；离经叛道；打破常规

和尚去云游——出事（寺）了

和尚杀牛——口善心恶

和尚师父的头——没得法（发）

和尚拾辫子——得法（发）

和尚梳头——多此一举；无计　千里（髻）

和尚抬木头——羞死（修寺）了

和尚同施主太太结朋友——高攀

和尚头上别金簪——忍痛图好看

和尚头上的虱子——明摆着

和尚头上顶橄榄——不牢靠

和尚头上放豆子——白费工夫

和尚头上拍苍蝇——正大（打）光明

和尚头上盘辫子——空绕一圈儿

和尚涂油——放光

和尚拖木头——出事（寺）了

和尚挖墙洞——妙（庙）透了

和尚戏尼姑——一对滑头

和尚下山——出事（寺）了

和尚相亲——第一回

和尚笑尼姑——大家都无法（发）

和尚写字和尚认——各师各法

和尚蓄发——无计（髻）

和尚寻媳妇——甭想

和尚训道士——管得宽

和尚养儿子——岂有此理

和尚摘帽子——头名（明）

和尚照镜子——无计（害）可施（梳）

和尚植树——妙哉（庙栽）

和尚住客栈——没事（寺）

和尚住在露天坝——没事（寺）

和尚撞钟——应尽之责；天天如此

和尚作案赖道士——嫁祸于人

和尚坐大殿——四（寺）门不出

和尚坐轿——空喜一场

和尚住岩洞——没事（寺）

和孙猴子比翻跟斗——差着十万八千里

和稀泥，抹光墙——和事佬

和影子交朋友——孤单得很

河岸上看赛龙船——有劲使不上

河边垂钓——等鱼上钩

河边垂杨柳——这人折了那人攀

河边放崖炮——无地容身；无处藏身

河边开豆腐店——汤里来，水里去

河边上撑篙——一竿子插到底

河边上逮螃蟹——有一个捉一个

河边拾蛤蜊——尽捞

河边洗黄连——何（河）苦

河伯娶妻——坑害民女

河里长菜——不焦（浇）

河里打墙——把鳖的路挡了

河里逮王八——作弊（捉鳖）

河里的鹅卵石——光溜溜；越滚越滑

河里的凉水——不值钱

河里的木偶——随大流

河里的泥鳅——老奸巨猾

河里的泥鳅种，山上的狐狸王——老奸巨猾

河里的沙子——难捏合

河里的水身旁的风——抓不住

河里的虾米——估不透

河里的鸳鸯——一对儿

河里赶大车——没辙

河里划龙船——同心协力

河里拉屎——只有他（你）自己知道

河里捞不到鱼——抓瞎（虾）

河里捞月亮——白搭工

河里冒泡儿——王八屁；有余

105

（鱼）

河里摸石头——尽捞

河里摸鱼——大小难分；又圆又滑

河里摸鱼摸到一只大王八——捞外快

河里木头——随大流；又一牌（排）

河里王八爬上岸——亮亮相

河里洗萝卜——一个个来

河里洗煤砖——闲着无事干

河里洗铁盒——面面俱到

河马打呵欠——好大的口气

河面上的油花——水上漂

河南到河北——两省

河水不犯井水——互不相干

河滩的石头滚上坡——无奇不有

河滩里盖房子——不牢靠

河滩上撑船——一竿子到底

河滩上的鹅卵石——有的是；圆滑

河滩上的沙子——不入眼；有粗有细；数也数不清；多的是

河滩上的石头——没角没棱

河滩上捡石头——有的是

河豚撞船——一肚子气

河豚浮在水面上——气鼓鼓

河豚鱼投胎——全身有毒

河心的船——明摆着

河心里搁跳板——两头没着落

河沿上脱坯——趁水和泥

河中的浮萍——扎不下根

河中的礁石——顶风顶浪

核桃里的肉——不敲不出来

核桃栗子一齐收——不加区别

核桃皮翻肚——点子不少

核桃树旁种棉花——软硬兼施

荷包里的东西——十拿九稳

荷包里冒烟——妖艳（腰烟）

荷包里摸花生——挨个儿抓

荷包里闹鬼叫——妖（腰）气

荷包里装钉子——锋芒毕露；都想出头

荷花不结籽——没脸（莲）

荷花池里的并蒂莲——不分上下

荷花池里养鱼——一举两得

荷花出水——一尘不染

荷花灯里点蜡烛——心里明

荷花塘里失火——偶然（藕燃）

荷叶包钉子——个个想出来

荷叶包菱角——锋芒毕露

荷叶包鳝鱼——溜之大吉

荷叶包蟹——包不住；露爪了

荷叶包粽子——宽大有余

荷叶上的露珠——清清白白；滚来滚去；不长久；沾不着边

荷叶上放秤砣——承受不了

荷叶做雨伞——难遮盖

鹤的尾巴——不长

鹤立鸡群——才貌出众；高出一筹

11

黑板上写字——一抹就掉；擦了再来

黑布蒙窗户——不透光

黑灯笼里点蜡烛——有火发不出

黑灯瞎火跳舞——暗中作乐

黑地里穿针——难过

黑地里打躬（作揖）——各尽其心；没人领情

黑地里张弓——暗藏杀机

黑洞里裹脚——瞎缠

黑蜂子扑火——有去无回

黑狗趴在山洞里——装狗熊

黑狗跳墙——无法而已

黑狗偷油打白狗——搞错了

黑狗熊耍扁担——胡抡一气

黑甲鱼剖腹——心不死

黑老鸹叼泥鳅——文着嘴儿

黑老鸹嫁凤凰——不配

黑老鸹衔窝——沾得怪紧

黑老鸹在水里漂白——痴心妄想

黑老鸹啄柿子——挑软的欺

黑老鸦下了个白鸡蛋——就当自己长得白

黑李逵碰见猛张飞——见面就崩

黑脸演花旦——变了角色

黑毛乌鸦——不足为奇

黑母鸡跑到树林里——像个鸟样

黑泥鳅钻金鱼缸——光显自己漂亮；献丑；谁跟你比美

黑漆灯笼——心里亮

黑天过河——不知深浅

黑天摸黄鳝——不知长短；难下手

黑天捉老鼠——找不着窟窿

黑天捉牛——摸不着角

黑天做投机生意——看不见的勾当

黑屋里打算盘——暗中盘算

黑屋里找东西——难寻

黑屋里做活——瞎干

黑瞎子按键盘——乱弹琴

黑瞎子掰苞谷——掰一个，丢一个

黑瞎子拜年——不敢受这个礼

黑瞎子办案——熊差

黑瞎子抱报纸——假充识字的

黑瞎子剥皮——说不清是人是兽

黑瞎子长瘤——熊包

黑瞎子吃蜂蜜——没鼻子没脸；大把抹

黑瞎子吃梨——满不在乎

黑瞎子吃人参——不知贵贱

黑瞎子吃石榴——满肚子熊点子

黑瞎子打花脸——熊样

黑瞎子打立正——一手遮天

黑瞎子打人——架不住那一巴掌

黑瞎子逮虱子——笨手笨脚

黑瞎子戴手表——假装体面

黑瞎子戴坦克帽——硬充装甲兵

黑瞎子戴项链——再美也是熊

黑瞎子掉井里——熊到底了

黑瞎子冬眠——净做美梦

黑瞎子敲门——熊到家了

黑瞎子过马路有目共睹——公证

黑瞎子回窝——熊到家了

黑瞎子举千斤鼎——身大力不亏

黑瞎子拉磨——转着圈熊

黑瞎子买个布狗熊——感性消费

黑瞎子蒙红头巾——冒充新娘子

黑瞎子扭身——大反扑

黑瞎子爬竹竿——直往下滑

黑瞎子拍巴掌——队长（对掌）

黑瞎子捧刺猬——碰到棘手事

黑瞎子披大氅——不像人样

黑瞎子劈苞米——认准一条垄

黑瞎子扑蝴蝶——手拙心不灵

黑瞎子骑脖颈——熊到头了

黑瞎子上秤台——没人敢要

黑瞎子上房脊——熊到顶了

黑瞎子上轿——谁抬你呀

黑瞎子耍大棒——人熊家伙笨

黑瞎子耍马叉——还想露一手

黑瞎子耍门扇——人熊家伙笨

黑瞎子说人话——仿生学

黑瞎子提包袱——走哪家的亲戚

黑瞎子舔马蜂窝——要怕挨蛰就别想吃甜头

黑瞎子跳井——熊到底了

黑瞎子跳山涧——凶多吉少

黑瞎子头上长犄角——还是那个熊样子

黑瞎子玩股票——熊市

黑瞎子玩手机——整不通

黑瞎子下棋——瞧你那个笨脑瓜

黑瞎子下山——熊到家了

黑瞎子绣花——束手束脚

黑瞎子学唱戏——硬装包青天

黑瞎子照镜子——看你那个熊样

黑瞎子照相——一副熊样子

黑瞎子遮太阳——手再大也捂不过天来

黑瞎子装弥勒佛——面善心不善

黑瞎子钻灶筒——难过

黑瞎子坐火车——熊到哪里

黑瞎子坐轿——没人抬举；想美事

黑瞎子坐月子——吓（下）熊了

黑心的蝲蝲蛄——从根上咬

黑心的萝卜——坏透了

黑心烂肚肠——坏透了

黑猩猩干活——毛手毛脚

黑熊吃梨——不在乎（摘核）

黑熊打正立——一手遮天

黑熊捉鱼——摸一条是一条

黑旋风的本名——理亏（李逵）

黑旋风李逵——有勇无谋

黑夜的萤火虫——亮晶晶

黑夜里开火车——前途光明

黑夜里抢大斧——瞎砍一通

黑夜里耍大刀——胡砍

黑夜里追人——无影无踪

黑夜里走路——没影子

黑夜摸黄鳝——没得救

黑夜天摘黄瓜——不分老嫩

黑夜走山路——没影子

黑纸糊灯笼——不明不白

黑纸写白字——黑白分明

第六篇　J

1

京剧演唱《白毛女》（指歌剧《白毛女》）——别开生面

京戏《三岔口》——混打内战

京戏走台步——慢慢挪；磨磨蹭蹭

泾渭合流——清浊分明

经霜的黄豆——四分五裂

经霜的青松——越久越坚

荆棘林里走路——步步难

荆轲刺秦王——图穷匕见

荆轲献地图——暗藏杀机

荆条编小篮——看着容易做着难

荆条当柱子——不是正经材料

荆条挂在身上——扯皮

惊弓之鸟——心有余悸；远走高飞

惊蛰后的青竹蛇——越来越凶

惊蛰后的蜈蚣——越来越凶

精雕的玉人——十全十美

精屁股撵狼——胆大不害羞

精身穿裤子——转身大

精神病院的医生——不怕你发疯

精心养马驹——为的将来骑

精装茅台——好久（酒）

井边担水河边卖——贱货

井底撑船——无路可走；不出小圈子

井底的壁砖——深厚

井底的蛤蟆被扔了一砖——闷腔了（比喻由于情况突变，一下子静了下来）

井底的蛤蟆——目光短浅

井底的蛤蟆上井台——大开眼界

井底的蚂蚁——目光短浅

井底的木棒——漂不远

井底的瓦片——永世不得翻身

井底雕花——深刻（比喻触到事情或问题的本质）

井底丢砖头——不懂（扑通）

井底蛤蟆爬上岸——方知天外有天

井底里放炮——有原因（圆音）

井底里放糖——甜头大家尝（比喻让大家都得到好处）

井底里划船——没有出路（比喻没有前途）

井底里栽花——没有出头之日（比喻不能摆脱困苦的环境）

井底下吹号角——有原因（圆音）

井底下吹唢呐——格调太低

井底下打拳——功夫深

井底下的青蛙——没见过世面；不知天高地厚

井底下放邮包——深信

109

井底下看书——学问不浅

井底下谈情——爱得深

井底下写文章——学问不浅

井底下种花生——根底深

井底行船——处处碰壁

井底栽黄连——苦得深

井底之蛙——见识短浅

井里长出一棵树来——根子深

井里吹喇叭——低声下气

井里打水往河里倒——瞎折腾；多此一举

井里的吊桶——任人摆布

井里的蛤蟆酱里的蛆——没把你看在眼里；算不了什么；自来的

井里的蛤蟆——没见过风浪；没有过碗大的天（比喻眼光短浅）；就会嚼舌头

井里丢石头——扑通（不懂）

井里捞起又掉进塘里——躲了一灾又一灾；祸不单行

井里投砒霜——害人不浅

井水不犯河水，南山不靠北山——各过各的（比喻互不依赖，互不干扰，自顾自）

井水管河水——犯不着

井水与河水——互不相干；两不相犯

井台上的辘轳——摇摇摆摆

井台上卖水——多此一举

颈窝上插蒲扇——走上风

景德镇的茶壶——词（瓷）好

景德镇的瓷器——名扬四海；词（瓷）好（比喻说得动听）

景德镇的大窑——净好词（瓷）儿

景德镇停业——没词（瓷）了

景山上的崇祯皇帝——挂起来；挂着

景阳冈上的武松——不是你死便是我活

景阳冈上贴告示——胡（虎）闹

警察打他爹——公事公办（比喻照章办事，不徇私情）

警察当扒手——知法犯法

警察蹲监狱——以身试法

警察抓犯法的爹——公事公办

警犬的鼻子——特别灵

敬德鞭打尉迟恭——自己打自己

敬德赶猪——一漫黑

敬酒不吃吃罚酒——不知好歹；好歹不分；不识抬举

镜里观花——白欢喜；空欢喜

镜台前照面——你是你

镜中花，水中月——空好看；可望而不可即

镜子里的饼——充不得饥；能看不能吃

镜子里的东西——看得见，拿不来（比喻可望而不可即）

镜子里的钱——看得见取不出

镜子里的烧饼——不能充饥；好看不好吃

镜子里的鲜花——好看不好拿

镜子里的影子——空虚

镜子里瞪眼——自己恨自己

镜子里夹相片——形影不离；形影相随

镜子里接吻——自爱；人家不亲自己亲

镜子里骂人——自骂自

镜子上的人儿——挺光滑的

镜子上抹灰——糊涂不明

2

揪下来的花——新鲜不了几天（比喻没有常性，只喜欢一阵子）

揪下茄子拔了秧——连根收拾

揪住耳朵擤鼻涕——劲儿使得不是地方

揪住马尾巴不放——硬拖

揪着耳朵过江——操心过度（渡）

揪着老虎胡须打秋千——吃了豹子胆

揪着马尾巴赛跑——玄（悬）

九个瓦盆摔山下——四分五裂

九寸加一寸——得寸进尺

九寸五的布——不够一尺

九个鸡蛋掉地上——四分五裂

九股绳拧成死疙瘩——难解难分

九斤老太（鲁迅小说《风波》中的人物）的口头禅——一代不如一代

九斤老太的眼光——光看过去的好；只知道过去的好

九斤重的公鸡——官高势大

九九八十二——算错账了

九两纱织十匹布——休想

九毛加一毛——时髦（十毛）

九牛爬坡——个个出力（比喻人多，劲儿往一处使）

九牛失一毛——不在乎；无足轻重；无关大局

九牛一毛——微不足道（比喻小得不值得一提）

九曲桥上扛竹竿——难转弯

九曲桥上散步——净走弯路；转弯抹角

九曲桥上拖毛竹——拐弯抹角；难过

九十老翁学武术——心有余力不足（比喻力不从心）

九十岁老太太做饭——不利索

九死一生的幸运儿——死去活来

九死一生——独活

九岁当了童养媳——活受罪

九条江河流两处——五湖四海

九头虫害牙——不知医哪口

九头鸟拾到个帽子——不晓得先套哪头好

九纹龙——使劲（史进）

九霄云外——天外有天

九月初八过重阳——不到时辰

九月初八问重阳——不久（九）

九月的寒霜，二月的风——长不了

九月的茭白——灰心

九月的南瓜——皮老心不老

九月的柿子——红透了；软不拉耷

九月九上山——登高望远

九月菊花逢细雨——点点入心

久病初愈——没劲儿；有气无力

久旱得雨——喜从天降；喜出望外

久旱的庄稼——蔫（植物因失去水分而枯萎）了

久旱逢甘雨——人人喜欢

久旱无雨——水落石出（比喻事情的真相完全暴露）

久居监狱——不知春秋

韭菜拌豆腐——一清（青）二白（比喻非常清白）

韭菜拌茴香——一团糟

韭菜包子——从里往外臭

韭菜炒蒜苗——清（青）一色

韭菜打汤——满锅漂

韭菜剁头——心不死；不死心

韭菜煎蛋——家常便饭

韭菜面孔——一吵（炒）就熟

韭菜命——割不绝

韭菜炖蛋——冒充（葱）

韭菜下锅——一捞（唠）就熟

酒杯掉在酒缸里——罪（醉）上加罪（醉）

酒杯里拌黄瓜——不是地方

酒杯里量米——小气（器）

酒杯里落苍蝇——扫兴

酒杯碰酒壶——恰好一对

酒杯子里洗澡——小人（指人格卑鄙的人）

酒当白水卖——太贱

酒缸边搭床铺——醉生梦死

酒缸里煮米——罪（醉）犯（饭）

酒鬼掉进酒池里——求之不得

酒鬼喝汽水——不过瘾

酒鬼划拳——输赢无所谓

酒鬼走路——东倒西歪

酒后大便——罪（醉）恶（屙）

酒壶当夜壶用——派错了用场

酒壶里插棒棒——胡（壶）搅

酒壶里吵架——胡（壶）闹

酒壶里翻跟头——胡（壶）闹

酒精点火——当然（燃）

酒里头放蒙汗药——存心害人

酒肉和尚菜道士——岂有此理

酒肉朋友——不久长；臭味相投

酒肉朋友的交情——吃吃喝喝

酒坛里的土地爷——醉鬼

酒坛里放炮——瓮声瓮气

酒坛子当夜壶——大材小用

酒坛子做茅缸——嘴滑肚臭

酒醒不见烤牛肉——悔之莫及；后悔已晚

酒糟鼻不吃酒——枉担虚名

酒糟煎鸡蛋——吵（炒）个稀巴烂

酒渣倒地——一团糟

酒盅里拌黄瓜——施展不开；小气（器）

酒盅里洗澡——得罪（醉）小人

酒桌上的盘子——喋喋（碟碟）不休

酒醉靠门帘——不可靠

酒醉说实话——醒了后悔

旧车断了轴——破烂不堪

旧抹布补新衣裳——配不上

旧鞋踏狗屎——没法提；提不起来

救火车遇上急救车——急性子碰上火性子

救火没水——干着急

救火踢倒煤油罐——火烧火燎；火上加油

救了落水狗——反咬一口

救人没水——干着急（比喻事态严重，心急如焚又毫无办法）

救人踢倒了油罐子——火上浇油（比喻增加别人的愤怒或助长事态的发展）

就餐的筷子——占先

就坡骑驴——自找台阶

就坡上驴——正相当

就汤下面——随机应变

就着猪肉吃油条——腻透了

舅舅打外甥——没说；白挨

舅舅拉外甥——两相情愿

舅老爷请春客——奉陪到底

3

饥得粗食——不嫌

饥饿送口粮——帮了大忙

饥了吃粗糠——味也香

饥了吃花生——生吞活剥

机车的灯头——只照别人，不照自己

机帆船赶快艇——老落后

机帆船上装橹——配搭

机关枪打飞机——水平提高了；派错了用场；抬高自己，打击别人

机关枪打炮弹——口径不对

机关枪打兔子——小题大做；得不偿失

机关枪打鸭子——呱呱叫

机关枪的通条——直进直出

机关枪对炮筒——直性子对直性子

机关枪卡壳——叫不起来了

机关枪上刺刀——连打带刺

机关枪伸腿——两岔

积木砌房子——一碰就倒

机器人讲情话——有口无心

机器人看戏——无动于衷

机器人——没心肝

机器人谈恋爱——没有感情；有口无心

机器人抓东西——一把硬手；是把硬手

机枪对大炮——直性子对直性子；

急性子碰上火性子

机制面条——不敢（擀）

鸡抱鸭蛋——一场空

鸡抱鸭子——白忙活

鸡不尿尿——另有门道

鸡长牙齿蛋生毛——天下奇闻；无奇不有

鸡肠刮油——没多大一点；油水不大

鸡肠子上刮膏——没多大油水

鸡巢里的凤凰——至高无上

鸡吃胡豆（蚕豆）——够呛（够受的）

鸡吃黄鼠狼——怪事一桩

鸡吃萤火虫——心里亮；肚里明

鸡穿大褂狗戴帽——衣冠禽兽

鸡戴帽子——官（冠）上加官（冠）（比喻官运亨通，连连晋级）

鸡蛋不生爪——天生这路种

鸡蛋长爪子——能滚能爬

鸡蛋炒韭黄——一色货

鸡蛋炒鸭蛋——浑蛋

鸡蛋掉油缸——圆滑；又圆又滑

鸡蛋掉在马路上——砸啦

鸡蛋掉在油篓里——滑透了

鸡蛋和西瓜——经不起摔打

鸡蛋换鸭蛋——捣（倒）蛋

鸡蛋换盐——两不见钱

鸡蛋壳垫床脚——难撑

鸡蛋壳发面——没多大发展

鸡蛋壳做线板——难缠

鸡蛋筐里放秤碗——砸啦

鸡蛋里面找骨头——百般挑剔

鸡蛋里淌水——坏蛋一个

鸡蛋里挑刺——无中生有；没事找事

鸡蛋里挑骨头——无中生有；故意找碴（比喻故意挑毛病）

鸡蛋抹香油——圆滑得很

鸡蛋碰石头——不堪一击

鸡蛋上刮毛——痴心妄想

鸡蛋走路——滚蛋

鸡的翅膀——飞不高

鸡的嗉子老鼠眼——吃得不多，看不多远

鸡叨骨头——替狗帮忙

鸡儿掉在米箩里——巴不得

鸡儿跌到米缸里——饱吃一餐

鸡飞蛋打，失火打板子——双晦气

鸡飞蛋打——双重损失；两落空（比喻毫无所得）

鸡飞上天——不可能的事

鸡孵鸭蛋——白忙活；瞎起劲

鸡给黄鼠狼拜年——自投罗网（比喻自找倒霉）

鸡公打架——对头

鸡公的尾巴——翘得高

鸡公跟马跑——自讨苦吃

鸡公拉屎——又臭又硬

鸡公跑进狐狸群——白送死

鸡公头上的肉——大小是个官（冠）（比喻不管怎的是个头头）

鸡公相会——总是要啄几嘴的

鸡狗不同叫——各随其便

鸡狗做邻居——老死不相往来

鸡骨头熬汤——没多大油水

鸡骨头卡在喉咙里——张口结舌

鸡冠花——老来红

鸡脚杆上刮油——剥皮又抽筋；白费神

鸡脚爪烩豆腐——油水不大

鸡叫走路——越走越明（比喻前途越来越光明）

鸡笼里过日子——一身的窟窿（比喻欠债多，到处是债主）

鸡笼里面扔炸弹——一窝都是死

鸡笼里睡觉——睁眼净窟窿（比喻没有一处好地方）

鸡笼里捉鸡——没有跑处

鸡毛插在桅杆上——好大的胆（掸）子

鸡毛炒韭菜——乱七八糟

鸡毛炒鸭蛋——各自打散

鸡毛打鼓——不声不响；无声无息

鸡毛掸扫火炉——一扫（烧）而光

鸡毛掸沾水——时髦（湿毛）

鸡毛掸子——尽招灰

鸡毛当令箭——轻事重报；大惊小怪

鸡毛点灯——十有九空

鸡毛掉井里——不声不响；无回音

鸡毛堵住耳朵——装聋

鸡毛搁秤盘——没分量

鸡毛过大秤——没有分量

鸡毛落水——毫无反响

鸡毛敲钟——不想（响）

鸡毛扔火里——马上全完

鸡毛上天——轻狂；随风飘

鸡毛想上天——谈何容易

鸡毛性子——一点就着

鸡毛与蒜皮——微乎其微；没多少斤两

鸡毛遭风吹——身不由己

鸡毛蘸水作画——轻描淡写

鸡毛做掸子——物尽其用

鸡梦见小米——想得倒美

鸡拿耗子猫打鸣——乱套了

鸡脑壳安在鸭颈上——不对头

鸡脑壳上磕烟灰——几（鸡）头受气

鸡跑房子——勤快得不是地方

鸡碰到蜈蚣——死对头

鸡皮蒙鼓面——经不起重锤

鸡屁股掏蛋——等不及；急性子

鸡屁股拴绳——扯淡（蛋）

鸡婆抱（孵）鸭子——舍己为人

鸡婆打摆子——又扑又颤

鸡婆进火灶——不死也要脱层皮

鸡群里闯进一只鹅——就你脖子长

鸡群里的鹅——高傲；出类拔萃

鸡群里的仙鹤——心高气傲；高人一头

鸡若抓兔子——黄鹰谁还要

鸡撒尿——没有的事

鸡食盆里的鸭子——多嘴多舌

鸡屎蛋子塑神像——胎里坏

鸡屎蚊子打呵欠——好大的气魄

鸡屎蚊子戴眼镜——好大的架子

鸡死狼吊孝——假慈悲；假慈善

鸡随鸡，狗随狗——臭味相投

鸡头对鸭颈——脸红脖子粗

鸡头上插鹅毛——一语（羽）双关（冠）

鸡头伸进猪食槽——插不上嘴

鸡头啄米——白费心机

鸡腿上拴蚂蚱——飞不了你，蹦不了他

鸡腿煮豆腐——一勺烩

鸡娃吃黄豆——咽不下

鸡尾巴上绑扫帚——好伟（尾）大

鸡尾虾进大锅——不红也得红

鸡窝边的黄鼠狼——不轻易回头

鸡窝调鸭窝——调来调去差不多

鸡窝里出凤凰——新鲜事儿；异想天开

鸡窝里打拳——出手不高；小架势

鸡窝里打太极——摆不开架势

鸡窝里的凤凰——至高无上

鸡窝里的蚂蚱——死到临头；心惊肉跳

鸡窝里放棒槌——捣蛋

鸡窝里练拳术——伸展不开

鸡窝里拼刺刀——刺激（鸡）

鸡窝里塞棒槌——故意捣蛋

鸡窝里生炉火——乌烟瘴气

鸡窝里养麻雀——宽裕

鸡窝门口贴对联——小题大做

鸡衔骨头——替狗累

鸡鸭共一笼——语言不通

鸡遇黄鼠狼——命难逃；胆战心惊

鸡抓纱箩——乱了麻

鸡爪疯穿针——对不上眼

鸡爪上钉掌子——不对题（蹄）

鸡爪煮汤——油水不大

鸡爪子炒菜——七拱八翘；往外扒

鸡爪子抓泥——不是好手

鸡捉耗子——乱套了

鸡啄闭口蚶——白费工夫；白费

口舌

鸡仔进米箩——这回不愁吃的了

鸡子儿（鸡蛋）跌跟头——完蛋

鸡子儿长爪子——滚的滚，爬的爬；连滚带爬

鸡子儿翻身——滚蛋

鸡子儿筐里搁石头——自找麻烦

鸡子儿碰碌碡——完蛋

鸡子儿拴绳子——扯淡（蛋）

鸡子儿下坡——滚蛋

鸡子儿澥（由稠变稀）了黄——坏蛋

鸡嘴里的食——都是捉（啄）来的

鸡嘴鸭嘴——家家有长短

积木搭高楼——一碰就倒

积木搭墙——一推就倒

积木砌房子——一碰就倒

畸形人做衣服——另搞一套

激流里的船——难回头

急火烙煎饼——一个劲地翻腾

急惊风碰着个慢郎中——干着急

急救车撞了救火车——急上加急（比喻特别紧急）

急刹车摔倒——身不由己

急水滩里的船——难停下

急水滩里的鹅卵石——磨掉了棱角

急水滩头的大鲤鱼——经过风浪

急水滩头放鸭子——一去不回头（比喻没有回音）

急水滩头停船——难

急性汉遇上慢郎中——你急他不急

急性子动手——说干就干

急性子喝热粥——烫嘴

急性子碰到慢性子——你急他不急

急性子做客——说来就来

急需的图章——刻不容缓

急雨打在水缸里——心里翻起了泡

急着讨债碰南墙——财迷转向

集上请个老灶爷——卷起来回家吧

集市上买东西——挑挑拣拣

集体逃难——一窝蜂

蒺藜拌草——不是好料

蒺藜拌麦麸子——不是好料

蒺藜果——小刺儿头

蒺藜上弹棉花——越整越乱

蒺藜窝里睡觉——浑身不自在

几百年的老陈账——难算；算不清

几个扁担钩——挡不住路

几个胖子一块进门——不知谁让谁

虮子作揖——失（蜀）败（拜）

虮子坐席——失（虱）陪

挤疮留脓——要吃二遍苦

挤虮子（虱子的卵）的血都要舔——吝啬鬼

挤牙膏——一点一点来

挤着眼睛瞧人——小看人

脊背长疮，胸口贴膏药——不顾后患

脊背上背鼓——找锤

脊背上长眼睛——尽往后看

脊背上长嘴——尽背后说人

脊梁骨长茄子——多心；生了外心

脊梁上长桃子——另有心

脊梁上吊镜子——照见别人，照不见自己

脊梁上压碾盘——难翻身

脊上卧猫——活受（兽）

麂子（一种小型的鹿，雄鹿有长牙和短角）给老虎拜年——没有好下场

麂子咬豹子——不怕死

麂子饮水——成双成对

记者到国外采访——出镜（境）

记者的皮包——内里有文章

妓女抱本《烈女传》——假正经

妓女嫁人——从良

妓女接客——假仁假义；虚情假意

妓女院的鸨儿——心狠手毒

妓女院门口的对联——宁在花下死，做鬼也风流

妓院里的处理品——下贱货

既保娘娘，又保太子——两全其美

既会杀猪，又会做饭——多面手

济公吃狗肉——不管清规戒律

济公出家——吃荤不吃素

济公当和尚——不吃素

济公的扇子——神通广大

济公的装束——衣冠不整

济公过日子——只讲吃不讲穿

济公和尚的毡帽——随便扣

济公和尚——疯疯癫癫

济公趴梁——没位置

济公治病——主动上门

济公走路——疯疯癫癫

寄槽养马——爱占便宜

寄生虫享福——赌（享受）吃赌喝

鲫鱼得水——活蹦乱跳

鲫鱼喂猫儿——舍不得

4

加急电报——刻不容缓

加减乘除——数学

加了盖的蒸笼——正（蒸）上气（汽）

加农炮打兔子——得不偿失

夹板上雕花——刻薄

夹道里摆酒席——口上热闹

夹道里截驴——没有回头的余地

夹道里推车子——直来直去；进退两难

夹火钳子——一头热

夹口袋赶集——凑热闹

夹裤改单裤——没理（里）儿

夹生饭——难吃

夹尾巴的山狸——害人

夹巷赶狗——直来直去

夹在两捆草料中间的驴子——打不定主意

夹着尾巴做人——忍气吞声

夹子上的老鼠——跑不了

家蚕里的茧——私（丝）人（仁）

家狗上锅台——不识抬举

家狗上酒席——啥事也显着你

家家都有一本难念的经——各有难处

家里的破罐——甩掉

家里丢了磨——推不得

家里房子着了火——一无所有

家里请吹鼓手——名（鸣）声在外

家里死了人——耷拉（下垂）着脑袋

家门口的水塘——知道深浅

家雀熬汤——没肉也香

家雀变凤凰——越变越好；尽想

好事

家雀儿摆碟子请客——净是嘴

家雀儿吵嘴鸡打架——无人管

家雀飞进烟筒里——保命烧了毛

家雀飞了才放枪——错过良机

家雀进笼子——有翅难飞

家雀进窝——叽叽喳喳

家雀抬杠——瞎嚷嚷

家雀下鸡蛋——个小贡献大

家雀学老鹰——想头不低；想得太远

家神揍灶神——自家人打自家人

家堂底下放鹞子——门风

家堂里的大门——不关

家有十五口——七嘴八舌

甲虫掉在粪坑里——越陷越深

甲鱼长胡子——不是个东西

甲鱼唱歌——别（鳖）调

甲鱼吃甲鱼——六亲不认

甲鱼吃木炭——黑心王八

甲鱼的肉——藏在肚里

甲鱼翻筋斗——四脚朝天

甲鱼跟着王八走——规（龟）行矩步

甲鱼破腹——心不死

甲鱼笑龟爬——彼此一样

甲鱼咬人——死不松口

甲鱼照镜子——龟相

贾宝玉爱林妹妹——好梦难圆

贾宝玉出家——看破红尘

贾宝玉的父亲——假正（贾政）

贾宝玉的通灵玉——命根子

贾宝玉结婚——不是心上人

贾宝玉看《西厢记》——戏中有戏

贾宝玉看林妹妹——一见如故

贾宝玉哭灵（林）——真心；悲伤不已

贾宝玉迎亲——喜气洋洋

贾宝玉游魂——误入迷津

贾府的大观园——外强中干

贾府的后代——坐享其成

贾府门前的狮子——死（石）心眼儿

贾家姑娘嫁贾家——假（贾）上加假（贾）；假（贾）门假（贾）事（氏）

驾车登山——不进则退

驾驶员罢工——想不开

驾驶员倒背手——不服（扶）不行

驾辕的马驹尥蹶子——乱套了

驾着辕杆儿开倒车——走回头路；倒退

架起铁锅等豆子——准备吵（炒）一吵（炒）

架起砧板就切菜——说干就干

架上的葫芦——挂着

架上的葡萄——一连串

架上的丝瓜——越老越空

架梯子上天——痴心妄想

架着的锅，点着的火——样样现成

假李逵碰到真李逵——这回可遇着真的了；冤家路窄；原形毕露

假期做梦——休想

假银元买到猪婆肉——一个骗一个

嫁不出去的姑娘——成了老大难啦

嫁出的姑娘泼出的水——不由己

嫁出的女儿——人家的人

嫁给染匠的婆娘——贪色

嫁接的果树——节外生枝

5

奸臣生逆子——天理昭彰

奸狼开店铺——没有好货

奸狼下了个贼狐狸——孬种

奸商同骗子做生意——尔虞我诈

尖扁担挑水——心挂两头

尖担挑柴——两头滑脱

尖底箩筐——不稳当

尖底瓮儿——一碰就倒

尖尖筷子夹凉粉——滑头对滑头

尖尖鞋——前紧后松

肩膀上搭炉灶——恼（脑）火

肩膀上戴帽子——差一头

肩膀上放灯笼——恼（脑）火

肩膀上扛灯草——轻快得很

肩膀上生疮——担当不起；挑不起
重担

肩膀头扛大梁——压趴了

肩膀头生疮——不敢担

肩扛石磨走天涯——任重道远

肩上扛扇车——大摆威风

肩头上放花炮——祸（火）在眼前

监狱的通气孔——铁窗

监狱门上的匾——悔之莫及

煎熬过的中药——要不得；全是
渣滓

煎过三遍的药渣——早该倒了

捡到的帖子——难做客

捡个孩子唱大戏——看你庆哪家
的功

拣根铁棒当灯草——说得轻巧

拣鸡毛的上门——凑胆（掸）子

捡到巨款交失主——拾金不昧

捡到篮里都是菜——好歹不分

捡粪的戴花——臭美

捡风筝丢云雀——得不偿失

捡根鸡毛当令箭——谁听你的

捡鸡毛扎掸子——凑数

捡来的媳妇——不美满

捡了芝麻丢了西瓜——因小失大

捡起铜钱穿线眼——现成

捡着黄铜当真金——不识货

剪不断，理还乱——千头万绪

剪刀的口——张开嘴就咬

剪开个蚕茧贴在眼上——满眼都是
丝（私）（比喻极端自私自利）

剪了翅膀的八哥——看你还能飞
上天

剪了翅膀的鸡——飞不起来了

剪了毛的绵羊遭雨淋——浑身哆嗦

见到胡子就是爷爷——不辨真假

见到猫就害怕——胆小如鼠

见到肉的鹰——眼红

见到熟人握握手——你好我也好

见爹叫娘——乱称呼

见毒蛇就打，遇狐狸就抓——为民
除害

见高就拜，见低就踩——势利眼

见狗扔骨头——投其所好

见惯了骆驼——看不出牛大来（比
喻眼光太高）

见火的蜡——软了

见桀纣动干戈，遇文公施礼乐——
投其所好

见了苍蝇都想扯条腿——贪得无厌

见了大官叫舅舅——想高攀

见了大嫂唤大姑——不认人

见了棺材不落泪——心肠硬

见了和尚喊姐夫——乱攀亲

见了皇帝喊万岁——老规矩

见了火的蜡烛——软不拉耷；软瘫了

见了舅爷叫姨夫——看错了人；认错了人

见了骆驼说马背肿——少见多怪

见了麦苗叫韭菜——五谷不分

见了强盗喊爸爸——认贼作父

见了寿衣也想要——贪心鬼

见了霜的蝈蝈——快完啦

见了兔子才放鹰——有利才出征（比喻对自己没利的事不干）

见了王母娘娘喊岳母——想娶个天仙女（比喻想娶个美丽非凡的妻子）

见了王母娘娘叫大姑——攀高亲（比喻巴结比自己地位高的人）

见了蚊子就拔剑——大惊小怪

见了丈母叫大嫂——乱了班辈；昏头昏脑

见钱眼红——利欲熏心

见人抛媚眼——卖弄风流

见人先作揖——礼多人不怪

见啥菩萨烧啥香——看人行事；到哪儿说哪儿

见生人说熟话——套近乎

见什么菩萨烧什么香——看人（神）做事

见乌纱帽就摸头——官迷

见物手痒——利欲熏心

见着骆驼不说蚂蚁——光拣大的说

建昌的鸭子——嘴硬

贱陀螺——不打不转

毽子上的鸡毛——钻进钱眼里了

鉴真和尚东渡——传经送宝

鉴真和尚回国——探亲

箭穿鹰嘴——难以想象

箭在弦上——一触即发

箭头离了弦——勇往直前

箭猪碰上刺猬——刺对刺

箭猪钻刺篱笆——刺对刺

箭竹棍当梁柱——自不量力

6

江北的胡子——贼凶

江边插杨柳——落地生根

江边的弄潮儿——喜欢赶浪头

江边开染房——大摆布

江边卖水——多此一举；没事找事

江边上洗萝卜——一个个来（比喻按次序进行）

江河发大水——一浪高一浪；后浪推前浪

江河里长大水——泥沙俱下

江河里的小泡泡——渺小

江湖佬的膏药——不知真假

江湖佬卖假药——招摇撞骗

江湖佬卖完狗皮膏药——该收场了

江湖佬耍猴子——名堂多

江湖佬耍戏法——说变就变

江湖卖艺的——摊子不大，喊声连天

江湖骗子卖打药——有假无真；冒牌货

江湖骗子卖膏药——光耍嘴皮子；冒牌货

江湖骗子耍贫嘴——夸夸其谈

江湖人耍猴——名堂可多了

江里的浪花——不是吹的（比喻不是说大话所能办到的）

江里的木偶——随大流

江南的蛤蟆——难缠（南蟾）

江西老表开药铺——卖不掉自己吃

江西老表卖灯草——卖完吃完

江心补漏——无济于事

江心断了帆桅——转了向

江阴人耍龙灯——节节活（火）

江中的鲤鱼——油（游）惯了

江中浪上兜圈子——团团转

姜太公背封神榜——替别人忙一场

姜太公的钓鱼钩——直来直去

姜太公的眼镜没镜片——老框框

姜太公的坐下骑——四不像

姜太公钓钩——直的

姜太公钓王八——愿者伸脖子

姜太公钓鱼——愿者上钩

姜太公封神——一言为定；没有自己的位置

姜太公卖粉——越卖越穷

姜太公卖面——倒霉透了

姜太公娶媳妇——老来喜

姜太公说相声——神聊

姜太公算卦——未卜先知；好准啊（比喻判断准确，预言灵验）

姜太公在此——哪有你的位置；诸神退位

姜太公坐主席台——资格老

姜太公做买卖——样样赔本

姜子牙搬家——访贤（房闲）

姜子牙唱渔鼓——尽是老调

姜子牙穿马褂——老一套

姜子牙担着笊篱进城——没人买你的货

姜子牙钓鱼——怪刁（钓）

姜子牙火烧琵琶精——现了原形

姜子牙开饭馆——鬼都不上门

姜子牙开酒馆——卖不出去自己吃

姜子牙开算命馆——买卖兴隆

姜子牙卖灰面——倒担回家

姜子牙卖面——折本买卖

将军不下马——各奔前程（比喻各走各的路）

将军当农民——解甲归田

将军买马——两相情愿

将门出虎子——一代更比一代强

僵蚕放在蚕蔟上——一丝不挂

僵蚕做硬茧——不成功（宫）

讲话没人听，下令没人行——光杆司令

讲课还是老一套——屡教不改

讲评书的长口疮——难开口

讲台上的花盆——装饰品

讲武堂里学打仗——纸上谈兵

讲演专家——出口成章

奖状绑在笤帚上——名誉扫地

蒋干保曹操——各为其主

蒋干盗书——将计就计；上当受骗；聪明反被聪明误

蒋干过江——尽干失着事；成事不足，败事有余；窥测动静

121

蒋干劝周瑜——有口难张

蒋门神遇到了武二郎——服帖了

耩（用耧播种）地看耧眼——走着瞧

降不住猪肉降豆腐——欺软怕硬

酱菜店里的抹桌布——尝尽辛酸

酱菜缸里的秤砣——油盐不进

酱菜缸里泡石头——一言（盐）难尽（进）

酱醋厂里的斗篷——遮遮盖盖

酱坊里开除的伙计——闲（咸）人

酱缸里的瓜子——闲（咸）人（仁）

酱缸里的茄子——拣软的捏

酱缸里爬出个蝲蝲蛄——不是这里的虫

酱缸腌肘子——亲（咸）肉一块

酱瓜煮豆腐——有言（盐）在先

酱坛里装个鳖——亲员（咸圆）

酱碗里的苍蝇——肮脏肉

酱油店里打架——争风吃醋

酱油碟当盘子端——小手小脚

酱油瓶里倒醋——不知啥滋味

酱油铺里的伙计——爱管闲（咸）事

糨糊锅里煮扳不倒（不倒翁）——（混）小子

糨糊盆里打滚——沾（粘）上了

糨糊洗脸——头脑不清

7

交警打手势——指条明路

交警站马路——受气

交通警的棍子——指东指西

交易所的拿破仑——财棍

浇地扒垄沟——捅娄（漏）子

胶皮轱辘放炮——气炸了

胶皮管里插铁棒——柔中有刚

胶皮笊篱——滴水不漏

胶鞋渗水——纰（皮）漏

胶粘石头——得不偿失

焦了尾巴梢子——绝后

焦赞与杨排风比武——处处挨打

蛟龙跌水——兴云作雨

蛟龙翻大海——百姓遭难；四方遭灾

蛟龙困在沙滩上——难翻身；抖不起威风

蛟龙头上搔痒——溜须不要命

蛟龙造反——翻江倒海

狡兔撞鹰——以攻为守

饺子开口——露馅儿了（比喻事情暴露了）

饺子烂了边——露馅儿

饺子露馅儿——伤了面皮

饺子皮太薄——难免要露馅儿

饺子皮贴在瓮上——无限（馅）上纲（缸）

饺子破皮——露了馅儿

饺子铺的酱油——白搭

饺子用水煮——不用争（蒸）

脚板底下长眼睛——没见过世面

脚板底下打火罐——下作（着）

脚板上钉钉子——寸步难行

脚板抹猪油——溜之大吉

脚板上长草——慌（荒）了手脚

脚板上长鸡眼——寸步难行

脚板上抹石灰——白跑

脚板上扎刺——存心不让走（比喻硬要留下来）

脚绑石头走路——求稳不求快

脚脖子上把脉——瞎摸

脚脖子上挂铜铃——走一路，响一路

脚脖子上系绳——拉倒

脚踩棒槌，头顶西瓜——两头耍滑

脚踩棒槌——立场不稳

脚踩弹花槌——滚来滚去

脚踩火箭——一跃而上；一步登天

脚踩两只船——三心两意；左右为难（比喻犹豫不决或投机取巧）

脚踩棉花堆——不踏实；腾云驾雾

脚踩牛屎——一塌（蹋）糊涂

脚踩跷跷板——一上一下

脚踩蚯蚓吓一跳——胆子太小

脚踩三尺雪——凉了半截

脚踩西瓜皮——滑到哪里算哪里；溜啦

脚踩稀泥凼——不踏实

脚踩沼泽地——越陷越深

脚长鸡眼拔火罐——胡摆治

脚长鸡眼臀生疮——坐立不安

脚打锣，手敲鼓——两头忙

脚戴帽子头顶靴——不分上下；上下颠倒

脚登黄山，眼望峨眉——这山望着那山高

脚蹬鼻子——上脸

脚底板上绑大锣——走到哪里响到哪里（比喻念念不忘，或嗓门高）

脚底踩擀面杖——站不稳（比喻不稳妥、不把牢）

脚底长疮——寸步难行

脚底下长疮，头顶冒脓——坏到底了（比喻坏透了）

脚底下的皱皮——不肯（啃）

脚底下使绊子——暗里伤人

脚夫的腿，说书的嘴——练出来的

脚跟朝前走——走回头路；倒退

脚跟拴石头——进退两难

脚后跟擦黄油——溜啦

脚后跟上的虱子——爬不到头顶

脚后跟拴藤条——拉倒

脚后跟扎刀子——离心远着哪

脚面上长眼睛——只知道往上看；自看自高

脚面上的露水——长不了

脚面深的水——平蹚

脚盆和面——不知香臭

脚盆里撑船——内行（航）

脚盆里洗脸——没上没下；小人；上下不分

脚上绑碓窝——站得住脚

脚上穿冰鞋——要溜

脚上穿袜，头上戴帽——老一套

脚上带鞭炮——走到哪儿响到哪儿

脚上戴镣子——寸步难行

脚上戴帽子——乱了套

脚上的茧子——自个儿走出来的

脚上的泡儿——走出来的

脚上的袜子——走到哪儿跟到哪儿

脚上的鞋——谁穿跟谁走

脚上抹石灰——处处留迹

脚踏车的链条——接连不断

脚踏车挂飞轮——快上加快；飞快

脚踏车撵汽车——望尘莫及

脚踏蒺藜——寸步难行

脚踏两只船——左右摇摆；三心二意；一个也不落实

脚踏楼梯板——步步高升

脚踏跷跷板——一上一下

脚踏蛇尾巴——反咬一口

脚踏梯子——步步高升

脚踏乌龟背——痛在心里

脚踏云梯——步步高升

脚像钉耙，手像蒲扇——大手大脚

脚丫子长疮——站不住了

脚丫子上长蒺藜——站不住脚

脚丫子抓痒痒——你算哪把手

脚沾石灰赶路——白走一趟

脚趾缝里长茅草——慌（荒）了手脚

搅拌机里的石子——上下翻滚；翻上倒下

搅浑清水的泥鳅——带坏了别人

搅屎棍支桌子——臭架子（比喻没有什么资本，硬摆架子）

叫跛子撵狼——强人所难

叫公鸡生蛋——没法办

叫蝈蝈不咬哑蚂蚱——都是一块地里的虫

叫哈巴狗咬狮子——唆人上当

叫花婆子谈嫁妆——穷人说大话

叫花婆坐金銮殿——一步登天

叫花子挨骂——淘（讨）气

叫花子安风扇——穷风流

叫花子摆酒席——穷排场

叫花子摆阔气——穷大方

叫花子摆米摊——没本钱的生意

叫花子摆堂戏——穷作乐

叫花子拜把子——入伙

叫花子拜堂——穷配

叫花子搬家——离不开吵（草）；一无所有

叫花子抱着醋坛子——穷酸

叫花子背不动三升米——自讨的

叫花子背饭桌——穷玩谱

叫花子比神仙——不沾边

叫花子比武——穷对打

叫花子簸簸箕——穷抖擞

叫花子不吃淡饭——谣（要）言（盐）

叫花子不吃供香馍——又穷又拗

叫花子不带碗——干要

叫花子不见了拐棒——受狗的气

叫花子不进院——门外汉（喊）

叫花子不留隔夜食——一顿光

叫花子不要窝窝头——穷打别

叫花子搽粉——穷讲究

叫花子长疮——穷坏

叫花子唱歌——假快活；穷开心

叫花子唱莲花落——穷开心

叫花子炒三鲜——要一样没一样

叫花子吃豆腐——一穷二白

叫花子吃矾——穷啬（涩）

叫花子吃肥肉——讨来的

叫花子吃狗肉——块块好

叫花子吃黄连——穷苦

叫花子吃苦瓜——自讨苦吃

叫花子吃冷饭——自讨的

叫花子吃螃蟹——津津有味；只只好

叫花子吃葡萄——穷酸

叫花子吃三鲜——奇遇

叫花子吃生姜——穷开胃

叫花子吃树皮——饥不择食

叫花子吃死蟹——只只鲜

叫花子吃鲜桃——个个好

叫花子穿皮袄——穷讲究

叫花子穿西装——穷装洋

叫花子串大街——穷逛

叫花子吹笛子——穷开口

叫花子吹芦笙——苦中作乐

叫花子打更——穷操心

叫花子打狗——边走边打；穷横；手工（功）

叫花子打官司——一场空

叫花子打哈哈——其乐无穷

叫花子打哈拉巴——畅（唱）所欲言

叫花子打架动刀子——穷凶极恶；穷横

叫花子打了碗——倾家荡产

叫花子打瓢——穷开心

叫花子打泼米——一天哝到黑

叫花子打伞——苦撑

叫花子打手锤——穷作乐

叫花子打死狗——有祸也不大

叫花子打野鸡——来菜了；穷开心

叫花子戴眼镜——穷讲究；穷阔气

叫花子担醋担——卖穷酸

叫花子当老板——阔气了

叫花子得了癫痫病——穷极生疯

叫花子的打狗棒——穷棒子；穷棍

叫花子的饭碗——没好词（瓷）

叫花子的父母——穷爹穷娘

叫花子的拐棍——穷棒子

叫花子的家当——破烂货

叫花子的篮里——残羹冷炙

叫花子的妈妈坐月子——要什么没什么

叫花子的米——心中有数

叫花子的衣服——破烂货；破烂不堪

叫花子登榜——人不可貌相

叫花子登戏场——穷快乐

叫花子跌在石灰堆里——一穷二白

叫花子丢了猢狲——没戏唱了；没有玩的了

叫花子翻身——无穷

叫花子放起火——穷气烧天

叫花子夫妇调情——穷作乐；穷快活

叫花子赶集——场场不缺；分文没有

叫花子赶夜路——假忙；穷忙

叫花子观宴——看人家吃

叫花子过年——穷讲究；穷有穷打算（比喻条件差有条件差的考虑、计划）

叫花子过烟瘾——讨厌（烟）

叫花子害病想人参——命穷心高

叫花子喝醋——一副穷酸相

叫花子喝酒——穷要

叫花子哼梆子腔——穷作乐；穷快活

叫花子哼曲子——快活不起来

叫花子哼着太平调——穷开心

叫花子嫁长工——穷对穷

叫花子嫁女——光图吃；一无所有

叫花子捡了一颗夜明珠——暴富

叫花子捡银子——无处放

叫花子教养小讨饭——彼此彼此

叫花子接彩球——喜出望外

叫花子借算盘——穷算计

叫花子金榜题名——总算有了出头之日

叫花子进茶馆——穷喝

叫花子进贡——穷尽忠

叫花子进伙房——想吃什么就有什么

叫花子进商场——穷逛

叫花子进衙门——有理说不清

叫花子开当铺——没资本

叫花子开店铺——无本生意

叫花子开粮行——都是半升货

叫花子开杂粮行——一样一点

叫花子看城门——里外一式

叫花子看滑稽（独角戏）——穷开心

叫花子看外婆——两手空

叫花子扛刀——穷威风

叫花子烤火——各人顾各人；尽往自己怀里扒

叫花子烤火往怀里扒——只顾自己

叫花子磕盐罐子——没有盐味

叫花子啃猪蹄——津津有味

叫花子夸祖业——自己没出息

叫花子拉肚子——入不敷出

叫花子拉二胡——穷拉；穷快活

叫花子拉胡琴——与人作乐

叫花子拉痢疾——贫病交迫

叫花子篮里抢冷饭——不近人情

叫花子擂鼓——穷开心

叫花子练跌打——穷折腾

叫花子炼油渣——总念（炼）总念（炼）

叫花子亮相——穷相毕露

叫花子聊天——穷聊

叫花子临死张着嘴——穷话未尽

叫花子留照——一副穷相

叫花子卖布——穷扯

叫花子卖醋——穷酸

叫花子卖米——只有一身（升）

叫花子没得隔夜米——好穷

叫花子没空闲——穷忙

叫花子没有隔夜米——岁月难熬

叫花子拿讨饭棍——穷打拢

叫花子念经——穷嘟囔

叫花子扭秧歌——穷潇洒

叫花子拍照——穷相

叫花子排流年——变出新花头

叫花子碰上大雪天——饥寒交迫

叫花子碰上要饭的——穷对穷（比喻双方都很清贫）

叫花子骑狗——穷人穷马

叫花子骑烂马——零碎多

叫花子起五更——穷忙

叫花子请长工——大家挨饿

叫花子请客——穷张罗；穷大方

叫花子娶个讨饭的——穷到一起了

叫花子娶老婆——没挑的；穷张罗

叫花子晒太阳——享天福

叫花子上坟——哭穷

叫花子上坟烧杨叶——穷心尽到

叫花子上街——单拉大衣衫襟

叫花子上课——穷讲

叫花子烧纸——穷祷告

叫花子伸脚——灯（蹬）草

叫花子伸手——要钱

叫花子身上扯破片——没用处

叫花子生鼓胀病——穷人大肚皮

叫花子拾金条——乐不可支

叫花子拾元宝——喜从天降；心里乐滋滋的；无处放

叫花子拭眼泪——哭穷

叫花子耍龙灯——穷欢

叫花子睡城门——城里城外一样

叫花子睡觉——穷困

叫花子睡凉亭——穷风流

叫花子睡石槽——你热它它不热你

叫花子睡土地庙——做的全是白日梦

叫花子说嫁妆——穷人说大话

叫花子死了站着埋——人穷志不穷

叫花子讨饭——只图多

叫花子讨灰面（白面）——一穷二白

叫花子提亲——穷说；穷凑合

叫花子跳井——穷途末路；穷到底

叫花子同龙王比宝——输定了

叫花子同土地婆结婚——神喜人欢

叫花子推磨——干呼隆

叫花子拖红漆文明棍——上趁下不趁

叫花子玩龙灯——穷开心

叫花子玩鹦哥（鹦鹉）——苦中作乐

叫花子喂猴——玩心不退

叫花子嫌米饭馊——穷讲究

叫花子嫌糯米——可怜不得

叫花子想公主——一厢情愿

叫花子想皇后娘娘——枉费心

叫花子泻肚子——入不敷出

叫花子胸前挂钥匙——穷开心

叫花子养鸟——苦中作乐

叫花子咬牙——穷凶极恶；穷横

叫花子要黄连——自讨苦吃

叫花子要盐——求贤（咸）

叫花子游西湖——穷风流

叫花子遇到讨饭的——谁也不沾谁的光

叫花子遇神仙——比不上

叫花子照镜子——不知自丑；一副穷相

叫花子争油房——天亮后是人家的

叫花子中状元——一步登天

叫花子拄棍子——穷棒子

叫花子住万寿宫——户大家虚

叫花子装风扇——穷风流

叫花子捉虱子——十拿九稳

叫花子走猫步——穷装

叫花子走清明——两头忙

叫花子走人户（走亲戚）——两手空

叫花子醉酒——穷开心

叫花子坐蹭车——赖搭

叫花子坐更——一夜无人

叫花子坐火车——到哪儿算哪儿

叫花子坐金銮殿——一步登天

叫花子坐远洋轮——四海为家

叫花子做驸马——受宠若惊

叫花子做皇上——喜从天降

叫花子做头人——丑死鬼

叫花子拨算盘——穷有穷的打算

叫花子唱山歌——穷快活

叫花子吃豆腐——一穷二白

叫花子出殡——穷到头了（比喻不再穷下去了）

叫花子出龙灯——穷欢

叫花子赶街——分文没有（比喻手中一个钱也没有）

叫花子洗澡——穷干净

叫唤的知了扑翅膀——自鸣得意

叫唤雀——不长肉

叫林黛玉抡板斧——强人所难

叫驴（公驴）变成土蚂蚱（蝗虫）——一辈不如一辈

叫驴——大嗓门儿

叫驴拉磨——不等上套先开腔

叫奶奶生娃娃——不识相；强人所难

叫你管箩里米，你偏管箩外糠——成心闹别扭

叫你上坡，你偏下河——成心闹别扭；故意捣乱

叫牛坐板凳——办不到

叫人吃砖头——难言（咽）

叫人拿缰绳当汗毛揪——说得轻巧；强人所难

叫铁公鸡下蛋——异想天开

叫铁匠做嫁妆——用人不当

叫兔子去拉磨——没有那一套

叫哑巴唱歌——强人所难

叫羊看菜园——靠不住；越看越光

轿里伸出绣花鞋——亮出手脚

轿前的吹鼓手——替人家张罗

轿子进了门，不见新媳妇——人财两空

轿子进门才放炮——晚了

轿子里打拳——不识抬举

教观音菩萨识字——枉费心机

教猴子爬树——多此一举

教牛上树——办不到

教授出国搞研究——访问学者

教堂关门——不讲道理

教娃娃读《圣经》——不看对象

8

疖子开刀——一包脓

疖子上面生包包——多余；疼痛难忍；根底坏

接生婆摆手——不接了

接生婆动刀——要孩子的命

接生婆挽袖子——人里拔人

接着葫芦挖籽——挖一个少一个

接着脑袋往火炕里钻——憋气窝火

接着中头喝水——勉强不得

秸秆儿扎的鸡——插翅也难飞

揭开宝盒压红心——明摆着

揭开庐山真面目——心中有数

揭开蒸笼不吃——气饱了

揭开蒸笼拣年糕——烫手

街道司衙门——唬得过谁

街坊的鸡——轰出去

街后开门——假内行

街上唱戏——没后台

街上的传单——白给

街上的疯狗——乱咬人

街上的流浪汉——无家可归

街上流行红裙子——赶时髦

街上卖笛——自吹

街头的狗——谁有吃就跟谁走

街头上耍把戏——说得多；光说不练

街头演出——没后台

节节草拴西瓜——难缠

节日摆宴席——济济一堂

节日的礼花——万紫千红

节日的牌坊——面貌一新

节日放烟火——天花乱坠

节日里的鞭炮——一串一串的

结巴讲话——反反复复

结巴郎吵架——张口结舌

结巴聊天——慢慢来

结巴碰上结巴——少说为佳；谁也不用急

结清了的账单——一笔勾销

截断的木头——后悔不及

截了大褂补裤子——取长补短

截了大褂做鞋面——大材小用

姐弟俩过独木桥——一个个来

姐儿俩害相思——同病相怜

姐儿俩守寡——谁难受谁知道

姐儿俩相女婿——各有所爱

姐夫教小舅子——实心实意

姐姐穿妹妹的鞋——一模一样

姐儿俩出嫁——各得其所；各人忙各人的

姐俩回娘家——殊途同归

姐俩绣牡丹——各使各的针，各用各的线

姐俩找婆家——各走各的路；各行各的道

姐俩坐跷跷板——此起彼落

姐妹俩换嫁妆——心（新）换心（新）

姐妹俩赛钱——比富（夫）

解衣包火——自招祸灾

戒了大烟扎吗啡——恶习不改

芥末（调味品，味辣）拌凉菜——各有所爱

借粉搽脸蛋——装体面

借风过湖——趁机行事

借高利贷买棺材——死要面子活受罪

借花献佛——假恭敬；顺水人情

借据在人手——想赖也赖不了

借来的老婆——过不得夜

借来的锣鼓——此时不打何时打（比喻借机而动）

借了一角还十分——分文不差

借米还糠——气鼓鼓

借米一斗还六升——赖死（四）

借袍子上朝——装体面

借票子做衣服——浑身是债

借钱包饺子——穷忙

借钱不还——赖

借钱不治病——自己跟自己过不去

借钱还债——堵不完的窟窿

借钱买筛子——窟窿套窟窿

借他的缰绳拴他的驴——将计就计

借汤下面——沾光；顺便

借新债还陈账——堵不完的窟窿

借债买藕吃——窟窿套窟窿

借着醉酒说胡话——别有用心

9

今年竹子来年笋——无穷无尽

今日三，明日四——反复无常

今天栽树，明天要果子——办不到
（比喻要求太急，不能实现）

金棒槌敲门——富啦

金璧掉井——有是有一定（比喻不
管怎么说事情是存在的）

金蝉脱壳——溜啦；干净利索

金弹子打麻雀——因小失大（比喻
为了小的利益，造成大的损失）

金弹子打鸟——不惜代价；得不
偿失

金刚打罗汉——硬对硬

金刚倒地——一摊泥

金刚过河——凉了半截

金刚化佛——更神气

金刚扫地——不敢劳动大驾；劳动
了大神

金刚石砌碉堡——坚不可摧

金刚石做钻头——无坚不摧

金刚拖地板——有劳大驾

金刚掌钥匙——大管家

金刚钻的本领——专拣硬的刻

金刚钻对合金刀——硬过硬

金刚钻儿包饺子——钻心痛；软硬
兼施

金刚钻划豆腐——深刻

金刚钻头——过硬

金刚钻钻瓷器——一个比一个硬

金刚钻钻缸瓮——大的没有小的能；
小能降大

金鼓配银锣——配得起你

金瓜对银瓜——两个顶呱呱

金瓜换银瓜——越换越差

金龟子掉到酱缸里——糊涂虫

金壶偷酒——犯不着

金鸡配凤凰——天生的一对

金鲫鱼喂猫——舍不得

金戒指上镶宝石——好上加好

金壳郎（金龟子）赶牛——自不
量力

金銮殿上告王子——自找苦吃

金銮殿上牵驴子——献丑

金漆的马桶——外面光，里面臭

金钱豹读《圣经》——假斯文

金沙江赴宴——大动刀枪

金山寺的潮水——涌上来了

金田螺钓玉蟹——得不偿失

金碗盛稀饭——装贱

金银铜铁——无锡

金鱼的眼睛——突出

金鱼缸里的大鲤鱼——难养活

金鱼缸里钻泥鳅——看你怎么耍
滑头

金鱼喂猫——不合算

金簪掉进井里——跑也跑不到哪
里去

金簪入海——永无出头之日

金针菜开花——到顶了

金针菜喂骆驼——不够本钱

金针对钻头——一个比一个尖；尖
对尖

金针落塘——永无出头之日

金铸的孩童——好人才

金铸的鞋模——好样子

金子当作黄铜卖——屈才（财）

金子给个铜价钱——不成生意

紧口坛子盛屋檐水——乐（落）在其中

紧水滩上的石头——见过风浪

紧着裤子数日月——日子难过

锦鸡进了铁笼——由不得你了

锦鸡进铁笼——身不由己；不由自主

锦鸡配凤凰——天生的一对儿

锦鸡扑火——自取灭亡

锦上添花——好上加好

锦州的小菜——有点名气

妗子（舅母）改嫁——没救（舅）

近路不走走远路——弯弯绕

近视眼穿针——大眼瞪小眼

近视眼打靶——目的不明

近视眼打鼓——近抬

近视眼戴墨镜——碍（爱）眼；各对各眼

近视眼观星——数不清

近视眼过独木桥——放不开步子；不敢抬头挺胸向前看；小心在意

近视眼看告示——迫在眉睫

近视眼看红糖——散沙一般

近视眼看戏——越亲（近）越好

近视眼看下雪——天花乱坠

近视眼看斜纹布——思（丝）路不对

近视眼看月亮——好大的星

近视眼配眼镜——解决眼前问题

近视眼瞧卒——不像个事（士）

近视眼生瞎子——一代不如一代

近视眼下棋——失（识）不了足（卒）

近视眼捉蚂蚱——瞎扑腾

近视眼走路——只顾眼前

近水楼台——先得月（比喻由于地位或关系近而优先得到利益或便利）

进冰场穿冰鞋——马上就溜

进坟地吹口哨——自己给自己壮胆

进港的轮船——不怕风浪

进了地府才后悔——后悔已晚

进了棺材吃人参——无补

进了棺材还比赛——死不认输

进了套的黄鼠狼——跑不了

进了网的黄鱼——拼命地乱钻

进门喊大嫂——没话找话说；假熟识

进山不忘有老虎——时时警惕

进网的黄花鱼——离死不远

进网的兔子上钩的鱼——十拿九稳

进网的鱼——活不长

进网的鱼虾——慌了手脚；送死

进屋跳窗户——没门；门路不对

进学堂不带书——忘本

进站的火车——叫得凶；窝火又泄气

晋文公退避三舍——表示好意

晋襄公放败将——纵虎归山

浸了水的大鼓——打不响

浸湿的木头——点不起火

浸水的木鱼——敲不响

浸水的炮仗——无声无息

禁止捞鱼虾——不可捉摸

10

锔（用锔子连合破裂的陶瓷器等）碗的戴眼镜——专找碴儿

举起碾盘打月亮——不知天高地厚；不知轻重

举世无双的珍宝——独一无二

举世无双——天下第一

举手放火，收拳不认——无赖

举重比赛——斤斤计较

举着灯笼照镜子——自我欣赏

举着棋子放不下——打不定主意

锯大树当镰把——大材小用

锯掉腿的板凳——矮了半截子

锯子解高粱秆——小题大做

锯子锯掉烂木头——摧枯拉朽

锯子缺齿——快不了

11

卷好铺盖，买定草鞋——决心出走

卷起包袱离家——决心出走

卷舌头念文章——含糊其词

圈里的肥猪——等着挨刀；早晚得杀；有数的

圈里养出的肥猪——天生的傻（杀）才

第七篇　K

1

抠到黄鳝，掉了笆笼（鱼篓）——因小失大

抠眼屎弄瞎了眼——因小失大

口朝下的咸菜罐——空谈（坛）

口吃报纸——咬文嚼字

口吃菠萝问酸甜——明知故问

口吃秤砣——铁了心了

口吃灯草——说得轻巧

口吃甘蔗——节节甜

口吃橄榄——先苦后甜

口吃黄连——苦在心里

口吃蜜糖——心里甜呢

口吃生辣椒——图嘴爽

口吃鞋帮——心中有底

口传家书——言而无信

口吹喇叭脚敲鼓——自吹自擂；能者多劳

口吹破笛——漏气

口袋布做大衣——横竖不够料

口袋倒西瓜——干脆利索

口袋空空的穷汉——一个子儿也没有

口袋里买猫——不知好歹

口袋里冒烟——烧包

口袋里摸花生——大把地抓

口袋里盛米汤——装糊涂

口袋里盛娃娃——装人

口袋里抓糍粑——沾（粘）上了；稳拿

口袋里抓兔子——十拿九稳

口袋里装钉子——个个想出头；奸（尖）得出头

口袋里装牛角——内里有弯；七拱八翘

口袋里装人——代理（袋里）人

口袋里装王八——窝脖

口袋里装绣针——露了锋芒

口袋里装针——处处冒尖；容易出头；个个想出头

口袋里装锥子——锋芒毕露

口袋装狗屎——白糟蹋

口干舔露水——解不了渴

口干遇上卖瓜的——巧了；正合意

口干望海水——解不了渴

口含糍粑——难开腔

口含黄连脚踏苦胆——从头苦到脚

口含黄连抓脑袋——苦思苦想

口含黄连做事——苦干

口含乱麻团——难嚼难咽

口含木炭拉家常——尽讲黑话

口含盐巴拉家常——闲（咸）话多

口含盐巴望天河——远水不解近渴

口技表演——嘴上功夫

口嚼甘蔗渣——淡而无味

口嚼黄连唱山歌——苦中作乐

口渴的牛犊望井底——解不了渴

口渴喝了酸梅汤——美滋滋的；对口味儿

口渴喝卤水——找死

口渴喝盐卤——后悔已晚；徒劳无功

口渴了才打井——来不及了

口渴碰到清泉水——正合适

口渴遇见卖茶人——正合适

口里长疮——一言（盐）难尽（进）

口里含冰糖——嘴甜

口里含蜜糖，肚里藏尖刀——嘴甜心毒

口里吞了个毛杏子——心里酸酸的

口念佛经手拿刀——言行不一

口水流到肚脐上——垂涎三尺

口水沾跳蚤——一物降一物

口贴封条——装聋作哑

口头上的筵席——嘴上摆摆

口吞匕首——伤透心肝

口吞擀面杖——横了心

口吞火炭——心急如焚

口吞墨水——黑了心

口吞土地庙——满肚子鬼

口吞绣花针——扎心

口吞萤火虫——心里亮

口吞账本——心中有数

口外的骆驼——毛僵

口咽黄连——苦在心

口罩戴到鼻梁上——不要脸

叩头拜把子——称兄道弟

扣在笼子里的兔子——乱撞乱碰

扣在筛子下面的麻雀——没办法

2

枯井里打水——白费劲；徒劳无益；一场空

枯木搭桥——存心害人

枯木干葱——心不死

枯木刻象棋子儿——老兵老将

枯树根上浇水——白费劲

枯树烂木头——无用之才（材）

枯树盘根——动不得

枯树上的知了——自鸣得意

枯树枝上结黄瓜——不可能的事；没有的事

枯藤缠大树——生死相依

哭孩子得了个洋娃娃——破涕为笑

哭了半天不知谁死了——自作多情

窟窿眼里看人——小瞧

苦菜开花——密密麻麻

苦豆子煮黄连——一个更比一个苦

苦瓜虫——吃内不吃外

苦瓜攀苦藤——苦相连

苦瓜树上结黄连——一个更比一个苦

苦瓜藤缠上黄连树——苦命相连

苦瓜蒸黄连——苦闷（焖）

苦鬼遇饿鬼——难兄难弟；没什么两样

苦海无边——回头是岸

苦楝树下弹琴——苦中作乐

苦水里面泡苦瓜——苦惯了

苦水里泡大的杏核儿——苦人（仁）儿

苦汤煮丁香籽——苦人（仁）儿

苦竹子根头出苦笋——辈辈苦

裤裆放屁——串通一气

裤裆里插扁担——自担自

裤裆里放屁——两岔

裤裆里拉屎——不好声张

裤裆里冒烟——当然（裆燃）

裤裆里摸虱子——不用外手

裤兜里的跳蚤——乱咬

裤兜里装五脏——窝囊废（肺）

裤腰带挂杆秤——自称自

裤腰带系在脖子上——错记（系）了

裤腰上挂死耗子——假充打猎人（比喻假充内行又不像）

裤子里进蚂蚁——坐立不安

裤子没有腿——凉了半截

裤子套着裙子穿——不伦不类

3

夸父追日——自不量力

夸嘴的奸商——没有好货

夸嘴的郎中——没好药

挎着洋鼓捧着笙——自吹自擂

胯底下夹扫帚——伟（尾）大

4

卡车的拖斗——老落后

5

开场的锣鼓——想（响）到一块了

开船未解缆——原地不动

开春的冰雪堆——靠不住

开春的柳絮——满天飞

开春的萝卜——心里空

开春的鸟儿——成双成对

开春的兔子——成帮结伙

开刺绣店的——花样多

开刀不上麻药——蛮干

开灯聊天——说亮话

开饭馆的不怕大肚汉——多多益善

开飞机抛锚——欲速则不达

开封府的包青天——铁面无私

开弓不放箭——跃跃欲试；虚张

135

声势

开弓的箭——永不回头

开沟挖井——步步深入

开棺验尸——追查到底

开锅煮面——早晚有你的

开河塌了堤——难收场

开花的白菜——起了心

开花期遇暴雨——结果不好

开会抱孩子——两不误

开会差半点——知道迟到了

开会呼口号——异口同声

开会骂仗——不欢而散

开会请了假——没出息（席）

开局摆开拦河车——严阵以待

开局的兵卒——作用不大

开口的邮箱——信得过

开了花的竹子——活不久

开了瓶的啤酒——好冲

开了水的锅——沸腾起来

开了锁的猴子——得意忘形；无拘无束

开了闸的电灯——豁然亮堂

开了闸的河水——一泻千里

开了闸的水库——滔滔不绝

开笼放鸟——各奔前程；有去无回

开滦打官司——没（煤）的事

开门见山——有话直说；无遮无拦

开汽车按喇叭——靠边站；走到哪儿响到哪儿

开山的镐——两头忙

开山放瞎炮——不想（响）

开水冲牛红（牛血）——不成

开水灌鼠洞——一窝都是死

开水锅里的汤圆——翻上倒下

开水锅里的乌龟——早把头缩回去了

开水锅里揭奶皮——白费工夫；办不到

开水锅里捞肥皂——全凭手快

开水锅里露头——熟人

开水锅里伸出胳膊——熟手

开水锅里煮空笼——不争（蒸）包子争（蒸）口气

开水锅里抓汤圆——烫手

开水锅里煮鸡蛋——身硬心软

开水和面——难下手

开水里放温度计——急剧上升

开水里擀面——没法下手

开水泡黄豆——有点自大

开水泼蛤蟆——看你怎么跳

开水泼老鼠——不死也要脱层皮

开水泼蚂蚁——没得一个活的

开水烫泥鳅——看你怎么耍滑；直脖啦

开水碗上的葱花——华而（花儿）不实

开水洗脸——难下手

开水煮白玉——不变色（比喻有胆量，或很有骨气）

开水煮棉絮——熟套子

开水煮鸭蛋——越煮越硬

开锁不拿钥匙——硬别

开演之前——涂脂抹粉

开元通宝——外圆内方

开糟房的办事——讲甜话

开着大门送财神——到手的钱财不要

开着电扇聊天——尽讲风凉话

开着收音机听戏——闻声不见人

开着拖拉机撵兔子——有劲使不上

凯旋的将军——大功告成

6

砍不倒大树——弄不多柴火（比喻不花大力气，不克服大的困难，就得不到更多的好处）

砍柴刀刮脸——两面应付；手艺高；冒险

砍柴人下山——两头担心（薪）

砍柴忘带刀，刨地不带镐——丢三落四

砍刀遇斧头——针锋相对

砍倒苞谷露野猪——藏不住

砍倒大树捉鸟——呆子；傻干

砍倒的芭蕉树——不死心

砍倒的柳树——死不甘（干）心

砍倒活树栽死树——自找麻烦

砍倒树捉麻雀——小题大做

砍倒树做箩篓——枉费工

砍断的竹子——接不上

砍了头的鬼——忘（亡）魂失脑

砍树吃橘子——不顾根本

砍树的砍树，劈柴的劈柴——各尽其职

砍树刨树苑——连根收拾

砍树捉八哥——不得法

砍一斧头锯锯——对不上茬

砍竹子遇节巴——卡住了

看《红楼梦》淌眼泪——同病相怜

看《三国》掉泪——替古人担忧

看病的先生——不请不来

看病请了教书匠——走错了门

看病人不要糖——口甜

看病先生开棺材铺——死活都要钱

看到草绳就喊蛇——大惊小怪

看到草绳往后跑——胆子太小

看到红灯踩油门——硬闯

看到金子变成铜——怪事

看惯了武打片——不怕你搞小动作

看家狗专咬叫花子——穷人好欺负

看家拳头——留一手

看见和尚喊姐夫——乱弹琴（攀亲）

看见和尚喊姨夫——乱认亲

看见麦苗叫韭菜——五谷不分

看见尼姑喊嫂子——乱认亲

看见菩萨屙屎——讲鬼话

看见外公叫爷爷——不识相

看见蚊子就拔剑——小题大做

看见岳父不搭腔——有眼不识泰山

看街的摺手——不管这一段

看旧戏掉眼泪——替古人担忧

看蝌蚪——伟（尾）大

看门的神仙——管不了庙里事

看人挑担——不费劲

看人跳崖不阻挡——见死不救

看人下菜碟——势利眼

看天说话——眼光太高

看戏的掉眼泪——同病相怜

看戏流眼泪——有情人；假慈悲

看戏瞧玩猴——心不在焉

看戏挑媳妇——一头满意

看相先生改行——不讲情面

看羊的狗——一个比一个凶

看衣服行事——狗眼看人

看准洞儿捉黄鳝——没跑

看着地图摆阵势——纸上谈兵

看着上司的脸说话——眼高

看着天摸着地——眼高手低

看着天说话——不知眼多高（比喻要求的标准高）

看着相声肚子疼——哭笑不得

看着星星想月亮——贪得无厌

看着账本聊天——说话算数

7

康熙的脑袋——芊（御）头

康熙替父还债——碗（晚）了

糠里挤油——小抠

糠了的萝卜——没有辣气（比喻对手或敌人没有多大力量了，或不那么厉害了）

糠心儿的萝卜——蔫坏

扛棺材不下泥潭（此处指墓穴）——半途而废

扛棺材跳水——安心送死

扛进弄堂的木头——难转弯

扛犁头下关东——经（耕）得多

扛磨盘游华山——苦尽心

扛枪打狼——不搭理兔子

扛渔网进庙堂——劳（捞）神

扛着风箱串门子——给别人添气受

扛着棍去挨打——自讨苦吃

扛着鸡毛换肩——不知轻重

扛着救生圈过河——小心过度

（渡）

扛着镢头上土地庙——糟蹋神像

扛着口袋牵着马——有福不会享

扛着碌碡撵兔子——不分轻重缓急

扛着鸟枪上疆场——抵挡一阵

扛着牌坊卖肉——好大的架子

扛着竹竿过马路——霸道

炕洞里扒出个山药蛋——灰疙瘩

炕洞里的耗子——不怕训（熏）；灰溜溜的

炕上安锅子——改造（灶）

炕上的狸猫——坐地虎

炕上种南瓜——不可能的事；没人见过

炕头上边鸡打鸣——提（啼）醒了

炕头上生竹子——损（笋）到家了

炕头上养王八——家规（龟）

炕屋里的鸡蛋——不攻自破

炕席上下棋——无路可走

8

考场里皱眉头——遇到难题了

考上秀才想当官，登上泰山想升天

——贪得无厌

考生看榜文——先看自己后看他人

考试不用笔——口试

烤煳的猪头——死皮赖脸

烤炉火吹电扇——冷热结合

烤熟的母鸡下蛋——稀奇古怪

烤熟了的羊头——龇牙咧嘴

靠墙打狗——仗着一面子势力

靠山吃山，靠水吃水——一方水土养一方人

靠小姨养孩子——指望不上

9

坷垃（土块）地里撵瘸子——没跑

坷垃缝里长青草——土生土长

瞌睡遇到枕头——正合心意；求之不得

磕完头撤供——留神

磕一个头放三个屁——行善没有作恶多

蝌蚪变青蛙——面目全非；有头无尾

蝌蚪的尾巴——总要脱身；寿命不长

蝌蚪赶扁嘴——命憋着哩

蝌蚪跟着乌龟跑——硬充王八的孙子

蝌蚪害头痛——浑身都是病

蝌蚪聚合——尾巴多

蝌蚪上网——捉大头

蝌蚪找妈妈——看谁都不像

咳嗽没好又添喘——一宗未了又一宗

咳嗽闪了腰——赶得巧

可着屁股裁尿布——不宽裕

可着头做帽子——正好；精打细算；不宽裕

克隆白骨精——造鬼

客店里的臭虫——逢人就吃

客气碰着老实——虚情当成真意

客厅里的木地板——任人践踏

客厅里放盆火——满堂红

客厅里挂磨盘——不是实话（石画）

客厅里挂灶王——你这是啥话（画）呀

课堂上打瞌睡——心不在焉

课堂上玩弹弓——人在心不在

骒马嫁叫驴——只传一代

嗑瓜子吃核桃——不能不求人（仁）

嗑瓜子儿嗑出个臭虫来——什么人（仁）都有；冒充好人（仁）

嗑瓜子嗑出个臭的——什么人（仁）都不是

嗑瓜子嗑出虾米来——遇上了好人（仁）

10

啃橄榄核儿——咂点后味儿
啃瓜子皮儿的——没好份儿

啃生瓜吃生枣——消化不了
啃着鱼骨聊天——话中带刺

11

坑老人，挖祖坟——净干缺德事
坑里的长虫——地头蛇

坑女婿，害闺女——自家人整自家人；于心何忍

第八篇　L

1

狸猫蹿屋脊——一会儿就不见了

狸猫耳朵——太短

狸猫换太子——以假乱真

狸猫披虎皮——假威风

狸猫装猫叫——想投机（偷鸡）

离地的火箭——飞黄腾达

离了水晶宫的龙——寸步难行

离了王屠子——也不能带毛吃猪（比喻没有内行人，也难不倒谁）

离娘的娃娃见了娘——喜笑颜开

离群的牛犊——不知往哪儿奔；孤孤单单

离山的猛虎——无能

离水的鱼儿——性命难保

离枝的鲜花——活不长

犁地不拿鞭子——光吆喝

犁地甩鞭——吹（催）牛

犁地淹死牛——伤（墒）透了

黎明的觉，半道的妻，羊肉饺子清炖鸡——难得的好处

篱笆配栅栏——正合适

李鬼的老婆搽胭粉——贼俏

李鬼的老婆飞眼——贼会勾

李鬼见李逵——贼形毕露

李鬼劫路——欺世盗名

李逵扮新娘——装不像

李逵穿针——粗中有细

李逵打宋江——过后赔不是

李逵大闹忠义堂——分不清真假宋江

李逵断案——强者有理

李逵发脾气——暴跳如雷

李逵裹脚——难缠；难办

李逵开铁匠铺——人强货硬

李逵抢板斧——以势压人

李逵骂宋江，过后赔不是——负荆请罪

李逵卖刺猬——人强货扎手

李逵卖煤炭——人黑货也黑

李逵上阵——身先士卒

李逵升堂判案——乱打一通

李逵绣花——心有余而力不足

李逵学绣花——试试看

李逵遇虎——斩尽杀绝

李逵遇着张飞——你痛快我干脆

李逵装新娘——人粗心细

李逵捉鱼——一条不得

李林甫当宰相——口蜜腹剑

李时珍看病——妙手回春

李世民登基——顺应民心

李世民捏窝窝头——御驾亲征（蒸）

李双双打离婚——没希望（喜旺）了

李双双的心上人——希望（喜旺）

李双双守寡——没希望（喜旺）

铁拐李的葫芦——不知卖的什么药

李子掺着葡萄卖——有大有小

李自成进北京——好景不长

里手（行家）赶车——没外人

理发的带补鞋——从头管到脚

理发的修脚——从头包到脚

理发店关门——不理你了；没头了

理发店收徒弟——从头学起

理发匠登金榜——行行出状元

理发师的功夫——凭的是理

理发师的剃刀——刮人不刮己

理发师傅收摊子——没头了

理发师绱鞋底——从头包到脚

理发师甩刀——不理

理发员的担子——一头热

理字卖给阎王爷——不讲道理

鲤鱼蹦在灰堆里——越跳越糊涂

鲤鱼产卵——一撒一大片

鲤鱼吃水——吞吞吐吐

鲤鱼穿过千层网——越来越滑

鲤鱼的本领——专往软处钻

鲤鱼的胡子——没几根

鲤鱼护窝——不会走多远

鲤鱼落在灰堆里——越弄越糊涂

鲤鱼碰网——自取灭亡

鲤鱼剖腹——开心

鲤鱼跳船上——不劳（捞）而获

鲤鱼跳到渔船上——自己找死

鲤鱼跳龙门——身价百倍；高升了

鲤鱼吞秤砣——心事重重；铁了心

鲤鱼吞钓钩——为嘴丧身

鲤鱼脱钩——死里逃生

鲤鱼下油锅——死不瞑目

鲤鱼咬钓钩——吞不下，吐不出

鲤鱼咬钩——在线

鲤鱼找鲤鱼，鲫鱼找鲫鱼——物以类聚

立春响雷——一鸣惊人

立冬的蛇——僵了

立夏后的葡萄——越结越多

利刀砍黄瓜——一刀两断（段）

利刀石上磨——精益求精

荔枝壳抹油——又滑又湿

荔枝皮翻个儿——点子多

痢痢头上打苍蝇——百发百中

痢痢头上的长疮——倒霉透了

2

俩狗打架——你咬我，我咬你；以牙还牙

俩寡妇掉泪——不说都清楚

俩和尚打架——谁也抓不到谁的辫子

俩肩膀抬一个脑袋——无牵无挂

俩肩膀抬张嘴——不愁吃

俩蚂蚁拔河——没劲儿

俩猫上树——二虎

俩牛打架——硬顶；两败俱伤

俩牛抵角——豁着脑袋干

俩牛相斗——顶顶撞撞

俩螃蟹打架——纠缠不清

俩人掏蛐蛐——你听听我听听

俩山羊抵角——对头

俩狮子打架——不是你死，就是我亡

俩兽医抬一头驴——没法治

俩秃子打架——抓不到辫子

俩瞎子打架——对拍

俩小鬼成仇——死对头

俩小偷亲嘴——贼稳（吻）

俩哑巴见面——没说的

俩哑巴说话——比比划划

俩哑巴唾一头——好得没法说；无话可说

俩孕妇拉手——彼此彼此

两口子拜年——不必

两口子唱《夫妻桥》——真真假假

两口子睡觉丢被窝——没有上心的人

两聋子谈心——保不住密

3

连鬃胡子吃麻糖——纠缠不清

帘子脸儿——落下来了

莲梗打人——思（丝）尽情断

莲花并蒂开——恰好一对

莲花池里下饺子——异想天开

莲藕炒粉条——无孔不入

莲藕孔过风——半通不通

莲藕生疮——坏心眼儿

莲蓬结籽——心连心

廉颇拜蔺相如——负荆请罪

廉颇背荆条——负荆请罪

鲢鱼吃草鱼粪——专吃自来食

鲢鱼头脑袋——又大又硬

镰刀对斧头——硬碰硬

镰刀割韭菜——不死心

镰刀卡在喉咙里——吞不下，吐不出

镰刀砍石头——硬碰硬

脸丑怪镜歪——强词夺理

脸打肿了——充胖子

脸蛋上的痤疮——疙疙瘩瘩

脸蛋贴膏药——眼前就是毛病；破相

脸盆里撑船——内行（航）

脸盆里的泥鳅——滑不到哪里去

脸盆里生豆芽——知根知底

脸盆里扎猛子——不知深浅

脸盆里照相——两眼向上

脸皮蒙手鼓——好厚的脸皮

脸皮像城墙——厚颜无耻

脸谱大全——面面俱到

脸上带笑，肚里藏刀——假充好人

脸上含笑，脚下使绊子——暗里伤人

脸上糊锅底灰——不认人

脸上爬了条毛毛虫——满脸不自在

脸上贴膏药——面子上不好看

脸上贴狗毛——不知好歹

脸上写字——表面文章

脸肿鼻子歪——面目全非

练兵场上的靶子——众矢之的　　练武术的不拿刀枪——赤手空拳

4

垃圾倒进粪池里——同流合污

垃圾堆里安雷管——乱放炮

垃圾堆里打气——光进不出

垃圾堆里的八骏图——废话（画）

垃圾堆里的东西——废物

垃圾堆里的救生衣——不成器（盛气）

垃圾堆里的破鞋——没人要的货

垃圾堆里的仕女图——废话（画）

垃圾堆里的蒜皮子——无用之物

垃圾堆里的乌拉——没脸没皮

垃圾堆旁聊天——满口脏话

拉鼻子进嘴——没法办

拉粪便嗑瓜子——进的少，出的多（比喻入不敷出）

拉不出屎怨茅坑——错怪；找客观

拉长线放风筝——慢慢地来

拉车拉到路边边——使偏劲

拉大旗作虎皮——吓唬人；装面子

拉肚子吃补药——白搭

拉肚子吃泻药——越吃越糟；胡摆治

拉肚子贴膏药——胡治

拉二胡的练功——耍手腕

拉弓不放箭——虚张声势

拉弓射出的箭——不会拐弯；勇往直前

拉旱船的瞧活——往后看

拉和尚认亲——找错了人

拉胡琴打喷嚏——弦外之音

拉胡子过河——谦虚（牵须）过度（渡）

拉叫驴上市——冒充大牲口（比喻以小充大，以假充真）

拉开窗帘——开眼界

拉来黄牛当马骑——穷凑合；穷凑；胡扯

拉犁没牛马来替——乱套

拉痢打摆子——祸不单行

拉痢疾吃辣椒——两头受罪

拉了架的瓜秧——蔫下来了

拉了弦的手榴弹——只好扔；给谁谁不要

拉骆驼放羊——高的高，低的低

拉马不骑——玩谦（牵）哩

拉满了的弓——不得不发

拉磨的驴戴眼罩——瞎转悠

拉磨的驴——任人摆布；瞎转

拉磨驴断套——空转一遭

拉牛入鼠洞——行不通

拉牛上房——办不到；没有那一谦（牵）

拉牛上树——办不到；难上加难

拉牛尾巴的人——倒退

拉琴的丢乐本——没谱儿了

拉上老牛当马骑——不行

拉石灰车遇到倾盆雨——心急如焚

拉屎扒地瓜，捎带扑蚂蚱——一举多得

拉屎翻眼珠——多余

拉屎放屁——有虚有实

拉屎薅草——一举两得

拉屎看皇历——过于小心

拉屎啃鸡腿——亏他张得开嘴

拉屎啃猪蹄——香香臭臭

拉屎拉到脚后跟——没法提；提不起来

拉屎拉到鞋跟儿里——提不得

拉屎撞狗——碰得巧

拉屎攥拳头——暗里使劲

拉套的辕马——让人驱使

拉完磨子杀驴——恩将仇报；以怨报德

拉虾过河——谦虚（牵须）

拉纤的喊号子——一股劲

拉纤的拾个鳖——外快

拉洋片的讲画——往后瞧吧

拉一根弦的胡琴——单调

拉直狗腿——办不到

拉直牛角——白费劲；办不到

拉住状元喊姐夫——想高攀

拉着布袋找布袋——糊糊涂涂

拉着大车去赶集——事不小

拉着大粪车赶庙会——走到哪儿臭到哪儿；走一路臭一路

拉着耳朵擤鼻涕——胡扯；劲用得不是地方

拉着狗娃当马骑——乱来

拉着何仙姑叫舅妈——借点仙气儿；五百年前是一家（比喻故意套近乎）

拉着胡子上龙亭——谦虚（牵须）

拉着虎尾喊救命——自己找死

拉着娄阿鼠叫干爹——认贼作父

拉着手走路——你行我也行

拉着土匪叫爹——认贼作父

拉着拖车卖豆腐——好大的架子

拉着下巴过河——假谦虚（牵须）

拉着眼睫毛也会倒——弱不禁风

拉着宰相叫姐夫——高攀权贵

邋遢兵败阵——滚的滚，爬的爬；连滚带爬

喇叭绑嘴上——走到哪儿吹到哪儿

喇叭当烟囱——不对口径

喇叭当烟袋锅用——不对口径

喇叭倒吹——反调

喇叭的儿子——小广播

喇叭掉进粪坑里——死（屎）吹

喇叭断了线——不想（响）

喇叭匠扬脖子——又起高调

喇叭匠嘴肿——没法吹了

喇叭佬婆媳妇——自吹

喇叭上安鼓风机——大吹

喇叭上拴毛巾——抹号

喇叭手敲鼓——自吹自擂

喇叭说话——人为的

喇叭嘴上塞泥巴——吹不响

喇嘛不服懒尼姑——谁也管不了谁

喇嘛的帽子——黄了

腊肉打汤——图新鲜

腊肉上席——不用多言（盐）；不带劲；

腊肉汤里煮挂面——有言（盐）在先

腊鸭子煮到锅里头——身子烂了，嘴头还硬（比喻身子受了苦，嘴上还是

不肯说）

腊月打赤脚——心里有火

腊月打雷——少见；反常

腊月里的井水——热乎乎

腊月的天气——动（冻）手动

（冻）脚

腊月底看农历——没日子啦

腊月二十三的灶王节——离板了

腊月二十四的灶王爷——上天了

腊月喝凉水——点点记在心

腊月里吃黄连——寒苦

腊月里打雷——空想（响）；罕见

腊月里的大雪——铺天盖地

腊月里的镰刀——闲挂

腊月里的萝卜——动（冻）了心

腊月里的梅花——傲霜斗雪

腊月里扇扇子——火气太大

腊月里生孩子——动（冻）手动

（冻）脚

腊月里生蛆——少见

腊月里送蒲扇——不识时务

腊月里遇上狼——冷不防

腊月卖凉粉——不是时候

腊月盼打雷——空想；不识时务

腊月三十打兔子——有没有都过年

腊月三十贴对子——一年一回

腊月三十洗长衫——今年不干明

年干

腊月十五的门神——热门货

腊月天里钓田鸡——白费劲

腊月天找杨梅——难得

腊月贴门神——一个向东，一个

向西

腊月尾正月头——不愁吃的

腊月摇扇子——反常

腊月种小麦——外行

癞痢头打伞——无法（发）无天

癞痢头害脚癣——两头不落一头

癞痢头上长疮——倒霉透了

癞痢头上打苍蝇——百发百中

癞痢头上的虱子——无地容身；无

处藏身

蜡封瓶口——一气不出

蜡铺的幌子——没信（芯）儿

蜡人玩火——害自身；自顾不暇

蜡台上无油——白费心

蜡纸做和尚——少道手脚

蜡制的苹果——中看不中吃

蜡烛当冰棒——油嘴光棍儿

蜡烛的脾气——不点不亮（比喻经

过指点才明白）

蜡烛的一生——照亮别人，毁了

自己

蜡烛点火——一条心

蜡烛燃烧——照亮了别人，毁灭了

自己

蜡烛玩火——害了自己

蜡烛做箫吹——油嘴光棍儿

辣椒炒豆腐——外辣里软（比喻人

外表强硬而内心怯懦）

辣椒粉吹进鼻眼里——够呛

辣椒烤火——热得够呛

辣椒棵上结茄子——红得发紫

辣椒面吃进鼻眼里——呛人

辣椒面捏关爷——红人

辣椒身上长柿子——越红越圆滑

辣椒一行，茄子一垄——有条不紊

辣椒与生姜——辣对辣

蝲蝲蛄穿大褂——硬充土绅士

5

来俊臣审酷使——请君入瓮

来了花轿去了姑娘——先喜后忧

来鼠逗猫——没事找事

来自赛马场的消息——奇（骑）闻

赖泥下窑——烧不成个东西（比喻
能力差或本质不好的人办不成事）

赖婆子的头发——不理

癞格宝（癞蛤蟆）变的——专吃自
来食

癞格宝戴眼镜——假充地理先生

癞格宝爬香炉——碰一鼻子灰

癞格宝上墙——巴（爬）不得

癞蛤蟆拜天——心高妄想

癞蛤蟆逼牛踩——末日来临

癞蛤蟆剥了皮——死不瞑目；不死
心；不闭眼

癞蛤蟆剥皮不闭眼——还想蹦跶几
下（比喻还想作垂死挣扎）

癞蛤蟆不长毛——天生这路种；没
法治；无法（发）无天

癞蛤蟆吃苍蝇——供不上嘴

癞蛤蟆吃鸡子儿——难吞难咽

癞蛤蟆吃青蛙——自家人不识自
家人

癞蛤蟆吃天——无从下口

癞蛤蟆吃骰子——一肚子点子

癞蛤蟆吃蚊虫——老张嘴

癞蛤蟆吃樱桃——想头不低；想

得高

癞蛤蟆吃萤火虫——心知肚明

癞蛤蟆穿大红袍——只可远看，不
能近瞧（比喻仔细一瞧就露馅了）

癞蛤蟆穿铠甲——踢腾不开

癞蛤蟆穿套裤——短腿好胜

癞蛤蟆吹肚皮——装大气

癞蛤蟆吹唢呐——没人声；小气；
有啥好听的

癞蛤蟆打嗝儿——张口就冒坏水

癞蛤蟆打哈欠——好大的口气

癞蛤蟆打伞——怪事一桩

癞蛤蟆带娃娃——只讲个数

癞蛤蟆戴钢盔——硬装敢死队

癞蛤蟆戴草帽——装大嘴说客；妄
自尊大

癞蛤蟆戴花——臭美

癞蛤蟆戴礼帽——妄自尊大

癞蛤蟆的脊梁——点子多

癞蛤蟆的皮——不值一驳（剥）

癞蛤蟆垫床角——死撑活挨；鼓起
来的劲

癞蛤蟆垫台脚——吃不住

癞蛤蟆垫桌腿——拼命

癞蛤蟆掉粪坑——不好开口；越搞
越臭

癞蛤蟆掉进炕洞里——难以爬蹬

癞蛤蟆跌粥锅——说它浑蛋，它还
一肚子气

癞蛤蟆顶毛巾——怕露脸

癞蛤蟆顶石碌碡磙——抬不起头

癞蛤蟆躲端午节——躲得了初一，躲不了十五

癞蛤蟆赶船——搭不上帮

癞蛤蟆箍蛇——拼命

癞蛤蟆鼓肚子——忍气吞声

癞蛤蟆鼓气——装相

癞蛤蟆挂腰刀——一副杀人相

癞蛤蟆过壕沟——白瞪眼

癞蛤蟆过江——自身难保

癞蛤蟆过年——穷得连毛都没有一根

癞蛤蟆喝糨糊——张不开嘴

癞蛤蟆和牛比大小——胀破肚皮也没用

癞蛤蟆哭天——越哭越有情

癞蛤蟆挎大刀——邋遢兵

癞蛤蟆拦车——挡不住

癞蛤蟆没脖子——一肚子气

癞蛤蟆拴在鞭梢上——不值摔打

癞蛤蟆爬脚面——恶心；光吓人不咬人；踢不走

癞蛤蟆爬履带板——找死

癞蛤蟆爬门槛——内外一跳；爬爬跌跌

癞蛤蟆爬上案板——硬装大块肉

癞蛤蟆爬樱桃树——净想高口味

癞蛤蟆爬在秤盘里——自称自（比喻自己称赞自己）

癞蛤蟆爬在脚面上——不咬人，倒吓人

癞蛤蟆披鸡毛——充当漂亮鸟

癞蛤蟆骑水老鼠——假充马队的

癞蛤蟆牵在鳖腿上——跳不高，爬不快

癞蛤蟆敲大鼓——自吹自擂

癞蛤蟆请客——四眼相顾

癞蛤蟆上餐桌——倒霉透了；扫兴

癞蛤蟆上楼梯——连蹦带跳

癞蛤蟆上马路——愣装军用小吉普

癞蛤蟆上葡萄树——粗人吃细粮

癞蛤蟆上蒸笼——气鼓气胀

癞蛤蟆生蝎子——一窝更比一窝毒

癞蛤蟆梳小辫——装大丫头

癞蛤蟆跳到热鏊上——蹦跶不了几下

癞蛤蟆跳戥盘——不知自己有多少斤两

癞蛤蟆跳进烟囱里——不死也要脱层皮

癞蛤蟆跳井——吓不倒谁

癞蛤蟆跳三跳——还要歇一歇

癞蛤蟆跳上金銮殿——登峰造极

癞蛤蟆跳油锅——自己找死

癞蛤蟆头上别别针——俏（撬）皮

癞蛤蟆吞大象——想头不低；想得高

癞蛤蟆吞蒺藜——干吃哑巴亏

癞蛤蟆吞豇豆——下不了场（肠）

癞蛤蟆吞鱼钩——自作自受

癞蛤蟆吞月亮——痴心妄想

癞蛤蟆想吃灵芝草——白日做梦

癞蛤蟆想吃天鹅肉——痴心妄想

癞蛤蟆想飞——不是上天的料

癞蛤蟆遇田鸡——难兄难弟

癞蛤蟆张口——专吃自来食

癞蛤蟆张嘴——口阔（渴）

癞蛤蟆装鞍子——奇（骑）怪

癞蛤蟆撞大树——干鼓肚

癞蛤蟆追兔子——一步跟不上，步步跟不上；一步赶不上，步步都紧张

癞蛤蟆坐飞机——一步登天

癞蛤蟆坐金銮殿——痴心妄想

癞蛤蟆坐沙发——该我享受了

癞狗上墙——扶不上去

癞狗生毛——要咬人

癞和尚念经——走样了

癞痢上长肿瘤——突（秃）出

癞痢头上的伤疤——明摆着

癞驴子上坡——屎少屁多

癞皮狗上桥——招摇撞骗

癞头和尚结伴走——互不沾光

癞头婆戴玉簪——令人担心

癞头婆生疮——丑上加丑

癞头婆死老公——无法（发）无天

癞头婆月夜串门子——丑人丑事

癞鹰扣在鳖腿上——飞不起，爬不动

癞子长脚板疮——上下都有毛病

癞子吃猪肉——块块好

癞子当和尚——不费手续

癞子的脑袋——不好提（剃）（比喻不好谈，或很难对付）

癞子姑娘梳头——没法（发）

癞子剃头——走过场

癞子头上抓痒——巴不得

6

拦河坝封水泥——滴水不漏

栏杆上摆花盆——无地自容

栏杆上跑马——走险

栏里关的猪——蠢货

篮球场上的裁判——跟着跑

蓝天里的鸿雁——展翅飞翔

蓝天上的白云——自由自在；轻飘飘的；随风飘

篮子里挑花——越看眼越花

篮子里装土地菩萨——提神

懒厨子坐席——不想给你吵（炒）

懒大嫂赶场——中间不急两头忙

懒姑娘头上的虮子——一串一串的

懒汉不拉纤——顺水推舟

懒汉过年——一年不如一年

懒汉推胶轮车——不干活也不打气

懒汉学徒——不拨不动

懒和尚——念不出真经来

懒鸡婆抱窝——守着摊儿过

懒家伙炸油条——没有劲

懒老婆抽大烟——败家娘们儿

懒老婆上鸡窝——笨（奔）蛋

懒老婆坐轿——愿上不愿下

懒驴进磨道——自上圈套

懒驴拉磨——不打不转

懒驴上道——不拉就尿

懒驴上磨——不赶不会上道；屎尿多（比喻懒惰的人一到干正事，便寻找借口逃避）

懒驴子驾辕——不打不走

懒驴子上套——打一鞭走一步

懒木匠的锯子——不错（锉）

懒鸟不搭窝——得过且过

懒牛懒马干活——屎尿多

懒牛上套——屎尿多

懒婆娘穿袜头——老一套

懒婆娘的包袱——窝窝囊囊；乱七八糟

懒婆娘的裹脚——又长又臭（比喻文章篇幅长，内容空洞）

懒婆娘的剪刀——不好开口；不常用

懒婆娘的脚后跟——没法提；提不起来

懒婆娘的铺盖——不理

懒婆娘的针线筐——乱七八糟

懒婆娘干活——慢慢磨

懒婆娘管家——乱七八糟

懒婆娘接生——慢慢来

懒婆娘张帐子——东倒西斜

懒婆娘做饭——一顿是几顿

懒人干活路——应付支差

懒人嗑瓜子——眼饱肚饥

烂板搭桥——不顶事；白搭；难过

烂板桥上的龙王——不是好东西

烂鼻孔菩萨闻烂肉——臭味相投

烂鼻子菩萨——不知香臭

烂鼻子闻猪头——不知香臭

烂边礼帽——顶好

烂柴打狗——两面怕；去一半；亏了半截

烂地瓜——苦中有甜

烂掉了嘴唇——牙齿寒碜

烂粪箕捞泥鳅——溜啦

烂风筝——抖不起来啦

烂膏药贴在好肉上——自找麻烦

烂瓜皮当帽子——霉到顶了

烂河泥糊壁——两面光

烂红苕满街送——不是好货

烂口袋滤豆腐——净是渣子

烂筐子上拴丝穗子——不相称

烂了的番茄满街送——不识时务

烂了根的葱——心不死

烂了根的树——经不起风吹

烂萝卜——没有头儿

烂麻搓成绳——吃不住劲

烂麻袋装珍珠——好的在里面

烂麻堆里掉麦穗——茫（芒）无头绪

烂麻筋补破网——勾勾结结

烂麻里掺猪毛——一团糟

烂麻拧成绳——有了头绪；合在一起干

烂木头刻戳儿（图章）——不是这块料

烂木头刻娃娃——坏孩子

烂木头——做不了大梁

烂木头做大梁——不好用

烂木头做梁柱——难顶难撑

烂脑瓜戴上新毡帽——冒充好人

烂泥巴糊墙——扶（糊）不上去；外光里不光

烂泥巴垒墙脚——立场不稳

烂泥巴捏神像——没个好心肠；全靠贴金

烂泥巴下窑——烧不成器

烂泥补柱子——难顶难撑

烂泥甘蔗揩一段吃一段——得过且过

烂泥里打桩子——越打越下（比喻不断受打击受压迫，越来越严重）

烂泥里摇桩——越陷越深

烂泥路上开汽车——卷土重来

烂泥路上拉车——越陷越深

烂泥坯子贴金身——胎里坏；坏了胎

烂泥菩萨——全靠贴金（比喻表面很漂亮，内里不怎么样）；样子神气

烂泥菩萨洗脸——不净不了

烂泥塘里的蛤蜊——又奸（尖）又猾（滑）

烂泥田插竹——越插越深

烂屁股蜘蛛——没事（丝）

烂菩萨坐深山——没人理；没见过大香火

烂蒲扇打人——无关痛痒

烂汽车过朽桥——乘人之危

烂肉喂苍蝇——投其所好

烂伞遮日——半边阴

烂扫帚上市——分文不值

烂柿子换核桃——吃硬不吃软

烂柿子落地——软瘫了；软作一堆

烂柿子上船——软货

烂套包黄金——内中有宝

烂田里的活路——难做

烂田里的石臼——永世不得翻身

烂田里翻碌碡——越陷越深

烂透的毒疮——不可救药

烂透了的老倭瓜——捧不起来了

烂土豆——小坏蛋

烂袜子改背心——小人得志（之）

烂网打鱼——一无所获

烂网遮日——半边阴

烂倭瓜擦屁股——没完没了

烂乌拉套没底袜——差对差；差配差

烂西瓜——一肚子坏水

烂眼儿赶苍蝇——忙不过来

烂眼睛招苍蝇——倒霉透了

烂药膏往别人脸上贴——存心害人

烂鱼倒进粪池里——又腥又臭

烂鱼开了膛——一副坏心肠

烂猪头碰到烂肠子——臭味相投

滥竽充数——挂个空名

7

郎中卖棺材——死活都要钱

郎中开棺材铺——死活都要钱

郎中先生摆手——没治了

郎中咬牙——恨人不死

狼拜狐狸为师——学点鬼点子

狼不吃死孩子——活人惯的

狼吃东郭先生——恩将仇报；以怨报德

狼吃鬼——没影儿

狼吃狼——冷不防

狼吃蓑衣——没有人味

狼吃天——没处下口

狼叼来的喂狗——白享受

狼多肉少——成天争吵

狼给羊献礼——没安好心

狼狗打架——两头害怕

狼借猪娃——有借无还；还不了（比喻有去无回）

狼看羊羔——越看越少

狼啃葫芦头——没有人味

狼啃青草——装样（羊）

狼哭羊羔——假仁假义

狼夸羊肥——不怀好意

狼群里跑出羊羔来——不可能的事

狼头上插竹笋——装样（羊）子

狼头上长角——出洋（羊）相；装样（羊）

狼头上戴斗笠——冒充好人

狼外婆扫天井——收买人心

狼窝里的肉——难久留

狼窝里的羊——九死一生

狼窝里取崽——不是开玩笑的事

狼窝养孩子——性命难保

狼心狗肺——一副坏心肠；没什么两样

狼行千里吃肉——本性难移

狼也跑了，羊也保了——两全其美

狼崽进羊圈——没好事

狼装羊笑——没安好心

狼嘴里的羊羔——九死一生

狼嘴里逃出的小鸡——好运气

榔头对锤子——狠对狠

榔头敲铁砧——硬邦邦

浪里白条斗李逵——以长攻短

浪里撑船——见风使舵

浪头撞在礁石上——粉身碎骨

浪中行船——时高时低

浪子回头——金不换；改恶从善

8

捞出水的鱼虾——扑腾不了几下

捞出小米下杂面——赶汤趁热

捞到虾公还要鲤鱼——好了还要更好

捞面汤洗脸——越洗越糊涂

捞虾的碰上条大鱼——意外

捞虾换烟抽——水里来，火里去

捞鱼鹳打前头——用嘴支着

劳动号子——一呼百应

劳模作报告——传经送宝

牢房里的囚犯——四面碰壁

牢房里赌博——一错再错

牢门口的匾——后悔迟

痨病鬼儿开药店——自己图方便；自卖自吃

老（最小的）儿子结亲——大事完毕

老八子吃食——坐着哼

老八子拉车——谁敢（赶）

老白干泡砒霜——毒辣

老百姓看皮影——后台有人

老包（包公）过阴——苦思冥（瞑）想

老包的脸虽黑——心里可清着哩

老包断案——认理不认亲；脸黑心不黑

老保姆领孩子——人家的

老鸨子死了粉头——没指望了

老鳖吹号子——有原因（圆音）

老鳖的脑袋——伸头乎，缩头乎

老鳖掉进缸里——爬不上去了

老鳖跌跟头——翻了

老鳖请客——净是些王八

老鳖吞秤砣——狠心王八

老鳖拖石碑——概（盖）不由己

老鳖咬人——叼住不放；死不改口

老鳖找螃蟹——各有所爱

老裁缝做衣裳——不肥不瘦

老蚕吐丝——自己封自己

老蚕——一肚子事（丝）

老草鸡趴窝——没精神

老长虫——盘上了

老厨师熬粥——这活难不住人

老厨师品菜——酸甜苦辣都尝遍

老刺猬下山——一骨碌

老大哥拍胸脯——兄弟放心

老大懒惰老二勤——一不做，二不休

老大娘搬家——什么都拿

老大爷干活——不利索

老大爷看告示——一篇大道理

老大爷拉二胡——陈词滥调

老大爷拄拐棍——一竿子插到底

老大坐车，老二骑马——各走各的路

老旦唱小生——不像样

老道的房子——妙（庙）

老道帽子——贬（扁）了

老雕变野猫——越变越糟

老雕戴帽子——冒充老鹰

老掉牙的虎——雄心在

老掉牙的驴——顾（雇）不得

老帆船赶快艇——老落后

老方丈打拳——出手不凡

老房子着火——烧起来没救

老肥猪上屠场——挨刀的货

老坟地里种西瓜——隔门隔代有瓜葛

老坟头里的尸骨——空架子

老坟头上拉屎——糟踢祖先

老佛爷出虚恭（放屁）——神气活现

老佛爷念素珠——心中有数

老佛爷投的胎——大手大脚

老公打扇——凄（妻）凉

老公的胡子——不出头

老公公背儿媳妇过河——吃力不讨好

老公公唱大鼓——非同儿戏

老公公吹笛子——气力不足

老公公给儿媳妇拜年——岂有此理

老公鸡戴眼镜——官（冠）不大，架子不小

老公鸡叼骨头——惹狗生气

老公鸡叼花苞——谦虚（牵絮）

老公鸡掉爪——没法闹（挠）了

老公鸡斗架——全在嘴上

老公鸡对镜子跳舞——见影自喜

老公鸡咯咯——不简单（见蛋）

老公鸡闹嗓子——甭提（啼）了

老公鸡披蓑衣——嘴尖毛长

老公鸡拴在门坎上——里外叼食

老公鸡着火——官僚（冠燎）

老狗爬墙——死撑

老狗跳楼梯——不得势

老姑娘拜天地——去了心事

老姑娘坐月子——没法伺候

老牯牛走路——老八步

老鸹落在猪背上——一个赛过一个黑（比喻一个更比一个坏）

老鸹叮蚌壳——难脱身

老鸹插雉翎——装凤凰

老鸹叼泥球儿——支着嘴儿

老鸹喝墨水——从外黑到心

老鸹落树梢——呱呱叫

老鸹落在煤堆上——不显眼

老鸹命——人人憎

老鸹配凤凰——痴心妄想

老鸹屁股上插孔雀毛——出洋相

老鸹请客——乌合之众

老鸹窝里出凤凰——稀罕事

老鸹笑猪黑——不知自己也黑

老鸹站树上——献丑

老鸹爪子——黑手

老鸹钻出烟囱——从黑道上来的

老寡妇嫁到饭馆里——讲吃不讲穿

老寡妇死儿——没了

老寡妇死了独生女——没指望

老寡妇遇见老绝户——孤的孤，苦的苦

老龟害眼——躲在洞里不露头

老锅子上山——前（钱）头短

老海瑞上金銮殿——为民请命

老汉背石头——一老一实（石）

老汉不认识康乐球——捣蛋

老汉唱戏——往过说

老汉的枕头——一包草

老汉跌跟头——触胡子

老汉啃甘蔗——咬牙切齿

老汉娶亲——力不从心

老汉学吹打——上气不接下气

老和尚拜天地——头一遭

老和尚拜丈人——怪事

老和尚搬家——吹灯拔蜡

老和尚被鬼打——没有法

老和尚别发卡——调（挑）皮

老和尚吃肉——犯晕（浑）

老和尚吹灯——散谈（坛）

老和尚吹管子——不懂的（笛）

老和尚打儿子——没有的事

老和尚打婆娘——不可能的事

老和尚戴个道士帽——假装迷瞪僧

老和尚的百衲衣——东拼西凑

老和尚的蜡烛——照亮了别人毁了自己

老和尚的帽子——平不拉塌的

老和尚的木鱼——生来挨揍；不敲不响

老和尚的屁——京（经）味的

老和尚丢了棍——能说不能行

老和尚放屁——炸庙

老和尚捡个梳子——没处用

老和尚讲佛经——说的说，听的听

老和尚卷铺盖——离了事（寺）

老和尚骂街——不像话

老和尚念经——句句真言；千篇一律；照本宣科

老和尚盼媳妇——下一辈子的事（比喻白盼，不能实现）

老和尚敲盘子——不当不当

老和尚敲钟——得过且过

老和尚瞧嫁妆——下一辈子见吧（比喻眼下实现不了的事）

老和尚撕下鞋面布——净用处

老和尚诵经——念念有词

老和尚送殡——管送不管理

老和尚送闺女——算哪一门

老和尚剃头——一扫光

老和尚洗脸——没边儿

老和尚修路——纯办好事

老和尚用功——打坐

老和尚住山洞——没事（寺）

老和尚撞钟——过一日是一日

老猴掰玉米——专拣嫩的捏

老猴爬旗杆——不行啰（比喻多有本领的人，上了年纪也力不从心了）

老狐狸戴草帽——装人不像反露了尾巴

老葫芦爬秧——越扯越长

老虎扮和尚——人面兽心

老虎背上拍苍蝇——找死；惹祸上身

老虎背上玩把戏——胆大心细

老虎背十字架——冒充耶稣

老虎变猪猡——又丑又恶；又笨又恶

老虎变猪婆——又蠢又恶

老虎剥了皮——威风扫地

老虎脖子挂佛珠——假充善人

老虎不吃荤——口诉（素）

老虎不吃人——恶名在外

老虎不吃猪——怪事一桩

老虎不发威——就当猫看了

老虎不嫌黄羊瘦——沾荤就行

老虎长角——又咬又抵

老虎吃爆豆——嘎嘣脆

老虎吃鼻烟——真能吹；没有的事

老虎吃刺猬——无处下嘴

老虎吃大象——不沾边

老虎吃豆腐——口素心不善

老虎吃蝴蝶——不够塞牙缝；想入非非（飞飞）

老虎吃鸡——小菜一碟

老虎吃蚂蚁——塞不住牙缝

老虎吃蚂蚱——不够嚼；小菜一碟；细打细敲

老虎吃蜻蜓——不过瘾

老虎吃人——不吐骨头

老虎吃肉——亲自下山

老虎吃石狮——吃不消

老虎吃算盘珠——心中有数

老虎吃天——难下爪；不着边际；不知高低

老虎吃天蛇吞象——贪得无厌

老虎吃田螺——无从下口

老虎吃跳蚤——供不应求

老虎吃土地——没一点人气

老虎吃兔子——一口吞；囫囵吞

老虎吃蚊子——白张嘴；不够塞牙缝

老虎吃羊羔——不吐骨头

老虎吃斋——没那事儿

老虎出山——浑身是胆；横冲直撞

老虎出山遇见豹——一个更比一个凶

老虎串门——稀客

老虎打摆子——窝里战

老虎打哈欠——口气真大

老虎打架——没人劝

老虎打瞌睡——难得的机会

老虎逮耗子——有劲使不上；耍的什么威风

老虎戴道士帽——假装出家人

老虎戴佛珠——假慈悲

老虎戴脚镣——欲凶无力

老虎戴上假面具——人面兽心

老虎当和尚——人面兽心

老虎当马骑——有胆有魄

老虎的儿子——别看他（它）小

老虎的胡子——摸不得；拔不得

老虎的肩膀——拍不得

老虎的屁股——摸不得；拍不得

老虎的头发——没人敢理

老虎的尾巴——摸不得

老虎的崽——谁敢侮辱

老虎掉大海——没抓挠

老虎洞里菩萨堂——莫名其妙（庙）

155

老虎兜圈子——一回就够

老虎肚里取心肝——胆子不小

老虎饿了逮耗子——饥不择食

老虎赶牛群——志在必得

老虎赶猪——冒充善人

老虎逛公园——谁敢拦

老虎和黑瞎子打架——势均力敌

老虎和猪生的——又恶又蠢

老虎回村——家家遭殃

老虎家请客——谁也不敢登门

老虎驾辕——谁敢（赶）

老虎见了神猎手——尾巴全夹起来

老虎借猪狗借骨——有借无还

老虎借猪——有进无出；有去无回

老虎金钱豹——各走各的路

老虎近身——开口是祸

老虎进城——家家关门

老虎进棺材——吓死人

老虎进庙堂——没安好心

老虎进山洞——顾前不顾后

老虎进山神庙——老腐败（虎拜）

老虎进闸门——死路一条

老虎看小孩——有主的肉

老虎夸海口——大嘴说大话

老虎拉车——不听那一套

老虎来了盖被单——挡不住

老虎来了看公母——不知缓急

老虎离了山林——抖不起威风来了

老虎离山落平原——抖不起威风

老虎咧嘴笑——用心歹毒

老虎落平原——被犬欺

老虎落陷阱——有劲使不上；命难逃

老虎脑门——王

老虎念经——假正经；口是心非

老虎爬树——荒唐；不懂那一套

老虎拍蝗虫——小收拾

老虎披蓑衣——终归不是人

老虎皮，兔子胆——外强里虚

老虎屁股上抓痒痒——自取其祸

老虎扑苍蝇——小事大办

老虎扑蚂蚱——供不上嘴

老虎扑食——三股劲

老虎欠债——讨不回来

老虎请客——来者不善，善者不来

老虎上磅秤——自称威风

老虎上吊——没活（虎）路了；无人敢救

老虎烧香——冒充善人

老虎身上的虱子——谁敢惹

老虎守着长明灯——假充正经

老虎虽老——雄威在

老虎套车——不敢拦

老虎添翼——好威风

老虎舔糨糊——不够糊嘴

老虎舔胸脯——吃人心肝

老虎头，蛇尾巴——有始无终

老虎头上拉屎——好大的胆子

老虎头上拍苍蝇——好心没有好报

老虎头上撒胡椒——大胆泼辣

老虎头上搔痒——找死

老虎头上王字——天生的

老虎拖象——大干一场

老虎拖猪进窝——有进无出

老虎尾巴绑扫帚——威风扫地

老虎尾巴上荡秋千——只图快活不要命

老虎卧马圈里——马马虎虎

老虎下山——横冲直闯

老虎眼睛——只会直看

老虎演戏——难收场；看不得

老虎咬铳——两败俱伤

老虎咬牛——大干一场

老虎咬蚊子——口气太大

老虎夜里进门来——没有好事

老虎照镜子——望着威风

老虎抓猴子——有劲使不上

老虎爪子蝎子心——又狠又毒

老虎追得猫上树——多亏留了一手

老虎钻进人群里——送死

老虎嘴里抱肉吃——要肚饱，不要命

老虎嘴里的刺——碰不得

老虎嘴里塞蚂蚱——填不满

老虎嘴里讨脆骨——不是好惹的

老虎坐庙堂——想充神仙

老虎做官——无人侍候

老护士注射——一针见血

老槐树枯了心——外强中干

老皇历——翻不得

老黄牛过河——各蹚各的水

老黄牛拉车——慢慢吞吞；埋头苦干

老黄忠下天荡山——一扫而平

老会计拨算盘——精打细算

老姜头打儿子——将打将（姜打姜）

老将出马——一个顶俩；一个顶仨

老将耍镰刀——少见（剑）

老叫驴上山——猛蹿

老九的兄弟——老实（十）

老舅舅拉破二胡——陈词滥调

老君爷（道教对老子的尊称）叫蛇咬——无法可使

老寇准背靴子——明察暗访

老来得子——大喜

老狼酗酒——受罪（兽醉）了

老两口吵架——公说公有理，婆说婆有理；各对各眼

老两口观灯——走着瞧

老两口埋在一个坟里——死活一对（比喻死活也要在一起）

老两口买眼镜——各投各眼

老两口赏月——平分秋色

老两口坐床沿——说说就算了

老猎手打野兽——百发百中

老柳树发新芽——回春

老龙王投江——死得其所

老龙王下海——不迷方向

老驴吃黄瓜——心还想得脆

老驴打滚——翻不过身来

老驴拉磨——瞎转圈

老驴嗑本《三字经》——咬文嚼字

老妈妈补衣裳——见缝插针

老妈妈吃火锅——往下涮

老妈妈穿花衣——装年轻

老妈妈纺棉花——慢慢地拉

老妈妈哭女儿——泣不成声

老妈妈没牙——唇说

老妈妈撵兔子——越撵越没影儿

老妈妈学摇橹——难处挺大

老妈妈坐飞机——美上天了

老妈子带孩子——人家的

老妈子奶孩子——舍己为人；枉费心机

老妈子乔装打扮——有外汇（会）

老妈子伺候人——拿手戏

老妈子坐飞机——抖起来了

老麻雀喂嫩麻雀——喂大一个飞走

一个

老马不死——旧性在

老马上碾道——屎尿多

老马拴在树上——跑不脱

老猫不吃肉——假斯文（撕闻）

老猫念经——假慈悲

老猫犯罪狗戴枷——无辜受罪；嫁祸于人

老猫房上睡——一辈传一辈

老猫教虎——留一手

老猫教徒弟——留一手

老猫看游鱼——干着急

老猫拿耗子——一物降一物

老猫念佛——假慈悲

老猫尿屋檐——辈辈往下传

老猫上锅台——熟路

老猫上树——紧抓挠

老猫守鼠洞——蹲着瞧

老猫偷食狗挨打——错怪

老猫衔个猪尿泡——空欢喜一场

老猫遇上海货——饱餐一顿

老猫捉小鸡——一个忧愁一个喜

老猫子闹气泡——空欢喜一场

老毛子作报告——洋话连篇

老媒婆——能说会道

老煤油桶——一点就着

老绵羊的尾巴——翘不起来

老绵羊锯了角——假充大头狗哩

老绵羊撵狼——拼老命

老棉花——谈（弹）不上

老面蒸馒头——发得快

老磨盘——无耻（齿）

老母鸡扒垃圾——找事（食）

老母鸡抱空窝——不简单（见蛋）

老母鸡不在原处下蛋——挪了窝啦

老母鸡吃烂豆——满肚子坏点子

老母鸡斗黄鼠狼——不是对手

老母鸡跟黄鼠狼结交——没好下场

老母鸡——没名（鸣）

老母鸡撵兔子——冒充鹰

老母鸡趴窝——没了精神

老母鸡缺钙——软蛋

老母鸡上树——冒充英雄（鹰凶）

老母鸡生疮——毛里有病

老母鸡受寒——窝里战（颤）

老母鸡踏门槛——里外倒（捣）蛋

老母鸡跳进药材店——自讨苦吃

老母鸡下蛋——一个个打（咯咯嗒）；脸红脖子粗

老母鸡云中生蛋——骗人

老母鸡抓糠壳——空喜欢

老母鸡啄秕谷——上了当

老母鸡啄瘪谷——空欢喜一场

老母鸡啄土豆——全仗嘴硬

老母牛上场——不屙就尿；屎尿多

老母猪吧嗒嘴——要糟

老母猪摆擂台——豁着脸摔打

老母猪鼻子里插大葱——装相（象）

老母猪剥皮——露骨

老母猪蹭墙根——刺痒难解

老母猪蹭痒痒——东摇西晃

老母猪吃扁担——横了心

老母猪吃醋糟——通（吞）得深

老母猪吃独食——只顾嘴

老母猪吃黑豆——没够

老母猪吃红芋——是个拱劲

老母猪吃芥末——脸上贴金

老母猪吃醪糟——酒足饭饱

老母猪吃破鞋——心里有底

老母猪吃铁饼——好硬的嘴

老母猪吃碗碴——肚里有词（瓷）儿；满嘴是词（瓷）儿

老母猪吃西瓜——想（响）得脆

老母猪吃星星——不知天高地厚

老母猪穿裙子——没有体形

老母猪打哈欠——屎牙臭嘴

老母猪打架——全凭一张嘴

老母猪打喷嚏——笨嘴拙舌

老母猪戴金耳环——冒富

老母猪戴眼镜——假斯文

老母猪的嘴——占上风

老母猪耳朵——骨头太软

老母猪跟牛打架——豁出老脸来了

老母猪拱地——好硬的嘴

老母猪拱土豆——全仗着嘴巴骨硬

老母猪逛花园——眼花缭乱

老母猪过门槛——经由肚皮

老母猪喝水——失（湿）脸啦

老母猪进菜园——以吃为主

老母猪进夹道——进退两难

老母猪进粮仓——贪吃贪喝；足吃足喝

老母猪进了屠宰场——任人宰割

老母猪进土豆地——蔫拱

老母猪啃槽——耷拉着脑袋；不抬头

老母猪啃瓷砖——满嘴词（瓷）儿

老母猪啃缸沿——不嫌牙碜

老母猪啃日头——不知天高

老母猪啃猪圈——嘴巴痒了

老母猪啃砖头——好硬的嘴

老母猪犁地——舍嘴拱

老母猪尿窝——自作自受

老母猪爬楼梯——想高攀

老母猪敲门——哪里来的蠢货

老母猪肉下锅——俏（翘）皮

老母猪上山——紧往上爬

老母猪上戏台——大嘴说客

老母猪下棋——瞧你那笨脑瓜

老母猪下崽——就这一堆

老母猪想舔磨眼粮——痴心妄想

老母猪遇屠家——挨刀的货

老母猪追兔子——上气不接下气

老母猪钻进玉荄地——找棒子吃

老母猪钻篱笆——进退两难

老母猪坐火车——硬装大肚子老客

老木匠的家什——要啥有啥

老木中空——外强中干

老奶奶吃海蜇——不想（响）

老奶奶吃软柿子——正好

老奶奶的发髻——输（梳）定了

老奶奶的嫁衣——老古董

老奶奶的木鱼——挨揍的木头

老奶奶纺线——慢慢上劲

老奶奶生孩子——费劲

老奶奶喂孙子——怕吃不饱

老奶奶做淘箩——松劲

老楠木疙瘩——挪不动

老尼姑瞧嫁妆——没指望

老尼姑想儿子——下一辈子的事

老年人跑百米——接不上气

老娘舅——又老又旧（舅）

老娘哭儿——没救（舅）

老娘们送殡——哭在头里走在后头

老娘娘穿花鞋——赶时兴

老牛挨鞭子——忍辱负重

老牛变鸡——不容易

老牛不怕狼咬——豁出去

老牛闯进瓷器店——破的破，烂的烂

老牛吃草——细细品味；吞吞吐吐

老牛吃豆腐——变心（新）肠了

老牛吃嫩草——爱情（青）；想新鲜口味

老牛吃青草——两边扫

老牛吃豌豆——不声不响

老牛出工——让人牵着鼻子走；浑身是劲

老牛喘气——分儿分儿的

老牛打滚——大翻身

老牛大憋气——不吭声

老牛倒嚼——细品滋味

老牛倒沫——无事闲磨牙

老牛到田里——浑身是劲

老牛的蹄子——两瓣

老牛抵墙头——没把劲使到正地方

老牛掉进深泥潭——不能自拔

老牛掉眼泪——有口难言

老牛掉在井里边——踢腾不开了；怎么也捞不出来

老牛逗兔子——有什么劲

老牛反刍——吞吞吐吐

老牛赶山——慢慢来；走到哪天算哪天

老牛驾辕——朝后靠

老牛筋——刀拉不动，水煮不烂

老牛筋——难啃

老牛啃地皮——耷拉着脑袋

老牛拉车——慢慢磨；四平八稳

老牛拉大车——费劲大，跑得慢

老牛拉犁马拉车——浑身是劲

老牛拉犁——有心无力

老牛拉磨——团团转；慢工出细活；默默无闻

老牛拉破车——两将就；松松垮垮；快不了

老牛拉稀屎——接连不断

老牛拉座钟——又稳又准

老牛拿耗子——不关你的事

老牛撵兔子——有劲使不上

老牛屁股上绑鞭炮——牛烘烘

老牛上鼻绳——没跑

老牛拴在树桩上——没跑

老牛死了——任人宰割

老牛踏场——原地转

老牛踏垡子（翻耕过的土块）——一步一个脚印

老牛头进汤锅——难熬

老牛拖木犁——慢腾腾

老牛拖破车——一摇三摆

老牛脱了磨——空转一遭

老牛下沟——失（湿）足

老牛陷进淤泥里——拔不出脚

老牛遇到高田坎——爬不上去

老牛咂嘴——想吃嫩草

老牛捉麻雀——有劲使不上

老牛追骏马——撵不上；老落后

老牛追汽车——赶不上趟

老牛追兔子——有劲使不上

老牛走路——不慌不忙；照旧

老牛钻狗洞——难通过

老牛钻过针眼——骗人

老牛钻耗子洞——行不通

老农铲地——斩草除根

老牌子钢针——宁折不窜

老朋友见面——你好我也好

老朋友相会——说不完的话

老坯模套不上新砖瓦——不对尺码

老婆跌落水——凄（妻）凉

老婆婆抱孙子——笑逐颜开；满心欢喜

老婆婆吃槟榔——闷着

老婆婆吃豆腐——不必担心

老婆婆吃火锅——泡起再说

老婆婆吃腊肉——扯皮

老婆婆串门——说闲话

老婆婆戴刺梨花（指棠梨花）——旁人不夸自己夸

老婆婆当兵——充数

老婆婆的脚指头——窝囊一辈子

老婆婆的帽子——没顶

老婆婆的破包袱——窝囊一辈子

老婆婆的牙——连根拔

老婆婆的嘴——唠叨

老婆婆吊颈——活得不耐烦了

老婆婆翻眼头——一蹶不振

老婆婆纺花——疙疙瘩瘩

老婆婆纺线——拖拖拉拉

老婆婆赶庙会——眼花缭乱

老婆婆嫁屠夫——光图吃

老婆婆见面——话家常

老婆婆拉家常——想起什么说什么

老婆婆纳鞋底——磨磨蹭蹭

老婆婆赛跑——精神可嘉

老婆婆烧香——一片诚心

老婆婆踢飞脚——闹扭啦

老婆婆跳皮筋——非同儿戏

老婆婆学绣花——心灵手不巧

老婆婆走路——慢吞吞的

老婆婆坐牛车——稳稳当当

老婆子看嫁妆——下一辈子的事

老桥木做家具——朽木不可雕也

老茄子——一包籽儿

老蛆出粪缸——到处钻空子

老人吃柿子——拣软的来

老人家拜年——一年不如一年

老人哭子——不忍闻

老榕树的叶子——数不清

老三错了骂兄弟——怪事（四）

老嫂子骂街——不尚贤

老山猫咧嘴——笑面虎

老山羊的犄角——歪歪扭扭

老陕吃麻花——试一把

老艄公撑船——见风使舵

老少爷们儿过马路——扶老携幼

老生戴胡子——正办（扮）

老师傅传艺——现身说法

老寿星插草标——倚老卖老

老寿星唱歌——尽是老调

老寿星唱戏曲——老腔老调

老寿星戴表——赶时髦

老寿星的帽子——一把抓

老寿星的脑袋——宝贝疙瘩

老寿星的坐骑——四不像

老寿星返童——面目全非

老寿星叫门——肉头到家了

老寿星骑狗——没路（鹿）

老寿星骑仙鹤——没路（鹿）

老寿星上吊——活得不耐烦了

老寿星寻死——嫌命长了

老鼠挨一百棒——面不改色

老鼠扒屎盆——替狗忙

老鼠摆宴席——不知道害臊

老鼠搬鸡蛋——无从下手；倒拖

老鼠搬金——无用；没得用

老鼠搬生姜——劳而无功

老鼠背上生疮——发不大

老鼠鼻子——大不了

老鼠吃稻穗——顺杆（秆）爬

老鼠吃高粱——顺杆（秆）爬

老鼠吃海水——无足轻重

老鼠吃满了三斗粮——恶贯满盈

老鼠吃猫饭——偷偷干

老鼠吃猫肉——怪事一桩

老鼠出洞——探头探脑

老鼠打摆子——窝里战

老鼠打洞——找门路

老鼠打架——小抓挠

老鼠戴笼头——强充大牲口

老鼠戴眼镜——自觉面子大

老鼠盗葫芦——大的在后头

老鼠的尾巴熬汤——没有什么油水

老鼠的眼睛——寸光

老鼠的住所——洞穴

老鼠掉到大海里——失足不浅

老鼠掉到饭坛里——闷死了

老鼠掉到锅里——溅得满锅腥

老鼠掉缸底——跌跌爬爬

老鼠掉进醋缸——一身酸气

老鼠掉进粪坑里——越闹越臭

老鼠掉进开水锅——没得命了

老鼠掉进面缸里——翻白眼

老鼠掉进蓄水池——公害

老鼠掉油缸——难脱身

老鼠掉在磨眼里——四面折磨

老鼠掉在铁桶里——无空子可钻

老鼠掉在油锅里——又喜又怕

老鼠跌到米桶里——求之不得；找到了好窝

老鼠跌到面瓮里——碰到好运气

老鼠跌进米囤里——非偷吃不可

老鼠跌坛子——有进无出

老鼠跌香炉——碰一鼻子灰

老鼠跌烟囱——死路一条

老鼠洞里放冰块——冷酷（窟）

老鼠洞里耍大刀——窝里逞能

老鼠逗猫——没事（死）找事（死）

老鼠给大象指路——越走越窄

老鼠给猫拜年——全体奉送

老鼠给猫揩脸——自己找死

老鼠给猫祝寿——自送一口肉；送货上门

老鼠攻墙——家贼难防

老鼠拱在笼子里——没路走

老鼠骨头——小架

老鼠拐弯——没头

老鼠管仓——越管越光

老鼠过街——人人喊打

老鼠嫁花猫——冤家变亲家

老鼠嫁女——小打小闹

老鼠见了猫——吓破了胆；不敢想（响）

老鼠交给猫保护——送死

老鼠进洞——拐弯抹角

老鼠进风箱——两头受气

老鼠进棺材——咬住不放

老鼠进炕洞——憋气又窝火

老鼠进口袋——找死；寻死

老鼠进猫窝——白送礼

老鼠进书箱——咬文嚼字

老鼠进酸菜缸——急眼

老鼠进糖果铺——不知道先吃哪样好

老鼠进碗柜——满嘴词（瓷）儿

老鼠看仓——看得精光

老鼠看天——小见识

老鼠扛大枪——窝里逞能

老鼠嗑瓜子——一张巧嘴

老鼠啃棒槌——大头在后面

老鼠啃菜刀——性命难保

老鼠啃床脚——白磨牙

老鼠啃大象——无从下口

老鼠啃碟子——满口是词（瓷）儿

老鼠啃擀面杖——白费牙

老鼠啃缸沿——不是词（瓷）儿

老鼠啃棺材——咬死人

老鼠啃鸡蛋——无从下口

老鼠啃猫尾巴——盼死不到天亮

老鼠啃皮球——客（嗑）气

老鼠啃菩萨——没人味

老鼠啃石头——白费牙

老鼠啃书本——不识半个字

老鼠啃鸭蛋——干骨碌不上嘴

老鼠啃账簿——吃老本

老鼠啃砖头——白费牙

老鼠窟窿里藏粮食——算找到地方了

老鼠拉车——没多大劲头

老鼠拉秤砣——慢慢倒腾

老鼠拉骆驼——野心勃勃

老鼠拉木锨——大头在后面

老鼠拉王八——找不到头

老鼠留不得隔夜粮——好吃（比喻嘴馋）

老鼠落在砻糠里——空欢喜

老鼠闹洞房——叽叽喳喳

老鼠咶猫——拼命

老鼠爬冰凌——又奸（尖）又猾（滑）

老鼠爬到扫帚上——条条路窄

老鼠爬横杆——爱走极端

老鼠爬旗杆——到顶了

老鼠爬上金交椅——东西不济位置好

老鼠爬瓮沿——无限上纲（缸）

老鼠爬在烟囱里——又黑又受气

老鼠跑到磨眼里——行不通

老鼠跑到窑洞里——肯钻（啃砖）

老鼠跑进食盒里——抓住理（礼）了

老鼠碰到火烧山——无地容身；无处藏身

老鼠碰上猫——在劫难逃

老鼠骑水牛——大的没有小的能；小能降大

老鼠骑在猫身上——好大的胆子

老鼠抢空仓——白赶（干）一场

老鼠娶妻遇见猫——悲喜交加

老鼠肉祭神——上不了台面

老鼠上秤钩——自称自

老鼠上房——不是发大水，就是下大雨

老鼠上粉墙——巴不得

老鼠上供台——假充神仙

老鼠上了老鼠夹——死到临头

老鼠拴在猫尾巴上——逼着转圈哩

老鼠睡猫窝——送来一口肉

163

老鼠睡在米坛里——不愁吃

老鼠算卦——不灵；做贼心虚

老鼠抬轿子——担当不起

老鼠逃命——见眼钻

老鼠替猫刮胡子——拼命地巴结

老鼠舔糨糊——糊嘴

老鼠舔糖稀——糊嘴

老鼠舔油瓶——馋嘴

老鼠跳到钢琴上——乱谈（弹）

老鼠跳到糠箩里——空欢喜

老鼠听到猫叫——闻声而逃

老鼠同猫睡——练胆子

老鼠偷秤砣——倒贴（盗铁）

老鼠偷酱油——羞（嗅）了

老鼠偷饺子——一个个来

老鼠偷芝麻——吃香

老鼠拖西瓜——连滚带爬；滚的滚，爬的爬

老鼠拖油瓶——好的在里面

老鼠挖墙洞——越掏越空

老鼠往猫肚子下钻——自己送上来的

老鼠尾巴——大不了

老鼠尾巴害疖子——没多少脓水

老鼠尾巴——挤不出多少油

老鼠尾巴上绑鸡毛——不是个正经鸟

老鼠尾巴生疮——小毛病

老鼠尾巴——炸不出二两油

老鼠窝里倒拔蛇——想退也退不出来

老鼠窝里的食物——全是偷来的

老鼠窝里叫爸爸——认贼作父

老鼠眼睛——看不远

老鼠眼——就看鼻子尖儿

老鼠眼看天——小瞧

老鼠腰里挂枪——假充打猎人

老鼠咬茶壶——口口都是词（瓷）儿

老鼠咬铣——两败俱伤

老鼠咬冬瓜——没处下口

老鼠咬断饭篮绳——白辛苦

老鼠咬脚背——越想越倒霉

老鼠咬了葫芦藤——嘴巴好厉害

老鼠咬牛——大干一场

老鼠咬屁股——肯定（啃腚）

老鼠咬旗杆——吃不倒

老鼠咬石柱——攻不倒

老鼠咬书本——赤（吃）字

老鼠咬乌龟——无从下口

老鼠咬象鼻——不识大体

老鼠咬灶君——欺神灭相

老鼠钻进花椒包里——香的进去麻的出来

老鼠钻进了牛角——越往后越紧（比喻越来越不宽裕）

老鼠钻进乱麻堆——没有头绪

老鼠钻进染缸里——贪色不怕死

老鼠钻进人堆里——找死

老鼠钻进书堆里——咬文嚼字

老鼠钻进牙科房——咬牙切齿

老鼠钻瓶子——好进难出

老鼠钻土洞——不露头；各找门路

老鼠钻象鼻——一物降一物；好进不好出

老鼠钻烟囱——够呛；两眼一抹黑

老鼠钻油壶——有进无出

老鼠坐供桌——想充神仙

老鼠做道场——哪有正经

老鼠做寿——小打小闹

老水牛拉马车——不合套

老丝瓜瓢子——空虚

老太太的牙齿——活的

老太婆搽粉——不论（嫩）；爱老面子

老太婆搽胭脂——不知自丑

老太婆吵架——难听

老太婆吃炒豆——慢慢嚼

老太婆吃炒面——闷了口

老太婆吃黄连——苦口婆心

老太婆吃鸡子——不亏（补亏）

老太婆吃麻花——要（咬）的那股劲

老太婆吃猪蹄——扯筋

老太婆抽大烟——罢、罢、罢（叭叭叭）

老太婆穿针——看着是门进不去

老太婆戴花上街——卖老俏

老太婆得孙子——大喜

老太婆的棺木——受财（寿材）

老太婆垫铺衬（碎布头或旧布）——一层管一层

老太婆掉跟头——爬不起来

老太婆缝补丁——认（纫）起真（针）来

老太婆改嫁——事出有因

老太婆过年——一年不如一年

老太婆进罗汉庙——尊尊都要揖

老太婆啃骨头——光舔点味儿

老太婆啃鸡筋——难嚼难咽

老太婆摸鸡——总归有蛋

老太婆纳鞋底——千真（针）万真（针）

老太婆捻麻绳——瞧劲儿

老太婆念经——从头来

老太婆怕出门——腿脚不济

老太婆上楼——慢慢来

老太婆上台阶——步步高升

老太婆烧香——一点诚心

老太婆数鸡蛋——一个个来

老太婆跳皮筋——非同儿戏

老太婆喂公鸡——不简单（捡蛋）

老太婆育秧——越育越僵

老太婆走黑路——高一脚低一脚

老太婆走路——慢慢腾腾

老太婆攥鸡蛋——牢稳了

老太婆坐牛车——稳稳当当

老太婆做媒人——说破嘴

老太太搬家——什么都拿

老太太包脚——乱缠；缠住了

老太太奔公鸡窝——不简单（捡蛋）

老太太补衣服——东拼西凑

老太太不吃杏——酸心

老太太不骑马——怕栽跟头

老太太不认识花裤子——点儿背（被）

老太太不认识仙鹤——高级（鸡）

老太太吃槟榔——闷着

老太太吃蚕豆——软磨硬顶

老太太吃炒蚕豆——咬牙切齿

老太太吃豆腐——一物降一物

老太太吃海蜇——搬嘴弄舌

老太太吃年糕——闷了口

老太太吃牛筋——食而不知其味

老太太吃排骨——啃不动

老太太吃柿子——拣软的拿

老太太吃汤圆——囫囵吞

老太太吃糖——越扯越长

老太太吃桃子——专拣软的捏

老太太吃硬饼——慢慢磨

老太太穿毡袜——毛脚了

老太太穿针——离得远

老太太打补丁——穷凑合；穷凑；东拼西凑

老太太打飞脚——悬了

老太太打跟头——难翻身

老太太打呵欠——一望无涯（牙）

老太太当家——七凑八拼

老太太荡秋千——不要命；玩儿命干

老太太的包袱——鼓鼓囊囊

老太太的被子——盖有年矣

老太太的拐棍——专扶人

老太太的嫁妆——古货（比喻东西古老陈旧）

老太太的脚背骨——屈（曲）了一辈子

老太太的脚指头——窝囊一辈子

老太太的脸——净褶

老太太的鞋——前紧后松；钱（前）紧

老太太的嘴——吃软不吃硬

老太太纺纱——越扯越长

老太太赶集——紧赶慢赶

老太太过溜冰场——走险

老太太过马路——左顾右盼

老太太喝豆汁儿——好喜（稀）

老太太喝稀饭——无耻（齿）下流

老太太进庙门——净说好话

老太太开了话匣子——唠唠叨叨

老太太啃骨头——软磨硬顶

老太太哭大妞儿——没有盼了

老太太哭儿——没指望

老太太拉胡琴——自顾自（吱咕吱）

老太太抚胡子——假谦虚（牵须）

老太太买肉——不要紧（筋）

老太太买小菜——分斤掰两

老太太买鱼——挑挑拣拣

老太太摸电门——抖起来了

老太太纳鞋底——千真（针）万真针

老太太念佛——噜苏

老太太扭秧歌——笨手笨脚

老太太纫针——乱戳

老太太上鸡窝——笨（奔）蛋

老太太上讲台——笨嘴拙舌

老太太上楼梯——稳住架，步步高

老太太烧香——诚心诚意

老太太手抓泥——手拿把掐

老太太算账——一码是一码；码码清

老太太踢鸡笼——不简单（捡蛋）

老太太踢皮球——尖端技术

老太太洗萝卜——一个个来

老太太闲扯——七嘴八舌

老太太想生子——没指望

老太太学钢琴——手忙脚乱；笨手笨脚

老太太站岗——立场不稳

老太太住高楼——上下两难

老太太斫稻——拉倒

老太太走独木桥——难过

老太太坐电梯——一步到顶

老太太坐牛车——不求快光求稳

老太太坐月子——怪事一桩

老太太做寿衣——自觉活不长

老太爷看告示——一篇大道理

老套子卷珍珠——内中有宝

老藤缠树——绕来绕去

老天下黄沙——昏昏沉沉

老天爷不下雨，当家的不说理——奈何不得

老天爷拄拐杖——一竿子插到底

老铁匠抡大锤——砸到点子上

老铁匠绣花——不是那份手艺

老桐油罐子——洗不净

老头的帽子——一把抓

老头的拐棍——早晚得扔

老头发脾气——吹胡子瞪眼睛

老头讲故事——想当年

老头联欢——非同儿戏

老头牵毛驴——顾（雇）不得

老头晌午放焰火——性子太急

老头痰喘——憋气；憋得难受

老头牵瘦驴——顾（雇）不得

老头捅马蜂窝——找辙（蜇）

老头学打拳——硬骨头

老头摇铃铛——玩心不退

老头子坐摇篮——装孙子

老头子做棺材——寿限快到了

老外洗澡——涮羊（洋）肉

老王掉进酒缸里——成了罪（醉）人

老王卖瓜——自卖自夸

老王婆说媒——没有不成的

老翁吹喇叭——精神可嘉

老乌龟甩掉大石碑——浑身上下猛一轻

老乌龟——又精又硬

老巫婆戴花——招引神鬼

老先生拜年——互相恭维

老先生钓鱼——坐等

老相识见面鞠一躬——有礼

老熊奔陷阱，野猫钻圈圈——一物

降一物

老熊爬杆——上不去

老丫头哭娘——诚心实意

老鸦背上插花翎——自以为美

老鸦唱山歌——不对调

老鸦的声调——哇哇叫

老鸦高歌——不成调

老鸦笑猪黑——不看看自己

老鸦啄柿子——挑软的

老鸭凫水——上面不动

老鸭公想唱戏——喉咙不争气

老鸭偷过水——上岸毛干无人知

老鸭子吃田螺——嘴壳硬

老鸭子游水——表面上不动

老羊撵狼——拼了

老洋芋充天麻——公开作假

老鹞叮蚌面——难脱身

老鹞落在猪身上——光瞧见人家黑，瞅不到自个儿黑

老爷不在家——空堂

老爷家里当差的——低三下四

老爷庙的旗杆——独根儿

老爷庙求子——走错了门

老爷坐马桶——赃（脏）官

老鹰变成夜猫子——一代不如一代

老鹰捕鸡毛掸——一场空

老鹰捕食——见机（鸡）行事

老鹰不落地——干旋

老鹰吃花椒——麻嘴

老鹰吃鸡毛——填满肚子完事

老鹰得肠——欢喜若狂

老鹰的眼——看抓的

老鹰叼大象——自不量力

老鹰叼个驴驹子——专吃大食

老鹰叼黄牛——贪欲太大

老鹰叼鸡——十拿九稳

老鹰叼瘦驴——贪大挨饿

老鹰放屁——臭名远扬；想（响）得高

老鹰抓个鸡——一提就走

老鹰抓蓑衣——脱不了爪

老鹰抓小鸡——捧上天了；居高临下；一个喜来一个忧；又准又稳

老鹰抓住鹞子脚——难解难分

老鹰追兔子——一个天上，一个地下

老鹰捉麻雀——一抓就来

老鹰啄田埂——白磨嘴皮

老玉米里掺白面——粗中有细

老张的拳头捣老张的腿——自作自受

老丈母拉女婿——拖住不放

老丈人还债——不谦虚（欠婿）

老丈人借债——谦虚（欠婿）

老蜘蛛的肚子——净是私（丝）

老蜘蛛跑腿——办私（丝）事

老中医把脉——慢慢地摸

老子哭儿——惨不忍闻

老子纳妾儿姘居——上梁不正下梁歪

老子怕儿子——怪事一桩

老子盘儿——看到钱分上

老子入团儿入党——一代比一代强

老子偷蛋儿偷鸡——一辈更比一辈坏

老子偷瓜儿盗果，老子杀人儿放火——一辈更比一辈坏

老两口埋在一个坟里——死活一对

老子偷猪儿偷牛——一个更比一个凶

老子坐班房，儿子挨夹杠——受人牵连

姥姥生儿子——有救（舅）了

姥姥死儿子——没救（舅）了

姥姥死闺女——无疑（姨）

姥姥疼外甥——自然的事

9

乐山的大佛——老实（石）

10

勒紧裤带过日子——岁月难熬

勒紧裤带拉二胡——穷快活

勒紧腰带数日月——难过

勒腰蛤蟆——一肚子气

雷打庄稼——不留情

雷锋事迹——名扬四方

雷锋送大嫂上车——助人为乐

雷公打豆腐——拣软的欺；不堪一击

雷公打架——差天远；闹得天翻地覆

雷公打土地庙——上神压下神

雷公打芝麻——专拣小的欺

雷公动怒——不同凡响；惊天动地

雷公躲进土地庙——天知地知

雷公喝酒——胡批（劈）

雷公和土地婆亲嘴——差天远

雷公劈城隍——以上压下

雷公劈海椒——火辣辣的脾气

雷公劈蚂蚁——以大欺小；气势汹汹

雷公型——指东打东，指西打西

雷婆找龙王谈心——天涯海角觅知音

雷声大雨点小——虚张声势；有名无实

雷音寺拜佛——不辨真假

雷雨天下冰雹——一落千丈

肋条换猪爪——不上算

泪往肚里流——说不出的苦

擂槌铲锅巴——死硬

擂槌吹火——一窍不通

擂鼓奏唢呐——吹吹打打

擂台上比摔跤——抱成团

擂台上比武——凭的真本事

擂台上见高低——全凭真本事

11

愣过铁路——越轨行为

冷不防拉弓——施放暗箭

冷冻库里放醋坛——寒酸

冷饭团发芽——无奇不有

冷锅爆豆子——无声无息；天下奇闻

冷锅炒热豆子——越吵（炒）越冷淡；不大可能

冷锅里长热豆——想不到

冷锅贴饼子——溜啦

冷灰里爆出热栗子——怪事一桩；意想不到

冷库里的五脏——心肠硬

冷了的炉膛——没货（火）

冷炉打铁——打不成

冷却了的钢锭——变不了形

冷水滴进油锅——炸了锅了

冷水调米粉——不沾（粘）

冷水发面——没多大长劲儿

冷水浇头——凉了半截

冷水泡茶——硬充（冲）；无味

冷水齐腰——凉了半截

冷水梳头——一时光

冷水烫鸡——一毛不拔

冷水烫猪——不来气

冷水煺鸡——一毛不拔

冷水煮鲤鱼——快活不久

冷天戴手套——保守（手）

冷天喝滚汤——热心

冷天吞了热汤圆——身上暖烘烘，心上甜滋滋

冷铁打钉——硬锤

冷血动物——无情无义

冷眼观螃蟹——看你横行到几时

第九篇　M

1

弥勒佛吹螺号——一团和气

弥勒佛戴罗汉帽——不对头

弥勒佛的肚子——圆胖

弥勒佛的脸蛋——笑眯眯

弥勒佛的嘴巴——笑口常开

弥勒佛管山门——自得其乐

弥勒佛讲新闻——报喜不报忧

弥勒佛请客——笑脸相迎

弥勒佛偷供献——面善心不善

弥勒佛推碾子——杜撰（肚转）

弥勒佛——笑口常开

弥勒头上筑鹊窝——喜上加喜

迷路人遇上骆驼队——有靠了

迷失方向的帆船——随波逐流

迷途的羔羊——无家可归

迷途的信鸽——没着落

迷途望见北斗星——绝处逢生

猕猴精冒充孙大圣——假的见不得真

米粑粑粘砂糖——难舍难分

米仓里的老鼠——不愁没吃的

米尺量太阳——光芒万丈

米醋做冰棍——寒酸

米店卖盐——多管闲（咸）事

米饭煮成粥——糊涂

米粉包饺子——只能蒸不能煮

米锅刚开抽柴火——关键时刻不讲合作

米花糖泡水——散了

米臼里的泥鳅——无路钻

米克的眼睛——识相（象）

米烂在锅里——没关系

米箩里出烟——淘气

米箩里跳到糠箩里——越来越糟

米满粮仓人饿倒——舍命不舍财

米筛挡房门——心眼不少

米筛的身架——尽是漏洞

米筛里睡觉——浑身是眼

米筛装水——漏洞多

米筛子打水——漏洞百出；一场空

米筛子当玩具——耍心眼

米筛子挡太阳——难遮盖

米筛子筛豆子——格格不入

米筛子筛芝麻——白费神

米少饭焦——难上加难

米数颗粒麻数根——小气鬼

米汤炒莲藕——糊了眼

米汤锅里洗澡——稀里糊涂

米汤锅里煮寿桃——浑蛋出尖了

米汤浇身——糊涂人

米汤里和盐——含含（咸咸）糊糊

米汤淋头——糊涂到顶了

米汤泡饭——原打原

米汤泡稀饭——亲（清）上加亲（清）

米汤盆里洗脸——糊里糊涂

米汤洗脚，糨子（糨糊）搽脸——一世糊涂

米汤洗头——糊涂到顶了

米汤煮芋头——糊里糊涂

米田里的泥鳅——无路钻

米粥里煮花椒——麻烦（饭）

眯缝着眼看斜纹布——思（丝）路不对

眯起眼睛看太湖——一片白

密封舱里放炮——闷声闷气；闷声不响

密封船下水——开口是祸；随波逐流

密封的蜡丸——毫无破绽

密封的饮料——滴水不漏

密封罐头——无缝可钻

密林里耍大刀——瞎干

密网捕鱼——连窝端

蜜蜂采花——不为自己

蜜蜂采黄连——苦结果

蜜蜂的屁股——刺儿头；碰着就不轻

蜜蜂的窝——窟窿多

蜜蜂的眼睛——突出

蜜蜂的住房——门小户大

蜜蜂叮镜中花——白费工夫

蜜蜂叮在玻璃上——没有出路

蜜蜂飞到彩画上——空欢喜

蜜蜂飞进百花园——满载而归

蜜蜂见了花儿——拼命往里钻

蜜蜂没嘴——屁股伤人

蜜蜂酿蜜——不辞辛苦；为别人操劳

蜜蜂散伙——没望（王）了

蜜蜂窝——窟窿

蜜蜂蜇人——逼急

蜜罐子嘴——说得甜

蜜饯黄连——同甘共苦

蜜饯石头子儿——吃不消；好吃难消化

蜜里调油——又甜又香

蜜糖罐子打醋——不知酸甜

蜜糖抹在鼻尖上——看得到，吃不着

蜜糖嘴巴刀子心——阴毒

2

绵里藏针——柔中有刚；暗里伤人

绵羊绑在案板上——任人摆弄

绵羊打哈欠——洋（羊）气

绵羊的屁股——委员（尾圆）

绵羊的尾巴——翘不起来；油水多；大概（盖）

绵羊结伙——三三两两

绵羊进狼窝——抬不起头来；自投罗网

绵羊跑到驴群里——充大个儿

绵羊尾巴——翘不起来

绵羊下个牛犊子——生下一个莽撞货

绵羊炸群——乱糟糟

绵羊走到狼群里——胆战心惊；进得去，出不来

棉袄改被子——两头儿够不着

棉袄换皮袄——越变越好

棉袄上套布衫——硬撑

棉包落在水里头——软的也不服（浮）

棉花包进的针——暗中伤人

棉花槌打鼓——没音

棉花槌打驴——无关痛痒

棉花槌籽儿喂牲口——不是好料

棉花地里长辣椒——红人

棉花地里套种子——另来一手

棉花地里种芝麻——一举两得

棉花店打烊（yàng）——不谈（弹）了

棉花店里出丝绸——无稽之谈（弹）

棉花店失火——烧包

棉花掉进水——弹（谈）不成

棉花堆里藏铁砣——不知轻重；虚虚实实

棉花堆里藏珍珠——内中有宝

棉花堆里裹刺——不露锋芒

棉花堆里爬跳蚤——难寻

棉花堆里找跳蚤——没着落

棉花堆里整人——软收拾

棉花堆上散步——不踏实

棉花堆失火——没得救

棉花对柳絮——一个比一个软

棉花垛里跌死人——舒服死了

棉花耳朵——耳朵软；缺乏主见；爱听谗言；经不起吹

棉花裹秤砣——柔中有刚；软中有硬（比喻软的手段和硬的手段都有）

棉花换核桃——吃硬不吃软

棉花卷打锣——没有音

棉花棵上结板栗——就数它硬

棉花里藏针——柔中有刚（钢）；软中有硬

棉花里掺柳絮——弄虚作假

棉花里头抓虱子——找都找不到

棉花落进油缸里——一点儿动静都没有

棉花铺失火——无法谈（弹）

棉花人救火——自身难保

棉花塞住鼻子——憋得难受

棉花湿了水——不谈（弹）了

棉花摊在蒺藜窝——难收拾

棉花套纺线——难办

棉花套上晒芝麻——自讨麻烦

棉花絮敲空缸——不声不响

棉花做秤砣——没多少斤两

棉裤没有腿——凉了半截

棉粮增产——丰衣足食

棉袍倒腾成夹袄——越来越短

棉纱线牵毛驴——不牢靠

棉桃里挑胡桃——专拣硬的敲

棉条打鼓——没多大响声；不想（响）

棉线牵毛驴——不牢靠

棉絮包脑袋——撞到哪里算哪里

棉絮店里失火——莫谈（弹）了

棉絮裹剑——柔中有刚（钢）

面店里跌筋斗——粉身碎骨

面店里踢一脚——分（粉）散

面粉掺石灰——密不可分

面粉掉在肉锅里——昏（荤）啦

面粉里和石灰——一样白

面疙瘩补锅——抵挡一阵

面疙瘩掉在肉锅里——昏（荤）啦；浑（荤）蛋

面糊的耳朵——太软

面糊糊手——碰到啥都沾一点儿

面糊里磨镜——糊里糊涂

面筋放在油锅里——越大越空

面筋粘知了——没跑

面具店里失盗——丢脸

面孔上抹糨糊——板了脸

面孔上涂了糨糊——绷紧了

面口袋改套袖——宽备窄用

面汤锅里洗澡——糊涂人

面汤里搅黄面——好糊涂

面汤里煮灯泡——说你浑蛋还有一肚子邪火

面汤里煮皮球——说你浑蛋还有一肚子气

面汤里煮寿桃——浑蛋出尖了

面条拌面疙瘩——净是条条块块

面条点灯——犯（饭）不着

面条锅里下笊篱（zhàoli）——捞一把

面条里拌疙瘩——混着干

面团儿炸成果子卖——全是虚货

面团滚芝麻——多少沾一点

面子当鞋底——厚脸皮

3

描金的马桶盖得再严——臭气总会出来

描金的马桶——看起来真是漂亮

描金箱子白铜锁——外面好看里面空

庙背后看神——妙（庙）透了

庙后丢了土地爷——失神

庙后叩头——心到神知

庙会上的西洋镜——名堂多

庙会上舞狮子——任人耍

庙里的佛像——稳而不动

庙里的佛爷——脸上贴金；坐着不走；有眼无珠

庙里的鼓——人人打得

庙里的观音——站得住脚

庙里的和尚——无牵挂；清规戒律多

庙里的和尚撞钟——名（鸣）声在外

庙里的金刚——样子神气；大显神威

庙里的罗汉——目瞪口呆

庙里的马——精（惊）不了

庙里的门槛——什么人都踩

庙里的木鱼——挨打的货；合不拢嘴

庙里的泥马——惊不了

庙里的泥像——白长一张嘴；有人样，没人味

庙里的牌位——摆设

庙里的菩萨——从来不出门；不讲话；笑容可掬；目瞪口呆；坐的坐站的站

庙里的爷不少——谁也不表态；个个都是哑巴

庙里的钟——任人敲打；声大肚里空

庙里的猪头——各有主（比喻都已为人所有，没有多余）

庙里丢菩萨——失神

庙里放炮——精（惊）神

庙里放屁——熏神；熏爷爷来了

庙里赶菩萨——神出鬼没

庙里旗杆冒烟——烧高香

庙里失火——慌了神

庙门口的旗杆——光棍一条；正直

庙门口杀猪头——鬼都不要

庙门前的石狮子——谁怕（爬）谁；一对儿（比喻两个人关系密切）；龇（zī）牙咧嘴

庙门前的蒜——妙算（庙蒜）

庙门上的老乌鸦——张嘴就是祸

庙门上筛灰——糟踏神像

庙台上摆擂台——伤神

庙台上长草——慌（荒）了神

庙台上拉屎——懒鬼

庙堂里的旗杆——冷冷清清

庙堂里失盗——神不知鬼不觉

庙堂里算命——疑神疑鬼

庙小菩萨大——盛不下

庙中的五百罗汉——各有各的一定的地位

庙中木鱼——空壳

庙祝公喂狗——费（吠）神

4

乜（miē）斜眼打麻将——观点不正

灭灯打婆娘——暗里下手

灭灯念鼓词——瞎说

灭火踢倒油罐子——火烧火燎；火上浇油

灭烛看家书——公私分明

篾钉子钉豆腐——专拣软的欺

篾条拴竹子——自己人整自己人

篾匠的货——自己编的

篾匠赶场担一担——前后为难（篮）

篾丝儿做灯笼——原谅（圆亮）

篾条穿豆腐——没法提；提不起来

篾竹师傅劈毛竹——直直落落

5

民国三十年的毫子——用不得   民航局开张——有机可乘

6

妈妈的姐——大意（姨）

妈妈的姊妹好几个——多疑（姨）

妈妈哭儿子——真伤心

麻包厂失火——烧包

麻包里装钉子——露头

麻布补西装——土洋结合

麻布袋，草布袋——一代（袋）不如一代（袋）

麻布袋里的菱角——硬要钻出来

麻布袋绣花——底子太差（比喻基础不好）

麻布袋做龙袍——不是这块料

麻布片绣花——白费劲；粗中有细；底子差

麻布片做大褂——不是这块料

麻布手巾绣牡丹——配不上

麻布下水——拧不干

麻布鞋上镶绸子——不成体统

麻茬子——没谱儿

麻袋里装稻秆——大草包

麻袋里装面粉——浪费太大

麻袋里装猪——不知黑白

麻袋没有底——不盛东西

麻袋盛牛角——个个想出头

麻袋装刺猬——锋芒毕露

麻风病人长恶疮——毒上加毒

麻风病人吃狗肉——搏命

麻风吃鹅——想烂到底

麻风佬打拳——自己知手脚

麻秆搭桥——难过（比喻不容易过活）

麻秆打老虎——不痛不痒

麻秆搭架子——难顶难撑

麻秆搭桥——把人跌闪得好苦；担当不起（比喻胜任不了；不敢当）

麻秆打狼——两头担心

麻秆的屋梁——无用之材

麻秆抵门——经不起推敲；顶不住

麻秆拐棍——倚靠不得

麻秆手杖——靠不住

麻秆支蒙古包——不是这块料

麻秆子刻人——不是正经材料

麻秆做扁担——担当不起；不是正经材料

麻秆做床腿——难撑

麻秆做笛子——吹不得；别吹了

麻姑纺线——细心眼

麻姑娘搽雪花膏——观点模糊

麻花儿上吊——脆鬼

麻花下酒——干脆

麻酱拌小菜——人人都喜爱

麻茎当秤杆——没个准星

麻脸姑娘掉井里——坑人不浅

麻脸媳妇拜见歪嘴婆——彼此一

175

样丑

麻柳树解板子——不是正经材料

麻面姑娘爱搽粉，瘌痢姑娘爱戴花——臭美

麻婆打扮——好看有限

麻婆照镜子——自找难看；个人观点

麻雀熬汤——无肉也香

麻雀搬家——叽叽喳喳

麻雀抱蛋——空喜一场

麻雀背老鹰——想得高

麻雀吵架——叽叽喳喳

麻雀吃不下二两谷——度（肚）量小

麻雀吃蚕豆——咽不下去；享不了这份福

麻雀吃桑葚——等不到老

麻雀吃天鹅肉——痴心妄想

麻雀搭窝——各顾各

麻雀打鼓——俏（跳）皮

麻雀打呵欠——全面（脸）动员

麻雀当家——七嘴八舌

麻雀到糠堆上——空欢喜

麻雀的内脏——小心肝儿；心眼小

麻雀叨石磙——嘴上功夫

麻雀掉到洞庭湖里——不着边际

麻雀掉到面缸里——糊嘴

麻雀掉到水缸里——毛湿了嘴还硬

麻雀斗公鸡——自不量力

麻雀斗鸡——越小越凶

麻雀肚里找蚕豆——根本没那回事

麻雀肚子鸡子眼——吃不多，看不远

麻雀肚子——小心肝

麻雀队伍——没有整齐过

麻雀蹲在梁头上——东西不大，架子不小

麻雀剁了身子——光剩嘴

麻雀屙鸡蛋——怪事一桩

麻雀屙屎大过箩——大话；讲大话

麻雀屙屎——稀稀拉拉

麻雀儿吃酒糟——云里雾里

麻雀儿吃了酒——晕头转向

麻雀儿虽小——五脏六腑俱全

麻雀放屁——一阵风

麻雀飞大海——没着落

麻雀飞到旗杆上——鸟不大，架子倒不小

麻雀飞进炉膛里——毛都没了哪还有命

麻雀飞进烟囱里——凶（熏）死了

麻雀飞进照相馆——见面容易说话难

麻雀孵天鹅蛋——一代胜过一代

麻雀跟雁飞——自不量力

麻雀跟着蝙蝠飞——白熬夜

麻雀骨头——没多大个榫；小架

麻雀鼓肚子——好大的气

麻雀喝醉酒——腾云驾雾

麻雀和鸽子争食——喧宾夺主

麻雀和鹰斗嘴——自不量力；拿性命开玩笑

麻雀嫁女——叽叽喳喳；细吹细打；小打小闹

麻雀开会——细商量

麻雀看见稻花子——空欢喜

麻雀落在房梁上——架子不小

麻雀落在谷穗上——乱弹

麻雀落在牌坊上——东西不大，架子不小

麻雀跑到玻璃房里——非（飞）碰壁不可

麻雀碰在鼓壁上——吓大了胆的

麻雀屁股上插鸡毛——假伟（尾）大

麻雀入了瞎猫口——不死也要脱层皮

麻雀入笼——飞不了

麻雀入烟囱——有命也没毛

麻雀生鹅蛋——没有的事；硬逞能

麻雀守蛋——越守越完

麻雀虽小——肝胆俱全（比喻小而齐全）

麻雀抬轿——担当不起

麻雀跳到泥沟里——没有出路

麻雀头包饺子——尽是嘴

麻雀窝里落喜鹊——迟早要飞

麻雀误入泥水沟——无路可走

麻雀洗澡——团团转

麻雀想和鹰打架——不是对手

麻雀想学凤凰鸣——枉费心机

麻雀养蚕——越养越完

麻雀摇枫树——白费工夫

麻雀饮河水——干不了

麻雀炸窝——阵脚大乱

麻雀找食——找到一点儿吃一点儿

麻雀住房檐儿——一代传一代

麻雀抓蚤子——只顾嘴

麻雀追飞机——白费工夫

麻雀啄秕谷——上了空当儿

麻雀啄鸡子儿——捣蛋

麻雀啄米汤——只糊得嘴

麻雀啄食——只顾得嘴

麻雀子的嘴——话多

麻雀子想生鸡蛋——怎开口的

麻雀走路——不扎根；一蹦三跳

麻雀钻到竹筒里——安居乐业

麻雀嘴里的粮——靠不住

麻蛇钻刺棵——有去无回

麻绳绊脚——够缠

麻绳穿绣花针——难通过

麻绳穿针眼——过得去就行

麻绳穿针——钻不进

麻绳穿豆腐——提不起来

麻绳打毛衣——乱联系

麻绳店老板——蚊神（绳）

麻绳吊鸡蛋——两头脱空

麻绳上按电灯泡——搞错了线路

麻绳蘸盐水——越来越紧

麻绳做背心——好心当恶意

麻媳妇拜见歪嘴婆——丑对丑；一对儿丑

麻线搓绳——合在一起干

麻丫头照镜子——点子不少（指主意、办法多）

麻油拌凉菜——有点香

麻油拌小菜——人人喜爱

麻油炒豆腐——不惜代价；下了大本钱

麻子不叫麻子——坑人

麻子搽粉——费料；空耗

麻子出血——点破

麻子打灯笼——观点鲜明

麻子打架——看脸

麻子的脸——尽是缺点

麻子掉枯井——坑人不浅

麻子管事——点子多

麻子开会——群众观点

麻子脸抹粉——填平补缺

麻子脸上戳一刀——点透了

177

麻子敲门——坑人到家了（比喻为非作歹，害人之极）

麻子跳伞——天花乱坠

麻子推磨——转着弯儿坑人

麻子洗脸——擦不干净

麻子照相——点子稠（丑）；脸上不好看

马鞍套在驴背上——对不上号

马鞍子备在牛背上——乱搭

马背上的剧团——载歌载舞

马背上跌跤，牛背上抽鞭——错上加错；迁怒于人

马背上钉掌——离题（蹄）太远；不贴题（蹄）

马背上记账——回头算

马背上接电话——奇（骑）闻

马背上看书——走着瞧

马鞭打牛——忘本

马鞭当帐杆——差得远

马脖子上的毛——其中（鬃）

马脖子上的铜铃——走到哪儿想（响）到哪儿

马槽边上的苍蝇——混饭吃

马槽里没马——驴当差

马槽里伸出个驴头——多嘴多舌

马长犄角骡下驹——怪事一桩

马车滚进泥水沟——拉不转

马车过沼泽地——此路不通

马车上加头驴——拉帮套

马吃白灰——一张白嘴

马打架——看题（蹄）

马打架用嘴顶——顾不得脸面

马大哈被盗——贼走关门

马大哈当会计——全是糊涂账

马大哈作报告——废话连篇

马刀底下跳神——凶多吉少；乐得不顾命

马到悬崖不收缰——死路一条

马镫子钉掌——空前绝后

马儿戴笼头——让人牵着走

马儿护虎儿——不可能的事

马放南山，刀枪入库——天下太平

马粪裹烟——不是味道

马粪球，羊屎蛋——表面光

马蜂的儿子——歹（带）毒

马蜂的屁股——独（毒）门；摸不得

马蜂叮屁股——痛不可言

马蜂丢翅膀——没了绝招

马蜂过河——歹（带）毒

马蜂窝，蝎子窝——一窝更比一窝毒

马蜂窝——捅不得

马蜂蜇秃子——没遮没盖（比喻没有可掩饰的了）

马蜂蜇蝎子——以毒攻毒

马蜂针，蝎子尾——惹不起

马高镫短——上下为难

马褂改裤衩儿——大材小用

马褂改棉袄——老一套

马过独桥——难拐弯

马后炮——来不及了

马虎（民间传说中形象丑陋、吞食小孩的怪物）看小孩——不放心

马伙里的骡马——害群之马

马驹拉犁——不成行

马驹子拉车——上了套

马驹子拉磨——不顺手

马驹子怕狗惊了车——少见多怪

马嚼子戴到牛嘴上——胡来（勒）

马嚼子吊起当锣打——穷得丁零当啷

马嚼子往牛脖子上戴——错了位了

马唷痒痒——一递一嘴

马拉车炸蹶子——乱套了

马拉车牛驾辕——不合套

马拉独轮车——说翻就翻

马拉九鼎——拽不动

马拉汽车——是个新鲜事

马来西亚的咖啡——耐人寻味

马兰峪的猴儿——串气儿跟头

马脸比母猪头——一个比一个难看

马蹽后腿——逞强

马炸蹶子——乱了套

马列主义装在电筒里——光照别人不照自己

马铃薯下山——滚蛋

马笼头给牛戴——生搬硬套

马路边上的痰盂——人人呸

马路不拐弯——正直公道

马路不叫马路——公道

马路旁的电杆——靠边站

马路上安电灯——光明大道

马路上的传单——白给

马路上开车不拐弯——走得正,行得直

马路上跑火车——不合辙

马路上挖井——坑害人

马路上装暖气——徒劳无益

马路新闻——道听途说

马奶奶见了冯奶奶——差两点

马棚里伸腿——请你出题(蹄)

马皮拧绳绳拴马,牛皮做鞭鞭打牛——忘本

马屁股上的苍蝇行千里——借别人的力

马屁股上挂蒲扇——拍马屁

马屁精拍了马腿——倒挨一脚

马圈里的骒子——听喝的

马群里的骆驼——大高个儿;突出

马群里少了一匹马——看不出来

马上打瞌睡——迷迷糊糊过时光;眼开眼闭;信马由缰

马上耍杂技——艺高胆大

马勺打个把——是个嫖(瓢)头子

马勺当锣打——穷得叮当响

马勺里淘菜——水泄不通

马勺里淘米——滴水不漏

马勺碰锅沿——常有的事

马勺掏耳朵——不深入;深不下去

马食槽边点盏灯——照料

马食槽不许驴插嘴——独吞

马屎表面光——里面一包糠

马士才的眼睛——捉摸不定

马谡用兵——言过其实

马蹄长瘤子——无关痛痒

马蹄刀劈柴——不是正经家伙

马蹄刀瓢里切瓜——滴水不漏

马跳水浪——奔波

马铁掌踩石板——硬碰硬

马桶倒进臭水沟——同流合污

马桶改水桶——臭味还在;底子臭;根子不正

马桶盖上钻眼儿——放臭气

马桶里倒香水——香臭难分

马桶拼棺材——臭了半辈子还装人

马桶上插花——只图表面好看

马桶蒸饭——好看不好吃

马桶做锅盖——不是正经材料

马头上长鹿角——四不像

马脱缰绳鸟出笼——永不回头

马王爷——不管驴事

马王爷照镜子——长脸

马王爷坐大殿——官儿不大脸长

马尾巴拌豆腐——捣乱

马尾巴搓绳——合不了股儿

马尾巴打胡琴——细声细气

马尾巴提豆腐——串不起来

马尾巴做琴弦——谈不拢;不值一谈(弹)

马尾绑马尾——你踢我也踢,你打我也打

马尾绷琵琶——不值一谈(弹)

马尾穿萝卜——粗中有细

马尾穿酥油——没法提

马尾捆鸡蛋——难缠

马尾箩扣钉子——非扎破不可

马尾拴菜团子——提不起来;提就露馅儿了

马尾拴鸡蛋——难缠

马尾拴饺子——露馅儿

马武营的知了——飞出去难飞回来

马戏团的猴子——任人耍

马戏团的小丑——走过场;引人注目

马陷淤泥——进退两难

马歇尔计划——难以实现

马抓痒——全凭一张嘴

马捉老鼠——不务正业

马走日字象走田——各有各的路

码头工人扛麻包——难回头

码头上的吊车——能上能下

码子前面添零——不算数

蚂蟥的身子——软骨头

蚂蟥见血——叮(叮)住不放(比喻集中视力看)

蚂蟥扒在牛尾上——甩不掉

蚂蟥变的——软骨头

蚂蟥吃萤火虫——心里亮;肚里明

蚂蟥叮了鹭鸶脚——摆不开

蚂蟥叮虱子——咬住就不放

蚂蟥叮住螺蛳脚——两下里着急;揪住不放

蚂蟥叮住水牛腿——寸步不离

蚂蟥过河——歹毒(带犊)

蚂蟥过水——没痕迹

蚂蟥爬上水鸡脚——生死同飞

蚂蟥水中跳——不知哪方大雨到

蚂蟥听水响——跟人转;来得快

蚂蟥闻到血腥味——赶紧叮上

蚂蟥吸血——不跑不放口

蚂蟥钻进牛鼻孔——难解脱

蚂虾(小虾)剁馅子——少头无尾

蚂虾尥蹶子——小踢蹬

蚂虾搂着豆芽睡——各受各的勾头罪

蚂蚁搬秤砣——白费工夫

蚂蚁搬家——倾巢出动(洞);刁(叼)蛋;大家动口;不是风,就是雨

蚂蚁搬磨盘——枉费心机

蚂蚁搬碾砣——小命都押(压)上

蚂蚁搬山——瞎逞强

蚂蚁搬泰山——都来闹运输;下了狠心;瞎逞能

蚂蚁搬田螺——假充大头鬼

蚂蚁拌鸡爪——又伸胳膊又蜷腿

蚂蚁背螳螂——肩负重任

蚂蚁背田螺——假充大头鬼

蚂蚁脖子上戳一刀——不是出血筒子

蚂蚁不咬蟋蟀——一块地里的虫子

蚂蚁长毛——不可能的事；没人见过

蚂蚁吃苍蝇——抬杠

蚂蚁吃蝈蝈——群策群力

蚂蚁吃了孙悟空——本事真不小

蚂蚁吃螳螂——肩负重任；四处都来了

蚂蚁吃萤火虫——亮在肚里

蚂蚁出洞——找吃的

蚂蚁打哈欠——好大的口气；小气

蚂蚁打喷嚏——满口草气

蚂蚁打群架——自相残杀

蚂蚁打食（寻找食物）——三五成群

蚂蚁戴稻壳——想装大头鬼

蚂蚁戴斗篷——假充大头虾

蚂蚁戴谷壳——好大的脸皮

蚂蚁戴夹板——人小面子窄

蚂蚁戴荔枝壳——想充大头鬼

蚂蚁戴笼头——假充牲口

蚂蚁戴眼镜——没有那么大的脸蛋

蚂蚁挡道儿——颠不翻车（比喻无关大局）

蚂蚁的腿，蜜蜂的嘴——闲不住；一天忙到晚

蚂蚁的嘴——吃里爬外

蚂蚁掉进擂钵里——条条是道；路子多

蚂蚁掉在磨盘里——尽是路

蚂蚁掉在热锅里——麻了脚了

蚂蚁跌进茅厕——开不得口

蚂蚁叮脚板——一动也不动

蚂蚁抖腿——小踢腾

蚂蚁肚里摘苦胆——难办

蚂蚁对小鱼——一个味

蚂蚁关在鸟笼里——门道很多

蚂蚁过河——抱成一团；下了狠心

蚂蚁过垄沟——觉得是一江

蚂蚁害个脑蛆疮——脓水不大

蚂蚁撼大树——自不量力；纹丝不动

蚂蚁喝水——点滴就够啦

蚂蚁和大象相比——高低悬殊

蚂蚁回窝——走老路

蚂蚁讲话——碰头

蚂蚁进牢房——自有出路

蚂蚁看天——不知高低

蚂蚁扛蚕头——力小任重

蚂蚁扛大树——自不量力

蚂蚁扛曲蟮——够呛（够受的）

蚂蚁扛螳螂——肩负重任

蚂蚁磕头——哪个见过

蚂蚁啃骨头——干着大事情；精神可嘉

蚂蚁啃碾盘——嘴上有劲，腰上无力

蚂蚁啃旗杆——吃不消；攻不倒

蚂蚁啃气球——痴心妄想

蚂蚁啃象鼻——不识大体

蚂蚁拉车——拽不动；自不量力

蚂蚁拉火车——纹丝不动

蚂蚁拉石磙——力不从心；心有余而力不足

蚂蚁闹堂——分不出点子

蚂蚁尿到石板上——识（湿）不深

蚂蚁尿到书本上——识（湿）字不多

蚂蚁尿湿柴——不值一提

蚂蚁爬簸箕——路子多

蚂蚁爬城头——假充黑龙虎下山

蚂蚁爬到鸡蛋上——没眼找眼

蚂蚁爬到树梢上——升到顶了

蚂蚁爬到猪背上——不显眼；显不着你

蚂蚁爬皮球——无边无沿

蚂蚁爬上放大镜——身价（架）百倍

蚂蚁爬上树——预示着天下雨

蚂蚁爬树——七上八下；接连不断

蚂蚁爬树梢——到顶了；好高骛远

蚂蚁爬泰山——力小志气大

蚂蚁碰上鸡——活该

蚂蚁嗑豌豆——滚蛋

蚂蚁群里的屎壳郎——又臭又笨

蚂蚁上枯树——顺杆爬

蚂蚁上炉子——待不住

蚂蚁上墙——巴（扒）不到

蚂蚁上热锅——乱爬

蚂蚁身上长疖子——浑身是病

蚂蚁身上砍一刀——浑身是伤

蚂蚁生疮——小毛病

蚂蚁说成大象——言过其实

蚂蚁抬虫子——个个使劲；齐心合力

蚂蚁抬大炮——担当不起

蚂蚁抬食——步调一致

蚂蚁抬土——一窝蜂

蚂蚁跳塘——不知深浅

蚂蚁头上戴斗笠——乱扣帽子

蚂蚁头上砍一刀——没血肉

蚂蚁吞鸡蛋——没长那么大的嘴

蚂蚁吞皮球——看你咋开口

蚂蚁拖秤砣——难上加难

蚂蚁拖耗子——心有余而力不足

蚂蚁拖鸡——惹是生非

蚂蚁拖禽——留有后备

蚂蚁拖死猪——抬不动

蚂蚁拖猪尾巴——大难在后头

蚂蚁驮秤砣——好大的口气

蚂蚁驮炕面——招架不住

蚂蚁妄想搬掉参天松——自不量力

蚂蚁窝里爬出个土鳖子——庞然大物

蚂蚁下碾槽——罪该万死

蚂蚁下塘——不知深浅

蚂蚁掀泰山——不量力

蚂蚁衔秤砣——牙劲不小

蚂蚁心大——胀爆了腰

蚂蚁摇大树——白搭

蚂蚁咬虫子——齐心合力

蚂蚁咬个石磙——牙劲不小

蚂蚁咬了脚指甲——无关痛痒

蚂蚁咬书——识字不多

蚂蚁缘槐夸大国——小见识

蚂蚁筑长城——慢慢来

蚂蚁抓上牛角尖——自以为上了高山

蚂蚁装到葫芦里——乱碰

蚂蚱蹦到油锅里——不想活了

蚂蚱吃高粱——顺竿子爬

蚂蚱打喷嚏——好大的口气；满嘴庄稼味

蚂蚱打食（找食）——紧顾嘴

蚂蚱戴笼头——假充大牲口；长脸；好大的脸面

蚂蚱斗公鸡——送上嘴的食

蚂蚱斗公鸡——自不量力

蚂蚱抖腿——小踢腾

蚂蚱剁馅子——少头无尾

蚂蚱飞到药罐里——自讨苦吃

蚂蚱害个脑疽疮——脓水不大

蚂蚱见公鸡——畏缩不前

蚂蚱看庄稼——越看越光

蚂蚱口水——少见

蚂蚱落在脚面上——不咬

蚂蚱爬在鞭梢上——经不起摔打

蚂蚱配蝗虫——门当户对

蚂蚱碰上的斗鸡——活该倒霉

蚂蚱上豆架——小东西借大架子吓人

蚂蚱拴到王八腿上——飞跑不动

蚂蚱跳到古筝上——瞎蹦蹦不成调

蚂蚱跳龙门——想得高

蚂蚱跳塘——不知深浅

蚂蚱头摆碟子——尽是嘴

蚂蚱头包饺子——光剩嘴

蚂蚱头炒盘菜——多嘴多舌

蚂蚱头上的疮——没多少脓血

蚂蚱腿上刮精肉——难下手

蚂蚱驮砖头——有点架不住

蚂蚱胸膛黄蜂腰——不伦不类

蚂蚱遇上鸡——活到头了

蚂蚱拽了一条腿——照样跳几跳

骂了皇帝骂祖先——不忠不孝

骂人挖祖坟——欺人太甚

骂县官打小孩——欺上压下

7

埋好的地雷——一触即发

买把韭菜不择——抖起来了

买把琵琶没上弦——谈（弹）不得

买爆仗叫别人放——只听响；不值得

买车不要骡子——后半截

买豆腐花了个肉价钱——上当不浅

买椟还珠——取舍失当；不识货

买干鱼放生——不知死活

买个灯笼不安蜡——你想咋着

买个罐子打掉了把——没法提

买个鸡子拴到门槛上——里外叨

买个喇叭不带哨——别吹了

买个喇叭不透气——实心眼

买个老驴不吃草——毛病不少

买个母牛不长尾巴——活现丑

买个暖壶不带塞——沉（存）不住气

买个兔子不剥头——留着面子

买棺材搭铺盖——好买卖

买花生不要秤——抓一把

买花生找不着秤——乱抓

买黄豆芽作风——乱抓

买回彩电带回发票——有根有据

买酱油不打醋——各干一行

买金的遇见卖金的——正合适

买镜子买了个铁圈圈——照见别人，照不见自己

买来的秀才——不通

买老牛置破车——光顾眼前

买了个牲口咬人——毛病不少

买了麻花不吃——要的就是这个劲儿

买了马牵着走——没棋（骑）

买了相因（便宜）柴，烧了夹生饭——想占便宜反吃亏

买麻花不吃——为的看这股扭劲儿

买马不骑——谦（牵）啦

买马上扬州——试试足劲

买卖人的匾——财源茂盛

买帽子揣到怀里——不对头

买帽子当鞋穿——不对头

买门神不买挂线儿——捉弄自己

买面的进了石灰店——走错了门

买牛得羊——失望

买匹布裹脚——宽备窄用

买石头砸锅——自寻倒灶

买死鱼放生——荒唐；不知死活

买铁锅的——敲敲打打

买头瘦驴老掉牙——自骑自夸

买咸鱼放生——徒劳无功

买香囊掉泪——睹物伤情

买眼药进了石灰店——走错了门

买鱼放生——菩萨心肠

买只羊羔不吃草——毛病不少

买猪头钓王八——不够本钱

买猪头讨个胆——自讨苦吃

买砖头砌窑——专款专（砖）用

麦草管吹火——小气

麦茬地里磕头——戳眼

麦场上挂马灯——照常（场）

麦秆吹火——小气；气不大

麦秆当秤称人——把人看轻了

麦秆顶门——白费力

麦秆里睡觉——细人

麦秆门闩玻璃鼓——经不起推敲

麦秆子顶石磙——头重脚轻

麦秆子上插针——节外生枝

麦秸堆里装炸药——乱放炮

麦秸秆里瞧人——小瞧

麦秸秆枕头——草包

麦秸秆做电杆——不是正经材料；

不是这块料

麦秸烧火——没长劲

麦糠擦屁股——自找麻烦

麦糠搓绳——搭不上手；接不下茬

麦克风的兄弟——传声筒

麦克风前吹喇叭——里外响

麦克风前拉二胡——弦外之音

麦粒掉到太平洋里——沧海一粟

麦芒穿针眼——难得

麦芒戳到眼睛里——又刺又痛

麦芒掉进针鼻——赶得巧

麦苗当成韭菜割——胡拉乱扯

麦苗韭菜分不清——不像个庄稼人

麦牛子爬到面缸里——舒坦了还想舒坦

麦筛子——净是缺点

麦田里的狗尾草——良莠不齐（指好人坏人都有）

麦田里的韭菜——难分色

麦田里的乌龟——逃不了

麦田里撒豌豆——杂种

麦田里种棉花——一举两得

麦田里捉龟——十拿九稳

麦田捉田鸡——手到擒来

麦子不割砍高粱——专找硬茬

麦子地里扎草人——吓麻雀

麦子未熟秧未插——青黄不接

卖鞭炮的炸了手——自作自受

卖冰棒的进茶馆——一冷一热；忽冷忽热

卖冰棒的折本——心凉了

卖钵头瓦盆的——一套一套的

卖不出去的狐狸皮——骚（臊）货

卖布不带尺子——存心不良（量）；胡扯

卖布的不用剪刀——胡扯

卖菜的不用秤——论堆

卖菜的上了香椿树——又高又贵

卖茶汤的回家——没面了

卖炒勺的——拣有把握的来

卖醋的死在路上——酸死了

卖醋卖糖——各管一行

卖大碗茶的看河水——有的是钱

卖东西拿钱——理应如此

卖豆腐带种河滩地——水里来，水里去

卖豆腐的带拖车——架子不小

卖豆腐的扛马脚——生意不大架子大（比喻本事不大，架子却不小）

卖豆腐的扛戏台——买卖不大，架子不小

卖豆腐的——一拉一块

卖豆腐挑着床——架子倒不小

卖豆芽挨着钉鞋的——你知道我的根，我也知道你的底

卖豆芽的不带秤——乱抓

卖豆芽的抖搂筐——干脆利索

卖饭的——不怕大肚汉

卖房卖地置嫁妆——下尽本钱

卖膏药折了本——不贪（摊）

卖个兔子剥去皮——不留面子

卖狗皮膏药的出身——到处招摇撞骗

卖狗肉的挂羊头——假招牌

卖古董的——识货

卖瓜的夸瓜甜，卖鱼的夸鱼鲜——自卖自夸

卖棺材的跺脚——恨人不死

卖棺材的听说病危——暗喜

卖罐的跌跤——倾家荡产

卖孩子唱大戏——庆的什么功

卖红薯的丢干粮——硬啃

卖胡琴的碰上卖布的——拉拉扯扯

卖花棒的教师爷——骗吃混喝

卖花的，说花香；卖菜的，说菜鲜——各有一套

卖花圈的咬牙——恨人不死

卖花人说花香，卖菜人讲菜嫩——自卖自夸

卖花生的不用秤——估堆

卖灰面遇大风——倒霉透了

卖鸡蛋的跌跤——捣（倒）蛋；完蛋；滚蛋

卖鸡蛋的换筐——捣（倒）蛋

卖鸡蛋的拿个秤——专门吊蛋

卖鸡蛋的摔跟头——一个好的也没有

卖鸡蛋的折了秤——两头空

卖鸡的同卖鸭的——大伙同行

卖鸡子儿的跌筋斗——滚蛋

卖煎饼的说梦话——贪（摊）得多

卖糨糊的敲门——糊涂到家

卖饺子的磨麦粉——别开生面

卖裤子打酒喝——顾嘴不顾身

卖老婆捐知县（花钱买官做）——官迷心窍

卖了白面买笼屉——不争（蒸）馒头争（蒸）口气

卖了大褂买裤衩——短得见不了人

卖了儿子招女婿——瞎折腾

卖了馄饨买面吃——没事找事

卖了鸡公买鸡母——看淡（蛋）了

卖了裤子买镯子——穷讲究；穷打扮

卖了老婆买个猴——图玩

卖了生姜买蒜吃——换换口味

卖了媳妇抽大烟——太上瘾了

卖了鞋子买帽子——顾头不顾脚

卖了衣服买酒喝——顾嘴不顾身

卖绿豆掺珍珠——不合算

卖萝卜的跟着盐担子走——操闲（咸）心

卖麻花的不赚钱——不知哪股筋扭着

卖馒头的掺石灰——面不改色

卖帽子的喊卖鞋——头上一句，脚下一句

卖煤的跟个狗——净吃闲饭

卖门神的被抢——人多不顶用

卖门神掉江里——人财两空

卖米不还升——居心不良（量）

卖面具的被人抢了——丢脸

卖木脑壳（木偶）被贼抢——大丢脸面

卖泥人的碰见截道的——人多不办事

卖牛的开店——弃农经商

卖牛卖地娶回个哑巴——没话可说

卖牛肉的扛牌坊——架子不小

卖牛肉的面孔——斤斤计较

卖螃蟹的上戏台——角（脚）色不少，能唱的不多

卖盆的出身——一套一套的

卖盆的摔跤——乱套了

卖切糕的掉井里——人死架子在

卖切糕的游地狱——临死不倒槽

卖肉的抽骨头——难撑

卖肉的切豆腐——不在话下

卖肉的人杀猪——内行

卖砂锅的摔跤——砸锅

卖山药不过秤——凭快（块）

卖烧饼的不带干粮——吃货

卖烧饼的叫门——送货来啦

卖烧鸡拉二胡——游（油）手好闲（弦）

卖石灰碰见卖面的——谁也见不得谁

卖水的看大河——尽是钱

卖水萝卜的——不拆把儿

卖汤圆的跌跟头——家产尽绝

卖糖的砸锅——豁出老本来了

卖糖葫芦的——串串红

卖糖人的出身——吹出来的；靠吹

卖糖人的开张——吹鼻子瞪眼

卖糖人的——连吹带捏

卖糖人的敲当当——瞎吹

卖糖人的敲锣——生意不大招牌响

卖糖人的手艺——光靠吹；连吹带捏

卖糖稀的盖楼房——熬出来的

卖瓦盆的不喊——光敲打

卖瓦盆的进货——一套一套的

卖瓦盆的摔跤——乱套了

卖瓦盆的——要一套有一套

卖完了小鱼——净抓瞎（虾）

卖碗又卖盆——一套一套的

卖窝头的翻了箱子——眼儿朝上

卖西瓜的磨刀——傻（杀）瓜

卖西瓜的碰到卖王八的——滚的滚，爬的爬；连滚带爬

卖虾米不拿秤——抓瞎（虾）

卖香烟的敲床腿——架子不小

卖小人书的打烂船——人财两空

卖鸭子儿的换筐——捣（倒）蛋

卖盐的喝开水——没味道

卖盐逢雨，卖面遇风——不顺当；

背时

　　卖羊油的挑子——一半假

　　卖窑货的被汽车轧了——家破人亡

　　卖艺的开场子——头三脚难踢

　　卖艺的练拳脚——连踢带打

　　卖油的梆子——挨敲打的货

　　卖油的不打盐——不管闲（咸）事

　　卖油的敲锅盖——好大的牌子

　　卖油条的拉胡琴——游（油）手好闲（弦）

　　卖鱼不使秤砣——钩嘴

　　卖鱼带相亲——少麻烦；一举两得

　　卖鱼的不拿篮子——钩嘴

　　卖鱼的洗澡——去去腥气

　　卖杂货的洗手不干——撂挑子

　　卖杂碎的收摊了——不用提心吊胆了

　　卖只鼻子给你——不愿闻

　　卖猪肉的关门——净剩架子了

　　卖嘴的先生——没什么好药

8

　　蛮子唱京戏——南腔北调

　　蛮子打仗——一起上呗

　　馒头开花——气大了

　　馒头里包豆渣——旁人不夸自己夸

　　馒头做枕头——不愁吃

　　鳗鱼死在汤罐里——冤屈（圆曲）死了

　　满巴掌的茧——磨炼出来的

　　满船豆腐抛下江——水里来，水里去

　　满地丢西瓜，撅（翘）腔（臀部）捡芝麻——不知轻重

　　满地竹子——根连着根

　　满肚直肠——不打弯儿

　　满肚子话说不出——有口难言

　　满肚子青菜丝——没文采

　　满姑娘（最小的姑娘）的荷包——花样多

　　满姑娘坐花轿——头一遭

　　满街挂灯笼——光明大道

　　满口的新名词——不念故日

　　满口黄连——说不完的苦（比喻苦处多）

　　满口金牙——开口就是谎（黄）（比喻处处撒谎）

　　满口镶金牙——嘴里漂亮

　　满面鸡虱子乱爬——脸上尴尬

　　满面枣疙瘩——脸上尴尬

　　满脑壳长疮钻刺窝——自讨苦吃

　　满山跑的兔子不回窝——野惯了

　　满身沾油的老鼠往火里钻——哪还有它好过的（比喻日子很不好过，或十分不好受）

　　满树的青梅——一个也不熟

　　满堂儿孙——后继有人

　　满天大雪飞舞——天花乱坠

　　满天的星星——顶不过一个月亮

　　满天飞乌鸦——漆黑一片

　　满天浮动的云霞——经不起风吹雨打

　　满天挂渔网——遮不住太阳

　　满天抹糨子——唬（糊）天

满头稻花子——土里土气；土气大

满屋老鼠跑——窟窿多

满园的萝卜——个个想出头；个个都是头

满园的牡丹——讨人爱

满园果子——就属（数）你红

满园落地花——多谢

满园竹子——根连着根

满月儿听霹雳——惊得骨头碎

满月猪儿——不开口

满族的头发——往顶上数（梳）

满嘴假牙齿——吃软不吃硬

满嘴里跑舌头——爱说啥说啥

漫地儿（空旷的地方）里烤火——一面热

漫地里的骆驼——野象

漫漫长征路——任重道远

漫山的杜鹃——一片红火

漫天地里叫姐夫——野舅子

漫天挂渔网——遮不住太阳

漫天讨价——哆嗦（多索）

漫天云里打麻雀——放枪不得鸟

漫野地里老鼠——外号（耗）

9

邙山看黄河——远水不解近渴

忙中拾得一包针——谁顾得数你

盲公吃馄饨——肚里有数

盲公打灯笼——照见别人，照不见自己

盲公戴眼镜——装样子的（比喻徒有其名而实际不起作用）

盲鸡碰着白蚁窝——吃个正着

盲佬剥黄麻——瞎扯皮

盲佬打盹儿——不显

盲佬射箭——目的不明

盲佬粘符——倒贴

盲佬奏乐——瞎吹

盲驴拉磨——瞎转一气

盲驴下河——瞎扑腾

盲人包饺子——瞎包

盲人剥葱——瞎扯皮

盲人不闭眼——睁眼瞎子

盲人不问路——瞎碰

盲人吵架——瞎气

盲人吃鲜鱼汤——瞎赞一阵

盲人吹喇叭——瞎吹

盲人打靶——缺乏目标

盲人打苍蝇——瞎拍

盲人打灯笼——白费蜡

盲人打牌九——瞎摸

盲人戴眼镜——假聪（充）明

盲人当警察——瞎指挥；用人不当

盲人当司令——瞎指挥

盲人的杆子——瞎点

盲人的拐棍——寸步不离；瞎指点

盲人的眼珠子——目中无人

盲人动筷子——瞎戳捣

盲人斗拳——瞎打一阵

盲人读书——瞎摸

盲人跺脚——瞎气

盲人翻跟头——胡折腾

盲人纺纱——瞎扯

盲人放枪——无的放矢

盲人敲钟——瞎撞

盲人粉墙头——瞎刷

盲人扔手榴弹——瞎轰

盲人干活——不分日夜

盲人上大街——目中无人

盲人赶庙会——瞎凑热闹

盲人耍把式（杂技）——硬逞能

盲人给盲人带路——瞎扯

盲人睡觉——不分昼夜

盲人观灯——睁眼瞎

盲人撕布——瞎扯

盲人救火——瞎扑打

盲人撕皇历——白扯

盲人开口——瞎说

盲人算命——瞎说

盲人看《三国》（《三国演义》）——装模作样

盲人提喇叭——瞎吹

盲人听相声——瞎笑

盲人看滑稽戏——瞎笑

盲人推磨子——瞎转圈

盲人看天——漆黑一团

盲人捂耳朵——闭目塞听

盲人看戏——瞎想瞎猜

盲人熄灯——瞎吹

盲人拉风箱——瞎鼓捣

盲人写生——瞎话（画）

盲人拉胡琴——瞎扯

盲人学绣花——硬逞能

盲人聊天——瞎扯；瞎话

盲人粘字画——倒贴

盲人买喇叭——瞎吹

盲人找失物——瞎摸

盲人卖豆芽——瞎抓

盲人捉虱子——瞎抓挠

盲人描图——瞎话（画）

盲人走路——摸不清东西南北

盲人摸象——不识大体；各有偏见

盲人做油条——瞎咋（炸）呼（糊）

盲人骑毛驴——随它去

盲人骑瞎马——乱闯乱碰；寸步难行；瞎上加瞎

蟒蛇缠犁头——狡猾（绞铧）

蟒蛇缠身——挣不脱

盲人敲鼓——瞎打一气

蟒蛇进鸡窝——完蛋

10

猫抱琵琶——乱弹琴

猫吃狗屎——不是味儿

猫被老虎撵上树——多亏留一手

猫吃耗子——理所当然

猫不吃死耗子——假斯文

猫吃鸡肠子——越拉越长

猫不吃咸鱼——假正经

猫吃鸡食——捞现成

猫不偷吃——做作

猫吃螃蟹——恶相

猫不抓老鼠——爱偷东西吃

猫吃石灰——一张白嘴

猫吃刺猬——无处下嘴

猫吃小鱼——有头有尾

猫逮老鼠鼠打洞——各靠各的本事

猫掉了爪子——巴（扒）不得

猫洞里扛八仙——拿不出门

猫肚子放虎胆——凶不起来

猫额上画王字——虎头虎脑

猫儿扒琵琶——乱弹琴

猫儿扳倒甑子（zèngzi，蒸米饭等的炊具）——狗得福

猫儿不吃死老鼠——假慈悲

猫儿不吃腥——假斯文

猫儿不在家——老鼠当了家

猫儿吃豆渣——不是味儿

猫儿吃糕——两爪捣

猫儿吃老鼠——应该

猫儿吃腌菜——没奈何

猫儿吃鱼鳔——空快活

猫儿得势——凶如虎

猫儿洞口等老鼠——目不转睛

猫儿逗老鼠——想抓活的

猫儿盖屎——应付支差；潦潦草草

猫儿喝烧酒——够呛

猫儿念经——假充善人

猫儿爬屋脊——到顶了

猫儿上楼梯——眼睛往下瞧

猫儿身边寄鱼干——靠不住

猫儿食，耗子眼——吃不多，看不远

猫儿守老鼠洞——不动声色；目不转睛

猫儿踏翻油瓶盖——一场空

猫儿踏破油篓盖——一场欢喜一场空

猫儿谈情——怪叫

猫儿舔糨子——光往嘴上想

猫儿偷食狗挨打——无辜受累

猫儿头上系干鱼——靠不住

猫儿尾巴——越摸越翘

猫儿闻见腥——哪能不伸头

猫儿卧房脊——活受（兽）

猫儿洗脸——抹脱；一扫光

猫儿学大虫——假货（虎）

猫儿眼——时时有变

猫儿咬尿脬——白欢喜

猫儿抓老鼠——祖传手艺

猫儿抓黏糕——脱不得爪

猫儿抓心——难受

猫儿捉老鼠狗看门——各守本分（比喻各人履行各人的职责）

猫儿捉老鼠——祖传手艺；靠自己的本事

猫给耗子拜年——没安好心；来者不善

猫给老鼠吊孝——假仁假义；虚情假意

猫狗打架——世代冤家

猫急上房——狗急跳墙

猫脊上坐人——不足为奇（骑）

猫见老鼠——没有不挠

猫见咸鱼——垂涎欲滴

猫教老虎——留一手

猫教老虎上树——天下奇闻；无奇不有

猫教徒弟——自己留一手

猫看老鼠——死对头

猫啃尾巴——自吃自

猫哭老鼠——假慈悲；假伤心

猫撂（liào，弄倒）黄狗——不是对手

猫脑袋——虎头

猫爬树梢——到顶了

猫披虎皮——抖威风；好了不起

猫请老鼠做客——假情假意

猫鼠交朋友——不足信

猫舔狗鼻子——自讨没趣

猫舔虎鼻梁——存心不要命

猫头鹰报喜——不是好兆头；谁信得过你；丑名（鸣）在外

猫头鹰捕老鼠——暗地里下爪

猫头鹰——不识娘

猫头鹰唱歌——怪声怪调；瞎叫唤

猫头鹰吃娘——恩将仇报

猫头鹰打瞌睡——睁只眼，闭只眼

猫头鹰叫唤——名（鸣）声不好

猫头鹰进院——无事不来

猫头鹰上天——好高骛远

猫头鹰抓耗子——干好事，落骂名

猫吞鼠，鹰叼蛇——一物降一物

猫娃爬到门墩上——假充门墩虎

猫娃抓了个猪尿脬——白欢喜；空欢喜；空喜一场

猫尾巴，狗尾巴——越摸越翘

猫窝里藏干鱼——靠不住

猫窝里的泥鳅——留不住

猫窝钻出老虎——你充啥厉害

猫戏老鼠——哄着玩

猫想吃葡萄——眼都望绿了

猫眼儿——一天三变

猫咬老虎——冷不防

猫抓糍粑（cíbā）——撕扯不清；脱不了爪

猫抓耗子狗看家——都是分内的事

猫抓老鼠狗守夜——本行

猫抓麻雀——叼住就不放

猫爪伸到鱼池里——捞一把

猫爪子伸进食盘——叼住理（礼）了

猫子扒在钢琴上——乱弹琴

猫子不吃鱼——毛病大得很

猫子告诉老虎爬树——天下奇闻

猫子教老虎的手艺——留得那么一手

猫子啃老虎鼻梁——你张口我上诉（树）

猫子同狗打架——不是对手

猫子站在断柱上——独觉好

猫钻狗洞——容易通过

猫钻耗子洞——藏头露尾；难进；行不通

猫钻煤球炉——碰一鼻子灰

猫钻鼠洞——通不过

猫钻灶坑——碰一鼻子灰

猫嘴里的老鼠——没跑；剩不下啥

猫嘴里的泥鳅——挖不出

猫嘴里塞鲤鱼——投其所好

猫嘴里掏泥鳅——夺人所好；难得很

毛笔掉了头——光棍一条

毛辫上绑棘子——抡到哪儿红到哪儿

毛玻璃眼镜——模糊不清；看不清

毛玻璃做灯罩——半明半不明

毛虫钻灶——自该煨

毛豆烧豆腐——原是一家人；碰上自家人

毛猴子的屁股——坐不住

毛猴子拉车——乱套了

毛猴子捞月亮——白白地忙了一场

毛猴子说话——不知轻重

毛猴子捅马蜂窝——找着挨蜇

毛脚鸡——上不了台盘；上不了席

191

毛辣虫——惹不得

毛蓝口袋倒西瓜——一口气倒个干净

毛脸雷公嘴的和尚——吓人

毛驴备银鞍——不配

毛驴打滚——翻个儿了

毛驴钉马掌——小题（蹄）大做

毛驴儿推磨——兜圈子

毛驴跟马赛跑——老落后；落后了

毛驴啃石磨——好硬的嘴；嘴巴好厉害

毛驴拉磨牛耕田——各有各的活儿

毛驴拉磨——原地打转；跑不出这圈儿

毛驴碰门——来的不是人

毛驴上套——屎尿多

毛驴驮不起金鞍子——不识抬举

毛驴下骡子——变种了

毛驴笑人耳朵长——不知自丑

毛驴养儿——不知贵贱

毛驴子拉车——埋头苦干

毛驴子踢琵琶——乱弹琴

毛驴走进窄胡同——难转弯

毛毛虫吃蚕叶——结不了什么茧

毛毛虫弓腰——以屈求伸

毛毛虫钻灶——凶多吉少

毛笋脱壳——节节高

毛袜套毡袜——不分彼此

毛竹扁担挑泰山——担当不起

毛竹扁担做桅杆——担风险

毛竹筷子——莫认真（针）

牦牛的性子——按不下脖子

牦牛斗骡子——专挑没角的欺

茅草补柱子——无济于事

茅草棍打狗——软弱无力

茅草里杀出个李逵——措手不及

茅草棚里摆沙发——配不上；不配

茅草洒汽油——一点就着

茅草窝里的毒蛇——暗里伤人

茅厕板上打滚——寻死（屎）

茅厕板上的抹布——开（揩）不得口

茅厕板做祖牌——不是正经材料

茅厕里安电扇——臭吹

茅厕里摆摊——臭架子

茅厕里吃东西——一进一出

茅厕里吃油饼——亏你张得开嘴

茅厕里打电筒——找死（屎）

茅厕里打瞌睡——离死（屎）不远

茅厕里的关刀——文（闻）不能文（闻），武（舞）不能武（舞）

茅厕里的蛆——讨人嫌

茅厕里的石头——又臭又硬

茅厕里桂花开——香香臭臭

茅厕里啃香瓜——不对味儿

茅厕里铺地毯——臭讲究

茅厕里失火——臭气熏天

茅厕里修便道——死（屎）路一条

茅厕里栽桂花树——香臭不分

茅厕里坐圈椅——摆臭资格

茅厕门口挂板子——牌子臭

茅厕门上贴对联——一股臭味（文）

茅厕上贴对子——文不对题

茅厕塔牌楼——臭架子；摆臭架子

茅池里的蛆——乱钻乱翻

茅房顶上开门——臭名在外

茅房顶上竖大旗——臭名昭著

茅房顶上装烟囱——臭气熏天

茅房里搭铺——臭架子；摆臭架子；

离死（屎）不远

茅房里打躬（作揖）——臭奉承

茅房里的粪勺子——文（闻）不能文（闻），武（舞）不能武（舞）

茅房里的旧马桶——嘴滑肚臭

茅房里的死黄鳝——又腥又臭

茅房里放玫瑰花——香臭不分

茅房里捡纸片——亏你做得出

茅房里磕头——臭讲究

茅房里念四书——臭讲究

茅房里题诗——臭秀才

茅房里响喇叭——臭吹

茅房上盖洋楼——底子太臭

茅缸里泡豆芽——腌臜（āzā，不干净的）菜

茅坑板上唱山歌——臭不可闻

茅坑板子做棺材——臭了半辈子还装人

茅坑板做广告——牌子臭

茅坑边打架——奋（粪）不顾身

茅坑边上摔跤——离死（屎）不远

茅坑里安电扇——出臭风头

茅坑里打哈欠——满嘴臭气

茅坑里的秤砣——又臭又硬

茅坑里的大粪蛆——死（屎）里求生

茅坑里的搅屎棍——文（闻）不能文（闻），武（舞）不能武（舞）

茅坑里的孔雀——臭美

茅坑里的蛆——无孔不入

茅坑里的石头——又臭又硬（比喻名声不好，态度顽固）

茅坑里丢炸弹——激起公愤（粪）

（比喻引起大家的不满）

茅坑里搁暖壶——臭水平（瓶）

茅坑里捡铜板——臭钱

茅坑里啃西瓜——不是味儿

茅坑里面挂杆秤——过分（粪）

茅坑里跑步——死（屎）路

茅坑里泼醋——又酸又臭

茅坑里洒香水——多此一举

茅坑上边盖大厦——底子臭；根子不净

茅山道士念咒——鬼知道

茅屋里栽树——高不了

茅屋上安兽头——不相称

茅屋扎绣球——不配

冒名顶替——以假乱真

冒烟的手榴弹——摸不得

冒着大雨背羊毛——越背越重

帽没儿做鞋垫儿——一贬到底

帽子掉地都不捡——懒到家了

帽子烂了边——顶好

帽子烂了顶——出了头

帽子里藏老鼠——挠头

帽子里藏知了——头名（鸣）

帽子里搁砖头——头重脚轻

帽子里进蜜蜂——心神不宁

帽子没檐——顶好

帽子抛空中——欢喜若狂

帽子铺的老板——帽子成堆

帽子上面戴斗笠——官（冠）上加官（冠）

帽子上着火——大祸临头

帽子涂蜡——滑头

11

没安头的锄杆——光棍一条

没把儿的茶壶——光剩嘴

没把儿的葫芦——抓不住

没帮的破鞋——没法提；提不起来

没本钱的买卖——赔不起

没病用艾灸——自讨苦吃

没病抓药——自讨苦吃

没剥壳的板栗——油盐不进

没长翅膀的小鸟——甭想飞

没长脚后跟——站不住

没长屁股——坐不稳；坐不住

没秤砣的秤杆——压不起斤两

没吃三两煎豆腐——称什么老斋公

没出嫁的闺女做鞋子——不管女婿脚大小

没等开口三巴掌——不由分说

没底的粪桶——好臭的架子

没底的棺材——成（盛）不了人

没底的袜子——盘腿

没蒂的葫芦——抓不住把柄

没读四书上考场——听天由命

没舵的船儿——放任自流

没干的生漆——挨不得

没跟的鞋子——拖拖沓沓；没法提；提不起来

没骨架的伞——支撑不开

没锅煮黄豆——找别人吵（炒）

没犄角的羊——狗样子

没家的猫儿——东窃西偷

没角的牛——假骂（马）

没锯开的葫芦——道（倒）不出来

没框的算盘珠——全散了

没梁的水筲〔shāo，水桶〕——饭桶

没梁的水桶——没法提；提不起来

没鳞的泥鳅——滑透了

没笼头的牲口——野惯了；无拘无束

没路标的三岔口——左右为难

没乱的头发——输（梳）了

没轮子的牛车——跑不了

没买马先置鞍——弄颠倒了；颠倒着做

没毛的刷子——有板有眼

没娘的孩子——无家可归；长不大

没气的篮球——打不起来

没钱花拍桌子——穷横；穷凶极恶

没钱买海螺——省些（吸）

没桥顺河走——绕来绕去

没鞘的刀到处砍——无约束

没切开的西瓜——红白不分

没上套的磨道驴——空转一圈

没事打娃娃——寻着惹气

没事嗑瓜子——吞吞吐吐

没事找夹板——自找罪受

没事钻烟囱——碰一鼻子灰

没手指和面——瞎鼓捣

没熟透的葡萄——酸溜溜的

没水吃渴死人——与我（饿）无关

没睡打呼噜——装迷糊

没头的苍蝇——瞎起哄；瞎撞

没头的蚂蚱——瞎蹦跶

没头的蜈蚣——不行

没头发却要辫子税——无辜受累

没砣的秤——分不出轻重

没王的蜂子——无家可归

没王的蜜蜂——各散四方；无家可归；乱哄哄

没尾巴的风筝——乱飞

没尾巴的驴——抓不住

没窝的野鸡——东跑西飞

没弦的琵琶——从哪儿弹（谈）起

没芯的蜡烛——点不亮

没星的秤——分不出轻重；哪有准头

没牙的老太吃蚕豆——慢慢磨

没牙的徒弟——无耻（齿）之徒

没牙老婆婆喝热粥——无耻（齿）吹捧

没牙老婆啃骨头——靠舔

没牙老婆婆吃胡豆——软磨硬顶

没牙老婆婆吃面筋——拉拉扯扯

没牙老婆婆嚼牛筋——白磨嘴皮

没牙老人说话——蠢（唇）说

没牙婆吃馄饨——囫囵吞

没牙人吃豆角——一律（捋）

没沿的破筛子——百孔千疮

没眼的笛子——吹不响

没眼的木匠——一句（锯）不句（锯）

没眼儿判官——瞎鬼

没眼儿猪跟着狗叫唤——瞎起哄

没眼儿猪叫——瞎哼哼

没眼判官进赌场——瞎鬼混

没眼人算卦——瞎说一气

没眼石匠锻磨——瞎凿

没眼先生上钟楼——瞎碰

没油点灯——白费心（芯）

没有边的草帽——顶好

没有长翎毛儿，就拣高枝儿飞——忘本

没有翅膀的鸟——不能高飞

没有打虎胆——不上景阳冈

没有缝的鸡蛋——无懈可击

没有根的浮萍——无依无靠

没有规矩——不成方圆

没有脚的蟹——哪里爬得动

没有笼头的马驹子——不定性

没有笼头的野牛——到处伸嘴

没有目标乱射箭——无的放矢

没有金刚钻——别揽瓷器活

没有上过笼头的马——撒野惯了

没有舌头会吹响——放屁

没有砣的秤杆——到哪儿都翘尾巴

没张雨伞的伞骨——空架子

没准星的炮——乱轰

没嘴的葫芦——难开口；哑巴（芽把）

没罪找枷戴——自寻烦恼

眉毛吊磨盘——有眼力

眉毛胡子都生疮——全是毛病

眉毛胡子一把抓——不分主次

眉毛上安灯泡——明眼人

眉毛上插花——有眼色

眉毛上搽胭脂——红了眼

眉毛上长牡丹——花了眼

眉毛上搭梯子——放不下脸；脸面上下不来

眉毛上荡秋千——太悬乎

眉毛上滴胆汁——眼前受苦

眉毛上吊笤帚——臊（扫）脸

眉毛上吊钥匙——开眼界

眉毛上吊针——扎眼

眉毛上放爆竹——祸（火）在眼前

眉毛上挂灯——心明眼亮

眉毛上挂蒺藜——刺眼

眉毛上挂帘子——不显眼

眉毛上挂炮仗（爆竹）——急在眼

前；祸在眼前

眉毛上挂炸弹——祸在眼前

眉毛上挂猪胆——苦在眼前

眉毛上面吹火——燃眉之急

眉毛上面挂棒槌——爱上这么个调调（吊吊）

眉毛上掐虱子——有眼色（虱）

眉毛上失火——眼红

眉毛上涂水彩——有眼色

眉毛遮住了眼——遮眼法（发）

梅兰芳唱霸王别姬——拿手好戏（比喻最擅长的本领）

梅兰芳唱旦角——拿手好戏

梅兰芳唱洛神——改头换面

梅山的猴子——古怪

梅香（泛指婢女）拜把子（朋友结为兄弟姐妹）——全是奴才

梅香手上的孩子——人家的

梅香照镜子——一副奴才相

梅雨下了三百六十天——反常

媒婆戴花——招引人

媒婆的嘴巴——能说会道；天花乱坠

媒婆丢了婚帖子——没话可说

媒婆夸姑娘——说得像仙女；光拣好的说

媒婆迷了路——没说的

媒婆说亲——两头说好话；牵线

媒婆提亲——净拣好听的说

媒婆子的嘴——天花乱坠

媒婆子烂嘴——口难张

媒婆子嘴长疮——难开口

媒人跟着食盒——有礼

煤厂移垛——倒霉（煤）

煤堆里找芝麻——没处寻；难得

煤堆上落汤圆——吹也吹不得，拍也拍不得

煤粉石灰掺一起——混淆黑白

煤粉子捏菩萨——黑心肝

煤灰拌石灰——黑白不分

煤灰搽脸——给自己抹黑

煤灰刷墙壁——一抹黑

煤火台上烧饺子——烧包

煤块当汉白玉——颠倒黑白

煤块掉在雪地上——黑白分明

煤块儿掉水里——越洗越黑

煤矿工人上班——下去了

煤矿工人下班——上去了

煤面子捏的人——黑心肝

煤铺的掌柜——赚黑钱

煤铺里卖棉花——混淆黑白

煤球搬家——倒霉（煤）

煤球店里搭戏台——一唱三叹（炭）

煤球放在石灰里——黑白分明

煤炭拐子打飞脚——骇（黑）人一跳

煤炭砌台阶——一抹黑

煤炭下水——一辈子洗不清

煤窑里放瓦斯——害人不浅

煤油炉生火——心眼多

霉烂的冬瓜——一肚子坏水

霉烂的栗子——黑心

霉烂的莲藕——坏心眼

美女嫁痴汉——凑合着过

美髯（rán）公哈气——自我吹嘘（须）

美食家聊天——讲吃不讲穿

美玉埋在狗屎堆里——可惜

妹妹穿姐姐的鞋——没什么两样

妹妹贴对联——不分上下

媚眼做给瞎子看——自作多情

第十篇　N

1

嫩豆腐——好办（拌）

嫩苗苗——根底浅

嫩牛拉车——不打不跑

嫩竹扁担——挑不起重担

嫩竹扁担挑起大箩筐——后生可畏

嫩竹扁担挑瓦罐——担风险

嫩竹扁担挑重担——自不量力；吃不住劲

嫩竹拱土——冒尖

嫩竹子做扁担——挑不了重担；出力过早

2

能干他娘半夜哭——能干死啦

能字添四点——熊样

3

尼姑庵里藏和尚——不是好事

尼姑庵里借梳子——办不到

尼姑的脚——难缠

尼姑的木梳——多余

尼姑嫁人——打破常规

尼姑瞧嫁妆——空欢喜

尼姑生孩子——暗中行事；要也不是，不要也不是

尼姑头上插花——没法（发）

尼姑下山——心野了

尼姑养儿子——岂有此理

尼姑只剃半边头——不诚心

泥巴匠砌砖——后来居上

泥巴捏的小人——没骨气

泥巴菩萨长草——神潮（草）

泥巴人洗脸——越洗越难看

泥巴土地（此处指土地爷）下水——自身难保

泥巴团扔到江里——泡着吧

泥巴坨坨贴金——假充观音娘娘

泥地上跑马——一步一个脚印

泥地上摔豆腐——稀稀烂烂

泥佛劝土佛——同病相怜

泥佛爷的眼珠儿——动不得

泥沟里拨船——干吃力

泥孩子洗脸——越洗越小

泥匠送礼——拿不出手；伸不出手来

泥窟窿里掏螃蟹——没跑

泥马过河——自身难保

泥捏的佛像——实心眼；没心肝

泥捏的猢狲——神不正

泥捏的老虎——样子凶

泥捏的菩萨——没安人心

泥捏的山——不是实（石）料

泥捏的神像——没安人心肠

泥捏的娃娃——看着像人不是人

泥捏的勇士——上不了阵势

泥牛入海——无消息；架子不倒

泥菩萨摆渡——难过

泥菩萨搽金粉——装相

泥菩萨打架——散了；两败俱伤

泥菩萨的肚腹——实心实肠

泥菩萨掉冰窖——愣（冷）神

泥菩萨掉河里——顺水走了

泥菩萨掉在汤锅里——浑身酥软

泥菩萨镀金——表面一层

泥菩萨过河——自身难保

泥菩萨怀孕——肚里有鬼

泥菩萨救火——无动于衷

泥菩萨——没心没肺

泥菩萨抹香粉——装相

泥菩萨念经——装蒜

泥菩萨伸手——死活都要钱

泥菩萨身上长了草——慌（荒）了神

泥菩萨摔跤——散架了

泥菩萨洗脸——失（湿）面子；越洗越难看

泥菩萨洗澡——软瘫了；软作一堆；越洗越脏

泥菩萨遭雷打——粉身碎骨

泥菩萨装人——没个好心肠

泥菩萨坐公堂——死官僚

泥鳅比黄鳝——差一大截

泥鳅穿蓑衣——嘴尖毛长

泥鳅打鼓——乱谈（弹）

泥鳅掉到油缸里——又光又滑

泥鳅跌进碓窝（duìwō）里——没处钻了

泥鳅跌进缸里——没得路走

泥鳅跌汤锅——看你往哪儿钻

泥鳅翻筋斗——大雨在后头

泥鳅放进鳝鱼缸——乱拱

泥鳅过渔网——无孔不入

泥鳅喝了石灰水——死硬

泥鳅和黄鳝一般粗——大小不分

泥鳅和黄鳝——都是滑家伙；一路货

泥鳅和鲇鱼打架——滑头对滑头

泥鳅黄鳝交朋友——滑头对滑头

泥鳅落旱田——干蹦干跳

泥鳅抹肥皂——滑上加滑

泥鳅扔上晒场——看你蹦跳到几时

泥鳅上沙滩——不怕你滑

泥鳅上水——争先恐后

泥鳅跳龙门——痴心妄想

泥鳅想翻船——自不量力

泥鳅钻到猫窝里——看你怎么耍滑头

泥鳅钻到灶膛里——水里来火里去

泥鳅钻进竹筒里——这下滑不脱了

泥人吃饼子——难言（咽）

泥人戴纸帽——经不起风雨

泥人的肚腹——毫无心肝

泥人的脸——面如土色

泥人掉在河里——没人样了

泥人经不住雨打——底子差；本质太差

泥人入海——有去无回

泥人——实心眼

泥人相杀——散摊了

泥人遇木偶——面面相觑（qù）

泥塞笔管——一窍不通

泥沙俱下——难解难分

泥神笑土菩萨——彼此彼此

泥石流暴发——势不可当

泥水沟里游泳——施展不开

泥水匠拜佛——自己心里明白

泥水匠补锅——羞羞答答（修修打打）

泥水匠的活——光做表面文章

泥水匠的瓦刀——光图（涂）表面

泥水匠的衣服——到处有斑点

泥水匠掂个铲子头——没有抹子啦

泥水匠粉墙——抹平了事

泥水匠无灰——专（砖）等

泥水匠招手——要你（泥）；要吐（土）

泥水匠整耗子——敷衍（眼）了事

泥水塘里洗萝卜——拖泥带水

泥塑的佛爷——外强中干

泥塑匠进庙不叩头——谁不知道谁

泥潭里滚石头——越陷越深

泥娃娃的脑壳——七窍不通

泥娃娃的嘴——总是笑呵呵的

泥娃娃过河——没人啦

泥娃娃买不倒翁——什么人办什么货

泥娃娃——没心

泥娃娃跳黄河——洗不清

泥娃娃遭雨淋——软瘫了；软作一堆

泥洼地补平——吭（坑）气

泥瓦匠不砌墙——专（砖）等

泥瓦匠出身——和稀泥

泥瓦匠干活——抹稀泥；拖泥带水

泥瓦匠砌墙——两面三刀

泥瓦匠收拾家什——不干了

泥蒸的馒头——土腥味

泥做的菩萨——全靠贴金

你吃多了猪肉——一张油嘴

你吃鸡鸭肉，我啃窝窝头——各人享各人福

你吹喇叭我吹号——各吹各的调

你打我一拳，我踢你一脚——谁也不让谁

你给我个初一，我给你个十五——互不相让

你卖门神我卖鬼——同行

你去南极我去北极——各走一端

你是曾老九的弟弟——真（曾）老实（十）

你膝盖上钉掌——离了题（蹄）

你有秤杆我有砣——配得起你

你有骏马我有金鞍——配得起你

你走你的阳关道，我走我的独木桥——各不相干

你做生意我教书——人各有志

逆风点火——自焚

逆风放火——引火烧身

逆风逆水行舟——顶风顶浪

逆水驾木筏子——不进则退

逆水里行船——力争上游

逆水赛龙舟——力争上游

逆水行舟——不进则退

逆子拗（niù，固执）妻——无药可治

溺（nì）死鬼找替代——拉人下水

4

拿白纸包狗屎——骗不了谁

拿别人的屁股来做脸——不害臊

拿别人拳头打狮子——充硬汉

拿别人崽打赌——不心痛

拿菜刀哄小孩——这可不是闹着玩的

拿钞票揩屁股——胡作非为

拿大顶（用手撑在地上或物体上，头朝下而两脚腾空）看世界——一切颠倒

拿刀子逗小孩——不是玩意儿

拿得手，抓得髻——证据确凿

拿豆腐挡刀——招架不住

拿豆腐去垫台脚——不顶事儿

拿个小钱当月亮——吝啬鬼

拿根高粱秆当扁担——挑不起重担

拿根麦芒当棒槌——小题大做

拿根面条去上吊——死不了人

拿狗屎当麻花——香臭不分

拿锅盖戴头上——乱扣帽子

拿禾苗当草锄——不像个庄稼人

拿火药炸麻雀——小题大做

拿鸡毛当令箭——轻举妄动；小题大做；没得名堂

拿金条塞墙缝——大材小用

拿空心草看人——小瞧

拿筷子做标枪——不知长短

拿癞蛤蟆哄小孩子——不是个玩意儿

拿了秤杆忘秤砣——不知轻重

拿芦秆当顶梁柱——难撑

拿木偶打狗——拿你不当人

拿脑袋撞墙——碰得头破血流

拿尿盆当帽子——走到哪儿臭到哪儿

拿尿盆往头上扣——自讨没趣

拿破仑上台——野心勃勃

拿起鞭杆当笛吹——没空（孔）；一点儿心眼儿

拿舌头磨刀——吃亏的是自己

拿头去碰刀——找死；寻死

拿头押宝——不要命；玩命干

拿挖锄进庙门——捣神的老底

拿乌龟壳当锅盖——捂不住

拿西瓜当脑瓜子剃——昏了头

拿鞋当帽子——上下不分；上下颠倒

拿针眼当烟囱——小气

拿住刀把子——有了把柄

拿住荷秆摸到藕——抓根本

拿锥子杀猪——一个师傅一个传授

拿着棒槌当萝卜——不识货

拿着棒槌当针纫——一点心眼儿也没有

拿着棒槌缝衣服——啥也当真（针）

拿着棒子叫狗——越叫越远

拿着草帽当锅盖——乱扣帽子

拿着车票进戏馆子——对不上号

拿着存折上吊——舍命不舍财

拿着灯笼打招呼——光照别人不照自己

拿着对虾换烟抽——水里来火里去

拿着钝刀抹脖子——杀不死也痛

拿着蜂房变戏法——耍心眼儿

拿着凤凰当鸡卖——贵贱不分

拿着擀面杖当箫吹——实心没眼儿

拿着孩子当熊耍——愚弄人

拿着和尚当秃子打——冤枉好人

拿着虎皮当衣裳——吓唬人

拿着黄连当箫吹——苦中作乐

拿着鸡蛋走滑路——小心翼翼

拿着缰绳当汗毛揪——说得轻巧

拿着柳条当棒槌——不识货

拿着门扇当窗户——门户不对

拿着碾盆打月亮——不知轻重

拿着瓢量海——见识短浅

拿着蒲扇生炉子——煽风点火

拿着旗杆进家门——转不过弯来

拿着青砖当玉石——不懂装懂

拿着扫帚上杏树——扫兴（杏）

拿着手镯敲铜锣——一手拿金，一手抓银

拿着算盘串门——找仗（账）打

拿着铁锹当锅使——穷极了

拿着兔子当牤牛使——乱套

拿着香油果子蘸（zhàn）尿吃——不知香臭

拿着野鸡做供品——家财难言

拿着野猪还愿——不知心疼

拿着钥匙满街跑——当家不主事；有职无权

拿着竹竿当马骑——幼稚可笑

哪山唱哪歌——到哪儿说哪儿

纳鞋底不拴线结——前功尽弃

纳鞋底不用锥子——真（针）好

纳鞋底戳了手——真（针）气人

纳鞋底的货——不是好料

纳鞋底扎不动——真（针）不好

5

奶妈抱孩子——人家的

奶妈怀里的娃娃——人家的

奶奶的鞋——老样儿

奶牛的咂儿头（奶头）——受人排挤

奶娃娃的脸——一天十八变

奶娃娃张口——光等吃

奶娃娃张嘴——要吃的

奈何不得冬瓜，只把茄子磨——欺软怕硬

奈何桥上碰见鬼——躲闪不开

耐火砖——不怕烧

6

男大当娶，女大当嫁——由不得人

男儿的田边，女儿的鞋边——好看

男人奶头喂小孩——长不大

男人养孩子——没有的事

男人做饭——减轻负（妇）担

南北大道——不成东西

南北俱全——没东西

南风天石头出汗——回潮了

南瓜菜就窝头——两受屈

南瓜长在坛子里——拿不出来

南瓜长在瓦盆里——没出息

南瓜炒鸡蛋——一样的货色

南瓜地里栽山芋——扯来扯去

南瓜地里种豆角——绕过来扯过去

南瓜蔓上结芝麻——越小越香

南瓜苗掐尖——光出岔（杈）子

南瓜命——越老越甜

南瓜藤爬电杆——高攀

南瓜秧攀葫芦——纠缠不清

南瓜叶揩屁股——两面不落好；不干不净

南郭先生吹笙——滥竽充数；不懂装懂

南海燕子——选高门做窝

南极到北极——相差十万八千里

南极寿星，太上老君——各有千秋

南极仙翁的脑袋——宝贝疙瘩

南极星吃寿桃——寿上加寿

南极洲的冰——日积月累

南京路上的霓虹灯——五光十色；光彩夺目

南来北往——不是东西

南来的燕，北来的风——挡不住

南泥湾开荒——自给自足

南墙的蝙蝠——白天不敢露头

南墙根儿的茄子——阴蛋（比喻不露面的坏东西）

南山的豹，北山的蛟——狠的狠，凶的凶

南山的老鸹——白脖

南山的毛竹——节节空

南山滚石头——实（石）打实（石）

南山上的猴子——见啥学啥

南山上的松柏——四季常青

南天门踩高跷——高高在上

南天门的土地——管得那么宽

南天门的旗杆——直杠杠的；光棍

南天门放哨——警惕性高

南天门挂灯笼——高明；四方有名（明）；照远不照近

南天门敲鼓——远近闻名（鸣）

南天门上长大树——顶天立地

南天门上搭戏台——唱高调

南天门上的玉柱——光杆儿

南天门上放哨——警惕性高；高瞻远瞩

南天门上挂牌子——好大的一块匾

南天门上挥手——高招

南天门上请客——高朋满座

南天门上捅窟窿——塌天大祸

南天门上演说——高谈阔论

南天门作揖——高情（擎）难领（南岭）（比喻十分感激）

南辕北辙——越走越远；背道而驰

楠木脑袋——不开窍　　　　　　　楠木做马桶——用才（材）不当

7

囊里盛锥——冒尖　　　　　　　重的人）吃臭肉——一窍不通

齉（nāng）鼻儿（说话时鼻音特别

8

挠出来的疮——自讨麻烦

挠痒耙子挠痒痒——硬手

脑袋不够四两重——轻浮

脑袋藏在裤裆里——闷死了

脑袋长瘤子——后面负担重

脑袋成了葫芦——头昏脑涨

脑袋掉了不过碗口大的疤——视死如归

脑袋顶上长疮，脚底下流脓——从头坏到脚

脑袋顶上推小车——走投（头）无路

脑袋瓜不够二两重——漂浮

脑袋瓜儿长秃疮——不是好剃的头；刺儿头

脑袋进了拍卖行——要钱不要命

脑袋上包棉絮——瞎撞

脑袋上擦油——滑头

脑袋上插烟卷——缺德带冒烟儿

脑袋上长角——出格；大难临头

脑袋上戴犁头——又奸（尖）又猾（滑）

脑袋上点灯——头名（明）

脑袋上顶锅巴——犯（饭）人

脑袋上顶屎盆——要多臭有多臭

脑袋上顶娃娃——抬举人

脑袋上放炮竹——惊心动魄

脑袋上放钥匙——开头难

脑袋上挂丝绸——有头有绪

脑袋上冒烟——火气上头

脑袋上生疮——头痛；坏到顶了

脑袋上刷糨糊——糊涂到顶

脑袋上套袜子——放不下脸；脸面上下不来；能出脚来了

脑袋上走蚂蚁——头头是道

脑袋伸出屋顶——讲天话

脑袋伸进老虎嘴里——白白送死

脑袋往茅坑里扎——自甘堕落

脑袋系在风车上——找死；寻死

脑袋系在裤带上——豁出去了

脑袋陷进泥塘里——糊涂到顶了

脑袋痒了抓脚板——痛痒不相干

脑袋装电风扇——大出风头

脑瓜顶上开口——讲天话

脑浆子撒地——一塌糊涂

脑壳捣大蒜——扎扎实实

脑壳顶扁担——头挑

脑壳上安风扇——大出风头

脑壳上搽猪油——滑头

脑壳上戴碓窝——不知轻重

脑壳上顶锅——乱扣帽子

脑壳上顶门板——好大的脾气

脑壳上顶西瓜——滑头对滑头

脑壳上挂电灯泡——自量（亮）点

脑灵盖上流脓——顶坏

脑门上长大疮——额外负担

脑门上长蒺藜——不是好剃的头；刺儿头

脑门上长瘤子——突出；额外负担

脑门上长眼睛——净向上看；眼朝上

脑门上戴眼镜——眼高

脑门上钉门板——好大牌子

脑门上放鞭炮——大难临头；惊心动魄

脑门上挂灯笼——唯我高明

脑门上开口——对天说话

脑门上抹黄连——苦到头了

脑门上抹糨子——糊涂到顶了

脑门上贴邮票——由（邮）不得人；走人了

脑门生疖子——额外负担

脑门子长疔疮——头痛

脑勺子后长疙瘩——看不见自己的缺点

脑子里装三极管——消息灵通

闹市里盖厕所——方便大家

闹市里开店铺——有利可图

闹市区做生意——买卖兴隆

闹钟不准时——乱想（响）

闹钟打哈哈——自鸣得意

9

哪吒抱个太阳——神通（童）广大

哪吒发火——耍孩子脾气

哪吒架风火轮——脚不沾地

哪吒闹海——惊天动地

哪吒再世——三头六臂

哪吒战小龙——抽你的筋，剥你的皮

10

内科郎中医痔疮——外行

11

年初一——日新月异

年富力强挑大梁——正逢时

年糕掉进石灰坑——不可收拾

年过花甲不成才——枉活了大半

辈子

年过花甲得子——老来喜

年画上的春牛——离（犁）不得

年画上的鱼——中看不中吃

年近古稀嗅觉低——老鼻子啦

年轻人扛大梁——后生可畏

年轻娃娃扛碌碡——正在劲头上

年三十逼债——催命鬼

年三十的案板——不得空；借不得

年三十晒衣裳——今年不干明年干

年三十讨口——丢人现眼

年三十讨蒸糕——丢人

年三十晚上逮个鳖——有它过年，无它也过年

年三十晚上投井——活不到明年

年三十夜打算盘——满打满算

年三十夜的年糕——人有我有

年三十夜里的灶膛——越烧越旺

年三十夜喂过年猪——再迟不过了

年尾打山猪——见者有份

鲇鱼吃炸药——苦大嘴

鲇鱼打喷嚏——自我吹嘘（须）

鲇鱼的胡须——没人理；稀少

鲇鱼找鲇鱼，王八找王八——物以类聚；一色找一色

撵狗进巷——必有一伤

撵火车拾粪——白跑；不看对象

撵走狐狸住上狼——一个更比一个凶

碾杆心断了半截——做不了主

碾盘碰磨扇——实（石）打实（石）

碾盘上打盹——想转了

碾盘压碾子——实（石）打实（石）

碾砣砸碾盘——实（石）打实（石）

碾砣子雕神像——实（石）心眼儿

碾子磨——实（石）对实（石）

念九九表——说话算数

念完经打和尚——恩将仇报；以怨报德；没良心；有用是亲，无用是仇

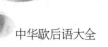
第十一篇　P

1

嘭嘭响的西瓜——熟透了

彭祖的破眼镜——老框框

彭祖遇到老寿星——各有千秋

膨胀的皮球——一肚子气

捧草喂牛——吃不吃随你

捧土加泰山——不起作用

捧着金饭碗做叫花子——何必求人；
装穷叫苦

捧着空盒上寿——无理（礼）

捧着泥鳅玩——耍滑头

捧着书本骑驴——走着瞧

捧着鲜花坐飞机——美上天了

捧着胸口进当铺——你要当心

碰壁的苍蝇——乱嗡嗡

碰到南墙不回头——倔强；死心眼

碰翻了五味瓶——酸甜苦辣咸都有

2

披大氅（chǎng，外套）偷烟袋——
文明人不做文明事

披虎皮的驴子——外强中干

披虎皮上山——吓唬人

披麻袋上朝——难登大雅之堂

披麻戴礼帽——不协调

披麻救火——惹火烧身；自讨苦吃

披蓑衣的被狗咬——穷人好欺负

披蓑衣救火——引火烧身

披蓑衣救人——惹火（祸）上身

披蓑衣啃麻饼——不看吃的看穿的

披蓑衣上朝——献丑

披蓑衣钻篱笆——东拉西扯；勾勾
搭搭

披西装穿草鞋——不相称；假洋
鬼子

披着狗皮的东西——不是人

披着虎皮进村——吓唬老百姓

披着麻袋进竹林——东拉西扯；拉
拉扯扯

披着破被子上朝——穷尽忠

披着人皮的老虎——要吃人

披着蓑衣啃红薯——穿没穿啥，吃
没吃啥

披着雨衣打伞——多此一举

砒霜拌大葱——又毒又辣

砒霜拌姜汁——毒辣

砒霜加生姜水——毒辣

砒霜里浸辣椒——毒辣透顶

砒霜水加生姜水——又毒又辣

劈开房梁做火把——大材小用

皮包商发洋财——无本生意

皮包商做生意——沾手三分肥

皮坊的老板——牛皮大王

皮匠不带锥子——真（针）行

皮匠的扁担——两头俏（翘）

皮匠的家当——破鞋

皮匠栽跟头——露了嘘（楦）头

皮裤套棉裤——必定有缘故

皮球打蜡——圆滑

皮球掉到水里——漂漂浮浮

皮球掉进面茶里——说他浑蛋，他还一肚子气

皮球掉油缸——又圆又滑

皮球掉在米汤里——浑蛋；糊涂蛋

皮球裂口——泄气

皮球敲鼓——空对空

皮球上戳了一刀——泄气了

皮球上戳眼眼——瘪了

皮球上磨刀——泄气

皮球上扎一刀——硬不起来；气消了

皮球踢到墙壁上——顶回来了

皮肉粗糙，骨骼坚强——各有所长

皮软骨头硬——表面和气

皮条打人——软收拾

皮娃娃砸狗——拿人不当人

皮鞋打蜡——一时光

皮影表演——顺着人家的线跑

皮影戏开场——有人撑后台

皮影子作揖——下毒（独）手

皮影子戏进饭店——人旺财不旺

蚍蜉（pífú，大蚁）撼大树——自不量力

琵琶断了弦——谈（弹）崩了

琵琶挂房梁——谈（弹）不上

琵琶精进了算命馆——一眼看透

琵琶找二胡——知音相求

屁股被蜂咬——不好声张

屁股插芦花——假充大公鸡

屁股长疮脚扎刺——坐立不安

屁股底上安弹簧——一蹦老高

屁股底下长疮——坐不得；坐卧不安

屁股底下长刺——坐不稳；坐不住

屁股底下坐火箭——蹿儿啦

屁股底下坐火箸（火筷子）——根子硬

屁股底下坐橛子（juézi，小木桩）——根子硬

屁股底下坐铁棍——根子硬

屁股挂弯镰——心术不正

屁股灌铅——起不来

屁股后挂暖瓶——有一定水平（瓶）

屁股后面挂壶——臭出一定水平（瓶）

屁股后面挂铃铛——穷得叮当响

屁股后头蹬一脚——各奔前程

屁股后头跟只狼——有后顾之忧

屁股后头光秃秃——绝后

屁股后头作揖——没人领情；瞎尽情

屁股里插冰棍——凉了半截

屁股里插气管——给自己打气

屁股抹糖稀——走哪儿粘哪儿

屁股碰到城墙——没退路

屁股上安拉锁——开后门

屁股上插鸡毛——好伟（尾）大

屁股上插针——越陷越深

屁股上长疮——阴毒；离心远着哪

屁股上长疖子——坐立不安

屁股上打花脸——哪有人样

屁股上的疮——阴毒

屁股上吊案板——好大的牌子

屁股上吊棒槌——自家人打自家人

屁股上吊蒲扇——走上风

屁股上吊扫帚——好伟（尾）大

屁股上挂粪筐——等死（屎）

屁股上挂锯子——截断后路

屁股上挂钥匙——所（锁）管哪一门

屁股上画眉毛——好大的脸面

屁股上拉锯——截断后路

屁股上抹香水——不值一文（闻）

屁股上拴石头——累赘

屁股上捅一刀——背后整人

屁股上扎蒺藜——坐不稳；坐不住

屁股生疮背又痛——坐卧不安

屁股坐到针毡上——忐忑不安

屁股坐在别人的脑袋上——欺人太甚

屁股坐在鸡蛋上——一塌糊涂

屁股坐竹凳——底子空

3

扒手遇见贼打劫——见财分一半

趴在磨子上睡觉——想转了

趴在屋顶上瞧人——把人看矮了

爬不动的王八——笨鳖一个

爬到旗杆上放炮——就怕别人听不着

爬到屋梁上拉屎——摆臭架子

爬竿比赛——看谁上得快

爬灰头（指与儿媳通奸的人）唱圣谕——说人话不办人事

爬灰头念佛经——说人话不办人事

爬楼梯绊跤子——爬得高，跌得重

爬楼梯跌跤——爬得越高，摔得越重

爬山的冠军——捷足先登

爬山虎的本领——会巴结

爬上岸的乌龟——缩头缩脑

爬上马背想飞天——好高骛远

爬上山顶打铜锣——站得高，想（响）得远

爬上山顶纳凉——走上风

爬上塔顶吹笛子——高调

爬上屋脊的螃蟹——横行到顶了

怕鬼唱山歌——假威风

怕死碰见鬼子兵——在劫难逃

怕死碰见送葬的——倒霉透了

怕死又碰上送葬的——在劫难逃

4

拍大腿吓老虎——一点没用

拍马屁拍到了大腿上——拍得不是地方；让它尥了一蹶子

拍马屁拍到马嘴上——倒被咬一口

拍马屁拍到蹄子上——倒挨一脚

拍拍屁股就走——不管了

拍一下肩膀屁股痛——浑身是病

拍一下脑壳脚底动——灵透了

拍照片不上卷——没影子

排笔绘画——线条太粗

排队梳辫子——一个一个来

排骨抛饿狗——有去无回

排骨烧豆腐——有硬有软

排球比赛——推来推去

牌楼下躲雨——暂避（壁）一时

5

潘家湾的锣鼓——各打各的

潘金莲熬药——暗地里下毒

潘金莲的裹脚布——肮脏货

潘金莲的脚指头——一个好的没有

潘金莲的信条——宁在花下死，做鬼也风流

潘金莲的竹竿儿——惹祸的根苗

潘金莲对付武大郎——不是对手

潘金莲飞眼——卖弄风流

潘金莲给武松敬酒——别有用心；不怀好意

潘金莲敬酒——丑话说在前

潘金莲上庵堂——假正经

潘金莲偷汉子——本性难移

潘仁美领兵——苦了杨家将

潘仁美挂帅——奸臣当道

潘仁美会严嵩——一对奸臣

盘古（我国神话中开天辟地的人物）的斧头——开天辟（劈）地

盘古开天地——很早的事

盘古王耍板斧——老当益壮

盘古王摇拨浪鼓——老天真

盘山公路——绕圈子

盘山公路上开车——弯弯绕；要善于转弯

盘子里摆鸡蛋——有数的几个

盘子里生豆芽——根底浅

盘子里养花——扎不下根

盘子里养鱼——一清二楚

判官办案——吓死人

判官吃料——鬼咬牙

判官错点生死簿——糊涂鬼

判官当军师——鬼点子多

判官当郎中——鬼正（诊）经

判官的肚腹——鬼心肠

判官的舅子——贪鬼

判官的女儿——鬼丫头

判官的小舅子——内鬼

判官跌跤子——冒失鬼

判官借钱——穷鬼

判官进当铺——想钱

判官老爷——五道庙的泥胎

判官娘子怀胎——一肚子鬼

判官拍照——鬼样子

判官敲门——催命鬼来了

判官娶媳妇——鬼打扮

判官审案——鬼事

判官讨饭——穷鬼

判官头上抹糨子——糊涂鬼

判官玩魔术——鬼把戏

判官照镜子——鬼样子

判官治病——鬼整（诊）

判决书做衣裳——浑身是罪

盼望长空裂大缝——异想天开

盼望出太阳的姑娘——想情（晴）人

盼月亮从西出——没指望

6

庞统做知县——大材小用

螃蟹包馄饨——里头戳穿

螃蟹不忘横着爬——专走斜道

螃蟹不咬——专家（夹）

螃蟹吃高粱——顺着杆（秆）子往上爬

螃蟹出洞——横行

螃蟹穿在柳条上——难解难分

螃蟹打洞老鼠住——劳而无功

螃蟹的脚杆——弯弯多

螃蟹的肉——藏在肚里

螃蟹的眼睛——死不瞑目

螃蟹的眼里——一切都是横的

螃蟹洞里打架——窝里横

螃蟹断了爪——横行不了几天

螃蟹赶路——来横的

螃蟹刚脱壳——肉嫩嫩的

螃蟹过河——七手八脚

螃蟹过马路——横行霸道

螃蟹过门槛——七手八脚

螃蟹横着走——看你横行到几时

螃蟹夹鸡蛋——滚的滚，爬的爬；连滚带爬；滚蛋

螃蟹夹豌豆——滚的滚，爬的爬；连滚带爬；滚蛋

螃蟹教子——不走正道

螃蟹进了鱼篓子——有进无出

螃蟹进入黄麻地——死路

螃蟹进油锅——横行到头了

螃蟹拉车——不走正道；使横劲

螃蟹拉蚂蚱——谦虚（牵须）

螃蟹离开水——横行不了几下

螃蟹落在芥菜上——不上不下

螃蟹满地爬——到处横行

螃蟹拿顶——耍家（夹）

螃蟹爬到当路上——横行霸道

螃蟹爬到火筒里——伸不开蹄爪

螃蟹爬到路上——横行霸道

螃蟹爬鱼篓——进得来，出不去

螃蟹爬竹竿——过节见

螃蟹婆亲——尽是大王八

螃蟹上壁——自叹自落

螃蟹上吊——悬空八只脚

螃蟹上缸壁——爬不上

螃蟹上树——巴不得

螃蟹生鳞鱼生脚——怪事一桩

螃蟹吐唾沫——没完没了

螃蟹脱壳——溜啦；老样子

螃蟹下锅——红脸了

螃蟹造反——横冲直撞

螃蟹作揖——对夹

胖大海掉进黄连水——苦水里泡大的

胖大嫂回娘家——丢三落四

胖大嫂骑瘦驴——不般配

胖老婆骑瘦驴——互相都招呼着点儿；肥瘦相搭

胖婆娘过窄门——门当（挡）户对

胖婆娘骑瘦驴——牵肥搭瘦

胖子乘车——碍着两边的人

胖子穿小褂——不合身

胖子打架——抱成一团

胖子的裤带——不打紧

胖子排横队——齐头并进

胖子系裤带——不要紧

7

抛彩球招亲——碰运气

抛出去的绣球——收不回来

抛了锚的汽车——寸步难行

抛球招亲——未必如意

刨倒树捉老鸹——笨透了

狍子落了套——有去无回

炮打老帅——将军

炮打林中鸟——一哄（轰）而散

炮弹打苍蝇——不够火药钱

炮弹打在炮筒里——巧得很

炮弹进炮膛——直来直去

炮弹壳当枕头——硬邦邦

炮弹脱靶——放空炮

炮台上的老鸹——吓破了胆

炮台上的麻雀——吓破了胆

炮筒里的炮弹——一触即发

炮筒里装针——细心

炮筒子里放炮弹——直来直去

炮筒子脾气——一触即发

炮仗捻的脾气——一点就着

炮仗跌进河里——没响

炮仗炸碾盘——稳而不动

袍子改袄——弄巧成拙；越来越小

袍子改汗衫——绰绰有余

跑步比赛——你追我赶

跑掉了一只鞋——举足轻重

跑昏的兔子——好捉

跑了耗子捉狐狸——一个比一个刁

跑了和尚——有事（寺）在

跑了鳅鱼——泥里盘

跑了虾公捉到鲤鱼——理更好

跑了羊修圈——还不算晚；亡羊补牢

跑龙套的——摇旗呐喊

跑马吃烤鸭——这把骨头不知往哪儿扔

跑马使绊子——存心害人

跑堂的努嘴——都卖了

跑雨尿裤子——反正都湿了

跑着养猪——看在钱的分儿上

泡菜坛里的黄瓜——酸溜溜的

泡菜坛里抓海椒——捞一把

泡泡糖粘住糯米饭——扯也扯不开　　泡桐树锯菜板——心虚

泡软了的豆子——不干脆　　　　　　泡透的土墙——难长久

8

喷火器的脾气——张口就发火　　　　盆里的洋葱——装蒜

喷沙枪打兔子——天女散花　　　　　盆子里摆鸡蛋——不数的几个

喷雾器放屁——毒气冲天　　　　　　盆子里摆山水——假景；清秀

盆菜摊上的样品——七荤八素

9

片儿汤里放排骨——柔中有刚　　　儿苦

偏刃的斧头——一面砍　　　　　　骗子赌钱——耍手腕

偏头看戏——怪台歪　　　　　　　骗子碰到骗子——尔虞我诈

骗得麻雀下地来——花言巧语　　　骗子说话——五吹六拉

骗孩子吃药——一会儿甜，一会　　骗子遇扒手——你哄我，我哄你

10

漂白布掉染缸里——永世洗不清　　　飘上天的气球——轻浮

漂白布落在油锅里——永世洗不清　　瓢把上记账——见水就拉倒

漂亮姐的耳朵眼儿——光钻空子　　　瓢底写字——水上漂

漂亮姐的耳环——光会钻空子

11

拼死吃河豚——不怕死；犯不着；　　马——无私无畏

一命搏一命　　　　　　　　　　　贫家度日——虚度

拼着一身剐（guǎ），敢把皇帝拉下　　贫血病人——脸上无光

第十二篇　Q

1

切菜刀背上翻跟头——本领高

切菜刀剃头——好险；冒险

切糕换粽子——一路货

切开的藕——看清其心眼了

茄子炒南瓜——不分青红皂白

茄子地里长蒺藜——坏种坏苗

茄子地里道黄瓜——爱说啥说啥

茄子棵上结黄瓜——杂种；变种

茄子上面生苦瓜——杂种

窃马贼戴佛珠——冒充善人

窃贼掉井——灌头（惯偷）

窃贼上房——偷梁换柱

2

亲娘祖奶奶——一套儿

亲戚是把锯——你有来，我有去

秦桧不会水——汉（旱）奸

秦桧的跪像——万人唾骂

秦桧的后代——奸小子

秦桧的妻子——长舌妇

秦桧调岳飞——陷害忠良

秦桧害岳飞——不得人心

秦桧落海——臭名远扬（洋）

秦桧卖国——遗臭万年

秦桧杀岳飞——罪名莫须有

秦桧说话——奸嘴舌头

秦桧要饭——没给的

秦桧遇见严嵩——奸对奸

秦桧掌权——奸臣当道

秦桧奏本——进谗言

秦惠王乘败进兵——一举两得

秦椒（细长的辣椒）拌姜——辣对辣

秦椒加火炒——里外发烧

秦椒就酒——辣对辣；一口顶两口

秦琼不拿铜——歇歇你的胳膊吧

秦琼的黄骠马——来头不小

秦琼的杀手锏（古代兵器）——一辈传一辈；家传

秦琼卖刀——忍痛割爱

秦琼卖马——背时；忍痛割爱；穷途末路

秦琼卖碗——时运不济

秦琼为朋友——两肋插刀

秦始皇打边墙——无道

秦始皇的奶奶——有年纪啦

秦始皇的愿望——万寿无疆

秦始皇收兵器——高枕无忧

秦始皇修长城——千古奇迹；功过

后人评

秦始皇修坟墓——自作自受

秦始皇治卢生——坑害人

秦雪梅吊孝——哭动人心啦

勤劳的蜜蜂——闲不住

3

青芭蕉——有棱有角

青菜煮萝卜——一清（青）二白

青草喂牛——有嫩的咬了

青出于蓝而胜于蓝——后来居上

青冈木做扁担——硬杠子

青冈木做杠子——硬邦邦

青龙白虎下界——凶神恶煞（杀）

青龙与白虎同行——吉凶全然未保

青皮橄榄——先苦后甜

青蛇吃山雀——疙疙瘩瘩

青石板上长蘑菇——天下奇闻

青石板上搭窝棚——底子好

青石板上的曲蟮——没处钻了

青石板上雕花——硬功夫；开头难

青石板上抹油——滑得很

青石板上撒石灰——一清（青）
二白

青石板上晒棉花——有软有硬

青石板上甩乌龟——硬碰硬

青石板上种庄稼——扎不下根

青石板做中堂——实话（石画）

青石进了石灰窑——要留清（青）
白在人间

青石上炒豆子——熟一个蹦一个

青石上钉钉子——硬钻

青秫秸打箔——一路货

青藤缠树——难解难分；你中有我，
我中有你

青蛙唱歌——不合调；呱呱叫

青蛙吃黄蜂——倒挨了一锥

青蛙吃月亮——天壤之别

青蛙赶泥鳅——滑稽碰上滑稽

青蛙鼓噪——不成调

青蛙进网——坐卧不安

青蛙恋爱——吵闹不休

青蛙闹塘——吵闹不休

青蛙爬到鞭梢上——经不起摔打

青蛙爬木锨——洋（扬）上天

青蛙配对——玩儿飘（漂）儿

青蛙跳鼓上——不懂（扑通）

青蛙跳门槛——又蹾屁股又伤脸

青蛙跳塘——不懂（扑通）

青蛙吞火炭——闷声闷气

青蛙望玉兔——有天地之别

青蛙向蟾蜍借毛——两家无

青蛙笑蝌蚪——忘了自己从哪儿
来了

青蛙遇田鸡——碰上自家人；难兄
碰到难弟

青蛙走路——又蹦又跳

青蛙钻进蛇洞里——自取灭亡

青柚子掉在潲水（泔水）里——又

酸又涩

氢气球上天——扶摇直上；不翼
而飞

倾巢的黄蜂——各散四方；一哄
而散

倾倒的篱笆——塌了架

倾家荡产买棺材——死要面子活
受罪

清晨的太阳——蛮红火

清晨的云雀——展翅飞翔

清道夫拉货——一堆废物

清官断案子——认理不认亲

清官不坐朝——糊涂

清洁工遇垃圾——一扫光

清明节上坟——哄鬼

清水拌铁砂——合不拢

清水倒在白酒里——以假充真

清水点灯——拿错了油

清水盆里看鱼——一清二楚

清水染白布——空过一场

清水塘钓鱼——一眼望到底

清水洗煤炭——没事找事

清水下杂面——你吃我看

清水写字——不留痕迹

清水衙门——无懈可击；一尘不染

清水炸鱼——没法办

清水煮白菜——一清（青）二白

清水煮豆腐——乏味

清油调苦菜——各有所爱

清油炸麻花——摽（捆附；纠缠）
劲；绞上劲

清早出门遇狐狸——倒霉透了

清蒸鸭子——身子烂了嘴还硬

蜻蜓吃尾巴——自吃自；一连串

蜻蜓点水——深不下去

蜻蜓点水鱼打花——没有用

蜻蜓飞进蜘蛛网——命难逃

蜻蜓撼石柱——痴心妄想；自不量
力；毫不动摇

蜻蜓撼树——纹丝不动

蜻蜓扑蛛网——送食上门

蜻蜓撞着蜘蛛网——有翅难飞

蜻蜓断翅膀——飞不起来了

蜻蜓相配——飞对

蜻蜓想吃红樱桃——眼都望绿了

情人送别——恋恋不舍

情人相见——恋心绵绵

情人眼里出西施——各对各眼

晴天不赶路——等着雨淋头

晴天打雷——空喊；罕见

晴天带伞——有备无患

晴天盼下雨——没指望

晴天送伞——多此一举；空头人情

晴天下雹子——大难临头；冷不防

晴天下大雪——明明白白

晴天响霹雳——惊天动地；信不得

请来阎王压判官——以大欺小

请狼来做客——活得不耐烦了

请篾匠师傅补锅——找错了人

请木匠补锅——用人不当

请人哭爹妈——假伤心

请神请到鬼——瞎了眼

请瓦匠上房顶——查漏洞

请小姨子做伴——不安好心眼

磬槌打在石板上——没多大响声

4

七八月的高粱——红透了

七八月的南瓜——皮老心不老

七次量衣一次裁——合身

七尺缸里打飞脚——处处碰壁

七尺缸里捞芝麻——白费工夫

七尺汉子过矮门——不得不低头

七寸长钉钉在棺材上——一辈子休想拔出来

七寸脚装三寸鞋——硬装

七寸蛇配疗药——以毒攻毒

七寸头上打蛇——击中要害

七个矮人睡一头——低三下四

七个半麻雀脑袋分两盘——七嘴八舌

七个弟子跳八仙——人数不够

七个和尚打一把伞——遮盖不住

七个瓶子八个盖——不周全

七个婆婆拉家常——说三道四

七个人聚会——三朋四友

七个人睡两头——颠三倒四

七个人通阴沟——低三下四

七个仙女争面脂——香三臭四

七个制钱对半分——不三不四

七根棒槌堆一堆——颠三倒四

七根扁担丢一旁——横三竖四

七根笛子一起吹——一个音

七根秫秸丢进猪圈里——横三竖四

七姑八舅抬食盒——彬彬（宾宾）有礼

七鼓八钹——不入调

七斤半的苦瓜——没见过这号种

七斤面粉调了三斤糨糊——尽办糊涂事

七棵树栽两行——不三不四

七里渡船喊得来——全凭一张嘴

七里岗放风筝——由它去

七两放在半斤上——只差一点

七面锣八面鼓——七想（响）八想（响）

七窍通六窍——一窍不通

七擒孟获——叫他口服心服

七十老汉演花旦——别出心裁

七十老汉坐摇篮——老天真

七十岁老翁叨九十斤重的旱烟袋——嘴上功夫

七十岁配眼镜——老话（花）

七十岁婆婆干活——手脚不利索

七十岁婆婆学绣花——老来发奋

七十岁讨老婆——老来喜

七十岁学气功——老练

七十岁学巧——长到老，学到老

七十岁演活报剧——非同儿戏

七十岁中状元——老来喜；老来发奋

七仙女放烟火——天女散花

七仙女嫁董永——采取主动；天作之合

七仙女下凡——好景不长；是非多

七仙女走娘家——云里来，雾里去

七仙女做梦——天晓得

七兄弟站两行——不三不四

七月半——鬼节

七月的荷花——红不久；一时鲜

七月的生柿子——难啃

七月七牛郎会织女——一年一度

七月七生的——巧儿

七月十五吃月饼——赶先（鲜）

七只桨划船出海——颠三倒四

七总管死了——六神无主

妻死贼上房——内忧外患

漆匠师傅调颜色——花样多

齐桓公的老马——迷途知返

齐桓公进迷谷——还是老马识途

齐桓公用官——不记前仇

齐威王猜谜语——一鸣惊人

骑兵败阵——兵荒马乱

骑兵打胜仗——马到成功

骑兵掉河里——人仰马翻

骑兵队长打冲锋——一马当先

骑兵逛公园——走马观花

骑兵追击——马不停蹄

骑单车下坡——不睬（踩）

骑着毛驴撵火车——不赶趟

骑快马催债——急着要钱用

骑老虎背——没有好下场

骑老虎走冰山——好险；冒险

骑老母猪挎草叶——看你这套人马刀枪

骑老牛追快马——望尘莫及

骑驴背口袋——白费劲

骑驴背磨盘——白塔；多此一举；蠢人蠢事

骑驴不用赶——道熟

骑驴看唱本——走着瞧

骑驴扛布袋——白搭这份好心肠；都在驴身上；弄巧成拙

骑驴扛口袋——挨压的脑袋

骑驴拿拐杖——多此一举

骑驴瞧账本——走着看；到了算；穷算计

骑驴去上坟——惹老人生气

骑驴上房顶——不可能的事

骑驴望着坐轿的——比上不足，比下有余

骑驴下山——一步跟不上，步步跟不上

骑驴要饭——冒充大款

骑驴找驴——蠢人蠢事；昏头昏脑；心不在焉

骑驴走山道——稳重

骑骡子赶船——水旱两能

骑骆驼背大刀——阔马大刀

骑骆驼不备鞍——现成

骑骆驼牵鸡——高低悬殊

骑骆驼耍门板——大马金刀

骑马背包袱——全在马身上

骑马背着缸——不稳当

骑马不带鞭子——拍马屁

骑马吃豆包——露馅儿

骑马穿靴子——能行

骑马放屁——两不分明

骑马扶墙——求稳

骑马观灯——走着瞧；不深入

骑马逛草原——没完没了

骑马逛街——走着瞧

骑马过独木桥——难回头

骑马过闹市——岂有此理

骑马挎枪走天涯——神气透了

骑马牵老鼠——高的高，低的低

骑马上山——步步高升

骑马上天山——回头见高低

骑马时间少，擦镫时间多——本末颠倒

骑马讨饭吃——不等穷

骑马找判官——马上见鬼

骑马抓跳蚤——大惊小怪

骑马坐船——三分险

骑毛驴吃豆包——乐颠相

骑毛驴打仗——白送死

骑毛驴赶飞机——假装积极

骑毛驴观山景——走着瞧

骑牛撵火车——差得远

骑牛遇亲家——凑巧

骑牛追马——望尘莫及

骑上老虎背——身不由己

骑上骆驼爬坡哩——高得多了

骑兔子拜年——寒碜人

骑在脖颈上撒尿——欺人太甚

骑在房梁上吹喇叭——名（鸣）声在外

骑在虎背上——不怕唬（虎）

骑在虎背上玩把戏——错一步都不行

骑在骆驼上割草——不可能

骑在马背上耕田——新鲜

骑在马上的人——不知跑路人的苦

骑着大象数着鸡——高的高，低的低

骑着老虎够柿子——贪吃不顾命

骑着老虎过海——可真下不来

骑着老虎看美人——贪色不怕死

骑着老马闭眼走——熟门熟路

骑着驴子啃烧鸡——这把骨头不知扔在哪里

骑着驴子思骏马，官居宰相望王侯——贪得无厌

骑着骆驼吃包子——乐颠了馅儿

骑着骆驼追兔子——长处看

骑着毛驴撵兔子——凭工夫换

骑着毛驴追飞机——不知高低

骑自行车过独木桥——多加小心

骑自行车双丢把——不服（扶）

棋逢对手——不相上下

棋迷见了棋盘——挪不动腿

棋盘边上的卒子——有你不多，无你不少

棋盘里的兵卒——只进不退

棋盘里的老将——出不了格

棋盘中的子儿——捻一下动一步

旗杆顶上绑鸡毛——好大的胆（掸）子

旗杆顶上吹喇叭——起高调

旗杆顶上放鞭炮——想（响）得高

旗杆顶上贴告示——天知道

旗杆尖上拿大顶——艺高胆大

旗杆上吹号角——高明（鸣）

旗杆上的猴子——到顶了

旗杆上吊灯笼——高明；有名（明）的光棍

旗杆上挂地雷——空想（响）

旗杆上挂电灯——吉星高照

旗杆上挂红灯——照远不照近

旗杆上挂猪脑壳——头扬得高

旗杆上抹香油——又奸（尖）又猾（滑）

蛤蟆儿（青蛙）穿套裤——踢腾不开

蛤蟆儿翻田坎——上蹿下跳

麒麟角，蛤蟆毛——天下难找

乞儿篮里抢冷饭——不近人情

乞儿煮粥——不等熟

乞丐吃梅子——穷酸

乞丐吹唢呐——穷欢乐

乞丐打铃——穷得叮当响

乞丐的家当——破烂货

乞丐的头发——没人理

乞丐的衣服——破绽多；破烂货

乞丐进发廊——没人理

乞丐扭秧歌——穷快活

乞丐说相声——耍贫嘴

乞丐跳舞——穷快活

乞丐养猪——没料

乞丐早起——穷忙

乞食身，皇帝嘴——不相称

启航遇见顺风——机不可失

杞人忧天——自找苦恼；担心过分

起风又下雨——双管齐下

起个五更，赶个晚集——老落后；落后了

起网有鱼虾——一举两得

起义军打天下——除暴安良

起重机吊灯草——轻而易举

起重机吊钢板——拿得起，放得下

起重机吊鸡毛——轻拿；大材小用

起重机吊竹篮——不值一提

起坐不安——心中有事

气管子顺在嘴里——咽不下这口气

气焊枪焊玻璃——接不上

气枪打飞机——差得远

气球上天——远走高飞；轻飘飘；不攻自破

气球上扎窟窿——泄气

气死周瑜去吊孝——假仁假义；虚情假意

气象台的风动仪——随风转

弃美玉而抱顽石——糊涂到顶了

汽车长翅膀——快上加快

汽车的后轮——不会拐弯

汽车放炮——没跑；泄气

汽车坏了方向盘——横冲直撞

汽车进了胡同——难转弯

汽车开进死胡同——走错了道

汽车亮了尾灯——回光返照

汽车爬大树——瞎折腾

汽车抛锚——不走了

汽车跑到人行道上——走邪（斜）路

汽车前的大眼睛（汽车的前灯）——顾前不顾后

汽车上的喇叭——不用吹；不是吹的

汽车司机扳舵轮——忽左忽右

汽车撞轮船——难得一回

汽车撞墙——走投无路

汽锤打夯——扎扎实实

汽锤砸钢板——响当当

砌墙的瓦刀——整天和泥水打交道

砌墙的砖头——后来居上

5

掐了脑袋的苍蝇——东一头西一头

掐了头的树苗——节外生枝

掐头苍蝇——不知死活

掐头蚂蚱——无头蹦了

6

千臂观音——多面手

千层底儿作腮帮——好厚的脸皮

千个师傅千个法——各有各的门道

千古的罪人——十恶不赦

千斤鼻子四两嘴——不好开口

千斤担子肩上搁——负担太重

千斤担子一人担——重任在肩；压趴了

千斤磨盘——无二心

千斤重的种猪——肥头大耳

千里搭长棚——没有不散的筵席

千里打电话——两头通；遥相呼应

千里驹上结鸳鸯——马上成亲

千里驹送信——快当

千里扛猪草——还不是为（喂）他（它）

千里马长翅膀——突飞猛进

千里马逮老鼠——大材小用

千里马拉犁耙——大材小用；用非所长

千里马拉磨——当驴使唤

千里马挑重担——少见

千里送鹅毛——礼轻情意重

千里送客——总有一别

千里挑担子——肩负重任

千里投军，志在卫国——好汉一个

千里投亲——远方来客

千里遇知音——喜相逢

千年大树百年松——根深蒂固

千年的大树——根深叶茂；盘根错节

千年古树当火棍——大老粗

千年胡椒万年姜——越老越辣

千年槐下乘凉——托前人的福

千年铁树开花——今古奇观；枯木逢春；难得

千年鱼——浮在水面

千人大合唱——异口同声

千日拜佛，一朝添丁——善有善报

千日斧子百日锛（削平木料的工具）——苦学苦练；练出来的

千日管子百日笙——练出来的

千条江河归大海——大势所趋

千条竹篾编花篮——看着容易做着难

牵动荷叶带动藕——互相牵连

牵狗玩猴弄猢狲——不走正道

牵骆驼上楼——自找麻烦

牵牛过独木桥——难过

牵牛花搭棚——一个劲儿往上爬

牵牛花当喇叭——吹不响；闹着玩

牵牛花爬上树——胡搅蛮缠

牵牛花攀到钻塔上——架子不小

牵牛花上树——顺杆爬

牵牛牵鼻子——抓住了关键

牵牛上纸桥——难上加难

牵牛下水——六脚（角）齐漫

牵瘸驴上窟窿桥——左右为难

牵线木偶——幕后有人

牵羊进照相馆——出洋（羊）相

牵只羊全家动手——人浮于事

牵着不走，拉着倒退——犟牛

牵着肠子挂着肚——放心不下

牵着骆驼拉着鸡——就高不就低；

高的高，低的低

牵着张三（狼的俗称）回家——引狼入室

铅笔芯儿——直肠子

前脚不离后脚——紧相连

前脚与后脚——寸步不离

前门楼上搭脚手——好大的架子

前门失火——走后门

前面挨一枪，后面挨一刀——腹背受敌

前面是狼后面是虎——一个比一个凶；进退两难

前怕狼后怕虎——进退两难；畏首畏尾

前妻的孩子哄后娘——尽说瞎话；自家人哄自家人

前藤子上上吊——难死人

前有埋伏，后有追兵——进退两难；无处逃生；没有回头的余地

荨麻（草本植物，茎和叶子都有细毛，皮肤接触时会引起刺痛）的叶子——碰不得

钱串子脑袋——见钱眼开；见缝就钻

钱塘江的潮水——看涨

钱塘江里洗被单——大摆布

钱塘江涨潮——大起大落；后浪推前浪；来势凶猛；涌上来了

钱眼儿里翻眼头——财迷转向

钱眼儿里睡觉——细人

钱在手头，食在嘴边——留不住

钳工的手艺——动手就错（锉）

钳工师傅摆手——没错（锉）

钳工师傅教徒弟——动手就错（锉）

潜水艇下水——深入浅出

黔虎吃驴——兜圈子

浅水里鱼儿——摸着来

浅滩上放木排——拖拖拉拉；一拖再拖

7

呛了蒙汗药——动弹不得

枪枪打中靶心——百发百中

枪头上的雀儿——吓破了胆

强盗扮君子——不相称；装不像

强盗扮书生——改面不改心；冒充斯文

强盗唱歌——贼腔

强盗打灯笼——明火执仗

强盗打官司——场场输

强盗打枪——一刻延误不得

强盗打先锋——贼横

强盗的逻辑——得寸进尺

强盗的面孔——贼眉鼠眼

强盗的脑壳——贼头贼脑

强盗的钱财——来路不明

强盗的欲望——填不满

强盗发善心——难得一回；难上加难

强盗滚酱缸——笨（拌）贼

强盗过后安弓箭——没用处；没得用

强盗画像——贼形

强盗进公堂——场场输

强盗进学堂——摸到就输（书）

强盗救火——趁火打劫

强盗开黑店——贼心不死

强盗来了开中门——不多（躲）

强盗卖灯草——没地方藏身了

强盗眉毛上放鞭炮——现跟现报（爆）

强盗念经——冒充好人

强盗拍照片——贼相难看；贼头贼脑

强盗碰见贼爷爷——黑吃黑

强盗敲门——来者不善

强盗杀人——谋财害命

强盗杀死赵公元帅（指财神）——谋财害命

强盗上了云头星——偷天换日

强盗伸手——偷偷摸摸

强盗手里夺刀——胆子不小

强盗手里夺铜锣——你抢我劫

强盗偷石磙——笨贼

强盗遇见贼娃子——一路货

强盗抓小偷——贼喊捉贼

强盗走进浴室——贼形全现

强盗走了房还在——不少（烧）

强盗走了，扛出枪来了——假充勇敢

强盗做梦——想着偷

强叫老鹰学百灵鸟叫——叫不出

强拉媳妇成亲——难得两全；人在心不在

强拉秀才成亲——难为圣人

强老汉打强老婆——强打强

强令哑巴说话——逼人太甚

强龙斗猛虎——都是好汉

强扭的瓜儿——不香甜

强求的婚配——不成

强震中心的坏房——土崩瓦解

墙壁上的人影——不像话（画）；不是话（画）

墙缝里的蚂蚁——不愁没出路

墙缝里的蛇咬人——出嘴不出身

墙缝里的蝎子——蜇人不显身；暗中伤人

墙角打拳——有劲使不上

墙角开口——邪（斜）门

墙角追狗——回头一口

墙里的柱子——暗里使劲

墙里开花墙外红——美名在外

墙上的壁虎——光钻空子；见缝就钻

墙上的恶鬼——吓唬不了人

墙上的裂缝——合不拢

墙上的芦苇——头重脚轻根底浅

墙上的马——准看不准骑

墙上的麦子——野种

墙上的茅草——摇摆不定

墙上的蝎子——专找缝子钻

墙上的蜘蛛网，草原上的脚印——蛛丝马迹

墙上地图——半壁江山

墙上钉橛子——有股钻劲

墙上挂鳖壳——定（钉）了规（龟）

墙上挂的王八——上不着天，下不着地；四脚无靠

墙上挂狗皮——不像话（画）；不成话（画）

墙上挂帘子——没门儿

墙上挂磨扇（磨盘）——实话（石画）

墙上挂琵琶——不谈（弹）了

墙上挂日历——一天一个样

墙上挂钟馗——鬼话（画）

墙上画饼——中看不中吃

墙上画刀——无济于事

墙上画的美人儿——你爱他不爱

墙上画老虎——吓唬人；样子凶

墙上画烙饼——馋人解饿

墙上画马——不能骑；单瞪（蹬）

墙上画鱼——一只眼

墙上贴草纸——不像话（画）；不是话（画）

墙上栽葱——扎不下根

墙上种黄连——埋头苦干

墙头拉车——路子窄

墙头上吹喇叭——里外叫得响

墙头上的草——风吹两边倒

墙头上的鸽子——东张西望

墙头上的葫芦——两边滚

墙头上的马蜂，墙缝里的蝎子——一个比一个毒

墙头上跑马——路子窄；冒险；没多大奔头

墙头上睡觉——翻不了身；想得宽

墙头上栽葱——无缘（园）

墙头种白菜——难交（浇）

抢吃弄破碗——欲速则不达

抢来的媳妇——不恩爱；无情无义

8

跷跷板上搁鸡蛋——滚开；滚了

劁（阉割）猪割耳朵——两头受罪

敲不出火——一闪即灭

敲不响的木鼓——心太实

敲鼓吹口哨——自吹自擂

敲鼓的倒着走——打退堂鼓

敲鼓碰到放炮的——想（响）到一块儿了

敲锅盖卖烧饼——好大的牌子

敲坏的铜锣——没用处；不中用

敲开了的木鱼——合不拢嘴；咧开了嘴

敲空米缸唱戏——穷开心

敲锣逮麻雀——白费劲

敲锣的紧跟打鼓的——想（响）到一个点子上

敲锣卖糖——各管一行；各干一行

敲锣撵兔子——起哄

敲锣找孩子——丢人打家伙

敲锣捉麻雀——枉费心机；不得法；一个逮不了

敲门惊柱子——旁敲侧击

敲山振虎——虚张声势；惊不了

敲碎的铜锣——名声不好

敲头顶脚底响——灵透了

敲下去的钉子——定了

敲柱子惊门环——指桑骂槐

敲着饭碗讨吃的——穷得叮当响

敲着空碗唱曲子——穷作乐；穷快活

乔太守点鸳鸯——巧断

乔太守乱点鸳鸯谱——弄假成真

荞麦地里藏秃子——没有看出你来

荞麦地里捉王八——十拿九稳

荞麦粒儿——有棱有角

荞麦面擀饼——不粘板

荞麦面见风——越来越硬

荞麦面饺子——一个比一个硬

荞麦面贴对子——不粘板

荞麦捏的——没有骨头

荞麦皮打糨子——不粘板；两不沾（粘）

荞麦皮里挤油——死抠；没多大油水

荞麦皮装枕头——正经货

荞麦去了皮——没棱没角

荞麦窝里扎锥子——奸（尖）对奸（尖）；尖对棱

桥孔里伸扁担——担当不起

桥上搭碉楼——底子空

桥上的木板——任人践踏

桥是桥，路是路——一清二楚

桥头上跑马——走投无路

樵夫卖柴——两头担心（薪）

瞧瞧过去，看看未来——瞻前顾后

瞧着账簿聊天——说话算数

巧八哥的嘴——能说会道

巧八哥拉家常——光耍嘴

巧八哥学舌——人云亦云

巧妇去做无米之炊——难办

巧姑娘绣花——难不住

巧她爹遇到巧她娘——巧上加巧

巧姐嫁给巧哥——巧上加巧

巧眉眼做给瞎子看——白搭

巧他爹打他娘——巧极（急）了

巧媳妇打扮囡（小孩）——一天变一个样

巧绣香囊送郎君——心诚

俏大姐的脸孔——爱煞人

俏大姐的头发——输（梳）得光；波涛滚滚

俏大姐择眉毛——连根拔

俏大姐坐飞机——美上天了

俏媚眼给盲佬看——传错情；白搭

俏媳妇戴凤冠——好上加好

撬杠打蝈蝈儿——小题大做

9

穷棒子请客——你来他不来

穷风流，饿快活——苦中作乐

穷寡妇赶集——要人没人，要钱没钱

穷寡妇赶庙会——缺人又缺钱

穷寡妇回娘家——苦衷难诉

穷寡妇进当铺——人财两空

穷光棍遇到吝啬鬼——谁也不沾谁的光

穷汉掏兜——没有钱

穷汉下饭馆——肚里空空，兜里光

穷木匠开张——只有一句（锯）

穷奶奶逛庙会——要人没人，要钱没钱

穷皮匠的家当——破鞋

穷人打官司——场场输

穷人的日子——难熬

穷人点蜡烛——大家借光

穷人掉雪窟——又冷又饿

穷人告状——输定了

穷人借债——保上加保

穷人买米——只要一声（升）

穷人卖儿女——迫不得已

穷人面前四堵墙——没有出路

穷人死在大路上——命该如此

穷人逃债——躲过初一，躲不过十五

穷秀才娶亲——一切从简

穷债户过年——躲躲闪闪

穷嘴恶舌头——招人讨厌

10

秋八九月的大闸蟹——壮得没骨

秋蝉落地——闷声闷气

秋蝉吐丝——作茧自缚

秋风过耳——一点儿不留

秋风里的黄叶——枯萎凋零

秋风扫落叶——一吹一大片

秋风中的羽毛——左右摇摆

秋后的芭蕉——一串一串的

秋后的苍蝇——长不了；扇不动了

秋后的蝉儿——叫不了几声啦

秋后的蛤蟆——叫不了几天了

秋后的蝈蝈儿——没几天吱吱头了

秋后的核桃——满人（仁）

秋后的黄蜂——厉害不了几天了；欲凶无力

秋后的蚂蚁——末日来临

秋后的蚂蚱——没几天蹦头了

秋后的南瓜——皮老心不老

秋后的螃蟹——顶盖儿肥；没几天活头了

秋后的茄子——蔫了

秋后的青蛙——销声匿迹

秋后的扇子——没人要

秋后的树叶——黄了

秋后的丝瓜——满肚子私（丝）

秋后的天——变化多端

秋后的田鼠——偷粮能手

秋后的兔子——又欢起来了

秋后的蚊子——没几天好飞了；闹腾不了几天了

秋后的野鼠——见异思迁

秋后的知了——没几天叫头了

秋后刮北风——一天比一天凉

秋后望田头——找碴（茬）儿

秋菊展览——花样百出

秋千顶上晒衣服——好大的架子

秋去冬来——年年都一样

秋天剥黄麻——扯皮

秋天的苞米粑——外行（黄）

秋天的蝉——自鸣得意

秋天的潮水——忽起忽落

秋天的高粱——红到顶了；捆起来

秋天的蛤蟆——呱呱叫

秋天的哈密瓜——甜透了

秋天的花椒——黑了心

秋天的茭白——黑的

秋天的辣椒——红角儿

秋天的棉桃——合不拢嘴；咧开了嘴

秋天的木棉花——老来红

秋天的嫩冬瓜——胎毛还没退

秋天的柿子——自来红

秋叶落塘——漂浮

蚯蚓变蛟——纵（纵然）变不高；钻天拱地

蚯蚓剥皮——从何起头

蚯蚓吃土——开口就是

蚯蚓打哈欠——土里土气

蚯蚓打秋千——没那腰劲

蚯蚓戴草帽——土里土气

蚯蚓的肚子——直心肠

蚯蚓的孩子——土生土长

蚯蚓钓鲤鱼——以小引大

蚯蚓钓青鱼——本小利大

蚯蚓翻跟头——直不起腰

蚯蚓放屁——土里土气

蚯蚓过溪——无能为力

蚯蚓回娘家——弯弯曲曲

蚯蚓爬石板——无地自容

蚯蚓跑地——费力不小，收获不大

蚯蚓上墙——无能为力；腰杆子不硬

蚯蚓走路——能屈（曲）能伸；以屈（曲）求伸

鳅鱼进油锅——乱蹦乱跳

囚犯解（押送）解差——倒过来

求菩萨拜观音——诚心实意

求雨进了火神庙——认错了菩萨

11

曲蟮串门子——土里来，泥里去

曲蟮打冤家——两败俱伤

曲蟮过河——弯弯曲曲

曲蟮上墙——有劲使不上

曲蟮跳舞——乱糟糟

曲蟮游太湖——无能为力

屈死鬼进衙门——鸣冤叫屈

蛆虫变苍蝇——要飞了

蛐蛐斗公鸡——不是对手

蛐蛐钻磨心——头头是道

蛐蟮打洞——图（土）松散

蛐蟮翻地——悄无声息

蛐蟮撵鸭子——不死命憋的

蛐蟮爬石条——专走硬路

蛐蟮游太湖——忒宽

娶得媳妇嫁不得女——有进无出

娶了老婆讨小婆——喜新厌旧

娶了媳妇死了娘——又喜又悲

娶了媳妇忘了娘——白疼一场；忘恩负义

娶媳妇穿孝衫——十里乡情不一般

娶媳妇打榔——凑热闹

娶媳妇打发客（女子出嫁）——双喜临门；有来有去

娶媳妇打幡——成心起哄

娶媳妇戴孝帽——瞎胡闹；各有所好

娶媳妇的穿孝服——红白喜事

娶媳妇的死了娘——哭笑不得

娶媳妇碰见送殡的——倒霉透了；扫兴；哭的笑的都有

娶媳妇请吹鼓手——大吹大擂

去了角的公鹿——非驴非马

去了咳嗽添了喘——祸不单行

去年的皇历——背时

去年的棉衣今年穿——老一套

第十三篇　R

1

人把狗咬死了——怪事一桩

人才市场填表——自我推销

人吃臭豆腐——相中了这个味

人吃桑叶——吐不出丝

人从矮门过——抬不起头来；不得不低头

人打江山狗坐殿——抬举畜生

人到矮檐下——不得不低头

人到八十拜花堂——老来喜

人到古稀穿花衣——老来俏

人多主意强——集思广益

人各吃得半升米——哪个怕哪个

人过三十不学艺——老了

人和鬼交谈——没有共同语言

人急上路，毛驴急了趴下——成心闹别扭

人急跳窗户——不是门

人挤人地赶大集——多头市场

人家吃饭你借碗——不看时候

人家的棺材抬自家——自讨晦气

人家的牡丹敬菩萨——借花献佛

人家叫往东不敢往西——傀儡

人家骑马我骑驴，后面还有推车的——比上不足，比下有余

人老还穿儿时衣——过时货

人皮包臭肉——心里脏

人情一把锯——你不来，我不去

人身上拔根汗毛——无伤大体

人身上的垢，鸭背上的水——不稀奇；去了又来

人身上的汗毛——数不清

人手一把号，各吹各的调——自行其是

人死不叫人死——厌（咽）气

人死大夫到——无济于事

人死了才抓药——晚了

人死请郎中——白费工夫

人头上长疥疮——毛病

人头上砸核桃——太欺负人

人心隔肚皮——难相识

人心换人心——八两对半斤

人行影子走——寸步不离

人缘不好的老绝户——死了无人哭

人在北魏，心在西蜀——真是诡计多端

人在屋檐下——不得不低头

人造牛黄——冒牌货

人造卫星上天——不翼而飞；惊天

动地　　　　　　　　　　　　　就边移

人字双着写——不从也得从　　　忍痛灼艾——迫不得已

人嘴两张皮——各说各有理；边说

2

扔下馒头吃黄连——自找苦吃　　扔下铁锤拿灯草——拈轻怕重

扔下讨饭篮打乞丐——忘本

3

日本鬼子吃高粱米——没法子　　日头晒屁股——懒人

日出西山水倒流——天下奇闻　　日头晒瓮——肚里阴

日落东山水倒流——弥天大谎　　日头上戴眼镜——眼高

日落西山——红不久；越来越昏了

4

染布穿罩衫——不问青红皂白　　染坊里卖布——多管闲事

染布落到夜壶里——看你怎么摆布　染坊里上吊——色鬼

染布色不均——料不到　　　　　染坊送礼——拿不出手；伸不出

染坊不开——牌子在　　　　　手来

染坊的常客——好色之徒　　　　染房门前槌板石——见过些大棒槌

染坊的姑娘穿白鞋——自不然　　染缸里的白布——格外出色；洗

（染）；一丝不染　　　　　不净

染坊的老板——好色；尽给颜色看　染缸里的珍珠——上不了色

染坊里拜师傅——好色之徒　　　染缸里落白布——再也洗不清

染坊里吹笛子——有声有色　　　染匠猜拳——出手不得

染坊里的大缸——任人摆布　　　染匠穿白衫——再小心也没用

染坊里的姑娘——变了色　　　　染匠的衣服——不可能不受沾染

染坊里的木勺——形形色色　　　染匠端豆腐——不好摆布

染坊里的衣料——任人摆布　　　染匠来到粪池边——看他怎样摆布

染匠拍巴掌——一双黑手
染匠师傅下河——摆布
染匠送礼——拿不出手来
染匠提小桶——无法摆布；看你怎么摆布
染匠作揖——拿不出手
染料店的老板——尽给颜色看

5

让拐子送信——过时
让结巴念绕口令——强人所难
让了香瓜寻苦瓜——自找苦吃
让张飞绣花、黛玉领兵——滥用人才

6

饶舌的乌鸦——老调子
绕道上山——远兜远转

7

惹虮子头上挠——自寻烦恼
热鏊上的蚂蚁——走投无路
热包子流糖汁——露馅儿
热地上的蚰蜒（节肢动物，像蜈蚣而略小，生活在阴湿的地方）——坐卧不安；走投无路
热饭喂狗——吃了就走
热锅爆米花——活蹦乱跳
热锅插寒暑表——直线上升
热锅炒蚕豆——又蹦又跳；一刮二响
热锅炒辣椒——够呛
热锅盖上的蚂蚁——乱撞头
热锅里爆豆子——噼里啪啦
热锅里爆虾米——连蹦带跳
热锅里倒凉水——呼声高；炸了
热锅里的螃蟹——爪子紧挠
热锅里的汤团——翻翻滚滚
热锅里的鸭子——窝脖
热锅上的黄豆——熟了就蹦；蹦得欢
热锅上的蚂蚁——急得团团转；站不住脚
热锅上的蒸笼——好大的气
热火叉放进冷水缸——一下子凉了半截
热炕头的夫妻——难舍难分
热脸蛋贴人家冷屁股——奴颜媚骨
热恋中的情人——难分开
热面孔碰到冷毛巾——无情
热闹处卖母猪——净干些败兴事

229

热闹处卖瘟猪——扫兴

热泥人儿——财（才）烧的

热山药蛋掉进灰坑里——洗刷不清

热水里打浆——面熟陌生

热水瓶不保温——肚子坏了

热水瓶——热心肠

热水泼老鼠——一窝拿

热水烫脚气——舒适

热汤泡雪花——马上全完

热蹄子马——闲不住

热天的扇子——家家忙

热天叫人烤火——不得人心

热油锅煎豆腐——得翻那么几翻

8

绒毛小鸭初下水——一切从头学起；新手

绒球打鼓——不想（响）

绒球打脸——吓唬人；不痛不痒

绒球打锣——没有回音；打不响

荣国府里赛诗——假（贾）话连篇

9

肉案上的买卖——斤斤计较

肉包子打狗——白搭；有去无回

肉骨头吹喇叭——能混（荤）到什么时候

肉骨头打狗——软硬兼施；有去无回

肉骨头打鼓——昏（荤）咚咚

肉骨头落锅——肯（啃）定了

肉骨头烧豆腐——软硬兼施

肉锅里煮元宵——浑（荤）蛋

肉烂在锅里——肥水不外流；不分彼此；没关系

肉焖在锅里——香气在外

肉汤里洗澡——昏（荤）头昏（荤）脑

肉丸子掉进煤堆里——漆黑一团

肉馅儿包子——肚里有货

10

如来佛出虚恭——好神气

如来佛打哈欠——服（佛）气

如来佛打喷嚏——非同小可

如来佛的法力——神通广大

如来佛的经文——难得

如来佛的手心——谁也甭想逃出去

如来佛烧庙堂——不要家

如来佛心肠弥陀面——一生（身）慈善

如来佛掌上翻跟头——跳不出去

如来佛治孙悟空——强中还有强中手

如来佛抓头皮——没经念了

如来佛捉孙大圣——易如反掌

入伏的高粱——天天向上

入了洞房生孩子——双喜临门

入了棺材吃人参——无补

入了殓写祭文——盖棺论定

入秋的高粱——老来红

入秋的石榴——点子多

入山的老虎——威风起来啦

入市的乌龟——得缩头时且缩头

入瓮的蚂蚁——蹦不了啦

入伍穿军装——头一回

11

软刀子割头——不知死活

软骨头卡在喉咙里——张口结舌

软蚂蟥喝血——不觉得

软面包饺子——好捏

软面包一块——随人捏

软面粥拌粉面——愁（稠）上加愁（稠）

软索套猛虎——柔能克刚

软枣树上结柿子——小事（柿）

第十四篇　S

1

收割了的庄稼地——一溜精光

收鸡毛的挑刺——找毛病

收了白菜种韭菜——清（青）白传家

收了卦签——不算了

收了庄稼到田间——找碴（茬）儿

收音机里拉笛——到点啦

收音机里少零件——没声响

手板脚板都是油——滑手滑脚

手板上煎鱼——办不到

手背上长白毛——老手

手不麻利怨袄袖——怪物；强词夺理

手插鱼篮里——避不了腥气

手长六指头——节外生枝

手长袖子短——顾不上；高攀不上；拉扯不上

手打鼻子——眼前过

手电筒没灯泡——有眼无珠

手里的鸡蛋——十拿九稳

手里的面团——扁圆由你

手里的明珠——生怕丢了

手里的泥鳅——滑透了

手里的泥丸——要扁就扁，要圆就圆

手里提个秃镐头——没有把握

手里无网看鱼跳——干着急

手榴弹爆炸——心胆俱裂

手榴弹擦屁股——危险

手榴弹捣蒜——好险；冒险

手榴弹的尾巴——拽不得

手榴弹冒烟——难近身；给谁谁不要

手榴弹炸臭虫——得不偿失

手拿刀把子——有把柄可抓

手拿鸡蛋走滑路——格外小心

手拿谜语猜不出——执迷（谜）不悟

手拿算盘串门子——找人算账

手帕包牛脑袋——露头角

手帕当被子——遮不了丑

手帕做床单——横竖不够料

手帕做门帘——不大方

手捧鸡蛋过河——小心过度（渡）

手捧蒺藜——棘手

手捧金碗讨饭吃——哭穷

手枪打飞机——不顶用

手上的老茧——磨出来的

手上的皱纹——一清二楚

手托灯笼上山顶——唯我高明

手像蒲扇，脚像钉耙——大手大脚

手心挂板子——打手

手心里搭舞台——逢（捧）场作戏

手心里的玻璃球——掌上明珠

手心里的虱子——明摆着的事

手心里的小虫——随人捏

手心上长毛——老手

手心上搭戏台——捧场

手痒去捅马蜂窝——想惹祸

手掌穿靴子——行不通

手掌里的软糕——要扁就扁，要圆就圆

手掌里搁火炭——受不了

手掌上的纹路——明摆着

手掌削铅笔——快手

手掌心放烙铁——自作自受

手掌心煎鸡子儿——过得硬；斗硬

手指反出——不合理

手指抠伤口——触到了痛处

手指上戴钢箍——顶真（针）

手指头抠眼睛——昏头昏脑

手指头抹胶水——沾（粘）上了

手抓刺猬——又刺又痛

手抓肥皂泡——摸透了

手抓糨糊——甩不掉

守株待兔——难得；万不得已

守着跛子——不能说短话

守着公鸡下蛋——白搭工；瞎费心力

守着火炉吃冰棒——冷热结合

守着老虎睡觉——不知死活

守着瞎子打俏眼——白费功

守着圆圆画圈圈——没有出路

寿星出点子——老主意

寿星出虚恭——老气

寿星打算盘——老谋深算

寿星戴风帽——老一套

寿星卖了张果老——倚老卖老

寿星骑白鹤——快活上天

寿星娶小——人老心不老

寿星跳井——活够啦

寿星的后代——老子

寿星的棉袄——老套子

寿星跌跟头——老得发昏

寿星公唱曲子——老调子

寿星公上吊——嫌命长了

寿星看太医——老毛病

寿星老儿下凡——长命百岁

寿星老儿插草标儿（旧时在欲售之物上插草秆作为待售标志）——倚老卖老

寿星老儿唱歌——陈词滥调

寿星老儿吃砒霜——活够了

寿星老儿打飞脚——力不能及

寿星老儿弹琵琶——老生常谈（弹）

寿星老儿喝人参汤——嫌命短

寿星老儿买砒霜——活得不耐烦了

寿星老儿卖妈妈——倚老卖老

寿星老儿骑狗——没路（鹿）

寿星老儿骑仙鹤——没路（鹿）了

寿星老儿气喘——老毛病

寿星老儿敲门——肉头到家了

寿星老儿跳舞——老天真

寿星老儿寻短见——活够了

受潮的火柴——有火没处发

受潮的麻花——不干脆

受潮的米花糖——疲（皮）了

受潮的炸药——不想（响）

受旱的苦瓜——熟得早

受贿的酒宴——不是好吃的

受惊的麻雀——胆子小

受惊的兔子——东蹿西蹦

受惊的小老鼠——怕出头露面

受伤的野猪——发狂

兽医阉牛——一刀两断（弹）

售票员打灯笼——漂（票）亮

瘦狗身上割肥膘——下错刀子

瘦驴拉硬屎——硬逞能

瘦驴拉重载——够喘的了；受不了

瘦牛想吃高山草——力不从心

瘦死的骆驼——比马大

瘦子割膘——办不到

瘦子光膀子——露骨

2

书本掉进水里——失业（湿页）

书法家寄墨水——幽默（邮墨）

书房里燃炮仗——乱放炮

书记的皮包——真成（盛）问题

书记个人说了算——一言堂

书生赶牛——慢慢来

书童洗墨——越洗越黑

书桌上的笔筒——粗中有细

梳过的头发——有条有理

梳头姑娘吃火腿——游（油）手好闲（咸）

梳头姑娘偷鲞（xiǎng，剖开晾干的鱼）吃——游（油）手好闲（咸）

梳头姑娘照镜子——看你美得

梳头照镜子——只看到自己

梳妆台上的镜子——明摆着

舒服他娘哭半夜——舒服死啦

输了的赌徒——垂头丧气

输了的象棋——定局了

秫秸剥细秆——心软

秫秸秆当门闩——经不住推，也搁（gé，禁受）不住拉

秫秸秆做柱子——顶不住

秫秸做栏杆——不牢靠

熟螃蟹——横行不了

熟人对面不相识——眼力差

熟透的大枣——自来红

熟透的甘蔗——节节甜

熟透的桑葚——红得发紫

熟透的糖醋鱼——肉烂骨头酥

熟透了的苹果——红得发紫

熟透了的石榴——合不拢嘴；咧开了嘴

暑天的老鸹——叫得凶

暑天隔夜的猪肉——有气儿

暑天借扇子——不识时务

暑天下冰雹——一冷一热；忽冷忽热

暑天下大雪——少见

黍米做黄酒——后劲大

鼠蛇两端——虎头蛇尾

蜀绣被面包小人书——话（画）里有话（画）

树倒猢狲散——跑的跑，溜的溜；彻底垮台；各奔前程

树高头（上面）奏唢呐——趾（枝）高气扬

树林里放风筝——乱缠；缠住了；

勾勾搭搭

树林子大了——什么鸟都有

树上的烂杏——数它坏

树上的乌鸦，圈里的肥猪——一样的货色

树上的叶子——冷落

树上搁油瓶——好险；冒险

树上养鸭子——幻想

树梢吊棺材——高官（棺）

树梢上吹喇叭——趾（枝）高气扬

树头乌鸦叫——难入耳

树叶掉下来怕打破头——胆小鬼

树叶掉下来捂脑袋——过分小心

树叶掉在江心里——随波逐流

树叶掉在树底下——叶落归根

树叶刮上天——轻飘

树叶落在地上——无声无响

树叶上的水珠——难长久

树叶遮屁股——不顶用

树叶子掉到河里——随波逐流

树叶做衣服——不是料子

树阴底下使罗盘——阴不阴来阳不阳

树阴里拉弓——暗箭伤人

树阴遮景致——不快意

树枝上挂团鱼——四脚无靠

树枝丫盖房——不是正经材料

树枝做拐杖——光出岔（杈）子

树桩上的鸟儿——早晚要飞

竖起大拇指当扇子——自夸

数大拇指头——没说的

数冬瓜道茄子——唠唠叨叨

数九寒天穿裙子——抖起来了

数九寒天一盆火——人人喜欢

数米煮饭——白费神；劳而无功

数着步子走路——谨小慎微

属鹌鹑的——好斗

属八哥的——净玩嘴儿

属扒火棍的——一头冷来一头热

属芭蕉的——皮焦根枯心不死；叶烂皮干心不死

属百灵鸟的——叫得好听

属比目鱼的——成双成对

属蝙蝠的——夜里欢

属玻璃的——经不起敲打

属蚕的——作茧自缚

属长虫的——一轱辘能屈（曲）能伸

属长生果的——表是一把柴，瓤是一包油

属车轱辘的——推一推，转一转

属臭豆腐的——闻着臭，吃着香

属窗户纸的——一点就透；一戳就破；不透风

属刺猬的——谁碰扎谁手

属大肚罗汉的——睁只眼，闭只眼

属大龙的——使不着

属弹簧的——能屈（曲）能伸

属地瓜的——一辈子出不了头

属电棒（手电筒）的——照见别人，照不见自己

属豆饼的——上挤下压

属疯狗的——乱咬人

属虼蚤（gèzao，跳蚤）的——一碰就跳

属公鸡的——光啼不下蛋；好斗

属狗的——翻脸不认人；欺软怕硬；记吃不记打；老爱咬人

属狗尾巴的——越摸越翘

属狗熊的——记吃不记打；吃饱就睡；光认吃

属瓜蒂的——不摘就掉了

属含羞草的——碰不得

属寒号鸟的——得过且过

属寒暑表的——变化大

属豪猪的——浑身是刺

属耗子的——胆子小；偷吃偷喝；记吃不记打；小心眼；有洞就钻；能吃不能拿；撂下就忘；靠偷过日子

属核桃的——只能砸着吃

属核桃仁的——不敲不出来

属猴儿的——脸变得快；没老实过；见圈就钻；

属狐狸的——狡猾得很

属虎的小孩子戴虎帽——虎头虎脑

属护芯灯的——不拨不明，不点不亮

属黄花鱼的——来就溜边儿；一来就溜

属黄鳝的——溜啦

属黄忠的——不服老

属火车的——不冒烟不走

属鸡的——捣一下，吃一口

属鸡毛的——越吹越觉得自己高

属蒺藜的——扎手扎脚

属计算机的——心中有数

属济公的——疯疯癫癫

属姜的——越老越辣

属姜子牙的——能掐会算

属孔明的——见识不少

属孔雀的——爱翘

属蜡烛的——不点不明

属老虎的——凶暴

属老母猪的——吃饱了就知睡觉

属老牛肉的——慢火细炖

属雷管的——碰不得

属帘子的——要卷就卷，要放就放

属猎人的——不走正道

属漏斗的——填不满

属驴的——直肠子

属吕布的——有勇无谋

属罗成的——不服小

属骡子的——不小心就咬人；空前绝后；杂种

属骆驼的——不怕烫不怕热

属麻雀的——小心肝

属马鳖（蚂蟥）的——光钻空子；见缝就钻；专吸人血

属蚂蚁的——见缝就钻

属蚂蚱的——不按着不拉屎

属卖糖人的——吹得凶

属猫的——不上相

属猫头鹰的——昼伏夜出

属毛驴子的——牵着不走，打着倒退

属玫瑰的——刺儿多

属母鸡的——没名（鸣）儿

属泥鳅的——滑得很

属泥翁的——坐立不稳

属捻捻转的——拨到哪儿在哪儿

属牛的——埋头苦干

属牛皮纸糊的鼓面子——经不住敲打

属暖水瓶的——外头冷，里头热

属螃蟹的——横行霸道

属刨花的——一点就着

属炮筒子的——直来直去

属皮球的——踢来踢去；肚里有气；越拍越蹦得高

属蒲公英的——经不起风雨；飘飘然

属秦椒的——越老越红

属蚯蚓的——净搞地下活动，少露面

属蛐蛐儿的——土里生土里长；土生土长

属山狸猫的——手脚利索

属蛇的——狠毒

属生姜的——越老越辣

属水牛的——好斗；离不开家（角）

属算盘珠的——不拨不动

属孙猴的——说变就变；变化无常；七十二变

属太极拳的——柔能克刚

属昙花的——红颜薄命

属唐僧的——慈悲为怀；不知好歹；是非不清

属糖稀的——粘上了；爱粘人

属土鳖的——张嘴等

属兔子的——胆小腿长；溜得倒快；一蹦三尺高；钻前钻后

属鸵鸟的——顾头不顾尾

属王八的——咬死嘴；一会儿不打就伸脖

属魏延的——头上有反骨；专门吃里爬外

属蚊子的——爱咬人；专吸人血

属蜗牛的——离不开家

属乌龟的——缩头缩脑

属五道庙的——独一间

属西山猴的——精得很

属喜鹊的——好登高枝

属蟹的——肚里有货

属熊猫的——不合群

属鸭子的——就剩两片嘴；填不饱；嘴硬；直肠子

属牙膏的——受人排挤；不挤不出

属烟囱的——直筒子一个

属野鸡的——顾头不顾尾；吃碰头食

属野猪的——到处乱拱

属夜猫子的——穷叫唤

属扎花枕头的——外表好看

属张飞的——粗中有细

属帐篷橛子的——不砸不入土

属珍珠鱼的——浑身净点子

属芝麻的——不挤不出油

属蜘蛛的——满肚子私（丝）；专吃自来食

属钟表的——不快不慢老走着

属猪八戒的——好吃懒做

属猪大肠的——扶不直

属猪的——被宰的货；会吃不会干；能吃能睡

属猪爪的——朝里弯；往里拐

属竹筒的——直来直去

属竹子的——心虚

属啄木鸟的——嘴硬身子软

属钻头的——不打弯

3

仨鼻子眼儿——多一股子气

仨钱开店铺——周转不开

仨钱开钱庄——资金不够

仨钱买，俩钱卖——不图赚钱只图快；亏本生意

仨钱买个馍——拣大的拿

仨钱买个糖人——又想吃又想玩

仨钱买筐烂杏——只图个够

仨钱买匹马——自骑自夸

仨钱买头老叫驴——浑身是毛病；贱货

仨钱买头牛——够受（瘦）了

仨钱摄个影——三分贱相

仨月不梳洗——不顾脸面

仨子儿买碗兔子血——贵贱不是物

撒了谷子拾稻草——不分主次

撒了盐的油锅——热闹开了

撒网就走——扔下不管了

4

塞翁失马——因祸得福

腮帮子上拔火罐——不顾脸面

腮帮子上贴膏药——不留脸

赛场上的篮球——大家抢

赛场上的运动员——各显其能

赛场上的足球——被人踢来踢去

赛场上获金牌——可喜可贺

赛马场上的冠军——一马当先

赛马跌筋斗——落后了

5

三把钥匙挂胸口——开心开心真开心

三百斤的野猪——全凭一张嘴

三百钱买个土地爷——钱能通神

三辈子无后——绝了

三本经书掉了两本——一本正经

三岔口的地保——管得宽

三岔口相打——一场误会

三岔路口分手——各奔东西

三尺长的被单——顾头不顾脚

三尺长的锯子——又拉又推

三尺长的梯子——答（搭）不上言（檐）

三尺高的汉子——比别人矮一截

三尺门槛——高抬不上

三寸舌头是软的——横说竖说都有理

三代人出门——扶老携幼

三担黄铜一担金——假是假，真是真

三点成一线——准了

三点打两点——差一点

三点水加个包字——泡

三顶帽子四人戴——难周全

三斗芝麻不入耳——听不进

三分面加七分水——十分糊涂

三分钱的醋，五分钱的酱——小来小去

三分钱的胡椒粉——一小撮

三分钱的买卖——发不了大财；本小利薄

三分钱的烧饼——大不了

三分钱的西洋景——慢慢看

三分钱的羊肉——没多大一点儿

三分钱开当铺——本小利大；小买卖

三分钱开店铺——小买卖

三分钱买个臭猪蹄——贱货

三分钱买个二胡——要腔没腔，要调没调

三分钱买个牛肚子——净吵（草）

三分钱买个小黑瞎子——熊玩意儿

三分钱买个鸭头——尽是嘴；嘴贱

三分钱买了五斤醋——又酸又贱

三分钱买烧饼看厚薄——小气鬼

三分钱买一碗兔子血——不是好货

三分人才七分鬼——人不像人，鬼不像鬼

三伏天穿皮袄——不是时候；不识时务；热心；乱了套

三伏天的冰雹——来者不善

三伏天的冰棍——个个喜爱

三伏天的冰块——见不得阳光

三伏天的隔夜饭——肮脏货

三伏天的狗——喘不上气；上气不接下气

三伏天的馊豆腐——变坏了

三伏天的太阳——人人害怕

三伏天的雨——说来就来

三伏天的庄稼——一天变个样

三伏天孵小鸭——坏蛋；坏蛋多

三伏天刮西北风——莫名其妙

三伏天喝冰水——美滋滋的；凉透心；正中下怀

三伏天喝凉茶——正是时候

三伏天烘木炭——热火得很

三伏天卖不脱的肉——肮脏货

三伏天卖烂鱼——货臭

三伏天下霜——不常见

三伏天絮棉袄——闲时预备忙时用

三斧头砍不进的脸——好厚的脸皮

三个半人抓螃蟹——七手八脚

三个臭皮匠——顶个诸葛亮

三个厨子杀六只鸭——手忙脚乱

三个鬼拿不着——比鬼还鬼

三个和尚没水吃——互相攀靠

三个鸡蛋出两鸡——一个坏蛋

三个老鼠拜年——一年不如一年

三个老爷两顶轿——哪里轮得到你

三个泥菩萨拼成两个——你中有我

三个女人在一搭——像群鸭

三个菩萨两炷香——没有你的份儿

三个菩萨作俩揖——不知做给谁瞧

三个钱买个蛤蟆——越看越瘪

三个钱买个媳妇——贱人

三个钱买匹马——自骑自夸

三个钱买条小毛驴——自骑自夸

三个人喝一杯酒——轮流来

三个人讲两句话——哪里轮得到你

三个手指拾田螺——十拿九稳

三个铜子放两处——一是一，二

是二

三个头头一个兵——不知听谁的

三个骰子十九窝——不可能的事；没人见过

三个土地堂——妙妙妙（庙庙庙）

三个王八少两爪——失足

三个小鬼丢了俩——失魂落魄

三个妖魔戏白骨精——尽耍鬼把戏

三个醉汉撒酒疯——闹个不停

三根缆绳拴两边——使偏劲

三根屎棍撑个瘦肩膀——摆臭架子

三更半夜见太阳——离奇

三股弦断了两根——谈（弹）不得

三顾茅庐——好难请

三棍子打不出屁来——老实到家了

三国的刘关张——拜把兄弟

三过其门而不入——公而忘私

三合板上雕花——刻薄

三花脸戴英雄巾——假充好汉

三花脸照镜子——丑相

三加二减五——等于零

三间房子两头住——谁也不认谁

三间瓦房不开门——怪物（屋）

三角锉刀——面面有用

三角坟地跑火车——缺德带冒烟儿

三角坟地——缺德

三角木——推一推，动一动

三角砖头——摆不平

三脚板凳——一推便倒；碰不得；不牢靠

三脚凳子搭床脚——坐卧不安

三节棍上天——诽谤（飞棒）

三斤半的母鸡——一把米难养大

三斤半干饭没吃饱——饭桶

三斤半鸭子二斤半嘴——多嘴多舌

三斤面包个包子——皮厚

三斤面包个扁食——好大的面皮

三斤面粉调了六斤糨糊——弄得稀里糊涂

三九天不穿棉——缩手缩脚

三九天吃冰棍——寒心；冷暖自己知；凉透了

三九天吃冰块——从里到外凉透了

三九天吃辣椒——嘴辣心热

三九天吃梅子——寒酸

三九天穿单褂——威（畏）风

三九天穿短衫——抖不起威风

三九天穿裙子——美丽又动（冻）人

三九天的冰棍——没人理；又硬起来了

三九天的豆腐干——冷冰冰，硬邦邦

三九天的叫花子——又冷又饿

三九天的萝卜——动（冻）了心

三九天掉进冰窟窿——直打寒战；抖起来了

三九天喝醋——寒酸

三九天喝姜汤——热心肠

三九天喝凉水——从里凉到外

三九天扇扇子——心里有火

三九天生的孩子——愣（冷）娃

三九天送皮袄——暖人心

三九天桃花开——罕见

三九天种地瓜——怪哉（栽）

三九天种小麦——不是时候

三句话不离本行——干啥说啥

三颗钉子钉两处——一是一，二是二

三块板两条缝——有什么好问

（纹）

三里地两头走——磨蹭

三两棉花四张弓——细细谈（弹）

三两银子放账——稀（息）少

三流子哥大流子弟——二流子

三六九赶场——三五成群

三毛的头发——屈指可数

三毛加一毛——时髦（四毛）

三门峡的石峰——中流砥柱

三亩地里一棵谷——独一无二

三亩棉花三亩稻——晴也好雨也好

三亩竹园出棵笋——独一无二；物以稀为贵

三年不开窗——闷死了

三年不漱口——一张臭嘴

三年不下雨——多情（晴）；久有情（晴）

三年不知肉味——不吃香

三年没人登门槛——孤家寡人

三片子嘴——能说会道

三平加一竖——妄想称王

三齐王乱点兵——点得老幼不安

三千丈的悬崖——高不可攀

三钱辣椒面——一小撮

三枪打了二十七环——八九不离十

三亲六故，四朋八友——一拉一帮

三拳头打不出个闷屁来——慢性子

三人分两馍——咋掰

三人过独木桥——有先有后

三人进食堂——口味不同

三人两根胡子——稀少；咋长的

三色圆珠笔——多心

三婶婶嫁人——心不定

三升米的粑粑——难处（杵）

三十里地不换肩——担子越来越重

三十里外不带伞——好大的胆子

三十六计——走为上

三十亩地一头牛——安居乐业

三十年的旧棉絮——老套子

三十年开花，三十年结果——老哥哥（果果）

三十年做寡妇——老手（守）

三十三棵荞麦九十九道棱——一成不变

三十岁进敬老院——享福太早

三十岁没断奶——不懂事

三十晚上熬年——送旧迎新

三十晚上熬稀饭——不像过年的架势

三十晚上办年货——来不及了

三十晚上逼债——年关难过

三十晚上吃年饭——没外人

三十晚上的案板——没有空

三十晚上丢了牛——明年再找

三十晚上发丧——又喜又悲

三十晚上嫁老女——托福求财

三十晚上借蒸笼——不是时候

三十晚上卖灶爷——卖的找不到买的

三十晚上盼初一——指日可待

三十晚上盼月亮——没指望；想也不要想

三十晚上晒衣被——今年不干明年干

三十晚上说大书——讲的讲，听的听

三十晚上走路——没影子；一片漆黑

三岁的娃娃——靠哄；贵在纯真

三岁的小孩看戏——凑热闹；看

热闹

三岁的小孩想做皇上——人小心大

三岁死了娘——说来话长

三岁娃爬梯子——上下为难

三岁娃娃挑挑子——负担太重

三岁小孩喝蜂蜜——里里外外甜透了

三岁小孩买棺材——早做准备

三岁小孩说媳妇——太早了；差半辈子

三岁小孩贴对联——不知上下；上下颠倒

三岁置棺材——早晚有用处

三堂审苏三——真相大白

三套锣鼓娶媳妇——蛮红火

三天不睡觉——没精打采

三天不偷装老大——假正经

三天打鱼，两天晒网——磨洋工；做做停停

三天的刺猬——毛嫩着呢

三天捡了两泡牛屎——慢工出细活

三天卖不出去的猪卜水——心肠坏

三天卖九根黄瓜——混日子

三天没吃饭——肚里没货

三条腿的蛤蟆——怪物；与众不同

三条腿的萝卜——多心

三条腿的毛驴——没跑；没多大奔头

三头黄牛拉一张耙——你拉他不拉

三头六臂——多面手

三碗稀饭换碗面——没有多少便宜占

三下五去二——干净利索；一个不留

三下五去四——打错了算盘

三下子少了两下子——就这一下子

三下子少了一下子——还有两下子

三仙姑传道——一人一个说法；一人一口

三仙姑讲道情——尽是闲（仙）话

三仙姑撒泼——装神弄鬼

三眼枪打兔子——没有准儿

三月的冰河——开动（冻）了

三月的菜薹——早有心；不嫩

三月的芥菜——心里烂；另有心

三月的阴天抹开了脸——还了阳

三月的樱花——谢了

三月的樱桃——一片红火；红不久

三月里的桃花——经不起风吹雨打；红不了多久

三月里的杨柳——分外亲（青）

三月里鸣锣——战鼓催春

三月里扇扇子——满面春风

三月里赏花——万紫千红

三月栽薯四月挖——急不可待；急于求成

三张纸糊个脑袋——好大的脸皮

三张纸画个鼻子——脸面不小

三张纸画个驴头——脸面不小

三丈长的扁担——摸不着头尾

三招加一招——出了新招

三只脚的板凳——不稳当；坐不稳；坐不住

三只手——小偷

三只手管粮仓——不放心

三锥子扎不出一滴血——老牛筋；皮厚

《三字经》横念——人性狗（苟）

伞把背行李——处处是家

伞兵跳伞——一落千丈

伞顶漏雨——搞到自己头上了

伞铺的伙计——轮（淋）不着你

散了的念珠——断了线

散了的戏——收场了

散了的线团——难厘清

散了架的南瓜棚——支撑不开

6

桑蚕不作茧——昼夜常（长）相思（丝）

桑木扁担——宁折不弯

桑拿房子里穿衣服——汗流浃背

桑葚落地——熟透了

嗓门里喷胡椒面——够呛

嗓子里塞棉花——喘不上气；上气不接下气

嗓子冒烟咽唾沫——干伸脖

嗓子眼里长骨头——有口难言

嗓子眼里含眼泪——哭腔哭调

嗓子眼里卡鱼刺——不上不下

嗓子眼里吞擀面杖——直来直去

丧家的狗——东游西走；无家可归

丧屋里人唱戏——有人快乐有人愁；悲喜交加

7

骚狐狸见不得关二爷——邪不压正

扫把成精——好了不起；无奇不有

扫把打钟——算是哪路神

扫把赶客——不留情面

扫厕所的当知县——底子臭；根子不净

扫地打跟头——成心起哄

扫帚打跟头——成精作怪

扫帚戴草帽——装人样

扫帚颠倒竖——光出岔（杈）子；没大没小

扫帚顶门——光出岔（杈）子；顶不住

扫帚疙瘩戴帽子——充当哪路神

扫帚疙瘩刻孙猴——没个人模样

扫帚画花——粗枝大叶

扫帚头上戴帽子——不是人

扫帚写家书——说大话

扫帚写生——大话（画）

扫帚写诗——说大话

扫帚写字——大划拉

扫帚作揖——拜把子

8

色盲看图纸——不分青红皂白

色盲学画——不分青红皂白

色盲人画画——不分青红皂白

9

森林里的一片树叶——有你不多，无你不少

森林里撒网——瞎张罗

森林里烤火——就地取材（柴）

森林里野炊——有的是才（柴）

森林失火——全是光棍；难救

10

杀凳边的猪——活不久

杀鸡的刀子——派不上大用场

杀鸡割破胆——自讨苦吃

杀鸡给猴看——杀一儆百

杀鸡灌灌汤——大扑腾

杀鸡取蛋，打鹿锯茸——得不偿失

杀鸡取蛋——得不偿失；只顾眼前利

杀鸡使牛刀——大材小用

杀鸡问客——多此一举

杀鸡用榔头帮忙——多此一举

杀鸡用牛刀——小题大做

杀鸡用上宰牛的劲——真笨

杀鸡做豆腐——称不得里手

杀尽报晓鸡——天照样亮

杀牛熬糖——不是正行

杀牛取肠——得不偿失

杀妻求将——官迷心窍

杀人不见血——心狠手辣

杀人不用刀枪——软收拾

杀人不眨眼睛——凶残

杀人的偿命，借债的还钱——理所当然

杀人的和尚念佛经——假慈悲

杀人的做了官——没王法

杀人和尚念大悲咒——口是心非

杀人抢东西——谋财害命

杀人越货的强盗——凶相毕露

杀死的公鸡扑棱翅——垂死挣扎

杀死娃娃敬菩萨——人也整死了，神也得罪了

杀猪不煺毛——先吹起来看

杀猪刀子——从不吃素

杀猪刀子刮胡子——太悬乎

杀猪的改行——放下屠刀

杀猪的卖肉——内行

杀猪的遇见拦路的——都有家伙

杀猪分下水——人人挂心肠

杀猪割耳朵——不是要害

杀猪开膛——搜肠刮肚

杀猪捅屁股——各有各的刀路；外行；不得法；充内行

杀猪用铅笔刀——全凭诀窍

沙包盛酒——不在乎（壶）

沙地拔萝卜——干净利索

沙地里晒芝麻——自找麻烦

沙地上推小车——一步一个脚印

沙堆里放炮仗——闷声闷气

沙发上打盹——有依靠

沙沟淘井——越淘越深

沙和尚挑行李——义不容辞

沙梨打癞蛤蟆——一对疙瘩货

沙里淘金——没多大一点儿；难得；越细越好

沙漠里播种——一无所获

沙漠里踩高跷——不是路

沙漠里的红柳——不怕风雪

沙漠里的骆驼——处处留迹

沙漠里的水——点滴都可贵

沙漠里的鸵鸟——顾头不顾尾

沙漠里的舟船——寸步难行

沙漠里钓鱼——不可能的事；没人见过

沙漠里烤火——就地取材（柴）

沙漠里撵小偷——跟踪追击（迹）

沙漠里盼水喝——干着急

沙漠里野花开——埋没英才

沙瓤西瓜吃到嘴——甜在心上；甜透了心

沙滩打桩——不牢靠

沙滩里晒谷子——自讨麻烦

沙滩里栽花——扎不下根

沙滩上的黄鳝——滑不到哪里去

沙滩上的楼阁——根基不稳；太悬乎

沙滩上的螺蛳——难开口

沙滩上的石子——俯首皆是

沙滩上钓鱼——无稽之谈

沙滩上盖楼房——底子差；不牢靠；不稳当

沙滩上划船——进退两难

沙滩上捡小米——不够本钱；得不偿失

沙滩上浇水——一点儿不剩

沙滩上浇油——白搭

沙滩上寻针——难极了

沙滩上种水稻——难办

沙滩上走路——一步一个脚印；不落实

沙滩行船——进退两难；干吃力

沙土地里的花生——一串一串的

沙土岗子发洪水——泥沙俱下

沙窝里的兔子——灰头土脸

沙窝里淘米——自身难保

沙窝里种荞麦——不成

沙窝子里想撑船——想得倒美

沙子垒坝——白费劲

沙子垒墙——一推便倒

沙子里淘金——积少成多

沙子筑坝——难上加难；后患无穷；一冲便垮

纱绢当作粗布卖——不知好歹

纱线扳牌楼——力不胜任

纱线扳塔牌楼——白费劲

刹车抛锚——停滞（止）不前

砂锅打狼——没有一个好的

砂罐里炒胡豆——扒拉不开

砂罐里烧黄鳝——一节节来

砂锅炒豆子——崩了

砂锅捣蒜——一锤子买卖；不保险；露底

砂锅炖牛头——盛不下

砂锅炖肉——熬出来的

砂锅里炒青豆——亲（青）热

砂锅里煮皮球——滚蛋

砂锅里煮石头——油盐不进

砂锅挑子掉到山沟里——没有一个好货

砂锅偷了锅盖子——自家人哄自家人

砂糖蘸蜂蜜——甜上加甜

砂岩打青岩——实（石）打实（石）

鲨鱼吃蚂虾——不够塞牙缝

鲨鱼钩钓虾米——小题大做

鲨鱼上岸——你别骄（鲛）横了

鲨鱼学黄鳝——尽想滑

傻大姐唱歌——太离谱

傻大姐弹竖琴——不知道拨哪根弦

傻大姐的画——图赖

傻大姐进城——事事稀奇

傻大姐看戏——瞎起哄

傻大姐奶孩子——饱一顿没一顿

傻大姐下棋——见一步走一步

傻二哥算账——糊里糊涂

傻二小吊孝——哭了半天，不知死的是谁

傻瓜伸脑壳——呆头呆脑

傻瓜做媒——坑两头

傻孩子劈高粱叶——一个不留

傻娘娘骂街——谁也不敢碰

傻女婿娶个呆闺女——凑合着过

傻娃不吃冷剩饭——终究还是你的

傻小子熬粥——不等熟

傻小子背鼓上戏台——找着挨打

傻小子不识"兔"字——免了

傻小子不识得豆腐——白费（肺）

傻小子不识货——拣大的摸

傻小子吃汤圆——囫囵吞

傻小子看画——一张一个样

傻小子看走马灯——去了又来

傻小子哭妈妈——乱七八糟

傻小子拉二胡——自顾自（吱咕吱）

傻小子理乱麻——越整越乱

傻小子拧绳——越说越上劲

傻小子爬墙头——四下无门

傻小子睡凉炕——全凭火力旺

傻小子中状元——难得

傻丫头裹脚——绕着哩

傻子掰指头——不知一个数

傻子不识打更——敲竹杠

傻子吃荷叶肉——解不开；不解

傻子吃螃蟹——不知味儿

傻子抽水烟——连吃带喝

傻子打赌——说了也不算数

傻子打哈欠——一股呆气

傻子打老子——白挨

傻子打泥巴——闲着无事干

傻子的眼睛——愣神儿

傻子赶庙会——东张西望；光图热闹

傻子过年——看别人；人家咋样咱咋样

傻子活了九十八——虚度年华

傻子看到了神仙——少见多怪

傻子看电线——一溜胡扯

傻子看画——没两样

傻子看戏——白搭工；不明不白

傻子扛房梁——顶在这儿了

傻子哭妈——乱嚷嚷

傻子买菜——不分好坏

傻子卖猪——不知道贵贱；一千不卖卖八百

傻子敲钟——乱打一气

傻子数车轮——总是数不清

傻子耍七节鞭——胡论（抡）

傻子睡凉炕——全凭时气壮

傻子洗泥巴——闲着没事干

傻子下楼梯——高低不分

傻子中状元——难得的好处；难得

傻子做春梦——痴心妄想

11

筛沙的筛子——缺点多；尽缺点

筛眼里的米——不上不下

筛子籫面——漏洞百出

筛子当门扇——难遮众人眼

筛子当水桶——漏洞百出

筛子挡门——眼睛多

筛子挡太阳——不顶用

筛子底下的糠皮——没多少斤两

筛子端水——空捧一场

筛子放哨——心眼多；眼睛多

筛子盖胸膛——满是心眼

筛子里的米粒——无孔不入

筛子盛水——一场空

筛子喂驴——漏兜（豆）啦

筛子下面的面粉——面面俱到

筛子捉黄鳝——溜的溜，跑的跑

筛子做锅盖——心眼多；气不打一处来；到处泄气

晒干的蛤蟆——干瞪眼

晒干的黑枣——缩成一团

晒干的红枣——缩成一团

晒干的萝卜——蔫了

晒裂的葫芦——开窍了

晒麦子碰上暴雨——手忙脚乱

晒盐的老总退休——不管咸（闲）事

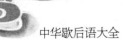

第十五篇　T

1

天安门城楼的狮子——对摆着

天安门前的狮子——一对儿；明摆着

天长遇着地矮子——互不道长短

天窗下谈天——说亮话

天鹅落在鸡窝里——盛不下

天干禾苗黄——奄奄一息

天高皇帝远——有冤无处申；管不着

天狗吃太阳——没法下口

天狗吃月亮——难下爪；无从下口；总要还原；圆吞

天黑敬菩萨——心到神知

天黑想起赶集——错过时机

天黑找不到路——日暮途穷

天花板上挂棋盘——一个子儿也没有

天津卫的娃娃——你（泥）小子

天井里捉鱼虾——没来路

天井院里的瞎子——处处碰壁

天井院里竖竹竿——无依无靠

天空的浮云——下落不明；一吹就散

天空里闪电——雷厉风行

天冷偏烤湿柴火——对着吹

天亮才烧炕——晚了

天亮的喜鹊——一睁眼就喳喳个没完

天亮公鸡才叫——白提（啼）

天亮下大雪——明明白白

天灵盖上长眼睛——目中无人

天马行空——挡不住马脚

天猫配地狗——一对儿

天南海北走亲戚——来去自由

天女散花——遍地都是

天平没砝码——两头空

天平上称大象——不知轻重

天平上称人——把人看轻了

天平上乱加码子——不公平

天桥的把式——光说不练

天然牛黄——宝贝疙瘩

天山顶上一棵草——有你不多，无你不少

天上不下雨——有情（晴）

天上的彩虹，地下的幻影——看不见，摸不着

天上的彩虹——可望而不可即；好景不长

天上的飞机，地下的火车——撞不上

天上的浮云，地下的风——无影无踪；无拘无束

天上的老鹰不吃脏东西——清高

天上的雷——空想（响）

天上的流星——一时光

天上的鸟——自由自在

天上的星星——数不清；若明若暗

天上的月亮——看得见，摸不着

天上的蜘蛛网——高师（丝）

天上掉馅儿饼——白日做梦

天上飞的鹞子——总要落地

天上架桥——想到办不到

天上裂了缝——日月难过

天上霹雳打雷公——自相惊扰

天上选县长——管得宽

天上一脚，地下一脚——谁也不挨谁

天生的黄鳝——成不了龙

天生的柳条子——成不了才（材）

天生的歪脖子——改不了

天师过河不用船——自有法度（渡）

天塌了用头顶——假充好汉

天天泡病号——不是好人

天王的老子——人种（总）

天文台上的望远镜——好高骛远

天下的乌鸦——一般黑

天要下雨，娘要嫁人——无可奈何；管不着；由不得人；各随其便

天要下雨鸟要飞——各随其便

天有飞机，地有坦克——上下夹攻

田塍（tiánchéng，田埂）边栽芋头——外行

田塍上种黄豆——靠边站

田埂上的蚕豆——一路

田埂上的泥鳅——滑不了

田埂上推车——路子窄

田埂上修茅厕——肥水不流外人田

田鸡唱歌——呱呱叫

田鸡笼打翻——一团糟

田鸡跳到戥（děng）盘上——自称自

田鸡吞烟油——尝到辣头

田鸡要和牛比——胀破肚皮也没用

田家阿奶吃糖——甜（田）对甜

田间锄地遇杂草——不足为奇

田间老鼠——嘴尖牙利

田坎上爬长虫——地头蛇

田里的泥鳅——滑头滑脑

田里的菩萨鱼——没见大世面；没见过大江河

田里的蚯蚓——满肚疑（泥）；没骨头

田里的庄稼——土生土长

田螺爬上旗杆顶——唯我独尊

田螺讨吃——夜里忙

田鼠串门儿——土里来土里去

田鼠要走家鼠步——硬逞能

田鼠走亲戚——土里来，泥里去

田头训子——言传身教

249

甜点心敬财主，糠窝窝送乞丐——看人行事

甜糕蘸蒜汁——不是味儿

甜瓜地里长甘蔗——从头甜到脚

甜酒里掺豆油——不是味儿

甜酒里兑水——亲（清）上加亲（清）

舔腚的料子——不知香臭

挑玻璃货担子摔跤——总有破损

挑担的松腰带——没劲儿

挑灯草走路——担空心；干轻巧活

挑缸钵的断扁担——没有一个好货

挑脚的穿大褂——冒充斯文

挑雷管上山——担风险

挑沙罐下悬崖——家破人亡

挑砂锅的跳崖——没有一个好货

挑石登泰山——谈何容易

挑水带洗菜——两不耽误；一举两得

挑水的扁担——长不了

挑水的回头——过景（井）了

挑水的娶个卖菜的——志同道合

挑水的娶个卖茶的——人对桶也对；正相配

挑水的逃荒——背井离乡

挑水骑单车——本领高

挑瓦罐的断了扁担——没有一个好货

挑瓦罐的摔跤——没有一个好货

挑雪堵洞——劳而无功

挑雪堵窟窿——白费劲；久后分明

挑雪填井——白费劲；久后分明

挑盐巴腌海——尽干傻事

挑一担子瓦罐过河——操心过度（渡）

挑着扁担长征——任重道远

挑着扁担进门——横祸（货）

挑着大粪吃油条——不知香臭

挑着大粪放屁——臭味相投

挑着担子背着娃——能者多劳

挑着缸钵走滑路——担风险

挑着棉花过刺笆林——东拉西扯；七勾八扯；走一步挂一点

挑着磨盘背着碾——负担太重

条条小溪流大江——大势所趋

笞帚疙瘩戴凉帽——装大头鬼

笞帚疙瘩上做茧——结不出好果来

跳大神的翻白眼——没咒念

跳大神的——装神弄鬼

跳到秤盘里——拿自己来量别人

跳到黄河洗不清——冤枉

跳蹬上作揖——止步

跳河闭眼睛——横了心

跳梁小丑——上蹿下跳

跳伞爱好者——喜从天降

跳伞队员搞表演——空翻多

跳上岸的大虾——慌了手脚；离死不远

跳上岸的鱼——只张嘴巴没有声

跳上舞台凑热闹——逢场作戏

跳网的鱼儿又吞钩——躲了一灾又一灾

跳舞的脚步——有进有退

跳蚤充龙种——冒牌货

跳蚤戴串铃——假充大牲口

跳蚤顶被窝——枉费心机；力不从心

跳蚤放屁——小气

跳蚤练功——小把戏

跳蚤尥蹶子——小踢小打

跳蚤脾气——好蹦跶

跳蚤烧汤——没多大油水

跳蚤想顶被窝——力不足

跳蚤性子——见肉就叮

跳蚤钻被缝——顾头不顾尾

跳蚤钻进袜筒里——角色（脚虱）

2

他瞌睡你送枕头——正合适

他念他的经，我拜我的佛——不相干

塌鼻头闻鼻烟——没味道

塌鼻子戴眼镜——没着落；不可靠；没处搁

塌鼻子嫁个斜眼——丑对丑；一对丑

塌锅干饭——闷（焖）起来了

塌了大梁的房子——散架

塌了门架断了梁——倒霉（楣）透顶

塌了窝的蚂蚁——阵脚大乱

塔顶散步——走投无路

塔顶上吹喇叭——声名（鸣）远扬

塔顶上散步——无路可走

塔尖上点灯——高明

塔尖上亮相——高姿态

踏板上的蚊子——不在账（帐）内

踏死蛤蟆肚子大——好大的气

踏小板凳糊险道神——差一截子

踏在薄冰上——好险；冒险

踏着脖子敲脑壳——欺人太甚

踏着城墙上骆驼——够高了

踏着门槛说话——里外挑明

3

台上唱戏，台下打鼾——看不上眼

台上的油灯——明摆

台上耍魔术——假的

台上握手，台下踢脚——翻脸不认人；两面派

台子上收锣鼓——没戏唱了

抬棺材的打哈哈——有哭有笑；又哭又笑；哭的哭，笑的笑

抬棺材的掉裤子——羞死人

抬棺材上阵——拼死一战

抬轿吹喇叭——光图热闹；凑热闹

抬头望鹰，低头抓鸡——眼高手低

抬头只见帽檐，低头只见鞋尖——目光短浅

抬腿上楼梯——步步高升

抬着棺材赴战场——要拼命

抬着食盒爬上树——言之（沿枝）有理（礼）

太保先生待老爷——奉承（神）

太公钓渭水——走老远

太公钓鱼断了线——大鱼小鱼都不来

太公在此——百无禁忌；没有你的位置

太极拳的功夫——柔中有刚

太监出家——诚心实意

太监读圣旨——照本宣科

太监跑进尼姑庙——大可放心

太监娶媳妇——痴心妄想；装男人

太监去修行——绝无二心

太平间的气氛——死气沉沉

太平洋搬家——翻江倒海

太平洋的海鸥——经过风浪

太平洋里的水——无量

太平洋里放长线——想钓大鱼

太平洋里下钩子——放长线钓大鱼

太平洋里一滴水——微不足道

太平洋上的警察——管得宽

太上老君开处方——灵丹妙药

太师椅着了火——坐也难，站也难

太岁当头坐——非灾即祸

太岁头上动土——胆子不小；惹祸

上身；惹不起

太太看上当差的——倒贴

太行山上看运河——远水不解近渴

太阳底下的洋葱——皮焦根枯心不死；叶烂皮干心不死

太阳底下的影子——抹不掉

太阳底下点灯——多余

太阳底下点蜡——糟蹋货（火）；多余

太阳底下竖竹子——立竿见影

太阳地里打电筒——多此一举

太阳地里点灯——不增光

太阳地里望星星——白日做梦

太阳和月亮讲话——空谈

太阳落坡月上山——接连不断

太阳落山后的猫头鹰——睁开眼啦；开了眼

太阳上点火——聊（燎）天

太阳下面的雪人——难长久

太阳照到墙洞里——见缝就钻；钻空子

太医院开药方——有名无实

泰山的青松——万古长青

泰山顶上唱大戏——唱高调

泰山顶上搭架子——越来越高

泰山顶上放烟火——天花乱坠

泰山顶上观日出——高瞻远瞩；站得高，看得远；登高望远

泰山顶上立暖壶——高水平（瓶）

泰山顶上卖黄金——高贵

泰山顶上散步——没奔头

泰山顶上添捧土——无济于事

4

贪财人爱便宜——改不了

贪吃不留种——顾前不顾后；过一天算一天

贪官醉酒——丑态百出

贪婪鬼赴宴——贪吃贪喝；足吃足喝

贪食拉肚子——全坏在嘴上

贪污分子当会计——一笔糊涂账

贪嘴的鱼儿——爱上钩

滩头上的白鱼——眼睛不闭

瘫子摆渡——划不来

瘫子不出门——作（坐）家

瘫子打猎——坐在地上空喊

瘫子打围——坐着喊

瘫子掉进烂泥塘——不能自拔

瘫子掉井里——捞起也是坐

瘫子赶强盗——坐着呼喊

瘫子截路——坐着喊

瘫子碰上老虎——坐喊

瘫子请客——坐等

瘫子上楼——爬上去

瘫子挑水——担当不起

瘫子遇到贼打劫——坐着喊

瘫子造反——坐着喊

瘫子捉坏蛋——靠不住；坐着喊

坛中取蛋——手到擒来

坛子里的豆芽菜——直不起腰；冤屈（圆曲）死了；受不完的勾头罪

坛子里的皮蛋——变了

坛子里的咸菜——有言（盐）在先

坛子里点蜡烛——照里不照外

坛子里和面——搭不上手

坛子里睡大觉——憋气；憋得难受

坛子里头栽花——冤屈（圆曲）死了

坛子里喂猪——挨个来；插不上嘴

坛子里腌咸菜——泡汤了

坛子里养兔子——越养越小

坛子里养乌龟——越养越小

坛子里抓辣豆瓣——辣手

坛子里装泥鳅——滑不到哪儿去

坛子里装王八——成心憋人

坛子里捉鳖——手到擒来

坛子里捉乌龟——十拿九稳

谈判桌上的交易——讨价还价

谈心不点灯——说黑话

痰盂当汤盆——上不了台盘；上不了席

潭柘寺的和尚——没数

檀木雕的菩萨——灵是不灵，稳却稳当

檀木做犁底——屈才（材）

檀香木当柴烧——不知好歹；不识货

檀香木盖茅坑——香臭不分

檀香木劈劈柴——大材小用

檀香木旋棒槌——不够本钱；不惜代价

檀香木做锅盖——用才（材）不当

檀香木做烧火棍——屈才（材）

弹花槌擀烙馍——心里厚

弹花店挂弓——不谈（弹）了

弹花匠上殿——有功（弓）之臣

弹花铺里打铁——软硬兼施

弹簧身子蚂蟥腰——能屈（曲）能伸

弹棉花的做了官——有功（弓）之臣

弹棉花胎的进宫——有功（弓）之臣

坦克打冲锋——有股闯劲

炭黑做汤圆——漆黑一团

炭火盆扛肩上——恼（脑）火

炭筛子筛芝麻——全落空

炭窝里的石灰——黑白分明

探条插枪膛——直来直去

探照灯照飞机——糟糕（照高）

5

汤罐里炖鸭——突出一张嘴

汤罐煮鸡头——突出一张嘴

汤锅里的小麦——面熟

汤锅里放黄连——有苦大家吃

汤圆掉煤堆——黑白不分

汤圆掉在稀饭锅里　糊涂蛋

汤圆落在灶坑里——洗不清

唐伯虎的画——古董

唐伯虎进宁王府——装疯卖傻

唐伯虎追秋香——千方百计

唐朝的茶杯——老古词（瓷）

唐朝的擀面杖——老光棍

唐三藏的扁担——担惊（经）

唐三藏读佛经——出口成章

唐三藏过火焰山——没咒念；凶多吉少

唐三藏过平顶山——凶多吉少

唐三藏取经——困难多

唐三藏撞见牛魔王——舌头短一截

唐僧的肚子——慈悲为怀

唐僧的耳朵——豆面做的

唐僧的紧箍咒——老得念着

唐僧的白龙马——腾云驾雾

唐僧的徒弟——个个是好汉

唐僧的心胸——慈悲为怀

唐僧的眼睛——不认识好坏人

唐僧害嘴病——没咒念了

唐僧和尚念佛经——一本正经

唐僧轰走孙行者——没咒可念了

唐僧进了和尚庙——都是吃斋的

唐僧哭悟空——没时候（石猴）了

唐僧念紧箍咒——猴急；就此一招；痛苦在后（猴）头

唐僧念书——一本正（真）经

唐僧取经——千辛万苦；一心一意；全靠孙猴子

唐僧取经天竺国——到了正经地方

唐僧肉——人人都想吃

唐僧上西天——一心取经

唐僧相信白骨精——人妖不分

唐僧学经文——念念不忘

唐僧做道场——有经验（念）

唐山的火车——倒霉（煤）

唐王陵上看泾河——远水解不了近渴

唐王游地府——开后门

堂前中央挂灯笼——正大光明

堂屋挂兽皮——不像话（画）

堂屋里挂粪桶——臭名在外

堂屋里挂碾盘——实话（石画）

堂屋里推车子——进退两难

塘里的浮萍——浮在面上

塘里漂葫芦——沉不下去

糖包子蘸碱水——自讨苦吃

糖炒栗子——外焦里嫩；熟了就崩（蹦）

糖裹砒霜——害人

糖葫芦蘸蜜——甜透了

糖捏的人——一吹就化

糖衣药丸——苦在肚里

螳臂当车——不自量力

螳螂捕蝉——不顾后患

螳螂挡车逞霸道——没有好下场

螳螂肚子蛤蟆嘴——怪模怪样；瞧你那样

螳螂落油锅——全身都酥了；粉身碎骨

螳螂推大车——自不量力

躺倒的枯树——腐朽

躺在《百家姓》上打滚——不知姓什么好了

躺在厕所里睡觉——不知丑（臭）；不知香臭

躺在粪堆上睡觉——不知香臭

躺在功劳簿上睡大觉——沾沾自喜

躺在棺材里想金条——贪心鬼

躺在怀里的猫儿——俯首帖耳

躺在炕上挺尸——装病

躺在危墙根下睡觉——找死；寻死

躺在席子上吹死猪——长吁短叹

躺着拉屎——没劲儿

躺着说话——不腰痛

烫了屁股的猴子——急红了眼

烫手的粥盆——扔了心痛，不扔手痛

烫死的鸭子——身子烂了嘴还硬

6

淘大粪的做知县——臭底子

掏耳朵用马勺——小题大做

掏干油罐子煎豆腐——不惜代价

逃荒的落户——举目无亲

逃了和尚有庙在——尽管放心

逃难跑到死胡同——绝路一条

桃花潭水深千尺——无与伦比

桃树林里种甘蔗——甜甜蜜蜜

桃子掉地上——熟透了

桃子破肚——杀身成仁

陶工手里的黏土——得心应手

陶器店里买钵头——一套一套的

讨吃的敬神——穷恭敬

讨吃的婆娘养了个瞎娃娃——穷根扎就了

讨吃的起五更——盼的啥

讨吃的喂猴——玩心不退

讨吃子（乞丐）过生日——一年不如一年

讨饭的摆酒席——穷排场

讨饭的搬家——光棍一条

讨饭的不要馒头——昏了头

讨饭的吃鲜桃——个个好

讨饭的吹笛子——穷开心

讨饭的打摆子——贫病交迫

讨饭的登戏场——穷作乐

讨饭的掉泪——哭穷

讨饭的赴宴——罕见

讨饭的盖大门楼——阔啦

讨饭的赶场——分文没有

讨饭的拐杖——穷棍

讨饭的喊伴——穷叫唤

讨饭的家当——净零碎

讨饭的嫁给花公子——一对穷

讨饭的捡到黄金——喜出望外

讨饭的扭秧歌——穷快活

讨饭的起五更——空劳神

讨饭的牵个猴——穷欢乐

讨饭的娶老婆——穷对穷；一对穷

讨饭的扔棍——不要跟狗斗气

讨饭的拾条狗——得权（犬）了

讨饭的遇见叫花子——穷对穷；一对穷

讨饭来到阎王殿——到死都不够

讨饭送礼——拿不出手

讨饭找马骑——不识时务

讨口的摆堂戏——穷开心

讨口的掉醋坛——穷酸

讨口子（乞丐）穿皮袄——穷讲究

讨口子吹喇叭——穷快活

讨口子做客——穷朋友

讨来的鸡屁股供菩萨——穷恭敬

讨来的馍馍敬祖先——穷孝顺

讨媳妇不看新娘子——专拣带肚的

讨媳妇嫁女儿——一进一出

套车埋老鼠——小题大做

套裤里伸腿——两岔

套马杆探月亮——痴心妄想

套马杆子戴礼帽——细高挑儿

套马杆子顶草帽——奸（尖）得出头

套上大车让老虎驾辕——没人敢（赶）

套袖改袜子——没底儿

套着大车卖煎饼——贪（摊）得多

7

藤长根短——头重脚轻

藤萝爬上葡萄架——纠缠不清

藤攀枯树——乱纠缠

8

剔光了肉的排骨——没多大油水

剔了肉的猪蹄——贱骨头

踢寡妇门，挖绝户坟——净干缺德事

提扁担进屋——直来直去

提花机断了弦——没法提；提不起来

提鸡赶鸭子——一举两得

提傀儡上戏场——少口气儿

提马灯下矿井——步步深入

提桶里搓衣服——同时下手

提猪头进庙——找错了门

提着扁担串门子——直来直去

提着尺子满街跑——量人不量己

提着醋瓶借钱——穷酸

提着灯笼打柴——明砍

提着灯笼拾粪——找死（屎）

提着灯笼行窃——明目张胆

提着点心去求人——甜言蜜语

提着口袋倒核桃——一个不留

提着筷笼上坟——放不下

提着箩筐拾粪——找死（屎）

提着唢呐打瞌睡——做事不当事

提着头发上天——办不到

提着影戏（皮影戏）人上场——好歹别戳破这层纸

剃头扁担——长不了

剃头带掏耳朵——里外干净

剃头带洗澡——干净利索

剃头刀不能砍柴，砍柴刀不能剃头——各有用场

剃头刀擦屁股——好险；冒险

257

剃头刀裁纸——真快

剃头刀砍木头——用得不是地方

剃头的不带刀子——愣撸

剃头的动手——一触即发

剃头的发脾气——舍得几个头不要

剃头的关门——不理

剃头的管修脚——负责到底

剃头的扛铡——干大活的手

剃头的拿推子——有头了

剃头的拍巴掌——完事；完了

剃头的收摊——没头了

剃头的头发长，修脚的脚生疮——先人后己

剃头的头发长——越是自己的活越顾不上

剃头的挖耳朵——外行

剃头的歇工——没人理；不理

剃头店的顾客——长法（发）

剃头店里放粮——散发

剃头刮脊梁——管得宽

剃头刮脸——一道下来

剃头匠的担子——一头热一头冷

剃头匠发火——置之不理

剃头匠使锥子——一个师傅一个传授

剃头匠说气话——舍得几个脑壳不要

剃头铺关门——不理；没人理

剃头师傅使锥子——不对路数；胡来

剃头掏耳朵——收拾得干干净净

剃头剃个光脑壳——头名（明）

剃头挑子——一头热

剃头洗脚面——从头错到底；差了一人高

剃头捉虱子——一举两得

替丧家鼓掌——幸灾乐祸

9

贴身的丫鬟——寸步不离

铁板钉钢钉——硬到家

铁板上炒豆子——熟了就崩（蹦）

铁板上钉钉——有板有眼；硬对硬

铁杵对铜臼——硬捣

铁杵磨成针——全靠功夫深

铁杵磨绣针——非一日之功；功到自然成

铁炊帚刷铁锅——都是硬货

铁锤打钢钎——硬对硬

铁锤打夯——层层着实

铁锤打纸鼓——不堪一击

铁锤跌在橡皮上——一声不响

铁锤擂山石——硬碰硬；干脆利索

铁锤敲钟——响当当

铁锤砸钢板——硬打硬拼

铁锤砸核桃——粉身碎骨

铁锤砸脑壳——碰得头破血流

铁锤砸铁砧——一个比一个硬；硬碰硬

铁锤砸乌龟——硬碰硬；不怕你硬

铁锤砸在被窝里——没回音；没反应

铁打的棒槌——硬邦邦

铁打的肠子铜铸的心——变不了

铁打的钉耙——一把硬手

铁打的饭碗——砸不坏，摔不破

铁打的房梁磨绣针——功到自然成

铁打的耕牛——动不得力（犁）

铁打的葫芦——难开口；难开窍

铁打的馒头——一个比一个硬；难啃

铁打的脑壳——不转向

铁打的锁链——一环扣一环

铁打的围墙——不透风

铁打的衙门，流水的县官——有职不愁无权

铁蛋子生蛆虫——无奇不有

铁钉打大刀——不够料

铁钉钉黄连——硬往苦里钻

铁钉铆在钢板上——扎扎实实

铁钉耙挠痒——充硬手

铁鼎锅碰上铁扫把——硬对硬

铁公鸡还套三道箍——一毛不拔

铁公鸡请客——一毛不拔

铁公鸡身上拔毛——休想

铁公鸡下蛋——没指望；休想；没有的事

铁公鸡——一毛不拔

铁钩子搔痒痒——一把硬手

铁拐李把眼挤——你哄我，我哄你

铁拐李摆摊——整脚货

铁拐李帮忙——越帮越忙

铁拐李背何仙姑——将就

铁拐李的葫芦——不知卖的什么药

铁拐李的脚杆——高的高来低的低

铁拐李葫芦里的药——医不好自己的病

铁拐李驾起云来——假快

铁拐李落难卖打药——总会碰到识货人

铁拐李卖跌打药——货真价实

铁拐李碰着吕洞宾——顾嘴不顾身

铁拐李跳舞——摆不平

铁拐李走独木桥——够呛；走险

铁拐李走路——一摇三摆

铁管子当油桶——没底儿

铁轨上的火车——走得正，行得直

铁锅炒蚕豆——干脆

铁锅里的螺蛳——水深火热

铁锅碰茶缸——想（响）不到一块儿；想（响）的不一样

铁锅遇着铜炊帚——对头

铁黑豆——吵（炒）不起来

铁将军把门——关门闭户；家中无人

铁匠扒火炉——散伙（火）

铁匠摆手——欠捶（锤）

259

铁匠被锁——自食其果

铁匠拆炉子——散伙（火）

铁匠出身——光会打；只讲打

铁匠传手艺——趁热打铁

铁匠催徒弟——快打

铁匠打锤——直起直落

铁匠打石匠——实（石）打实着（石凿）

铁匠打铁不用锤——好手

铁匠打铁——趁热

铁匠戴手铐——自作自受

铁匠当官——只讲打

铁匠当军师——打上前去；就知道打

铁匠的锤子——过得硬；斗硬

铁匠的儿子——就知道打

铁匠的风箱——柔能克刚（钢）

铁匠的活路——硬功夫

铁匠的女儿嫁给石匠——硬对硬

铁匠的围腰——近视（净是）眼；漏洞多

铁匠的砧子——挨砸的货；不怕敲打；天天挨捶

铁匠店里的闺女——带锤

铁匠对铁匠——硬碰硬

铁匠改行学绣花——拈轻怕重

铁匠会石匠——硬打

铁匠教徒弟——打上前去；只讲打；趁热打铁

铁匠进工棚——打起来看

铁匠开炉——趁热打

铁匠夸徒弟——打得好

铁匠拉风箱——柔能克刚

铁匠撂手——欠捶（锤）

铁匠炉的料——该打；不打不成器

铁匠炉的钳子——好家伙（夹火）

铁匠炉里的铁——该打

铁匠炉旁的砧子——专等挨捶哩

铁匠炉下的鼋子——冰火不同炉

铁匠炉子不点灯——掏出来就见

铁匠炉子落下脚——趁火干

铁匠抡不好锤——不是那把手

铁匠抡大锤——甩开膀子大干

铁匠骂徒弟——不会打

铁匠卖大饼——不务正业

铁匠牧羊——干的不是那一行

铁匠铺的产品——样样过硬；打出来的

铁匠铺的料——挨敲打的货

铁匠铺的买卖——都是硬货；斗硬；样样过得硬

铁匠铺开门——动手就打

铁匠铺开张——煽（扇）风点火；叮叮当当

铁匠铺里打金锁——白费劲

铁匠铺里的风箱——不拉不开窍

铁匠铺里的火叉——一头冷来一头热

铁匠铺里的家什——都是硬货

铁匠铺里失火——该然（燃）

铁匠铺卖豆腐——软硬兼施

铁匠上班——不打不行

铁匠生炉子——煽（扇）风点火

铁匠师傅耍手艺——叮叮当当

铁匠使凿子——斩钉截铁

铁匠说梦话——快打

铁匠死了不闭眼——欠捶（锤）；想锤

铁匠死在宝剑下——自作自受

铁匠无样——边打边相（xiāng，端详）

铁匠下乡——寻着打

铁匠绣花——外行；改行；软硬功夫都有

铁匠铸犁尖——倒贴

铁匠做官——打上前去；只讲打；以打为主

铁匠做买卖——样样过得硬

铁匠做生意——都是硬货

铁匠做事——只讲打

铁壳里放鸡蛋——万无一失

铁裤子放屁——三年出臭味

铁拉锁，子母扣——分久必合，合久必分

铁里生蛀虫——没那事

铁笼里的老虎——威风扫地

铁笼里装猴子——乱窜

铁笼子捕鱼——捉活的

铁笼子里关家贼——正合适；真巧（雀）

铁路警察摆手——管不着那一段

铁路警察——各管一段；管不着这一段

铁路警察下站台——管不着那一段

铁路上的车站——靠边站

铁路上的火车——直来直去

铁路上的枕木——经得住压；明摆着

铁锚碰礁石——硬碰硬

铁牛的屁股——推不动

铁耙子挠头——一把硬手

铁耙子搔痒痒——一把硬手；小题大做；充硬手

铁皮葫芦——外强中干

铁菩萨过河——不服（浮）

铁球掉在江心里——团圆到底

铁人不怕棍——身子硬

铁人戴钢帽——双保险

铁人生锈——害自身

铁人遭棍打——不屈不挠

铁扫帚扫石板地——硬碰硬

铁树开花——千载难逢；无结果；好事难盼；难遇

铁刷子抓痒——道道多

铁丝串铜铃——两头溜

铁丝裹脚——没这么难缠

铁丝箍紧大黄桶——滴水不漏

铁丝架桥——难过

铁丝做门闩——经不起推敲

铁桶里放鞭炮——空想（响）

铁筒子当筲使唤——没底儿

铁砣掉井里——不懂（扑通）

铁丸子打汤——油盐不进

铁仙鹤——一毛不拔

铁屑见磁石——密不可分

铁疙瘩当焊条——不是这块料

铁硬木头软——各有各的性

铁铸黄牛——开不得犁

铁爪子捉木鸡——手到擒来

铁嘴豆腐脚——能说不能行

10

厅堂里的老古董——摆设

听鼓书抹眼泪——有情人；替古人
担忧

听见风就是雨——瞎起哄；瞎猜

听见猫叫骨头酥——胆小如鼠

听见猫叫就打抖——胆小如鼠

听评书掉眼泪——替古人担忧；瞎
操闲心

听哑巴唱戏——莫名其妙

亭子里谈心——全是风凉话

11

通天的深井——摸不着底

同床异梦——有二心

同吹两把号——想（响）到一块儿了

同哑巴说话——指手画脚

同窑烧的砖瓦——一路货

同一池子的水——一模一样

同一个马鞍上的人——走的是一个方向

同一只鞋楦的鞋——一模一样

桐油畚斗（běndǒu，簸箕）——滴水
不漏

铜板做眼镜——满眼是钱

铜鼎锅碰着铁炊帚——硬碰硬

铜毫子买母猪肉——大家合算；大

家欢喜

铜匠的家当——各有一套

铜匠挑担——走一步想（响）一想
（响）

铜铃打鼓——另有音

铜罗汉铁金刚——一个比一个壮

铜盘碰上铁扫帚——互不相让

铜钱眼里打秋千——小人

铜墙铁壁——坚不可摧

铜头戴了铁帽子——双保险

童男童女（旧时殉葬用的纸男纸
女）跌河里——架子不倒

童养媳当媒人——自身难保

童养媳当婆婆——慢慢熬

童养媳哭老公——有苦难诉

童养媳拿钥匙——做不了主

童养媳侍候公婆——小心在意

童子拜观音——收住了身

童子带路——以小引大

童子娃娃进养老院——享福享早了

瞳孔里挑刺——故意找碴儿

捅火棍当枪使——打不响

捅开的锈锁——开窍了

捅烂大腿充生疮——无事生非

桶水两盐——淡而无味

桶作喇叭床当鼓——大吹大擂

筒车打水——团团转

痛快妈哭痛快——痛快死了

中华歇后语大全

第十六篇　W

1

汪精卫照镜子——一副奸相

亡羊补牢——为时未晚

王八拜年——规规（龟龟）矩矩

王八背上贴广告——牌子硬

王八背着两面鼓——人前一面，人后一面

王八变黄鳝——解甲归田

王八脖子——能伸能缩

王八吃鞭炮——憋气又窝火

王八吃秤砣——铁了心了

王八吃饵钩——找死；寻死

王八吃花椒——麻了爪子

王八吃辣椒——麻爪啦

王八吃柳条——满肚子瞎编；嘴能编

王八吃煤球——黑心肝

王八吃西瓜——滚的滚，爬的爬；连滚带爬

王八吃元宵——小浑蛋

王八吃竹竿——满肚子瞎编；嘴能编

王八揪蛋——盼子心切

王八出水——要露一鼻子

王八打把式——翻了

王八打官司——场场输

王八的脖子——缩回去了；能伸能缩

王八的肚子——规格（龟膈）

王八的屁股——规定（龟腚）

王八的笊篱——鳖编的

王八掉灰堆——憋气又窝火

王八跌井里——圆规（龟）

王八肚里一根枪——归（龟）心似箭

王八肚子上插鸡毛——归（龟）心似箭

王八翻跟头——窝脖

王八翻身——爬不起来

王八盖上插蜡扦——鬼（龟）火直冒

王八绘地图——规划（龟画）

王八敬神——上不了台盘；假正经

王八看绿豆——对上眼了

王八扛叉——自觉有光

王八壳，乌龟壳——各顾各

王八嗑瓜子——吃香

王八拉车——有前劲，没后劲

王八拉碌碡——滚的滚，爬的爬；连滚带爬

王八炝蹶子——没后劲

王八爬门槛——只看此一遭；只看这一跌

王八拍着盖子吹牛——自圆其说

王八排队——大概（盖）齐

王八配乌龟——一路货

王八碰桥墩——不敢露头

王八屁股长疮——烂规定（龟腚）

王八敲鼓——乱敲一气

王八上岸遇雹打——缩头缩脑

王八上婆家——归（龟）公

王八上树——巴不得

王八拴到鸡身上——飞不了

王八腿上拴老鹰——想飞飞不了，想爬爬不动

王八吞钩——直瞪眼

王八玩把式——翻了

王八下陡坡——滚的滚，爬的爬；连滚带爬

王八下汤锅——丢盔卸甲

王八笑龟爬——彼此彼此

王八心肠——直肠直肚

王八胸前插鸡毛——归（龟）心似箭

王八咬篦子——疏阔（梳壳）

王八咬人——叼住不放

王八找个鳖亲家——门当户对

王八照镜子——鳖形

王八中状元——规矩（龟举）

王八爪子惹的祸——概（盖）不由己

王八钻鼠洞——大概（盖）难办

王八钻灶坑——既憋（鳖）气又窝火；拱火儿呢

王八作报告——憋（鳖）声憋（鳖）气

王八坐月子——完（玩）蛋

王宝钏爱上叫花子——有远见

王宝钏等薛平贵——忠贞不渝

王宝钏住窑洞——无妨（房）

王大郎玩野猪——各有所爱

王大娘的松花蛋——变了

王大相公吃熬田螺——平生喜欢

王道士画符——自己心里明白

王道士坐牢——受苦大天尊

王铎写字——一个一般

王二关禁闭——足不出户

王二姐思夫——日想夜盼

王二麻子挨打——敲到点子上

王二麻子打哈欠——全面动员

王二麻子当军师——点子多

王二麻子的脸——点子多

王二麻子照镜子——点子多；个人观点

王府的差役——难当

王府的管家，相府的丫鬟——当家不做主

王府的管家——欺上瞒下

王府的丫鬟——低三下四

王阁老梦见臣造反——尽替寡人担忧

王古老卖寿星——倚老卖老

265

王寡妇当家——既没人又没钱

王寡妇的房子——干净清静

王寡妇上当铺——无钱又无人

王冠的珍珠——宝贝疙瘩

王魁负桂英——忘恩负义

王老道求雨——早晚在今年

王老二赶晚集——不图利

王老虎抢亲——弄巧成拙

王连生的鞋——布的

王伦当寨主——没人投奔

王麻子挨巴掌——打到点子上

王麻子吃核桃——里外出点子

王麻子的剪刀——货真价实；名不虚传；有真有假；名牌货

王麻子的书——白说一回

王麻子的外号——坑人

王麻子哭哥哥——凶（兄）啊

王麻子砌灶——烧起来看

王麻子贴膏药——没病找病

王麻子种牛痘——悔之莫及

王莽使令——一日三变

王母娘娘打糨子——胡（糊）云

王母娘娘的蟠桃——再好也吃不到

王母娘娘戴花——老妖艳

王母娘娘得子——天大喜事

王母娘娘的棒槌石——经过大阵势

王母娘娘的洗衣石——经过大棒槌

王母娘娘的玉簪——一划一条河

王母娘娘缝花袄——神聊（缭）

王母娘娘害喜病——怀鬼胎

王母娘娘她爹——天老爷

王母娘娘开蟠桃会——聚精会神

王母娘娘盼吃蒿菜饭——想野味

王母娘娘请客——聚精会神

王母娘娘伸手——要风得风，要雨得雨

王母娘娘生崽——天知道

王母娘娘下厨房——亲自动手

王母娘娘走亲戚——腾云驾雾

王母娘娘坐月子——养起神来了

王奶奶和玉奶奶比武——只差一点儿

王奶奶碰上王麻子——缺点太多

王胖子打仰壳——肥沃

王胖子的裤带——前松后紧；稀松平常（长）

王婆画眉——东一扫西一扫

王婆坏了磨——推不得

王婆骂街——四邻皆知

王婆卖瓜——自卖自夸

王婆卖了磨——推不得；没的推啦

王婆说媒——都好

王婆送灯台——一去不回来

王婆照应武大郎——不是好事；没安好心

王七的弟弟——王八

王强（戏曲《杨家将》中人物）害忠良——诡计多端

王三公公上天——难上难

王三思上公堂——句句实言

王熙凤的为人——两面三刀

王熙凤管家——大有大的难处

王熙凤害死尤二姐——心狠手毒

王熙凤弄权——聪明反被聪明误

王羲之的砚台——心黑

王羲之的字——大家的榜样；一字千金

王羲之的字帖——别具一格

王羲之看鹅——渐渐消磨（墨）；专心致志

王羲之写字——入木三分；熟手；横竖都好

王瞎子看告示——装模作样

王瞎子算命——直说莫怪

王先生和玉先生——只差一点

王先生看报——一塌糊涂

王小二打秋千——上不着天，下不着地

王小二的婆娘——好吃懒做

王小二的拖鞋——没法提；提不起来

王小二过年——一年不如一年

王小二开饭店——看人下菜碟

王小二卖瓜——自卖自夸

王小二敲锣打鼓——穷得叮当响

王小二做买卖——净打如意算盘

王秀才接客——点头磕脑

王爷的管家——唯唯诺诺；欺上瞒下

王爷的奴才——听差的；百依百顺；低三下四

王爷的宅院——层层深入

王爷笛——难吹

王爷好见——小鬼难缠

王员外不喝酒——转回家园

王致和的豆腐——臭名远扬

王字少一横——有点土

王佐断臂——有一手；留一手；苦肉计

网包里的田鸡——瞎碰

网袋捞泥鳅——跑的跑，溜的溜

网兜打水——一场空

网兜里的王八——乱伸头

网兜里放泥鳅——一个不留

网兜提猪娃——露了题（蹄）

网里的鱼，笼中的鸟——没跑

网里的鱼虾——一个也溜不掉

网套里的麂子——吓破了胆

网外捉鱼——捞外快

网中抓鱼——笃定

往别人脸上吐口水——欺人太甚

往喝过水的井里吐唾沫——忘恩负义

往黄河里灌水——不起作用

往炉灶里泼水——憋气又窝火

往瘸子腿上踢——不近人情

往沙地泼水——白交（浇）

往头上拉屎——成心糟蹋人

往袜子上钉鞋掌——找错了地方

往嘴里抹蜜还咬指头——不知好歹

望风捕影——一场空

望江亭上度中秋——近水楼台先得月

望乡台上搽胭脂——死要面子

望乡台上唱莲花落——不知死的鬼

望乡台上吹口哨——不知死活

望乡台上掉眼泪——死得好苦

望乡台上牵个猴——玩心不退

望乡台上抢骨头——馋鬼

望乡台上抢元宝——贪心鬼

望乡台上跳黄河——临死也得落个清白

望乡台上戏牡丹——死风流

望远镜倒拿着——光看自己的鼻子尖

望远镜观天——一孔之见

望远镜看风景——近在眼前

望远镜里观察——清清楚楚

望远镜照粪坑——死（屎）在眼前

望远镜照太平洋——一望无际

望着高炉发愣——恨铁不成钢

望着月亮想伸胳膊——眼高手低

2

为打耗子伤了玉瓶——因小失大

为官清正——两袖清风

为灭虱子烧棉袄——小题大做

为妻骂妾——迫不得已

为人投四海——朋友多

为人作嫁——徒劳无功

为虱子烧了旧棉花——小题大做

韦驮扔兵器——抛主（杵）

韦驮舞宝剑——无主（舞杵）

圩子（wéizi，低洼地区围绕房屋田地等修建的防水堤岸）上的老鼠——隐患

围巾上绣花——锦（巾）上添花

围棋盘里下象棋——不对路数

围着坟堆兜圈子——团团转

围着火炉吃冰糕——不知冷热

围着火炉吃西瓜——身上暖烘烘，心里甜滋滋

围着火炉喝白干——周身火热

围着火炉谈心——越说越热乎

围着叫花子逗乐——拿穷人开心

桅杆顶上安灯——空挂名（明）

桅杆顶上吹唢呐——四方闻名（鸣）

桅杆顶上的海螺——靠天吃饭

桅杆顶上的麻雀——胆儿大

桅杆顶上翻跟头——软硬功夫都有；硬功夫

桅杆顶上挂渔网——空张罗

桅杆顶上看人——把人看扁了

桅杆顶上耍把戏——爬得高，跌得重；本领高

桅杆尖上的猴子——到顶了

桅杆开花——没指望

桅杆上吹号——远近闻名（鸣）

桅杆上吹螺号——名（鸣）声远扬

桅杆上吊布袋——装疯（风）

桅杆上耍猴戏——到顶了

桅杆上响喇叭——高调

桅杆做了顶门杠——大材小用

桅尖上拉二胡——唱高调

维吾尔族姑娘的辫子——一抓就是

一把

维吾尔族的朵帕——顶好

维吾尔族的姑娘——辫子多

尾巴上绑芦花——假充大公鸡

卫生口罩——嘴上一套

卫星上天——远走高飞

卫懿（yì）公养仙鹤——忘了国家大事

未猜灯谜先揭底——不打自招

未婚妻做了望门寡——冤枉

喂兔养羊——本小利大

3

温度计掉冰箱——直线下降

温泉里洗澡——泡病号；冷暖自己知

温室里的花朵——经不起风吹雨打

温室里种庄稼——旱涝保收

温汤罐里煮甲鱼——死不死，活不活

温吞水（不冷不热的水）——不冷不热

温吞水沏茶——淡而无味

瘟神下界——四方遭灾；不知哪方遭灾

文火熬蹄膀——慢慢来

文火煎鱼——慢慢来

文火蒸糕——闷（焖）起来了

文盲读《圣经》——两眼抹黑

文盲贴对子——不分上下

文庙里卖《四书》——冒充圣人

文武大臣见皇上——三拜九叩

文武之道——一张一弛

闻鼻烟蘸唾沫——假行家

闻太师的坐骑——四不像

蚊虫放屁——文（蚊）气冲天

蚊虫遭扇打——全坏在嘴上

蚊叮虫咬——不屑一顾

蚊子挨巴掌——为嘴伤身

蚊子挨人打——全怪那张嘴

蚊子唱小曲儿——要叮人

蚊子打跟头——小踢打

蚊子打哈欠——好大的口气；小气

蚊子的力气——大不了

蚊子的脑袋——大不了

蚊子叮秤砣——嘴上功夫

蚊子叮观音——看错了人

蚊子叮过的鸡蛋——一肚子坏水

蚊子叮鸡蛋——无孔不入；无缝可钻

蚊子叮木偶——认错了人

蚊子叮泥像——没有人味

蚊子叮牛角——找错了对象；无济于事

蚊子叮菩萨——认错人；不知人味；不识人；不识神

蚊子叮汽车——无从下口

蚊子叮石臼——没用处

蚊子叮铁牛——无处下嘴

蚊子叮象鼻头——碰到大头

蚊子肚里找肝胆——有意为难

蚊子放屁——吓唬哪个；小气

蚊子飞到电灯上——弃暗投明

蚊子飞过能认公母——好眼力

蚊子腹中刳（kū，挖）脂油——没多大油水

蚊子含秤砣——嘴劲

蚊子落在蜘蛛网上——难脱身

蚊子没嘴——屁股伤人

蚊子趴到玻璃上——插不上嘴

蚊子头上长疮——脓水不大

蚊子衔秤砣——好大的口气

蚊子咬秤锤——好硬的嘴

蚊子咬人——全凭你一张好嘴

蚊子咬一口——无伤大体

蚊子找蜘蛛——自投罗网

蚊子撞上蜘蛛网——越挣扎越缠得紧

问客杀鸡——假仁假义；虚情假意；心意不诚

问土地菩萨借钱——找错人了

4

瓮里抓王八——保险又保险

瓮中鳖，网中鱼——没跑

瓮中的乌龟——处处碰壁

瓮中之鳖——走投无路；跑不了

瓮中捉鳖——手到擒来；十拿九稳

蕹菜（wèngcài，空心菜）当吹火筒——似通非通

5

娃儿哭了给娘抱——一推了事

娃儿玩积木——不成重来

娃儿要妈妈摘星星——蛮不讲理

娃娃拔萝卜——硬往外拽

娃娃摆积木——不成重来

娃娃背磨盘——负担太重

娃娃长胡子——小毛病

娃娃吃甘蔗——尝到甜头

娃娃吃了烂石榴——满肚子坏点子

娃娃吃面条——瞎抓

娃娃吃糖瓜——糊嘴

娃娃抽磨脐儿（磨轴）——玩不转

娃娃穿道袍——宽大无边

娃娃吹喇叭——小气；没谱

娃娃吹泡泡糖——口气不大

娃娃当家——不懂事；小人得志

娃娃当了童养媳——逼出来的

娃娃当司令——小人得志

娃娃荡秋千——两边摆

娃娃的鼻涕——吹大气

娃娃的脸——一日三变

娃娃掉到糨糊盆里——糊涂人

娃娃掉井里——不知死活

娃娃掉在阴沟里——臭人

娃娃逗狗——回头一口

娃娃逗娃娃——嘻嘻哈哈

娃娃放风筝——抖起来了

娃娃放炮仗——又惊又喜

娃娃赶场——东张西望

娃娃供神佛——你哄我，我哄你

娃娃过年——蹦得欢；光图吃

娃娃见了娘——喜笑颜开

娃娃进养老院——福享早了

娃娃嚼泡泡糖——津津有味；吞吞吐吐

娃娃看飞机——人小见识大

娃娃看魔术——莫名其妙

娃娃看戏——欢天喜地

娃娃拿到新玩具——爱不释手

娃娃爬楼梯——上下为难

娃娃骑木马——不进不退

娃娃敲小鼓——不成点

娃娃上街——哪里热闹到哪里

娃娃上了飞机——欢跃欲飞

娃娃生病——装不得

娃娃拾花炮——沾沾自喜

娃娃耍刺猬——抱着嫌扎手，丢又舍不得

娃娃耍灯笼——乱跳

娃娃死在娘肚里——没法；没有救

娃娃谈天——说大话

娃娃贴对子——不分上下；倒贴

娃娃头上顶磨盘——压趴了

娃娃推平头——一扫光

娃娃吞胡椒粉——上当一回

娃娃玩菜刀——不是玩意儿

娃娃玩的糖人儿——吹起来了

娃娃玩肥皂泡——吹起来了

娃娃玩火——万万不可

娃娃玩具——一点心眼儿也没有

娃娃玩陀螺——原地打转

娃娃下棋——胸无全局

娃娃学舌——说了不算

娃娃学走路——左右摇摆；一步步来

娃娃鱼的嘴——好吃

娃娃鱼爬上树——不是人

娃娃鱼跳龙门——碰得头破血流

娃娃坐飞机——欢天喜地

娃仔赶圩——没主张

挖鼻屎当盐吃——吝啬鬼

挖耳勺打酒——不是正经东西

挖耳勺里炒黄豆——一个个来

挖耳勺里炒芝麻——没多大油水；小鼓捣；扒拉不开

挖耳勺刨地——小抠

挖耳勺舀海水——不显眼

挖耳勺舀米汤——无济于事

挖耳勺舀人参——细细品尝

挖好肉补烂疮——犯不着

挖井碰见喷泉——好极了

挖井碰上自流泉——正合心意

挖了眼当判官——瞎到底了

挖了眼叫街——穷逼的

挖人墙脚补自己缺口——净干缺德事

挖肉补疮——得不偿失；两败俱伤

挖肉补脸蛋——忍痛图好看

挖塘甩泥鳅——一举两得

挖土机的抓斗——是把硬手

挖窑挖到牢里——自找罪受

瓦背上的胡椒——两边滚；十有九跑

瓦房顶上盖草席——多此一举

瓦房上盖蒿草——怪物（屋）

瓦缸盆倒胡桃——一干二净

瓦罐里的蛐蛐儿——一个劲地往外蹦

瓦罐里点灯——心里亮

瓦罐里冒烟——土里土气

瓦罐子和土坯子——一路货

瓦匠干活——拖泥带水

瓦匠碰上鞋匠——帮不上忙

瓦匠砌墙——两面三刀

瓦片上凿洞——捅娄（漏）子

瓦上的窟窿——漏洞

瓦上结霜——不久长

瓦石榴——看得吃不得

袜筒改护腕——将就材料

袜筒里摸臭虫——手到擒来

袜子戴头上——总算有出头日子了

袜子当帽子——臭出头了

袜子改长裤——高升

袜子没底——直升（伸）

袜子头上戴——上下颠倒

6

歪把子葫芦——从哪里开瓢

歪脖子出征——扭头就走

歪脖子吹灯——一股邪（斜）气

歪脖子吹喇叭——一股邪（斜）气

歪脖子吹笙——正气不如邪气大

歪脖子当扒手——贼相难看

歪脖子高粱——另一个种

歪脖子挂项链——不见得美

歪脖子看报纸——邪（斜）念

歪脖子看手表——观点不正

歪脖子看天——扭着劲

歪脖子看戏——人不正；斜眼瞧人

歪脖子拉小提琴——两全其美

歪脖子树上结歪梨——不成正果

歪脖子树——值（直）不得；成不了才（材）；根子不正；难治（直）；定了型

歪脖子说话——嘴不对心

歪戴帽子斜穿袄——不成体统

歪锅配偏灶——一套配一套；两凑

合；差配差

歪了磨砸了碾——实（石）打实（石）

歪苗长歪树——根子不正

歪墙开旁门——邪（斜）门

歪上轴承斜上轴——没安好心

歪头的公鸡——邪教（斜叫）

歪头看戏怪台斜——无理取闹

歪歪嘴跌跤——错上错下

歪着头跑步——走邪（斜）路

歪嘴巴吹得一曲好唢呐——气歪声响

歪嘴巴和尚——念不出好经

歪嘴吃螺蛳——歪对歪

歪嘴吃石榴——尽出歪点子

歪嘴吹灯——风气不正

歪嘴吹笛子——对不上眼

歪嘴吹海螺——两将就；歪对歪

歪嘴吹号——正气不足，邪（斜）气有余

歪嘴吹火——没劲儿；正气不足，邪气有余

歪嘴吹喇叭——一团邪（斜）气

歪嘴吹牛角号——以歪就歪

歪嘴戴口罩——看不出毛病

歪嘴当骑兵——马上丢人

歪嘴和尚吃螺蛳——以歪就歪

歪嘴和尚吹号——邪（斜）气

歪嘴和尚念经——走样了；没正音

歪嘴讲故事——邪（斜）说

歪嘴烂舌头——说不出好话来

歪嘴佬吹喇叭——调子不正

歪嘴骡子卖了驴价钱——全坏在嘴上

歪嘴婆娘长秃疮——丑上加丑

歪嘴婆娘吹火——风气不正

歪嘴婆娘戴花——自以为美

歪嘴婆娘骂街——不讲道理

歪嘴婆娘摔跤——上错下错；错上错下

歪嘴婆婆喝汤——左喝右喝

歪嘴骑驴——马上丢丑

歪嘴上讲台——活现眼

歪嘴照镜子——不知自丑；当面出丑

歪嘴子和尚——念错经

外公死儿子——没救（舅）了

外国人的买卖——洋货

外国人放屁——洋气

外国人照合影相——洋相不少

外国医生开脑袋——解放思想

外科手术——拉人

外贸商品不合格——难出口

外面得了一块板，屋里丢了双扇门——得不偿失

外婆待外甥——诚心实意

外婆得了个小儿子——有救（舅）了

外婆讲故事——说的说，听的听

外婆死了儿——没救（舅）

外婆送亲——多此一举

外甥不在家——有救（舅）

外甥打阿舅——公事公办

外甥打灯笼——照旧（舅）

外甥打舅——情理难容

外甥戴孝买棺材——陈旧（盛舅）

外甥戴孝——无救（舅）了

外甥当卫士——守旧（舅）

外甥到了姥姥家——有救（舅）了

外甥赴外公的宴席——不客气

外甥磕头——依旧（揖舅）

外甥披孝——没救（舅）

外甥松绑——解救（舅）

外甥做梦——念旧（舅）

外孙赴他姥爷的席——别嫌不客气

外头拾块铺衬，屋里丢件皮袄——得不偿失

外屋里的灶王爷——独座

外乡人过河——心里没底；不知深浅

外行打铁——乱吹（捶）

外行人看魔术——莫名其妙

7

弯扁担打蛇——两头不着实

弯刀对着瓢切菜——两将就；正合适

弯镰打菜刀——改邪（斜）归正

弯镰割麦——拉倒

弯藤结歪瓜——不是好种

弯铁条割麦子——拉倒

弯腰捡稻草——轻而易举

弯腰树——直不起来

剜草的拾了个南瓜——捡着大个儿的

剜了眼的判官——瞎鬼

玩把式的绝技——耍花招

玩把戏的牵老鼠——没大猴

玩把戏的作揖——使尽本事了

玩彩船的伴乐——吹吹打打

玩猴的丢了锣——耍不起来

玩猴的敲锣——单等你爬杆了；虚张声势

玩猴的耍狐狸——不害臊

玩火烧自身——自作自受

玩具店里的刀枪——中看不中用

玩具店里的洋娃娃——讨人爱；有口无心；小手小脚

玩具娃娃暖被窝——热不了

玩龙船的攀了个打花鼓的——一对穷

玩麻将赢钱——近乎

玩木偶的不出场——幕后操纵

玩木偶拉绳子——幕后操纵

玩木偶戏的下地——人多不干活

玩木偶戏的下饭店——人多不吃啥

玩狮舞戴道具——改头换面

玩水淹自己——自作自受

玩戏法的丢了猴子——耍不起来

玩戏法的下跪——没咒念

玩杂技甩坛子——接吻（稳）

玩着滚轮打主意——想转了

宛平县的知县——管得宽

晚点的火车——赶得上

晚娘打儿子——早晚有一顿

晚期癌症——没治了

晚期肺结核——空空洞洞

晚上干活——披星戴月

晚上赶集——散了

碗边上的饭——吃不饱人

碗边上落苍蝇——混饭吃

碗碴子剃头——难受

碗橱里打老鼠——碍手碍脚；难下手

碗底的豆子——历历（粒粒）在目

碗店里捉老鼠——碰不得

万花筒——千变万化

万顷黄沙一棵草——不显眼

万泉河里洗澡——左右逢源

万人坑里响唢呐——死中作乐；死快活

万岁他掉在井里——不敢劳（捞）你的大驾

万岁爷的茅厕——没有你的份（粪）儿

万岁爷的顺民——安分守己

万岁爷掉进井里——劳（捞）不起大驾

万岁爷卖包子——御驾亲征（蒸）

万岁爷剃头——不要王法（发）

万丈高楼失足，扬子江心翻船——好险；冒险

万丈悬崖上的鲜桃——没人睬（采）；没人尝过

万丈崖上的野葡萄——够不着

万字比方字——差一点

8

莴笋炒蒜苗——亲（青）上加亲（青）

窝脚的毛驴跟马跑——一辈子落后

窝里的家雀——没跑

窝里的马蜂——惹不起

窝里的蛇——不知长短

窝里的小鸟——迟早要飞走

窝囊废坐天下——无人敢保

窝头上蒸笼——盖了帽儿了

窝窝头翻个儿——显大眼儿；现眼

窝窝头进贡——穷尽忠

窝窝头没眼儿——找着挨抠

窝窝头上坟——哄鬼

窝主分赃——坐享其成

蜗牛背房子——白受苦；搬家

蜗牛吃秫秫——顺杆（秆）爬

蜗牛赴宴——不速之客

蜗牛盖房子——自己顾自己

蜗牛耕田——费力不小，收获不大

蜗牛壳里睡觉——难翻身

蜗牛爬到电杆顶——唯我独尊

蜗牛爬架——慢腾腾；想高升；快

不了

蜗牛爬上葡萄架——光想高味

蜗牛爬在荆棘上——又慢又费力

蜗牛赛跑——慢慢来

蜗牛走路——慢腾腾

我放风筝你钓鱼——拉拉扯扯

我解缆绳你推船——顺水人情

我心似你心——心心相印

握着蒺藜死不丢——不怕扎手

9

乌狗吃食，白狗当灾——代人受过

乌龟挨踩——痛在肚里

乌龟扒门槛——但看此一番（翻）；
又蹾屁股又伤脸；早晚要栽跟头

乌龟背石板——硬对硬

乌龟背着地——翻不了身

乌龟逼牛踩——缩头缩脑；不露头

乌龟变黄鳝——解甲归田

乌龟吃秤砣——狠了心

乌龟吃大麦——糟蹋粮食

乌龟吃大米——白糟蹋粮食

乌龟吃荞麦——糟蹋五谷

乌龟吃王八——六亲不认

乌龟吃乌贼——黑心王八

乌龟吃萤火虫——心里明白

乌龟出口——活宝

乌龟穿套裤——不成体统

乌龟打浮漂——显阔（壳）

乌龟打架——硬碰硬；看看谁硬；
只听见壳响

乌龟戴人帽——冒充人品

乌龟的脖子——一伸一缩

乌龟的后代——龟儿子

乌龟的脑壳——伸伸缩缩

乌龟垫床脚——规规矩矩；硬撑

乌龟垫桌脚——硬顶

乌龟吊颈——摆阔（壳）

乌龟掉到王八坑里——都是一类货

乌龟掉进缸里——转圈碰壁；跌跌
爬爬

乌龟掉进瓦罐里——爬爬跌跌

乌龟掉了底——冒板

乌龟掉在靛缸里——确难（壳蓝）

乌龟掉在深缸——伸头探脑爬不上

乌龟跌灰堆——憋气又窝火

乌龟跌下水——正合意

乌龟跌在石板上——硬碰硬

乌龟肚子朝天——动弹不得

乌龟翻身——四脚朝天

乌龟放屁——憋（鳖）气

乌龟赶集——慢腾腾

乌龟跟着兔子跑——望尘莫及

乌龟过门槛，只听壳壳响——好阔
（壳）

乌龟和王八混在一起——分不清

乌龟和王八——一个样

乌龟解剖——开阔（壳）

乌龟进砂锅——丢盔卸甲

乌龟看青天——缩头缩脑

乌龟扛轿子——硬顶

乌龟壳上贴广告——牌子硬

乌龟壳上找毛——白费劲

乌龟拉车——没后劲

乌龟落秤盘——自称自

乌龟卖鳖价——不上算

乌龟莫笑鳖——都在泥中歇

乌龟撵兔子——赶不上

乌龟爬岸上——慢腾腾

乌龟爬旗杆——想高升

乌龟爬沙——趔趄而行；慢慢来

乌龟爬石头——只听壳响

乌龟爬树——上不去；无能为力

乌龟爬烟筒里——日子难熬

乌龟爬在黑猪上——一模一样

乌龟趴在门槛上——进退都要摔一跤

乌龟碰壁——得缩头时且缩头

乌龟请客——尽是王八

乌龟入瓮——四边碰壁

乌龟赛跑——慢慢爬

乌龟上山——难上加难

乌龟上树——王八小子巴结高枝儿

乌龟身上七个字——只吃别人不吃自

乌龟锁在鸟笼里——大概（盖）出不去

乌龟抬轿子——硬撑

乌龟头上点蜡烛——明王八

乌龟腿上绑老鹰——想飞飞不了，想爬爬不动

乌龟吞煤球——黑心王八

乌龟驮个大西瓜——滚的滚，爬的爬

乌龟驮石板——硬碰硬

乌龟王八——一路货

乌龟想骑凤凰背——痴心妄想

乌龟笑鳖爬——彼此彼此

乌龟笑兔子尾巴短——彼此彼此

乌龟笑王八——彼此彼此

乌龟咬王八——自家人不识自家人

乌龟咬西瓜——无处下口

乌龟移窝——慢腾腾

乌龟用镜——看那鳖形

乌龟有肉——全在肚里

乌龟遭棒打——缩头缩脑；不露头

乌龟遭锯——疼在心里

乌龟遭牛踩——痛在肚里

乌龟找甲鱼——一路货色

乌龟找老鳖——一路货

乌龟照镜子——王八相

乌龟整臭虫——铺天盖地

乌龟支桌子——硬撑

乌龟撞石板——硬碰硬

乌龟钻灶——扒灰

乌鸡对白鸡——一个见不得一个

乌江岸上困霸王——四面楚歌

乌拉草掺鸡毛——乱糟糟

乌拉草成名——称宝不在贵贱

乌梢蛇缠脚杆子——又狡（绞）又猾（滑）

乌梢蛇出洞——不咬也吓人

乌梢蛇打店——常（长）客

乌梢蛇的肚腹——心肠黑

乌鸦扮孔雀——不伦不类

乌鸦不叫乌鸦——太平鸟

乌鸦插上鸡尾巴——想装凤凰

乌鸦长白毛——怪事一桩

乌鸦唱山歌——不堪入耳

乌鸦吃菱角——卡嗓

乌鸦当头过——非灾即祸

乌鸦的翅膀——白不了

乌鸦的叫声——不祥之兆

乌鸦的下水——黑心

乌鸦掉猪身上——一个比一个黑；黑对黑；黑上加黑

乌鸦叮蚌壳——脱不了身

乌鸦飞过盼下蛋——痴心妄想

乌鸦高歌——自得其乐

乌鸦回了窝——呱嗒起来没个头儿

乌鸦进树林——哪枝旺拣哪枝

乌鸦落房头——开口是祸

乌鸦落在黑煤上——一样黑

乌鸦落在雪堆上——黑白分明

乌鸦难入凤凰群——心（身）太黑

乌鸦攀高枝——站惯了的

乌鸦身上抹石灰——想变白鸽

乌鸦窝里养凤凰——空欢喜

乌鸦笑猪——光看别人黑，不见自己黑；不知自丑；彼此彼此

乌鸦一字飞——一溜黑货

乌鸦与喜鹊同行——吉凶难定

乌鸦占鹊巢——强盗

乌鸦钻煤堆——黑上加黑

乌贼吐墨——蒙混人

污水坑里的蛆虫——肮脏货

污水坑里竖旗杆——臭光棍

污水塘里泡豆芽——变味了

巫婆扮凶神——又丑又恶

巫婆扮装——装神弄鬼

巫婆打把式（泛指手舞足蹈）——装神弄鬼

巫婆打鬼——骗人

巫婆的表情——装模作样

巫婆的声调——装腔作势

巫婆纺花——改邪归正了

巫婆改行——信不得

巫婆跟鬼打架——病人跟着作难

巫婆喝符水——法尽（进）了

巫婆看病——妖言惑众

巫婆扛锄头——装模作样

巫婆神汉跳大神——歪门邪道

巫婆跳神——故弄玄虚

巫婆下神——装神弄鬼

巫婆摇铃招魂——自欺欺人

巫婆遇上神汉——谁都清楚谁会哪路法

巫神舞镰刀——没见（剑）

巫师的行当——做人又做鬼

巫师驱鬼——装模作样

巫师转行——弃恶从善

屋顶落魔鬼——祸从天降

屋顶上戳窟窿——捅娄（漏）子

屋顶上种菜——无缘（园）

屋脊上蹲个猫——活受（兽）

屋脊上放西瓜——两边滚

屋脊上睡觉——难翻身

屋脊上贴告示——天晓得

屋角架磨——难转弯

屋角里的老鼠——钻墙挖洞

屋里打伞——多此一举

屋里翻跟头——里手

屋里放风筝——高也有限

屋里喂老虎——死都不怕

屋里筑篱笆——一家分两家

屋漏偏遇连阴雨——倒霉透了

屋漏偏遭连阴雨，船破又遇顶头风——祸不单行

屋门口的穿衣镜——正大光明

屋前挖陷阱——自己坑害自己

屋檐不滴水——另有路子

屋檐上吊着的鱼——干起来了

屋檐上挂苦胆——滴滴是苦水

屋檐上挂马桶——臭名在外

屋檐水滴窝窝——点点不差

屋檐下的冰凌——根子在上头

屋檐下的大葱——不死心

屋檐下的麻雀——经不起风雨

屋檐下吊陀螺——不上不下

屋檐下躲雨——不长久

屋子里开煤铺——倒霉（煤）到家了

无边的大海——不知深浅

无柄的菜刀——没有把握

无病的呻吟——装模作样

无病服药——自找苦吃

无病呻吟——装模作样

无常鬼戴眼镜——装正神

无底的箱子——装不满

无底洞里灌水——再多也填不满

无底洞——深不可测

无舵的船——随波逐流

无儿无女的老寡妇——绝后

无二爷（传说中的无常鬼）卖布——鬼扯

无风不起浪——事出有因

无风下双锚——稳稳当当

无蜂的蜂窝——空洞

无根的浮萍——成不了栋梁之材

无根的水草——漂浮不定

无根沙蓬——没有个准地方

无花的蔷薇——浑身是刺

无家可归的流浪汉——东游西荡

无缰的马——乱跑

无赖打路人——无理取闹

无米之炊——难做

无蜜的蜂房——空空洞洞

无目的放礼炮——乱哄哄

无目的放炮——乱轰

无牛狗拉车——将就

无牛捉了马耕田——大材小用

无仁的花生壳——肚里空

无事钻烟囱——自己给自己抹黑

无头的苍蝇——瞎碰

无头的乱麻——一团糟

无头的蚂蚱——蹦跶不了几天

无王的蜜蜂——乱了群

无锡的泥人儿——经不起风雨；随人家捏

无弦的琵琶——谈（弹）不得；一丝不挂

无心的蜡烛——点不亮

无眼苍蝇——瞎碰

无鱼——虾子贵

无罪戴枷板——冤枉

吴道爷的外甥——鬼小子

吴二娘有喜——怀鬼胎

吴二爷的帽子——你也来了

吴刚砍桂树——没完没了

吴三桂降清——卖身投靠

吴三桂引清兵——吃里爬外

梧桐树上长蒜薹——不可能的事；没人见过

蜈蚣背上趴蝎子——毒上加毒

蜈蚣吃了萤火虫——心里明白

蜈蚣吃蝎子——以毒攻毒

蜈蚣——见不得面

蜈蚣见公鸡——命难逃

蜈蚣遇到眼镜蛇——一个比一个毒

五百个钱串一起——半吊子

五百罗汉斗观音——兴师动众

五百年前的老槐树——盘根错节

五百铜板两下分——二百五

五彩公鸡屙屎——滑稽事（花鸡屎）

五尺布做裤衩——宽备窄用

五尺檩条盖鸡窝——屈才（材）

五尺深的浑水潭——看不透

五殿阎王唱戏——鬼去看

五个和尚化缘——三心二意

五个人住两地——三心二意

五个指头进盐槽——一小撮

五个指头两边矮——三长两短

五个指头——一把手

五根绳子不一样——三长两短

五更天唱山歌——高兴得太早了

五更天的梆子——处处挨打

五更天的星星——稀少

五更天赶路——越走越亮

五更天烤火——弃暗投明

五更天起床——渐渐明白

五更天下大雪——天明地白

五更天下海——赶潮流

五更阉公鸡——提（啼）不得

五花大肉——有肥有瘦

五皇殿里开会——神谈一气

五黄六月长疥疮——热闹（挠）

五黄六月穿棉袄——摆阔气

五句话分两次讲——三言两语

五人共伞——小人全靠大人遮

五十对小姐选美——百里挑一

五十两元宝——一定（锭）

五台山的莽和尚——横头横脑

五台山和尚放炮——精（惊）神

五台山上拜佛——烧高香

五月初六卖菖蒲——过时货；没人过问

五月的骆驼——灰溜溜的

五月的麦子——黄了；一天一个成色

五月的山茶——越来越红火

五月的石榴花——一片红火；越来越红火

五月的豌豆——炸了

五月的苋菜——正在红中

五月端午的黄花鱼——正在盛市上

五月里打摆子——忽冷忽热

五月龙舟逆水去——力争上游；个个使劲

五月天喝凉茶——美透了

五月天气上舞台——黄梅戏

五脏六腑抹蜜糖——甜透了心

午后见太阳——每况愈下

伍子胥的白头发——全是愁的

伍子胥过昭关——一夜愁白了头；进退两难

忤逆子戴孝——装模作样

忤逆子讲《孝经》——假做作

忤逆子哭爹妈——就那么回事

武大郎抱石柱——毫不动摇

武大郎踩高跷——取长补短

武大郎吃豆腐——软的欺软

武大郎吃药——吃也死，不吃也死

武大郎出摊——没好货

武大郎穿高跟鞋——高也有限

武大郎穿平底鞋——没跟（根）

武大郎打虎——没长那个拳头

武大郎当兵——个头不够

武大郎的扁担——不长不短

武大郎的打虎棍——中看不中用

武大郎的脚指头——一个好的也没有

武大郎的炮仗——放不得

武大郎的身子——不够尺寸

武大郎登梯子——想高出个头

武大郎肚子痛——死到临头

武大郎贩甲鱼——什么人卖什么货

武大郎放风筝——出手不高

武大郎放屁——低声下气

武大郎放起花——散烟

武大郎服毒——吃也得死，不吃也得死

武大郎叫门——小人到家了

武大郎开店——不容大个儿；不能容人

武大郎开豆腐店——人软货不硬

武大郎看飞机——眼界不高

武大郎扛枪——邋遢兵

武大郎亮大衫——穷抖搂

武大郎卖棒槌——货硬人不硬

武大郎卖刺猬——人货扎手

武大郎卖的烧饼——七大八小

武大郎卖豆腐——人货软

武大郎卖豆渣——要人没人，要货没货

武大郎卖煎饼——人软货不硬

武大郎卖棉花——人穷货也囊

武大郎卖面包——人土货洋

武大郎卖盆——一套一套的

武大郎卖切糕——人不济，货粘手

武大郎卖烧饼——人没人货没货；晚出早归

武大郎卖柿子——人熊货软

武大郎卖乌龟——什么人配什么货

武大郎卖银器——货硬人不硬

武大郎爬楼梯——步步高升

武大郎爬墙头——不上不下

武大郎攀杠子——上不着天，下不着地；自不量力

武大郎骑大马——上下两难

武大郎骑骆驼——能上不能下

武大郎娶妻——凶多吉少

武大郎上吊——上下够不着

武大郎烧纸——单调（吊）

武大郎耍杠子——人怂家伙笨

武大郎耍棍子——人熊家伙笨

武大郎算卦——凶多吉少

武大郎提暖瓶——水平（瓶）就那么高

武大郎跳井——熊到底了

武大郎跳舞——抱粗腿

武大郎玩鸭子——什么人玩什么鸟

武大郎玩夜猫子——各有所好；什么人玩什么鸟

武大郎招亲——凶多吉少

武大郎捉奸——力不能及；反被害了性命

武大郎坐天下——没人敢保

武大郎做知县——出身不高

武科场上选将——有本事就上

武林高手打拳——出手不凡

武林中的掌门人——个个是高手

武松打店——自家人不识自家人

武松打虎——一举成名；气概非凡；艺高胆大

武松打猫——小意思

武松打兔子——英雄无用武之地

武松大闹十字坡——英雄不打不相识

武松赶会——为打不平

武松喝啤酒——不过瘾

武松景阳冈上遇大虫——不是虎死，就是人伤

武松看鸭子——英雄无用武之地；大材小用

武松买肉——挑肥拣瘦

武松卖刺猬——人强货扎手

武松绣花——胆大心细

武松衙门里去自首——好汉做事好汉当

武则天的面首（旧时供贵妇人玩弄的美男子）——不公开

武则天的名字——日月空

武则天登看花楼——净刺

武则天害皇后——心狠手辣

武则天用过的汤盆——骚（臊）货

捂上眼睛的驴——东撞西碰

捂着鼻子闭着嘴——憋气

捂着鼻子讲卫生——不闻不问

捂着耳朵吃炒面——自欺欺人

捂着耳朵放炮——怕听偏见

捂着耳朵偷铃铛——自己骗自己

捂着肛门放屁——假斯文

捂着脑袋赶老鼠——抱头鼠窜

捂着屁股过河——小心过度（渡）

捂着钱包捉贼——多加一分小心；过分小心

捂着眼睛捉麻雀——瞎摸

舞台上拜天地——痛快一时

舞台上的道具——任人摆布

舞台上的灯光——引人注目

舞台上的二人转——一唱一和

舞台上的风雪——布景

舞台上的鼓槌——一对儿

舞台上的皮影戏——幕后操纵

雾里划船——不知往哪儿好

雾里看指纹——看不出道道

雾里瞧花——看不真切；终隔一层

雾中的鲜花——模糊不清

雾中照相——眉目不清

雾中追车——路线不明

10

英雄遇好汉——有了对手

婴儿的摇篮——摇摇摆摆

婴儿饿肚皮——有奶便是娘

鹦鹉唱大曲——巧上加巧；卖弄自己

鹦鹉的嘴巴——会说不会做

鹦鹉学舌——人云亦云；巧嘴

鹦鹉遇见百灵鸟——说说唱唱

鹰饱不抓兔，兔饱不出窝——懒对懒

鹰叼蛇，蛇吞鼠——一物降一物

鹰飞蓝天，狐走夜路——各走各的路

鹰哭麻雀——假慈悲

鹰犬捕兽——上下夹攻

鹰嘴里夺兔，猫嘴里夺鱼——难下手

鹰嘴鸭子爪——能吃不能拿

迎风吃炒面——张不开口

迎风吐口水——湿自己的脸；自作自受

迎着风扬灰——迷住自己的眼睛；睁不开眼

萤火虫打架——明对明

萤火虫当月亮——大惊小怪

萤火虫的屁股——就那么一点儿亮

萤火虫点灯——昆明

萤火虫发光——自顾自

萤火虫跟十五的月亮比光亮——自不量力

萤火虫进酒瓶——前途光明，出路不大

萤火虫落在秤杆上——自以为是颗亮星

萤火虫——心里明白；眼前光；一晃就过了；一明一暗；只能照见自己屁股

萤火虫照屁股——只顾自己

萤火之光——其亮不远

蝇子见了血——走不动

赢得猫儿输了牛——因小失大

硬按公鸡下蛋——指望不上

硬骨头——难啃

硬汉子卖豆腐——人强货不硬

硬节柴——难劈

硬壳虫赶牛——自不量力

硬牛皮——看你咋吹　　　　　　硬要麻雀生鹅蛋——蛮不讲理

11

勇士上刺刀——拼杀一场

用秕糠垒水坝——无济于事

用茶杯饮骆驼——无济于事

用锥刺牛——无关痛痒

用斗量糠——不声不响

用放大镜看书——显而易见

用斧子裁衣裳——粗制滥造

用葫芦盛药——内情不清楚

用筷子穿针眼——难啊

用力吹网兜——白费劲

用了三代的钉耙——无耻（齿）

用煤油灯炒豆子——胡来

用牛刀杀鸡——小题大做

用人家的火做自家的饭——爱占便宜

用石头砸自己的脚——自作自受

用小虾钓鲤鱼——吃小亏占大便宜

用绣花针掘井——费力不讨好

第十七篇　X

1

削鱼得珠——喜出望外

消防队的汽车——畅通无阻

消防龙头打不开——干着急；误大事了

萧何月下追韩信——为国操劳；连夜赶；爱才；谋士识良才

萧太后摆宴席——好吃难消化

硝酸加盐酸——放到哪儿烂到哪儿

小案板当锅盖——随方就圆

小巴狗咬月亮——不知天有多高

小巴狗戴铃铛——混充大牲口

小巴狗掉屎窖——饱餐一顿

小本生意——现发现卖

小辫子上拴秤砣——正打腰

小蚕吃桑叶——一星半点

小草鱼赶鸭子——找死；寻死

小长虫钻到竹筒里——只有按这条道行了

小车不抹油——干叫唤

小车掉进泥潭里——进退两难

小车揽大载——力不能及

小池塘撒网——一网打尽

小虫吃李子——从心里肯（啃）

小虫放屁——自己惊

小虫撞上蜘蛛网——睪不得

小虫吞大象——痴心妄想

小虫子啃沙梨——暗里使坏

小丑打擂——胡闹台

小丑化装——粉墨登场

小丑跳梁——自取灭亡

小船驶进礁石群里——进退两难

小瓷碗里数汤圆——明摆着

小葱拌豆腐——一清（青）二白

小葱蘸酱——头朝下

小大姐织布——手忙脚乱

小旦坐飞机——拽上了天

小刀哄孩子——不是好玩的

小鼎锅想炖大牛头——好大的胃口

小豆干饭掺苦瓜——苦闷（焖）

小豆干饭——闷（焖）起来了

小豆煮干饭——干焖

小肚子搁暖壶——热心肠

小儿看杂技——又爱又怕

小二黑结婚——新事新办；情投意合；自愿的

小二姐唱歌——娇声娇气

小二姐割豆子——嫌扎手

小二姐上楼梯——步步有坎

小二姐要饭——放不下脸

小二姐织布——手脚不识闲儿

小二姐走钢丝——无依无靠

小二姐做梦——空喜一场

小贩卖气球——买空卖空

小佛爷摸肚子——不是祸就是福

小嘎子放炮——又爱又怕

小缸里抓王八——手到擒来

小哥俩出师——各奔前程

小公鸡害嗓子——不能再提（啼）了

小狗落茅缸——饱餐一顿

小狗娃跌屎缸——饱餐一顿

小狗钻灶门——不长点狗出息

小姑打碗怨媳妇——错怪

小姑娘的辫子——两边摆

小姑娘的脸蛋——讨人爱

小姑娘逗娃娃——嘻嘻哈哈

小姑娘梳头——自便（辫）

小姑娘吸烟——赶时髦

小寡妇看花轿——干着急

小寡妇骂坟——单调（吊）

小寡妇梦见丈夫——心里想

小寡妇上坟——哭也活不了呀

小寡妇生病——享福（想夫）

小寡妇跳井——害人不浅

小寡妇坐轿——转悲为喜

小闺女不梳头——叫它直撒吧

小闺女的脾气——忸忸怩怩

小鬼拜见张天师——自投罗网

小鬼吹灯——瞎话

小鬼吹气——刮阴风

小鬼打菩萨——丧（伤）神

小鬼的脸——难看

小鬼管阎王事——费不着的心

小鬼见阎王——服服帖帖

小鬼看见钟馗像——望而生畏

小鬼门前告阎王——找错了衙门

小鬼梦里做皇帝——痴心妄想

小鬼敲门——要人命

小鬼晒太阳——影都没有

小鬼升城隍——小人得志

小鬼投胎——借尸还魂

小鬼下请帖——见阎王去吧

小鬼照日头——无影无踪

小孩掰竹笋——拔尖儿

小孩摆神位——你哄我，我哄你

小孩抱蜜罐子——甜到心

小孩吃花生——满把抓

小孩吃黄连——叫苦连天

小孩吃糖果——津津有味

小孩穿大鞋——甭提了

小孩床上翻筋斗——闹着玩

小孩吹喇叭——口气不大

小孩吹泡泡——闹着玩的事

小孩打陀螺——不打不转

小孩倒在娘怀里——靠福（腹）

小孩的屁股醉汉的嘴——难控制

小孩挨打——再不敢了

小孩拜年——伸手要钱

小孩背甘蔗——啃一节看一节

小孩不认识走马灯——又来了

小孩唱歌——没谱儿

小孩吃甘蔗——尝到甜头

小孩吃萝卜——吃一半，剩一半

小孩吃泡泡糖——吞吞吐吐

小孩吃糖包子——烫到后颈窝

小孩抽水烟——连吃带喝

小孩的钱筒——成天想倒

小孩放鞭炮——又喜又怕

小孩放风筝——抖起来了

小孩赶会散了帮儿——你喊我，我喊你

小孩供神佛——我哄你，你哄我

小孩过年——全不操心

小孩见了娘——有事没事哭一场

小孩看杂技——又爱又怕

小孩卖糖——全进了自己肚子

小孩爬楼梯——步步都是坎儿

小孩耍菜刀——不是玩意儿

小孩望井——险门儿

小孩有病——不会装

小孩放鞭炮——新鲜

小孩放焰火——天花乱坠

小孩过独木桥——慢慢腾腾

小孩过家家——一会儿好，一会儿坏

小孩喝烧酒——够呛

小孩买个花棒槌——沾沾自喜

小孩拿辣椒——辣手

小孩拿锣鼓——胡打乱敲

小孩爬墙——高攀不上

小孩娶媳妇——闹着玩的

小孩上飞机——高哇（娃）

小孩拾炮——慌里慌张

小孩守鸡笼——思想简单（捡蛋）

小孩抬大轿——担当不起

小孩剃头——快啦

小孩玩肥皂泡——吹出来的

小孩玩喇叭——吹了

小孩学说话——人云亦云

小孩学走路——跌倒了重来；左右摇摆

小孩养麻雀——七死八活

小孩张嘴——无耻（齿）

小孩子不吃药——尝过苦头了

小孩子不识龟——何必（河鳖）

小孩子吃味精——未知数（味之素）

小孩子打哈哈——不算话

小孩子打架——常事

小孩子的脸——说变就变

小孩子的眼泪——说来就来

小孩子点爆竹——又兴奋，又紧张

小孩子捡得球板栗——不得吃

小孩子见了糖罗汉——哭也要吃，笑也要吃

小孩子见糖——心里想，嘴里说不要

小孩子玩弹子——谈（弹）一个，崩（蹦）一个

小孩子做梦——无边无靠的瞎事

小孩坐席面——伸手可抓

小孩做戏——啼笑皆非

小耗子骂大街——贼喊捉贼

小耗子欺大象——全凭会钻

小和尚吃斋——不动婚（荤）

小和尚戴个道士帽——装啥眯盹儿僧哩

小和尚给小和尚拿虱子——一个庙里的事

小和尚念经——念过就算；有口无心

小和尚剃头——一扫光

小和尚头上拍苍蝇——正大（打）光明

小河沟里撑船——一竿子插到底

小河沟里刮鱼——段段清

小河沟里抓虾——捞一把

小河里的水手——没见过风浪

小河里捞石头——摸底

小河上没桥——将就过吧

小河通大江——细水长流

小猴吃大象——亏它敢下口

小猴子坐江山——毛手毛脚

小胡同赶骆驼——直来直去

小胡同扛毛竹——难转弯

小胡同里赶猪——直来直去

小胡同里遇仇人——冤家路窄

小胡同跑车——路子窄

小花猫抒胡子——未老先衰

小黄狗爬到墙头顶——迟早要掉下来

小火烧猪蹄——慢慢来

小伙吃萝卜——嘎巴溜脆

小伙子吃炒豆——嘎嘣脆

小伙子的胡须——稀稀拉拉

小伙子扛大梁——浑身是劲

小伙子头上扎辫子——不伦不类

小伙子要饭——没法子

小鸡不带笼头——散逛

小鸡不撒尿——自有门道

小鸡踩扁了头——没法救了

小鸡踩键盘——乱弹琴

小鸡吃大豆——够呛；噎住了；涨红了脖子

小鸡吃胡豆——难吞难咽；贪欲太大

小鸡吃黄豆——找死；难吞难咽；够呛；一个个来；硬咽

小鸡吃米——老点头

小鸡吃食——点头哈腰

小鸡吃碗碴——一口一个词（瓷）；肚里有词（瓷）

小鸡的爪子——闲不住

小鸡孵鸭子——白忙一场

小鸡交给黄鼠狼——托错了门

小鸡进麻堆——走不得

小鸡配凤凰——高攀；休想

小鸡碰上鹰——一个喜来一个忧

小鸡入笼——身不由己

小鸡上门槛——里外叨食

小鸡跳进麻篮里——惹得一身麻烦

小鸡下蛋——憋红了脸

小鸡在蓝天上飞——想得高

小鸡钻牛角——不宽绰

小脚穿大鞋——对不上号；前紧后松；拖拖拉拉

小脚老太太缠脚——裹足不前

小脚老太太走钢丝——太危险了

小脚女人爬大坡——寸步难行

小脚女人上楼梯——步步难

小脚女人踢足球——不得劲；尖端

小脚女人追兔子——越撵越没影儿

小脚女人走路——跟不上队伍；慢腾腾；东倒西歪

小脚婆娘过独木桥——摇摇摆摆

小姐熬夜赶嫁妆——自作自受

小姐使丫鬟——百依百顺

小老婆打飞脚——装精神

小老鼠戴眼镜——没有鼻梁骨

小老鼠跌进铁桶里——无缝可钻

小老鼠拉线砣——大的在后头

小老鼠上秤盘——自称自

小老鼠上灯台——有去无回

小老鼠躺在谷囤里——不知吃哪颗

小老鼠钻到书箱里——咬文嚼字

小老鼠钻到网兜里——失魂落魄

小老鼠钻竹筒——节节受气

小老爷庙——没见过多大贡（供）献

小鲤鱼戏水——吞吞吐吐

小两口吵架——不碍事；不记仇

小两口斗嘴——不劝自了

小两口观灯——说说笑笑；喜气盈盈

小笼子里养凤凰——待不长

小炉匠补祸——穷凑合；穷凑

小炉匠补碗——修辞（瓷）

小炉匠打铁——修修补补

小炉匠打铡刀——干大活；办不到

小炉匠戴眼镜——找碴（岔）儿

小炉匠的家什——破铜烂铁

小炉匠拉抽屉——找错（锉）

小炉匠下乡——寻打

小炉匠绣花——学非所用

小炉匠摇头——不定（钉）

小炉灶翻身——倒霉（煤）

小驴不吃草——肚里有病

小驴驹跑到肚子里——踢肠蹦肚

小驴拉破车——费力不小，收获不大

小罗成的枪——往后瞧

小马驹备鞍鞯（ānjiān，马鞍子和垫在马鞍子下面的垫子）——挨鞭子的日

子到了

小马驹跟车——跑跑颠颠

小马驹拴在大树上——没跑

小马拉车——不明路

小马拉大车——架（驾）不动劲了

小蚂蚁搬碾砣——想得好，做不了

小蛮婆看染缸——担是非

小猫长胡子——摆设

小猫吃小鱼——有头有尾

小猫打呼噜——与众不同

小猫的脸——一日三变

小猫的眼——一日三变

小猫掉进面缸里——白唬（虎）

小猫给耗子洗脸——没安好心

小猫喝烧酒——够呛

小猫挠门——虎到家

小猫娃拉屎——遮遮盖盖

小猫洗脸——划拉；马马虎虎

小猫捉住死老鼠——不算能耐

小毛驴戴耳环——累赘

小毛驴拉火车皮——白费劲

小毛驴拉辕——强挣扎；用不着大骡马

小毛驴套大车——力不从心

小毛驴踢长颈鹿的头——谈不上

小毛驴驮碾盘——吃不住劲；浑身哆嗦；压趴了

小米煮红薯——糊里糊涂

小蜜蜂说话——甜言蜜语

小绵羊碰老水牛——想也不要想

小庙的空心菩萨——受不起大香火

小庙的菩萨——单身；没见过大香火

小庙的神——没有大道行；没见过猪头三牲；没见过大香火

小庙里的鬼——进不得大殿

小庙里的和尚——见不了高人；没见过大香火；默默无闻；没经过大阵势

小庙神仙——挨训（熏）没够；道行不大；供不得大香火；没有大贡（供）献

小磨香油拌凉菜——人人喜欢

小磨香油——人人喜欢

小母鸡下蛋——急红了脸

小母猪踩鸡屎——臭手

小拇指比大腿——差一截子

小拇指翘起——最后一名

小木匠干活——东一句（锯），西一句（锯）

小囡拔萝卜——拉倒

小囡拔草——拉不倒

小囡不识拖鼻涕——长谈（痰）

小囡踏水——暂时差（车）

小囡玩的布娃娃——没安人心

小尼姑看花轿——今世难坐

小尼姑看嫁妆——今世无缘

小鸟吃老雕——没有的事

小鸟入笼——身不由己

小牛不戴夹板儿——真要样

小牛吃奶——顶碰

小牛出栏——无牵挂

小牛戴笼箍头——板（绑）面孔

小牛犊拉马车——乱套了

小牛犊抓家雀——心灵，手脚笨

小牛架大辕——力不能及

小牛撅尾巴——来劲了

小牛拉车——乱了套

小螃蟹——沾酒就醉

小朋友唱歌——同（童）声同（童）调

小朋友堆雪人——就地取材

小婆（小老婆）当家——缺乏主见；做不了主

小婆子上吊——吓唬大的

小铺子的抽屉——装蒜

小铺子的蒜——零揪

小青蛙爬到鳖子上——舍肚子撑

小人吹喇叭——口气不小

小人书拴绳——轮（抢）着看

小舢板过海——十有八九要失败

小商贩关门——避税

小少爷认不得烤白芋——烧的

小蛇拉尿——流毒不大

小树掐尖——光出岔（杈）子

小水沟里撑大船——搁浅

小水蛇想夺龙珠——异想天开

小瘫子娶亲——坐等

小田里的泥鳅——没见过世面

小偷挨巴掌——活该

小偷挨揍——贼有挺头

小偷拜把子——贼讲究

小偷报警——贼喊捉贼

小偷被狗咬——忍痛不作声

小偷被抓——六神无主；处处挨打

小偷蹦高高——贼欢喜

小偷辫上拴秤砣——贼打腰

小偷不经吓——做贼心虚

小偷不用化妆——贼头贼脑

小偷长胡子——贼老

小偷唱小曲——贼乐

小偷吃大蒜——贼辣

小偷吃肥肉——贼肥

小偷吃甘蔗——贼甜

小偷吃黄连——贼苦

小偷吃煎饼——贼贪

小偷抽大烟——贼有瘾

小偷穿西服——贼来派

小偷搓麻绳——贼坚

小偷搓泥球——贼圆

小偷打电棒——贼亮

小偷打哆嗦——贼冷

小偷打官司——输定了

小偷打糯子——贼黏

小偷打警察——倒挨；岂有此理

小偷打面板——作（做）案

小偷打秋千——贼能忽悠

小偷当间谍——贼特

小偷当警卫——引贼上门

小偷当判官——贼鬼

小偷的耳朵——贼灵

小偷的孩子——贼子

小偷的婆娘当妓女——男盗女娼

小偷的钱——不义之财

小偷的头目——贼帅

小偷的媳妇——贼娘们

小偷的眼睛——贼尖

小偷瞪眼睛——贼恶

小偷叼烟卷——贼细（吸）

小偷掉粪坑——贼臭

小偷掉井——贼沉

小偷盯耗子——贼眉鼠眼

小偷顶面板——贼盖

小偷丢戒指——贼心疼

小偷端肩膀——贼架

小偷炖泥鳅——贼腥味儿

小偷赶牛车——贼慢

小偷光屁股——贼寒碜

小偷逛公园——贼有闲心

小偷逛商店——贼敢花钱

小偷害相思——贼想

小偷烀地瓜——贼面

小偷滑冰——贼会溜

小偷击鼓进大堂——恶人先告状

小偷见警察——贼怕

小偷讲评书——贼能白话

小偷进冰窖——贼凉

小偷进法院——贼紧张

小偷进牧场——顺手牵羊

小偷拉电闸——贼闭（非常好的意思）

小偷拉二胡——贼能扯

小偷烂下水——贼坏

小偷撂花瓶——贼能整景

小偷拎拐棍——贼棒

小偷拎王八——贼鳖

小偷捋胡子——贼谦虚（牵须）

小偷拿算盘——贼会打算

小偷挠殉刨——贼富（浮）

小偷扭秧歌——贼浪

小偷拍照——贼相

小偷跑百米——贼快

小偷跑到磨行里——一无所取

小偷跑一宿——贼累

小偷碰见盗贼——恶人遇恶人

小偷碰上三只手——贼对贼

小偷起五更——贼忙

小偷娶媳妇——贼高兴

小偷上房——不动声色

小偷烧烙铁——贼烫

小偷失恋——贼痛苦

小偷收心做好人——弃恶从善

小偷数现金——贼会玩漂（票）

小偷刷立柜——贼油

小偷说笑话——贼逗

小偷淌涎水——贼馋

小偷掏钱包——贼拿手

小偷剃光头——贼秃

小偷跳迪斯科——贼能嘚瑟

小偷偷豆腐——贼会（烩）

小偷挖石灰——贼白

小偷玩鹌鹑——贼巧（雀）

小偷玩蝎子——贼毒

小偷下馆子——贼能造

小偷遇警察——心神不安

小偷照镜子——贼头贼脑

小偷支案板——贼能摆架子

小偷攥钢球——贼铁

小偷坐飞机——贼高

小偷做梦——想偷

小秃长连鬓胡——亏中有补

小秃买篦子——没法说（梳）

小秃踏水——临时差

小秃跟着月亮走——谁也不沾谁的光

小秃留辫子——想着哩

小秃留洋头——想也不敢想

小秃爬到二梁上——假充亮哩

小秃剃头——省劲也没人爱

小秃头的脑袋——一毛不拔

小秃头割大麦——秃头秃脸

小秃头上打蜡——又光又滑

小秃头上爬一虱——明摆着

小秃头上绕辫子——空缠

小秃头上筛子——眼多毛稀

小秃头上学理发——用不着

小秃脱帽子——图名（头明）

小秃下四川——一年不如一年

小秃又烂脚——一头不占

小秃子打雨伞——无法（发）无天

小秃子当和尚——正好

小秃子头上打苍蝇——正大（打）光明

小兔蹦到车辕上——充什么大把式

小兔子洗脸——没有边啦

小娃娃不识葵花秸——麻木

小娃娃吃甘蔗——一节节来

小娃娃吃拳头——得心应手

小娃娃的话——句句实话

小娃娃的脸——要哭就哭，要笑就笑

小娃娃看见糖罗汉——哭也要，笑也要

小娃娃扛大梁——自不量力

小娃娃骑木马——愿上不愿下

小娃娃拾炮仗——慌了手脚

小娃娃耍单杠——高攀不上

小娃娃玩的皮球——一肚子气

小娃娃做游戏——不成重来

小碗儿吃饭——靠天（添）

小碗盖大碗——管不着

小王卖画——自卖自夸

小蚊子打呵欠——口气不小

小巫见大巫——道行差得远；矮了一大截；相形见绌（chù，不足）；没了神气

小巫婆洗手——改邪归正

小屋里耍扁担——处处碰壁

小媳妇当婆婆——熬出头来了

小媳妇回娘家——不离包袱

小媳妇见了恶婆婆——心里扑腾

293

小媳妇进婆家——忍气吞声

小媳妇哭爹妈——没完没了

小媳妇拿钥匙——有职无权；当家不做主

小媳妇纳鞋底——越小心越乱针

小媳妇——难当

小媳妇讨饭——死心眼

小媳妇坐轿——靠众人抬举

小媳妇做事——小心翼翼

小虾米熬菠菜——真帅

小虾米跳浪——阻挡不住潮流

小咸鱼——做不得猫枕头

小巷子赶马车——难转弯

小巷子开火车——转不过弯来

小巷子抬大梁——直来直去

小小秧鸡下鹅蛋——自不量力

小星跟着月亮走——沾光

小学生不认识加号——十字

小学生看书——念念不忘

小押儿店（旧时靠收少量抵押品剥削穷人的小店铺）的掌柜——损（刻薄）透了

小鸭蛋冒充大鸡蛋——蒙混过关

小鸭吞食大鲨鱼——痴心妄想

小鸭子下河——不知深浅

小伢打哈欠——不算话

小伢做皇帝——人小职分高

小燕筑巢——日积月累

小羊羔拉屎——稀稀拉拉

小姨子哭姐夫——假悲伤；假过场

小鱼办大席——不顶用

小鱼穿大串——充数

小鱼赶鸭子——自己找死

小鱼篓盛刺猬——不好装

小蜘蛛待在房子里——自私（织丝）

小轴承安大滚珠——对不上眼

小猪吃大蒜——一头一头来

小猪拱粮囤——记吃不记打

小猪抢食——吃里爬（扒）外

小猪拴门口——里外拱

小猪钻灶——触一鼻子灰

小竹棍敲鼓——有节奏

小子打老子——岂有此理

小子玩泥巴——说撒就撒

小卒拱老帅——将了军

小卒子过河——一步一步往前拱；难以回头；有去无回

孝帽掉进靛缸里——格外出色

孝悌忠信礼义廉——无耻

孝子吃豆腐——里外都是白

孝子打哈哈——哄鬼

孝子打客——没那个理

哮喘病人学吹奏——上气不接下气

2

蝎虎子（壁虎）打喷嚏——满嘴臊

蝎虎子断尾巴——脱身之计

蝎虎子上墙——无孔不入

蝎虎子掀门帘——露一小手

蝎虎子作揖——露两手

蝎子背蜈蚣——毒上加毒

蝎子背崽——毒上加毒

蝎子不咬——这（蜇）就是了

蝎子炒辣椒——又毒又辣

蝎子刺蜈蚣——以毒攻毒

蝎子打哈欠——毒气冲天

蝎子戴礼帽——小毒人

蝎子当琵琶——谈（弹）不得

蝎子的屁股——谁也不敢碰；毒极了；最毒；拍不得

蝎子的尾巴后娘的心——毒极了；最毒

蝎子的尾巴尖——真（针）毒

蝎子的尾巴——没人敢摸；不能碰；太毒

蝎子雕花——刻毒

蝎子掉进裤裆里——折腾（蜇疼）

蝎子掉进磨眼里——一折（蜇）一磨

蝎子丢了脚——没有本事啦

蝎子洞里浇了一瓢开水——乱了

蝎子放屁——毒气冲天；一股毒气

蝎子看天——没多大脸

蝎子拉屎——独（毒）一份

蝎子跑到刺猬上——怎么着（蜇）

蝎子敲门——毒到家了

蝎子翘尾巴——好毒的一招

蝎子撒尿——毒汁四溅

蝎子上墙——无孔不入

蝎子甩尾巴——毒汁四溅

蝎子驮马蜂——毒上加毒

蝎子尾巴长疮——没什么能（脓）

蝎子尾巴——甩不掉；碰不得

蝎子蜈蚣拜把子——毒上加毒

蝎子摇尾巴——好毒的一招

蝎子战蜈蚣——以毒攻毒

蝎子找毒蛇——一个更比一个毒

蝎子蜇屁股——说不得

蝎子蜇人——毒得很；一家（夹）

蝎子蜇人咬一口——又狠又毒

蝎子蜇蝎子——一家人不认一家人

蝎子蜇胸口——钻心痛

蝎子蜇住嘴——堵（毒）

蝎子走路——背起来

蝎子钻进砒霜粉里——浑身是毒；毒极了；最毒

蝎子钻进墙缝里——暗里伤人

斜楞眼掷骰子——观点不正

斜起眼睛看人——看扁了人

斜阳下照身影——自看自高

斜嘴开口——尽说歪话

鞋帮店里失火——丢面子

鞋帮做帽檐——高升了；能到顶了

鞋不离袜——不分彼此

鞋底打掌——硬往上贴

鞋底抹油——溜之大吉

鞋底上绣牡丹——中看不中用

鞋底子打蜡——溜啦

鞋底子的泥——自个儿走的

鞋店里试脚——说长道短

鞋匠铺里丢楦头——自丢自丑

鞋里安电灯——名角（明脚）

鞋里长草——慌脚

鞋里头跑马——没多大奔头

鞋面布做帽子——高升到顶了

鞋上绣凤凰——能走不能飞

鞋刷子脱毛——有板有眼

鞋头上刺花——前程似锦

鞋子里洒香水——过分讲究

写字不在行——出格

写字出了格——不在行

泄了气的轮胎——瘪了

泄了气的猪尿脬——瘪了

泄气的皮球——瘪了；软蛋

泻肚吃人参——无补

卸架的黄烟叶——蔫了

卸磨杀驴——忘恩负义；利用一时

谢安做官——东山再起

谢了花的南瓜——一天比一天有长进；一天比一天大

澥（xiè，由稠变稀）了黄的鸡蛋——没治了

蟹子趴在鳌子上——黄了爪了

蟹子蟹孙——一律横行

蟹子仰在热鳌上——黄了盖了

3

心肝掉到肚里头——放下心了

心肝里头结了两个茄子——三心二意

心坎上挂棒槌——打杂

心坎上挂秤砣——沉重

心坎上挂笊篱——劳（捞）心了

心口挂灯笼——心照不宣

心口上搭热敷——置之度（肚）外

心口上挂秤砣——称心

心口上装马达——热肚肠

心口窝里跑马——宽宏大量

心口窝里塞棉花——有点儿憋气

心里摆不正大秤砣——偏心眼儿

心里长毛——有内容（绒）

心里打碎酸辣缸——说不出的滋味

心里塞团麻——乱糟糟；千头万绪

心里头长草——慌（荒）啦

心里头结冰块——凉透心

心里装着长江水——平静不了

心眼儿里灌铅——难开窍

心眼儿像蜂窝——窍门儿多

心有灵犀——一点通

心字头上一把刀——忍了吧

新袄打补丁——多此一举

新辟的航道——畅通无阻

新兵打仗——初次上阵

新兵上阵——头一回

新搭的台子——有戏唱啦

新褡裢换个破口袋——一代（袋）不如一代（袋）

新打的剪刀——难开口

新房里死人——哭笑不得

新箍的马桶——三日香

新官上任——三把火

新开的茅房——三日香

新开张的杂货店——要啥有啥

新科状元哭爹——乐极生悲

新科状元招驸马——喜上加喜

新郎官打幡——不知是喜是忧

新郎官戴孝——又喜又悲

新郎官揭盖头——真相大白

新郎新娘喝酒——交杯

新郎新娘喝喜酒——正在热乎劲上

新郎迎亲——喜气盈盈

新棉袄打补丁——装穷

新棉花网被絮——软胎子

新娘拜堂——不见脸；难见人

新娘的房——挤不开

新娘子打屁——稳起

新娘子的头发——输（梳）得光

新娘子见生客——羞答答

新娘子轿前跌一跤——慌得太狠了

新娘子进了房，媒人扔过墙——忘恩负义

新娘子上轿——羞羞答答

新娘子掀轿帘——偷看人哩

新娘子咬生馒头——人生面不熟

新娘子织布——手忙脚乱

新娘子坐在花轿里——任人摆布

新女婿吃饺子——不知什么馅

新女婿请接生婆——双喜临门

新娶的媳妇——不肯见人；满面春风

新人过马鞍——平平安安

新上门的姑爷——不敢坐上席

新上套的驴驹子——不老实

新挖的池塘——无余（鱼）

新挖的茅坑——没有份（粪）儿

新媳妇拜年——彬彬有礼

新媳妇拜堂——不留脸面

新媳妇抱了个面团子——人生面不熟

新媳妇背肚（怀孕）——又喜又愁

新媳妇不上轿——不识抬举

新媳妇步行——不用叫（轿）

新媳妇吃饭——细嚼慢咽

新媳妇到家——喜气盈门

新媳妇的顶头——搭头

新媳妇回娘家——熟门熟路

新媳妇坐在花轿里——满怀欣喜

新媳妇擀面条——显手头哩

新媳妇过门——大喜；人地两生

新媳妇和面——人生面不熟

新媳妇怀孕——暗喜

新媳妇见公婆——终有一败（拜）

新媳妇进门——一分人才带来三分喜气；任人摆布

新媳妇哭公公——说不出好处来

新媳妇蒙头——不给面见

新媳妇拿擀面杖——人生面不熟

新媳妇上花轿——心里美；忸忸怩怩；羞羞答答

新媳妇烧麦秸——人观火爆

新媳妇梳个头发辫——忘记（髻）了

新媳妇踏上娘家路——顺腿

新媳妇推车子——好的在后头

新媳妇推磨——头一回

新媳妇绾扣子——小疙瘩

新媳妇下伙房——人生面不熟

新媳妇下轿——任人摆布

新媳妇掀盖头——真相大白

新媳妇照镜子——自我欣赏

新媳妇坐花轿——心里美

新媳妇坐轿——听人摆布；头一遭

新媳妇做夹生饭——费力不讨好

新鞋打掌子——多余

新鞋落地——头一回

新鞋踏臭屎——白糟蹋

新修的马路——没辙

新学的吹打手——拿不稳槌

新衣服打疤疤（补丁）——多余；不像样

新栽的杨柳——光棍一条

新战士打靶——头一遭

新做的礼帽——顶好

4

西北风刮蒺藜——连讽（风）带刺

西城楼上的孔明——嘴说不怕，心里惊

西方日出水倒流——不可思议

西瓜长爪子——能滚能爬

西瓜地里放野猪——一塌糊涂

西瓜地里落冰雹——砸啦

西瓜地里散步——左右逢源（圆）

西瓜掉在油桶里——滑头滑脑

西瓜落地——滚瓜烂熟

西瓜门墩——软胎子

西瓜抹油——圆滑

西瓜碰上菜刀——四分五裂

西瓜皮搓澡——没完没了

西瓜皮打鞋掌——溜啦；不是这块料

西瓜皮割鞋底——不是正经材料

西瓜皮揩屁股——一塌糊涂；不干

不净

西瓜皮做帽子——霉到顶了；滑头

西瓜瓤里加糖精——甜在心上；甜透了心

西瓜瓤里生蛆——坏透了

西瓜拴到鳖脚上——滚的滚，爬的爬；连滚带爬

西瓜摊上放刀子——傻（杀）瓜

西瓜装在油篓里——又圆又滑

西瓜子拌豆腐——黑白分明

西河里的虾米——估不透

西湖边搭草棚——大煞风景

西门庆请武大郎——没安好心

西面敲鼓东面响——声东击西

西山猛虎不咬人——有假无真

西施戴花——美上加美

西施掉了门牙——美中不足

西施放屁——美气

西施上庵堂——美妙（庙）

西施上磅秤——自称美女

西施秃顶——美中不足

西施坐飞机——美上天了

西太后听政——尽出鬼点子

西天出太阳——难得；反常

西天路上的孙行者——劳苦功高

西天取经——任重道远

《西厢记》做枕头——痴人说梦

《西游记》里的人物开大会——聚精会神

吸铁石吸芝麻——有利就沾

吸烟烧枕头——自找麻烦

希特勒的宣传部长——撒谎专家

希特勒上台——不可一世

惜钱不治病——自己跟自己过不去

稀饭倒进口袋里——装糊涂

稀饭锅里扔铁砣——浑蛋到底

稀饭锅里煮鸡子儿——浑蛋

稀饭铺路——一塌糊涂

稀狗屎上叉——白搭

稀里糊涂推出去——敷衍了事

稀泥巴掺水——不可收拾

稀泥巴糊墙——扶不上去

稀泥蛋子——软货

稀泥糊壁——白费劲

稀泥抹光墙——敷衍了事

稀牛粪——一大摊

溪水遇到拦路石——绕道而行

嘻嘻哈哈，年过十八——虚度年华

膝盖上打瞌睡——自己靠自己

膝盖上打马掌——不对题（蹄）

膝盖上钉掌——离题（蹄）太远

膝盖上放鸡蛋——不牢靠

膝盖头套袜子——不对路数

膝痒抓背——处事不当

蟋蟀打架——看谁嘴硬

蟋蟀斗公鸡——各有所长

席包泥巴做被盖——卷土重来

席辫子上走棋子儿——不对路数

席上摆狗肉——少见

媳妇的肚皮——装儿子

媳妇的房子——公家

媳妇给公公捶背——好心成恶意

媳妇娘上轿——假哭

媳妇向公公借钱——挪用公款

媳妇坐堂——公事公办

洗菜的洗菜，剥葱的剥葱——各管一工

洗锅的抹布——开（揩）油

洗脚不抹脚——乱甩

洗脚盆里洗澡——扑腾不开

洗脚盆里游泳——扑腾不开

洗脚盆做染缸——看你怎样摆布

洗脚水倒在秧田里——物尽其用

洗脚水倒在阴沟里——臭到一块儿了

洗脸盆里摸鱼——手背上活

洗脸盆里生豆芽——知根知底

洗脸盆里游泳——水平太低；不知深浅

洗脸水里兑硫酸——越洗越难看

洗米箩里出烟——淘气

洗衣不用搓板——就凭这两手

洗澡水倒进秧田里——物尽其用

洗澡堂里的毛巾——不分上下

洗澡堂里的拖鞋——没法提；提不起来

喜欢狗狗舔口，喜欢猫猫上灶——不识抬举

喜马拉雅山上摆手——高招

喜马拉雅山上鸡叫——名（鸣）声远扬；高明（鸣）

喜马拉雅山上聊天——高谈阔论

喜马拉雅山上卖牛黄——又高又贵

喜鹊的尾巴——爱翘

喜鹊的羽毛——黑白分明

喜鹊登枝喳喳叫——无喜心里乐三分

喜鹊飞进洞房里——喜上加喜

喜鹊跟着蝙蝠飞——废寝忘食

喜鹊回窝凤还巢——安居乐业

喜鹊老鸦同枝叫——又喜又悲

喜鹊落满树，乌鸦漫天飞——吉凶未卜

喜鹊落头上——红运将至

喜鹊落在树上——各占一个枝儿

喜鹊窝里捣一竿——乱喳喳

喜鹊窝里掏凤凰——找错了地方

喜事碰上丧事——有哭有笑

戏班子里的哑子——充数

戏场里头打瞌睡——图热闹

戏里的朋友——假义气

戏里人带胡子——假的

戏台后头的锣鼓——没见过大场面

戏台哭丧——一时悲伤

戏台里边叫好——旁人不夸自己夸

戏台里挑媳妇——一头愿意

戏台上挨打——不痛不痒

戏台上拜天地——假的

戏台上扮夫妻——假装；有名无实；无情无义

戏台上吹胡子——吓不住人

戏台上打出手——花招多

戏台上打架——没有事；无关痛痒

戏台上的兵——一顶儿

戏台上的绸子舞——抖起来了

戏台上的刀枪——全是假的

戏台上的夫妻——有名无实；哪能当真；下台就散

戏台上的父子——没大没小

戏台上的公子——离不开扇子

戏台上的狗——下不了台

戏台上的官——难长久；快活不多久

戏台上的花旦——要多美有多美；引人注目

戏台上的皇帝——威风不了几时；假威风

戏台上的将军——没几个真；神气一时；没几个兵

戏台上的喽啰兵——多一个少一个无所谓；只能靠边站

戏台上的喽啰——叫干啥就干啥；轮不到你唱；跑龙套的；摇旗呐喊

戏台上的麻雀——经过大场面

戏台上的朋友——假仁假义；虚情假意

戏台上的书生——一表斯文

戏台上的小旦——装模作样

戏台上的小生——能文能武

戏台上的小卒——走过场

戏台上的秀才——步步有文

戏台上的演员——装模作样

戏台上的玉帝爷——样子神气

戏台上的钟馗——不怕鬼

戏台上的装饰——好景不长

戏台上瞪眼睛——装样子

戏台上堵枪眼——死不了人

戏台上赌咒——口是心非

戏台上发兵——一边俩

戏台上喊爸爸——应的人不多

戏台上喝酒——不见得有

戏台上结婚——不是真夫妻

戏台上拉二胡——弦外之音

戏台上卖螃蟹——买卖不大，架子不小；角色（脚是）不少；能唱的不多

戏台上跑龙套——走过场；摇旗呐喊

戏台上起年号——称王称霸

戏台上娶亲——欢乐一时说一时

戏台上杀人——不能当真

戏台上送诏书——假传圣旨

戏台上谈恋爱——假仁假义；虚情假意

戏台上讨老婆——假过场

戏台上谢幕——完了

戏台上着火——热闹非凡

戏台下掉泪——替古人担忧

戏台下读四书——闹中取静

戏台下面开店铺——光图热闹

戏娃子转圈圈——走过场

戏园里的挂钟——群众观点

戏园里的枣木梆子——天生挨揍

戏园里挑媳妇——一厢情愿

戏园子里看《论语》——心不在焉

戏园子里看滑稽——快乐无边；乐不可支

戏园子里拉大幕——完了

戏园子门前堆垃圾——煞风景

戏园子失火——彻底垮台

戏主教徒弟——幕后指挥

戏子搽脸蛋——光图（涂）表面

戏子穿龙袍——假的

戏子戴面具——面目全非

戏子的脸蛋——要哭就哭，要笑就笑

戏子教徒弟——幕后指点

戏子没卸妆——油头粉面

戏子装傻子——假糊涂

细柴棍子撑石板——顶不住

细高挑儿进矮门——不得不低头

细狗咬壮腿——无从下口

细火焖鱼——慢慢来

5

虾兵蟹将串门子——水里来，水里去

虾肚子里的子儿——明明白白

虾公掉进烫锅里 闹个大红脸

虾公过河——谦虚（牵须）

虾公头戴的枪——没人怕

虾米炒鸡爪——蜷腿带拱腰

虾米进油锅——闹个大红脸

虾米烂溅——返不了鱼

虾跳蟹爬——乱七八糟

虾吞礁石——好大的胃口

虾子得意——爱蹦

虾子掉在大麦上——忙（芒）上加忙（芒）

虾子掉在盐堆上——忙（芒）中有闲（咸）

虾子撞在桥桩上——忙（芒）坏了

瞎苍蝇碰到蜘蛛网上——粘上容易脱掉难

瞎公摸鱼——白费劲

瞎狗吃屎——冒吞哩

瞎狗逮兔子——碰到嘴上

瞎狗看星星——瞧不着

瞎鸡吃食——碰运气

瞎鸡啄虫——靠造化

瞎鸡啄谷——乱捣鼓

瞎了眼的癞皮狗——碰着啥咬啥

瞎驴推磨盘——团团转

瞎驴转磨——总是按自己的辙走

瞎骡子打里（拉里套）——乱了套

瞎猫逮个死耗子——碰巧；咬住不放

瞎猫啃骨头——咬住不放

瞎猫碰着死耗子——难得；运气好；凑巧了

瞎猫抓鸡——咬住不放；死不丢

瞎目鼠子钻面箱——硬装白胡子老头儿

瞎牛犊吃奶——冒撞啦

瞎牛碰箭——盲目乱干（杆）

瞎牛撞草堆——碰着就吃

瞎鸭寻食——乱扑乱飞

瞎眼跛脚驴——顾（雇）不得

瞎眼吃杂碎——啥都有

瞎眼黄鼠狼拖死鸡——赶巧了

瞎眼鸡叼虫子——碰运气

瞎眼贴膏药——治不了

瞎抓琵琶——乱弹琴

狭弄堂赶猪——直来直去

狭巷蠢牛——不会转头

下巴底下支砖头——难开口

下巴骨脱臼——合不拢嘴；咧开了嘴

下暴雨泼污水——销赃（消脏）

下长毛的家雀——飞不了

下大雪卖扇子——不是时候

下大雪找蹄印——罕见

下地不穿鞋——脚踏实地

下馆子会大哥——饱餐一顿

下锅的面条——拎不起来；硬不起来

下贱陀螺——不打不转

下饺子的水——滚开

下轿打轿夫——不识抬举；恩将仇报；以怨报德

下了地狱才后悔——来不及了

下了河的老牛——过得过，不过也得过

下了河的鸭子——叫不回来

下了架的孔雀——不如鸡

下了山的老虎——不如狗

下棋的高手——胸中有全局

下棋的小卒儿——叫到哪儿就到哪儿

下棋丢了帅——输定了

下棋走子儿——格格不入

下山担柴——心（薪）挂两头

下山的饿虎——一副吃人相

下山丢拐棍——忘恩负义

下山顺着上山道——走老路

下水船走不动——风水不顺

下水道安灯——照管

下水放船——一帆风顺

下水救落婴——舍己为人

下雪赶米克（象名）——真相（象）大白

下雪天吃凉粉——不看气候

下雪天穿裙子——美丽又动（冻）人

下雪天打兔子——白跑

下雪天过独木桥——提心吊胆

下雪天上树——高攀不上

下雪天走路——一步一个脚印

下眼泡肿大——眼朝上

303

下油锅的王八——没跑

下雨不打伞——近邻（尽淋）

下雨不戴帽子——轮（淋）到头上

下雨打灯笼——照应（阴）

下雨洒街，刮风扫地——多此一举

下雨送蓑衣——帮了大忙

下雨天踩泥道——越沾越多

下雨天出太阳——假情（晴）；阴不阴来阳不阳

下雨天打麦子——难收场

下雨天打伞——轮（淋）不着

下雨天过独木桥——步步小心

下雨天扛稻草——越背越重

下雨天泼街——假积极

下雨天走路——拖泥带水

夏天穿皮袄——背时；不知冷热；反常

夏天打抖——不寒而栗

夏天的烘笼——无用；挂起来

夏天的火炉——挨不得

夏天的扇子——人人喜爱

夏天的袜子——可有可无

夏天的温度表——直线上升

夏天的萤火虫——若明若暗；肚里明

夏天盖被子——捂汗

夏天送木炭——不是时候

夏夜走棋——星罗棋布

夏至插秧——晚了

6

仙姑思凡——心野了

仙鹤打架——绕脖子

仙鹤黑尾巴——美中不足

仙女的裙子——拖拖拉拉

仙女散花——天花乱坠

仙女下凡——腾云驾雾；飘飘然

仙人上厕所——不方便

先吃黄连后吃蜜——先苦后甜

先吃皮，后吃馅儿——老一套

先穿靴后穿裤——乱套了

掀菩萨烧庙宇——无恶不作

鲜花插在牛屎上——不配

鲜鱼烂虾一锅煮——不知好歹

闲人生闲气——无事生非

闲神野鬼儿——没根基

闲着没事摸锅底——往自己脸上抹黑

咸菜缸里的秤砣——一言（盐）难尽（进）

咸菜缸里养田螺——难养活

咸菜烧豆腐——有言（盐）在先；不必多言（盐）

咸挂面调醋——有言（盐）在先

咸肉骨头——慢慢啃

咸肉汤下面——不用多言（盐）

咸鱼落塘——不知死活

咸鱼下水——假新鲜

显道神掉在冰窟窿里——凉了半截

显微镜下看细菌——一清二楚

显微镜下瞧东西——一孔之见

县老爷打更——不务正业

县太爷唱二黄——官腔官调

县太爷唱小曲——官腔官调

县太爷出文告——官腔官调

县太爷盗金库——财迷心窍

县太爷放屁——官气熏人

县太爷告老——弃权

县太爷敲竹杠——不是好官

县太爷审他爹——公事公办

县太爷洗澡——不怕失官体

县太爷门口打鼓——鸣冤叫屈

现代人穿古装——不合时宜

线板上的针——憋（别）着

线头穿进针孔里——对上眼了

线头落针眼——赶得巧

线头自个儿掉进针眼——巧得很

线团打架——纠缠不清

线团子打滚——难缠

陷阱里的恶狼——没跑；在劫难逃

陷阱里的猎物——束手就擒

陷阱抓狍子——没跑

7

乡里的婆婆拜千佛——磕头磕够了

乡里老头坐石碾——长（场）里瞧

乡里人进皇城——头一回

乡下夫妻——形影不离

乡下姑娘城里人打扮——半土半洋

乡下人背篓子——歪得有理

乡下人不认识仙人掌——青饼子

乡下人不识走马灯——来的来，去的去；去了又来

乡下人穿大褂——必有正事

乡下人穿西装——土洋结合

乡下人戴眼镜——精耕细作

相逢不下鞍——各奔前程

相机对准马屁股——拍马屁

相片扔到大海里——丢人不知深浅

相声表演——笑话连篇

相媳妇的扭头——看不上眼

香肠做链子——锁不住

香花插在牛粪上——糟蹋了

香蕉结果——抱成团

香龛上挂粪桶——臭死祖先

香炉里长草——慌（荒）了神

香炉里的纸钱——鬼用

香签棍搭桥——难过

香山的卧佛——大手大脚

香水洗狐狸——臊气还在

香水洗夜壶——臊气还在

香烟屁股——丢掉的货

香油炒白菜——各有所爱

湘绣被面包画册——话（画）里有话（画）

降不住猪肉降豆腐——欺软怕硬

响鼓不用重槌——一敲就响；明白人一点就通

想吃鱼又避腥——难得两全

想了一宿死丈夫——寡妇思五更

想一锹挖个井——痴心妄想

向姑娘讨孩子——难为人

向棺材里的人讨账——逼死人

向和尚借梳子——找错门了

向河里泼水——随大流

向老虎告狼的状——没有好结果

向盲人问路——瞎指

向日葵的孩子——没数

向日葵开花——到顶了

向傻子问路——一问三不知

向上撑船——逆水行舟

向死人讨东西——胡来

向哑巴问路——讲不出个道道来

向阳的石榴——一片红火

向阳坡的竹子——横生枝节

巷窄遇仇人——狭路相逢

巷子里打拳——直来直去

项羽设宴请刘邦——居心不良

项羽砸锅——破釜沉舟

项庄舞剑——意在沛公

象吃象——不敢犟

象卷狮子——叫他威风扫地

象拉屎——大劲儿

象棋斗胜——纸上谈兵

象棋盘里走跳棋——不对路数

象棋盘上的棋子儿——有进有退

象棋子走在线路上——格格不入

象屎——大摊儿

象咬骆驼——大干起来

象牙筷子打蜡——故意刁难

象牙筷子挑凉粉——滑头对滑头

橡皮擦子——有错就改

橡皮钉子——不软不硬

橡皮棍子打人——软收拾；没痕迹；外伤好治，内伤难医

橡皮棍子做旗杆——树（竖）不起来

橡皮筋——越扯越长

橡皮脑袋——不开窍

橡皮人救火——自身难保

橡皮人——能软能硬

橡皮上长菌——根子不正

8

星星跟着月亮走——沾光

猩猩戴礼帽——装文明人

刑部的后身——老（牢）眼

刑场上的囚犯——六神无主；末日
来临

刑场上跳舞——死快活

刑法条文糊衣裳——满身的罪名

行车有车道，行船有航道——互不
相干

行船不划桨——随大流

行船进了断头浜——没有出路

行船上岸——挨上边了

行盗遇火灾——趁火打劫

行军不整好鞋袜——准见炮（泡）

行军遇伏兵——出师不利

行礼掉（回转）屁股——不知好歹

行路的换草鞋——弃旧恋新

行医的捎带卖棺材——死活都要钱

行云流水——难以捉摸

现钟不打铸钟敲——舍近求远

杏花村的酒——后劲大

9

凶神扮恶鬼——又凶又恶

兄弟打架——有伤手足

兄弟二人猜拳——哥俩好

兄弟哥们儿请客——大吃大喝

兄弟媳妇嫁给大伯子——升一级

兄妹上大学——志同道合

兄嫂吵架——大不了的矛盾

胸脯长草——心里慌（荒）

胸脯长牙——心里狠

胸脯上挂茄子——多心

胸脯上挂石榴——多心

胸脯上烧火——热心

胸脯中了箭——伤透心

胸腹透视——肝胆相照

胸口安雷管——心胆俱裂

胸口摆天平——称心

胸口长瘤子——有外心

胸口长牙齿——怀恨在心

胸口揣个小兔子——心里怦怦地
跳着

胸口揣棉花——心软

胸口放鞭炮——心里想（响）

胸口放磨盘——推心置腹

胸口挂扁担——担心

胸口挂冰棍——寒心

胸口挂秤砣——心里负担太重

胸口挂琵琶——谈（弹）心

胸口挂算盘——心中有数

胸口挂王八——心里有鬼（龟）

胸口挂邮包——满怀信心

胸口挂钥匙——开心；锁不住他的心

胸口画娃娃——心上人

胸口拉弦子——乐开怀

胸口烙饼——热心肠

胸口塞羊毛——乱糟糟

胸口上长疮——心腹之患

胸口上放白花——死了心

胸口上放秤砣——铁了心

胸口上放马达——动了心；热心肠

胸口上放盏灯——心里亮堂

胸口上挂灯草——掉（吊）以轻心

胸口上挂剪刀——独出心裁

胸口上挂暖壶——热心肠

胸口上挂算盘——小主意

胸口上贴灵符——心里有鬼

胸口上涂颜料——变了心

胸口上有毛虫——心里发痒

胸口贴膏药——伤心；心里有病；甜头坏心肝

胸口贴相片——心上人

胸口掖扁担——横了心

胸口照镜子——有二心

胸前戴红花——脸上光彩

胸前吊门板——好大的牌子

胸前害疮，背后流脓——坏透了

胸膛开鲜花——心里美

胸膛里掏走了五脏——心虚

胸窝里栽牡丹——心花怒放

雄鹅的眼睛——目中无人

雄鸡下蛋——公子

雄鹰的翅膀——练出来的

雄鹰抓兔子——没跑

熊耍把戏狗叫唤——互不相干

熊瞎子掰苞米——掰一个掉一个

熊瞎子拜年——不敢受这个礼

熊瞎子吃粽粑（zòngbā，粽子）——解不开；不解

熊瞎子打立正——装人样

熊瞎子跌陷坑——招数不多

熊瞎子上戏台——熊样

熊瞎子耍棒子——胡抡

熊瞎子耍扁担——翻来覆去老一套

熊瞎子耍马枪——露一手

熊瞎子舔马蜂窝——怕挨蜇别想吃

熊瞎子头痛——发烧

熊瞎子下棋——瞧你那笨脑瓜

熊瞎子学绣花——装模作样

10

休息休息再说——歇后语

修成仙的黄貔子（pízi，黄鼬）——害人精

修锅匠拉风箱——有来有往

修脚带拔牙——上下兼顾

朽木棒槌——破烂货

朽木搭桥——存心害人；难过

朽木雕石猴——坏孩子

朽木盖房子——不是这块料

朽木棺材——坑死人

朽木塔楼房——不稳当

朽木头打嫁妆——粗制滥造

朽木桩子——一碰就倒

朽木做梁柱——无用之才（材）

秀才背书——出口成章

秀才不出门——便知天下事

秀才打板子——口是心非

秀才打更——穷得没法

秀才打架——何须动武；讲礼

秀才打擂——招架不住

秀才当兵——文武双全；四（士）不像

秀才的房子——尽是输（书）

秀才的人情——纸一张

秀才的手巾——包输（书）

秀才的书箱——内中有文章

秀才读兵书——纸上谈兵

秀才读文章——慢条斯理

秀才挥笔——大做文章

秀才家里失火——酸气冲天

秀才见老爷——任你吟诗也无用

秀才看榜——又惊又喜

秀才看热闹——袖手旁观

秀才哭哥——凶（兄）啊

秀才落陷阱——埋没人才

秀才拿笤帚——斯文扫地

秀才闹饥荒——咬文嚼字

秀才念书——咬文嚼字

秀才弃学——半途而废

秀才塞进坛子里——屈才

秀才谈兵——一知半解

秀才跳井——明白人办糊涂事

秀才偷笔——文明人不做文明事

秀才偷电筒——明人不做暗事

秀才偷罗巾——识文不识理

秀才偷书——斯文扫地

秀才推磨——难为圣人；不得已

秀才写书——肚里有货

秀才写文章——拿手

秀才行凶——一笔抹杀

秀才遇到虎——再吟诗也跑不脱

秀才遇见兵——有理说不清

秀才造反——三年不成

秀才招手——本来

秀才作诗——谁对；有两手（首）

绣房里的花枕头——摆设

绣花被面补裤子——大材小用

绣花姑娘打架——针锋相对

绣花姑娘打老虎——胆大心细

绣花姑娘的家什——真（针）对

绣花姑娘的手艺——穿针引线

绣花姑娘缝绣衣——千真（针）万真（针）

绣花虽好不闻香——美中不足

绣花针沉海底——无影无踪

绣花针戳乌龟壳——难过

绣花针当棒槌——小题大做

绣花针当车轴——细心

绣花针对铁梁——各有一技之长；各有用场

绣花针纳鞋底——难过；顶不过

绣花针碰上吸铁石——沾上了

绣花针挑土——难得

绣花针扎泥鳅——又奸（尖）又猾（滑）

绣花枕头稻草心——肚里没好货

绣花枕头塞糠壳——顾面不顾里

绣花枕头一包糠——表面光；表里不一

绣花枕头——一对儿；华而不实；一包草；外面光

绣花枕头扎花鞋——样子货

绣楼里的闺秀——上不了阵势

绣娘爱针线，牧人爱牛羊——干一行爱一行

绣娘缝嫁衣——为别人操劳

绣球抛到大江中——团圆不到底

绣球配牡丹——天生一对

绣在地上的花——任人践踏

袖短怪罪胳膊长——错怪

袖里藏宝剑——杀人不露风（锋）

袖里藏刀——锋芒不露；暗里伤人

袖里来，袖里去——无根无据

袖筒里藏老虎——说伤谁就伤谁

袖筒里藏通条——不会拐弯

袖筒里插棍——直来直去

袖筒里揣棒槌——直来直去

袖筒里揣刀子——暗藏杀机

袖筒里打麻将——扒拉不开

袖筒里放箭——内有机关

袖筒里伸出一只脚——夸大手

袖筒里伸出驴蹄——不是好手

袖筒里伸爪爪——露一小手

袖筒里捅宝剑——杀人不露锋

袖筒里捅斧子——出手就砍

袖筒里披旗杆——不知长短

袖筒子扫死人——好威风

袖子里的火——抖落不了

袖子里翻跟头——小人

袖子里冒火——着手

锈坏的轱辘——玩不转

锈死的铁钉——抠不出来

11

徐庶进曹营——心不在焉；一言不发；不出一个好点子

徐庶在曹营——身不由己；不由自主

许不下羊羔许骆驼——巧言哄人

许褚赤膊上阵——有勇无谋

许褚战马超——赤膊上阵

许了身子还挨嘴巴——冤枉

许仙碰见白娘子——天配良缘

许仙耍宝剑——瞎摆（吓白）

第十八篇　Z

1

卓别林的电影——别具一格

抽婆娘上锅——不是打锅就是打碗

捉不着狐狸——反惹一身臊

捉干鱼放水喷——不知死活

捉蛤蟆买烟吸——水里来，火里去

捉鸡赶鸭——一举两得

捉了虱子跑了牛——得不偿失

捉蛇打青蛙——不务正业

捉虱子上头——自讨麻烦

捉鱼拦上游——先下手为强

捉住驴子当马骑——不识货

捉住跳蚤放头里——自作自受

捉住贼不打——哪有实话

桌上的油灯——不点不明

桌上拉屎，脸盆里撒尿——净干缺德事

桌子板凳一样高——平起平坐

桌子当舞台——唱不了大戏

桌子底下打拳——撞大板；起手不高

桌子底下扬场——碍上碍下；碰上碰下

桌子缝里舔芝麻——穷相毕露

桌子光剩四条腿——丢面子

啄米的鸡——连连点头

啄木鸟吃害虫——与人为善

啄木鸟打摆子——浑身发抖嘴巴硬

啄木鸟打前栽——用嘴支着

啄木鸟当医生——靠的就是一张嘴

啄木鸟得了伤寒病——身子坏了嘴还硬

啄木鸟的特征——嘴尖舌利

啄木鸟叼树——劲在嘴上

啄木鸟掉进热锅里——肉烂嘴不烂

啄木鸟屙薄屎——身软嘴是硬的

啄木鸟翻跟头——卖弄花屁股

啄木鸟飞上黄连树——自讨苦吃

啄木鸟立房子——使嘴

啄木鸟上供桌——卖弄自己

啄木鸟死在树窟窿里——全坏在嘴上

啄木鸟下油锅——嘴硬骨头酥

啄木鸟修房子——斗嘴劲　　　　　　啄木鸟找食——全凭一张嘴

啄木鸟医生——挖（苦）窟　　　　　啄木鸟治树——入木三分；嘴巴

啄木鸟栽跟头——吃了嘴上的亏　　　　子硬

2

资料室搬家——尽是输（书）　　　　　自己讲的不知道——胡话

龇牙咧嘴的大虫——笑面虎　　　　　　自己口袋里的东西——清清楚楚

姊妹俩出嫁——各人忙各人的　　　　　自己碰钉子——忍气吞声

姊妹找婆家——各得其所　　　　　　　自己说的听不见——梦话

紫茄子开黄花——变种　　　　　　　　自己挖坑埋自己——找死；寻死

紫心萝卜——红透了　　　　　　　　　自家演戏自家看——自我欣赏

自大加一点儿——变臭了　　　　　　　自来水坏了龙头——放任自流

自个儿拜把子——算老几　　　　　　　自留地里撒尿——肥水不流外人田

自个儿打嘴巴——自己跟自己过　　　　自留地里拉屎——泄私愤（粪）

不去

自己的耳朵——看不见　　　　　　　　自鸣钟的摆——摇摆不定

自己的手表自己戴——个人观点　　　　自行车爆胎——气炸了

自己的手指纹——熟悉　　　　　　　　自行车上陡坡——推一推，动一动

自己点火烧眉毛——自找倒霉　　　　　自行车下坡——不睬（踩）

自己跟自己下棋——输也是你赢　　　　自行车走田坝——得过且过

自由市场的买卖——讨价还价

3

棕树的一生——任人千刀万剐　　　　　纵虎归山——必有后患

总统府的客人——有来头　　　　　　　粽子里包蒺藜——尖对棱

总统请客——高朋满座

4

走到渡口打转身——存心不过了

走道喝稀粥——性子太急

走道嗑瓜子——两不耽误

走道闻见臭味儿——离死（屎）不远

走过的路上不长草——太毒了

走黑道吹口哨——给自己壮胆

走江湖的卖假药——光耍嘴；招摇撞骗

走江湖的耍猴——拿手好戏

走江湖卖草药——耍嘴皮子

走江湖耍魔术——变着法儿骗人

走街串巷的流浪汉——一无所有

走了豺狼来了虎——一个比一个恶

走了和尚走不了庙——尽管放心

走路拨算盘——手脚不闲

走路踩棉花——轻飘飘

走路穿小鞋——活受罪

走路换草鞋——喜新厌旧

走路看脚印——一步一回头；过分小心

走路拾馒头，摔跟头捡票子——尽想好事

走路拾元宝——机会难得

走路算账——财迷转向

走路轧断腿——半途而废

走路拄双拐——求稳

走马打电话——奇（骑）谈

走马灯挂心中——想转了

走马观花——不深入；深不下去

走亲戚掂牛蹄——两半（瓣）子理（礼）

走煞金刚坐煞佛——苦乐不均

走上步看下步——瞻前顾后

走私犯的大烟——赃（脏）货

走夜路吹口哨——虚张声势

走夜路打手电——图名（明）

走一步看两步——眼光远

走一步思三思——考虑周到

奏着唢呐赶毛驴——又吹又拍

5

卒子过河——只进不退；死不回头；横冲直撞

祖传的被单——破烂不堪

祖传的皮袄——里外都不好

祖孙回家——扶老携幼；返老还童

祖宗牌上放修脚刀——羞（修）先人

祖宗三代穿的旧夹袄——里外都

不好

祖宗三代的家务事——一言难尽

祖宗堂里供菩萨——神出鬼没

6

杂烩汤里的豆腐——白搭

杂货店的买卖——挑挑拣拣

杂货店关门——没货了

杂货铺的掌柜——见钱眼开

杂货铺子——无所不有

杂技团里的空竹——抖起来了

杂交的骡子——非驴非马

杂耍班子走江湖——逢场作戏

砸锅卖铁——一锤子买卖；越弄越穷；豁出去了

砸开的核桃——有人（仁）儿

砸烂了的西瓜——红白相杂

砸了锅子搬了灶——散伙（火）

砸杏核砸出个小鳖——不是人（仁）

7

栽起秧子就想打谷——哪有那么快

栽完树就想乘凉——性太急

宰鹌鹑也要请屠夫操刀——小题大做

宰个鸽子也要请屠夫提刀——小题大做

宰牛用锥扎——不顶用

宰相的千金——不愁嫁不出去

宰相的千金，皇帝的女——不怕没人要

宰相的千金，元帅的女——不愁嫁

宰相肚里能撑船——宽宏大量

宰相门第元帅府——门当户对

在火炉里过日子——浑身暖烘烘

在老虎嘴上找食吃——不知天高地厚

在磨子上睡觉——想转了

在盘子上扎猛子——不知深浅

在羊身上剪毛——现成

8

糌粑（zānbā）拌白糖——又甜又香

糌粑口袋——有货倒不出

糌粑糊了嘴——闷了口

9

脏水倒阴沟——同流合污

脏水灌到茅坑里——越闹越臭

脏水洗手尿涮锅，洗脸盆里捏窝窝（窝窝头）——假干净

脏拖布擦地板——不干不净

藏民穿皮袄——露一手

10

糟鼻子不吃酒——枉担罪（醉）名；虚有其表

凿壁偷光夜读书——一孔之见

凿磨匠打铁——不会看火色

早晨吃晌午——打破常规

早晨的露水——见不得太阳；难长久

早晨的天，婆婆的脸——说变就变

早春的桃花——红不久

早起碰见抬轿的——出门见喜

早上打发闺女，中午接来媳妇——双喜临门

早上的林中鸟——各唱各的调

枣骨子（枣核）解板——不是正经材料

枣核搭牌楼——针锋相对；奸（尖）对奸（尖）

枣核——两头尖

枣核解板——没几句（锯）；只有一句（锯）

枣木梆子——一对儿；不打不响；一辈子挨打；挨敲的货

枣木棒槌——一对儿

枣木做烧柴——难劈

枣子骨头——两头奸（尖）

澡盆里洗脸——好大的面子

澡堂里的伙计——见得多了

澡堂里的毛巾——上下不分

澡堂里的拖鞋——不成对；提不得

澡堂里的油灯——气昏了

灶边的磨子——推一推，动一动

灶倒屋塌——砸锅

灶房里的砧板——油透了

灶火坑里烧山药——吃里爬

（扒）外

灶火膛的王八——拱火哩

灶鸡子打架——对头

灶君爷跌落锅里——精（蒸）神起
来了

灶君爷卷门神——画里有画

灶君爷敲梆子——胡闹锅台

灶坑插杨柳——死不死，活不活

灶坑里扒红薯——专拣软的捏

灶坑里烧王八——憋气又窝火

灶坑烧螃蟹——没爬了

灶老爷骑竹马——神上天了

灶老爷伸手——稳拿糖瓜儿

灶里扒出个烧馍馍——又吹又拍

灶门口烧糠壳——抓一把，撒一把

灶门口栽杨树——活不长；好景
不长

灶门前的烧火棍——越来越短；焦
头烂额

灶门前干活——煽（扇）风点火

灶门前捡火钳——算不得财富

灶门前拿竹筒——吹火；吹了

灶门前劈柴——不好使家伙

灶前老虎——屋里凶

灶上的炒勺——尝尽了甜酸苦辣

灶神上贴门神——话（画）中有话
（画）

灶神爷跑到院里——多管闲事

灶神爷讨饭——装穷

灶司菩萨吃饴糖——堵了嘴

灶台上的灯笼——明摆着

灶台上的抹布——揩油

灶膛里的老鼠——灰溜溜的

灶膛抡锤子——砸锅

灶王老爷请客——你快上天吧

灶王爷打前失——离板儿了

灶王奶奶——一家之主

灶王爷绑在腿肚上——人走家搬

灶王爷不在家——没主事的人

灶王爷吃糖瓜儿——糊嘴；稳拿

灶王爷吹灯——好神气

灶王爷打飞脚——胡闹锅台；离板
儿了

灶王爷打跟头——砸锅了；离了
板儿

灶王爷的横批——一家之主

灶王爷哄孩子——不像话

灶王爷回家——一堂儿新

灶王爷拿糖瓜儿——伸手就成

灶王爷骑马——神到天上去了

灶王爷扔石头——砸锅

灶王爷扫院子——多管闲事

灶王爷上操场——管得宽

灶王爷上天——神气（起）来了；
直来直去；走了神；净说好的

灶王爷上天堂——回神

灶王爷升天——实话实说；多言
好事

灶王爷许愿——有求必应

灶王爷演戏——胡闹锅台

灶王爷坐飞机——神上天了　　　　皂角树上翻跟头——过得硬；斗硬

11

　　贼被狗咬——吃了哑巴亏；不好声张

贼打官司——场场输

贼过安枪——迟了

贼过才张弓——晚了

贼喊捉贼——倒打一耙；转移目标

贼去了才关门——错过时机

贼上房送梯子——头号帮凶

贼偷叫花子——白费劲

贼娃子打官司——场场输

贼娃子挂佛珠——没有好经念

贼娃子进铁匠铺——倒贴（盗铁）

贼娃子拾东西——不是偷也是偷

贼娃子说梦话——不打自招；想偷

贼娃子遭狗咬——说不得

贼遇强盗——黑吃黑

贼走后关门——怕再来

中华传世文汇

谚语

庞春辉 编著

民主与建设出版社

·北京·

图书在版编目（CIP）数据

中华传世文汇 . 1，谚语/庞春辉编著 . -- 北京：
民主与建设出版社，2023. 1

ISBN 978-7-5139-4096-2

Ⅰ. ①中⋯ Ⅱ. ①庞⋯ Ⅲ. ①谚语 – 中国 Ⅳ.
①H136. 31

中国国家版本馆 CIP 数据核字（2023）第 020299 号

中华传世文汇 . 1，谚语

ZHONGHUA CHUANSHI WENHUI 1 YANYU

编　　著	庞春辉
责任编辑	郝　平
封面设计	峰林汇
出版发行	民主与建设出版社有限责任公司
电　　话	（010）59417747 59419778
社　　址	北京市海淀区西三环中路 10 号望海楼 E 座 7 层
邮　　编	100142
印　　刷	三河市宏顺兴印刷有限公司
版　　次	2023 年 1 月第 1 版
印　　次	2023 年 5 月第 1 次印刷
开　　本	680 毫米 ×960 毫米　1/16
印　　张	19.25
字　　数	320 千字
书　　号	ISBN 978-7-5139-4096-2
定　　价	112.00 元（全 2 册）

注：如有印、装质量问题，请与出版社联系。

前　言

　　语言是一个民族文化的载体。谚语，是语言的精华之一，浓缩了一个民族对自然现象和人文事物的观察、对人生智慧和经验的总结，蕴含着一个民族传承下来的自然观、人生观、人生哲理、伦理道德观等丰富内容。谚语生动且意味隽永，有高度的凝练性和概括性。

　　谚语是俗语的一种，是流传于民间的言简意赅的话语，反映了劳动人民的生活实践经验，内容涉及社会生活的各个方面。谚语是民间集体创造、广为口传、言简意赅并较为定型的艺术语句，是民众丰富智慧和普遍经验的规律性总结。

　　《中华谚语大全》一书，在编写中本着科学、规范、实用的原则，从数万条谚语中精选而成。本书收录的谚语内容丰富，范围广大，有家庭社交、修养礼仪、教育文化、感情心态、生理保健、生活起居等方面的内容。

　　本书为了便于读者阅读和理解，在每句谚语下面标注了简单的释义。在编排上为方便读者阅读，所收谚语按类别编排，每类中的词条按拼音排序，以便读者检索。

　　本书疏漏之处在所难免，希望广大读者以及有关专家学者给予批评指正。

编者

目　录

第一卷　家庭社交

A

爱他的，着他的

比喻爱惜同情一个人就容易上他的当。

阿谀人人喜，直言人人嫌

阿谀：为迎合对方而说奉承的话。阿谀奉承的话容易讨人喜欢，刚正直言往往惹人嫌弃。指世人多喜欢奉承，厌恶直言不讳。

挨金似金，挨玉似玉

比喻接近好的人物会使人受到好的影响。

挨着勤的没懒的

指靠近勤劳的人就会变得勤劳，不会懒惰。比喻和勤劳的人在一起容易养成勤劳的好习惯。

矮人看戏何曾见，都是随人说短长

指矮子站在一群人中看戏什么也没看见，对戏的好坏评价都是随声附和的。比喻见识狭窄的人，对事物的评价缺少主见。

矮檐之下出头难

比喻在受人制约的情况下，很难有出头的日子。

碍了面皮，饿了肚皮

指由于怕伤情面而往往会使自己处于困境。

按牛头吃不得草

比喻依靠强制的手段，解决不了问题，也不会有好的结果。

熬粥要有米，说话要讲理

指说话要有理有据，不能信口开河。

B

八两换半斤，人心换人心

八两：旧制一斤是十六两，八两即半斤。指诚心待人，就会受到别人的同等对待。

白天无谈人，谈人则害生；昏夜无说鬼，说鬼则怪至

怪：指鬼、妖或怪异之事。白天议论别人会招来是非，晚上谈论鬼怪，鬼

1

怪便会来。指不要随便议论他人。

白头如新，倾盖如故

白头：上了年纪的人，也指彼此交往时间很长的人。倾盖：停下车子，指初次相逢。相互交往很久，但彼此并不了解，像刚刚结识一样；初次相逢，倒觉得像见到了老朋友。比喻感情厚薄不可以时间长短来衡量。

百把宝剑砍不掉志气，一句恶语能毁掉铁汉

告诉人们不要听信谗言恶语，否则便会伤害到自己。

百不为多，一不为少

容易得到的东西有一百件不嫌多，稀罕难得之物即使只有一件也不能算少。比喻难得的好人或好东西。

白刀子进去，红刀子出来

比喻持刀行凶，杀人见血。

白发故人稀

指人老了以后，老朋友就越来越少了。

白了尾巴梢的老狼不好打

比喻老奸巨猾的敌人很难应付。

白马好骑要有鞍，大路好走要有伴

比喻在什么情况下都必须有伙伴与帮手。

白面拌汤黏也好，女婿风流穷也好

风流：指有才学、有文采。女婿穷不要紧，只要有才学。泛指人最重要的是要有真实本领。

白日便见簸箕星

比喻将发生你死我活的拼杀。

百家姓还不曾开簿面

比喻事情还没开始。

百年聚合，终有一别

指在一起很久，最终也要分开。

百年修得同船渡，千年修得共枕眠

百年、千年：概数，指很长时间。修：修行。指经过很长时间的修行才能有缘乘坐同一条渡船，才能有幸成为一对夫妻。指人要珍惜缘分。

百人百条心

指不同的人有不同的想法与个性。

百心不能得一人，一心可以得百人

指对人一心一意就可得到大家的认同。

百足之虫，死而不僵

原指马陆这种虫子被切断致死后，仍然有蠕动的现象。比喻有权势的人或集团虽然已经败落，但其势力与影响尚存。

巴掌再大遮不住太阳，手指再尖戳不破青天

比喻权势再大的人也难以一手遮天，为所欲为。

拔出眼中钉，除却心头病

比喻除掉心中最仇恨的人。

拔了萝卜地皮宽

指萝卜拔掉后，地就空出来了。比喻为了行事方便而把碍眼的事物去掉，也比喻为了扩展地盘排挤别人。

拔了毛的凤凰不如鸡

比喻有权势的人一旦失去权势和地位，他的处境还不如一般人。

拔了毛的凤凰也比鸡大

比喻有权势的人，即使失去了权势，

其影响力也比普通人大得多。

败家子不怕财多

比喻钱财再多也经不起铺张浪费。

败子回头便作家

作：振作。指败家子改邪归正，就能兴旺家业。

败子回头金不换

比喻败家子回心转意、痛改前非比什么都可贵。

败子若收心，犹如鬼变人

指败家子如果要改邪归正，就如同将鬼变成人一样，相当困难。

拜德不拜寿

拜：表示敬意。指对人表示敬意，是因其德高而非年长。

稗子里剥不出白米，狗嘴里吐不出象牙

比喻坏的事物身上不会有优良的东西。

搬起石头砸自己的脚

指搬石头想砸别人，却砸在自己的脚上。比喻存心害人，结果反而害了自己。

板板六十四

板：古代铸钱的模型，每板有六十四文。比喻做事相当呆板，不灵活。

办酒容易请客难，请客容易款客难

指办酒席容易，要请客人来难；请客容易，要招待好客人难。

办事不由东，累死也无功

东：主人。指如果不按照主人的意见办事，即使累死，也没有功劳。

办事怕失礼，说话怕输理

指办事与说话都要合乎礼仪，讲清道理。

半斤鸭子四两嘴

半斤鸭子，光嘴巴就有四两重。比喻人只靠一张嘴，只会用嘴说话而不办实事。

半路夫妻赛冰霜

指再婚夫妻的感情冷淡，很难融合。

半路上出家

出家：离开家庭到庙宇去做僧尼或道士。比喻改变行业。

绊人的桩，不一定高；咬人的狗，不一定叫

比喻坏人很善于掩饰，我们要提高警惕，小心谨慎。

帮别人要忘掉，别人帮要记牢

指自己帮助别人不图回报，别人帮助过自己则要铭记在心。

帮衬男人为光景，恩养儿女为防老

帮衬：帮助。帮助丈夫是为了过上好生活，养育儿女是为了将来老有所养。

帮好学好，帮坏学坏

指环境条件对人的成长很重要。

帮人帮到底，救人救到家

指帮助人要一帮到底，救助人要使他彻底脱离困境。

帮人帮到底，救人救个活

指帮人要使人彻底摆脱困境，救人要使人真正脱离险境。比喻好事要做到底，不能半路终止。

帮人要帮心，帮心要热情

指帮助别人要从思想上帮助他，要从思想上帮助他就必须对他十分热心。

帮人要帮心，帮心要知心；知心要交心，交心才知根

指帮助别人要从思想上帮助他，要从思想上帮助他就要先明白他的思想；要明白他的思想就要与他交流思想，这样才能找到思想的源头。

帮人一次忙，胜烧十炷香

指帮助别人一次忙远胜于在佛前烧十炷香。比喻鼓励人们要多做好事。

帮人一口得一升，救人一命积善功

指做好事就会有善报。

帮艺不帮钱

指帮助别人学会谋生的手段要比给人钱财更有用。比喻如果要帮助别人，就要帮到关键处，从根本上解决问题。

宝剑赠予烈士，红粉送与佳人

烈士：古时指有志于建功立业的人。佳人：美女。宝剑送给有志于建功立业的人，红粉送给美人。比喻赠送东西要注重对象，要送给最恰当的人。

宝珠玉不如宝善，友富贵不如友仁

指以珠玉为宝不如以和善为宝，与富贵为友不如与仁爱为友。

饱谙世事慵开眼，会尽人情只点头

谙：熟悉。慵：困倦。指世事经历得多了也就懒得过问，看透了人情世故就只会一味点头。比喻人老于世故，明哲保身。

饱饭好吃，满话难说

指人说话不能说得太过，要留有余地。

饱给一斗，不如饥给一口

斗：容量单位，一斗等于十升。在别人能吃饱的时候给他一斗粮食，还不如在饥饿之时给他一口饭。指帮助别人要在他最困难最需要的时候。

饱汉不知饿汉饥，好人老说病人虚

比喻生活安逸或得到某种满足的人体会不到处于困境中的人的痛苦。

饱人不知饿人饥

指处境优越的人，体会不到处境困难的人的痛苦。

饱食伤身，忠言逆耳

逆：抵触，不顺从。指吃得太饱，就会对身体有伤害；忠言劝告，听起来不顺耳。

饱食终日，无所用心

指整天吃得饱饱的，不爱动脑筋。

报喜不报忧

指只汇报好的不汇报坏的。比喻汇报情况不实事求是。

抱着葫芦不开瓢

瓢：舀水的器具，一般由对削的葫芦做成。比喻始终不开口讲话。

杯水之恩，江河还报

指即使受到很小的恩惠，也要厚厚地报答。

备席容易请客难

备：准备。席：成桌的饭菜。指准备成桌的酒席容易，而请到尊贵的客人可就难了。

背地不谈人，谈人没好事

比喻在别人背后议论的肯定没有好事情。

背地商量无好话，私房计较有奸情

计较：计议、策划。指在背后商量的话题肯定不是光明正大的，躲在私房

里算计的事情往往与奸情有关。

背后莫道人短，人前莫夸己长

指在背地里不要说别人的短处，在别人面前不要夸自己的长处。

背后忍饥易，人前张口难

指张口求人比忍饥受饿还要难。

背后之言，岂能全信

指在背后议论的事情，不可全信。比喻背地里议论的事情往往不真实。

背后之言听不得，哈巴狗儿骑不得

指背后的议论往往带有偏见，当面阿谀奉承的人往往有所图谋，都不可相信。

背人没好事，好事不背人

指背着人干的事情肯定是不光明的事，做好事不用偷偷摸摸地背着他人。

被头里做事终晓得

被头里：被窝里。指即使事情做得再隐秘，也终究会有人知道。

本家本家，海角天涯

本家：同宗族的人。海角天涯：形容极远的地方或彼此之间相隔很远。指即使相隔很远，本家仍旧是你最亲近的人。

笔直的木材用处大，爽快的人儿朋友多

指性格豪爽痛快的人，大伙儿都愿意和他结交。

闭口深藏舌，安身处处牢

指说话谨慎，就能安稳过日子。

蝙蝠不自见，笑他梁上燕

比喻没有自知之明，反而嘲弄他人。

蝙蝠怕见天，贼人怕见官

指蝙蝠晚上出来活动，害怕看见光明；做贼的人害怕见到官府。

变戏法的瞒不了打锣的

打锣的最懂得变戏法的内情。比喻耍戏法瞒不过知情人。

表里如一人品好，口是心非不可交

表里如一：比喻思想与言行完全一致。口是心非：指嘴里说的是一套，心里想的是另一套，心口不一致。指思想与言行完全一样的人品行好；心口不一的人不可做朋友。

表壮不如里壮

表：指丈夫。里：指妻子。指一个家庭里丈夫有能力不如妻子贤惠，妻子贤惠可使丈夫免遭祸患。

别看笑面说好话，留心背后使暗攻

告诉人们要提防表面伪装、背地里却使坏的人。

别人家的肉，哪里煨得热

比喻不是自己亲养的骨肉，总是不一条心。

别人求我三春雨，我去求人六月霜

三春：春季的三个月。别人求我，态度和蔼，礼数周全；我求别人，遭到冷落。比喻求人难。

冰炭不同炉，贤愚不并居

冰与炭不能放在一个炉子里，贤明之人和愚昧之人不能生活在一起。比喻矛盾对立的双方不能凑在一起。

病从口入，祸从口出

指饮食不注意要生病，说话不谨慎会惹祸。比喻疾病常常是因为饮食不讲究卫生、食物不干净而造成的；灾祸常常是因为说话不谨慎，言语欠思虑而酿成的。总结生活教训的重点是"祸从口出"。

剥葱剥蒜不剥人

指不要无偿占有别人的劳动果实。

簸箕大的手，掩不住众人的口

指即使再有权势，也没有办法不让群众议论，也指人言可畏。

不吃哪家饭，不操哪家心

指人不管闲事为好。

不痴不聋，不作阿家翁

家：通"姑"。家翁：指婆婆与公公。指做公婆的不要过分指责下辈，在一些事情上要装聋作哑，采取较为宽容的态度。也指做人不要过于工于心计。

不打不相识

通过交手才能相互了解、赏识、交好。

不当家不知柴米贵，不养儿不知父母恩

指只有自己当了家，才会知道操持一家人生活的艰辛；只有自己生儿育女，才能体会到父母对子女的恩情。

不对仇人哭，泪向亲人流

指心里的痛苦与冤屈不要对自己的仇人倾诉，只能对自己的亲人讲。

不干己事不张口，一问摇头三不知

指与己无关的事不去评论，即使有人问起，也假装不知道。比喻对与自己无关的事情不要轻易发表意见。

不患人不知，单怕不知人

患：担心，忧虑。指不必担心别人不知道自己，而要害怕自己不知道别人。

不会烧香得罪神，不会说话得罪人

指人说话办事要讲究艺术。

不结子花休要种，无义之人不可交

指不结籽的花卉不要种，没有情意的人不可交往。

不看家中宝，单看门前草

指富贵人家门前车水马龙，贫贱之家却很少有人登门拜访。只要看门前的花草，就可以判断门内人家的贫富贵贱。

不看金刚，也看佛面

指不看和尚的情面也要看菩萨的情面。比喻处理问题要顾及对方各方面的关系。

不看僧面看佛面

不看和尚的面子，也要看佛的面子。指不看当事人的情面，也要看他的长辈或其他亲友的情面。多用来恳求别人关照。

不来不去真亲戚

比喻真正的亲戚往来不一定多。

不骂天，就怨地

指不是责骂老天，就是埋怨土地。比喻做事情老是埋怨别人。

不怕不懂理，就怕不讲理

指不害怕有啥道理不明白，就害怕明白道理却不讲道理。

不怕倒运，全怕懒性

意谓懒惰成性比运气不好更可怕。

不怕该债的精穷，只怕讨债的英雄

该：欠。精：用在形容词前，表示"十分""非常"。只要要账的人足够厉害，再穷的人也得还债。指旧社会无力还债的穷人，应付不了手段毒辣的债主。

不怕红脸关公，就怕抿嘴菩萨

抿嘴：稍稍合拢嘴，形容微笑的样子。比喻性格刚直的人容易相处，假装慈善的人需要严加警惕。

不怕虎生三只口，只怕人怀两样心

比喻敌人的凶残强大并不可怕，可怕的是自己内部的人不团结。

不怕老虎狠，单怕老虎成群

比喻坏人如果勾结在一起就会造成更大的祸害。

不怕明处枪和棍，只怕阴阳两面刀

指明处的侵害容易提防；阴一面阳一面，两面三刀，不好对付。告诉人们要注意提防搞阴谋诡计的人。

不怕明说，就怕暗点

有问题不怕人明说，就怕人在背后议论。

不怕闹得欢，就怕拉清单

指现在做了坏事，将来都是要偿还的。

不怕你铜墙铁壁，只怕你紧狗健人

紧狗：紧守门户的狗。健人：强壮的人。指贼偷东西，并不害怕墙壁牢固，只是惧怕看门的狗与守门的壮汉。

不怕念起，只怕觉迟

指不怕脑子里有邪念或杂念，只怕醒悟得太晚。

不怕千日罪，只要当日悔

指一个人尽管做了许多坏事，但只要能真心改正就可以得到宽恕。

不怕人不敬，就怕己不公

只要自己待人做事处处公正，就不怕得不到别人的尊敬。

不怕外来盗，就怕地面贼

地面贼：指本地的贼。指外来的强盗由于不了解情况，并不可怕，真正可怕的是那些了解内情的本地贼。

不怕屋漏，就怕锅漏

屋漏好防，锅漏难补。比喻如果家庭内部出现矛盾，那么造成的伤害会更加严重。

不怕硬的就怕横的，不怕横的就怕不要命的

横：粗暴，凶狠。指不顾死活、连生命都不顾的人是最不好惹的。

不敲背后鼓，要打当面锣

比喻说什么话都要当着面说，不要在背后议论别人，搞小摩擦。

不求同日生，只愿同日死

指不求同一天出生，只希望能在同一天去世。比喻感情深厚，誓同生死。

不求有功，但求无过

比喻不企望有成绩，只求无过错的消极处世的态度。也比喻不追求有什么功劳，只希望没有错误。

不是仇人不见面，不是冤家不聚头

冤家：原指仇人，也用作对亲人或情人的昵称。指冤家对头必定经常碰见，也指亲人或情人聚在一起是注定的缘分。

不是东风压倒西风，就是西风压倒东风

比喻对立的双方，不是这一方打倒那一方，就是那一方打倒这一方。多指双方争斗，总有一方占优势。

不是一家人，不进一家门

指有缘分的人才能成为一家人，也指性格、秉性相近的人容易聚到一块儿。

不是姻缘莫强求

指没有婚姻的缘分就不要强求对方

和自己走到一起。

不是冤家不聚头

前世结成的冤家总是在来生相遇或相聚在一起。指相聚总有缘分。

不是知音话不投

指只有彼此相互了解的人，才能说到一起。

不图打鱼，只图混水

比喻借机制造声势与言论。

不图锅巴吃，不在锅边转

比喻人做事情总是有企图的。

不信直中直，须防仁不仁

指不要轻易地相信貌似正直的人，要小心他存心不良，背后使坏。

不行万里路，难见痴人心

比喻只有经历过长期的考验，才能真正了解一个人。

不要文章中天下，只要文章中试官

科考中举不在文章的好坏，只要合乎阅卷官心意就行。比喻对人或事只要相中就好。

不以言取人，不以言废人

指不能根据人说的话来决定是否录用。指选用人才不注重言谈，要看其行为。

不在被中眠，安知被无边

指不在被子里睡觉，怎会知道被子的宽大。比喻不亲自调查就不可能知道事情的原委。

不知不罪

指对不知实情或无意触犯的人不要定他的罪。

不知者不作罪

比喻不应怪罪因不知道情况而犯错误的人。

不钻不透，不说不知

比喻事情不说不透彻，如同木头不钻不会穿透一样。

傍生不如傍熟

傍：依靠。指依靠生疏的人不如依靠熟悉的人更牢靠。

不做亏心事，不怕鬼叫门

指没有做过亏心的事情，即使鬼来敲门也不会惧怕。比喻人不做坏事，在什么情况下，都不惊慌害怕。

C

才高人忌，器利人贪

忌：忌妒。器利：器械锋利。此处指好东西。指有才能的人容易引起别人的忌妒，好物品容易引起人们的贪婪。

才人行短

人的才学好品行就差。

财帛如蒿草，义气重千斤

帛：丝织品的总名。指财帛像草一样轻，义气却有千斤重。比喻要重义轻财。

菜没盐无味，话没理无力

指话没有道理就没有说服力，如同

菜里没有盐就淡而无味一样。

苍蝇集臭，蝼蚁集膻

指苍蝇总是聚集在有臭味的处所，蝼蚁总是聚集在有膻气的处所。比喻臭味相投的人总是勾结在一起。

槽里无食猪咬猪

比喻生活贫困的时候，人和人之间就容易发生矛盾。

草多不烧灶，虱多不压秤

指灶里的草再多，也不会烧坏灶头；人身上的虱子再多，也增加不了人的体重。比喻闲话再多也不起作用。

草间说话，须防路上有人

指在草丛中说话，要小心被路边的行人听见。比喻谈论秘密的事应注意有人偷听。

草怕严霜霜怕日，恶人自有恶人磨

磨：整治，制服。指作恶多端的人总有一天会受到比他更恶或更强的人的收拾。

茶水越泡越浓，人情越交越厚

指人和人之间的感情如同泡茶一样，越交往越深厚。

差人见钱，猫鼠同眠

差人：在衙门中当差的人。指差人见了钱，什么贪赃枉法的荒唐事都能干出来。

拆东墙，补西墙

比喻为了救急而东借西补。

柴经不起百斧，人经不起百语

柴虽硬，但经不起百斧砍伐；人虽犟，但禁不起众人劝解。指多人劝告终可打动人心。也指风言风语多了，人们就会相信。

柴米夫妻，酒肉朋友，盒儿亲戚

柴米：泛指生活的必需品。盒儿：盛放物品的器皿。有柴有米，夫妻才能安稳度日；有酒有肉，朋友关系才能密切；礼品往来，亲戚关系才能融洽。指人和人之间的关系，要靠一定的物质基础来维持。

豺狼改不了本性，狐狸除不尽臊气

比喻恶人改变不了作恶的本质。

豺狼虽狠，不伤同类

指豺狼虽然狠毒，却不会伤害同类。告诫人们不要互相伤害。

豺狼性恶，有钱人心狠

旧社会认为有钱人的心如同豺狼一样凶残毒辣。

搀要搀个瞎子，帮要帮个豁子

豁子：嘴唇裂开的人。扶瞎子走路，帮豁子说话。指在帮助人的时候，要帮助那些真正有难处的人。

谗言败坏真君子，冷箭射死大丈夫

诽谤会毁掉一个清白正直的人，暗中射出的箭会使一个刚正不阿的人倒下。比喻谗言、冷箭最为恶毒。

谗言误国，妒妇乱家

指谗言会耽误国家大事，妒妇会把家庭搅得不和睦。

娼不笑人娼，盗不笑人盗

娼：妓女。指做不光彩行业的人，都不相互讥笑。

长话不如短说

比喻说话冗长不如直截了当。

长衫有人穿，长话无人听

指讲话要言简意赅，拖泥带水的话

会令人心烦。

长舌乱家,大斧破车

长舌:比喻爱扯闲话、搬弄是非的妇人。指长舌妇破坏家庭和睦如同大斧能砍坏车一样容易。

常赌无赢客

经常赌博的人,最终没有赢钱的。指双方争斗后的结果是两败俱伤。

常在染房走,白丝变黑绸

比喻经常接触坏人,自然会染上毛病。

唱戏的不瞒打锣的

指合作者之间应以诚相待,互相配合。比喻关系密切,又要合作,即使有秘密也不必相瞒。

抄手无言难打孩儿

抄手:两手在胸前交叉,表示施礼。对于彬彬有礼、默默无言的孩子是很难动手打的。指遇事谦恭礼让,别人就不会加害。

朝里无人莫做官

指朝廷里没有靠山不要做官。比喻如果没有靠山,事情就办不成。

朝里有人好做官

指朝廷里有靠山的人容易当官。比喻如果有靠山,就能把事办成。

朝廷不差饿兵

比喻不能让人白白效力。

车动铃铛响

比喻一旦有人发动,大家就积极响应。

车多碍辙,船多擦边

比喻人多手杂,不利于做事情。

车快了要翻,马快了要颠

指做事不要一味追求速度,快容易出现错误,应该稳妥行事,才会有好的效果。

陈叔宝全无心肝

比喻像陈后主那样不知羞耻。

撑船撑到岸,帮忙帮到底

比喻帮助人就要使其能彻底摆脱险境,如同所撑的船一定要靠岸一样。

成不成,吃三瓶

指不管事情是否办成,先要请客喝酒。

精诚所至,金石为开

指至诚所到的地方,连没有情感、坚固不化的金石也会为之开裂。比喻至诚可感动一切。

乘凉大树众人栽

指大家的幸福需要共同努力。

乘马越换越好,妻子越换越糟

指乘坐的马匹适于替换,而妻子却不宜更换。

吃得亏,做一堆

比喻只有肯吃亏的人,才能和周围的人相处融洽。

吃多无滋味,话多不值钱

指再好的东西吃多了也会觉得没有滋味,再有道理的话说多了也失去了它的效果。

吃饭不忘种谷人,饮水不忘掘井人

指在享受时不要忘记创业者的艰难。

吃饭不在乎一口,打人不在乎一扭

指吃饭多吃一口少吃一口是小事,打架时被人扭一下胳膊也无关紧要。也指无关紧要的事，不必计较。

吃饭不知饥饱，睡觉不知颠倒，说话不知深浅

比喻不懂得人情世故。

吃饭的不打烧火的

指不能伤害直接服务于自己的人。

吃饭的栈，睡觉的店

比喻只在家中吃饭睡觉，不关心家里的事情。

吃饭品滋味，听话听下音

指听人说话要注意领会话里的真正意图，如同吃饭要注意品尝饭菜的滋味一样。

吃酒不言公务事

指在喝酒的时候，不要谈论公事、政事，避免因酒后冲动而失语，引起不必要的是非。

吃苦菜，莫吃根；交朋友，莫忘恩

指朋友之间要讲情义，忘恩负义终究要吃亏。

吃了砒霜药老虎

指自己先吃了砒霜再让老虎来吃自己，以毒死老虎。比喻双方争斗时，因采取的方法愚钝，结果对方未受伤害，自己却已遭难。

吃了人家的嘴软，拿了人家的手短

指吃了人家的东西，用了人家的钱财，腰杆子硬不起来，遇事就不能公正。

吃明不吃暗

指要明做不要暗做。

吃拳须记打拳时

吃拳：被人打。在被别人打的时候，想想过去自己是怎么打别人的。指作恶终会有报应。

吃人不吐骨头

比喻极端贪婪、凶恶。

吃人饭，拉狗屎

比喻恶人如同禽兽。

吃人家的饭，看人家的脸；端人家的碗，受人家的管

指受雇于人，就要听从人家的约束和使唤。

吃人家碗半，被人家使唤

比喻吃了人家的饭，就要受人使唤，为人效力。

吃软不吃硬

比喻只接受用温和方式提出的要求，抗拒强硬手段的强迫。

吃屎不知臭

比喻干了坏事还不醒悟。

吃谁向谁，恨谁打谁

指雇主是谁就替谁说话办事，恨谁就攻击谁。

吃顺不吃强

指只接受好话，拒绝胁迫。

吃乌饭，屙黑屎

指吃的是黑饭，拉的就是黑屎。比喻吃谁的饭，为谁办事。

吃稀饭要搅，走溜路要跑

指处处小心谨慎，才可避免不必要的是非。

吃药不瞒郎中

郎中：指医生。指求医不能对医生隐瞒病情。比喻求人办事，就不能隐瞒自己的实际情况。

吃一个枣儿，许一个心

比喻赠送的东西虽小，却是一片

诚心。

吃着谁，向着谁

比喻吃谁的饭，就得帮着谁。

痴男惧妇，贤女敬夫

指不中用的男人害怕老婆，贤惠的妻子敬重丈夫。

痴人面前，不必说梦

指对傻子说梦，傻子分不清真假，可能会认为是真的。也指面对痴人不必深究。

尺牍书疏，千里面目

尺牍：书信。书疏：信札、奏疏等。指书信与奏疏可以使相隔千里远的人相互交流沟通。

赤金难买赤子心

赤子心：纯洁无瑕、秉性纯真的心。指足色的金子也难买到真诚的心。

宠你捧你是害你，打你骂你是爱你

指没有原则的宠爱或奉承是有害的，严厉教导才是真正的爱护。

仇报仇，冤报冤

指有仇报仇，有冤申冤。比喻冤仇一定要报。

仇恨宜解不宜结

比喻有了仇恨应该和解，不应继续结仇。

仇可解不可结

指有了仇恨应尽可能化解，不能越结越深。

仇人相见，分外眼红

分外：格外。指仇人见了面，双方都很激动、愤怒。

仇有头，债有主

指冤仇与债务各有对头。比喻有仇要找仇人，讨债要找欠债的人。

丑话说在前头

指把不客气的话事先讲明白。比喻双方合作之前，先把需要说明的话，向对方毫无保留地表明，免得日后产生意外，引起误会。

丑陋夫人家中宝，美貌佳人惹祸端

指丑媳妇不招惹是非，会使家庭安定和睦；而家中有美貌的媳妇则会惹来一些是非。

丑人多作怪

指形貌丑陋的人做事多装模作样、稀奇古怪，也指相貌丑陋，可偏要梳妆打扮，到处露脸。比喻并无本领的人到处卖弄。

丑媳妇怕见公婆

比喻有某种缺陷的人，不敢在人前露面。

丑媳妇总要见公婆

指儿媳妇早晚得见公婆的面。比喻不能回避事实与矛盾。

臭猪头自有烂鼻子闻

比喻名声坏的人，也会有臭味相投的人接纳。

出马一条枪

比喻性格直率。

出门观天色，进门看脸色

指出门时要观察天气情况，以便及早防备；进门时要察言观色，看看人的脸色怎样，以随机应便。

出门靠朋友

比喻出门在外，全靠朋友相助。

出头的橼子先烂

指出头的橼子由于风吹日晒，会先

腐烂。比喻冒尖或领头的人最先遭祸殃。

初一一橹，初二一橹

橹：安在船艄上，使船前行的工具，形比桨大，用人摇。初一摇一橹，初二摇一橹。比喻做事拖拖拉拉，断断续续，没长性，也就没有效果，很难取得成功。

处家人情，非钱不行

比喻居家过日子总会有人情往来需要花费。

处君子易，处小人难

处：相处，交往。指与君子相处容易，但和小人打交道很困难。

穿青衣，抱黑柱

青衣：黑衣服。比喻人各向其主。

传闻是虚，眼见为实

比喻道听途说的都不能相信，只有亲眼所见的才真实可靠。

传言过话，自讨挨骂

传言：传闲话。指传闲话搬弄是非，是要遭到怒骂的。

船底不漏针，漏针没外人

指船底是连针也漏不掉的，假如在船上丢失了东西或走漏了风声，肯定是船上的人所为。比喻问题往往出在自己人身上。

船多不碍港，车多不碍路

指车船多不一定妨碍通行。比喻如果大家各行其是，有秩序地工作，人员再多也不会相互阻碍。

船头不遇，转舵相逢

指有缘之人总会相会。

船载的金银，填不满烟花寨

烟花寨：妓院。即使有再多的钱财，也不能满足嫖妓的花费。劝人不要进入风月场所。

窗破了当糊，人恶了当除

指窗户纸破了应该糊住，人要是无恶不作，就应该除掉。

床头打架，床尾讲和

指夫妻吵架，很快就会和好。

吹喇叭，抬轿子

比喻吹捧、奉承人。

吹牛不要钱，只要吹得圆

指胡吹乱侃很容易，只要你能自圆其说，也是能哄弄人的。

春宵一刻值千金

春宵：春夜。告诫人们应该珍惜美好的光阴。

慈悲胜念千声佛，作恶空烧万炷香

指人心存慈悲，不做坏事，要强过整天烧香拜佛。

慈心生祸患

指心肠太软的人容易给自己带来祸殃。

此去好凭三寸舌，再来不值半文钱

指第一次去可以用言语说服别人，如果没有实际行动，再次去时人家就不会相信了。

从善如登，从恶如崩

从：跟从。学好就如登山一样困难，学恶就如山崩一样迅速。

聪明人好惹，糊涂人难缠

指聪明人通情达理，比较容易交往；愚钝不明事理之人，最难应付。

D

打别人的孩子心不痛

比喻不是自己的东西，任意浪费毫不觉得可惜。

打出来的朋友，杀出来的交情

指经过种种磨难和考验结成的友谊才是最珍贵的。

打当面锣，不敲背后鼓

比喻有话当面讲明白，不在背后议论缺陷，说三道四，搞小摩擦。

打倒金刚赖倒佛

指自己打倒了金刚，诬赖是佛干的。比喻做错了事或遇到了是非让别人来承担责任。

打的丫鬟，吓的小姐

比喻惩罚下人是为了警告其主子。

打断骨头还连着筋

指骨头被打断了但筋还连在一块儿。比喻亲情是割舍不断的。

打狗鸡上墙

指打狗时把鸡吓得飞上了墙。比喻打击一个人，使另一个人也受到了惊吓。

打狗欺主

指打狗实际上是在打击或欺侮它的主人。

打狗要用擒虎力

比喻降伏一般寻常的敌人时，不要麻痹轻敌，要拿出对付最凶狠敌人的方法与力量。也比喻用较大的力量去解决普通的问题。

打狗也要看主人

指惩治人时应顾及与之相关的人的情面。

打虎还得亲兄弟，上阵须教父子兵

比喻只有亲如兄弟、父子的人才能一起去完成生死攸关的大事。

打开天窗说亮话

指有了话就毫不保留地说出来。

打老鼠伤了玉瓶儿

比喻惩治恶人，结果连好人也跟着受连累。

打盆儿还盆儿，打碗儿还碗儿

比喻损坏了人家什么东西就应赔偿人家什么东西。

打破盆只论盆

比喻发生了什么事就处理什么事，不与其他事牵连。

打起来没好拳，骂起来没好言

比喻双方只要打骂起来，都不会留情面。

打墙不如修路

比喻得罪人不如和人交好。

打人三日忧，骂人三日羞

指打骂他人的人，心里也会长久不安。

打人休打脸，骂人休揭短

指打人不要往脸上打，骂人不要揭对方的伤疤。指不要过于伤害人的情面，要给人留些面子。

打死不离亲兄弟

比喻兄弟情深，即使有矛盾也不能分离。

打油的钱不买醋

指打油的钱不能用它去打醋。原指专款专用。也常用来比喻专心从事某事，不为其他事分心。换句话说，既已在干一件事，就不要分心去干第二件事。

打肿脸充胖子

形容人爱慕虚荣，硬做超出自己能力的事。

大恩不言谢

指别人对自己的恩情太过重大，只好记在心里，感激的话也在恩情前显得很轻薄，所以就不说感激的话了。

大风吹倒梧桐树，自有旁人说短长

指大树被风吹倒后，总会有人在一旁议论吹倒的树身有多长。比喻只要发生了一件事，总会有人议论纷纷。

大风刮不了多日，亲人恼不了多时

指亲人之间的矛盾很快就会消失。

大姑小姑，气破肚肚

大姑：丈夫的姐姐。小姑：丈夫的妹妹。旧指媳妇容易与大姑小姑发生矛盾。

大海浮萍，也有相逢之日

比喻虽然是人海茫茫，漂泊不定，但总能相见。

大伙心齐，泰山能移

指只要大家心齐，即使是一座泰山都能搬掉。比喻团结力量大。

大家马儿大家骑

指众人的财产由众人享受。

大奸似忠，大诈似信

指大奸大诈的人，往往以虚假的忠信面目表现。

大路朝天，各走一边

比喻双方各走各的路，互不侵犯。

大路生在嘴边

指路不认识，只要张嘴问便解决问题了。也比喻依靠嘴巴谋生存。

大能掩小，海纳百川

比喻胸怀宽广的人能容人。

大事化小，小事化了

了：完，结束。把大事变成小事，把小事变成没事。比喻尽可能地化解矛盾，缩小事态。

大树之下，必有枯枝

比喻一脉相承的大家族，子孙中不免有败家子。

大小一个礼，长短一根棍

指送礼品不计轻重，只在表达情意。

大眼望小眼

形容人茫然、不知怎么办的神态。

呆里奸，直里弯

指表面憨厚实际奸诈，表面正直实际阴险。

单蜂酿不成蜜，独龙治不了水

比喻个人力量很小，不可能单独办成大事。

单面锣打不响

比喻只有一方面愿意，事情不可能达成协议。

单丝不成线，独树不成林

比喻个人力量单薄，办不成大事。

单者易折，众则难摧

比喻一人单独行事，容易受困，众人联合行动，就能成功。

耽迟不耽错

指做事宁可慢一点也不要出失误。

但得方便地，何处不为人

指有机会就应帮助别人。

但得一片橘子吃，莫便忘了洞庭湖

洞庭湖：在湖南省，附近地域盛产蜜橘。比喻哪怕是受到别人的一点点恩惠也要铭记在心。

但看三五日，相见不如初

指人和人相处，时间久了，印象不如开始那样好。

淡酒醉人，淡话伤人

指低度酒也能使人醉，风凉话也能伤人心。

当搏牛虻，不当破虮虱

牛虻：昆虫。虮：虱子的卵。比喻办事应综观全局。

当差的官面上看气，行船的看风使篷

指下级要看上级的脸色办事。

当家就是戴枷

指管理家务会吃许多苦头。

当家三年，猫狗都嫌

指当家免不了得罪人，会遭人厌烦。

当面留人情，日后好相逢

比喻为人处世，要留有余地。

当面锣，对面鼓

比喻面对面直接交谈。

当行厌当行

指同行的人相互嫌恶。

当着矮人，别说矮话

比喻不要当面提及人家的短处或毛病，或者触及人家的忌讳。

刀伤好治，舌伤难医

指舆论产生的后果是不易清除的。刀伤不难治疗；恶语伤人所造成的伤害却不容易修复。

到了庙里随和尚

比喻到什么地方，就得听从当地主事人的安排。

到什么山上唱什么歌

比喻办事要根据实际情况，采取不同办法，不能死搬硬套。

道路不平众人铲

比喻对不公平的事情应由众人出面干涉。

道路难行钱作马，城池不克酒为兵

指只要舍得花钱，什么事情都能办得到。

得放手时须放手

能放手时一定要放手。指对人要包容，不要刻薄。

得理不让人，无理占三分

指待人过分刻薄蛮横，不讲道理。

得人滴水之恩，须当涌泉之报

比喻得了他人的一点好处，应该加重地报答。

得人好处千年记，得人花戴万年香

指受到别人的恩惠，得到别人的宠爱要永远记住。

得人钱财，替人消灾

指收了别人的钱物，就应替人家好好地把事情做完。也指接受了人家的好处，就只能为人家分忧解愁，消除灾难。

得胜的猫儿欢似虎

形容因胜利而趾高气扬。

地无三尺土，人无十日恩

指不可能长久地接受别人的恩赐。

第一印象不灭

指人和人接触，第一印象最重要。

吊桶落在井里

比喻受人制约，只得任人摆弄，无法脱离困境。

丁是丁，卯是卯

丁：天干第四位。卯：地支第四位。比喻办事认真细致。也比喻做事时要认真，一丝不苟。

东扯葫芦西扯瓢

形容说话口若悬河，不着边际。

东一句，西一句

比喻说话没有中心与次序。

东一榔头，西一棒子

比喻说话东拉西扯。也比喻行动毫无目的，想到哪里就干到哪里，碰到什么就做什么。

豆芽菜，水莲蓬；竹竿子，节节空

豆芽菜用手一掐全是水，竹竿子每节里面都是空心的。比喻人或物不诚实。

独虎架不住群狼

指一只老虎抵不住一群狼的攻击。比喻武艺再高强的单人，也抵抗不住

武艺平平的群体。

独龙行不得雨

旧时认为下雨是天龙施行的，但一条龙却没法行雨。比喻一个人的能力再大，也成不了气候。

独拳难打虎

比喻依靠一个人的力量难以成就大事。

对客不得嗔狗

嗔：呵斥。指对着客人不能呵斥狗。

对马牛而诵经

比喻说话不看对象，找不到目标。

对牛弹琴，牛不入耳

比喻跟糊涂人讲道理，是白费力气。

对啥人，说啥话

指对不同的人说不同的话。比喻看人行事，不讲实话。

对着和尚骂贼秃

比喻当着对方的面骂第三者。

多个朋友多条路，多个冤家多堵墙

指朋友越多越方便，冤家越多障碍也越多。比喻朋友越多办事越顺利，对立面越多办事越难。

多言众所忌

指多说话是众人所忌讳的。

E

恶狗怕揍，恶人怕斗

指恶人都欺软怕硬，要敢于与恶人作斗争。

恶贯不可满，强壮不可恃

恃：依靠。恶事不可做尽，不可自恃强壮欺压他人。指作恶多了，必然会

17

遭报复。

恶虎难斗肚里蛇

指再凶残的老虎也斗不过钻进肚里的毒蛇。比喻潜入内部的敌人最不好应付。

恶龙不斗地头蛇

比喻外来的势力再强大也争斗不过本地的恶势力。

恶人先告状

指做了坏事的人却抢先诬告受害者。

恶向胆边生

比喻胆子一大，啥坏事都干得出。

恶语伤人六月寒

比喻用恶毒的言语伤害别人，使人感到寒心。

恩不放债

比喻给人恩惠，不能像放债那样要求返还。

恩多怨也多

指即使做善事，也难免有不到之处，做得多了，可能惹来的埋怨也多。

恩怕先益后损，威怕先松后紧

指施予恩惠最怕的是先多后少，树立威望最怕的是先松后严。

恩人相见，分外眼明；仇人相见，分外眼睁

分外：特别。指见了恩人眼前一亮，非常高兴；见了仇人怒目相视，非常气愤。也指恩怨分明。

恩义广施，人生何处不相逢；冤仇莫结，路逢狭处难回避

指人和人之间难免有见面相逢的时候，要多施恩惠给人，不要结下冤仇。

儿不嫌母丑，狗不怨主贫

儿子不会嫌弃母亲相貌丑陋，狗不会抱怨主人家贫穷。比喻人不会嫌弃、抱怨对自己有养育之恩的人。

儿大不由爹，女大不由娘

指儿女长大了，不由得爹娘做主。

儿大不由娘

比喻孩子大了，父母就管不住他了。

儿女多来冤孽多

指儿女多了，父母的责任就大，负担也重。

儿孙自有儿孙福，莫与儿孙作马牛

指子孙后代自会有他们的福运，做长辈的不要给他们当牛做马，过分操持劳累。

二虎相争，必有一伤

指两只老虎相斗，其中必有一只会受伤。比喻两强相斗，其中一方必然受到伤害。

二人同心，其利断金

指两人如能齐心合力，就如同一把利剑一样，锋利得能切断金属。比喻同心协力，就能办成事。

二十五里骂知县

指背后批评责骂人。

二则二，一则一

指说话或办事实事求是，不含糊、哄人。

F

发昏当不了死

指头脑昏迷、神志不清毕竟不是死。指逃避是解决不了问题的。

法不传六耳

六耳：指三人。比喻秘密不可以让第三个人知道。

翻手是雨，合手是云

比喻反复无常，耍弄诡计。

翻贴门神不对脸

指门神像应面对面地贴，假如贴反了，两个门神就不是面对面了。比喻彼此见面扭头过去互不讲话。

凡事留人情，后来好相见

指做事应留些情面，便于以后的结交。也指对人要留一点情面，以后好再见面往来。换句话说，为人处世千万不能太绝情，要留点后路。

饭多伤胃，话多伤心

指饭吃多了容易伤害胃口，话说多了容易伤害人心。

饭煳了，捂在锅里；胳膊折了，吞在袖里

煳：食物经火变焦发黑。折：断。比喻家里出了丑事要千方百计地加以遮盖，不让外人知道。

饭可以乱吃，话可不能乱讲

比喻说话要负责任。

饭要一口一口吃

比喻做事只能一件一件做，不能操之过急。

饭越捎越少，话越捎越多

指闲话越传越离奇。

方话不入圆耳朵

比喻话不顺耳，对方不愿意听。

房倒压不死人，舌头倒压死人

指房子倒了不一定会压死人，恶语中伤却能置人于死地。

放下屠刀，立地成佛

佛家语，劝人改恶从善。指干过坏事的人，只要悔过自新，就可成为好人。

放着鹅毛不知轻，顶着磨子不知重

比喻不知轻重好歹。

肥水不流外人田

比喻人才或财富不可外流，不能让好处落在别人手里。

分辨人的好坏，先看他的言行；分辨马的优劣，先听它的声音

指根据言谈与行为，就能辨别人的好坏；根据嘶叫，就能辨别马的优劣。

风儿无翅飞千里，消息无脚走万家

指消息口口相传很容易传播出去。

风高放火，月黑杀人

指乘大风天放火，在月黑夜杀人。比喻利用时机做恶事。

风里言风里语

比喻非正式地用话语表露出来。

风云多变，人心难测

比喻人心就像变幻莫测的风云那样，是难以捉摸的。

逢人减岁，遇货加钱

要把别人说得年轻些，要把物品说得值钱些，指人要会说话。

逢人只说三分话，未可全抛一片心

指对人要存有防备之心，说话要留有余地，不可以把心里话全都说出来。旧社会常以此来劝告涉世未深的年轻人。

凤凰不入乌鸦巢

比喻好人不应和坏人厮混。

凤凰飞在梧桐树，自有旁人话短长

指有意外的情况出现，自然会遭人议论。也指发生了一件非常的事情，引起了大家的关注，也有人出来说三道四。

凤凰鸦鹊不同群

凤凰与鸦鹊不会同群而处。比喻好人不会与坏人混在一起。

凤有凤巢，鸡有鸡窝

指凤凰有自己的巢，鸡有自己的窝。比喻各种不同层次的人总是会集在不同的地方。

佛口蛇心

比喻口头慈善，内心毒辣。

佛面上刮金

从佛像脸上刮取金粉。比喻千方百计地搜刮钱财。

佛要金装，人要衣装

指佛像靠金粉来修饰，人要靠衣服来装扮。比喻人的服饰打扮，对人的仪表美化起重要作用。

夫愁妻忧心相亲

指夫妻心心相印，丈夫有了犯愁的事，妻子自然也会忧伤。

夫妇是树，儿女是花

指夫妻有了儿女之后，家庭会更加幸福、美满。

夫妻安，合家欢

指家庭要幸福，夫妻和睦是关键。

夫妻本是同林鸟，大难来时各自飞

指夫妻遇到灾难往往会各奔东西，很难保证不分开。

夫妻吵架好比舌头碰牙

指夫妻吵架是很寻常的。

夫妻恩爱苦也甜

夫妻之间相亲相爱，即使生活再苦也会觉得甘甜。

夫妻好比一杆秤，秤盘秤砣两头平

指夫妻俩要在品行、才能等方面相配，如同秤盘和秤砣平衡相配一样。

夫妻没有隔夜的仇

指夫妻间的矛盾很容易解决。

夫妻面前莫说真，朋友面前莫说假

指夫妻之间有时不得不说假话，但朋友之间不能说假话。指朋友间一定要真诚。

夫妻且说三分话，未可全抛一片心

比喻即使是夫妻之间说话也应该留有余地，不要把真心话全部说出来。

夫妻是打骂不开的

比喻夫妻之间虽然经常吵架，但不会轻易分离。

夫妻同床，心隔千里

指有的夫妻同床异梦，各有想法。

夫妻谐，可以攻齐；小夫怒，可以攻鲁

指夫妻同心，可以攻克强大的齐国；

小夫发怒，可以攻克像鲁国一样的国家。比喻只要团结一致、英勇战斗，就能战胜一切敌人。

夫妻一条心，黄土变成金

指夫妻只要同心协力，黄土也能变成金子。比喻只要夫妻同心协力，生活就会富强起来。

夫有千斤担，妻挑五百斤

指丈夫假如要挑千斤重的担子，做妻子的就会帮他挑一半。比喻妻子能为丈夫承担忧愁。

扶贫要扶本

指帮助贫困户，要解决贫困的根源。

服理不服人

指叫人信服的是公理，而不是某个人的权势。

斧子不到处，恶木易成林

比喻如果不及早除掉恶行恶人，就会蔓延成害。

父不慈则子不孝

慈：慈爱，仁慈。指父辈不关心疼爱子女，子女就不会孝顺父辈。

父不记子过

指父亲不会计较儿子的过错。

父不忧心因子孝，家无烦恼为妻贤

指子女孝顺，父辈就没有后顾之忧；妻子贤惠，家庭就会和谐平安。

父道尊，母道亲

指对待儿女，父亲要严厉，母亲要慈爱。

父母之仇，不共戴天

指不会和杀害父母的仇人在一个天底下共存。比喻深仇大恨。

父债子还

指偿还父亲欠下的债务是儿子应有的责任。

父子不和家不旺，邻里不和是非多

父子和睦家业才能兴旺，邻里和睦才不会有矛盾。指友好和睦对家庭很重要。

父子同心土变金

指父子团结一心就没有办不到的事。

父子无隔宿之仇

指父子间的矛盾很容易清除。

妇女能顶半边天

比喻妇女所起的作用和男子是一样的。

富贵逼人来

比喻富贵者的财势能使他人前来投靠。

富贵不压乡里

比喻人即使有了权势，也不能欺负自己的乡亲。

富攀富，穷帮穷

指富人结交富人，穷人帮助穷人。

富人报人以财，穷人报人以命

指富人用钱财报恩，穷人则舍身报恩。

富人妻，墙上皮，掉了一层再和泥；穷人妻，心肝肺，一时一刻不能离

指旧社会富贵人家妻妾成群，夫妻感情冷淡；贫穷人家，夫妻患难与共，恩深义重。

缚虎容易纵虎难

缚：捆绑。比喻把凶恶的对手捉住了就不能轻易放过，不然就会后患无穷。

蝮蛇口中牙，蝎子尾后针；两般犹未毒，最毒负心人

指蝮蛇与蝎子的毒都很厉害，而背

信弃义的人比它们更狠毒。

旮旯里做事不怕人，就是瞒不过夜游神

旮旯：角落。夜游神：传说中巡夜

的神，比喻喜爱深夜在外游荡的人。指即使躲在角落里做不光彩的事，也会被人知道。

G

甘言夺志，糖多坏齿

甘言：甜言蜜语。指就像人吃糖多了牙容易坏掉一样，甜言蜜语能使一个人丧失斗志与勇气。

赶人不要赶上

比喻不要逼人太甚。

赶十五不如赶初一

指办事应尽量赶早，不要拖延。比喻做事要赶早不赶晚，尽可能提前办，争取主动。

胳膊弯没有向外拐的

比喻自己人总是护着自己人。

胳膊肘往外拐

比喻袒护外人。

隔辈如隔山

辈：行辈，辈分。指隔着辈分就像隔着一座山一样，很难沟通。

隔层肚子隔堵墙

隔着一层肚皮，就像隔着一堵墙，有着极大的隔阂。比喻不是亲生的儿女便不关痛痒。

隔面难知心腹事

指很难知道别人内心的想法。

隔墙防有耳

指隔着一道墙，也有人偷听。比喻说话要小心，要防止走漏风声。

隔墙须有耳，窗外岂无人

须：一定，必定。岂：副词，表示反问。指屋里讲话，窗户外面有人偷听。比喻无论任何机密的事情都有泄露的可能。

各人头上一方天

指每个人都有属于自己的生活，是别人无须干涉过问的。

各人自扫门前雪，不管他家瓦上霜

比喻自己干好自己的事情，不要去管别人的闲事。也指只管自己，少惹是非。

各肉儿各疼

指自己的孩子自己疼爱。

给人方便，自己方便

指给别人行方便，自己也就方便。

跟着大树得乘凉，跟着太阳得沾光

比喻在有权势的人的庇护下，能得到某种好处。也比喻晚辈在长辈身边，能得到资助、爱护。

跟着什么人学什么人，跟着巫婆会跳大神儿

巫婆：装神弄鬼以替人祈祷为业的妇女。指跟着什么人，就会学到什么本事。比喻常跟什么样的人接近，就会受到什么样的影响。

工作好干，伙计难共

伙计：合作的人。指把工作干好很容易，而要解决好同事之间的关系就难了。

公不离婆，秤不离砣

砣：秤砣，称物品时用来使秤平衡的金属锤，也叫秤锤。指老夫老妻相互为伴不分离，就像秤和砣一样永久相随。

公婆难断床帏事

床帏：床上的帐子，借指夫妻之间的事。指夫妻之间的矛盾，就是公公婆婆也很难断清楚。

供一饥，不能供百饱

指可以供给饥饿的人吃一顿饱饭，但不能长久供养他。指救急不救穷。

恭敬不如从命

恭敬谦逊不如听从命令。

恭敬不如从命，受训莫如从顺

指与其对人恭恭敬敬，不如听从他的命令；与其受人训斥，不如顺从他的意志。

狗不叫，不被打；人不语，不遭殃

遭殃：遭受灾殃。指狗不乱叫就不会被人打，人不多言就不会招致祸患。

狗不咬人心不安，驴不拉磨背发痒

指狗天生就要咬人，驴天生就得拉磨。比喻没有自知之明的人总要讥讽别人。

狗肚子盛不了四两香油

比喻人藏不住话，不能保守秘密。

狗眼看人低

指狗的眼睛看人，会把人看得很矮。比喻势利小人，看不起穷苦的人。

狗咬狗，两嘴毛

指狗与狗打架厮咬，双方都弄得满嘴是毛。比喻争斗的双方是一路货色。

狗咬狗，两嘴毛；鳖咬鳖，两嘴血

比喻坏人之间的争斗，没有好坏之分，双方都不会有好下场。

狗咬人，有药医；人咬人，没药医

人咬人：指犯人在审讯时牵连其他无辜的人。指被狗咬伤，是可以治好的，而被人无辜牵扯陷害就很难挣脱了。

姑娘大了不中留，留来留去结怨仇

指女孩子长大了就要嫁出去，否则就会对父母有埋怨。

姑娘讲绣衣，秀才讲文章，农民讲种地，渔民讲海洋

指不同行业的人谈论不同的问题。

孤树不成林，单丝不成线

比喻一个人力量孤单，做不成大事。

牯老实挨打，人老实受欺

牯：牯牛。指过于老实的人就会受到别人的欺压。

鼓不打不响，话不讲不明

指不把话说出来，别人就很难知道事情的真相。

瓜好吃不讲老嫩，人对眼不讲丑俊

对眼：符合自己的眼光、标准。指瓜的味道好了就不在乎是否成熟，男女互相欣赏，就不在乎长相是否漂亮。

瓜子不饱是人心

指瓜子吃不饱，但它表达了人的真实情意。比喻很轻的礼物包含着深重的情意。

寡妇门前是非多

指旧社会人们都避讳与寡妇来往，

怕招来麻烦。

怪人须在腹，相见又何妨

指把对人的不满情绪放在心里，就能与他相处。指只要心里防备人即可。

怪人者不知情，知情者不怪人

指既然已经知道了情况，就不要再责备别人。

观人必于其微

指观察人要从细微的地方开始。比喻从细小的问题上能看出一个人的品行。

官大不压乡邻

指官当得再大，也不在乡亲邻里面前耍威风。比喻地位高的人在乡邻面前总会顾及情面，不敢过于放肆。

官大福大势大，财粗腰粗气粗

比喻官做得越大，其权势就越大；钱财越多，其说话办事就越没有顾忌。

官大一级压死人

官位高的人仗势欺压官位低的人。

官情如纸薄

做官的人相互没有人情可讲，势利得很。

官无中人，不如归田

官场中若无有权势的人作后台，官就做不了太久。

官向官，吏向吏

指当官的护着当官的，当差的护着当差的。比喻官吏间相互袒护。

官向官，民向民，关老爷还向蒲州人

蒲州：地名，在山西，关羽的故乡。当官的人互相包庇袒护，平民老百姓互相帮助支持，连关老爷都向着自己的家乡人。指自己人之间总是要互相关心提拔的。

官向官，民向民，和尚向的是出家人

处境、地位或志向相同的人会互相庇护、支持。

官字两个口，没有硬说有

指官吏可以颠倒是非，无论怎么说都有理，老百姓根本没有办法分辩。

管天管地，管不住拉屎放屁

指人的权力再大，也管不了人们的生活小事。

管闲事，落不是

指好心过问别人的事，往往会招来麻烦。

光给人家说庙，没叫人家看神

比喻向人介绍情况时，没有把主要内容交代清楚。

光脚的不怕穿鞋的

指当人一穷二白的时候，也就没有了顾忌、负担。也指贫穷人不怕有钱人。

广种福田留余步，善耕心地好收成

指人生在世只要心地善良，多做好事，就会为自己留有余地，就会得到好的报答。

鬼怕恶人

指鬼看见凶恶的人也怕。比喻谁都害怕厉害的人。

鬼人操得鬼心眼

指阴险的人心存坏心眼。

鬼吓人吓不死人，人吓人吓死人

指人在毫无提防的情况下，突然受到有预谋的人的惊吓是会被吓死的。

贵人多忘事

指地位高的人往往记不住事情。多用以恭维或讽刺人。

贵人稀见面

指人地位高贵了就不与一般人交往了。

贵足踏贱地，草舍生辉

草舍：指茅草屋，谦辞。指高贵者亲临地位低下者的住处，房屋都会感到光彩。

棍棒不打上门客

比喻对登门拜访的客人要礼貌相待。

棍棒不打笑面人

指不能用严厉的态度对待态度温和的人。

过耳之言，不可听信

指听到的传闻不可相信。

过河拆桥

指过完就把桥拆了。比喻目的达到后就把帮助过自己的人甩开。

过河丢拐棍，病好打太医

指过了河之后便把所拄的棍棒扔掉，病痊愈了反而去打为自己治病的医生。比喻达到了目的以后，就对关照过自己的人翻脸。

过日子不可不省，请客人不得不费

指平时应该注意节俭，而对待客人就不要吝啬。

H

哈达不要太多，有一条洁白的最好

哈达：藏族和蒙古族人民表示祝贺和敬意用的丝织品。指赠送礼品要少而精。也比喻结交朋友不在多少，贵在知心。

孩子不避父母，病人不避大夫

指孩子在父母面前，病人在医生面前，都应该毫无隐瞒。

孩子是大人的耳朵，也是大人的舌头

指孩子会将听到的告诉父母，也会将父母的谈话告诉外人。

含着骨头露着肉

指口里含着骨头，肉却露在外边。比喻说话含混不清，有所保留，故意掩盖真相。

好柴烧烂灶，好心没好报

指人不能不分对象一味好心对待，好心对待坏人不会得到好报。

好动扶人手，莫开杀人口

好动：精力旺盛。扶人手：帮助别人。杀人口：间接杀人的嘴巴。指精力旺盛的话，就多做一些对人有好处的事情，不要出口伤人，以免招惹灾祸。也指多帮人救人，不要害人。

好饭不怕晚，趣话不嫌慢

趣话：风趣幽默的言谈。只要饭好，晚一点吃也不要紧；只要话风趣、幽默，说得慢一点也没关系。也泛指较晚得到美好的事物反而更有意义。

好狗不挡道

指机灵的狗不会挡在路上阻碍行

人。常比喻明事理的人不会妨碍别人的行为。

好官易做，好人难做

指做一任好官容易，做一辈子好人却很难。

好汉抵不过一群狼

本领再高强也没法抵挡一群狼的进攻，指寡不敌众。

好汉护三村，好狗护三邻

英雄豪杰能确保一方平安，好狗能守护左邻右舍。

好汉怕赖汉，赖汉还怕歪死缠

赖汉：死皮赖脸的人。歪死缠：不讲道理、纠缠不休的人。指死皮赖脸、纠缠不休的人最难对付。

好汉怕赖汉，赖汉怕急汉

急汉：脾气暴躁的人，也指被逼急了的人。有本领、讲道理的人害怕死皮赖脸的人，死皮赖脸的人害怕脾气暴躁、做事冲动的人。也指人被逼上绝境，什么事情都敢做。

好合不如好散

指和睦相处诚然可贵，和气分手更是值得人们赞扬的。

好花不断香，好囡不离娘

指好花香的时间长，好女随娘时间长。

好话不背人，背人没好话

指好话不怕被别人听见，怕别人听见的话就不是好话。

好话不在多说，有理不在声高

指有用的话不在多，有哲理的话不在于声音高。

好话传仁人，有头少了身；坏话传仁人，有叶又有根

指好话越传越少，坏话越传越有鼻子有眼。

好话当不了饭吃

指不做事情，话说得再好听，也没有价值。

好话说上千千万，不如实事办一件

指好话说得再多，也不如办一件实事。

好伙计，勤算账

伙计：朋友。指感情深厚的朋友，也要在经济方面算清楚。

好看千里客，万里去传名

看：看待，对待。指热情接待远来的客人，客人会把你的好名声四处传播。

好客主人多

指有权有势的人，愿意招待他的人自然就多。

好了的疮疤不必再搔了

比喻已经改正毛病，就不要再提了。

好名难出，恶名易出

比喻好名声不容易传播，而坏名声传播得却很快。

好墙维持好邻居

指人和人之间保持一定的距离，就能长时间和睦相处。

好亲眷，莫交财；交了财，断往来

指亲戚之间没有经济往来，关系才能长久。

好人还得好衣裳

指外貌好的人还得有好的衣服来打扮方能显出美。比喻漂亮的人也需

要有适合的衣裳相配，才能显得
好看。

好人说不坏，好酒搅不酸

指好人不怕别人说坏话，就像好酒
不怕搅一样。比喻流言蜚语影响不了正
派人。

好人有好报

报：报应。好人做了好事，就会得
到好的报答。

好石磨刀也要水

比喻人和人之间需要互相帮助，只
凭个人的努力无法实现目标。

好时是他人，恶时是家人

好时：顺境得志的时候。恶时：不
如意的时候。春风得意时外人前呼后拥，
穷困潦倒时却只有家人相依为命。既指
亲情可贵，也指世态炎凉。

好事不出门，恶事传千里

比喻好的事情不容易传出去，坏的
事情却能很容易地宣扬到很远的地方去。

好事不瞒人，瞒人没好事

指做好事用不着背着人，背着人偷
偷摸摸干的事不会是好事。

好事不在忙里

指要办成一件好事，不必操之过急。

好手不敌双拳，双拳不如四手

指一个人能力再大，也架不住人多。

好鞋不踏/踩臭狗屎

比喻好人不必和坏人争执。换句话
说，正派的人不跟不正派的人厮混在一
起，以免影响自己的名声。

好心不得好报

指一片善心，却得不到好的回报。

好心当作驴肝肺

指一片好心却被当作驴的肝与肺。
比喻一片好心却被认为是恶意。

好心总有好报

指人存一片好心办好事，总会得到
好的报答。

好兄弟高打墙，亲戚朋友远离乡

指兄弟、朋友、亲戚之间要保持一定
的距离，过分亲密，无法长久相处。

好言不听，祸必临身

比喻不听人劝说会遭受祸患。

好言难劝该死鬼

指用正确的意见、见解无法规劝一
意孤行的人，只有任其倒霉。

好鹰不叼昧心食，好虎不吃屈死兽

比喻做人要光明正大，不能做损人
利己的亏心事。

喝酒喝厚了，赌钱赌薄了

厚：感情深。指通过喝酒可以使关
系更加密切，而赌博却使人和人之间的
关系更加疏远。

合家欢，老人安

指老人最企盼的就是全家人和和睦
睦、团圆的时刻。

合心的喜鹊能捉鹿

比喻团结一心，才能产生巨大的力量。

和得邻里好，胜过穿皮袄

指和睦的邻里关系温暖人心。

和尚不亲帽儿亲

比喻对同宗或同行的人特别亲切。

和尚见钱经也卖，瞎子见钱眼也开

指有些人为了金钱什么事都干得出
来。也指金钱有巨大的诱惑力，利用这

一点可以做许多事。

河里失钱河里捞

比喻在什么地方丢失的就在什么地方找回。

鹤随鸾凤飞还远，人伴贤良智转高

鸾凤：传说中的神鸟。指同有远见卓识、有理想抱负的人在一起，会受到良好的熏陶。

横的难咽，顺的好吃

比喻用粗暴蛮横的态度对人，别人就很难接受；用温和的态度对人，别人就乐于接受。

横挑鼻子竖挑眼

比喻粗暴蛮横地指责、挑剔。

哄得愚人过，难免识者弹

弹：弹劾，指揭穿骗局。指骗局只能欺骗呆人，却会被内行人揭穿。

呼蛇容易遣蛇难

比喻恶人进门，不易打发。

狐狸不乐龙王，鱼鳖不乐凤凰

指狐狸不愿交水中王；鱼鳖不愿交鸟中王。比喻不是同一层次的人，再高贵也不愿和他交往。

狐狸再狡猾，也斗不过好猎手

比喻邪不压正，恶人早晚要受到惩罚。

狐狸做梦也数鸡

比喻坏人时刻都在谋划害人。

葫芦牵到扁豆藤

比喻东拉西扯，把不相干的事情扯到一起。

虎父无犬子

父亲英勇，儿子就不会软弱无能。

虎项金铃谁人解，解铃还仗系铃人

指要解下系在老虎脖子上的金铃，还得靠系金铃的人。比喻谁人惹出麻烦，谁人去解决。

虎在软地上易失足，人在甜言里会摔跤

指人听信甜言蜜语容易上当。

花花轿子人抬人

指人和人之间要靠互相抬举。形容人相互奉承，相互吹捧。

花木瓜，空好看

指木瓜虽然有好看的花纹，但只能看，不能吃。也指世间有些外表好看的事物，不一定有实际意义。

话不说不知，木不钻不透

指该说的话不说出来，别人就不会明白，就像木头不钻凿不能穿透一样。换句话说，话必须说得十分具体清楚，别人才能真正明白其中的含义。

话不投机半句多

指对事物的看法差距较大，因此谈话就难以进行下去。比喻双方如果意见不同，交流就比较困难或很难进行下去。

话不在多，人不在说

指说话不在多少而在于是否说到点子上，做人不在说得怎样动听，而在于做事情是否踏实认真。

话到舌尖留半句

指说话应保留余地，不能全部讲出来。比喻说话要小心，不要把话说绝，遇事应从礼仪上考虑，尽量宽容一些。

话到嘴边留三分

指说话要留有余地。

话激话，没好话

指互相用话语激怒对方，便会越说越不像话，使矛盾更加激化。

话经三张嘴，长虫也长腿

长虫：蛇的俗称。指话传过数人以后就会虚假了好多。

话里有话

比喻所讲的话除了表面的一层意思外，还有更深一层内容。

话是开心的钥匙

指话是一把打开心扉的钥匙。比喻语言能沟通人的情感，打开人的心灵。

话是开心斧

指语言能沟通人的情感，打开人的心扉。比喻一番语重心长的谈话能激励人，解开人心中的迷茫，使人乐观起来。

话说三遍淡如水

指说话唠唠叨叨，就没有味道，没人爱听。比喻说话重复啰唆，使人感到乏味。提醒人们，说话要防止重复啰唆。

话须通俗方传远，语必关风始动人

指说话要通俗易懂，且反映风土人情，才会被大家喜闻乐见，才能流传很远。

患难见朋友

比喻经过艰难困境的考验才能显示出朋友的真诚。

患难见人心，生死辨忠奸

指只有在最危难时才能真正地知道一个人。

患难见知交，烈火现真金

指在患难中才能看出谁是真正的朋友，如同在烈火里才能显现出真正的黄金。

皇帝也有草鞋亲

草鞋亲：穿草鞋的穷亲戚。指再有钱有势的人，也免不了有穷亲戚。劝人不应该嫌弃穷人。

皇天不负好心人

负：辜负。指命运不会辜负善良的人。

黄鹤楼上看翻船

指站在黄鹤楼上观看江上的船翻掉。比喻在别人遭遇灾难时采取袖手旁观的态度。

黄金难买乡邻情

指邻居之间的情谊非常可贵。

黄泥塘中洗弹子

比喻说话做事不干脆利落。

黄牛过水各顾各

比喻各人只顾着自己。

谎言腿短，当场摔跤

比喻谎言很快就会被揭穿。

会嫁嫁对头，不会嫁嫁门楼

对头：本指对手，此处指情投意合的人。门楼：大门上边牌楼式的顶，此处指有钱人家的高门第。指女子选择丈夫要看是否与自己情投意合，而不要贪图对方的钱财。

会说的不如会听的

指善于言谈不如善于捕捉别人话语中的真实含义。也指善于听话的人能听出别人话中的真实意思。

会说的说圆了，不会说的说翻了

指能说会道的人能把难办的事办好，不会说话的人能把简单的事情办糟了。

会说话的两头瞒，不会说话的两头盘

指善于调解的人知道该说什么，不该说什么；不善于调解的人，全部讲出，反而激化矛盾。

侮人还自侮，说人还自说

侮辱别人，非议别人，常常会招致别人对自己的侮辱与非议。指不尊重别人，自己也不会受到尊重。

活不见面，死不送终

比喻彼此永远不再相聚。

火不拨不旺，理不讲不通

指就像火越拨越旺一样，道理必须讲透彻才能说服人。

火大无湿柴

指在大火中，即使是湿柴也能烧着。比喻只要群众团结一致，就能战胜一切困难，人多力量大。

火到猪头烂，钱到公事办

指火候到了，再难煮的猪头也能煮烂；钱送到了，再难办的公事也能办成。

J

机事不密则害成

指机密大事一旦被泄露，灾难接着就会到来。

鸡蛋里挑骨头

比喻故意挑剔。

鸡肚不知鸭肚事

比喻一个人很难了解到别人的真实意图。

鸡多争窝，羊多争坡，和尚多了争饭锅

比喻人太多了，就不免要因个人利益而起争执、闹纠纷。

鸡儿不吃无工之食

指公鸡吃食要报晓，母鸡吃食要下蛋，都没有白养的份儿。比喻人不能白得别人的利益。

鸡狗不到头，虎兔泪双流

迷信认为，属鸡的和属狗的，属虎的和属兔的，属相相克，结婚后不会有好日子过，因此不适合结婚。

鸡一嘴，鸭一嘴

比喻别人说话时乱讲话，或指七嘴八舌、议论纷纷。

鸡与鸡并食，鸾与鸾同枝

比喻什么样的人，就有什么样的朋友。

积德百年元气厚，子孙万代福无边

指人坚持不懈地积德行善，家运就会亨通，子孙后代就会有享不尽的富贵。

积金不如积德，克众不如济人

克：克扣。指积攒钱财不如多做善事，损害别人不如帮助别人。

积善逢善，积恶逢恶

指多做好事会得到别人的报答，多做坏事会受到应有的惩罚。

积善人家，必有余福

指多做善事的人家必有好报，会给子孙后代积下荫德。

激人成祸，击石成火

指惹恼别人往往会酿成灾祸，如同击打石头会产生火花一样。

即使住在河边，也不能和鳄鱼交朋友

比喻即使与坏人处于同一环境也绝不能受到玷污。

救人一命，胜造七级浮屠

浮屠：佛塔。指救别人一次，比建造七层佛塔的功德还大。

己所不欲，勿施于人

比喻自己不愿意遇到的事情，也不要施加给别人。

既来之，则安之

指事已至此，就应安下心来面对。

既在佛会下，都是有缘人

指既然都信佛，那就都是与佛有缘的人。泛指既然相会，就是缘分。

既在山场转，就有打猎心

指既然敢到现场来，就有向强者挑战的勇气。

济人须济急时无

济：接济，帮助。指救济人应当在他困难的时候给他需要的东西。

祭而丰，不如养而薄

指老人死了以后祭祀得再丰盛，也不如他活着的时候孝敬奉养，哪怕只能让老人过平常生活。

家不和，被人欺

指家庭不和睦就会遭受外人欺负。

家不和，事不成

指家庭不和睦，就什么事情也办不好。

家常饭，粗布衣，知寒知暖自己的妻

指家常饭吃着可口，粗布衣穿着舒服，自己的老婆最关心疼爱自己。

家丑不可外扬

指家庭内部不光彩的事不可向外人传播。也泛指内部的丑事不可向外透露。

家丑家丑，家家都有

指家家都难免发生不光彩的事。

家和万事兴

指家庭和睦了，任何事都能办成。

家花不如野花香

指好色的男人总觉得自己的老婆不如其他女人好。

家火不起，野火不来

指家里不出问题，外人就不敢来欺负。

家里事，家里了

指家庭内部发生的矛盾，就在家庭内部解决，不要宣扬出去。

家里无贼贼不来

指没有内贼，外贼就不会乘虚而入。泛指没有内部坏人做内应，外边的坏人就不敢进来搞破坏。

家里有一老，炕头坐活宝

指家中有老年人主持家务，对年轻人及整个家庭都有益处。

家庭合不合，看看儿媳和公婆

指家庭和睦不和睦，只要看公婆与儿媳的关系怎样就知道了。

家庭家庭，治好了家才能消停

指家庭成员关系协调好了，一家人才能安稳地过日子。

家无主，屋倒竖

指家里没有当家做主的人，就会乱得连房子也倒过来。若少了当家主事的人，家庭就不会和睦。

家有千口，主事一人

指一个家庭人口再多，也只能由一个人来当家主事。泛指任何一个集体，总有一个全面掌管的人。

家有贤妻，男儿不遭横祸

指家里有贤惠的妻子，丈夫可避免许多意外的祸患。

家有一条心，黄土变成金

指全家人团结一心勤俭持家，终究能发家致富。

家有一心，有钱买金；家有二心，无钱买针

全家人心齐就能发家致富，心不齐就会贫穷受苦。指一家人团结，一心一意共同奋斗，家业就能兴旺。如果一家人不是一条心，各人只顾自己，家业将败落贫困。比喻心齐团结很重要。

嫁出去的姑娘，泼出去的水

旧指已经出嫁了的女儿，如同泼掉的水一样，不再是娘家的人了。

嫁汉随汉，穿衣吃饭

旧指女子出嫁是为了生活有依靠。

嫁鸡随鸡，嫁狗随狗

旧指女子不管嫁给什么样的人，都要跟他过一辈子。

奸不断欺，俏不断瞒

指奸诈的人，不互相欺骗；俊俏的人，也不互相隐瞒。比喻谁也别欺骗谁。

奸出人命赌生盗

指奸情容易招来杀身之祸，赌博容易染上偷盗的恶习。

拣佛烧香

比喻挑选好对象赠送礼物。

见财起意心不正，损人利己天不容

指总想谋取不义之财的人存心不良，损人利己的人总会受到惩罚。

见风使舵，就水弯船

指看风向掌舵，根据水流划船。比喻随机应变，照实际情况办事。

见怪不怪，其怪自败

指见到怪人怪事不以为怪，他（它）就会慢慢自动消失。

见一面，分一半

指得到分外的财物时，在场的人都有权分享。也常用作分吃别人食物的戏谑语。

见人说人话，见鬼说鬼话

指为人老练，善于鉴貌辨色。

见死不救非君子，见义不为枉为人

劝人要见义勇为，救人于危困。

见着秃子不讲疮，见着瞎子不讲光

在秃子面前不说"疮"这个字，在盲人面前不说"光"这个字。指说话要避开人的忌讳。

剑伤皮肉，话伤灵魂

指闲言恶语对人的伤害最深。

箭要直直地射，话要直直地说

指说话要直爽，不要拐弯抹角。

江湖一点诀，莫对妻儿说

比喻江湖上的诀窍，连妻儿这样亲近的人也不能告知。

将酒劝人，终无恶意

比喻以酒待客，是表示善意。

将军狗死人吊孝，将军死后无人埋

将军活着时，他的狗死了，也会有人来吊孝；将军死后连埋他的人都没有。指世态炎凉，得势时别人百般抬举，失势时便遭别人冷落。

将怕阵前失马，人怕老来丧妻

人最怕老年时死了老伴，就像战将最怕在打仗时失去战马一样。

交遍天下友，知心有几人

交结的朋友虽多，可真正知心的却很少。指知心朋友十分难得。

交情大于王法

指私人间的交情比国家的法律还重要。比喻某些人因重交情而不顾原则。

交人不疑，疑人不交

既然相交就不要怀疑友人，怀疑就不要与他相交。

交人交心，浇花/树浇根

指如同浇花要浇根部一样，交朋友要交推心置腹、真心实意的。

交人先交心

指结交朋友要真诚相待，从心灵深处培植友情。

交友交义不交财，择友择智不择貌

指选择朋友要注重品行和才能，不要只看中对方的钱财与相貌。

交有道，接有理

指结交朋友、待人接物都要遵循一定的规矩。

娇妻唤做枕边灵，十事商量九事成

指丈夫很容易听信心爱的妻子的话，答应她的要求。

骄子不孝

指骄奢的子弟，不会孝顺老人。

胶多不粘，话多不甜

指木匠讲究上胶要薄，胶多了反而粘不牢。比喻话讲多了别人反而不爱听。

叫花子也有三个穷朋友

比喻什么人都会有几个好朋友。

叫亲了的娘，住亲了的房

指亲娘越叫越亲切，房子越住越有感情。

叫人不蚀本，不过舌头打个滚

指主动和别人打招呼，并不费多大力气。

叫天天不应，叫地地不灵

比喻处于孤立无援的境地。

教的言语不会说，有钱难买自主张

指别人教的为人处世的道理，很难用于行动，只有自己做主才有用。指为人处世贵在有主见，不盲从。

接神容易送神难

比喻请人来容易，打发人走难。

揭底就怕老乡亲

指老乡亲知根知底，揭穿一个人时最能揭到伤疤处。

揭人不揭短，打人不打脸

短：弱点或隐私。揭露人不要揭最忌讳的短处，打人不要打人的脸面。指批评指责别人时，要留一些情面。

节令不到，不知冷暖；人不相处，不知厚薄

指新的节令到了，才能感到气候的冷暖；人互相接触了，才能知道彼此的情义厚薄。

结得人缘好，不怕做事难

指与别人的关系处得好，则无论到哪里都会有人帮助。

结君子千年有义，交小人转眼无情

指与品德高尚的人交友，友情永存；与品行恶劣的人结交，一遇利害冲突，他就会绝情绝义。

结怨容易解怨难

指与人结下仇恨很容易，要解除仇恨则很困难。

借四两，还半斤

旧制半斤为八两，正好是四两的两倍。指知恩图报，加倍偿还。

今生不与人方便，念尽弥陀总是空

比喻若不能善待他人，即使念佛修行也是徒劳的。

金儿银男，不如生铁老伴

指儿女再好，也不如有个老伴在晚年陪伴自己。

金刚怒目，不如菩萨低眉

指像菩萨那样凝神静处对待问题，其效果比怒目横眉更好。

金刚厮打，佛也理不下

金刚：佛的侍从力士，因手持金刚杵而得名。厮：互相。自己内部的人争斗起来，领头的人能力再大也管不了。

金将火试方知色，人用财交始见心

比喻金子用火煅烧才能知道它的成色怎样，人只有通过钱财交往才能看出他心地是否正直。

金砖不厚，玉瓦不薄

指对金砖不因其厚而看重它，对玉瓦也不因其薄而轻视它。比喻要一视同仁，公平对待。

紧行无好步

指急忙走路，不会有好的步态。比喻办事操之过急，常常效果不好。

近报喜，远报忧

指报告好消息时，可以到跟前报，以取悦对方；报告坏消息时，要离远点报，以免闻者发怒，迁怒自己。

近不过夫妻，亲不过父母

指世上夫妻之间关系最亲近，父母对子女感情最真切。

近官如近虎

指当官的往往翻脸不认人，使人害怕，因此与当官的交往太近了，常常没有好结果。

近火的先焦

指靠近火的东西容易被烧焦。比喻靠祸事近的人最先遭殃。

近人不说远话

指对知己不要说疏远的话。比喻亲近的人之间说话应该直截了当。

进了赌博场，不认亲爹娘

指赌场上的人只认钱不认人。

进门休问吉凶事，看人容颜自己知

指到人家里不要问，只从对方的表情就知道他家里事情的好坏。

进山打虎易，开口求人难

比喻开口求人办事比上山打虎还要难。

经纪的口，判官的笔

经纪：为买卖双方联系撮合而收取佣金的人。经纪人往往能说会道；判官一字千钧，定人生死。指经纪的口与判官的笔都很厉害，关系到人的切身利益。

井里打水往河里倒

比喻白费力气，办事没有成功。

井里没水四处讨

指自家没有时只好到处求借。

井水不犯河水

比喻双方互不侵犯，互不干涉。

井深槐树粗，街阔人义疏

指深井旁边的土地水分多，树大根粗；繁华街道的路面宽阔，人情疏淡。比喻生活环境优越，人和人之间的友情却疏远、冷淡。

敬酒不吃吃罚酒

指别人敬他的酒不喝，偏要喝受罚的酒。比喻好言相劝不听，只有强迫才行。

敬酒好吃，罚酒难喝

比喻行事应以体面为好，不要等到被人强迫，反而感到难堪。

敬人自敬，薄人自薄

薄：刻薄待人。指尊敬别人，别人就会尊敬自己；待人刻薄，别人也会亏待自己。

九子不忘媒

即使婚后已生了九个孩子，也仍然忘不了当年说亲的媒人。指不能忘记对自己有恩情的人。

久旱逢甘露，他乡遇故知

指久遭干旱喜得及时雨，异乡见到知心老朋友。比喻碰上意想不到的高兴事。

久住邻居为一族

指多年的邻居就像族人一样亲近。

酒肠宽似海，色胆大如天

指好酒的人气量大，重义气；好色的人胆量极大，无所顾忌。

酒逢知己千杯少，话不投机半句多

逢：遇。知己：彼此相互了解而情谊深切的人。投机：见解相同。指遇到知心的朋友，话总也说不完；碰到意见不同的人，说半句话都嫌多。比喻志同道合才能使话题广泛而深入。

酒后失言，君子不怪

指人醉酒时说错话，有修养的人是不会怪罪的。

酒后无德

指人喝醉酒后言行有失检点，显露低劣的品质。

酒敬高人，话敬知人

比喻酒敬给志趣品行高尚的人，话讲给知心人听。

酒令大如军令

酒令：席间助兴取乐的游戏。指酒令与军令一样不可违抗。席间戏语。

酒肉朋友短，患难夫妻长

指吃吃喝喝的朋友关系不牢靠，患难与共的夫妻恩爱长久。

酒肉兄弟千个有，急难之时一个无

指酒肉朋友有成百上千个，一旦到急难的时候一个也没有了。比喻酒肉朋友不牢靠。

酒坛破了大家断饮，饭碗破了一人断食

指宁肯一人断食，不让众人断饮。

比喻宁肯个人牺牲，不让众人受苦难。

酒中不语真君子，财上分明大丈夫

指真正有道德有修养的人在喝酒时不胡言乱语，在钱财上清清楚楚。

救急不救穷

指只能救急事急难，不能长时间救济贫困的人。

救命之恩，如同再造

再造：重新给予生命。指救命等于重新给予生命，恩情最大。

救人须救彻

指帮助人必须帮到底。比喻做好事要完全、彻底，不可半途终止。

救人须救急，施人须当厄

施：施舍。厄：穷困。指救济人要在他穷困的时候，施舍人要在他急需的时候。

舅母门上的老表亲，砸断骨头连着筋

指亲戚关系越拉越多。

举手不打无娘子，开口不骂赔礼人

无娘子：指没有娘的孩子。人应当同情不幸者，宽容已经认错赔礼的人。

君知我则报君，友知我则报友

君主了解器重我，我就为君主效命；朋友了解看中我，我就为朋友出力。指哪个对我有知遇之恩，我就竭尽全力报效他。

君子爱财，取之有道

指有道德的人赚取钱财要靠自己真正的本领。

君子不跟牛置气

置气：怄气。道德高尚的人不跟不懂道理的人计较。

君子不开口，神仙猜不透

指如果什么话也不说，就算是神仙也摸不清他心里想些什么。

君子不念旧恶

指君子胸襟开阔，宽宏大量，不会总把过去的怨仇放在心里。

君子不欺暗室

指君子即使在别人看不见的地方，也不做昧良心的事。

君子不强人所难

指有道德的人不强迫别人做他不愿意做或不能做的事情。

君子不羞当面，巧言不如直道

羞：以……为羞。指有道德有修养的人不会花言巧语，有话当面直说，没有什么不好意思的。

君子成人之美

比喻君子当促成他人的好事。

君子动口，小人动手

指发生争执时修养好的人讲理，没修养的人动手打架。

君子动口不动手

指君子在发生争端时，总是讲理，不动手打人。

君子防患于未然

未然：没有成为事实。指有远见的人在灾难发生之前就已经做好了防范的准备。

君子矜人之厄，小人利人之危

矜：同情。厄：灾难，困境。指有道德的人同情别人的难处，无德行的人利用他人的危难。

君子绝交，不出恶声

指即使交情断了，也不要大吵大闹，恶语中伤对方。

君子绝交，不露于色

指人格高尚的人和别人断绝来往时，不在表情上显露出来。

君子言先不言后

比喻品德高尚的人有话在事前就讲明白，不等到事后再议论。

君子一言，驷马难追

驷：古代用四匹马拉的车。指品德高尚的人讲信用，话一出口，就是套上四匹马拉的车也追不上。比喻说话讲信用。

君子一言，重于九鼎

九鼎：传说为夏禹所铸，后用以比喻分量重。指一句话，有很重的分量。告诉人们，说话要讲诚信。

君子之交淡如水

指君子之间的友谊像水一样清淡。比喻人和人之间的关系光明正大。

君子重情义，小人重财利

指君子看重的是朋友之间的情谊，小人看重的是物质利益。

K

开店的不怕大肚汉

指经营饭店的不担心顾客吃得多。常比喻敢于承担责任。

开弓不放箭

比喻假装出强大的声势与气魄。

开口不骂笑脸人

指对赔着笑脸的人不应谩骂。也指不可用粗暴的态度对待恭维的人。

看菜吃饭，量体裁衣

比喻根据具体情况处理问题。

看破世事惊破胆，识透人情冷透心

指把世上的人和事看透了，就会心寒意冷，什么事都不敢或不愿做了。

看人看心，听话听音

指看人要看他的内心，听人说话要注意听言外之意。

看人莫看脸，知人难知心

比喻看人不能光看他的外表，因为他的内心深处是难以看透的。

看人下菜碟

比喻对不同的人采取不同的态度。换句话说，对不同身份的人给予不同的招待，看人行事。这是一种不真诚的待人方式。

糠里榨不出油来

糠里不含油，无法榨出油来。比喻对那些不知情的人，即使想尽办法逼迫，也一无所获。

糠能吃，菜能吃，亏不能吃；吃让人，喝让人，理不让人

指不能轻易输理吃亏。

靠大树草不沾霜

指大树下的草，霜侵不到。比喻有了权势者的袒护，没人敢欺负。

靠人不如靠自己

依靠别人不如依靠自己。也指依靠

别人不如依靠自己信得过的人。

靠人都是假，跌倒自己爬

指凡事要靠自己争取，别人靠不牢。

靠人磨镰刀背儿光，靠人舀饭尽喝汤

指别人替你磨刀只能外表光亮，刀刃并不锋利；别人给你盛饭舀的都是清汤。比喻依靠别人做事常常做不成。

靠张靠李不如靠自己

比喻依靠别人不如依靠自己。

可怜天下父母心

指普天下的父母都为子女操劳而无怨言。

客不送客

指客人离开时由主人相送，其他客人不必送。

客不压主

客人不能排斥或压制主人，在礼节上应遵从主人。

客气不朋友，朋友不客气

指好朋友之间不分你我。

客去主人安

指赴宴的宾客及时离去，主人家才得安歇。

客随主便

指客人要顺从主人的安排。

客随主人约

随：顺从。约：邀请。指客人要顺从主人的邀请。

客听主便

指客人听从主人的安排。

空话一场，无谷不长

指光说不干，什么收获也没有。

空口说白话

比喻只说空话不行动，不能解决实际问题。

空口无凭，立字为据

比喻口头上说的，不能作为证据，只有写下字据才能作为凭证。

口袋里装不住锥子

指锥子装在口袋里，早晚要扎破口袋露出针尖来。比喻事情再隐蔽，早晚也会暴露。

口服千句，不如心应一声

指口服不如心服。

口惠而实不至

指口头上答应给别人好处，而实际上没有行动。比喻言而无信或言过其实。

口开神气散，舌动是非生

指说话多了既费神，又惹麻烦。

口里摆菜碟儿

比喻嘴上说得好听，但实际上并不兑现。

口如扃，言有恒；口如注，言无据

扃：门闩。注：灌注。指说话谨慎的人，说了就算数；信口开河的人，说话不算数。

口是祸之门，舌为斩身刀

指说话不谨慎，难免要招惹祸患。

口是伤人虎，言是割舌刀

指话说得不合适，对人的伤害是很大的，因此说话一定要小心，才不至于招惹是非。

口是心苗

指心里的想法往往从口中流露出来。

也指一个人嘴里说出的话能反映出一个人的内心世界。

口水淹得人死

指流言蜚语能将人置于死地。

苦好受，气难生

指宁可受苦受累，也不受别人的气。

快刀斩乱麻

比喻处事果断、干净、利落。

快马一鞭，快人一言

指跑得快的马只要抽一鞭就能跑到底，爽快的人一句话就能说清楚。形容人说话爽快，做事果断，说到做到。比喻豪爽的人说到做到，言而有信，绝不反悔。

宽打窄用

打：打算，计划。指制定计划时应留有余地，执行计划时应严格节省。比喻只有计划时宽一些，使用时注意节约，这样才能不把日子过穷。

捆绑不成夫妻

指婚姻不能勉强。比喻用强制逼迫的方法达不到目的或办不成好事。

困境识朋友，烈火辨真金

比喻只有在困难的环境中，才能看出谁是真正的朋友；只有在艰苦的磨炼中，才能分辨出谁是品德高尚的人。

L

拉架充好人，大多有偏心

拉架：拉开打架的人，进行调解。指当好人拉架的人，大多不公正，存有偏心。

拉口子要见血

比喻做事要看到结果或成效。

来得早不如来得巧

指早来不如来得正是时候。指凡事贵在适时巧合。

来而不往非礼也

指只接受别人送来的礼物，不回赠礼物给人家，这是不符合礼节的事情。今多指对别人的行动有相应的反响。

来说是非者，便是是非人

是非：纠纷，麻烦。指谈论他人是非的人，往往就是矛盾的制造者。

来者不善，善者不来

指来的人不怀好意，要怀好意就不会来。指对不怀好意的来人要提高警惕，多加防备。

癞蛤蟆剥皮眼不闭，黑甲鱼剖腹心不死

比喻坏人不甘心失败，总要负隅顽抗。

烂麻拧成绳，力量大千斤

比喻团结起来就有力量。

狼披羊皮更阴险

比喻会假装的坏人更险恶。

狼披羊皮还是狼

比喻会伪装的坏人最终还是坏人。

牢狱不通风

指监狱是封闭的，不能与外界随便

串通，随便联系。

老虎打架劝不得

比喻凶恶残暴的人之间的矛盾冲突，不能劝解。

老虎花在背，人心花在内

指老虎的花纹在皮毛上，人的计谋在心里。

老虎进了城，家家都闭门；虽然不咬人，日前坏了名

比喻坏人的名声在外，人人都加以防范。

老米饭捏不成团

老米：指缺乏黏性的陈米。指陈米饭再捏也捏不成团。比喻感情不好、不融洽的人是相处不到一起的。换句话说，情感上有隔阂的人难以团结在一起。

老鼠过街，人人喊打

比喻坏人坏事会处处遭到人们的反对和打击。

老乡见老乡，两眼泪汪汪

指出门在外的同乡人，意外见面会感到特别亲热，易于交流感情。

老鸦不会笑猪黑

老鸦：乌鸦。比喻缺点相同的人，不会耻笑对方。

雷击冒尖树

指冒尖的树容易先遭到雷击。比喻优秀的人容易遭到妒忌和打击。

冷饭好吃，冷语难受

指人难以忍受冷言冷语的讽刺与嘲笑。

冷汤冷饭好吃，冷言冷语难听

指冷言冷语或冷嘲热讽最使人难以接受。

冷眼观螃蟹，横行到几时

螃蟹：比喻横行霸道的恶人。指人们冷峻地看着那些横行霸道的恶人，这些人总有一天会受到惩罚。

冷雨不大湿衣裳，恶言不多伤心肠

指冷言恶语最容易伤透人的心。

冷灶上着一把儿，热灶上着一把儿

比喻待人处事冷一阵，热一阵。也比喻精于世故的人，对有权有势的人热情，对失势或尚未得势的人也不冷淡。

愣的怕横的，横的怕不要命的

愣：傻，呆，鲁莽冒失。横：蛮横。鲁莽的人怕蛮横不讲理的人，蛮横的人怕拼命的人。指只要敢于豁出命就什么都不用怕。

离合自有天意

指人的离散和聚合都是上天的安排。

篱笆不是墙，后娘不算娘

后娘不疼爱不是自己生养的孩子。

篱笆牢靠要打桩，冤家打赢要人帮

指人要有所作为，离不开别人的帮助与扶持。

篱笆扎得紧，野狗钻不进

比喻防范严密牢固，恶人就没有机会可钻。

礼多人不怪

比喻讲究礼数，别人就不会怪罪。

礼无不答

礼：指行礼。答：回拜。指当别人对自己行礼的时候，自己不能不回礼、回拜。比喻人和人之间要相互尊敬，不能不讲礼貌。

礼相不周望海涵

比喻礼节有不周到之处，请多宽容。常用作客套话。

礼有经权，事有缓急

经：经常，正常。权：暂时。指讲究礼节要区分经常与权宜的情况，处理事情要分清平时与紧急的情况。

里言不出，外言不入

比喻家里的话不往外传，就不会招来外人的闲话。

理怕众人评

指道理经过众人评论就会更加条理分明。

理屈者必败

指在情理上站不住脚的人，做事必然要失败。

理正不怕鬼邪

指人有理就不怕邪恶权势。

理正人人服

指在理上站得住脚方能服人。

理直气壮，理亏气短

直：公正，正确。指理由正确、充分，说话气势就盛；言行违背常理，说话底气就会不足。

理直千人必往，心亏寸步难行

指有理到处行得通，没理就会处处碰壁。

鲤鱼找鲤鱼，鲫鱼找鲫鱼

比喻什么样的人就与什么样的人聚合在一起。

利之所在，无所不趋

指凡是有利可图的地方，人们总是想千方百计地投入其中。

脸皮厚，吃个够；脸皮薄，吃不着

指不怕羞耻的人，能得到便宜；顾脸面的人，什么也得不到。

良辰易遇，善人难逢

指美好的时光容易碰到，而善良的人却难以碰上。

良言一句三冬暖，恶语伤人六月寒

听了真诚善意的话，严冬里也会感到温暖；听了恶意的话，酷暑时也会感到心寒。指良言能暖人心，恶语则伤害人。

良药苦口利于病，忠言逆耳利于行

指好药喝起来很苦，但能治病；忠诚的劝告听起来刺耳，但有利于人们改正缺点。

两斗皆仇，两和皆友

指双方互相斗争，便成仇敌；双方友好相处，便成朋友。

两姑之间难为妇

两姑：丈夫的母亲与姐妹。夹在婆婆与小姑之间的媳妇不好当。

两好并一好

指双方都要好，才能相处融洽和谐。

两好合一好，三好合到老

指双方友好相处才能好到一起，好到底。

两口子打架不用劝，摆上桌子就吃饭

指夫妻之间的矛盾容易化解。

两鸟在林，不如一鸟在手

指看见两只鸟在树林里，不如一只鸟在自己手里。比喻把握住一个切实目标比计划达到两个条件不成熟的目标更好。换句话说，如果没有把握得到很多，还不如从实际出发，把能够得到的牢牢地掌握在手中。

两人一般心，有钱堪买金；一人一般心，无钱堪买针

堪：可，能。般：样，种。指两人一条心，什么事情都能办成；一人一条心，什么事情都办不成。

两山到不了一起，两个人总有见面的时候

指两座山碰不到一起，但两个人总有相见的时候。

两雄不能并立

比喻在同一个地方不能容纳两个强者。

两叶浮萍归大海，为人何处不相逢

浮萍：漂浮在河渠、池塘上的草本植物。世界虽大，但人生在世总有相逢的时候。

邻居好，赛金宝

比喻邻居和睦相处非常重要。

邻居一杆秤，街坊千面镜

指任何事都瞒不过街坊邻里。

临街三年盖不起房

指在路旁建造房屋，过路人说法不一，三年也建造不好。指人多口杂，主意不定，事情难以办成。

临危好与人方便

指别人遇到危难时，应当给予便利与帮助。

伶俐人当媒人，糊涂人当保人

指聪明灵活的人做媒人，因为媒人有利可图；糊里糊涂的人给人作保，因为保人要承担责任。

羚羊的角是灵药，老人的话是珠宝

指老年人的话是经验总结，能开导人，如同羚羊角能治病一样。

流水下滩非有意，白云出岫本无心

滩：河、海、湖边淹没、水浅时露出的地方。岫：山。比喻人和人相处，即使无意，也难免发生纠纷。

流言铄石，众口销金

铄：熔化。销：熔化。流言蜚语能熔化石头，众人的议论足以熔化金属。指流言蜚语的影响极大。也指人多嘴杂能颠倒黑白。

流言止于智者

指没有根据的话，会被聪明人止息。

六亲合一运

近支亲族休戚相关，命运相连。

六十不借债，七十不过夜

比喻老年人朝夕难保，不宜向人借债或在外留宿。

龙多不治水，鸡多不下蛋

比喻人多反而办不好事情。

龙虎相斗，鱼虾遭殃

指龙和虎争斗，殃及鱼和虾。比喻势力大的人相斗，连累到了周围的其他人。

龙交龙，凤交凤，老鼠的朋友会打洞

比喻什么样的人就与什么样的人结交。

龙配龙，凤配凤，鹁鸪对鹁鸪，乌鸦对乌鸦

比喻男女结亲要门当户对。

龙生龙，凤生凤

指龙生的是龙，凤生的是凤。比喻有什么样的父母就有什么样的子女。

露丑不如藏拙

与其在人前丢脸，还不如不出头露面，把自己的缺陷隐藏起来。

露水夫妻不长久

比喻不正当的男女关系，不会长久。

路上说话，草里有人

指在路上说话，会被藏在草丛里的人偷听去。比喻不管在哪里说话，都有可能被人家听到。

路上行人口似碑

指路上行人的嘴会像碑文一样对事实作出公正的评论。比喻事实是隐瞒不住的，人们会加以议论。

路遥知马力，日久见人心

指时间长了才会知道一个人品行的好坏，就像走的路远了才知道马的耐力一样。

乱世多新闻

指在动乱年代里，流言蜚语多。

罗汉请观音，客少主人多

指宴请时主人方的陪客多于主客。

锣鼓长了无好戏

比喻时间拖久了，就会把事情办砸。

锣鼓听声，听话辨音

指听人说话时，要注意领会话语里包含的真实想法。

锣鼓听音，说话听声

比喻能从言谈中听出其真正的意图。也比喻听人说话，要像听锣鼓的节拍一样，体会话中的用意、内涵。

M

麻雀莫跟大雁飞

麻雀不可能像大雁那样长途迁徙。比喻做事情不能盲目攀比，要根据自己的能力行事。

麻绳蘸水绳更紧，冤仇释除亲加亲

释除：消除。指冤仇解除后就更加亲近了。

马不吃草不能强按头

指不能强按着马头让它吃草。比喻不能强迫别人做他不想做的事。

马不知自己脸长，牛不知自己角弯

比喻人总是看不到自己的短处或不足。

马听锣声转

比喻有些人常常是看着别人的眼色行事。也比喻只根据别人的意见办事，而没有自己的主见。

马有失蹄，人有失言

告诫人们注意谨言慎行。

骂人得张口，打人得动手

指要做事情总得有具体的实际行动。

骂人的不高，挨骂的不低

指骂人的人未必就有本领，挨骂的人也不一定软弱。告诉人们不要出口伤人。

骂人无好口，打人无好手

比喻双方一旦争吵、动手，就不会留情面。

买猪不买圈

指买猪时不会连猪圈一起买下。常比喻娶媳妇只须看女方本人，不必顾及其家庭情况。

卖卜卖卦，转回说话

指卖卜卦的人说的话都模棱两可，含混不清，目的在于让人受骗上当。也指以占卜、算卦为生的人，往往靠说话打圆场，似是而非哄弄人。

卖卦口，没量斗

占卦算命的人说话犹如没准的斗一样不可相信。比喻满口胡言，不足为信。

瞒得过初一，瞒不过十五

指事情已经做了，即使能瞒过一时，也瞒不过一世，迟早会被人知道。

瞒上不瞒下

比喻对上级隐瞒，不让其知道真实情况，对下级却无所顾忌。

瞒天瞒地，瞒不了隔壁邻居

比喻邻居最知道情况，什么事情都隐瞒不了。

瞒债必穷，瞒病必死

指隐瞒不该隐瞒的事实真相将会自己害了自己。

满怀心腹事，尽在不言中

比喻心里装着不少事情，只是不讲出来。

满堂儿女，当不得半席夫妻

指夫妻之间的相互关爱要胜过儿女对父母的孝心。

谩上不谩下

谩：欺骗，蒙蔽。指做事可以蒙蔽上级，但欺骗不了下级。

慢工出细活

指精细的产品经过认真细致的研究，才能慢慢地制作出来。

慢人者，人慢之

慢：怠慢。你怠慢别人，别人也会怠慢你。

忙和尚办不了好道场

比喻急于求成办不好事情。

猫儿得意欢如虎，蜥蜴装腔胜似龙

蜥蜴：爬行动物，又称四脚蛇。猫儿得意的时候和老虎一样欢跃，蜥蜴装腔作势时比龙还厉害。比喻小人一旦得志，便活气神现。

猫儿狗儿识温存

指猫和狗也明白主人对它的关心与照料。比喻人应当体会别人对自己的温情。

猫狗不同槽，穷富不攀亲

槽：盛牲畜饲料的长方形的器具。旧社会结亲讲究门当户对，穷人与富人一般是不结亲的。

没本钱买卖，赚起赔不起

比喻事情刚起步，只能赢不能输。

没吃鲜鱼口不腥，没做坏事心不惊

指没做过坏事就不会招来麻烦，不必担心害怕。

没得算计一世穷

指过日子不精心算计，就会一辈子受穷。

没舅不生，没舅不长

旧社会认为外甥家的事全靠舅舅拿

主意，想办法解决。

没男没女是神仙

指没有儿女的连扯，生活过得很自在。

没娘的孩子磕墙根，没爹的孩子贵如金

指没娘的孩子没人关爱，没爹的孩子更受母亲的疼爱。

没有不还的债

指欠债总得还。

没有家族是孤独，没有亲戚是寡人

孤：指幼年丧父或父母双亡的人。独：指年老没有儿子的人。指不注重亲情关系，就会变成孤家寡人。

没有拉不直的绳，没有改不了的错

比喻只要下定决心，一定能够改正缺点、去掉毛病。

没有木头，支不起房子；没有邻居，过不好日子

指邻居如同能支起房子的木头一样重要。告诉人们要与邻居友好相处。

没嘴的葫芦

比喻沉默不语的人或不爱讲话的人。

眉毛胡子一把抓

比喻做事分不清主次、轻重缓急。

媒婆口，无量斗

无量斗：也作"没梁斗"。斗是旧时量粮食的一种器具，多用木头制成，方形，上面有梁，便于量准，没梁便没有准头。指媒人的话没准头。

媒人的嘴，刷锅的水

指媒人的嘴就像刷锅的水一样，一点用处也没有。比喻媒人说的话不能相信。

美服人指，美珠人估

指美丽的服饰能引起人们的评论，美好的珠子能引起人们的估价。指越是显眼的好东西，人们对它的要求越高，指责越多。

美言不信，信言不美

指华丽的语言不一定是真实的，真实的语言不一定是华丽的。提示人们不要轻信甜言蜜语。

昧心钱赚不得

昧：隐藏。指违背良心的钱赚不得。

门里说话，要防门外有人

比喻说机密话，要防备隔墙有耳。

门内有君子，门外君子至

君子：这里指道德修养高的人。指如果家里有道德修养高的人，就会有道德修养高的人前来拜访。也指物以类聚，人以群分，有君子定能招来君子。

门前大树好遮阴

比喻以有权势、有地位的人作依靠，才好办事。

门前结起高头马，不是亲来也是亲

指人一旦有了权势或地位，不是亲戚的人也来认亲。指人趋炎附势，攀附权贵。

门前生瑞草，好事不如无

瑞草：芳草。芳草即使长在门口，也会阻碍人们出入。指做好事做错了地方，还不如不做。

门有缝，窗有耳

指门上有缝隙，窗外有耳朵。比喻私下说的话难免不被人听到。

弥天之罪，一悔便消

弥天：满天，形容极大。即使犯了极大的罪过，只要真心悔过改正，罪过也会化解。

蜜蜂酿蜜，不为己食

赞扬那些不顾自己得失，甘为别人奉献的人。

蜜罐子嘴，秤钩子心

指表面上甜言蜜语，暗地里心存不良。

面赤不如语直

指表面赤诚，不如说话直来直去。

面和心不和

指彼此间表面上和睦，心里却很有成见。

描金箱子白铜锁，外面好看里面空

比喻有些事物表面华丽，内里却空洞乏味。

明理不用细讲

指明摆的道理用不着细讲。

明枪易躲，暗箭难防

指公开的攻击容易对付，暗地的袭击却不好防范。

明人不用细说

指与明白人或聪明人讲话，不需要解释得很清楚，对方就能理解。

明是一盆火，暗是一把刀

比喻表面上待人热情，内心却极其狠毒。

磨刀不误砍柴工

指磨砍柴的刀，虽然费了些工夫，但是由于刀口锋利，砍柴砍得更快，并不耽误时间。比喻做事要预先做好充分的准备。换句话说，做准备工作所用的时间并不影响工作进度。

莫道人行早，更有早行人

指不要认为自己行动早，还有比自己更早行动的人。

莫信直中直，须防仁不仁

指不要轻信人表面正直，要防备他存心不良，暗下黑手。

莫言家未成，成家子未生；莫言家未破，破家子未大

不要说家业未成，能成家立业的儿子还未成人；不要说家业不曾破败，败家子还没有养大。指家业的兴衰，不可根据眼前情况推断，而是取决于子孙日后的贤或不肖。

牡丹虽好，全仗绿叶扶持

比喻人即使再有本领，也需要别人的帮助。也比喻一个再能干的人也需要大家的支持与协助。

N

拿得住的是手，掩不住的是口

手能抓住，口却掩不住。指没法封住别人嘴巴不让讲话。多指秘密总会宣扬出去。

拿人家的手短，吃人家的嘴软

比喻收受了别人的好处，便不能坚

持原则或拒绝他，只好替他办事。

拿人钱财，为人消灾

指要了人家的钱财，就得替人家办事，帮助其消除灾难。

拿着黄牛便当马

比喻代替别人受过。

拿着鸡毛当令箭

比喻把有权势者或长辈随便说的一句话当作重要指示看待，或用以命令他人。

哪个腹中无算盘

指每个人心中都有自己的算计。

哪壶不开提哪壶

比喻专揭别人的短处。

哪有不透风的墙

比喻没有永不泄露的机密。

男子无妻财没主，妇女无夫身落空

指男子不娶妻子，家中钱财就没人管；妇女不嫁丈夫，终身就没有靠山。

孬人肚里疙瘩多

指坏人肚里的坏道道多。

能拆十座庙，不破一门婚

旧时认为修庙是积德行善的事，但宁可拆除十座庙宇，也不轻易拆散一对夫妻。指破坏别人的婚姻是最不道德的事情。

能狼难敌众犬

比喻一个人的能力再大也难以招架众人。

能治一服，不治一死

指真正的男子汉只是想打败对手，使其心服口服，并不想打死他。

你拨你的算盘，我打我的主意

比喻各自有各自的打算，谁也不肯

吃亏。

你敬我一尺，我敬你一丈

指以超过对方十倍的方法来回报对方所采取的态度。换句话说，对别人给予自己的好处，或别人对自己的敬重，自己要加倍地酬报。

你一言，我一语

比喻两人互相交谈或众人发表意见、议论纷纷。

你有来言，我有去语

形容善于应对。

你有你的佛法，我有我的道行

佛法：佛的法力。道行：修行的功夫，比喻技术和能力。比喻各自都有专长和办法，互相无法控制。

你走你的阳关道，我过我的独木桥

指两个好朋友闹纠纷时常说的话，表示以后各走各的路，互不干涉。

逆风点火自烧身

比喻想尽办法去害人，最终害的却是自己。

逆子顽妻，无药可治

比喻大逆不道的儿子与胡搅蛮缠的妻子是最不好管束的。

娘家屋住不老，亲戚饭吃不饱

指娘家再好，姑娘也要出嫁，不能一直住下去；亲戚再好，也不能一直靠他们的接济过日子。劝人要自力更生。

娘勤女不懒

指母亲手脚勤快，女儿受影响自然也会勤快。

娘想儿，流水长；儿想娘，筷子长

指母亲想念儿女之情是无穷无尽的，

而儿女怀念母亲之情却少得很。

鸟怕暗箭，人怕甜言

指人往往因听信甜言蜜语而上当受骗，如同鸟儿常被暗箭射死一样。

鸟无头不飞

比喻没有领头的人，事就办不好。换句话说，做事要有人带头，否则，事就做不好。

尿脬打人不痛，臊气难闻

尿脬：膀胱。比喻小人的卑劣行为虽然对人的伤害不大，却能造成不好的影响。

宁得罪君子，莫得罪小人

指君子为人厚道，即使对其有过失的地方，也能得到宽容；而小人为人苛刻，稍有得罪，便记恨在心。指为人处世要看清人的品行。

宁吃过头饭，不说过头话

指宁可吃下超量的食物，也不能说出过头的话。比喻说话慎重是非常重要的。

宁给饥人一口，不送富人一斗

指接济那些困难危急的、需要帮助的人，不必给富人锦上添花。

宁和聪明人打一架，不和糊涂人说句话

指告诉人们不要和不懂是非的人打交道。

宁交口拙舌笨实心汉，不交油嘴滑舌机灵鬼

指交朋友要交真心热情、诚恳老实的人。

宁交双脚跳，不交眯眯笑

双脚跳：脾气暴躁、心直口快的人。指宁可交脾气暴躁、性情直爽的朋友，

绝不交口是心非、笑里藏刀的恶人。

宁救百只羊，不救一条狼

比喻对坏人千万不能有慈善同情之心。

宁看贼挨打，不看贼吃耍

指不要只看到坏人吃喝享受，要看看他们被惩罚的时候。指不要被表面现象蒙骗与误导，要考虑后果。

宁可不识字，不可不识人

指从本质上知道一个人很重要。

宁可荤口念佛，莫将素口骂人

荤口：吃肉的嘴，指凡人。素口：吃斋的嘴，指佛教信徒。指张嘴骂人是素质低、没有修养的表现。

宁可信其有，不可信其无

指对含混不清的消息，宁肯相信其有，早做防备，也不要确信其无，而不做防范。

宁可正而不足，不可邪而有余

指为人宁愿正直地安贞守拙，也不可靠邪门歪道谋取赢余。

宁恼远亲，不恼近邻

指邻里间朝夕相处，遇事可相互照应，所以宁可得罪远方的亲戚，也不能得罪左邻右舍。

宁欺生人，莫欺死者

指不能亏待死去的人。

宁敲金钟一下，不打破鼓三千

比喻宁愿与有教养而高尚的人作短时交流，也不愿和平庸卑劣的人长期往来。

宁舍十亩地，不吃哑巴亏

比喻宁肯在明处遭受巨大的损失，也不能在暗中吃亏。

宁失一人喜，不结千人怨

指宁肯失去顶头上司的欢心，也绝不使群众抱怨怀恨。

宁要实话粗一点，不要谎言像得很

人宁可听粗鲁的实话，也不愿听美丽的谎话。

宁与千人好，不与一人仇

指和人友好相处，千人也不嫌多；但与人结怨，一个人都不算少。

牛不喝水难按角

说明难以强迫人去做他不想做的事。

牛无力气拉横耙，人无道理说横话

牛无力了拉起耙来就会歪歪晃晃，人没理了说话就会蛮横狡辩。

女不女，男不男

指女不像女，男不像男。比喻不伦不类，不成体统。

女大不认娘

指女子长大成家后，往往难照顾娘家。

女大不中留

指女孩子长大到一定年龄就该出嫁，不应留在娘家。

女儿大了理当嫁，女大不嫁人笑话

指女子长大后理应出嫁，不然就会让人讥笑。

女儿大了由不得娘

指女儿长大了，自有主见，婚事等由不得母亲做主。

女怕嫁错郎，男怕入错行

指女子怕选错丈夫，男子怕选错职业，一定要十分慎重。

女人心，海底针

比喻女人的心事如同沉入海底的针一样不可揣测。

女生外向

比喻女子终须出嫁。

女婿顶半个儿

指女婿的作用相当于半个儿子。

女子的泪，男子的跪

指女子的泪与男人的下跪是最能打动人心的。

P

爬不上杨树爬柳树

指杨树太高爬不上去的话就去爬柳树。比喻投靠不上这个主子，就去投靠另一个主子。

爬山谈虎，过海说龙

形容进入什么环境说什么话。

拍马有个架，先笑后说话

指抬举别人前先露出笑脸讨好别人。

咆哮者不必勇，恬淡者不必怯

比喻大喊大叫的人，未必就是勇敢的；语调温和的人，不见得就是胆怯的。

跑出去的马好抓，说出去的话难追

指跑掉的马还能抓回来，说出去的话却再也收不回来了。告诫人说话要谨慎。

赔了夫人又折兵

比喻想占便宜，反而吃了大亏。

盆打了说盆，碗碎了说碗

比喻要就事论事，不要牵扯到别的事情上。

朋友间说不得假话，眼睛里容不得灰沙

指朋友之间容不得虚伪，就如同眼睛里容不得沙子一样。

朋友莫交财，交财仁义绝

比喻交朋友要交心，假如是交财的话，则财断义绝。

朋友妻，不可欺

指对朋友的妻子要尊重，不可以欺侮。

朋友千个少，冤家一个多

指朋友再多也不算多，冤家只有一个也不算少。指要多交友少结冤仇。

朋友越多越好，冤家越少越好

比喻朋友不嫌多，而仇人多了就会带来很多祸患。

捧饭称饥，临河叫渴

指捧着饭碗叫肚子饿，站在河边叫口渴。比喻人心贪婪。

碰回钉子学回乖

比喻遭受过一次失败，就会从中悟出一番道理，提高一次认识。

碰见鬼总得烧把纸钱

比喻碰到坏人总得花钱消灾。

碰上好事不挑礼

指遇到喜事不要在礼貌规矩上挑剔别人。

批评人，当面好；夸奖人，背后好

指应该当面批评人、背后夸奖人。

偏怜之子不保业，难得之妇不主家

怜：爱。溺爱的子弟守不住家业，

受宠的媳妇难以操持家务。比喻受偏袒之人不会成为有能力的人。

骗朋友只有一次，害自己却是终身

指骗朋友一次，自己就会永远失去友情与信任。

骗人骗自己，害人害自己

指欺骗别人其实是欺骗自己，损害别人其实是损害自己。

骗子见不得真相，蝙蝠见不得太阳

指骗子最害怕真相暴露，如同蝙蝠不敢见到阳光一样。

贫不与富斗，富不与势争

指穷人不和富人斗，富人不和有权势的人斗。

贫贱亲戚离，富贵他人合

指贫贱时，连亲戚也会疏远；富贵时，毫无关系的人也会投靠。

贫贱之知不可忘，糟糠之妻不下堂

知：知心朋友。糟糠之妻：贫穷时患难与共的妻子。指人在发迹时不能忘记贫贱时的朋友，不能抛弃患难与共的妻子。

贫穷患难，亲戚相救；婚姻死丧，邻里相助

指没钱或遇到困难时，亲戚伸出援助之手；婚丧嫁娶，左邻右舍都来帮忙。

平生不做皱眉事，世上应无切齿人

切齿：咬牙切齿，表示痛恨。一辈子不做愧对良心的事，世上就没有怨恨自己的人。

平时不烧香，临时抱佛脚

指平常不烧香拜佛，临到有急难时才祈求神佛救助。比喻平时不积极做准备，临时慌忙应付。平时没有联系，临时慌忙恳求，是没有效果的。

平时肯帮人，急时有人帮

指平时热心助人，到自己有急难时也会得到别人的帮助。

瓶口扎得住，人口扎不住

指瓶口可以封住，人的嘴却无法封住。比喻谁也无法阻止他人的言论。

泼出的水，说出的话

指话一说出口，就像泼出去的水一样，不能收回。比喻说话算话，要讲信用。

婆婆有德媳妇贤

指婆婆讲道德，儿媳自然贤惠。

婆婆嘴碎，媳妇耳背

婆婆爱唠叨，媳妇装作听不见。指

聪明儿媳处理婆媳关系的办法。

破车损坏道路，坏人殃及邻里

殃：祸害。坏人常常危害到邻里，如同破车损坏道路一样容易。

破人买卖衣饭，如杀父母妻子

指破坏别人的生活来源，如同杀了他的父母妻子儿女一样。比喻破坏人家的生意，如同杀了他的父母妻子那么严重，会引起别人的痛恨。

破人亲，九世贫

比喻破坏人家的婚姻最缺德。

破人生意如杀人父母

指破坏别人的生意，断人活路，就如同杀死别人父母一样令人切齿痛恨。

Q

七窍里冒火，五脏里生烟

七窍：指两眼、两耳、两鼻孔和口。五脏：指心、肝、脾、肺、肾五种器官。指七窍往外出火苗，五脏往外冒烟。比喻情绪激动，愤怒到了极点。

妻大两，黄金日日长；妻大三，黄金积如山

旧社会认为妻子比丈夫年长，能帮助丈夫操持家务，使家业兴旺。

妻贤夫祸少，子孝父心宽

指妻子贤惠，丈夫就不会惹是非；儿子孝顺，父亲就会感到欣慰。

欺人之心不可有，防人之心不可无

比喻为人处世不能欺侮别人，但不能不防备别人欺骗自己。

骑驴的不知赶脚苦

赶脚：被人雇用赶驴或马的人。指生活条件好的人体会不到处境艰难人的辛苦。

起了风，少不得要下点雨

比喻别人开了口，总得给点东西应付一下。

起死人，肉白骨

指把死人救活，使白骨再长出肉来。比喻给人以极大的恩惠。

气话好说，气事难做

比喻恼人的话说说也无妨，但恼人的事却不能做。

气可鼓而不可泄

比喻做事情时要给人鼓励，不可使人泄气。

千把明刀容易躲，一支暗箭最难防

比喻公开的攻击再多也容易招架，暗中的偷袭再少也难以防范。

千穿万穿，马屁不穿

比喻人们通常不会拒绝奉承讨好自己的行为。

千叮咛，万嘱咐

比喻再三嘱咐。

千防万防，家贼难防

比喻再严加防范，也防范不了家庭或集体内部出现的盗贼。

千个屠户一把刀

指屠夫再多，宰杀牲口时使用的工具都是刀。比喻方法相同。

千金难买信得过

指能得到别人的信任，很不容易。

千金难买中意的话

中意：符合心意。指中意的话比千金还贵重。

千金之裘，非一狐之腋

裘：皮衣。腋：兽腋下的皮毛。指昂贵的皮衣，不是用一只狐腋下的皮毛做成的。比喻事业的成功是大家的智慧与力量的结果。

千里搭长棚，没有不散的宴席

搭长棚：遇上婚丧喜事，客人多，屋里容纳不了，就在屋外设棚子招待，事情完了就拆除。指即使长棚搭设有千里长，宴席早晚也要结束。比喻事物有兴旺的时候，也一定有衰落的时候。

千里送鹅毛，礼轻情意重

指礼物是从很远的地方带过来的，虽然礼送得轻了一点，但因是长距离捎带而不同寻常，因此礼虽轻，情意却深重。

千年文约会说话

文约：契约。指契约的凭据作用不会因为时间的久远而作废。

千钱买邻，八百买舍

比喻有一个好邻居比有一栋豪华住宅更重要。

千钱难买一个愿

指能争取到人表示愿意是极为不易的。

千日行善，善犹不足；一日行恶，恶自有余

指长期做善事，仍然觉得做得不够；做一次坏事，已经太多了。

千日斫柴一日烧

斫：用刀斧砍。比喻长期积累的财富一下子就消耗掉了。也比喻持久奋斗而一旦成功。

千夜做贼一夜穷

指做坏事总会有暴露的一天。

牵牛要牵牛鼻子

比喻处理问题要抓住关键。

前留三步好走，后留三步好行

指走路时，和前后的人保持一点距离，才迈得开步子。比喻说话、做事要留有回旋的余地，以防万一。

前门不进师姑，后门不进和尚

师姑：尼姑。指不跟容易招惹是非的人往来。也指要为人正派，光明正大，才不招人非议。

前面乌龟爬开路，后面乌龟照样爬

比喻盲目仿效前人，缺乏创举。

前怕狼，后怕虎

往前走怕遇上狼，朝后退又怕碰上虎。指做事没气魄，顾虑重重，谨小慎微，畏头缩脑。

前人栽树，后人乘凉

指前人为后人造福。

前山打鼓前山应，后山唱歌后山听

比喻人和人之间只有共同的志向才能产生共鸣。

前言不搭后语

比喻说话或写文章前后相抵触、缺乏条理性。

钱尽情义绝

指钱财一旦用尽，情义便随之断绝。比喻建立在金钱之上的情义不会长久。

钱可通神，财能役鬼

指用金钱能够办成一切事情。

强龙不压地头蛇

地头蛇：地方上的恶势力。比喻外来的强权斗不过当地的恶势力。

强拧的瓜不甜

比喻用强迫手段办不成好事。此语多指婚姻。

强迫不成买卖，强求不成夫妻

指买卖与婚姻都得出于双方自愿；一方强求，成不了事。

强中更有强中手

指强者中还有更强的。比喻技艺或韬略无止境。

墙打八尺，也没有不透风的

指再厚的墙也能透风。比喻再秘密的消息也藏不住。

墙倒众人推，鼓破乱人捶

比喻人一旦失势，众人就会群起而攻之。

墙里讲话墙外听

指自认为机密的谈话，也会被人家偷听去。

墙有缝，壁有耳

墙有缝隙，隔墙有耳。比喻秘密容易暴露。

巧妻常伴拙夫眠

指美貌伶俐的女子往往找的是呆笨的丈夫。

巧媳妇不怕挑剔婆

指只要媳妇心灵手巧，就不怕婆婆百般挑毛病。

巧言不如直道

巧言：花言巧语。直：直截了当。道：说。花言巧语地绕弯子说话，还不如直截了当，实话实说。

巧中说话，巧中有人

指背后说的话正巧被有关的人听见。也指虽然说话做事很巧妙，但也难免会被人知道。

亲故亲故，十亲九顾

指亲戚故旧之间自会互相照应。

亲家朋友远来香

指离得远的亲戚，来往少，彼此亲热敬重。

亲了割不断，假了续不上

续：连。是亲戚，刀也割不断；不是亲戚，连也连不上。

亲戚门外客

指亲戚是外人，不可过问家事。

亲戚有远近，朋友有厚薄

比喻亲戚、朋友之间的关系也是有远近厚薄之分的。

亲望亲好，邻望邻好

指亲戚邻居间总是盼望彼此过上好日子。

亲向亲，故向故

指亲朋之间，总是互相照顾。

亲兄弟，明算账

比喻即使关系亲如兄弟，在钱财往来上也必须账目清楚明白。

亲由攀起，友自交来

指亲戚朋友都是通过交往亲密起来的。

亲有远近，邻有里外

指同是亲戚邻里，也有亲疏远近之分。

亲则不谢，谢则不亲

比喻亲戚朋友之间不必太客气。

秦桧还有三个相好的

秦桧：南宋的奸臣，借指坏人。相好：关系密切。指就连秦桧这样的奸人也有几个关系好的人。比喻坏人也不是孤单的，也有自己的狐朋狗友。

禽有禽言，兽有兽语

比喻禽兽也有交流信息、表达感情的形式。

青梅竹马，两小无猜

指男女从小相识，一起玩耍，感情纯洁，亲密无间，没有猜疑。

青山不老，绿水长存

指来日方长，后会有期。

轻人还自轻

轻：轻视，看不起。指对别人态度傲慢的人，最终显示了自己的轻薄无礼。也指轻视别人，实际上是轻视自己。

清官难断家务事

指家务事比较琐碎复杂，外人不知道情况是很难处理其中的是非与纠纷的。

清酒红人面，白财动人心

酒能红了人的脸，财能打动人的心。指金钱能改变人的原来想法。

清水下杂面，你吃我看见

指用清水煮杂面，味涩不好吃，你愿吃就吃，我只看不吃。意谓你愿干就干，我在一旁观望。

情越疏，礼越多

指双方情感越是疏远，人们之间的礼节越是烦琐。换句话说，关系密切的，自然会相互包涵谅解，无须过多礼节；关系疏远的，就需要多注意礼节，免得礼仪不周而产生是非。

请教别人不蚀本，舌头打个滚

比喻向别人请教问题，只要动动舌头、说句客套话就行了。

请客不到恼煞主

请的客人久等不来，会使主人非常急躁。

请客吃酒要量家当

指做东请客要根据自己的经济实力。

请客容易等客难

请客时，长久等待客人是不好受的。

请神容易送神难

指请神下到凡间容易，把神送走就不容易。比喻请别人解决问题容易，但想打发他走，就要有所破费。

穷帮穷，富帮富

穷人帮助穷人，富人帮助富人。指穷人找穷人帮忙扶持，互相结成团体，不会与富人打交道。

穷富不认亲

指人很势利，贫富悬殊的人家，是亲也互不往来。

穷汉怜穷汉，黄连近苦瓜

比喻穷人之间互相帮助，互相照应。

穷在闹市无人问，富在深山有远亲

指穷人即使生在闹市之中，也无人与他来往；而富人纵然是身处深山老林，也会有人去攀故认亲。

穷遮不得，丑瞒不得

指贫穷包盖不住，丑事隐藏不了。

求人须求大丈夫，济人须济急时无

指应向乐于助人的人请求帮助关照，应给急需帮助的人提供帮助。

求神要烧香

指求人办事需要送礼物。

求灶头不如告灶尾

灶头：掌勺的人，指掌权的人。灶尾：烧火的人，指手下干活的人。比喻向上求情还不如向具体管事的人员求情。换句话说，向当官的请求通融关系，还不如请求他手下的人更有效果，事情更容易办妥。

求只求张良，拜只拜韩信

指求人只去求像张良那样的谋士，用人只用如韩信那样的大将。比喻求人办事，要选对对象，不可盲目乱投门路。

娶个媳妇过继出个儿

旧指儿子娶了媳妇之后，和父母关系逐渐脱离，像过继给别人一样。

去时留人情，转来好相见

指与人相交应讲人情，以便日后相见。

劝了皮劝不了瓤

比喻劝说不起作用。

却之不恭，受之有愧

指接受礼物或受到礼遇，心里感到不安。

R

让礼一寸，得礼一尺

指礼让他人，自己也获益大。换句话说，恭敬礼让，敬人以礼，别人会更加敬重你。

让人三分不吃亏

比喻对别人谦让一些，不但不会有损失，反而会得到益处。

饶你奸似鬼，吃了洗脚水

饶：连词，与"尽管""虽然"意思相近，表示让步。指人纵然比鬼还奸诈，也有遭人暗算的时候。

惹不起总躲得起

劝解人们为了避免麻烦，最好不要去正面硬碰那些蛮横不讲道理的人。

热不过火口，亲不过两口

指夫妻间的关系最亲密火热。

热气呵冷脸

形容恭顺谨慎、忍气吞声的表情。比喻低声下气地向人求助。

热心人招揽是非多

热心人：热情地为别人办事的人。指热情地为他人办事，常常会招来许多闲话。也指不要过问闲事，管好自己就可以了。

热心闲管招非，冷眼无些烦恼

指人假如对别人的事过于热心、爱管闲事，招来的麻烦就多；对别人的事袖手旁观、置之不理，烦恼自然会少。

人爱富的，狗咬穷的

旧指富人受尊重，而穷人连狗都敢欺侮。

人伴贤良品自高

贤良：有德行、有才能的人。指与有德行、有才能的人交往，自己也会变聪明，也会增长才能。也指人所处的环境很重要，多与德才兼备的人交往，才智、品行自然就会提高。

人不可忘本

指人不能忘记生你、养你的父母。也指不要忘了别人的恩情。

人不亲土亲，河不亲水亲

指同乡应相互关心，相互照顾。

人不求人一般高

指人假如无求于人，就不必低声下气。

人不说话理说话

指有理的人，即使不说话，理也在他的一方。劝导人们做事要讲理。

人不为己，天诛地灭

旧时认为人为自己活着，是天经地义的。

人不知，鬼不觉

极言办事要秘密，无任何人知道。

人不知亲穷知亲，心不知近苦知近

指人只有在穷苦艰难时，才能发现真正和自己亲近的人。

人串门子惹是非，狗串门子挨棒槌

指喜欢串门的人容易招来麻烦，令人厌恶。

人多成王

指人数多了，势力就大，就可以成为支配其他力量的首领。也指人多势众可以左右整个局势。比喻人多势众气势强大。

人多出韩信

韩信：汉初刘邦手下一位有谋略、善用兵的将领。比喻人多就会有好计策。

人多出圣人

圣人：指品德最高尚、智慧最高超的人。比喻大家的智慧集中在一块，就能产生像圣人那样的智慧。也比喻群众中也有智慧超群、品德高尚的人。

人多点子多

指人多处理问题的办法就多。

人多讲出理来，谷多舂出米来

指人多议论多，互相启发与补充，就能讲出道理来，如同谷多会舂出米来一样。也指众人见识高明。

人多口杂

比喻人多建议多，难以取得一致。

人多力量大，柴多火焰高

指团结起来力量大。

人多乱，龙多旱

指人多了反而办不成事。

人多人强，狗多咬死狼

指人多力量大，再强大的对手都能战无不胜。

人多人强，蚁多咬死象

指人多力量就强大，如同小蚂蚁多了也能咬死大象。

人多为强，狗多为王

指人多了势力就壮大，如同狗成了群就不好招架一样。

人多心不齐，鹅卵石挤掉皮

指人多思想不容易统一，常常互相争斗，如同鹅卵石互相挤破表面一样。

人多遮黑眼，兵多吃闲饭

指人多反而办不成事。

人恶礼不恶

指他人虽品行不好，但我仍以礼相待。比喻假如对方凶恶不讲道理，仍可对他以礼相待。

人恶人怕天不怕，人善人欺天不欺

指恶人逞强，只是一时，终将受到上天的惩罚；好人行善，终将得到老天的保佑。

人防虎，虎防人

人防着老虎，老虎防着人。指对立双方互相都在防范着。

人非草木，孰能无情

指人不是草木，谁能没有感情。比喻人都是有感情的，即使表面不显露出来，内心里也会发生变化。

人合心来马合套

套：指马笼头。指彼此性情相投，配合默契。

人敬我一尺，我敬人一丈

指别人对我好一点，我就要加倍报答。

人看对眼，货看顺眼

对眼：符合自己的眼光、标准。结交朋友要志向相同，志同道合，如同买东西要随心满意一样。

人靠心，树靠根

指人有一颗善良高尚的心，才能活得有意义，如同树有粗壮的根才生长茂盛一样。

人有善念，天必从之

指人如果有善良的心愿，连老天都会成全他。

人可以和虎狼搏斗，却无法和苍蝇争吵

指人可以和强大的对手拼死争斗，却不能与卑鄙的小人一争高低。

人口快如风

指消息传播的速度极快。

人忙神不忙

指人祈求祷告忙个不停，神却不紧不慢。换句话说，有所求的一方心情急切、着急忙碌，被求的一方却若无其事、漫不经心。

人没伤虎心，虎没伤人意

比喻人不伤害别人，别人也不会加害于他。

人面相似，人心不同

比喻人的外貌虽然相似，但心里想法都不一致。

人面咫尺，心隔千里

咫尺：距离很近。人和人靠得很近，

心却离得很遥远。比喻人心叵测。

人怕当面，树怕剥皮

指在人前碍于情面，话不好说，事也不好办。

人怕恶人，鬼怕凶神

指恶人谁都害怕。

人怕横的，马怕蹦的

指蛮横的人难对付，乱蹦乱跳的马不好骑。

人怕揭短，龙怕揭鳞

指人都害怕别人揭穿自己的短处，如同龙害怕被揭去鳞片一样。

人怕敬，鬼怕送

指人都喜欢让人尊重，只要你敬重他，他也会敬重你，对你友好；鬼怕人送，你恭恭敬敬地送走它，它就不再来作怪。

人怕理，马怕鞭，蚊虫怕火烟

指人最信服的是道理，如同马屈服于鞭子、蚊虫屈服于火烟一样。

人怕齐心，虎怕成群

指人团结一心，如同老虎成群一样，什么也阻挡不住。比喻大家团结一致就会产生强大的力量。

人怕输理，狗怕夹尾

指人理亏就会气短，就像狗夹尾逃跑一样狼狈。

人前教子，背后劝夫

指教育孩子不必避人，而规劝丈夫却不宜在公开场合进行。

人情比纸薄

指人情比纸片还要薄。比喻人的关系冷淡。

人情大似圣旨

旧时认为人情最重要，往往比皇帝的圣旨作用还大。

人情大似债，头顶锅儿卖

指欠别人的人情比欠债务更难还，宁可把吃饭的锅顶着卖了，也要还上人情债。

人情留一线，日久好相见

指待人要留些情面，以便今后相遇。

人情人情，在人情愿

人情：礼物，送人情即送礼物。指给人送礼，要自己愿意才行。也指不能强迫别人送人情，要出于自愿。

人情若像初相识，到底终无怨恨心

指人与人相处，善始容易善终难，如果一直像初相识那样善待对方，就能长存友谊。

人情一把锯，你一来，他一去

指送礼就像拉锯一样，要有来有往。比喻亲戚朋友间要礼尚往来。

人去不中留

中：适合。指人家去意已决，不应强作挽留。换句话说，人既已决意要走，过分挽留也于事无补，不如顺其自然。

人去不中留，留人难留心

指人要决意离去时，不要勉求强留，因为即使留住人也留不住他的心。

人若有心病，猫叫也心惊

指人如果做了恶事就心底发虚，受不住一点惊吓。

人善有人欺，马善有人骑

指人过于善良，就会被人欺负，如同马过于驯服，什么人都可骑一样。

人生何处不相逢

指亲友别离之后定有再次见面的机会。比喻人生中总有相逢的机会。

人生面不熟

指双方完全不相识。

人生难得遇知音

比喻人生在世，最难得的就是能遇到知心朋友。

人生七尺躯，畏此三寸舌

指高大的身躯往往因为小小的一句话而招来杀身之祸。

人生丧家亡身，言语占了八分

指造成家破人亡的主要原因是说话不小心。告诫人们祸从口出，说话要谨慎，以免招惹祸患。

人靠衣装马靠鞍

指人穿上好衣服就显得漂亮俊俏，马配上好鞍子就显得雄壮。比喻人的衣着修饰很重要，能给人增加精神。

人熟好办事

指办事时，熟人是非常有利的条件。

人熟礼不熟

指再熟悉的人在礼节上也是应该认真的。

人熟理不熟

指人虽相熟，但仍要照章办事。

人死不结怨

指人死仇解，活着的人对死者不要记旧仇。

人随大众不挨骂，羊随大群不挨打

指人说话做事只要跟着多数人就不会出错，就不会受责骂，如同羊随着羊群一起走，就不会挨鞭子抽一样。比喻人说话做事不要独出心裁，要附和多数人的思想。

人抬人高

指双方之间相互敬重。

人抬人高，水抬船高

指赢得大家的扶持和抬举，人的地位就会升高，如同水涨会把船抬高一样。

人心都是肉长的

指人都是富有感情、有同情心的。

人心隔肚皮

指人心有肚皮隔着，相互看不见。比喻各人有各人的想法，难以揣测别人真实的意图。

人心换人心

指用真心换取别人的真心。换句话说，自己真诚对待别人，别人才能真诚对待自己。

人心齐，海可填，山可移

指人团结一心，就没有战胜不了的困难。

人心齐，泰山移

指只要人同心协力，连泰山都能给移走。比喻人心齐，团结一致，力量就强大。

人言不足恤

恤：顾虑。指对传言闲话不必放在心上。

人言未必真，听言听三分

人言：指传言。指别人的传言不一定都是真实的，听的时候不能完全相信，要注意思考和加以分析。

人要忠心，火要空心

指人要忠诚厚道，才能把事情办好，如同生火时柴草要架空，火才能烧旺

中华谚语大全

一样。

人硬了伤钱，弓硬了伤弦

指人过于刚强，会招灾损财；如同弓过于强硬，容易拉断弦一样。

人有见面之情

指人和人有一面之交，凡事就会留有情面。

人有人路，鬼有鬼路

指人行走有人行道，鬼来往有鬼门道。多指捣鬼也有门路与窍门。

人有三分怕虎，虎有七分怕人

比喻好人怕恶人，恶人更怕好人。

人怨语声高

比喻人心里有怨气，说话的声音就大。

人在难中好救人

难：灾难。好：乐意。指处于灾难中的人，对灾难深有体会，因而会全力救助别的落难者。

人在人情在，人亡两无交

指人活着的时候，交情自然存在；相关的人一死，双方也就没有什么交情了。比喻人际关系只是情面上的事，人死即亡。感叹人情势利，世态炎凉。

人在事中迷，就怕没人提

指人遇事头脑容易不清醒，需要他人指点迷津。

人嘴两张皮

指说话没有原则，爱怎么说就怎么说。有时也指事情任由别人评论。

人嘴两张皮，各说各的理

指人长着一张嘴，谁都能讲出自己

的道理。

忍为高，和为贵

比喻为人处世，当以忍让为高，和气为好。

忍一时之气，免百日之忧

比喻能忍耐一时的愤怒，就长久不会有苦恼。

认理不认人，不怕不了事

指凡事只讲道理，不讲情面，就没有办不好的事。

日长无好饭，客长无笑脸

指客人住的时间长了主人不可能总是好饭相待、笑脸相迎。指时间长了，人情便会变得平淡。

日出万言，必有一伤

指每天要说很多话，其中必然有不妥当的言辞。也指话说得太多，就容易伤神伤气。

日间不做亏心事，半夜敲门不吃惊

指不做亏心的事，心里安然，即便半夜有人敲门也不惧怕。

日远日疏，日亲日近

指来往少就越来越疏远；来往密切，关系就越来越亲近。告诉人们，人和人的关系，交往越频繁就越亲密，联系越少就会越疏远。

容情不举手，举手不容情

指双方较量，若讲情面就不动手，而一旦动手就绝不留情面。

柔能胜刚，弱能克强

指柔弱的人往往能战胜刚强的人。

肉炒熟，人吵生

肉越炒越熟，人和人却是越争吵越

60

疏远。

肉中刺，眼中钉

比喻心目中最痛恨的、不能容忍的人。

入山不怕伤人虎，就怕人情两面刀

指人际交往中，最可怕的是口是心非、两面三刀的奸诈小人。

入山擒虎易，开口告人难

告：求告。求人帮助比到山里捉老虎还难。多指人情冷淡，难以得到救助。

入山问樵，入水问渔

指进山向打柴的问山路，渡水向打鱼的问水情。比喻要善于向内行人或知情人求教。

软刀子割头不觉死

比喻用卑劣的手段暗中害人，被害人到死都不明白。

若信卜，卖了屋

比喻卜占人的话不能相信，否则会穷得连自己住的房子都变卖掉。

若要好，大做小

大、小：指身份的高低。指如果想顺利地把事情办好，就得自降身份，态度恭敬地对待别人。

若要人不知，除非己莫为

指做了坏事，总能被人知道。

若知牢狱苦，便发菩提心

菩提：佛教用语，指觉悟的境界。指如果早知道干坏事要受牢狱之苦，还不如原来多做些好事。

弱不可以敌强，寡不可以敌众

指柔弱抵挡不住强悍，少数难以与多数抗衡。

S

撒谎难瞒当乡人

指本乡本土的人最了解底细，相互无法遮掩。

三杯和万事，一醉解千愁

三杯：指喝酒。万事：很多事。指喝酒可以平息事情，醉了就什么愁闷都忘掉了。这是一种消极的处世思想。

三朝媳妇，月里孩儿

比喻对新进门的媳妇和新生的婴儿都要进行教育，避免被娇宠惯坏。

三寸不烂之舌

比喻人能言善辩。

三寸鸟，七寸嘴

指鸟身只有三寸而嘴却七寸长。比喻人的能力不大却善耍嘴皮子。

三分匠人，七分主人

指被雇者要听从雇主的意见。

三分人才，七分打扮

人才：人的相貌。指一个人好不好看，三分在于相貌，七分在于穿着打扮。比喻衣着打扮对人的外表（整体形象）十分重要。

三分像人，七分似鬼

比喻人的面目十分丑陋可怕，或指

人瘦弱、疲惫得几乎没有人样。

三个不开口，神仙难下手

三个：众人。指对拿定主意不开口讲话的人，别人本事再大也难以对付。

三个臭皮匠，顶个诸葛亮

皮匠："禆将"的谐音，副将。顶：抵得上。诸葛亮：三国时蜀汉丞相，很有智谋。指三个副将的智慧能顶一个诸葛亮。比喻人多心眼多，只要大家一起商量，就会想出好的主意。

三个妇女一台戏

指妇女们相聚在一起，总爱说说笑笑，热闹得像演戏一样。

三个蛮人抬不过一个"理"字

蛮人：蛮横的人。指再蛮横的人也得讲理。

三句好话不如一马棒

指有些时候好言劝解不如采用惩罚手段效果好。

三句好话当钱使

指说几句通情达理的话，便能取得原谅，抵得上花钱办事。

三句好话暖人心

指几句通情达理的话能温暖人心。

三句话不离本行

指人在谈话时，总会牵扯到与自己行业有关的话题。

三句甜两句苦

比喻威胁利诱，软硬兼施。

三年不出门，当亲也不亲

指长时间不和人交往的话，即使是至亲也会变得生疏。

三年不上门，当亲也不亲

指长期不来往，本应亲密的关系也会疏远。

三千与我好，八百与他交

指各人有自己的朋友。

三人六样话

指语言在传播过程中，会逐渐远离事物的真实内容。也指人和人的意见不会一致。

三人说着九头话

三个人说着九种不同的话。指人多，说法各不一样。

三人同行小的受苦

指出门同行，年龄小、辈分低的人理应多承受一些劳累。

三人一条心，黄土变成金

指三个人同心，即使黄土地也能变成金子。比喻众人齐心协作力量大，就能成就大事。

三日不相见，莫作旧时看

三天不见面，就不能用过去的眼光看待。指人的变化很快。

三日肩膀两日腿

指挑担走路的活用上两三天的时间即可适应。

三下五除二

珠算口诀。现用以形容办事干练利落。

僧不僧，俗不俗，男不男，女不女

指既不像和尚，又不像俗人，既不像女人，又不像男人。比喻人的样子不伦不类，没有了规矩，不成体统。

僧来看佛面

指僧人来了要看在佛的面子上热情

招待。比喻客人来了，要看在他的上级或相关人的情面上热情招待。

僧人照面说佛话

指和尚见面，相互之间会说一些佛门中的话。比喻在公众场合，大家都会说一些场面上的客套话。

杀鸡焉用牛刀

焉：怎能。指杀鸡没有必要用牛刀。比喻做小事不必用大的力量。

杀人不死枉为仇

指杀人没有杀死，白白结下了深仇大恨。比喻做事情不坚决彻底，只能招来灾祸。

杀人不眨眼

指杀人时连眼睛都不眨一下。比喻杀人成性、凶恶残暴。

杀人可恕，无礼难容

指杀了人有的时候可以宽恕，但对人没有礼貌却难以忍受。指不懂礼貌的人令人厌恶。

杀人须见血，斩草要除根

指消灭敌对的势力要干净彻底。

杀人一万，自损三千

指双方争斗总会有牺牲，即使赢了也会付出很大的代价。

杀生不如放生

杀生：佛教指宰杀生灵。放生：把捉住的动物放掉。杀害生灵不如将它们放生积德。常比喻难为人不如给人一条生路。

山高皇帝远

比喻在僻远的地方，高层的权力也难顾及。

山高遮不住太阳，官高压不倒乡里

指山再高也挡不住太阳光，官再大也吓不倒乡亲们。指官大也不要在乡邻前摆架子。

山核桃还差着一槅儿

山核桃：一种坚果，内有很多隔层。比喻相互间的关系或情意还有间隙。

山鸡不能配凤凰

山鸡：雉，形状像鸡。比喻在婚姻中，地位低下的人家不敢高攀名门望族。

山羊不跟豺狼做朋友，老鼠不和猫儿搭亲家

比喻受迫害者绝不与伤害自己的人交往。

伤人不伤脸，揭人不揭短

打人不打脸面，骂人不揭人的短处。指要给对方留面子。

上半夜想想人家，下半夜想想自己

指人不能太自私，要多从别人的角度思考问题。

上不紧则下慢

指上面抓得不紧，下面的人办事就很拖沓。

上床夫妻，落地君子

指好夫妻夜晚恩爱美满，白天相敬如宾。

上门的买卖好做

比喻对方主动找上门的事情容易办成或比较容易解决。

上命差遣，盖不由己

指受上司命令办事，自己难以做主。

上头笑着，脚下使绊子

指表面上笑脸相迎，暗地里谋计

害人。

烧香烧老庙，救人救至急

老庙：迷信认为庙越老神越灵。求神要求最灵验的神，救人要救最危急的人。

艄公多了打烂船

艄公：掌舵的人。艄公多了，没了专一的航行方向，船就会失事。比喻主事人一多，胡乱指挥，就无法办好事情。

少吃咸鱼少口干

比喻少管闲事，就能少惹是非。

少叫一声哥，多走十里坡

指出门在外要有礼貌，勤快地向人问路，否则就会多走冤枉路。也泛指遇事要多向人请教，取得别人的好感。

少年夫妻老来伴

年轻时是夫妻，年老时是同伴，更需要互相关心，相互照料。

舌是斩身刀

舌头是斩杀人的利剑。说话不谨慎就会招来杀身之祸。

舌头底下压杀人

指恶语伤人，可置人于死地。

舌头是扁的，说话是圆的

比喻会说话的人，会把话说得中听、令人满意。

舌为利害本，口是祸福门

本：根源，根本。指言语关系到人的利害得失，必须谨慎。换句话说，说话关系着自身利益祸福，不谨慎会带来灾难。

蛇无头不行

比喻没有带头的人，事情就办不成。

舍车马，保将帅

车、马、将、帅：象棋子的名称。比喻牺牲次要的，保全主要的。

射人先射马，擒贼先擒王

比喻做事要抓住问题关键才能成功。

身弱鬼来缠

指身体衰弱的人，邪魔就会缠身。也指人如果软弱无能，坏人就会欺负纠缠你。

神鬼怕愣人

愣人：说话做事不计后果、莽撞的人。指不顾后果、敢说敢干的人，谁都会害怕。

生相怜，死相捐

指夫妻之间活着的时候要相互关心体贴；一方死后，另一方不需要在葬礼上面太过讲究。

省事无事

指不做或少做事，会避免很多是非。

施恩不望报，望报不施恩

指给予人恩惠，帮助别人，不求图报，否则就不是真正的恩惠了。

狮舞三趟无人看，话说三遍没人听

狮子舞得再精彩，重复多次，就没有人爱看了；话说得再好听，反复唠叨，就没人爱听了。指说话做事要有新意，切忌唠叨叨个没完。

十个便宜九个爱

指大多数人都爱占便宜。

十个孩子九随母

指孩子受母亲的影响最大。

十个会说的，也说不过一个胡说的

胡说：胡搅蛮缠。指胡搅蛮缠的人往往花言巧语，颠倒黑白，混淆是非。

十个麻子九个俏，没有麻子不风骚

风骚：妇女举止轻佻。指脸上有麻点的女子，常常由于有麻点而显得更加漂亮，给人爱卖弄风骚的感觉。

十叫九不应

指总是没有回答或没有回应。

十句好话不如一句丑话

十句好话不一定办成事，一句坏话就能坏了事。

十里没真信

信：信息，消息。指消息传来传去就会失真。也指对没有亲自见到的事情不要轻易相信。

十日滩头坐，一日行九滩

比喻没有机遇，只好等待，一旦有了机会，就应十倍百倍地赚钱。也比喻有时清闲有时忙碌，即忙闲不均。

什么母什么女，什么桌子什么腿

什么样的母亲就会培养出什么样的女儿。指女儿受母亲的影响很大。

什么种子出什么苗

选什么样的种子，就会长出什么样的苗来。比喻有什么样的父辈，就会培养出什么样的后代。

时来谁不来，时不来谁来

时：时机，时运。走运时谁都会来结交，背运时谁也不会来问候。指人大都趋炎附势，攀附权贵。

识破人情便是仙

能看透人情世故，就是逍遥自在的神仙。

识人多者是非多

指认识的人越多，招惹的麻烦就越多。

实话好说，谎话难编

指实话实说不用费心去编，谎话总会有漏洞，很难编得周全。

使口如鼻，至老不失

像用鼻子一样用你的嘴，到老都不会有过失。指言语小心，就能避免错误。换句话说，少说话就不会犯错误。

使碎自己心，笑破他人口

指费尽心思，却被他人作为笑料。比喻用尽了心机，什么也没得到，反而给别人增添了笑料。

使心用心，反害其身

指过于算计，费尽心机，反而会害了自己。

世乱奴欺主，年衰鬼弄人

指世道荒乱时，奴才就敢犯上；年老体弱时，鬼怪就会任意捉弄。

世上没有不透风的墙

比喻再机密的事也会张扬出去。

世上万般悲苦事，无过死别与分离

指人生在世最痛苦的是生离死别。

事不干己不留心

干：影响、有关。与自己无关的事情，不要管，以免招惹是非。

事不能办得太绝，话不能说得太损

比喻说话做事，都要留有余地。

事不三思，终有后悔

指做事情不经过深思熟虑，将来总是要后悔的。

事从两来，莫怪一人

指出了问题，双方都有责任，不能只怪罪一方。

事后诸葛亮

比喻事后才想出了解决此事的办法。

事宽则圆

指对待事情要从宽处理，就会取得圆满成功，过于急躁，难见成果。

事无不可对人言

指没有什么事情不可对人说。比喻为人处世光明正大。

事要公道，打个颠倒

指只有从对方的立场想问题，设身处地为对方考虑，事情才可能做到公平合理。

势败休云贵，家亡莫论亲

云：说。眼前失势，就不要提当年的荣华富贵；家业败落，就不要再说什么亲朋故旧。指失势的时候不会有人维护，说也没用。

势大仗权，腰粗仗钱

腰粗：气粗，说话做事底气很粗，毫无顾忌。指势力大凭的是权力，底气足靠的是钱财。

势在人情在

指有权势的时候，抬举攀附的人很多。

是非来入耳，不听自然无

指搬弄是非的话，听而不闻，自然无事。

是非只为多开口

指惹是生非的缘由是话讲得太多。

是非只为多开口，烦恼皆因强出头

指多说话会惹出是非来，强要出头露面就会有麻烦。告诉人们，少说话，少出头露面，避免招惹烦恼。

是非终日有，不听自然无

指不听那些惹是生非的言语，自然就没有麻烦。告诉人们，不要听信闲言碎语。

是龙不跟蛇斗，是人不跟狗斗

比喻品质高尚的人绝不跟品行低劣的人较长论短。

是人脸上都有四两肉

指人人都注重面子，需要别人的恭敬。

是姻缘棒打不回

回：回头，更改。指命中注定的姻缘，拆也拆不散。

柿子都拣软的捏

比喻软弱善良的人总是最先受到欺凌。

手不麻利怨袄袖

指自己做事不干练反而埋怨相关的人或物。

手掌朝里，拳头朝外

指内部要团结一致应付外人。

受人滴水之恩，必当涌泉相报

滴水：指很少。涌泉：指很多。受过别人的恩情，一定要加倍报答。

受人之托，忠人之事

指接受了别人的托付，就必须完成或办好别人所托之事。

狩猎要看山头，打狗要看主人

打猎要看是在谁家的山头，打狗要看主人是谁。指惩罚别人要照顾与他有关的人的脸面。

瘦狗莫踢，病马莫骑

比喻不要欺压那些贫穷困乏的人。

疏不间亲，远不间近

指外人不能离间亲人之间的关系。旧时认为，关系比较疏远的人，不要参与关系亲近的人之间的事。

熟不讲礼

指人熟了就不必讲究过多礼节。

熟人面前无瞎话

比喻在知道底细的人面前说不得瞎话。

鼠有鼠洞，蛇有蛇路

比喻善于投机取巧的人，各有各的门道。

树不成林怕大风

比喻人孤势微的人家扛不住灾难。

树大阴凉儿大

阴凉儿：阴凉的地方。树大枝叶多，遮蔽阳光的面积就大。比喻在有权有势的人手下，可以得到袒护和益处。也指家大业大，顾及不到的地方就多。

树多不怕风狂

指树多了，挡风的力量大。比喻人团结起来力量壮大，就能战胜一切艰难险阻。

树怕没根，人怕没理

指树没根就难以存活，人没有理就无法立足。

树摇叶落，人摇财散

旧说坐着或行走爱摇晃身体的，会把财气摇散，就像树摇动时，树叶要飘落一样。告诫人们要举止端庄、沉稳。

树要根生，儿要亲生

指树要有根，才能往上生长，儿子要亲生的，才能与自己一条心。

数面成亲旧

指只见过几面就成了亲朋老友。

数语拨开君子路，片言提醒梦中人

比喻听人劝告后幡然省悟，茅塞顿开。

拴住驴嘴马嘴，拴不住人嘴

指人总要讲话，不让人讲话办不到。

双木桥好走，单木桥难行

双木桥：用两根木头铺成的桥。单木桥：用一根木头铺成的桥。比喻集体力量大，人多好做事；要依靠广大群众，单干有风险。

谁家烟筒不冒烟，谁家锅底没有黑

指谁家也有几件丢面子的事情。

水帮鱼，鱼也帮水

比喻人和人之间都应该互相帮助，互相关照。

水冲石头山挡水，今日不见明日见

指人与人总是会相见的，多指日后见面时再解决纠纷。

水流湿，火就燥

就：接近，靠近。指水向低湿处流去，火向着干燥处蔓延。比喻性情相同者会聚合在一起。也就是说，志向相投的人容易接近，容易来往。

水米两无交

比喻双方互不干涉，没有关系。

水平不流，人平不言

指水面稳了，水就不会流动；人心公平了，就不会发牢骚。比喻解决问题公正、公平了，就不会生怨言、闹情绪。

水至清则无鱼，人至察则无徒

察：仔细看。徒：同类人，同伙。

67

水太清，鱼就失去生存的条件；为人太苛刻，就没有朋友。指为人处世要宽厚，不要苛求于人。常用来指事物过于纯粹，就会走向反面。

顺风吹火，下水行船

比喻因势便行，较为容易。换句话说，做事要顺应客观规律，因势利导，事情就容易取得成功。

顺情说好话，免得讨人嫌

指顺着别人的心意说好听的话，说话耿直会遭到别人厌恶。换句话说，人都愿意听好话，要多顺着情面，说人家爱听的话，不要直言冲撞惹人生气。

顺水推船

比喻顺应情势做事，易取得成功。

说出的话，泼出的水

话说出去，水泼出去，都无法收回。指说话一定要小心，说出去就必须负责任。

说的比唱的还好听

指用花言巧语蒙人。比喻人说话没有真心实意，不做实事。

说话赠予知音，良马赠予将军，宝剑赠予烈士，红粉赠予佳人

知己话说给知心人听，好马送给将军骑，宝剑送给有志于建功立业的人，红粉送给美人。比喻赠送东西要看对象，要恰当合适。

说谎亦须说得圆

谎言要编得合乎情理，让人听不出漏洞来。常指文艺创作要符合生活实际，叫人觉得可信。

说一不二

指说出来的话有分量，不再改变。比喻说话算数。

说一是一，说二是二

指守信用，说话算话，不会改变。

说真方，卖假药

指口头高叫货真价实，目的是把假药卖出去。比喻自我吹捧，招摇撞骗。

说着钱，便无缘

指金钱往来易破坏感情。也指人情冷薄。

说嘴大夫没好药

指自我吹捧的医生，常常没有治病的真本事。泛指爱自我吹嘘的人一般没有真实才能。

说嘴郎中无好药

比喻夸口的医生并没有治病良药，或说大话的人并没有真本领。

死人身边自有活鬼

旧指冤死的人鬼魂还附在尸体旁边，要向害他的人索命。也指死人不能反抗，但和他有关系的活人会替他出面。

死鱼不张嘴儿

比喻默不作声或沉默不语的样子。

死知府不如一个活老鼠

知府一下台，连老鼠也不如。指世态人情冷淡。

四海之内，皆兄弟也

指天底下的人都是兄弟。比喻天下的人如同兄弟一样，亲如一家。

寺破僧丑，也看佛面

指寺庙虽破，和尚虽丑，也要看在佛祖的面上宽容一些。

送佛送到西天

西天：佛教徒指极乐世界。比喻帮助人一定要彻底。

送君千里，终有一别

指告别时送得再远，最终也要分手。

比喻劝人留步，不要远送。

孙子有理打太公

太公：曾祖父。只要有理，孙子也能打太公。比喻为老不尊，品行低劣，即使晚辈也能管教。

T

他敬我一尺，我敬他一丈

指别人恭敬我，我就更尊敬他。也表示双方毫不相让，用更厉害的手段反击对方。

他是何人我是谁

比喻人有亲疏恩仇之分，要区别对待。

台上握手，台下踢脚

指表面上态度热情，背地里却伤害对方。

抬手不打笑脸人

指对方态度和颜悦色，即使自己有火气也不能发作。

抬手不让步，举手不留情

比喻既然动手打起来就毫不留情。

抬头不见低头见

指与对方总有机会见面。劝人不要把事做绝，要留有退路。

抬头婆娘低头汉

婆娘：北方对已婚妇女的俗称。指抬着头走路的婆娘与低着头走路的汉子，都是有心计、难对付的人。

太太死了压断街，老爷死了没人抬

太太去世了，有老爷的权势在，巴结的人很多，都来送葬；而老爷去世了，树倒猢狲散，连抬棺材的人都没有。指世态炎凉。

贪杯不顾身，爱色不顾病，争财不顾亲，斗气不顾命

指酗酒、好色、争财、斗气都是杀身败家的灾祸根源，告诉人们要节制。

坛口好封，人嘴难捂

指难以阻止别人把事情宣扬出去。比喻保密很难，人多嘴杂，早晚会败露。

汤热还是水，粥冷会粘连

比喻与外人再亲近，也是外人；亲戚之间关系再冷淡，还是亲戚。指关键时刻亲戚要比外人可靠。

躺着说话，不嫌腰疼

比喻自己不干活或条件好，体会不到别人的劳累与困难。

天不怕地不怕，就怕众人七嘴八舌都说话

指来自群众的舆论压力是很大的。

天不言而自高，地不言而自卑

比喻品格高尚的人自己不讲也高洁，品质低贱的人自己不说也低贱。

天大官司，地大银子

指打官司要贿赂官府，官司越大，贿赂的银子就越多。

天机不可泄露

指上天对世事预先早有安排，但不能让凡人知道。泛指关系机密的事是不能预先透露的。

天上的仙鹤，比不上手里的麻雀

比喻远处的东西再好也是虚的，到手的东西虽然次些，但是实的。指说话办事要实事求是，要脚踏实地，不谈空话。

天上星宿大，地上娘舅大

旧指亲戚里舅舅的权力是最大的，处理家庭事务时有绝对的权威。

天上无云不下雨，地上无人事不成

离开人，什么事也办不成，如同天上没云无法下雨一样。指要做成事必须靠人的力量。比喻坏事不会自己产生，肯定有坏人在捣鬼。

天上下雨地下流，小两口打架不记仇

指年轻夫妻免不了吵嘴打架，不会记在心里的。

天堂虽好，神仙难交

比喻某地或某个单位环境很好，但里面的人却很难结交沟通。

天堂有路你不走，地狱无门闯进来

比喻光明大道不走，却自找死路。

天下爹妈疼小儿

指父母总是格外疼爱最小的儿女。

天下老，偏的小

指大多数父母都偏爱最小的儿女。

天下没有不散的筵席

筵席：酒席。指有聚就有散。

天有眼，墙有耳

指人们说话时应该谨慎，防备有人偷听。

天知地知，你知我知

除了老天爷、土地公与两个当事人外，再没有人知晓。比喻事情极其隐秘。

天子门下有贫亲

连天子也有穷亲戚。指谁家都有穷亲戚，不要嫌弃。

天子尚且避醉汉

指不应跟喝醉酒的人计较。

添得言，添不得钱

指在旁说几句好话解决不了实际困难。

甜不过少年夫妻，苦不过鳏寡老人

鳏：死了妻子的男子。寡：死了丈夫的女子。年轻夫妻的生活最甜美幸福，鳏寡老人的生活最艰难困苦。

甜馍馍冷吃也甜，知心人恼了也好

指真正的知己，即使是发生不愉快的争执，也不会动摇彼此之间的深厚感情。

甜言美语虽是假，既顺心来又好听

指甜言蜜语虽然是假的，但人们还是乐意听。

甜言送客三冬暖，恶语伤人六月寒

三冬：冬季的三个月，也指冬季的第三个月，即农历腊月。六月：指暑天。指好听的语言，即使在寒冷的冬天也会使人感到温暖；伤人的恶语，即使在夏天也会使人感到心寒。

挑水瞒不了井台，上炕瞒不了锅台

炕：北方农村砖或土坯砌成的睡觉用的长方台。比喻做事瞒不了最亲近、最知情的人。

铁板上钉钉子

形容说的话真实，确信无疑。比喻事情已搞定了，万无一失。

铁勺没有不碰锅沿儿的

比喻常打交道的人，避免不了产生摩擦和纠纷。

听见风，就是雨

比喻听到一些闲语碎语，就信以为真。

同船过渡，皆是有缘

指大家既能相会，就都是有缘分的。旧时江湖朋友的套话。

同疾相怜，同忧相救

疾：疾病。怜：怜悯。指同种遭遇的人在一起，会相互同情相互帮助。

同山打鸟，见者有份

指在同一座山上打的猎物，看见的人都有一份。比喻大家在一块儿做事，成果或利益应该人人分享。

同声相应，同气相求

指相同的声音互相应答，相同的气味互相贯通。比喻观点相同的人，自然会结合在一起。

同行无疏伴

疏伴：疏远的伴侣。形容一同出行人的彼此关系亲近。比喻一同外出的人，关系不要有远有近，要相互照应，不相疏远。

偷得容易去得快

指偷来的财物是没有付出劳动的，所以就很快被浪费掉。

偷的锣敲不得

指偷来的锣不能敲，一敲就会被别人发现。比喻不光明正大的事情，只能偷偷摸摸地做，声张不得。

偷风不偷月，偷雨不偷雪

指盗贼常在风雨之夜作案，避免响声被听见或行动被发现；忌讳在月夜或雪天作案，以免暴露身影或足迹。

偷鸡摸狗，自己出丑

指干偷偷摸摸不光彩的事情，只能使自己叫人讨厌、看不起。

偷来的财易尽，买来的官易坏，篡来的皇帝多妄为

篡：用不正当的手段夺取权力和地位。指用邪恶的手段取得的东西、获得的职位等会被任意毁掉。

偷来的牛头藏不住

指通过不正当途径得到的东西，早晚会暴露。

偷来的拳头打不倒师父

指不通过正当途径学来的功夫没有威力。

偷驴偷马，不能欺人眼瞎

比喻欺侮残疾人比偷别人的东西还缺德。

偷生鬼子常畏人

偷生：迷信称不经轮回，偷生转世。比喻偷偷在阳间生活的鬼魂，常常担惊受怕，害怕被别人发现。

偷食猫儿性不改

比喻人的坏习性一旦养成，就难以改过来。

偷一就有十

十：概数，表示多。指偷盗过一次

后，就有可能多次作案。

偷嘴猫儿怕露相

比喻做了坏事，总怕露出本相。

头醋不酸，二醋不酽

酽：形容汁味浓厚。比喻第一次事没办成，以后的事就更不好办。

头发长，见识短

旧时轻视妇女，认为妇女的认识比较浮浅。

头上有疮瞒不过剃头的

比喻事情真相瞒不过知道情况的人或内行人。

头疼医头，脚疼医脚

比喻只是被动对付出现的表面现象而不是从根本上解决问题。

投亲不如访友

指友谊比亲戚关系更可贵。

投亲不如落店

投靠亲友不如投宿旅店为好。指出门在外，投奔亲戚朋友住宿，还不如住旅店方便自在。

秃子爱戴帽

指秃子总是要戴上帽子来遮盖自己的缺陷。比喻有缺点或有错误的人，总是想尽办法隐瞒。

秃子不要说和尚，脱了帽子一个样

指双方都有不光彩的事情，谁也没有资格评论对方。

土居三十载，无有不亲人

土居：指在某地区内的固定居所。居住久了，自然与周围邻居的关系就很亲近。

推死人过界

比喻不肯承担责任。

托人如托山

托人：委托人。托山：托起山。指求人办事比托起一座山还难。

拖人下水，先打湿脚

指要想拉别人跟着自己干坏事，就必须先让他犯点错误。

W

歪戴帽子斜插花

形容人吊儿郎当，不成体统，放荡不羁的样子。

歪嘴和尚念不出好经

指思想偏颇或心术不良的人，说出的话总是违背情理。

外面有了孤佬，女人就要跳槽

孤佬：指女子的婚外情人。跳槽：此处指离开一个家庭到另一个家庭。指女人有了婚外恋，就会离开原来的家庭，组成新的家庭。

外甥是狗，吃了就走

指外甥常到舅家随便吃喝，却不做任何事。

外甥有理不让舅

旧时舅舅在处理家务时，具有与父母同等的权力，但外甥有理，照样可以不听舅舅的话。指只要自己有理，不管对谁，都不可让步。

外甥有钱打舅舅

外甥有了钱连舅舅也敢打。指人有了钱，就容易违背常理做事。

外物不生闲口舌

口舌：闲话。指外来的事物能避免内部的闲言碎语。

挽弓当挽强，用箭当用长

挽：拉。拉弓就要拉强弓，因为强弓射程远，杀伤力大；射箭就要射最长的。比喻做事要做出众的事。

万两黄金容易得，知心一个也难求

指知心朋友是极难碰到的。

万言万中，不如一默

指即使所有的话都说对了，仍是沉默来得好。比喻说话要小心，讲话多了，必然有漏洞。

王八当权大三代

指坏人一旦掌权，便自以为是，如同自己比别人大了几辈。

王八掉进汤锅里，临死还要瞎扑腾

比喻坏人死到临头还要做顽固的挣扎。

网开一面，路留一条

意谓凡事不可做绝，要给人留下一条出路。

为人须为彻

为人：帮助人。指救助人要救助在别人最紧急的时候，帮助人要帮助到底。

为人一条路，惹人一堵墙

为人：与人交好，善待别人。指宽待别人就会为自己的交往处世创造有利条件，而得罪人就会给自己制造麻烦。

为善最乐，作恶难逃

善：善行，好事。指做好事最使人快乐，做恶事终究要遭到报应。

未到八十八，弗可笑人脚蹶眼瞎

弗：不。脚蹶：脚不灵便而跌倒。人不到八十八，就不要讥笑别人走路摇晃，老眼昏花。指自己未到不济时，不要笑别人没用。

未观其心，先听其言

比喻言为心声，听人所讲的话，才能知道其思想境界。

未量他人，先量自己

量：估量，评判。指应先检查自己，不可一味地指责他人。

未曾水来先垒坝

指灾难未到来之前先加以防备。

温驯的羊羔谁都逮，老实马谁都想骑

比喻人过于老实温和，就会受到欺凌。

闻得鸡好卖，连夜磨得鸭嘴尖

指听说鸡能卖个好价钱，就连夜把鸭子的扁嘴磨尖冒充鸡。比喻见利忘义之人只要有利可图，就弄虚作假。

闻名不如见面

指只听到其人的名声不如见到本人知道得更真切。这是日常交际时所用的客套话。

闻名不如交交口，交口不如对对手

交口：交谈。对手：交手比试。听说对方的名声，不如见面与他交谈一番，见面交谈又不如与其交手较量。

蚊虫遭扇打，只为嘴伤人

指蚊虫被人用扇子打，就因为它用

嘴咬了人。比喻说话得罪了人，一定会
受到报复。

问医不瞒医，问卜不瞒卜

看病时不应该向医生隐瞒病情，求
人占卜时不应该隐瞒自己的实际情况。
泛指有事求人，应实情告之。

瓮里走了鳖，左右是他家一窝子

比喻在内部丢失的东西，不会是外
人偷的。

瓮头口按得没，众人口按不没

指瓮口可以封住，但是众人的口却
封不住。

我见砍头的，没见砍嘴的

比喻恶语中伤别人或吹牛说大话不
受处罚。

我为人人，人人为我

我为大家着想，大家也会为我着
想的。

卧榻之侧，岂容他人鼾睡

卧榻：床。鼾：熟睡时粗重的呼吸
声。自己的卧床旁边，怎么能容得下别
人呼呼大睡呢？比喻在自己的权势范围
内，是不准有其他势力存在的。

乌鸦擦粉照样黑

比喻丑恶的人再粉饰，也无法掩盖
其本来面目。

**巫咸虽善祝，不能自祓也；秦医虽
善除，不能自弹也**

巫咸：古神巫名。祓：古时求福祭祀
仪式。秦医：秦越人，古名医。弹：针灸。
巫咸虽然善于祝祷，却不能自我免灾；秦
医虽然善于行医，却不能自我救治。指人
的能力再大，也离不开别人帮助。

屋里说话防人听

指在屋里说话要小心屋外有人偷听。
指谈论机密话时要小心谨慎。

屋里无女，一家没主

指家庭里没有主妇，一家人就没有
主心骨。

屋怕不稳，人怕忘本

指房屋最怕地基不稳，人最怕忘了
本。告诉人不可忘本。

无儿不留妇

指儿子死了就应该劝儿媳妇改嫁。

无妇不成家

指一个家庭如果没有主妇就不是个
家庭。

无故殷勤，必有一想

指无缘无故地献殷勤，一定是有事
求助于人

无谎不成状

状：诉状，起诉书。指为了打赢官
司，诉状上往往编造谎言。

无明火高三千丈

无明火：指怒火。形容愤怒到了极点。

无心人说话，只怕有心人来听

比喻人无意中说出的话，就怕被留
意的人听到。

无义之人不可交，不结果花休要种

指不要结交没有情义的人，不要种
不会结果的花。

无针不引线

比喻没有人从中引荐联络，就办不
成事。

五百年前是一家

指上祖本是同一宗族。比喻同姓相

称，拉攀关系。

五十的老子不管三十的儿子

指儿女们过了三十，就完全自立了，即使父亲到了五十岁，也不可再管儿女们的事情。

武士爱比刀，姑娘爱比俏

指武士之间喜爱比试谁的刀枪锋利，姑娘们到一起喜欢比谁长得美丽。

侮人还自侮，说人还自说

指侮辱别人就等于侮辱自己，暗地议论别人，就会招来别人的非议。

物聚于所好

好：喜好，爱好。指人们常常因为有共同的志向、喜好而聚集在一起。

物伤其类

伤：哀伤。类：同类。因同类遭难而悲伤。比喻因同伙受到打击而加以同情。

物以类聚，人以群分

类：同类。比喻各种事物因是同类而相聚在一起，志同道合的人相聚成群，反之就分开。

X

习善则善，习恶则恶

近善则善，近恶则恶。指环境对人的成长起决定作用。

媳妇不是婆养的，婆媳总是两张皮

指婆媳之间总有隔阂。

媳妇堂前拜，公婆背利债

指媳妇娶进门，公婆就会欠一身债务。指娶媳妇花钱多。

喜酒好喝，饯行酒难咽

指祝贺喜事的酒，喝得心情舒服；离别亲朋的酒，喝得心里难受。

喜时之言多失信，怒时之言多失体

高兴时说的话常常不能信，愤怒时说的话常常不得体。指感情激动时说话容易没有理智。

戏法人人会变，各有巧妙不同

比喻做同样一件事，各人有各人的方法或窍门。

狭路相逢勇者胜

指敌对双方面对面碰上，无法躲闪，胜利者往往是勇猛的一方。

夏不借扇，冬不借棉

指夏天借扇子难，冬天借棉衣难。比喻做事情应该把握机会，不可逆势而动。

仙鹤顶上红，黄蜂尾后针，二物不算毒，最狠淫妇心

鹤顶红：毒药。指淫荡的妇人的心肠比鹤顶红、黄蜂尾还毒。

先君子，后小人

先做君子，后做小人。指碰到事情，先说明道理，以礼相待，如果没有效果再采取强制手段。

先明后不争

比喻事先把该讲的情况都讲明，避免事后争执。

先亲后不改

比喻先辈结成的亲戚关系，后代应予保持。

先撒窝子后钓鱼

指钓鱼时要先撒鱼食，才能引诱鱼儿上钩。比喻先设下陷阱再下手整人。

先说断，后不乱

指先将事情说好了，以后就不会出现纠纷或麻烦。

先下手为强，后下手遭殃

指双方斗争，先发起进攻的占优势；动手晚的就会陷于被动。

先小人，后君子

指先把条件、利益说清楚，以后再办事时方可大度从容地处理问题。比喻双方交涉事情时，应该把有关规定和条件先讲清楚，免得事后有争执。

先有亲，后有邻

指邻居关系和亲戚关系同样重要。意思是说，亲戚很重要，而邻居也不能忽视。

闲饭难吃，闲话难听

比喻吃白饭的日子不好过，闲言听了使人难受。

闲话没腿儿，扯起来靠嘴儿

指无聊的说三道四的话，很容易传出去。

闲话少说没是非，夜饭少吃没疾病

指少说和正事无关的话，可以不招惹麻烦；少吃晚饭，可以预防疾病的发生。

闲口论闲话

比喻空口闲谈。

闲事休管，饭吃三碗

比喻别去管不关己的事，就可少生闲气过舒畅日子。

闲言未必真，听言听三分

比喻对传言不可全信。

现求佛，现烧香

比喻事到紧急时才临时向人寻求帮助。

现钟不打打铸钟

现钟：已有的钟。铸钟：待铸的钟。比喻舍近求远、舍易求难。

馅饼待朋友，拳头赏敌人

指对待朋友要热情，对待敌人要冷酷。

相打一篷风，有难各西东

指团伙斗殴打架，如一阵风似的勇猛，等到闯下了祸殃便各自逃跑。

相逢知己话偏长

比喻知心朋友相见，交谈起来滔滔不绝。

相见好同住难

短时间的见面令双方愉快，而长时间地住在一起就会因诸多不便而产生矛盾。指亲朋好友偶尔见一次面，会感到非常亲热；假如长久住在一起，就会产生摩擦，不好相处。

相识满天下，知心能几人

认识的人很多，但真正能理解自己的人很少。指知音难求。

相骂没好口，相打没好手

指人在吵架打架时不会为对方留情面。

相送千里，终须一别

送得再远，总是要分别的。常用作

客人请主人留步的劝语。

响鼓招鬼，息鼓送鬼

比喻说得多了容易招来灾祸，话少些可以省去许多麻烦。

削嘴薄唇，说倒四邻

指嘴唇薄的人，能说会道。

小儿嘴里出真言

比喻小孩天真无邪，说的都是真话。

小鬼顶不了阎王债

指起辅助作用的人不能代替主谋人承担债务。

小鬼管不了阎王的事

比喻小人物没资格过问大人物的事情。

小孩儿家口没遮拦

指小孩子单纯、天真活泼，说话就真实可信而无所顾忌。

小人报仇眼前，君子报仇三年

指小人报仇，凭着感情用事，不考虑后果；君子报仇，重在深谋远虑，不急于一时。

小人得志，狠如虎狼

指品行恶劣的人，一旦实现名利上的愿望，就会如狼似虎般地猖狂起来。

小人得志便猖狂

指品行低劣的人，一旦实现名利上的愿望，便会放肆疯狂起来。

小人口如蜜，转眼是仇人

小人嘴很甜，但很快就与人翻脸成仇。指小人笑里藏刀，薄情寡义。

小人易亲，君子易退

退：退让。指小人容易接近，君子容易谦让。

小子不吃十年闲饭

小子：指男孩子。指农家的男孩子长到十来岁就能下地干活，帮大人的忙，不再吃白饭了。

笑脸杀人最难防

指表面含笑、内心恶毒的人，最难防备。

笑脏不笑旧，笑破不笑补

指穿肮脏和有破洞的衣服让人耻笑，穿旧衣服和有补丁的衣服不会让人笑话。比喻人们只会嘲笑懒人，并不会讥笑穷人。

笑脏笑拙不笑补，笑馋笑懒不笑苦

指讥笑脏的、笨的、馋的、懒的，但不嘲笑衣服上有补丁的穷苦人。

心不负人，面无惭色

指做事不损害别人利益，自然心安理得，脸上就不会有惭愧的神情。

心好不用吃斋

吃斋：信仰佛教的人斋戒吃素。指只要心地善良正直，不吃素，也是好的。

心急吃不得热粥

比喻急躁办不好事情。劝人不要急躁，没有耐性办不成事情。

心急锅不滚

比喻急于求成，结果适得其反。

心亏理短话不周

指做事违背良心，说起话来就不会理直气壮，不周全。

心里若没病，不怕冷言侵

指没做违法亏理的事情，就不怕别人的风言风语。

心里有鬼就有鬼

指鬼本来就没有，只是人心里有鬼，

才觉得有鬼。

心齐力量大，人多主意巧

指大家团结一致，就能产生巨大的力量；集思广益，自然会想出很好的计策。

心去最难留，留下结冤仇

指人已决定要走，就不必强行挽留，勉强留住也会结下冤恨。

心疑生暗鬼

指心存疑虑总觉得背后有鬼。比喻疑神疑鬼。

心有灵犀一点通

灵犀：犀牛角，传说犀牛角有白纹，感应灵敏，所以称"灵犀"。比喻不须透过言语表达，便能情意相同。

心正不怕影子斜

指为人正大光明，不怕闲言碎语。比喻只要自己光明磊落，作风正派，行为端正，就不怕有人说三道四。

新来媳妇三日勤

指新过门的媳妇勤快，以后就可能懒惰起来。也比喻新来的人常常办事情勤快。

信人调，丢了瓢

调：教唆。指轻易听从别人的挑唆，是要吃亏的。

信神迷鬼，捏住鼻子哄嘴

指迷信鬼神是自己哄弄自己。

惺惺惜惺惺，好汉惜好汉

惺惺：指聪明人或有才干的人。指聪明人爱护聪明人，好汉愿结识好汉，同类人会相互关怀，互相仰慕、敬重。

行百里者半九十

指一百里的路，走完了九十里才能算一半。比喻做事越接近末尾，越应充分估计到它的艰难性，并认真对待。换句话说，做事情越到后期，越难坚持，如果在最后阶段放松，就会前功尽弃。因此完成了百分之九十，只能算完成了一半。

行路的怕黑天，说谎的怕戳穿

旧时交通不便，治安情况不好，旅客害怕在晚上赶路；说谎的人有其不可告人的目的，怕谎言被戳穿，露出自己的丑相。

行如风，立如松

走路像风一样轻快，站立时像松树一样挺拔。指行、立（包括坐、卧）都要养成好的习惯，有益于身体健康。这也是对人的体形要求。

兄弟虽和勤算数

指兄弟之间虽然和谐相处，但在经济的问题上要算清楚。也指交往再好的朋友，钱财往来也要计算明白。

兄弟同心，黄土变金

指大家团结奋斗就会创造财富。

兄弟协力山成玉，手足同心土变金

手足：指兄弟。兄弟齐心协力，一同奋斗，山成玉，土变金。指兄弟同心协力去做事，什么事情都能办成。比喻只要团结奋斗，就能干出非同一般的事业。

兄弟一条心，黄土变成金

比喻全家人团结一致，就能创造财富。

休将我语同他语，未必他心似我心

指不要把自己的心里话随便向人

说，因为不能断定对方的心思与自己一样。告诉人们，自己的心里话千万不要随便向一个不了解的人说。

秀才会课，点灯告坐

指秀才们一起做功课，等到点灯时人刚到齐。比喻办事迟缓。

秀才人情纸半张

人情：此处之薄礼。比喻贫穷的读书人，没有钱买礼物送人，只能在纸上写字作画，作为礼品送人。

袖大好做贼

比喻权势大的人没人监督，较容易干坏事。

虚心病说不出强话

比喻心里有鬼，说话就不理直气壮。

雪中送炭真君子，锦上添花是小人

比喻在别人困难时给予帮助的人是真正的君子；硬要设法让日子已经很好过的人更好过的人，是必有所图的小人。

Y

鸭子不和鸡合伙

比喻爱好不同、志趣不同的人不会集合在一起合作。

牙舌两不动，安身处处牢

指不说话或少说话就可避免是非，在任何地方都可站稳脚。告诉人说话要小心。

牙痛才知牙痛人的苦

指只有遭遇过苦难的人才能真切体会到不幸之人的痛苦。

烟酒不分家

指抽烟喝酒不分你我。换句话说，在人际交往应酬时，烟、酒不分你我，互相之间共同享用。这句谚语常用于交际场合。

言不乱发，笔不妄动

妄：胡乱。不轻易发表议论，不轻易动笔做文章。指要谨言慎为。

言多语失皆因酒，义断情疏只为钱

语失：失口，无意中说出不该说的话。疏：关系远，不亲近。指因为贪杯而失言误事，因为贪财而情断义绝。贪杯的人往往失口误事，贪财的人常常不重情义。

言为心之苗

指人说的话常常是内心思想的显露。

言语传情不如手

指手能弹奏乐器、绘画等，在一定环境下，比语言更能表达思想感情。

言者无心，听者有意

指说话人是无意的，听话人却认为是成心说他。告诫说话要注意场合。

盐多了不成，话多了不甜

指话说多了使人腻烦，如同盐吃多了，只感到苦涩一样。

阎罗殿好进，阎王债难还

阎罗殿：此处指借高利贷的地方。阎王债：指高利贷。借高利贷容易，还高利贷却难。

阎王不嫌鬼瘦

阎王不会因哪个鬼瘦而放过它。指统治者不放过对穷苦人的压迫、剥削。

阎王好做，小鬼难当

指一把手好做，具体承办人却不容易。

阎王叫你三更死，谁敢留人到五更

指阎王说要人命就要人命，一刻也不能停留。比喻人的命运控制在别人手里，任人宰割。

阎王也怕拼命鬼

指再凶残的人也惧怕不要命的人。

筵前无乐不成欢

乐：音乐，歌舞。指宴席上没有歌舞音乐助兴，就不能形成欢乐的氛围。

筵无好筵，会无好会

旧指设宴者利用宴席耍阴谋，赴宴人就会落入陷阱。

眼睛长在额头上

形容人傲慢、目中无人的样子。

眼上带着墨色镜，瞧着世间尽黑人

指带着成见、偏见去看人，就会觉得人人都不尽如人意。

眼是观宝珠，嘴是试金石

指通过观察与交谈，就能弄清事情的原委。

宴笑友朋多，患难知交少

比喻真正能患难与共的知己非常少。

扬汤止沸，不如去薪

汤：开水。薪：柴火。指用舀子把开水从锅里舀起来，再从高处慢慢地往下倒回锅里，用此方法降温使水不沸腾，还不如抽掉锅底的柴火好。比喻与其临时救急，不如从根本上把问题彻底处理好。

羊羹虽美，众口难调

羊汤虽说美味可口，但也很难适应多人的口味。比喻再好的事情也难以让众人中意。

羊上狼不上，马跳猴不跳

比喻双方协作不好。

养儿待老，积谷防饥

指养育儿女是想到自己年老时有人赡养，平常积累粮食是为了防备饥荒年挨饿。

养儿勿论饭，打铁勿论炭

养育儿子不要怕儿子饭量大，打铁时不要计较炭用得多。指要想收获就得付出。

养家千百口，作罪一人当

作罪：犯罪。指一个大家庭中，谁犯罪谁受惩罚，不应连累他人。

养女一门亲

旧时认为，儿子是家里人，女儿是外人。指女儿长大出嫁后，和娘家就像亲戚似的。

摇头不算点头算

指摇头表示不同意，点头表示赞成。

要补衣，结发妻

结发妻：泛指元配的妻子。缝缝补补衣服、生活上体贴照顾的是结发妻子。指能够真正分忧解难的还是元配妻子。

要打几看娘面

指想打顽皮犯坏的孩子，也得看看

孩子母亲的脸色而行，要手下留情面。

要么就掏出心来，要么就拿出刀来

指和人交往，要么掏出心来交知心朋友，要么抽出刀来以死相拼。比喻与人交往要坦诚直率、爱憎分明。

要知心腹事，但听口中言

心腹：内心，心中。但：只。要想弄明白别人心中想的什么，只要听他的话便可知道。指言语是内心思想的流露。

要做好人，须寻好友

寻：找，选择。要做好人，就一定要找个好人做朋友。

夜猫子害怕见太阳

比喻恶人不敢大胆妄为地出来活动。

一把钥匙开一把锁

比喻用不同的办法解决不同的问题或不同的矛盾。

一白遮九丑

指人皮肤白净可以掩饰其他的毛病。比喻好的地方可以掩盖弱点，优点可以弥补缺点。

一百个小和尚好认一个老和尚，一个老和尚难认一百个小和尚

众人好认一个领导，一个领导难认众人。

一报还一报

指做一件坏事后必受一次报复。也指以其人之道还治其人之身。

一宾不烦二主

烦：麻烦、打扰。一个客人不麻烦两家主人来招待。指一件事情既然已经托付给一个人了，就不要再麻烦打扰另外一个人。

一不扭众

指一个人很难扭转大多数人的看法。

一不做，二不休

指不顾后果地把事情做到底。比喻要么不干，要干就干到底。

一尺水翻腾做百丈波

比喻言语夸大其词。

一锄头也是动土，两锄头也是动土

比喻已经干了，就索性大干。

一传十，十传百

本指疾病传染迅速蔓延。现多用以指流言或消息很快地传布开来。

一次生，两次熟

初次相见生疏，再次相见就熟悉了。

一打三分低

指一动手打人就理亏了三分，贬低了自己的身份。

一斗米养个恩人，一石米养个仇人

斗：容量单位，十升为一斗。石：容量单位，十斗为一石。一斗米不多，但接济得当，对方将视你为恩人；一石米虽多，可对方贪心不足，结果变成了仇人。指资助虽少，但解决了人家燃眉之急，对方非常感激；给人资助很多，但没有满足对方的欲望，反而引得对方恩将仇报。

一番手脚两番做

指本应一次做成的事却分两次去做完。

一方有难，八方支援

指一个人或集体有难处，来自各方面的人或集体都伸出扶助之手。

一分气带十分力，十分气的巴掌挨不起

指人恼羞成怒打人时往往下手很重。

一个巴掌难捂众人的嘴

指一个人没法制止众人对自己的议论。也指一个人无法控制闲言碎语。

一个巴掌拍不响

比喻一个人势单力薄，办不成事。也比喻一个人不可能引起矛盾和纠纷，一定是双方的原因引起的。

一个笛子一个笙

比喻双方配合极稳妥。

一个妇女一面锣，三个妇女一台戏

指几个女人坐在一起，有说有笑，聊一些家长里短，是是非非，就像唱戏一样热闹。也指女人在一起，总会生出是非。

一个好汉三个帮，一个篱笆三个桩

指再有本事的人也离不开别人的帮助，就像一个篱笆有多处桩才能牢固一样。

一个和尚挑水吃，两个和尚抬水吃，三个和尚没水吃

比喻人少办事效率高，人多相互推脱责任，办事迟缓。换句话说，人多有时会产生互相依靠的思想，反而互相推脱责任，导致最终办不成事。

一个红脸，一个白脸

红脸比喻敢于严声厉色、直言不讳的人，白脸比喻和事佬或伪装公正的人。指两人相互配合所采用的软硬兼施的手段。

一个老鼠坏了一锅汤

比喻一个品质低劣的人破坏了原来的风气，或有损集体的形象。

一个篱笆要打三个桩，一个好汉要有三个帮

比喻一个人再有能耐，也需要别人的帮助。劝人要团结友爱，互帮互助。

一个萝卜一个坑

比喻各人有各人的工作，各人有各人的任务。多用以比喻人数与岗位正好相符。

一个人藏，十个人难找

一个人故意藏起来或把东西藏起来，再多的人也不好找。

一个人可以养活十个儿子，十个儿子养不活一个爸爸

一个父亲可以含辛茹苦地把几个儿子养大，成人后的儿子却互相推诿不愿意赡养老父亲。

一个人是死的，两个人是活的

比喻一人做事十分艰难，两人合伙便能应付自如。

一个师父一个令，一个和尚一个磬

磬：一种打击乐器。比喻每个人自有其独特的做法。

一个银样镴枪头

比喻好看不实用。

一根筷子折得断，一把筷子折不断

比喻团结起来力量大。换句话说，一个人的力量小，团结起来力量就会变得强大。

一根木头支不了天

比喻一个人的力量有限，不可能办成大事。

一回生，两回熟

初次相见生疏，再次相见就熟悉了。也指第一次做时生疏，第二次做时就熟练了。

一家不成，两家现在

比喻联姻不成，但两家关系依然一

如既往。

一家不知一家，和尚不知道家

道家：诸子百家之一。一家自有一家的事，别人是不知道的，正如和尚不了解道家思想一样。

一家富难顾三家穷

指一家再富裕也难以顾及多个贫困的家庭。

一家盖不起龙王庙，一人造不起洛阳桥

指一家的力量盖不起龙王庙，一个人建不成洛阳桥。比喻个人的力量有限，只有同心协力才能办成大事。

一家人不说两家话

指关系非常密切，不必当外人看待。

一家无二

指都是一家人。

一家有事百家忧

一家有了困难大家都为他们分担忧愁。指大家关系亲近，不分你我。

一脚踏了两家船

形容心存两处、模棱两可、投机取巧的态度。

一句话，百步音

指一句至关重要的话可以传到很远。常指一句关键性的话可以引起广泛的影响。

一句话能把人说跳，一句话能把人说笑

跳：暴跳（如雷）。一句粗野的话能惹人发火，一句贴心的话能让人高兴。

一客不烦二主

指一个客人不需要烦扰两家的主人来照应。比喻一件事情已经托付人去办理了，就让他办到底，不必再打扰另一个人。

一门不到一门黑

指每一行业都有各自的门道。也指如果某件事情从来没有做过，就不会了解其中的奥秘，到时候就会抓瞎。

一面打墙两面光

指做件事对两方都有利。

一鸟入林，百鸟压音

指一个有权势或有威望的人一出现，众人都悄无声息。

一锹掘个井

比喻急功近利或急于求成。

一人摆渡，众人过河

摆渡：用船运载过河。一个人驾船摆渡，两岸的人都能过河。指一个人的努力或付出，换来众人的利益。

一人不敌二人智，十人肚里出巧计

指一人的智慧不如两人的智慧，人多计谋就更加周密。比喻人多主意也会多，计策也会多。

一人不喝，二人不赌

一个人喝酒，喝的是闷酒；两个人赌博，往往会产生矛盾。

一人不压众，帽子不压风

一个人压制不住众人的呼声，如同帽子压不住大风一样。指领导不可能一手遮天。

一人传虚，百人传实

一人传说虚假的消息没人相信，很多人传说，人们就相信了。

一人传虚，万人传实

指原本没有的事经多人传说就变得

像真的似的。也就是说，一个人传播没有的事，可能不会有人相信，但许多人一起来散布，虚传的事就会变成真实的事了。比喻以讹传讹，人言可畏。

一人得道，鸡犬升天

传说汉朝淮南王刘安修道成仙，鸡、狗吃他剩下的仙药，也都跟着上了天。比喻一个人得势，和他相关的人也都跟着发迹。

一人难称百人心

称：使称心，使满意。指一个人做的事情很难让大家都中意。

一人难说众口

一个人说不过众人。

一人气力担一担，众人力量搬倒山

形容个人的力量很小，人多力量大。

一人先进大家就，一人落后大家帮

就：接近，靠近。一个人成为先进人物大家都向他看齐；一个人落后了大家一起帮助他。

一人向隅，满座不乐

隅：角落。指众人作乐时，有一人在旁闷闷不乐，导致在座者都感扫兴。比喻一人伤痛地哭泣，使在座的所有人都感到悲伤。

一人一条心，穷断骨头筋

心：想法。指一家人不是一条心，生活就会穷苦不堪。比喻人不齐心协力，各顾各的，必然都陷入困境。

一人栽树，万人乘凉

指一个人艰苦劳动，许多人分享他的劳动果实。

一日不作，一日不食

指一天不劳动一天就没有饭吃。比喻收入微薄，一天不劳作，生活就会变得很困难。

一善足以消百恶

恶：邪恶。一心行善完全可以消除种种邪恶。

一身不入是非门

指人不要被牵扯到纠纷矛盾当中。

一身做不得两件事，一时丢不得两条心

指做事不能心挂两头。

一失足成千古恨，再回头是百年身

失足：比喻人落伍或犯严重的错误。千古：长久。百年：死的委婉语。指重要的一步走错了，就会造成大错，以至于成为终生的悔恨。

一时比不得一时

一个时代的王法不能同另一个时代相比，此时的情形与彼时有所不同。比喻现在不能和以前相比，不能依旧例办事。

一事不劳二驾

驾：指车辆，借用为对人的敬辞。指一个事情不必麻烦两个人去做。

一手托两家

指一次办两个方面的事。

一死一生，乃知交情；一贫一富，乃知交态；一贵一贱，交情乃见

指只有在生死关头或贵贱变化时方能看出感情的真假。比喻经过生死的考验，才能知道真正的感情。

一头人情两面光

指给人办一次好事使两方面都感到光荣和中意。

一碗水端平

比喻待人处事能做到公平合理。

一问三不知

指全然不知或不明白。常用以指人推说不了解具体情况。

一窝狐子不嫌臊

比喻坏人混在一起，臭味相投谁也不嫌弃谁。

一物降一物

降：制服。指人或物会被别的人或物降服。

一席还一席

比喻对对方有礼必报。

一心不能二用

指做事必须精力集中，不能分散注意力。

一言不实，百事皆虚

指只要有一句话不真实，那么说的许多事也都是虚假的。

一言抄百语

指概括的言辞，即总而言之等。

一言既出，驷马难追

指一句话说出口，就像四匹马拉的车，想追也追不回来了。比喻话一旦说出口，就难以再收回，指言而有信。

一言惊醒梦中人

指一句话使得头脑迷糊的人豁然开朗。

一叶浮萍归大海，为人何处不相逢

意谓人总有相逢的时候。

一艺顶三工

艺：手艺。手艺人比干体力活的人挣钱多。指技术性强的收入要大大超过普通工作者的收入。

一遭情，二遭例

指送人礼物，第一次被认为是情谊，第二次就被认为是惯例了。

一遭生，两遭熟

指头次见面感到生疏，再次见面就熟了。比喻不管事情怎么复杂，只要反复操作，就能熟练。

一张床上说不出两样话

指夫妻两人感情和睦，说话的口径总是一致的。

一争两丑，一让两有

指两人争执，大家都不光彩；互相谦让，双方都能得到益处。告诫人们，在利益面前，要发扬风格，互相谦让，这样都会有好处。

一竹篙撑到底

比喻办事一干到底的态度。

衣不如新，人不如旧

指衣服是新的好，朋友还是故友好，妻子还是元配好。

衣是新底好，人是旧底好

指新交不如旧谊。

医生有割股之心

割股：割下自己大腿上的肉来治疗父母的重病，旧时伦理观念认为这是一种至孝行为。指医生有爱心奉献的精神。

疑人莫用，用人莫疑

指怀疑他就不要使用他，用了他就不应怀疑他。

中华谚语大全

以貌取人，谬之千里

按照人的面目判断一个人的本领，会造成极大的失误。

以心度心，间不容针

度：揣测。用自己的心思推测别人的心思，其间不会有一针大的缝隙。比喻推己及人就不会有太大的出入。

以心换心，将心比心

用自己待人的善心去赢得别人的善心，用自己的心思，去推测别人的心思。比喻人必须以己及人，不能只顾及自己。

易涨易退山坑水，易反易复小人心

山坑蓄水量少，水易涨易退；小人言而无信，反复无常。

因风吹火，用力不多

因：趁着。指顺着风吹火，不费多大的力气。比喻做事情要迎合顺势，因势利导，不费多大的力气就能办好。

因无背后眼，只当耳边风

指不把别人的背后议论放在心上。

姻缘五百年前定

旧时认为男女的姻缘是早就由上天注定了的。

饮水思源，缘木思本

比喻知恩图报。告诉人们，应该受恩不忘。

饮水要思源，为人难忘本

指做人不能忘本，如同喝水的时候要想想水的来源。

硬柴要用软柴捆

比喻应付强硬的对手，要用软方法。

硬汉难避枕旁风

枕旁风：同床共枕的女人说的话。

再有主见的男人也不免要听信自己女人的话。

庸医杀人不用刀

庸医：医术很低劣的医生。指庸医没有搞清楚病因就胡开药方，结果就会把病人害死。

用人的钱嘴软，欠人的债理短

嘴软：不敢批评、责备人。接受别人的钱就不敢批评、责备人，欠别人的钱财就觉得理亏。指用了别人的钱财就受制于人。

用人靠前，不用人靠后

指用着别人时就和人家靠近，用不着别人时就远离人家。比喻为人处世十分功利的态度。

用一个钱要掂掂厚薄

意谓花钱精打细算，或谓爱财如命。

用着菩萨求菩萨，用不着菩萨骂菩萨

比喻势利小人在求得着别人时就低三下四，说些好听的；事情过后就辱骂救助过他的人。

油嘴呱嗒舌

比喻甜言蜜语说个没完。

有把门的，可没有把嘴的

意谓门能把守住，人们的议论是无法阻止的。

有财同享，有马同骑

比喻彼此共同分享利益。

有尺水，行尺船

比喻按照客观条件办事。也比喻根据自身的条件去做力所能及的事。

有仇不报非君子，有冤不申枉为人

旧时认为，有仇的报仇，有冤的申冤，不然就不算是好汉，也枉做了一回人。

有恩不报非丈夫

丈夫：男子汉。对自己有恩的人不去报答，就不是真正的男子汉。指对自己有恩的人一定要报答。

有儿靠儿，无儿靠婿

旧社会人们认为儿子应当赡养自己到老，没有儿子时才依靠女婿。

有饭大家吃

泛指有了利益大家一起分享。

有饭送给饥人

指有了食物就送给正在受饥挨饿的人。

有饭送给饥人，有话送给知人

意谓饭要送给饥饿的人吃，话要说给明白人听。

有饭送给亲人，有话说给知音

有饭送给亲人，大家一起享用；说心里话要选择对象，只说给最懂得自己的人。

有话即长，无话即短

旧时艺人在说唱中的习惯用语。意谓故事内容有必要多说的就讲得详细，否则就从简。后泛指有材料有内容就可多写多说，否则就少写少说。

有话则长，无话则短

有话就多说，无话就少说。指说话或说书应当长就长，应当短就短。

有借有还，再借不难

指借物品要及时归还，需要再借时，别人就会很愿意借给你。常用以提醒人应及时归还所借之物。

有酒胆，无饭力

比喻人貌似有魄力而内心脆弱。

有酒有肉亲兄弟，急难不曾见一人

有酒有肉时，称兄道弟的人多；遇到困难时，却不见人影。意谓酒肉朋友不可靠。

有理不打上门客

指彼此争执，即使有理，对方主动找上门来，也要以礼对待。

有理讲在明处，有药敷在痛处

指话要当面讲，并且要有针对性。

有理没理，先敲自己

指和人发生矛盾，不管自家人占不占理，应先从严管束。

有例不兴，无例不废

指一切照惯例办事。

有了老婆不愁孩，有了木匠不愁柴

指做事不能急躁，有了第一步，就不用愁第二步。比喻具备了关键性的东西，就有了一定的基础，就不怕办不成事情。

有苗留在垄上，有话说在理上

垄：在耕地上培成一道一道的土埂，在上面种植农作物。说话要占理，就像植物要种在地垄上一样。

有奇淫者，必有奇祸

奇：非常的、罕见的。意谓淫逸无度的人必有大的祸患。

有钱的出钱，有力的出力

指遇到重大事情大家尽自己的所有才能支持帮助。

有钱能使鬼推磨

指只要有钱就没有办不成的事情。

有亲娘，有后爷；无亲娘，无疼热

比喻有了亲生母亲，继父也如同亲父善待自己，没有亲娘，便没有人关心饥寒冷暖。

有山靠山，无山独立

山：指靠山，比喻可以依靠的有力量的人或集体。指有可以依靠的人就靠他办事，没有可依靠的人就独立解决问题。

有势不使不如无

比喻手中有权不利用，还不如没有的好。

有势休要使尽

比喻凡事都应有尺度，适可而止。

有文便不斗口

意谓有了字据为凭就不用多费口舌。

有向灯的，就有向火的

比喻双方发生矛盾时，总会有向着各方的人。

有眼不识泰山

比喻辨认不出地位高、能力强或名望大的人。常用作客套语。

有一搭没一搭

比喻没话找碴儿搭话。

有缘千里来相会，无缘对面不相逢

指人与人相逢相识都因为缘分。换句话说，只要有缘分，人们相隔再远也可以相会；如果没有缘分，人们离得再近也不会相遇。

有再一再二，哪有再三再四

指发生一两次失误可以宽容，但屡次犯错就不可原谅了。

有嘴说人，无嘴说自己

指只会责怪他人，而自己不反省。

又求人，又做硬儿

比喻既求助于人，又强要面子。

鱼找鱼，虾找虾，王八结了个鳖亲家

比喻什么样的人就与什么样的人结交朋友。含贬义。

与凤同飞，必出俊鸟；与虎同眠，没有善兽

比喻和英雄在一起也会成为英雄，和恶人在一起也会成为恶人。

与君一席话，胜读十年书

君：指有见识的人。指听了有学问或有经验的人的话，比自己多年读书的收获还大。多用作对对方讲话的赞语。

与人不睦，劝人盖屋

旧指如跟人家相处不融洽，就哄劝别人造房子。这是因为造屋要用去大量的钱财，会使人处于被动境地。

与人方便，自己方便

指给别人提供方便，别人也会给自己便利。

雨过地皮湿

比喻只做表面文章，办事态度不扎实。

欲赤须近朱，欲黑须近墨

比喻向往不同所结识或接近的人就不一样。

欲加之罪，何患无辞

想要给人加上罪名，何愁找不到借口呢？

遇文王，施礼乐；遇桀纣，动干戈

文王：周朝的创始人，以礼乐教化天下的贤君。桀纣：桀，夏朝的最后一代国君；纣，商朝的最后一代国君，二人都以残暴无道而遗臭万年。比喻遇到好人要礼貌对待，遇到坏人要毫不相让。

冤各有头，债各有主

冤仇有对头，债款有借主。指算账应该找事主，与他人无关。

冤家路窄

冤家：仇人。仇人狭路相逢，谁也不饶恕谁。也比喻不愿见到的人偏偏碰在一起。

冤家碰着对头

意谓两个冤家碰了个对面。

冤家宜解不宜结

指有矛盾或结怨的双方应尽可能地清除彼此间的矛盾，而不应继续加深矛盾。

冤杀旁人笑杀贼

比喻把事情的真相弄反了，使好人受冤屈，坏人得意。

原钥匙开原锁

比喻让熟悉内情的人去处理问题。

远处烧香，不如门前积德

指与其去远处烧香拜佛，不如就在身边多行善事。指积德行善贵在从身边小事做起。

远客生地两眼黑

指初来乍到人地两不熟，不便于办事。

远路没轻担

指因路途遥远，体力下降，轻担子也会觉得越来越沉重。

怨亲不怨疏

指遇事可抱怨亲人但不能抱怨外人。

月亮虽好，还得众星捧

比喻英雄人物再有能力，也还得依靠大家支持。

运去奴欺主，时乖鬼弄人

意谓时运不好，奴仆也敢欺侮主人，恶鬼也会捉弄人。

Z

栽刺不如栽花

比喻与人为恶不如待人友善。

再狡猾的狐狸，也斗不过聪明的猎人

比喻再狡猾奸诈的敌人，也要栽到有智慧、有道义的人的手中。

再狡猾的狐狸，也洗不掉一身臊

臊：臊气。比喻坏人再狡猾也会显露出他的丑恶面目。

在家不会迎宾客，出门方知少故人

在家时不懂得接待客人的重要，出了远门遇到困难时才感到朋友太少。指平时就要善待宾客。

在家靠父母，出外靠朋友

指一个人在家主要靠父母的照顾，出外就要靠朋友之间的相互帮助。旧时走江湖的人常用以向人求助。

在家投爷娘，出家投主人

比喻人离家在外，要依着主人的扶助。

造弓的造弓，造箭的造箭

指各人有各人的事情做，不要互相干涉。

贼不打三年自招

盗贼作案时间久了，即使没有人追究，他也会在无意中暴露。

贼去关门，明查暗访

比喻出了问题才做防范。

贼人安的贼心肠，老鼠找的是米粮仓

指坏人不会有善心，总是找机会做伤天害理的事。

贼人心胆虚

偷盗的人总是心虚胆怯，害怕被人察觉。

贼偷一更，防贼一夜

指防备盗贼要一整夜守候，虽然盗贼偷窃时只须一会儿。比喻防守灾祸贵在坚守。

贼无赃，硬似钢

赃：赃物。指坏人做了坏事，没有证据，再怎么审问也不会招认。

贼咬一口，烂见骨头

如果被贼咬一口，肌肉就会腐烂到骨头。指贼在招供中说出某人，某人就会受连累，很难洗清冤屈。

赠人以轩，不若赠人以言

轩：古代一种前顶较高、带有帷幕的车。不若：不如。指赠给别人一辆豪华的车，不如送给别人几句忠言。指良

言相劝使人受益匪浅。

站着说话不腰疼

指事情没有落在自己头上，不知道它难办，反而在一边说风凉话。

张飞的鼻子，李逵的脸

形容人凶神恶煞般的神态。

张家长，李家短

意谓说长道短，讲人闲话。

张口是祸，闭口是福

指话说多了，不谨慎就会得罪人，所以说话要慎重，尽量少说话。

长兄若父，长嫂若母

指对排行老大的兄嫂，要如同对待父母一样，听从他们的意见。

掌心是肉，掌背也是肉

手心手背都是身上的肉。指父母对每个子女都一样疼爱。

丈母娘看女婿，越看越喜欢

丈母娘喜欢自己的女儿，自然也会连带喜欢女婿。

照葫芦画瓢

比喻照着样子做。

折跌腿装矬子

指屈膝跪在地上装矬子。比喻做了错事，觉得亏心，自责。

折了脖子往里弯

意谓尽全力庇护自己人的短处。

真佛面前不烧假香

比喻在正直的人面前不假情假意说奉承话。

真话好说，谎话难编

意谓真话只要如实道来，假话却难编圆满。

真人面前不说假话

在真人面前说谎话会被识破。指在熟谙世故的人面前不敢说谎言。常用来向人表明自己说的是真话。

真心难留去心人

指对于决心要离去的人，再如何执意挽留都留不住。

枕边告状，一说便准

男人很相信自己女人诉说冤屈的话，很容易答应其相应的要求。

知底莫过当乡人

比喻同乡人之间是最清楚彼此底细的。

知恩不报非君子

指不知道报恩的人算不上是品格高尚的人。比喻受人恩惠应该报答。

知夫莫如妻

指妻子最了解自己的丈夫。

知己到来言不尽

意谓与知心朋友有说不完的话。

知己莫如友

指朋友是最懂得自己的人。

知人知面不知心

指人的外表容易认识，内心却很难知道。比喻人的真实想法很难了解。说明真正了解一个人很难。

知无不言，言无不尽

意谓只要是自己知道的就没有不说的，说了就一定要把话毫无保留地全说出来。

知音说与知音听，不是知音不与弹

知音：最了解自己的好友。比喻只有遇到了知音，才能真情实意地倾心交谈。

知者不言，言者不知

指有见地的人话不多，滔滔不绝的往往是浅薄无知的人。

知子莫若父，知女莫若母

指父亲对儿子最清楚，母亲对女儿最清楚。

直钩钓不了鱼

指办事的方法过于直接简单，解决不了问题。

直言贾祸

贾：买，引申为招致。比喻说话直率易招来祸患。

只许州官放火，不许百姓点灯

多用来讽刺为官的为所欲为，而普通百姓连正当的权益也得不到保障。

只有包做媒人，没有包养儿子

意谓帮助他人办事，但不可能包揽解决所有的问题。

只有痴心的父母，难得孝敬的儿郎

指父母对子女关爱备至，为子女劳神费力；父母却难得子女的真心孝顺。

只有锦上添花，哪得雪中送炭

锦上添花：锦面上再绣上花，比喻美上加美，好上加好。雪中送炭：比喻在别人困难时给予帮助。荣华富贵时，阿谀逢迎的人多；落魄贫困时，同情帮助的人少。指世态炎凉。

只有千年的朋友，没有千年的伙计

伙计：合伙经商的伙伴。指朋友之间感情深厚，禁得住时间的考验；伙计因暂时利益结合，交情是暂时的。

只知其一，不知其二

指只知道某部分的情况，而不了解其他的问题。

至亲无文

指关系最亲近的人之间不用虚礼。

治席容易请客难

指操办酒席容易，能请到尊贵的客人赴宴却很难。

众人拾柴火焰高

比喻一个人的力量有限，人多力量就会强大。

众人是圣人

比喻人多产生智慧。

众心成城，众口铄金

指众人一条心，力量就坚如城堡；众口一致毁谤，就能够熔化金属。比喻心齐力量强，舆论影响巨大。

重打锣鼓另开张

比喻重新开始。

周身是刀没一把利

比喻办法很多，但没有一个是有效的。

猪爪煮千滚，总是朝里弯

比喻自家人总会袒护自家人。

主不吃，客不饮

指通常在酒席上主人不喝酒，客人就不便饮酒。换句话说，被邀做客吃饭时，主人不首先举杯请吃，客人就不能开始饮酒吃菜。

主不欺宾

比喻主人不能欺负客人。

主不先宾

意谓凡事主人应让客人在先。

主人让客三千里

指主人对客人要恭敬礼让。

主雅客来勤

指主人的情趣高雅、好客，客人自然就勤于拜访。

拄棍要拄长的，结伴要结强的

指结交朋友要选择能力高的，好比拄长棍子会有所依附一样。

住久人心淡

意谓在别人家住久了，相互间的感情就淡薄了。

助人应及时，帮人要诚心

要真心诚意地及时帮助人解决难处，不能存有不好的想法。

捉鸡儿，骂狗儿

指明指这一个，实际骂的是另一个。

着三不着两

形容人说话办事不讲究分寸。

子孝双亲乐，家和万事成

儿女孝顺，父母就感到快乐；家庭和睦，事事都能办成。

自己贪杯惜醉人

比喻怜悯与自己有同样经历的人。

走三家不如坐一家

指奔波多家求助，不如坐守一家求助有效。比喻与其没有把握地到处求人，不如向有把握的一家求助。

嘴巴是扁的，舌头是软的

指说话要巧，要注重方式。

嘴不让人皮受苦

指嘴上争强好斗的人往往会惹恼别人，挨打受辱。

嘴是两扇皮，反正都使得

指话是由人说的，爱怎么说就怎么说，不一定靠谱。

坐如钟，立如松，卧如弓

指健康、稳重的人应有的姿势。比喻坐着要像钟一样稳固，站立要像松树一样挺拔，躺下要像张开的弓一样。

做好千日不足，做坏一朝有余

做好事时间虽长，仍然不够；做坏事时间再短，也不应该。劝诫人们要做好事，不要做坏事。

做善好消灾

指多做好事能消免祸患。

做事不可强求，说话不可过头

指无论做事还是说话，都要把握好尺度。

做贼不犯，少做一遍

指贼做久了，必定会继续作案，要想洗手不干也难。

做贼难瞒乡里，心事难瞒妻子

指做了坏事终究隐瞒不过别人。

做着不避，避着不做

指做事光明正大，不逃避责任。

第二卷　修养礼仪

A

安逸使人志气消，勤奋使人志气高

贪图安逸会使人丧失上进心，不懈努力会使人志气昂扬。

爱惜五谷，儿孙多福

指知道珍惜粮食的人，会给儿孙带来幸福生活。

爱骑马的不骑驴，爱吃萝卜不吃梨

比喻人的喜好各不相同。

爱叫的猫捉不到老鼠，好吹的人办不成大事

比喻爱夸耀吹嘘的人没有真能力。

傲气大了栽跟头，架子大了没人理

指做人要谦虚，平易近人，高傲无礼会导致失败或受到大家的疏远。

B

八十留胡子，大主意自己拿

比喻要有主见，有见识。

白日里见鬼

比喻碰到倒霉的事。

白日莫闲过，青春不再来

每一天的光阴都要珍惜，一个人不会有第二个青春。指应珍惜青春年华，不要虚度光阴。告诫人们，要珍惜宝贵时光，不要荒废青春。

白首贪得不了，一身能用多少

白首：指年老。指年老了仍然贪心不知满足，不懂得自己能用多少。用于告诫人们不要贪得无厌。

百尺竿头，更进一步

百尺竿头：比喻修行达到了极高的境界。比喻虽然已经取得了很大成就，但不要骄傲自满，应继续努力，不断进步。

百金买骏马，千金买美人，万金买高爵，何处买青春

骏马、美女、官位都可以用钱买到，唯独青春一去不复返。意谓要珍惜青春年华。

百里之海，不能饮一夫；三尺之泉，足止三军渴

指方圆百里的大海，不够一个人饮

用；三尺长的泉水，足以为三军解渴。比喻十分贪婪的人，财富再多也不会感到满足；若所求有限，东西再少也不会感到缺乏。

百灵鸟不忘树，梅花鹿不忘山

比喻人不应该忘本。

百年三万六千日，光阴止有瞬息间

瞬息：一眨眼一呼吸的短时间。百年的光阴，眨眼就会流失了。提醒人们要珍惜时间。

百巧不如一拙

巧：乖巧。拙：笨拙，这里指质朴。百般乖巧比不上质朴真诚。

百人百姓，各人各性

比喻每个人的性格脾气都不相同。

百日不休，万里易到

比喻坚持不懈地努力会取得好的成绩。

百岁光阴如过客

百年光阴如同一个匆匆的过客，转瞬即逝。指人生极其短暂，须加倍珍惜。

百样雀儿百样音，百个人儿百个性

指不同的鸟儿有不同的鸣音，不同的人有不同的个性。

败将不提当年勇

指失败者不炫耀当年的成功。比喻真正的英雄好汉不去炫耀过去的勇猛威武。

办事不用脑，本事大不了；办事多用脑，越办越灵巧

指办事要多动脑筋多思考，才会把事情办好。

半截身子入土

指人濒临死亡。

半句虚言，折尽平生之福

折：损失。指虽然只说半句谎言，也会丢掉一生的幸福。提醒大家不要说假话。

半熟的西瓜不好吃，虚假的话语不入心

指人们对于那些弄虚作假的人或事都十分反感。

宝贵的季节是秋天，宝贵的时代在青年

在一年之中秋天是最为宝贵的，在一生当中青年时代最值得珍惜。

宝剑锋从磨砺出，梅花香自苦寒来

磨砺：磨刀石。指宝剑的利刃出自磨石，梅花的清香来自严寒。比喻人的成就来自奋斗与刻苦。

宝剑折了不改钢，月亮缺了不改光

宝剑折断了也改变不了它的质地，月亮缺了也改变不了它的光辉。比喻优秀的人经受挫折，仍能保持他的本性。

宝器玩物，不可示于权豪；古剑名琴，常要藏之柜椟

椟：匣子。指珍贵宝物要珍藏好，不要让豪强知道，以免招致灾祸。

饱谷穗头往下垂，瘪谷穗头朝天锥

穗：稻麦等禾本科植物的花或果实聚生在茎的顶端。比喻越有知识的人越谦虚，越是无知的人越骄傲自大。

饱暖生淫欲，饥寒生盗心

淫欲：色欲。指人在吃饱穿暖之后就会产生骄奢淫逸的念头，在饥寒交迫时就会产生盗窃的念头。

饱时莫忘饥荒年，暖时别忘冷和寒

指吃饱穿暖的时候不能忘记饥饿和

寒冷时所受到的苦楚。比喻生活富裕了也要注意节省，以免有难时受困。

饱时省一口，饿时得一斗

指能吃饱的时候节省一口，在饥饿的时候就会得到一斗。指要学会勤俭节约。

豹死留皮，人死留名

比喻人去世后应留下好的名声，就像豹死后留下美丽的豹皮那样。

背上背把尺，先量自己后量人

指如果要议论别人，首先要检查自己做得怎样。

本领小的骄傲大，学问深的意气平

骄傲：自以为了不起，看不起别人。意气：意志和气概。指本领小的人往往骄傲自大，真正有学问的人往往十分谦虚。

本事不是吹的

指人的能力是实实在在的，不是吹嘘出来的。

笨鸟先飞

意谓能力不强的人，做事应比别人先行一步。

笨鸟先飞早入林，笨人勤学早入门

比喻能力差的人，如果行动比别人早，做事比别人勤快，取得成果就能比聪明人早。

笨人先起身，笨鸟早出林

笨拙的人要先动身，笨拙的鸟要早起飞。指勤能补拙。常用来表示自谦。

秕麦穗子翘得高，无知的人爱骄傲

秕：空的或不饱满的（籽粒）。指果实不饱满的麦穗总是翘得很高，没有学问的人才会高傲自大。

笔杆无多重，无志拿不动

指心中没有大志向的人是不会写出好文章的。

笔勤能使手快，多练能使手巧

指熟能生巧，平时应多加练习。

闭门家里坐，祸从天上来

指关门闭户待在家里，灾祸却突然降临。比喻飞来横祸。比喻人生艰难，难预料什么时候会碰到麻烦。

蔽天之明者，云雾也；蔽人之明者，私欲也

蔽：遮住，挡住。指云雾可以遮住太阳的光辉，而贪图私利就会使人看不清楚事物。

避色如避难，冷暖随时换

色：女色。躲避女色如同身避灾难，天气冷暖变化，要随时据此增减衣服。指修身、养生之道。

变从懒上起，贪从懒上来

指人的变化、贪婪都源于懒惰，懒惰是人生的大敌。

遍地出黄金，就怕不用心

指致富的机会很多，人们常常都注意不到。

遍地是黄金，单等勤劳人

指致富的机会是留给那些勤苦劳动的人的。

别被花言巧语哄倒，别被流言蜚语吓倒

不要被虚假而动听的话所欺骗，也不要被没有根据的流言蜚语所吓倒。

别人夸，一枝花；自己夸，烂冬瓜

指别人的赞许还有一些价值，而自

己夸耀便一文不值。

拨火棍长了不烧手，问题想远点不上当

指考虑问题时要把眼光放长远些，这样才不会使利益受损。

博学的人大话少，浅薄的人爱吵吵

指有知识的不会到处炫耀，知识贫乏之人喜欢吹嘘。

薄地怕穷汉，肥地怕懒汉

指只要努力、踏实肯干，人生环境再不好也能有所收获；再好的条件，个人不努力也会一事无成。

补漏趁晴天，未渴先掘井

房屋漏了要在晴天的时候补，在没有口渴的时候就要把井打好。比喻事先做好准备。

补漏趁天晴，读书趁年轻

指年轻时要勤奋读书，错过了时间便难以弥补。

不吃苦中苦，难得惊人艺

指不通过艰苦勤奋的学习、工作，很难获得很高的成就。

不担三分险，难练一身胆

指不管想做成什么事都必须冒一定的危险。

不割心爱，不显诚意

指不拿出最喜欢的东西就不能表示出自己的真心实意。

不好烧的灶好冒烟，不听劝的人好发癫

好：前者是容易的意思，后两者指容易发生。癫：神经错乱。指遇事要听从别人的规劝就不会犯错误。

不经高山，不知平地

比喻没有经历过艰难和风险，就不会认清人的本来面目。也比喻不经受挫折就体会不到安定的生活来得不易。

不磨不难不成人

比喻不经过艰苦生活的磨炼就不能成为有成就的人。

不能正己，焉能化人

自己的言行不端正，怎么能去教化别人？指要想教育别人，必先严格要求自己。

不怕别人瞧不起，就怕自己不争气

指不怕别人蔑视自己，就怕自己不争气。

不怕吃饭拣大碗，就怕干活爱偷懒

指不怕干活的人吃饭吃得多，只害怕干活的人偷懒。

不怕稠吃，单怕稀化

比喻即使有了积累也应该有计划地开支，不要零星随便地花费。

不怕倒运，全怕懒性

倒运：时运不顺，遇事不利。指人不怕运气不好，怕的是懒惰不干活。劝诫人们一定要振作精神，克服困难。

不怕路远，只怕志短

比喻只要有志气，再困难的事情也能办好。

不怕难，有难非难；害怕难，不难也难

指在碰到困难的时候要有足够的勇气，不惧怕它才能战胜它。

不怕难字当道，就怕懒字出窍

指做什么事情，都要勤苦，不应懒惰。

不怕念起，只怕觉迟

指人有私心杂念是难免的，但要及时醒悟，抛弃杂念。

不怕起点低，就怕不到底

指做什么事都不怕底子差，就怕没有信心坚持到底。

不怕穷，就怕懒

指只要通过勤劳的工作就可以改变贫穷的生活。

不怕人穷，就怕志短

指不怕人贫穷，就怕人没有志气。比喻人只要有抱负、有志向，就能奋发图强，达到目标。

不怕人欺负，就怕不丈夫

只要顶天立地、胸怀坦荡，就不怕别人欺负。

不怕山高老虎恶，就怕没吃铁秤砣

指只要铁了心干，再大困难也能战胜。

不怕学问浅，就怕志气短

指学识短浅并不可怕，怕的是没有上进心。

不怕一万，只怕万一

指事情常常有偶然性，要防备想不到的情况发生。提醒人办事要小心谨慎，不能粗心大意。

不如意事常八九，可与人言无二三

指人生称心如意的事很少，可以告诉别人谈的话很少。

不入虎穴，焉得虎子

指不进虎窝，如何能得到小虎崽儿呢？比喻不经历艰难险阻就不能获得成功。也比喻不冒危险深入实地，就不会

获得需要的东西。

不实心，不成事；不虚心，不知事

指人在办事时要虚心，要诚心实意，才能把事办好。

不是肥土不栽姜，不是好汉不出乡

指有胆识有抱负的男子会走出家门到外面去闯荡，谋求发展。

不熟的肉损坏肠胃，失信的话伤害朋友

指吃了不熟的肉就会对肠胃的功能造成损害，不讲信用就会伤害自己的朋友。

不思万丈深潭计，怎得骊龙颔下珠

骊龙：传说中的黑龙。颔：下巴。指不打算潜到万丈深渊里，哪能得到黑龙下巴底下那颗宝珠呢？比喻只有敢于冒危险，富有牺牲精神，才能最终获得成功。

不贪财，祸不来

指不贪图财物，就不容易招来祸事。

不图一时乱拍手，只求他日暗点头

指不要寻求一时的虚荣，要脚踏实地地做事，让别人从心里敬佩你。

不为物欲所惑，不为利害所移

物欲：得到某种物质利益的欲望。指既不受物质利益所诱惑，也不受个人利害关系的影响。比喻办事要出于公心。

不显山，不露水

指瞧不出来有山，也瞧不出来有水。比喻人的才能、钱物等没有显露出来，不被人注意。

不学蝴蝶花前逛，要学蜜蜂酿蜜忙

指做人要像蜜蜂一样勤勤恳恳，不

要像蝴蝶一样只会做表面文章。

不学米筛千只眼，要学蜡烛一条心

指要像蜡烛一样，做什么事情都要专一；不要学米筛，到后来一无所成。

不学杨柳随风摆，要学青松立山冈

指人要有坚定的立场与是非观念。

不以成败论英雄

指不要以成功和失败作为标准，来评价人物。换句话说，成功或失败不是判断英雄的标准。

不义之财不可贪

指不要贪图来路不正的财物。

不蒸馒头争口气

指人即使挨饿也要有骨气。

不走的路走三遭

指现在看来不会走的路，也许将来会走无数次。比喻思考问题要看得长远些。

不做狠心人，难得自了汉

自了汉：自己了却烦恼的人。指如果不能下狠心摒弃欲望，就不能摆脱世间的种种烦恼。

C

才高易狂，艺高易傲

狂：狂妄，自高自大。傲：傲慢。指本领超群的人容易狂妄，技艺高强的人容易傲慢。

才脱了阎王，又撞上小鬼

比喻刚逃脱一个灾难，又遇上另一个灾难。指灾难接踵而来。

财帛如蒿草，义气重千斤

指钱财如同草一样轻，但是义气却重似千斤。指要重义轻财。

财从细起，有从俭来

有：富裕。积累财富要从细小之处开始，富裕的生活是靠勤俭节约得来的。

财上分明大丈夫

比喻在钱财往来上行为正直的人才是真正的英雄。

沧海不能实漏卮

实：充实，装满。卮：盛酒的器皿。

像大海一样多的水也不能装满有漏洞的酒器。比喻十分铺张浪费，即使收入再多也不能应付支出。

苍天不负有心人

负：辜负。有心人：有志气又善于思考的人。指命运不会让有恒心的人失望。

苍蝇不钻没缝儿的蛋

鸡蛋没有裂缝，苍蝇就不会来叮。意谓只要自身没有问题，别人就无法钻空子。

草鞋不打脚，脚打草鞋

指草鞋之所以不磨脚，是因为脚把草鞋磨破了。比喻遇事不要抱怨别人，应在自己身上寻找原因。

草有茎，人有骨

人要有骨气，就像草要有韧茎一样才能生存得好。

草有灵芝木有椿，禽有鸾凤兽有麟

灵芝、椿（树）、鸾凤、（麒）麟：分别是草、木、禽、兽中的佼佼者。指在任何领域中都会有出类拔萃的佼佼者。用于鼓励人们奋发向上，赶超众人。

草有香草毒草，人有好人坏人

指人有好的有坏的，就像草有香草毒草一样。

馋猫改不了吃腥，田鼠改不了打洞

比喻人的性格是改变不了的。

长存君子道，日久见人心

指长期保持高尚的情操，时间久了，人们就会有正确的评价。

常将有日思无日，莫待无时思有时

指有钱的时候要常想想没有钱的时候，不要等到没钱了再后悔。指时刻要牢记节约，不要浪费。

常听老人言，办事不作难

指老人具有丰富的阅历和经验，经常聆听老人的教诲，办事就会少走弯路。

常在山中走，哪怕虎狼凶

指经常在山中行走的人，就不怕凶恶的虎狼。比喻常处在危险环境中的人，即使遇到意外也不会惊慌失措。

炒豆大伙吃，炸锅一人担

意谓有好处大家分享，有问题一个人承担。

成大事者，不拘小节

比喻立志成就大事的人，不会拘泥于小事情。

成大事者，不惜小费

指办大事的人，着眼于全局，不在乎小的损失。

成功无难事，只怕心不专

指专心致志地从事某一方面的工作，一定能克服困难，取得成就。

成绩不讲跑不了，缺点不讲改不掉

指有了成绩大家都能看到，用不着自己去说；自身的缺点，别人不批评指出，自己就很难察觉和改正。

成家子，粪如宝；败家子，钱如草

指成家立业的人把粪土看成宝贝一样爱惜，败家子则把钱财看成野草一样浪费。

成人不自在，自在不成人

成人：有所作为的人。自在：自由自在，安逸舒适。指要想成为有所作为的人，就不能图省安逸，必须付出艰辛劳动；舒舒服服、贪图享乐是成不了人才的。

成人容易做人难

成人：生长成人。指一个人长到成年是不难的，但真正成为一个有才有德的人是很难的。

成事不足，败事有余

指将事情办成功的能力不够，把事情弄糟的本事却不小。比喻有些人办不成事情，只会把事情搞砸。

成也萧何，败也萧何

萧何：汉高祖刘邦的丞相，曾辅佐刘邦夺取天下，刘邦统一天下后，萧何又设计为刘邦除掉韩信。韩信的成功与失败都是由萧何造成的。比喻事情的成败皆出于一人之手。也比喻事情成功靠此人，事情失败也由此人引起。

成则为王，败则为寇

指争夺江山，互相厮杀，胜利者称

王称帝，失败者则被称为盗寇。争夺天下往往以成败论英雄。

诚可惊神，孝能感天

指真诚可以震撼神仙，孝心可以感动上天。指真诚与孝心是最令人感动的。

诚无垢，思无辱

垢：指污点，不光彩的事情。真诚待人自身就会清白，做事多考虑就不会受到耻辱。

诚心能叫石头落泪，实意能叫枯木发芽

指诚心实意可以让石头落泪、枯木发芽。指只要真心实意就不会有办不成的事。

诚招天下客，誉从信中来

真诚可以招来很多顾客，信用能够带来好的声誉。指在经商中诚信是最重要的。

吃别人嚼过的馍没味道

比喻做事情假如用别人已使用过的办法去做，就没什么意义，不如另辟蹊径。

吃不了，兜着走

东西吃不完就装在兜里带走。意谓出了问题，要承担一切后果。

吃不穷，穿不穷，打算不到就受穷

指过生活要精打细算，谋划不周，就会受穷。

吃得苦中苦，方为人上人

指只有禁得住艰苦磨难，才能得到高出一般人的地位。比喻只有经过艰苦磨炼，在事业上取得成功，才能出人头地。

吃得亏的是好人

指待人宽宏大量，不计较个人得失

的人才能称得上好人。

吃的轻担的重

意谓事情无论轻重都能承担责任。

吃的是盐和米，讲的是情和理

比喻人吃盐与米，不同于动物，对事应讲情理。

吃饭吃饱，做事做了

指做事情要完善，不要半途撒手。

吃惯了嘴，跑惯了腿

意谓贪吃贪玩一旦成了习惯，就会不由自主。

吃黑饭，护漆柱

黑饭、漆柱，色俱黑。比喻人不明事理，心眼黑。

吃鸡蛋不吃鸡母

鸡母：母鸡。只可以吃鸡蛋，不能吃下蛋的母鸡。比喻只能花利息，不能动用本钱。

吃酒图醉，放债图利

喝酒图的是醉酒畅快，放债图的是赢利。指做任何事情都有目标。

吃亏人常在

意谓愿意吃亏的人可一直站得住脚，或心地宽广的人可以长寿。

吃了不疼糟蹋疼

指食物吃了不算浪费，而糟蹋了就让人心疼。

吃了五谷想六谷，做了皇帝想登仙

意谓人的欲望是永远不能满足的。

吃请对门谢隔壁

比喻报答错了人。

吃三年薄粥，买一头黄牛

指平常多节省，日子久就可以积累

一大笔钱。

吃虱留大腿

虱子很小，吃它时还要留出它的大腿来。意谓人十分小气。

吃水豆腐都有被噎的时候

比喻做任何事情都会遇到难处和阻碍。

吃腥的猫儿修不成老道

比喻摆脱不了世俗偏见的人成不了大事。

吃一回亏，学一回乖

学乖：指吸取教训。指吃亏上当后可以得到教训。比喻遭受过一次挫折，就能接受一次经验教训。

吃一节，剥一节

意谓拖过一天算一天。

吃一堑，长一智

堑：隔断交通的沟壑，指挫折失败。指遇到一次挫折，就可以增长一次智慧。比喻遭受一次挫折，吸取了经验教训就能增长一次见识。

吃着碗里，看着锅里

指嘴里吃着碗中的东西，眼睛却盯着锅里的东西。意谓人贪心不足。

痴人自有痴福

指傻人有傻人的福气。比喻愚蠢呆笨的人常常有福气。

虫蛀木断，水滴石穿

指虫子一口一口地咬，能咬断木头；水一滴一滴地滴，可以滴穿石头。比喻做事只要持之以恒，就会见成效。

出的牛马力，吃的猪狗食

形容穷人的生活极为困苦艰难。

出家人不打诳语

诳语：欺骗人的话。出家人超凡脱俗，是不讲哄骗人的话的。

出笼鸟儿收不回

比喻和人约定好的事情，是不会更改的。

初生牛犊不怕虎

指刚出生的小牛没见过老虎，不知其凶恶，碰到它也不知害怕。比喻初入社会的年轻人敢想敢干，勇敢无畏。

初生之犊猛于虎

刚出生的小牛比老虎还勇猛。意谓年轻人朝气蓬勃，精力旺盛。

初学三年天下敢去，再学三年寸步难移

比喻刚刚学会技艺的人，往往自以为了不起，哪里都敢闯；技艺精湛后，才知道还有许多要学习的，反而会处处谨慎。

除了灵山别有佛

除了灵山，其他地方也有佛。意谓除了此地或此办法，还有其他地方或其他办法。

川壅则溃，月盈则匡

壅：堵塞。盈：满。匡：亏。指河流堵塞就会决堤，月亮圆了就会变亏。比喻人若自满必招致失败。

穿不穷，吃不穷，算盘不到一世穷

穿不会穿穷，吃不会吃穷，不会谋算会一辈子贫困。指不会算计着过生活就会一世贫穷。提醒人们，过日子要有谋划，合理安排使用钱财，防止挥霍，能避免陷入贫困。

穿衣戴帽，各有所好

指人的性格各异，爱好也不同。

船的力量在帆上，人的力量在心上

指船行驶的力量在于船帆与船桨，而人前进的动力在于思想。

船怕没舵，人怕没志

船没有舵就失去了控制，人没有志向就失去了前进的动力。

船通水，人通理

指船有水才能行走，人有理才能安身。

床头千贯，不如日进分文

指存钱再多，也禁不起花，不如每天都有一些收入。

创业百年，败家一天

指创业极其艰难，需要长期的勤苦劳动；败家却很容易，随便浪费就能毁于一旦。比喻创业极为艰辛，而毁业十分容易。

创业容易守业难

指保存、发展事业比创建事业更难。

吹牛容易实干难

指唱高调、说大话容易，要真正实干就非常艰难，要干得好就更难。

春风不入驴耳

春风虽然温暖随和，也不会吹进驴的耳朵。比喻愚笨的人是听不进良言的。

从来好事多风险，自古瓜儿苦后甜

指任何一件好事都要经历很多磨难才能成功。

从来玩物多丧志，不是人迷是自迷

自古以来耽于物质享受的人最终会丧失自己的志向，丧志的根源在于自身，不在于别人。

从小儿定八十

指从童年的表现就可判断出老年时的情形。比喻从幼小时观其表现，就能知道长大后会什么样。

聪明反被聪明误

误：耽误，妨害。聪明人认为自己聪明，结果反而让自己受到损害。指聪明人自恃聪明，往往不听他人的劝告，反而被聪明耽误了。

聪明容易傻难

聪明：这里指耍小聪明。傻：这里指实干、苦干。投机钻营、耍小心眼容易做到，踏踏实实、辛苦劳作地干活却难做到。

聪明一世，糊涂一时

指一向聪明的人，也有糊涂的时候。

聪明一世，懵懂一时

懵懂：糊涂，不明事理。指再聪明的人也有迷糊的时候。

寸金难买寸光阴

一寸见方的黄金也难买回日影移动一寸的时间。指时间宝贵，流失后无法挽回。

搓绳不能松劲，前进不能停顿

指前进如同搓麻绳一样不能停顿，要坚持不懈地干下去。

错误不隐瞒，责任不推诿

指要敢于承认自己的错误，承担自己的责任。

D

打柴总得先探路

比喻做什么事都要先了解情况。

打倒不如就倒

指与其被打倒，不如顺势倒下。比喻做事要顺应形势发展。

打狗就不怕狗咬，杀猪就不怕猪叫

比喻要控制对方，就不怕对方反抗。

打虎还防虎伤人

比喻在打击凶残的敌人的同时，要防备敌人对自己的还击。

打虎要力，捉猴要智

指办不同的事情要用不同的方法。

打架不能劝一边，看人不能看一面

比喻看待问题或处理事情要全面、周到。

打墙板儿翻上下，扫米却做管仓人

比喻人的命运变幻莫测。

打蛇不死，反受其害

比喻除害不彻底干净，给自己留下祸患。也比喻要么不做，要做就做到底。

大吃大喝顾眼前，省吃俭用度灾荒

告诫人们要节俭度日。

大处着眼，小处入手

指做事要从全局考虑，从细微处开始。

大胆天下去得，小心寸步难行

指有胆量和魄力的人一往无前，胆小谨慎的人则一事无成。比喻胆大的人奔南闯北，四海为家；胆小怕事的人，则守着家门寸步难离。

大风吹不走月亮

比喻困难吓不坏毅力坚定的人。

大富由命，小富由勤

指大富贵靠的是命运，而小富贵靠的是勤劳。

大官不要钱，不如早归田，小官不索钱，儿女无姻缘

归田：弃官回家种地。无姻缘：找不到结婚对象。指无论大官小官无不贪财受贿。

大海不嫌水多，大山不嫌树多

比喻有志向的人永远不会满足于已有的学问。

大海有鱼千万担，不撒渔网打不到鱼

指任何事情的成功，都要经过艰苦的努力。

大俭以后，必生奢男

指过于节省以至于吝啬的人，其后代生活必定奢侈。

大匠无弃材

技艺高超的匠人手中是没有废料的。意谓善于利用材料或善于用人。

大街上走着贞节女

指女子只要行为端庄，就不怕别人说三道四。

大难不死，必有后程

指患难中的幸存者，今后一定会有前途。比喻在困境中摆脱艰难，化险为夷，将来必定有享福之日。

大难不死，必有后福

一个人如果大难临头还能活下来，日后必有大福降临。

大人不记小人过

指胸怀宽广的人，不会追究小人物的过失。

大人肚里道道多

指成年人思想复杂，主意多。

大事不糊涂，小事不纠缠

对大事要保持清醒明白，对小事不要纠缠。

大水不到先垒坝，疾病没来早预防

指事情发生前就要做好防范，这样才可以轻松对付。

大意失荆州

比喻麻痹大意，会造成不可挽回的损失。

大有大难，小有小难

指家业大有大的困难，小家庭有小的困难。比喻各有各的困难，大家都不好过。

大丈夫见义勇为

指有志气的男子看到正义的事情就会奋力去做。

大丈夫流血不流泪

比喻有志气的男儿宁肯流血牺牲，也绝不伤心流泪。

大丈夫能屈能伸

指真正的英雄身处逆境时能够忍受屈辱，在顺境时则能施展抱负。

大丈夫宁折不弯

比喻有作为的男子汉宁肯牺牲生命，绝不受污辱。

大丈夫相机而动

相机：察看时机。指做大事的人总是要看具体情况采取相应的行动。

大丈夫一人做事一人当

指有志气的人做事勇于承担责任，不牵连别人。

带着铃铛去做贼

比喻不加避忌，导致暴露自己目标的愚昧行动。

耽迟不耽错

指做事宁可因多占用了时间而承担责任，也不要为了争取时间而出现错误。

胆大的漂洋过海，胆小的寸步难行

说明胆子大才能办成大事。

但行好事，莫问前程

指劝人多做有利于人的好事，不要顾及个人的利害得失。

当取不取，过后莫悔

意指该得到的东西要及时争取，以免过后后悔。

当着矮人，不说短话

当着个子矮小的人，不要说他的短处。指说话要看场所，避免无意中伤害别人。

刀越磨越利，脑越用越灵

脑子越用越灵活，就像刀子越用越快一样。

到了山里再砍柴，到了河边再脱鞋

比喻时机不成熟，不可盲目行事。

得低头时且低头

指与人相处时，该忍让时要忍让。

得理不饶人

指有理就不宽恕别人。

得理让三分

指做人要宽容，即使有理也要适当宽恕对方。

得利不可再往，得意不可再往

指谋利不可贪心不足，要适可而止。

得趣便抽身

感到满意的事要适时罢手，见好就收。

得意之事，不可再做；得便宜处，不可再往

指人不可贪得无厌，而要适可而止。

得智慧胜过得金子

获得智慧比得到金子更可贵。

登高必跌重

比喻名声越响，失败就越惨重。也比喻贪图权势地位的人职位越高，失利时付出的代价就越惨重。

定数难逃

命里注定的灾难不可能逃脱。

东河里没水西河里走

指问题总有解决的办法。

东隅已逝，桑榆非晚

早年时光已经逝去，但珍惜将来的岁月，还为时不晚。

动了太岁头上土，无灾也有祸

比喻侵犯了有地位的人会遭受祸患。

冻死不烤灯头火，饿死不吃猫剩食

宁可冻死也不在灯火上取暖，宁可饿死也不吃猫吃剩下的食物。意谓宁死也不愿接受屈辱的施舍。

冻死迎风站，饿死不弯腰

比喻人在困境中坚贞不屈。

多年为老娘，错剪脐带

老娘：接生婆。比喻有丰富经验的人，一不小心也会出错。

E

恶不可积，过不可长

积：积累。过：过错。指要随时清除自己的恶习，不能让它积累起来；要及时改正自己的错误，不能让它增长起来。

恶子忤逆不如犬

忤逆：不孝顺。指不孝顺的儿子不如狗。

饿得死懒汉，饿不死穷汉

懒汉能饿死，穷汉饿不死。指人只要辛勤劳动，就会有出路。

饿死胆小的，撑死胆大的

指胆小的人什么也不敢做，只能挨饿受穷；胆大的勇于冒风险，能办成大事。

饿死事小，失节事大

旧时认为女子宁可饿死，也不能失去贞节。今多指宁可死去也不能丧失气节。

儿女情长，英雄气短

比喻男女间的私情消耗了英雄人物的志气与气魄。

儿要自养，谷要自种

指自己抚养大的儿子才亲，自己栽种的粮食吃起来才香。比喻自己的事情要靠自己来处理，不要依赖别人。

儿作的儿当，爷作的爷当

指儿子做的事由儿子承担，父亲做的事由父亲承担。比喻谁做的事情，就应当由谁来承担责任。

二十年的媳妇熬成婆，百年的道路熬成河

比喻人经历了多年磨难，终于出头。

F

凡事不可造次，凡人不可轻视

造次：鲁莽，轻率。指做事不要粗鲁，对人不可轻傲。

凡事要好，须问三老

三老：指有经验、有德行的长者。指要想把事办好，就要多请教经验丰富、德行高尚的人。

凡事有个先来后到

做事要按先后次序进行。

凡事只因忙里错

指做事匆匆忙忙就容易出现错误。

饭得一口一口地吃，路得一步一步地走

比喻事情只能循序渐进一件一件地办，不能操之过急。

饭来张口，茶来伸手

指饭拿来了就张嘴吃，水送来了就伸手接。比喻人懒惰，坐享其成。

方木头不滚，圆木头不稳

指方的木头放着平稳但不易滚动，圆的木头易滚动却放不平稳。比喻什么事情都不可能完美无缺。

芳槿无终日，贞松耐岁寒

芳槿：木槿花。不要像美丽的木槿花那样朝开暮落，而要像坚贞的松树那样禁得起严寒的考验。

放松一步，倒退千里

指人每时每刻都不能放松，一旦松懈就会迅速后退。

飞得不高，跌得不重

比喻对名利地位的追求或谋取高位与钱财应有节制，以免招致重大的灾祸。

非理之财莫取，非理之事莫为

比喻不合理义的钱财不要去拿，违背理义的事情不能去做。

愤兵难敌，死将难当

当：阻挡；抵挡。愤怒的士兵难以对付，不怕死的将军难以抵挡。比喻奋不顾身的人英勇无比，难以抵挡。

丰年要当歉年过，有粮常想无粮时

指生活富足时，过日子也要精打细算，勤快节省。

风吹云动星不动，水流船行岸不移

比喻有坚定信念的人能禁得起任何挫折和考验，永不动摇。

风来要顶着走，雨来要快步行

比喻遇到困难要勇往直前，敢于与

困难作斗争。

风流自古多魔障

魔障：佛教用语，恶魔所设的障碍。指有才能的人，风流偶傥，自古至今多经受磨难。

风无常顺，兵无常胜

比喻事情不可能都一帆风顺，或者永远没有挫折。

逢恶不怕，逢善不欺

指不害怕恶人，不欺侮弱小。指人要正直、富有同情心。

佛在心头坐，酒肉腑肠过

心中牢记佛祖的教诲，照样可以喝酒吃肉。指修行重在修心，不必严守清规戒律。

佛争一炉香，人争一口气

指佛要争享一炉香火，人活着是为了争口气。比喻人一定要有志向，要自强不息。

福无双至，祸不单行

指好运不会连续到来，灾祸却会接踵而至。

福与祸为邻

指福气和祸患是邻居。也指福中潜伏着祸，祸中蕴藏着福，随时随地相互变化。

福至心灵，祸至心晦

福运来时，人会心情舒畅，思路敏捷；灾祸降临，人会心慌意乱，神志不清。比喻福、祸对人的智力影响很大。

覆盆不照太阳晖

指倒扣的盆子里照不到太阳的光芒。比喻多年冤屈没法得到昭雪。也比喻身陷囹圄，得不到光明。

G

干屎抹不到人身上

抹：涂抹。比喻只要行得正、做得端，就不怕别人中伤诬陷。

赶路怕脚懒，学习怕自满

指想要加快行动的步伐就不能懒散，想要学到真本事，就不能满足于已有的成绩。

敢作敢当，才是英雄好汉

比喻人就应敢于对自己的行为负责。

高明不发怒，勇士不鲁莽

指有见解、有技能的人遇事不生气、不发火，有胆量、有智谋的人做事总是

考虑再三。

个人事小，国家事大

指国家利益永远高于一切，个人利益应该服从国家利益。

各人害病各人吃药

指自己生病要自己看医生、吃药。比喻自己做错了事情，要靠自己反省改正。

各人做事各人当

比喻每个人都应当对自己的所作所为承担责任。

根要深，人要真

指为人最重要的是真诚，不能够弄

虚作假。

根子不正秧必歪

指本质不好、难以成为正派的人。

弓硬弦长断，人强祸必随

长：这里是经常的意思。指弓如果太硬，弦就容易折断；人的性格如果太偏激，爱逞强，也就必然遭受灾祸。

公道自在人心

公道：公正的道理。指事物在众人心里总会有一个正当的评价。

公而忘私，舍己为人

指为了公共的利益而忘记了自己的私利，为了他人的利益而舍弃了自己的利益。

公鸡总是在自己的粪堆上称雄

比喻鼠目寸光没有远大理想。

公人见票，牲口见料

公人：指差役。指差役见钱眼开，就像牲畜见到饲料一样贪婪。

公修公德，婆修婆德，不修不得

指谁能苦练修行，谁就能得到善果；不能吃苦修行的人，将什么都得不到。

功不成，名不就

指功名事业方面没有取得成就。

功到自然成

指决心下功夫，事情就必然会成功。

功夫不负有心人

有心人：有志向又善于动脑筋的人。指只要矢志不渝、勤学苦练，就一定会取得成功。

功名是身外之物

身外之物：身体以外的东西。指功名不是很重要的东西。提醒人不要热心功名。

恭可平人怒，让能息人争

恭：恭敬。指恭敬可以消除对方的怒气，谦让能够平息人与人的纷争。

狗不咬上门客

指狗都不咬上门的客人，人对客人更应该礼貌恭敬。

狗怕弯腰狼怕站

指狗怕人弯腰捡石头打它，狼却怕人站立与之对峙。

狗是忠臣，猫是奸臣

指狗忠诚于主人，家里再贫穷也不肯离去；猫嘴馋，什么地方有好的食物就到什么地方去。

狗无廉耻，一棍打死；人无廉耻，无法可治

指人到了毫无廉耻的地步，也就无药可救了。

关住门要拳

比喻不敢在人面前说明自己的见解，却在背后大发议论。

官不修衙，客不修店

衙：衙门，官员办公的机关。比喻混天度日，不做长远打算。

官土打官墙

指公家的东西要用在公事上，不能挪为私用。

惯骑马的惯跌跤，河里淹死会水的

惯：经常。从马上摔下来的人大多数是经常骑马的，河里淹死的人往往是会游泳的。指有能力的人往往会由于粗心大意而发生事故。

惯偷惯偷，贼性难丢

指经常偷东西的人，贼性难改，到

哪儿都要偷。

惯贼行窃，无所不偷

指经常做贼的人，看到东西就想偷。

光阴似箭，日月如梭

形容时间过得很快。

光阴似箭催人老，日月如梭赶少年

梭：织布时牵引纬线（横线）的工具，两头尖中间粗，形状像枣核。时间飞逝如同射出去的箭，日月转换如同织布时的梭子，不知不觉中，人已不再年轻。指时光流逝得很快。

鬼门上占卦

占卦：按卦象推断吉凶。比喻匆忙做事，毫无结果。

国家多难之秋，壮士用命之时

壮士：豪壮而勇敢的人。指在国家多灾多难之时，每个有志气的人都应挺身而出，勇于为国献身。

国家兴亡，匹夫有责

匹夫：古代指平民中的男子，后泛指一般老百姓。指国家的兴亡盛衰，每个人都有责任。

过后才知事前错，老来方觉少时非

事情过后才认识到以前自己的错误，年老了才看清年少时的不对。

过去未来，不如现在

指正确对待现实是最重要的。

H

蛤蟆、蝎子、屎壳郎，各人觉着各人强

比喻自以为是，自高自大。

孩子是自己的好，老婆是人家的好

指男人对孩子的关爱自会始终不变，但对妻子却可能会变心。

害人之心不可有，防人之心不可无

不能存有害人的心，但不能没有提防别人害自己的心。

憨人有憨福

比喻老实憨厚的人自有他的福气。

寒天不冻勤织女，饥荒不饿苦耕人

指只要辛勤劳动就不会挨饿受冻。

好吃屎的闻见屁也香

好：喜爱。比喻对丑恶事物喜爱的人，时刻不忘对丑恶事物的追寻。

好狗不和鸡斗，好男不和女斗

好汉不屑于和女人争斗。

好汉不打告饶人

指要有包容之心，要宽恕那些已经认错的人。

好汉不记仇

指英雄豪杰宽宏大量，不和平常人计较。

好汉不怕死，怕死非好汉

英雄好汉勇于牺牲，视死如归，懦夫才会贪生怕死。

好汉不贪色，英雄不贪财

指英雄好汉不会被金钱和美色诱惑。

好汉识好汉，英雄识英雄

识：认识，了解。只有英雄才能真正地了解英雄。

好汉争气，赖汉争食

指好汉在功名事业上奋斗，庸人在衣食小事上争执。

好汉子不咽脱口的唾沫

指好汉不收回说出去的话，最讲信用。

好汉做事做到头，好马登程跑到头

指好汉做事情一定会坚持到最后，不会半途终止。

好马不备双鞍，烈女不更二夫

旧时认为贤德的女子只能从一到老，如同好马只配备一个鞍。

好马不吃回头草，好汉不买后悔药

比喻有志气的人勇往直前，从不后退，从不后悔。

好马不停蹄，好牛不停犁

指好马不停地跑，好牛不停地耕地。比喻品德高尚的人为人类、为理想永远不停地奋斗。

好马看的是腿劲，好小伙子看的是心劲

好马奔驰千里靠的是腿，好青年干事业靠的是志气。

好猫儿，不吃鸡；好男儿，不欺妻

指男儿胸怀开阔，不在妻子面前逞凶。也指不欺侮弱小。

好男不吃婚时饭，好女不穿嫁时衣

指有志向的人自力更生，不会依赖家庭。

好男儿志在四方

指有作为的男人应该胸襟开阔，理想远大。

好人不常恼，恼了不得了

恼：生气，发怒。指好人轻易不发火，发火了就令人畏惧。

好人说不坏，好酒搅不酸

好人：指思想行为正派的人。好酒：指美酒，名酒。指好人就是好人，任闲言碎语，妄加污辱也成不了坏人，就像美酒再乱搅也搅不成酸酒一样。比喻风言风语影响不了正直人。劝慰人们，对一些不负责任的胡言乱语，不必介意，可处之泰然。

好死不如赖活

指好好地死去，不如窝囊地活着。

好雁总是领头飞，好马总是先出列

比喻有作为的人遇事总是冲在前面，敢于承担责任。

喝水要喝长流水

指长流水干净，常喝有益身体健康。比喻过日子要精心算计，才能幸福长远。

和气不蚀本

蚀本：赔本。指做生意态度和蔼，待人有礼貌，就不会亏本。也泛指为人处世和气有礼貌总会有好处。

和气致祥，乖气致戾

致：招致，导致。乖：不和气，无理。戾：灾难，祸患。指待人温和就会吉祥平安，待人蛮横就会招致灾祸。

和颜悦色买人心

指待人态度和蔼，就能获得别人的帮助和支持。

黑馍多包菜，丑人多作怪

指粗面馒头不配上菜，就很难吃下去；丑陋的人往往装扮姿态，来掩饰自己的丑陋。

黑墨落在白纸上，钉子砸在木头里

比喻约定好的事情是不能反悔的。

黑泥染不了白藕心

指思想纯净的人不会受到环境的污染。

狐狸发了言，公鸡打算盘

比喻坏人刚想行动，好人就必须做好防备。

虎瘦雄心在

比喻有远大抱负的人，虽境遇坎坷或年老体弱，但也不放弃努力。

花落花开自有时

指每种花的绽放和凋落都有本身的时间。比喻人的运气好坏都是命中注定的。

花有重开日，人无再少年

指鲜花凋谢后，来年还有再开花的时候，而人年老以后，却不可能再变得年轻。比喻青春只有一次，要珍惜时间，不可荒废了大好年华。

花枝叶下犹藏刺，人心怎保不怀毒

指人心难揣摸，要随时防备那些表面和气却心藏邪恶的人。

话不可说尽，事不可做绝

指说话做事都要留有余地，不可把事情做绝。

话到嘴边留三分，事要三思而后行

指说话要保留余地，做事要考虑周到后再去做。

话想三道，稳；绳捆三道，紧

指说话之前深思熟虑，就不会失言，如同捆绳子多捆几道就会很紧。

欢娱嫌夜短，寂寞恨更长

更：古时夜里计时单位，一夜为五更，每更约两个小时。指欢乐时总嫌夜里时间太短，愁苦时却恨夜里的五更太长了。比喻一个人在欢乐和愁苦时，具有两种不同的心理状态。

黄河尚有澄清日，岂可人无得意时

指黄河的水还有清澈的一天，好人就没有得到好运气的时候？比喻人总会有遇到好运气的时候。

黄金未为贵，安乐值钱多

意谓安定快乐的生活比钱财上的富有更有价值。

黄金要纯靠烈火，钢刀锋利要勤磨

比喻只要不断地拼搏奋斗就能取得成功。

黄金有价，信誉无价

指人的信用和名誉比黄金还珍贵。

黄金有价人无价

指人比黄金宝贵。比喻黄金有价格可以交易，而人则是不能用价格来衡量的。说明人是最宝贵的，不是用金钱能交易的。

黄连树根盘根，穷苦人心连心

比喻穷人的心紧紧相连，就像黄连树的根一样，紧紧地盘绕在一起。

黄梅不落青梅落，老天偏害没儿人

比喻由于各种情况，有时年轻人反而会比老年人死得早。

黄鼠狼偏挑病鸭儿咬

比喻不幸的事总发生在遭遇不好的人身上。也比喻坏人专找最弱势的地方下手。也就是说，祸患与不幸有时偏偏会落到弱者身上。

悔前容易悔后难

指事情过后再后悔也无济于事。

火烧芭蕉心不死

比喻不甘心不服输。

火要空心，人要实心

火心要虚，火才烧得旺；人心要实，人才容易相处。

祸不入慎家之门

灾难不会走入处处小心的人家。指为人谦和慎重可以避免祸患。

惑者知返，迷道不远

指迷路的人及时返回，迷失的路就不会太长。比喻有了错误的人知道改邪归正，就不会再出大错。也比喻如果一个人犯了错误，能够及时反省，改正起来就容易，也不会造成太大的恶果。

J

饥不饥拿干粮，冷不冷带衣裳

出门人无论饥不饥都应该带上干粮，无论冷不冷都应该带足衣裳。指凡事应早做准备，有备才能无患。

机不密，祸先招

指机密事泄露出去，就会招来祸患。换句话说，凡是机密大事要保守秘密，否则就会在事情未成之前，反而先招来祸患。

鸡毛飞上天

比喻本来不可能办到的事却成功地办好了。也比喻奇迹能够出现。

吉人自有天相

善良的人自然会受到上天的保佑。比喻人有好运气，遇到危险情况也能相安无事。

疾风暴雨，不入寡妇之门

即使遇上狂风暴雨也不能进寡妇的家避雨。指做事要注意别人的流言蜚语。

疾风知劲草，板荡识忠臣

板荡：《诗·大雅》里有《板》和《荡》二篇，都是说周厉王的无道，后用来指政局混乱、社会动荡。只有在猛烈的大风中，才能识辨哪些草是坚韧有力的；只有在动荡不安的年代，才能看出谁是真正的忠臣。比喻在十分恶劣的条件下才能考验一个人的意志和品质。

计毒无过断粮

比喻最恶毒的计策，不过就是断绝别人的粮草。

既当婊子，又立牌坊

婊子：妓女。牌坊：旧时用以表彰忠孝节义人物而建造的像牌楼一样的建筑物。比喻既想做丑事，又希图获取好名声。讥讽某些人既干了坏事，还想得到好名声。

既敢挠熊毛，当然不怕咬

比喻既然能冒险做事，就能承担后果。

家贫显孝子，国难识忠臣

指家境贫困时才能看出谁是最孝顺的儿女，国家危难时才能辨识谁是朝廷的忠臣。也泛指在关键时刻才能看出一个人的品质好坏。

见鞍思马，睹物思人

见到离去的人所留之物而引发对他的怀念。

见官三分灾

指遇到官吏就会有麻烦的事到来。

见人不是，百恶之根；见己不是，百善之门

总是挑别人毛病的人，品质也不会好；能发现自己缺点的人，才会不断进步。

见人之过，得己之过

指看见别人的过错，就能发现自己身上相似的毛病。

江湖越老越寒心

指人的阅历越多，对世事和人性越感到失望和痛心。

江山易改，禀性难移

禀性：本性。指山河的面貌可以变化，而一个人的本性却很难改变。

将心比心，强如佛心

处处为别人着想，是一种美德。

骄傲，蹲在门槛；谦虚，走遍天下

骄傲的人往往寸步难行，什么事也办不成；谦虚的人受人尊敬，人人欢迎。

骄傲来自浅薄，狂妄来自无知

指人骄横轻狂是由于见识短、修养差。

骄兵必败

指恃强轻敌的军队必然失败。比喻骄傲自满、轻视工作的人必定无成果。

骄者愚，愚者骄

指愚蠢没见识的人，才会骄傲自满。

脚上的泡，自己走的；身上的疮，自己惹的

比喻自作自受，无须埋怨别人。

教奢易，教俭难

指教人学会挥霍很容易；教人学会节省则很难。

节约好比燕衔泥，浪费好比河决堤

节约就像燕子衔泥一样，一点一滴，费时又艰难；浪费就像河水决堤一样，一泻千里。

金银难买勤手脚

手脚勤快是金钱买不来的。指勤劳难能可贵。

尽得忠来难尽孝

要献身国家就不能守在家里侍候父母尽孝，指尽忠尽孝两件事不能同时做到。

尽听拉拉蛄叫，就别种庄稼了

拉拉蛄：蝼蛄，昆虫，昼伏夜出，吃农作物嫩茎。指做事要自己做主，不要听别人的闲话。

经霜的甘蔗分外甜

比喻经过考验的感情会更真挚。

惊弓之鸟，夜不投林

受过弓箭惊吓的鸟，即使飞进树林也不敢停下来栖息。比喻受过惊吓的人往往心有余悸。

静坐常思己过，闲谈莫论人非

过：过错。非：错误。指要经常检点自己的过失，不要总是评论别人的不是。

久病无孝子

卧病时间长了，亲生儿女也不会一

直耐心伺候。

久赌无胜家

指赌场上没有永远的赢家。比喻常做冒险的事，最后总会失败。

酒多人醉，书多人贤

指喝酒多的人常醉，读书多的人往往修养高。指人不应该只图物质享受，而应提高思想品位。

酒要少喝，事要多知

告诫人们要少喝酒、多理事。

救寒莫如重裘，止谤莫如修身

裘：毛在外的皮衣。止：防止。谤：诽谤。指防备寒冷的最好办法是穿厚厚的皮衣，防止别人议论自己的最好办法是加强自身修养。

救火须救灭，救人须救彻

指救人要一救到底，就像救火要救到火星完全熄灭为止。

居移气，养移体

指地位改变气度，供养改变体质。比喻人随着职位待遇的改变而变化。

拘小节者，不能立大事

比喻对细枝末节问题看得很重的人，办不成大事。

聚少成多，滴水成河

指平时要注意节俭、积累。

倦鸟知还

比喻常在外边游荡的人想返回故乡。

君子不吃无名之食

指高尚的人不随便吃别人的饭食。也指君子不占有来路不明的钱财。

君子记恩不记仇

意谓品行高尚的人只记得别人的恩情而不把冤仇记在心里。

君子问灾不问福

通常指算命时人们要问的是有没有灾难，而不问是否有福运。

K

开水不响，响水不开

比喻真正有才学的人不会夸耀自己，到处吹嘘自己的人常常没有真实的学问。

砍了头不过碗大的疤

指即使被砍头也没有什么了不起。旧时多用来表示敢作敢当，什么后果都不怕。

看得破，逃得过

指把人间的事情识清了，对某些事情就不会去执意追寻，因此可以避免纠纷矛盾，躲避灾难。

炕上养虎，家中养盗

比喻袒护放纵坏人，会有许多灾祸。

靠山吃山，靠水吃水

指要根据客观条件，因地制宜地去发展生产，搞好生活。也比喻干什么行当就靠什么行当生活。

靠张靠李，不如靠自己

指依靠别人不如自己奋斗拼搏。

115

靠着米囤饿死

比喻不会依靠有利条件而陷入困境。

孔夫子面前莫背三字经

指不要在有才能的人面前卖弄自己的学问。

苦时难熬，欢时易过

指苦日子难过，快乐的时候很容易过去。

裤子长了要绊腿，心眼多了要受累

指如同裤子长了走路容易跌脚一样，遇事想得太多了反倒会拖累自己。

困难九十九，难不倒两只手

指困难再多再大，只要动手去做，就一定能克服。比喻困难再多、再大，也难不倒有勤劳双手的人。

L

拉不出屎来怨茅厕

比喻自己懒惰，事情办不好，却抱怨客观条件差。

拉弓不可拉满，赶人不可赶上

指为人处世要留有退步。

来得清去得明

指做事要清白廉洁。

来者不惧，惧者不来

惧：恐惧，害怕。敢来的人不会害怕，害怕的人不会来。指前来挑衅的总有几分胆识。

懒惰一时，损失一生

一时偷懒，一辈子后悔。

烂眼睛招苍蝇

比喻自身不谨慎会招来祸患。

狼行千里吃肉，猪行万里装糠

指狼总是吃肉，猪总是吃糠。比喻每个人的命运福分不同。也比喻各类人有各类人的性格特征，难以改变。

老不拘礼，病不拘礼

指老年人与病人可以不必拘泥于礼节。

老不与少争

指遇到事情，老年人不与年轻人计较。

老虎不吃回头食

指老虎不会返回来找食吃。比喻有志向的人做事说话不后悔。

老虎不嫌黄羊瘦

再瘦的黄羊，老虎也不嫌弃。比喻有用的东西再破旧，也舍不得丢弃。

老虎吃天，没法下嘴

比喻事情相当庞大杂乱，不知从哪里下手去处理。

老猫不死旧性在

比喻坏人的本性至死不改。

老人不见小人怪

指老年人见识长远，不必和不谙世事的晚辈计较。

老人好述远事

老年人喜欢谈论很久以前的事情。

老实常在，说空常败

指诚实可靠的人能得到别人的信任，

奸诈耍滑的人常招来祸患。

老鼠爱打洞，坏人爱钻空

比喻坏人喜欢钻营，就像老鼠喜欢打洞一样。

老鼠急了会咬猫

比喻人在无可奈何的情况下，会做出危险的事来。

老鼠眼睛寸寸光

比喻目光短浅。

冷手难抓热馒头

比喻无从插手。

礼不可缺

指不论什么事情，都要讲究礼节。

礼出大家

礼仪出自富贵的大户人家。

礼多必有诈

指过分讲究礼节一定是虚伪的言行。

礼莫大于敬，敬莫大于严

指礼节以尊敬为主，恭敬以严肃为主。

礼义生于富足，盗贼起于贫穷

指人在生活富足时，会讲究礼节；生活穷困时，会偷盗。

理还理，情还情，黑白要分明

指道理是道理，情分是情分，情理要分明。

力敌不如智取

指与其用武力取胜，不如用智谋取胜。

力贱得人敬，口贱得人憎

指不惜自己力气，会受人尊敬；闲话太多了，会招人讨厌。

立志容易成功难

空立志向是容易的，但要真正实现却不容易。

利刀藏在鞘里

指真正有分量的人与物是不轻易显露的。

良骥不陷其主

良骥：好马。好马不使主人遭祸。

良马恋主

指好马不愿意离开主人。

量大福也大，机深祸亦深

量：气量，肚量。机：心思。指气量大的人会有大的福运，计谋深的人终会招来灾祸。

量小福亦小

指气量小的人福气也小。

料智者不能料愚

智：聪明。愚：笨，傻。指能预料到智者的思维和行动，却难以猜测愚笨人所采取的与常人相违背的行动。

烈女不更二夫，忠臣不事二君

烈女：刚直有贞节的女子。旧指贞节的女子不嫁二男，忠良的臣子不伺奉两个君主。

灵鸟择木而栖，智士见机而作

机：时机，机会。作：行动。有灵性的鸟选择好的树栖身，聪明的人选择适当的时机行动。

流多少汗水，收多少粮食

指付出多少劳动，就收获多少庄稼。泛指投入多少就能收获多少。

柳树上着刀，桑树上出血

比喻替人受过。

龙生九种，种种有别

传说龙生下九子，其形态和个性各不相同。指同胞兄弟姐妹的个性、志趣、爱好各不相同。

龙无云雨，不能参天

指龙无云雨就不能升天。比喻要干成大事，就必须有所凭靠。

聋子爱打岔，傻子爱说话

聋子听不明白，别人说话时总爱打岔；傻子不懂事理，却爱发表意见。多用作对爱打岔、爱说话的人的斥语。

聋子不怕雷，瞎子不怕刀

指雷声再大，聋子也听不见；刀再锐利，瞎子也看不见。比喻不明事理的人遇到再大的危险也不在乎。

鲁班门前耍大斧

指没有自知之明的人在懂行的人面前卖弄自己。

路不平有人铲，事不公有人管

意指办事情不公平，自会有人站出来主持公道。

路不行不到，事不做不成

路不行走，难到终点，事情不做，难于成功。指人一定要去身体力行。

路没有平的，河没有直的

意谓人生道路不可能是平坦的。也说明人和人之间相处，难免发生矛盾。

路是人走出来的

说明人的前途是靠自己努力奋斗的结果。

萝卜青菜，各有所爱

通常说明人的爱好各不相同。

M

麻面姑娘爱擦粉，癞痢姑娘好戴花

癞痢：黄癣。好：喜欢。指生理上有毛病的人总想通过打扮来掩饰自己的毛病。比喻坏人总想装作好人的样子来掩饰自己。

麻绳熬断铁锁链

比喻力量虽小，只要坚持努力，也可以完成艰难的事情。

麻线系骆驼，立木顶千斤

系：拴。麻线能拴住骆驼，立木能顶住千斤重量。比喻正直坚强的人能抵得住外来的巨大压力。

麻油拌韭菜，各人心里爱

指用麻油拌韭菜吃，每个人都有自己的喜好。比喻人的爱好各不一样。

蚂蟥最怕烟屎，坏人最怕揭底

蚂蟥：水蛭的俗称，会吸血。烟屎：旱烟袋里积下的液体渣汁。坏人最害怕别人戳穿他的老底，如同蚂蟥害怕烟屎一样。

买尽天下物，难买子孙贤

指用金钱能买得到天下的所有东西，却不能买到子孙的孝心。指子孙的孝顺是很宝贵的。

馒头落地狗造化

造化：指福气。比喻碰上了意料不到的好运气。也比喻意外的收获。

瞒得了人瞒不了心

指自己做的事情即使能瞒得了旁人，

却瞒不了自己。

满壶全不响，半壶响叮当

说明有真才实学的人不爱显露自己，一知半解的人反而喜欢自我吹嘘。

慢走跌不倒，跑跳闪断腰

说明做事应小心谨慎，否则会出差错。

忙人无智

指慌乱时考虑事情不会周全。

忙人惜日短

惜：爱惜。日：这里指时间。说明勤快的人总感到时间流逝得很快。

忙中多有错

指匆忙中常常会有错误出现。

猫认屋，犬认人

猫在外只能认得主人的屋子，而狗在外却能认得主人。

猫子屙屎自己盖

比喻自己干的坏事自己收场。

毛毛细雨湿衣裳，小事不防上大当

比喻小的错误如果不防范，积累起来就会造成大的危害。

毛毛雨打湿衣裳，杯杯酒喝垮家当

比喻细小的浪费或错误，发展起来也会造成大的损害。

没有过不去的火焰山

比喻没有克服不了的困难。换句话说，有志者事竟成，只要努力进取，就没有克服不了的困难。

没有艰苦劳动，就没有科学创造

指只有靠艰苦努力和辛苦的劳动，才能有创造、有收获。

没有懒地，只有懒人

只要辛勤劳动，就会有所收获。

没云不阴天，无事不上山

比喻没事不会串门。

美景不长，良辰难再

辰：时光。美丽的景色不会长久，大好的时光不能再来。告诫人们要珍惜光阴，不要虚度年华。

猛虎捕食冲三冲

指猛虎捕食要经过多次才能捕获。比喻能人做事也要经过努力拼搏，不一定一次就能成功。

猛犬不吠，吠犬不猛

吠：（狗）叫。凶猛的狗不叫，爱叫的狗不凶猛。比喻真正有心计的人一般不显露自己。

迷而知反，得道不远

指迷途知道回返，离正路就不远。比喻犯了错误能及时改过来，就有成功的希望。

明白人不说糊涂话

比喻知道事理的人，讲话不会糊涂。

明白人不用多费话

意谓对明白人不用把事情说破，他自能理解。

明白人不做糊涂事

比喻聪明人不会去办不明智的事。

明白一世，糊涂一时

意谓聪明人也会有糊涂的时候。

明人不说暗话，好汉不使暗拳

比喻正大光明的人说话办事都放在明处。

明人不做暗事

光明磊落的人不在暗地里做见不得

119

人的事。

明人面前不说假话

比喻在知道事情真相的人面前不能撒谎。

明日复明日，明日何其多

明天过后又是明天，明天有很多很多。告诫人们要珍惜光阴。

明者睹未然

睹：看见。未然：还没发生的事情。比喻明白人在事情还没发生时就能预测到结果。

明者见于无形，智者虑于未萌

指明白的人在是非没发生时就能看出端倪，英明而有远见的人在祸端尚未萌芽时就已经在考虑结果了。

明知山有虎，故作采樵人

樵：柴。指明知困难重重，但仍然勇往直前。

明知山有虎，偏向虎山行

指明明知道山上有猛虎，却偏偏向山上去。形容胆略超人。

命薄一张纸，勤俭饿不死

即使命运不好，只要勤劳节俭，就能过上好日子。

命定应该八合米，走遍天下不满升

合：容量单位，十合为一升。命里注定该有多少，不管如何努力，也不能改变。比喻命中该受苦，走到哪里也要受苦。

命好心也好，富贵直到老

指命运好、心肠好的人，一辈子富贵。多用于祝福。比喻多做好事会有好报，行善积德能富贵到老。

命里有三升，不去求一斗

指相信命运，不图奢望。

命里有时终须有，命里无时莫强求

人生有无财权都是命里注定的，不能强求。比喻命里注定该有的东西最终也会得到；命里注定没有的东西，强求也得不到。

莫看强盗吃肉，要看强盗受罪

不要只看到强盗吃喝玩乐时的痛快，要想到他们将要付出的代价和受到的惩罚。

莫生懒惰意，休起怠荒心

休：不要。怠：懒惰；松懈。荒：荒疏。提醒人们不要产生懒惰、松懈、贪图享受的思想。

莫问收获，但问耕耘

只要辛勤劳动，就会有收获。

莫向人前夸大口，强中自有强中手

指别在人前吹大话，要明白强手之中还有更厉害的人。

谋事在人，成事在天

谋划事情在于人，而事情的成功与失败决定于天意。指筹划事情在于人，但在一定的情况下，事情的成功与否还在于周围的客观条件。

木从绳则直，人从谏则圣

从：听从。谏：规劝，使改正缺点。比喻只要从善做事，就可以使自己的品德高尚起来。

N

哪个耗子不偷油

老鼠没有不喜欢偷油的。常比喻男子好色或官员贪财。

哪里的黄土不发芽，哪里的水土不养人

比喻人不必死守在一个地方受苦，到处都可以谋生。

哪里黄土不埋人

指人应志在四方，四海为家，不必老死在故土。

内有斗秤，外有眼睛

指一个人的所有行为，自己知道，外人也看得很明白，不要自己欺骗自己。

男儿当自强

指男子汉应该努力奋斗，不停地拼搏。

男儿非无泪，不因别离流

男子汉并非无泪，只是不在离别时挥洒而已。意谓男子汉有远大抱负，不为儿女私情志短。

男儿没性，寸铁无钢；女人无性，烂如麻糖

指男人如果没有刚强的性格，就像废铁；女人如果没个性，就会让人轻视。

男儿无性，钝铁无钢

意谓男子汉如果没有刚强的骨气，就像没有钢性的软铁一样。

男儿膝下有黄金

比喻男子汉要刚强，不能轻易向人低头。

男儿有泪不轻弹

男子汉不轻易流淌眼泪。意谓男子汉性格刚强。

男人无刚，不如粗糠

指男人如果没有骨气，就不能有作为，连麸糠也不如。

男子汉头上三把火

指男子汉应有一股勇往直前、无所畏惧的火性。

难字压顶，寸步难行；闯字当头，随意纵横

比喻遇事如果畏惧不前，便会一事无成；假如勇敢地去闯荡，就能所向无敌。

脑子怕不用，身子怕不动

指脑子要常用，不然就会变得迟钝；身子要经常活动，不然机能就会衰退。

能大能小是条龙，能上能下是英雄

指为人处世要根据实情，能上能下才会有所作为，称得上真正的英雄好汉。

能硬能软，才是好汉

指随机应变、能屈能伸的人，才是真正的英雄好汉。

泥人还有个土性子

指什么人都有自己的脸面与个性。

年少别笑白头人

比喻人都有老的时候，所以年轻人要礼貌对待老年人。

年少力强，急需努力；错过少年，老来着急

劝人趁年轻精力旺盛时努力奋斗，

干一番事业；绝不可等到年老一事无成时，才独自感叹。

鸟各有群，人各有志

指人人都有不同的志向和理想，就如同鸟儿都有自己所属的鸟群一样。

鸟贵有翼，人贵有智

比喻鸟儿的可贵之处在于有翅膀，可以在高空飞翔，人的可贵之处，在于有聪明的大脑可创造一切。

鸟靠翅膀，人靠脚力

比喻人要生存发展，得靠自身的努力。

鸟为食落网，鱼为食上钩

指鸟儿与鱼儿因为贪吃食物而被捕捉。比喻人如果只顾贪利，不免会被蒙蔽、欺骗。

鸟惜羽毛虎惜皮

指鸟儿爱惜自己的羽毛，老虎爱惜自己的皮毛。比喻人最珍惜的是自己的名声。

鸟向明处飞，人往高处走

比喻人应当向更高、更远大的目标迈进。

宁吃开心粥，不吃愁眉饭

宁可轻松愉快地喝稀饭，也不愿愁眉苦脸地吃干饭。比喻宁愿自由自在地受苦，绝不委曲求全地享受。

宁吃鲜桃一口，不吃烂杏一筐

指宁可少而精，也不多而滥。

宁当鸡头，不做凤尾

宁愿走在鸡的前头，也不愿跟在凤凰的后面。比喻宁愿在小地方做领军人物，也不愿在大地方听人支配。

宁逢虎摘三生路，休遇人前两面刀

指宁可被猛虎堵住求生的去路，也不愿碰见一个两面三刀的人。比喻两面三刀的人比猛虎还可恶。

宁喝朋友水，不吃敌人蜜

指与人交往要分清远近亲疏，分清敌友。

宁可人前全不会，不可人前会不全

比喻宁可在人面前承认自己没多少学问，也不要胡言乱语随意吹嘘。

宁可身骨苦，不叫面皮羞

指宁可让身体受劳累，也绝不让人格受侮辱。

宁可无钱，不可无耻

比喻宁可没有钱财，绝不能没有道德和尊严。

宁可一不是，不可两无情

比喻为人处世要宽宏大量，即使对方有什么过错，也不能不讲情义，去报复别人。

宁可自食其力，不可坐吃山空

指人应该自强自立，自己养活自己，千万不能坐享其成。

宁可做小事，不可不做事

指人即使干不了大事，也该做一些小事，不能什么事都不做。

宁肯在囤尖上留，不敢在囤底上愁

囤：盛粮食的器具。指要想节约粮食，就要在粮食还丰富的时候节省，粮食快吃没时才节省就晚了。比喻节约要趁早行动。

宁人负我，毋我负人

宁可别人失信，对不起自己；也不

能自己失信，对不起别人。

宁舍命，不舍钱

指宁可不要性命，也不愿放弃钱财。比喻有些人视钱财重于生命。

宁合千斤献真佛，不拔一毛插猪身

意谓钱财要用在最有价值的地方。

宁要宽一寸，不要长一尺

指为人处世要宽容豁达，不可争强好胜。

宁愿肚子饿，不让脸上热

比喻宁可让肚子遭罪，也不愿丢掉尊严，人格上受到侮辱。

宁撞金钟一下，不打铙钹三千

铙：古代乐器，形状像铃，较大。钹：一种打击乐器——两个圆铜片，中间突起呈半球形。比喻宁可向有能力或魄力的人求助一回，也不愿向无能或无魄力的人求助多次。

宁做蚂蚁腿，不做麻雀嘴

比喻人应如蚂蚁一样勤快，绝不可如麻雀一样贪食。

牛吃青草鸡吃谷，各人自有各人的福

指每个人的福气各不相同。

牛角越长越弯，买卖越大越贪

指贪婪的欲望永无止境。

农民观天气，商人观市场

农民注意天气变化，商人注意市场商机。指每个行业都有自己关注的热点。

浓霜偏打无根草，祸来只奔福轻人

指灾祸总发生在毫无依靠、没有福运的人身上。

O

殴君马者路旁儿

殴：殴杀。指能够杀死马的，是旁边那些称赞马跑得快的人。泛指恭维赞许，往往能使人忘掉戒心，结果招来灾祸。

P

怕得老虎，喂不得猪

指怕老虎把猪偷吃掉，就不喂猪。比喻顾虑太多，过分胆小谨慎，就什么事也做不成。

怕狼怕虎别在山上住

比喻惧怕困难就不要去做冒险的事。

怕摔跤先躺倒

比喻事先做好预防工作。

螃蟹不忘横着爬

指恶人总是干恶事。

披麻救火，惹焰烧身

指披着麻布救火，结果引火烧身。比喻自找祸患。

匹夫舍命，勇将难敌

匹夫：一般人。敌：抵挡，对付。指勇猛的大将没法抵抗一个拼命的人。

骗了见不得真相，蝙蝠见不得太阳

骗子最害怕真相暴露，就像蝙蝠不敢见到阳光一样。

拼得一条命，水火也能胜

比喻只要有不怕死的拼劲，就能闯过一切艰难险阻。

拼着一身剐，敢把皇帝拉下马

指一个人如果能豁出一条命，就什么都不怕。

平时省分文，用时有千金

比喻平常假如能注意节省的话，急需的时候就会有钱财应付局面。

泼水难收

指倒掉的水无法再收回。比喻话一旦讲出来，就得算数；或事已成定局，没法改动。也比喻既成事实不能再挽回局势。

泼水难收，人逝不返

指人死不能复生，如同水泼出去收不回来一样。比喻事已成定局，无法改变。

破车之马，可致千里

致：到达。指拉着破车的马，虽然迟缓，但也可以到达千里之外。也指浪子回头，依然能成就大事。泛指工作效率虽然低一些，但能够坚持不懈，仍然能办成大事。

破船经不起顶头浪

指破旧的船只经受不住波浪的冲击。比喻人的处境很艰难，再也受不了新的打击。

Q

欺人是祸，饶人是福

指欺侮人会招致祸患，宽容待人最终会得到福气。

骑马一世，驴背上失了一脚

比喻有经验的人，也难免会有失误。

骑牛不怕牛身大，骑马不怕马头高

指不怕对方的气焰嚣张，总能制服对方。

骑上虎背难下地

指做事情中间，遇上了重大的困难，迫于形势又难以停手不干。

千金难买回头看

回头看：指反省已做的事。比喻能反省自己的一切行为很不容易。

千金难买亡人笔

指死者的亲笔文书是极为宝贵的。

千金难买一口气

气：指人的呼吸。指金钱难买人的生命。比喻人的生命十分宝贵，人凭一口气活着，没有这口气生命就结束了，金钱再多也没有生命更有价值。

千里投名，万里投主

投：投奔。比喻从很远的地方慕名前来投靠。

千人千面，百人百性

比喻每个人都有自己的个性和脾气。

千虚不如一实

指再多的虚假也不如一点点实在有价值。

前进路上无尽头，水流东海不回头

指人的前途是无止境的，应永远向前，不能退后。

前人撒土，迷了后人的眼

指走在前面的人扬土，迷了跟在后面的人的眼睛。比喻前人做了错事，后人受到牵连。也比喻上一辈人的是非纠纷连累了后代。

前人蹶，后人戒

蹶：被绊倒，比喻事情不顺利、失败。比喻后人要吸取前人的教训，不再犯前人的错误。

钱财如粪土，仁义值千金

指仁义比钱财更加难能可贵。

钱财是傥来物

指钱财是不经意间得来的东西。比喻对钱财并不放在心上。

钱到手，饭到口

指要厉行节约，就必须堵住任意花钱的漏洞。

钱是白的，眼是红的

指见钱就会眼红。比喻势利小人对金钱的贪婪。

浅河要当深河渡

比喻容易的事，也应该小心谨慎地做。

浅浅水，长长流

指勤俭持家，可以避免生活贫困。

强人腿下还给人留条路

强人：强盗。指不要逼人太甚，要给人留条生路。

巧妇难为无米之炊

炊：烧火做饭。指没粮食，再手巧的妇女也做不出饭来。比喻没有必要的客观条件，再能干的人也做不成事情。

巧伪不如拙诚

巧妙的伪饰，不如质朴的诚实。

茄子也让三分老

比喻对待老年人应该尊敬、谦让。

亲不择骨肉，恨不记旧仇

亲，不限于至亲骨肉；恨，不纠缠往日积怨。

勤俭宝中宝，时刻离不了

比喻勤俭持家是好的传统，要时刻牢记保持。

勤俭免求人

意谓勤俭持家创造财富，在吃穿用上就可以不求人。

勤快勤快，有饭有菜；懒惰懒惰，挨冻受饿

比喻人只有勤劳，才能避免挨冻受饿。

勤能补拙

勤快能弥补笨拙。

勤能补拙，俭可养廉

比喻勤快能够补偿笨拙的不足，节俭能使人保持廉洁的作风。

勤勤干，满满饭

指勤于劳作就能衣食无忧。

勤生财，俭治家

指勤劳能带来财富，善于节省才能治理好家务。

青春易过，白发难饶

比喻应珍惜青春年华。

晴带雨伞，饱带干粮

指做事要早做准备，免得事到临头来不及应付。

穷不倒志，富不癫狂

指即使穷也不能没了志气，富了也不要得意忘形。

穷不过讨吃，怕不过杀头

指再贫穷，也不过讨吃要饭；再恐惧，也不过脑袋落地。比喻既已做了最差的打算，就没有什么好顾虑的。

穷不瞒人，丑不背人

穷就穷，丑就丑，无须遮掩，无须隐瞒。指做人坦荡荡。

穷人骨头金不换

比喻穷人有志气，十分可贵。

穷人无灾即是福

即：就。指对于穷人来说，没有碰上灾祸就算是福气了。比喻穷人经不起

折腾，没有灾祸就算是有福气了。

穷媳妇知米贵

指贫困人家的女孩子出嫁后能够勤俭过生活。

穷有穷气，杰有杰气

意谓穷人有穷人的骨气，英雄豪杰有英雄豪杰的志气。

秋茄晚结，菊花晚发

指茄子在秋天还能长成，菊花开得晚却好看。比喻老年人在晚年仍然可以做些事。

求忠臣必于孝子之门

意谓在家能孝敬父母的人必定会尽忠报国。

去过死法是活法

死法：常规方法。活法：灵活的方法。除了常规方法，还有灵活方法。

R

让人一步自己宽

指对待别人宽容，也就是给自己留出了宽阔的后路。

让一得百，争十失九

比喻对人忍让一些，便能得到许多好处，反之就会丢掉许多。

饶人不是痴

指宽容别人算不上痴呆，以后会得到更多的好处。

饶人三分不是痴

指对人宽容谦让不是愚笨。

人必自侮，然后人侮之

指人首先一定是自己不洁身自爱，而后才会受到别人的轻视欺侮。

人不错成仙，马不错成龙

比喻什么人都不免有过错，人不犯错误是不可能的。

人不得全，瓜不得圆

指人总有缺点和错误，不会十全十美，就像瓜不可能绝对地圆一样。

人不说废话，母狗也能生麒麟

麒麟：古代传说中象征祥瑞的动物。

比喻人说话不可能每句都有价值。

人不学习不长进，人不劳动没出息

劝诫人们要勤奋学习，努力工作。

人不要脸，百事可为

比喻人只要不顾及脸面，什么事都能办成。

人不知己罪，牛不知力大

指牛的力气有多大，牛自己并不知道；人犯了错误，自己往往不能认识到。

人不知自丑，马不知脸长

指人看不到自己长得丑，如同马看不见自己的脸长一样。比喻人们常常很难发现自己的短处和过失，都以为自己很好。

人到难处不能挤，马到难处不加鞭

指人到了艰难困苦处，不能再给他施加压力；这和马到了难以施展力气的地方，不要再用鞭催它是一个理。

人到难处方知难

比喻人只有亲身处在苦难之中，才能真正尝到苦难的味道。

人到三十花正旺

指在事业上，人到三十正是大干的时候，就像花开正旺时一样。

人到事中迷，就怕不听劝

比喻当事者迷糊的时候，最怕的是不听从别人的劝解。

人到知羞处，方知艺不高

比喻人只有碰到当面丢脸时，才意识到自己能力不足。

人到中年万事休

指人到了中年就不会再有什么作为了。比喻人到中年已做不了多少事了，就不容易有大的作为。因此，劝

人平时要珍惜光阴，多做贡献。

人的名儿，树的影儿

名：名声。人有名声，如同树有影子一样。指人在世上如同树的影子一样，无论好坏都有一个名声。比喻人的名声非常重要。

人而无恒，不可以做巫医

巫医：古代用禳祷的法术给人治病的人。而：如果。人假如没有恒心，连巫医也做不成。指人如果没有坚定的信心，什么事也办不成。

人非圣贤，孰能无过

圣贤：圣人和贤人，指品格、智慧和才能超群的人。指都是一般的人，不是圣贤，谁能没有过错。比喻无论人修养有多高，也难免有犯错误的时候。

人各有心，心各有志

指每一个人都有自己的理想和志气。

人各有志，不必强求

指每个人都有自己的理想抱负，不可强求一致。

人贵有自知之明

一个人最难能可贵的是能够正确清楚地认识自己。

人过留名，雁过留声

指人离开或死去后，留下好的名声。比喻人每到一个地方，每做一件事，都要给人留下好名声。

人过一生，不过两世

人只有一次生命。意谓人活着就应该珍惜时日。

人活一张脸，树活一层皮

意谓人活着，就得注重名节，就像

树活着，凭的是一张护身的皮一样。

人间五福，惟寿为先

五福：指长寿、富贵、康宁、德望、善终。指世上五福之中，长寿是最大的幸福。

人见利而不见害，鱼见食而不见钩

指人看到有利的事往往不顾后果，就像鱼儿看到鱼食不顾有鱼钩一样。比喻只看到眼前的好处而没有看到好处背后的危机。

人将礼义为先，树将枝叶为圆

比喻为人处世，要把礼节和义气放在首位。

人皆有过，改之为贵

人免不了犯错误，关键是能有错即改。

人年五十不为夭

夭：夭折。指人到五十岁去世不能算早死。

人怕出名猪怕壮

指人出了名容易招来是非，导致打击，如同猪长肥了就要被宰杀，招来杀身之祸一样。比喻人出名后不能狂妄自大，要谦虚谨慎。

人怕丢脸，树怕剥皮

指人怕丢失面子，就像树怕被剥皮一样。

人平不语，水平不流

人受到公正对待就没有怨言，像水面平缓、水不流动一样。

人凭一口气，事凭一条理

指人活在社会上凭的是一身正气，干事要想成功，靠的是手中有真理。

人凭志气虎凭威

意谓人立身处世靠的是志气，就像老虎活动靠的是虎威一样。

人前一句话，神前一炉香

指对人说话要像在佛前烧香一样真诚。比喻说到做到，要有诚信。

人怯鬼蝎虎，人勇鬼缩头

蝎虎：方言，厉害的意思。比喻面对困难或恶人，要勇猛顽强敢于出击。

人勤三分巧

比喻人做事勤快，便会变得心灵手巧。

人穷志不穷

指人虽然穷困，但不能没有骨气。

人人心里都有一杆秤

指每个人心中都有衡量是非曲直的标准。

人上一百，形形色色

指人多了，什么样的都有。

人生但讲前三十

但：只。指一个人有无作为只须看他三十岁前如何。

人生几见月当头

比喻人生一世良辰好景的时候不多。

人生能有几回搏

人的一生，能有几次大的拼搏？指人应该珍惜有限的生命，为事业全力拼搏。

人生如白驹过隙

白驹：白色的骏马。隙：缝隙。指人生活在世间的时光短暂，如同白色的骏马在缝隙前飞快地越过。形容人生过得相当快。

人生一盘棋

指人生变幻莫测，犹如一盘棋一样。

人生一世，草生一秋

秋：年。指人只能活一辈子，草只能活一年。比喻人生如野草的生命那样短暂，应该更加珍惜光明。用来慨叹人生时光很短，说明要抓紧时间干一番事业。

人生自古谁无死

指人总有一死。比喻人活着要讲气节，不能贪生怕死。

人望幸福树望春

望：盼望。大家都向往美好的生活，渴望过上好日子。比喻追求幸福生活是每个人的愿望。

人无千日好，花无百日红

指人的身体、境遇，不可能长盛不衰，就像鲜花不可能长开不败一样。比喻好景不长。也比喻人情有冷暖变化，不能长期和谐相处。

人无千日计，老至一场空

指人如果没有长期计划，到老便会一无所有。比喻做事要有长远的计划，避免最后落空。

人无十全，瓜无滚圆

指人没有十全十美的，如同瓜没有绝对地圆。指人都会有短处、不足。

人无完人，金无足赤

就像金子没有十足的成色一样，人也没有十全十美的。

人无主心骨，要吃眼前苦

意谓人做事如果没有主见的话，就免不了要吃苦头。

人香千里香

比喻人的品行优秀，他的名声自然会流传千里。

人心不同，各如其面

指人的思想，就像人的面貌一样千差万别，各不相同。

人心不足蛇吞象

比喻贪婪之心永久不能满足，如同蛇想吞掉大象一样。

人心难满，溪壑易填

溪壑：沟壑。沟壑容易填平，人的欲望却难以满足。意谓人贪得无厌。

人心是杆秤

指众人的评价是最公道的。

人眼是秤

指公众的眼睛是雪亮的。

人要闯，刀要荡

荡：指在磨刀石上磨。指人要勇敢地在恶劣环境中经受磨炼，如同刀要常在磨刀石上磨一样。

人要志气，马要精神

意谓人要有志气才能创业，就像马有了精神才能奔跑一样。

人要自爱，才能自尊

指自爱是自尊的前提。

人有旦夕祸福，天有不测风云

指人生的祸福像天气变化一样难以预测。

人有当日之灾，马有转缰之病

转缰：牵动缰绳，指短暂时间。指人的灾祸顷刻之间说来即到，如同马转缰瞬间就会生病一样。比喻人的灾难不能预测，不是人的意志所决定的。

人有恒心，山石要崩

比喻只要有坚定的信心，什么事都

能办成。

人有急处，船有浅处

指人常有急迫困难的时候，就像船常有搁浅难行的时候一样。

人有千算，天只一算

指人即使十分能算计，也不能抗拒天意。

人有前后眼，富贵一千年

指人做事要能瞻前顾后，考虑周全，就可以长久地享受荣华富贵。比喻做事能看清当前，考虑长远，就可以免遭祸患，安享幸福。

人有失手，马有漏蹄

指人的失误是不可避免的。

人在春风喜气多

春风：喻事情顺达时扬扬得意的样子。指人得意时喜气洋洋。比喻人逢喜事，高兴的心情掩饰不住。

人在难处，才见真心

指人在艰苦困难之中，才能知道谁是真心扶持自己的。

人争气，火争焰

人生在世就要争一口气，活出个样子来。

人直有人敬，路直有人行

人正直，就受人尊敬和爱戴，如同道路平直，人就乐意行走一样。

人走时气马走膘

时气：运气。走膘：牲畜长膘。指人运气好时如同马长了膘似的。比喻人运气好时一帆风顺，如同马长膘一样。

仁不统兵，义不行贾

指仁慈的人不宜带兵打仗，仗义的

人不宜做买卖。

忍气饶人祸自消

指对自己压制，对别人宽容，自然会消除祸患。

忍辱至三公

三公：太师、太傅、太保。指人只有能忍受屈辱，才能登上三公的高位。比喻能忍辱负重才可能升至高官。劝诫人们，凡事多忍让，才能有好的前途。

忍事敌灾星

敌：对抗，抵挡。指碰上让人生气的问题，自己能够忍受，就可以抵挡住灾祸。比喻凡事克制忍让，能消除灾祸。

任凭风浪起，稳坐钓鱼船

比喻无论处境多么艰难，始终充满信心，处之泰然。

日日行，不怕万里路；时时做，不怕事不成

指做事只要持之以恒，就能成功。

日食三餐，夜眠七尺

白天吃三顿饭，晚上睡一张床，是人在生存方面最基本最简单的要求。

容得虎挡道，不是好猎手

能容得下老虎挡道的猎手就不是好猎手。比喻允许坏人作恶的人，就不是英雄好汉。也比喻在困难面前低头的人不会有所作为。

入山不畏虎，当路却防人

进山不用怕老虎伤人，走在路上倒要提防坏人暗算。意谓人心难测，要提高警惕。

入深水者得蛟龙，入浅水者得鱼虾

指能入深海，就能擒得蛟龙；在浅

水处，只能捞到鱼虾。比喻敢于吃大苦或冒大风险，才有可能获得大的成功；怕付出大的代价，就不会有大的收获。

若要不喝酒，醒眼看醉人

比喻假如想戒酒，在清醒时看看醉汉的丑态百出。

若要不怕人，莫做怕人事

指要想光明正大地做人，就不能做见不得人的事。

S

三分天才，七分勤奋

指事业成功三分依仗天赋，七分靠自己勤奋。

三个五更抵一工

比喻每天天不亮就起来劳动，自然会比别人干的活多。

三更不改名，四更不改姓

意谓人性格坚强勇敢，做事情不隐瞒。

三更灯火五更鸡，正是男儿立志时

指男儿立志报国，就要勤学苦练。

三年清知府，十万雪花银

清：清正廉洁。雪花银：成色纯正的白银。做上三年清廉的知府，也会收入十万两银子。指没有不贪的官。

三人误大事，六耳不通谋

指三个人不能共同谋划机密。比喻人多不易保密。

三十年风水轮流转

比喻随着时代的变迁，风水有改变，人的命运也会随着发生改变。

三十年弄马骑，今日被驴扑

指骑了三十年马，今天反被一头毛驴扑打。比喻阴沟里翻船，老到的能手被欺。也比喻即使富有经验的人，也会发生差错。

三天不唱口生，三天不演腰硬

比喻艺人假如停止唱曲演戏，便会觉得生疏。

三心二意，永不成器

指做事情主意变来变去或不能持之以恒，就永远不会有成就。

杀头生意有人做，赔本买卖无人做

做生意只要有利可图，冒再大的风险也有人敢做；如无利可图，谁也不会去做。

山高有个顶，海深有个底

比喻什么事物都有极点。

山高有攀头，路远有奔头

指目标越远、越高，越能吸引人努力奋斗，越能品尝出拼搏的快乐。

山可移，水可断，困难吓不倒英雄汉

比喻有志向的人可以战胜各种困难。

山有百草，人有百性

指山上有各式各样的花草，人有千差万别的性格。

山中方七日，世上已千年

指山里刚刚过了七天，人世间已过

了一千年（传说仙境的时间流逝要比人间慢得多）。指人生短暂，光阴流逝迅速。现常用于感叹时势的巨大变化。

山中无甲子，寒尽不知年

比喻大山中没有历法之书，严寒即将过去，还不知已到年节。比喻住在贫瘠僻地，与社会隔绝，不了解世事。

伤弓之鸟高飞，漏网之鱼远逝

指受过弓箭惊吓的鸟飞得高，从渔网里漏走的鱼游得远。比喻人从教训中会产生警惕。

伤心忧愁，不如握紧拳头

比喻面对苦难与厄运，与其伤痛落泪，不如攥紧拳头抗争。

上刀山，下油锅

意谓在险境中无所畏惧，经受严峻考验。

上回当，学回乖

比喻受了一次损失或挫折，吃了一次亏，学到了精明细心、认真。

上山容易下山难

上山时身向前倾，好用力，容易攀登，不易出危险；下山时脚下滑，移步困难，容易失足。指人的社会地位，上升时觉得荣耀，下落时觉得丢脸。比喻干事往往开头容易结尾难。

少要闯，老才享

指年轻时奋斗拼搏，老年时才会享受幸福。

少壮不努力，老大徒伤悲

老大：年老。徒：徒然，白白地。指年轻力壮时不努力学习、工作，到老了一事无成，后悔也来不及了。

蛇钻窟窿蛇知道

比喻个人做的事情个人明白。

蛇钻竹筒，曲心还在

蛇钻入笔直的竹筒，虽暂时拉直了身体，但它蜿蜒爬行的本性不会改变。比喻人的本性不会因为环境的改变而彻底改变。

舍得三季种，必有一季收

种：种子。指敢于撒下三季的种子，总有一季会有产量的。比喻肯下功夫，总会有成功的机会。

伸头一刀，缩头也是一刀

意谓进是死，退也是死，不如一拼。

身大力不亏，智大事有为

指身材雄壮，就会有力量；智慧高超，就能大有作为。

身上有屎狗跟踪

意谓自身存在弱点而惹来坏人。

身在福中不知福

指虽然过着富裕的生活，但却感觉不到幸福。比喻生活在幸福中，还觉得不好，对幸福的生活不满足。

身正不怕影子斜

身子站正了，就不怕影子歪斜。比喻为人处世光明磊落，就不怕别人说长道短。

神仙眼睛看得宽，看不到自家鼻子尖

指人常常看不到自己的短处。

生成的眉毛，长成的骨骼

比喻人的天性很难改变。

生存华屋，零落山丘

零落：凋谢，指死。指生前住在富

丽堂皇的屋子里，死后埋在荒郊野外。比喻一方面感慨人生起落蜕变，另一方面告诉人不要过分追求奢侈糜烂的生活。

生当作人杰，死亦为鬼雄

意谓人不应碌碌无为地活着。

生有地，死有处

指人的生时与死处是由命运注定的。

生于忧患，死于安乐

在忧愁困窘的环境中能使人发愤图强，获得生路；在安乐舒适的环境中容易使人颓废堕落，导致灭亡。

胜败乃兵家常事

指胜利或失败是带兵打仗的人常常碰到的事。比喻做事情成功与失败是正常的。换句话说，办事情总是有时成功，有时失败。

省吃餐餐有，省穿日日新

指节俭持家，能细水长流。

圣人怒发不上脸

圣人：本指圣贤，此处指有见识、有修养的人。比喻有修养的人即使心里生气也不表现在脸上。

失败是成功之母

指失败的经验通常是成功的基础。比喻只要善于从失败中吸取教训，最后就会取得成功。

失晨之鸡，思补更鸣

耽误打鸣的鸡，很想再有机会准时打鸣。比喻犯有过错的人，很想有机会将功补过。

失去的金子可以找回，荒误的时间找不来

指时间比金子更宝贵。

失贼遭官

家中被人盗窃，报案又碰上官府乘机勒索。指官和盗名称不同，祸害百姓却一样。现比喻灾祸连续不断。

失之毫厘，差以千里

失：过错，失误。毫、厘：重量和长度的单位。比喻极小的差错也会酿成大错。也比喻刚开始时只是细小的失误，到最后就会酿成重大的错误。

虱多不痒，债多不愁

指身上的虱子多了，反而感觉不到痒；欠下的债多了，反而不觉得愁。比喻困难压迫太多了，反而麻痹了，也不忙着解决了。也比喻矛盾多，不好解决，反觉得无所谓了。

十个光棍九个倔

光棍：单身男子。倔：性子直，说话生硬。指光棍的脾气往往古怪。

十个男人九粗心

指男人大都粗心大意。

十个瞎子九个精

指瞎子虽然看不见，却因此可以专心思考，所以处事周全。

十个哑巴九个急

指哑巴没法准确表达自己的想法，所以一般性子都急。

十年难逢金满斗

比喻难逢的好机会。

时来福凑

凑：聚集。指运气好时福分也会一起来到。比喻运气准时，便会好事临门。

时衰鬼弄人

运气不好，鬼也会来捉弄人。比喻

运气不好时，谁都敢来欺侮，连鬼也会来捉弄人。

时运未来君且守，困龙也有上天时

指运气不到时，暂时等待，处于困境中的龙终能飞上天。比喻人处于困境中，不要失去信心，要等待机会，努力拼搏，有志者事竟成，最后一定会成功。

食在口头，钱在手头

指钱容易在吃喝上花费掉。

士可杀，不可辱

指有骨气的人宁可被杀，也不能受辱。

世间无难事，只怕有心人

指世上没有做不到的事，只要肯下功夫认真去做，任何困难都能战胜。

事到九九，何必十足

指做事要给人留有余地，不能逼人太甚。也指做事不必强求太圆满的结局。

事急无君子

指问题到了紧急的关头，谁也顾及不上礼节规矩。

事是死的，人是活的

意谓事情再难办，人总是能够想出各种方法来解决它。

事无三不成

三：表示多次。比喻事业不经过多次奋斗，不会轻易成功。

是福不是祸，是祸躲不过

福祸都是命中注定的，谁也无法改变。

守口如瓶，防意如城

意：欲念。指嘴巴如同瓶口似的密封，欲念如同守城似的严防。比喻一言一行都要谨慎小心。

守身如执玉

指像捧着白玉似的爱惜自己的声名荣誉。比喻要像爱护美玉一样爱护自己的身体。

守着多大的碗儿，吃多大的饭

根据自己的经济收入过生活，安分守己，没有奢望。也比喻要安分守己，依着自己的能力安排生活，量入而出。

守着骆驼不吹牛

在骆驼面前，牛就不值一提了。指人好说大话，有大的绝对不吹小的。

书三写，鱼成鲁，帝成虎

三：此指多次，不是实数。"鱼"和"鲁"、"帝"和"虎"字形相近。指书籍经过多次传抄，"鱼"字就可能写成"鲁"字，"帝"字就可能写成"虎"字。比喻以讹传讹，背离本义。

书要精读，田要细管

指读书、种地都必须认真仔细。

输棋不输品，赢棋不赢人

输棋不能输掉人品，赢了棋也不能盛气凌人。指下棋要有棋德。泛指做人要胜不骄、败不馁。

树长根，人长心

树有根才能长大，人有心才能成熟。

树德莫如滋，去疾莫如尽

滋：滋生，增多。疾：疾病，引申为邪恶。指养成优良的品德，贵在长期积累；消灭邪恶，贵在干净彻底。

树高千丈，叶落归根

指树再高，叶落下来总要归到根上。比喻人不会忘记根本。多指客居他乡的人终老要返归故乡。

树靠人修，人靠自修

指树依靠人的修剪才能成材，人要靠自己的努力学习才能进步。

树靠一张皮，人争一口气

气：志气。树没有树皮就会死去，人没有志气活着就没有意义。

树老根多，人老话多

指人老了就爱唠唠叨叨。

树密多收果，梢头结大瓜

指树密结的果实就多，蔓梢上还会结个大瓜。比喻事情只要肯做，就有收获的希望。

树怕烂根，人怕无志

指人没有理想，生活便没意义。

树要直，人要实

树长得直，才能成为有用之材；人要诚实，才会被大家信任。

树叶掉下来怕打破头

比喻十分胆小怕事。

摔跤也要向前倒

比喻受到挫折，也要继续前进。

水不流要臭，刀不磨要锈

比喻人不经常活动就没有活力。也指只有经常练习，才能熟练掌握技能。

水不平要流，人不平要说

指人碰见不公道的事情，就会发表意见。

水滴石头穿，工夫到了平座山

比喻只要持之以恒，什么事情都能做成。

水深碍不着游龙，山高挡不住飞鸟

指水再深，龙照样任意游荡；山再高，鸟照样自由高飞。比喻任何艰苦困境也挡不住英雄豪杰勇往直前。

水往低处流，人往高处走

指就像水总往低处流一样，人都向往更高、更好的地方。

说话想着说，吃饭尝着吃

指说话要深思熟虑，才不会失语。吃饭要慢点吃，才会对身体更有益。

死了张屠夫，不吃混毛猪

混毛猪：带毛的猪。指即使张屠夫死了，也不会吃带毛的猪肉。比喻缺了某人或某种条件，事情照样可以办好。

死马当作活马医

比喻在已没有希望的前提下尽力挽救。

死生有命，富贵在天

指人的生死富贵是由命运或天意决定的。

岁月不饶人

比喻时光使人老，上了年纪不能再逞强。

T

抬头不见三针面

指干针线活时，抬起头的刹那就会耽搁三针。比喻做事要精力集中。

贪吃的鱼儿易上钩

贪嘴的鱼儿是很容易上钩的。比喻贪图一时利益的人是容易上当受骗的。

贪根不拔，苦树常在

比喻假如不消除贪婪的念头，就仍会遭受苦楚。

贪官富，清官贫

贪污受贿的官吏，生活富有；清正廉洁的官吏，生活清贫。

堂堂正正做人，实实在在干事

指做人要品行端正，做事要脚踏实地。

塘怕渗漏，人怕引诱

池塘如果渗水就会干涸，人要是被引诱上当就会自毁前程。

桃李不言，下自成蹊

蹊：小路。指桃树李树不会讲话，但它们的果实诱人，去观看或采摘的人多了，树下自然便被踏成一条小路。比喻品行端正的人，不用吹嘘，就受到人们的恭敬和热爱。

天变一时，人变一刻

指人的变化就像天气变化一样快，说变就变，叫人捉摸不透。

天不生无路之人

指人总能摆脱困境。比喻无论境遇多恶劣，只要人活在世上，总会有解决方法，会有熬出头的那天。

天长似小年

形容时间漫长。

天地君亲师，师徒如父子

君：国君。亲：双亲。指天、地、国君、双亲、师长是人们必须恭敬和敬仰的五种人，徒弟尊重师父，如同敬仰父亲一样。

天地为大，亲师为尊

天和地是最大的，双亲和师长是最值得尊敬的。

天落馒头也要起早去拾

比喻机会再好，也要靠自己勤劳才能成功。

天能盖地，大能容小

大人物的胸襟足能宽容小人物的过失，就像蓝天能够包容大地一样。指胸怀宽广的人能宽容别人。

天凭日月，人凭良心

意谓天空依靠日月照耀大地，人要凭借良心做事。

天时人事两相扶

机会与努力互为支助，事情方可办成功。意谓机会成熟和人们努力，两者要配合好方可成功。

天塌了有地接着

比喻不管出了多大问题，总会有解决的办法。

天塌压大家

一旦有了祸患，大家都得受难。

天塌下来，自有长的撑住

意谓不论有多大的问题，总会有能者去解决。

天外有天，人上有人

指天外还有更高的天，能人之上还有更强的人。提醒人们不要狂妄自大，骄傲自满。

天无二日，人无二理

指天空不会有两个太阳，世上也不会有两种真理。

天下没有养爷的孙子

爷辈通常要靠父辈赡养，不能依仗孙辈赡养。

天下乌鸦一般黑

意谓世上的坏人都是一样坏。

天下无难事，只要老面皮

人只要脸皮厚，就没有办不到的事。意谓只要下决心去做，不管多困难的事情都能做成。

天与不取，反受其咎

说明不接受上天恩赐，反会遭到灾难。意谓坐失了良机，将遭攻击。

天燥有雨，人躁有祸

天气燥热便会下雨，人急躁就会引祸上身。比喻要心平气和地处事。

天作孽，犹可违；自作孽，不可活

天造成的灾祸还可以抵抗，自己造成的罪孽却无法逃避。比喻一个人如果自招灾祸，是没有办法逃避的。

挑起担子走远路，没有工夫去看兔子跑

专心致志做大事时，不会为没必要的小事分散注意力。

铁怕落炉，人怕落套

人落入圈套难以逃脱，就如同铁落进炉子里之后一定会被熔化一样。意谓铁怕落入炉内被熔化，人怕落入圈套而受人控制。

铁生锈则坏，人生妒则败

铁生了锈就会烂掉，人要是有了嫉妒心就会变质。

听人劝，吃饱饭

指虚心听取别人好意的劝解走上正道，就能有吃有穿，过上好日子。

听人劝，得一半

指听从别人的劝解，就等于成功了一半。意谓虚心听人劝说，大有好处。

同人不同命，同伞不同柄

比喻同样都是人，但各人的命运不一样。

头醋不酽彻底薄

酿出来的醋，头遍味不浓，二遍三遍味就更薄。意谓事情起点不高，往后就会一直低下去。

头儿顶得天，脚儿踏得地

比喻品行端正，光明正大。

头回上当，二回心亮

第一次吃了亏后，再遇到类似的情况心里就很清楚了。意谓第一次上当吃亏后，第二次吸取教训，就不会再上当受骗了。

头三脚难踢

意谓办事起步难。

投之以桃，报之以李

指他人送桃子给我，我就回赠他李子。意谓礼尚往来是人之常情。

兔死因毛贵，龟亡为壳灵

比喻人或物因有某种突出的特长或价值而招致灾难。多比喻女人因长得美丽而受到伤害。

退后半步天地宽

指遇事宽容忍让，自然清闲平安。说明为人处世贵在忍让。

退一步风平浪静，让一分天高地阔

为人处世要克己忍让，心境、处境便会开阔起来。

W

弯扁担，压不断

意谓为人处世要能上能下，不能过于刚强，否则就会招来祸患。

弯尺画不出直线

意谓没有正确的思想准则，为人就不可能正派。

弯树枝掰不直，犟脾性改不了

劣行一旦形成就很难改掉。

弯着腰干活，直着腰走路

干活要勤勤恳恳，做人要规规矩矩。

玩懒骨头吃馋嘴

总是贪玩，就会养成懒惰的习惯；总是贪吃，嘴就很馋。

玩人丧德，玩物丧志

指戏弄他人就失去了做人的品德；沉迷于所玩赏的事物就会消沉自己的意志。

晚开的花照样香

指花不管开的时间早晚，都同样芳香。意谓起步晚的人，只要努力照样会有好的前途。

万般都是命，半点不由人

指人的一生全是命中注定，丝毫也由不了个人。

万般事伏少年为

一生的事业要趁年轻时努力创建。

万恶淫为首，百善孝为先

比喻在所有坏事中，纵欲淫乱是最大的罪；在所有的美德中，孝顺位居第一。

万事和为贵

指任何事情都以和气为可贵。

万事皆从急中错

很多事出错是因为太匆忙。意谓办事情发生失误，都是过分急躁引起的。

万事起头难

任何事起步的时候都比较困难。意谓不管做什么事情，都是开始阶段最艰难。

万事想后果，一失废前程

多指将来的功业。说明不管办什么事情都要考虑细致，一处失误就会影响前途。

万丈深渊有底，五寸心窝难填

指即使是万丈深渊也会有底，但人的贪婪之心永远没有止境。

王婆卖瓜，自卖自夸

意谓自我夸耀、自我吹嘘。

危难见人心

在危难的时候，人心的善恶才能表现出来。

危难之中，见智见情

说明在危急之时，最能表现出一个人的智慧和品德。

为臣要忠，为子要孝

指为人臣子要忠于君主，为人子女要孝顺父母。

为人不怕有错，就怕死不改过

指做人不怕犯错误，怕就怕有错还不认错。

为人处世两件宝，和为贵来忍为高

为人处世要以和气与退让为贵。

为人没到自个儿身上

人们做事往往苛求别人，就没有想到同样的事情有一天也会落到自己身上。

为人莫贪财，贪财不自在

指做人不要贪图不属于自己的东西，否则就会时常感到内心不安。

为人莫做亏心事，半夜敲门心不惊

人只要没有做亏良心的事，半夜也就用不着担惊害怕。

为人容易做人难

一个人只是简单地活在社会上是很容易的，但要真正做一个有品德修养的人却很难。

为人为到底，救人救到家

帮助人一定要彻底。

为人无主见，吃亏在眼前

比喻遇事没有主见的人，容易上当受骗。

为人重晚节

指做人要注重自己晚年的节操。

为人坐得正，不怕影子斜

比喻为人处世只要品行正派，就不怕别人议论、诽谤。

为者常成，行者常至

指做事坚持努力，就往往能获得成功；走路坚持前进，就会达到目标。说明凡事都要有坚定的信心。

为政不在多言

执政管理不在于嘴上多说，而在于实际行动。

未出笼先别现爪

意谓时机未到，不要先暴露自己的能力。

温柔天下去得，刚强寸步难移

指谦虚礼让的人容易与人相处，能适应各种环境；而性格耿直的人不轻易忍让，就会处处碰钉子。

文齐福不齐

即使学识丰富，但命运不济，也不会中举。意谓文章虽然写得好，但福气不好，仍然考不到功名。

文无第一，武无第二

指有学问的人写的文章再好也不敢称自己是天下第一，练武的人武艺再高，也不敢自称天下无敌。

蚊子见不得血，猫儿闻不得腥

指蚊子一见血就会紧紧叮住不放，猫儿一闻见带腥味的东西就会穷追不舍。意谓贪婪的人一见有利可图，绝不轻易放过。

问百人，通百事

向很多人请教，就可以弄懂很多的事理。

问路不施礼，多走二十里

出门不认识路时，要有礼貌地向人打听，否则就会多走许多冤枉路。

乌龟化龙，不得脱壳儿

指乌龟想变成龙，就是不能脱掉背上的壳。意谓庸俗低下的人想装高雅，仍然脱不掉俗气。

屋倒压不杀人，舌头倒压杀人

说明流言蜚语可以毁坏人的名声。

屋宽不如心宽

指屋子宽敞不如人心开阔。

屋漏更遭连夜雨，船迟又遇打头风

意谓灾难或不幸的遭遇接踵而至。

屋漏迁居，路纡改途

房屋漏雨，就要换个地方住；道路弯曲，就得换条路走。意谓知错要改，不可固执。

无才有志，成全半事；有才无志，白头了事；有才有志，做得大事

指没有才能但有骨气，事业也能取得一半的成就；有才能而没有志气，就会毫无收获；才志双全，就会成就大事。意谓才学固然重要，但志气更重要。

无胆之人事事难，有志之人定成功

说明人要想有所成就，就得有胆略、有志气。

无名不知，有名便晓

意谓人不出名没人认识，一旦出名，便人人晓得。

无欺心自安

人没有欺诈行为，自可安稳过日子。

无私才能无畏

指没有私心杂念，就不会有所恐惧。

无所求者无所惧

指无求于人，就能够心胸坦荡，毫无畏惧。

无心为善，乃是真善

指做好事不是要刻意表现自己，出于真诚才是真善。

无与祸邻，祸乃不存

远远避开是非与祸患，就不会遭受灾难。

无欲志则刚

指没有私欲，就什么都不怕，意志就刚强。

无知者不怪罪

不了解实情的人，即使做错了，也不应该指责。意谓对不是故意犯错误的人要宽容。

无知者无咎

比喻对不知道内情或不是有意犯错误的人应当宽容。

无志之人常立志，有志之人立长志

指没有志气的人经常立志却不去实现，而真正有志向的人一次立志就终生去奋斗。

X

惜衣有衣，惜食有食

爱惜衣服就不会缺衣少穿，爱惜粮食就不会忍饥挨饿。意谓爱惜财物才会积攒起财富。

喜鹊老鸹登旺枝

喜鹊和乌鸦都爱落在茂密的树枝上。

意谓什么人都想得到好的环境与职位。

戏法人人会变，各有巧妙不同

人人都会做事情，但每个人的方法、技巧不同。

细嚼出滋味

做事情细心、周全，才能真正体会

到其中的奥妙。

细水长流，吃穿不愁

过日子节省，才会一直不愁吃穿。

细水汇成河，粒米积成箩

细流汇成江河，一粒粒米积累成一箩筐米。比喻平常注意节俭，就能积少成多。

瞎闯过不了五关

做事情盲目、没计划，就不会成功。

下坡容易上坡难

意谓一个人学坏容易，学好却非常难。

下浅水只能抓鱼虾，入深潭方能擒蛟龙

意谓人只有付出得多，才会有大的回报。

下下人有上上智

平常的人有时候也会有高超的计谋。

下雨就有露水

下雨之后自然就会生出露水。意谓做事只要投入工本，自然就会成功。

夏练三伏，冬练三九

不管酷暑还是严寒，都应该坚持锻炼，下苦功夫。

仙机人不识，妙算鬼难测

平常人无法看破高超的计谋。

先虑败，后虑胜

做什么事情都应首先考虑到坏的结局，然后去考虑好的结局。

先天下之忧而忧，后天下之乐而乐

指忧虑在天下人之先，享乐在天下人之后。比喻吃苦在前，享受在后。

闲时学的忙时用

平常就做好准备，到需要时就能派上用场。

羡人吃饭，不如赶紧淘米

意谓眼睁睁地羡慕别人，不如自己立刻行动起来。

相金先惠，格外留神

买金时如果对方答应先给予优惠，就得防备受骗。提醒人们不要贪小便宜，以免上当。

香饵之下，必有死鱼

在优厚的物质诱惑之下，必定会有不怕死的勇夫出来做事。意谓在特殊的诱惑下，一定能使人上当受骗。

想自己，度他人

考虑自己得失的同时，也应该设身处地为别人着想。

小辈不知老辈苦

小辈没有见到父辈创业的艰辛，不懂得珍惜幸福生活。

小车不倒只管推

意谓做事情一定要坚持到底。

小孩儿嘴里讨实话

小孩子天真活泼，不会撒谎骗人，可以从他们嘴里知道真实情况。

小来穿线，大来穿绢

儿时穿棉布衣服，长大了就能穿绸缎衣服。意谓一个人小时候生活艰苦一点，养成了艰苦朴素的好习惯，长大了就能过上好生活。

小心没大差

做事小心，就不会发生大的错误。意谓谨慎做事就不会有大的过错。

小心驶得万年船

比喻谨慎从事就能永葆平安。

笑脸聚得天边客

态度和蔼能拉来远处的客人。

心比天高，命比纸薄

说明人虽胸怀大志，但因运气不好而难以实现。

心诚则灵，意诚则实

指祈求神灵降福禳灾要真诚。比喻做事诚实不欺，自会有好的结果。

心底无私天地宽

为人光明磊落不存私心杂念，自有一种天阔地广、悠然自得的享受。

心坚石也穿

只要意志坚强，就没有战胜不了的困难。

心里有灯肚里亮

思想不糊涂，观察事物就清楚。

心平过得海

比喻正派不贪的人，能顺利地度过危险的境地。

心要热，头要冷

做事一定要有热情，但头脑必须要冷静。

心欲专，凿石穿

人心志专一，就没有办不到的事情。

心真出语直，直心无背后

比喻心地真诚，说出的话就直爽，心地坦荡，就不会背后胡言乱语。

信步行将去，随天吩咐来

按照自己的意愿去做，听从命运的安排。

信誉值千金

人的诚信、名声，比黄金更重要。

星多夜空亮，人多智慧广

指星多可以照亮黑夜，人多能够集中智慧。

行车有车道，唱歌有曲调

凡事都有规矩，不能胡来。

行船不使回头风，开弓没有回头箭

意谓既然确定了目标，下定了决心，就绝不三心二意、犹豫不定。

性清者荣，性浊者辱

比喻品行高尚的人受人尊重，品行低劣的人自惹耻辱。

凶事不厌迟，吉事不厌近

坏事发生得越迟越好，好事则来得越早越好。意谓对非常不幸的事，不会嫌发生得太晚；对非常吉利的事，不会嫌发生得太早。

雄辩是银，沉默是金

指雄辩固然能显示人的才能，但保持沉默，往往更为可贵。

秀才不怕衣衫破，就怕肚里没有货

读书人不讲究外表的好坏，而是注重自己学问的多少。

虚心人万事可成，自满人十有九空

做事情应当谦和，采纳多方意见就会做好事情，狂妄自大就会把事情弄糟。

许他不仁，不许我不义

比喻即使别人对我不仁，我也要采取宽容的态度。

靴里无袜自得知

意谓自己做事情自己最明白。

雪怕太阳草怕霜，人过日子怕铺张

指雪见到太阳就要消融，草被霜打就要萎蔫，人过日子就害怕浪费。意谓过日子不能浪费，要节俭才行。

Y

鸭子过河嘴上前

意谓没有真才实学的人总是侃侃而谈，却没有实际行动。

鸭子死了嘴巴硬

意谓蛮不讲理的人会死撑着为自己争辩。

严寒飞雪盼日暖，转眼桃花满树开

由严寒飞雪到春暖花开，只是转眼间的事。意谓时间过得很快。

严霜故打枯根草

意谓灾难故意要降临到不幸者的身上。

言多失语，食多伤身

指话说多了免不了失言，吃得太多免不了伤身。提醒人们慎言节食。

言可省时休便说，步宜留处莫胡行

能不说的话就不要说，不该去的地方就不要去。意谓为人处世要谨言慎行。

炎炎者灭，隆隆者绝

声名、地位或权势显赫的人通常容易招致灾祸。

阎罗王面前，须没放回的鬼

阎王不会放走任何一个鬼魂。意谓贪财的人不会放弃到手的钱财。

眼睛背后有眼睛

指一个人在盯着目标采取行动时，要防备背后也有眼睛盯着自己。提醒人们做事时要深思熟虑，考虑周到。

眼睛里不容沙子

指正直的人对不合乎情理的事或邪恶的人不能容忍。意谓对人、对事要求很高。

眼孔浅时无大量

说明眼光短浅的人气量也小。

雁飞不到处，人被名利牵

指人为了名利，敢到连大雁都飞不到的危险的地方去冒风险。

燕子含泥垒大窝

意谓积少可以成多。说明日积月累就能干成大事业。

羊羔跪乳，乌鸦反哺

指羊羔知道跪着吃奶，乌鸦长大后，知道衔着食物喂养母鸦。意谓儿女应该有孝顺、报答之心。

羊在山坡晒不黑，猪在圈里捂不白

意谓人或事物的本性难以改变。

杨梅暗开花

意谓有心计的人做事不露声色。

养儿不在屙金溺银，只要见景生情

养育儿女并不希望得到金钱上的报答，只是希望能根据父母的需要多加关照。比喻对人要求不高，只要能通情达理就满足了。

养儿跟种，种地跟垄

意谓儿子的品行像父亲，如同种地顺着地垄一样不会走样。

痒要自己抓，好要别人夸

意谓有了毛病要靠自己纠正，不能指望别人；做了善事要别人夸奖，不能

143

自我夸耀。

要得好，大做小

要想把事情办成功，就得放下架子虚心请教。

要得好看，累死好汉

意谓为了虚荣讲究排场的花费让人不堪承受。

要防福中变，得在苦中练

指要防止在幸福生活中变质，就得在艰苦环境下接受磨炼。

要过河，先搭桥

意谓要想办好事情，就得早点做好准备工作。

要擒蛟龙下大海，要捕猛虎入深山

要想擒拿大的猎物，就得深入危险的地方。意谓要想抓住敌首，就必须直捣敌人虎穴。

要想吃蜜，别怕蜂叮；要想远行，莫怕狗咬

意谓要办成某事，就不要怕这怕那。

要想逮住狐狸，就必须比狐狸还狡猾

意谓要想制服对手，就要比对手更有智慧。

要想斗争巧，全凭智谋高

要想在斗争中以巧取胜，全凭借聪明与智慧。

要想日子富，鸡叫三遍离床铺

意谓要想生活得富裕，就要起早贪黑辛勤劳动。

要想正人，得先正己

指要想使别人品行正派，就得先使自己的品行端正。意谓要求别人做到就必须自己先做到。

要学流水自己走，莫学朽物水上漂

人必须自力更生，艰苦奋斗，不要依靠他人。

要摘刺梅花，不怕把手扎

意谓要想有所收获，就不要怕冒险，要不惜付出代价。

野鸡长不了凤凰毛

意谓品行不好的人不会有高尚的品格。

野狼养不成家狗

意谓本性凶恶的人最终也不可能教育成好人。

夜猫子不黑天不进宅，黄鼠狼不深夜不叼鸡

意谓坏人总是在背后偷偷摸摸地干坏事。

一遍生，二遍熟，三遍四遍当师傅

做第一次时生疏，再做时就熟悉了，到第三遍第四遍时就能当师傅带徒弟了。意谓多次练习就能牢固掌握。

一波未平，一波又起

意谓意外的事情连续不断地发生。

一不过二，二不过三

指做事容得第一次，就容不得第二次；容得第二次，就容不得第三次。意谓做事有再一再二，可没有再三再四。

一不做，二不休，推倒葫芦洒了油

意谓要么不做，既然下定决心做，就得奋不顾身做到底。

一步走错，步步走错

关键的一步做错，之后的一切都会错下去，不能挽回。意谓开头一步错了，或者关键一步走错了，以后就会步步走错。强调刚开始不能错，或者重要的一步不能错。

一场官司一场火，任你好汉没处躲

打一场官司如同遭受一次火灾，会倾家荡产。意谓天灾人祸是难以逃避的。

一朝被蛇咬，十年怕井绳

意谓有些人经受一次打击之后，变得胆小怕事。

一寸光阴一寸金，寸金难买寸光阴

意谓时间比金子还宝贵，一定要十分珍惜。

一道河也是过，两道河也是过

既然已经干开了，中途遇到任何事情都得做下去。

一顿省一把，十年买匹马

指一顿饭省下一把米，十年后积累下的钱就能派上大用场。意谓养成时时节约粮食的好习惯，以后就会过上富裕充足的日子。

一分醉酒，十分醉德

饮酒时微醉仅是醉酒，大醉就会有损品质。

一福能消百祸

说明一次幸运可以化解许多灾祸。

一个人一个性

每个人都有自己独特的个性和观点。

一句虚言，折尽平生之福

一句不真实的话，会损失一辈子的幸福。意谓讲了一句虚话、不妥当的话，会折损一生的福运。告诉人们，不要说假话，也不要没有根据地胡言乱语。

一口吃不出个大胖子

意谓做事情要一步一步来，不能急躁。

一两丝能得几时络

比喻人格低下的人不会有多少时候的快乐。

一娘生九子，九子连娘十条心

人心各不相同，即使是母子或兄弟姐妹，也是一样。

一女不吃两家茶

一个女子不能许配给两户人家。

一瓶子不满，半瓶子晃荡

意谓才识不高的人会在人面前吹嘘、卖弄。

一气三迷糊

人一生气就容易思维混乱，丧失理智。

一巧破千斤

巧用技艺或智慧的人，能胜过力气很大的人。

一勤生百巧，一懒生百病

指勤学苦练能总结出许多技巧，偷懒取巧会产生许多错误。

一勤天下无难事

意谓勤学苦练的人没有闯不过的难关。

一人拼命，万夫难挡

意谓一个人豁出性命拼杀，众人难以抵抗。

一人有福，带挈一屋

一人有福气，使周围的人都沾光。意谓一人得志，他的亲属都得到益处。

一人做事一人当

说明自己做事自己负责，牵扯不到

别人。

一日三，三日九

形容时间一天天地流逝。多用于表示事物随时间过去而变化。

一生都是命，半点不由人

人生的一切都是命中注定的，由不得人做主。意谓无论发生任何事情，都是命中注定的，自己无法替自己做主。

一是误，二是故

意谓第一次做错事情可能是一时疏忽，但第二次出现同样的错误就是故意的。

一天不练，自己知道；两天不练，同行知道；三天不练，观众知道

表演技艺必须天天练，稍一松懈就会被人看出破绽。

一天一根线，一年积成缕

积少成多，就会出现由量变到质变的效果。指平常要注意节俭。

一饮一啄，事皆前定

鸟雀喝一点，吃一点，都是前生注定的。意谓人的一切都是命中注定的。

一语为重百金轻

指答应别人一句话，分量重过百金。意谓应诺别人后就要守诚信，讲信用。

一之为甚，岂可再乎

一次已是过分了，怎可再做。意谓错误不可再犯。

一种米养出百样人

指人吃的东西几乎都一样，但各人有各人的个性。意谓同一种环境下的人却有不同的表现。

一着不慎，满盘皆输

下棋关键的一步走错，就会导致全盘皆输。意谓关键的问题不能慎重处理而招致全局失败。

一字进衙门，九牛拔不出

意谓诉讼的状子一旦送交到官府，再想更改其中的一个字都难了。说明写诉讼状时要谨慎小心。

疑心生暗鬼

比喻人有了疑心，便会无端生出许多猜测，庸人自扰。

以己之心，度人之心

比喻用自己的想法去揣测别人的思想。

义重如山，恩深似海

比喻情深义重。

阴沟里翻船

意谓在按常理不可能出问题的地方出了错误。

银钱到手非容易，用尽方知来处难

手里有钱财时不知节省，等到用完时才知道钱财来之不易。提醒人们要珍惜钱财，不要挥霍浪费。

应人事小，误人事大

指别人托付的事可以不答应，但如果答应了却做不到，就会耽搁别人的大事。提醒人答应别人的要求时要慎重，答应了就要说话算数、讲信用。

应知读书难，在于点滴勤

指读书做学问是很辛苦的，在平时要注意一点一滴积累。

英雄敬英雄，好汉爱好汉

指英雄人物之间相互尊敬，相互爱护。

英雄有泪不轻弹，只是未到伤心处

意谓英雄豪杰一般不会在寻常小事上动感情，但是到了动情时也会流泪。

英雄志短，儿女情长

比喻英雄人物斗志消沉了，沉湎于男女间缠绵之情。

鹰饱不拿兔，兔饱不出窝

人吃饱饭后不思进取。意谓人生活的基本条件满足之后，就没有任何追求了。

勇将不怯死以苟免，壮士不毁节而求生

意谓英雄壮士不会为贪生怕死、苟且偷生而破坏节操。

有错改错不算错

人有过即改，不能算有错误。

有福不用忙，没福跑断肠

指有福气的人用不着忙，到时自然会得到应得的东西；没有福气的人想争也争不到。意谓有福气的人不需要忙，而没福气的人却辛苦得要命。

有福同享，有难同当

一家人（或一帮人）同甘苦、共患难。

有福之人，不落无福之地

指有福气的人会到有福气的地方去，不会无缘无故去那些没有好处的地方。意谓有福气的人总有好运。

有福之人人服侍，无福之人服侍人

指有福气的人由别人来伺候自己，没有福气的人只好去伺候别人。

有理说不弯

比喻压力不能使有理的人屈服。

有了五谷想六谷，有了儿子想媳妇

人欲望满足之后，就会产生新的欲望。意谓人的欲望无止境。

有奶便是娘

谁要是有奶，就认作自己的亲娘。意谓谁给好处就投靠谁。常用来讥讽没有节操的人。

有其父必有其子

有什么样的父亲就有什么样的儿子。意谓儿子的行为或性格与他父亲的一样或相似。

有钱难买幼时贫

意谓幼时贫穷，可以磨炼意志，激发斗志。

有钱难买子孙贤

子孙后代孝顺、贤良非常难得。

有勤无俭，好比有针无线

指只有勤劳但不节俭，生活也不会富裕，就好比只有针没有线，最终不能缝制衣服。意谓勤劳与节俭都很重要，缺一不可。

有肉的包子不在褶上

比喻真正有价值的东西或有真才实学的人不在于外表。

有上不去的天，没过不去的关

只要有决心，没有过不了的难关。

有麝自然香，不必迎风扬

指雄性体内能产生有香气的分泌物，即麝香。意谓有真才实学的人名气自然很大，不必自我宣扬。

有心不怕迟

指不要为某种想法产生得较迟而担心。意谓有了理想立即动手就有望成功。

147

有心不在迟

有心去办某事，不必在意时间迟早，总能办成。

有一分热，发一分光

比喻有多大能力，便贡献多大力量。

有勇无谋，一事无成

敢作敢为但没有智谋，什么事情都办不成。

有志不在年高，无志空活百岁

指有志向的人不在于年龄的大小，若没有志向，即使活上一百岁也是白费。意谓人贵在有志。

有志者自有千方百计，无志者只感千难万难

指有志向的人自然会想出好多办法，没志向的人只会觉得困难重重。

有智不在年高

有智慧不在于年龄高低。

有智赢，无智输

智慧的高低决定成败。

又吃鱼儿又嫌腥

意谓人既要得到好处又怕损失名声。也说明有些人想做事，却又怕给自己带来是非而不敢做。

右眼跳灾，左眼跳财

迷信认为左眼皮跳会有财气，右眼皮跳将会遇到灾难。

鱼怕水浅，人怕护短

人有了缺点、过错不思悔改或不促使其改正，还一味包庇，就如同鱼儿遇到浅水一样面临困境。

愚者千虑，必有一得

愚蠢的人经过多次思考，一定会有所收获。常用于表示自己水平不高。

与其修饰面容，不如修正心胸

应该努力加强自身修养，树立远大的理想和抱负。

玉可碎而不可改其白，竹可焚而不可毁其节

意谓虽然可以损害身体甚至结束性命，但却改变不了高尚的品格。

欲要做佛事，须有敬佛心

意谓做好事必须有诚心。

远打周折，指山说磨

比喻说话拐弯抹角，不直接说明。

远水不救近火

远处的水救不了近处的火。意谓缓慢来的帮助解决不了眼前的困境。

运至时来，铁树花开

人运气好的时候，再难的事也能办成功。

Z

宰相肚里撑舟船

意谓豁达大度的人，气量大，能容人。

崽卖爷田心不痛

子孙变卖祖辈的遗产不知珍惜。意谓不是创业人，就不知家业来之不易。

在生一日，胜死千年

活着总比死了好。

凿山通海泉，心坚石也穿

凿山不止，能凿透山，引来通海的泉水。意谓人坚定信念，任何困难都能战胜。

早起三光，迟起三慌

意谓早起床，做起事来从容不迫；晚起床时间紧，做起事来慌张。

占小便宜吃大亏

指贪图小便宜往往会遭受大的损失。

战马拴在槽头上要掉膘，刀枪放在仓库里会生锈

意谓闲适安乐的生活会消沉人的斗志。

站得高，看得远

立足点越高，看得越远。意谓看问题目光要远大，不要只顾眼前的利益。

赵钱孙李虽强，还要拜周吴郑王

在百家姓排列的顺序中，"赵钱孙李"排在"周吴郑王"的前面。指在前面的还要拜见在后面的。意谓对人不分远近、强弱，都要谦虚有礼。

针尖大的窟窿，斗大的风

墙上有针鼻儿大的洞能吹进很大的风。意谓思想、生活或工作中的小过失不及时改正，不正之风就会乘虚而入，造成严重后果。也说明问题虽小，但造成的影响极大。

真人不露相，露相不真人

说明真正有本事的人不会表现自己，越是爱显露自己的人越不怎么样。

真心对真心，石头变黄金

只要出于真心，再固执的人也会被感动。意谓彼此真诚相待，什么困难都能克服。

真心要吃人参果，哪怕山高路难行

决意要品尝到罕有的美味，再难走的路也不害怕。意谓为了达到目标，再大的困难也能征服。

争气不争财

只要能争得一口气，花费一些钱财也值得。

争气发家，斗气受穷

奋发图强能使人致富，争气好斗会使人贫穷。

整瓶不摇半瓶摇

意谓有真才实学的人总是很谦让，越是知识浅薄的人越容易自足。

正气能驱魅，无私可服神

指光明正大能赶走妖魔鬼怪，刚毅正义能使神灵臣服。意谓正能压邪。

知错改错不算错

指能及时发现错误并改正错误的人，即使错了也没什么。

知人难，知己更难

了解别人不易，正确认识自己则更难。

知识在于积累，天才在于勤奋

指渐渐积累能丰富阅历，努力勤奋能造就人才。

知足不辱

懂得满足的人，不贪心，就不会遭到污辱。

知足的人心常乐，贪婪的人苦恼多

知道满足的人永远是快乐的，贪得无厌的人总是有很多烦恼。

知足身常乐，能忍者自安

指知道满足就会时常感到欢乐，能够忍让心里就会安宁。告诉人要知足能忍。

知足者常乐

意谓知道满足的人心情总是愉快的。

只可远望千里，不可近看眼前

意谓做事要有长远的眼光，不可只顾及眼前利益。

只怕不做，不怕不会

指不会的可以学着去做，怕的是会而不去做。

只说獐过鹿过，可不说麂过

意谓只说别人的过错，而不说自己的错误。

只要肯劳动，一世不受穷

只要肯吃苦，就能过上好日子。提醒人们勤劳致富。

只要苦干，事成一半

只要肯下功夫，事情的成功就有了一半的把握。意谓不论做什么事情，吃苦耐劳很重要。

只要先上船，自然先到岸

意谓行动早就能早达到目标。

只要种子落地，早晚会有收成

指只要播下种子就会有收成。意谓无论做什么事情，只要付出了努力就一定会有收获。

只有冻死的苍蝇，没有累死的蜜蜂

只有因懒惰而饿死冻死的，没有因勤劳而累死的。提醒人们勤劳务实，不要懒惰。

只有今日苦，方有明日甜

辛苦是收获的前提，今日的辛苦必定能换来明日的丰收。

只有千日做贼，哪有千日防贼

做贼的总是时刻寻找作案的机会，防贼的总有疏忽大意的时候。意谓难以彻底杜绝偷盗之事。

只增产，不节约，等于安了个没底锅

说明只重视增产而不节约，好比没底锅似的存不住东西。意谓节俭同样很重要。

指亲不富，看嘴不饱

指望亲戚救济不会变富，看别人吃饭自己饱不了。意谓人要自力更生，不能依赖他人。

志士不饮盗泉之水，廉士不受嗟来之食

盗泉之水：用不正当的手段得来的财物。嗟来之食：带有侮辱性的施舍。指耿直和廉洁的人绝不接受不义之财与别人的施舍。

智慧的头脑，闪光的金子

指智慧犹如黄金。意谓遇事多思考比什么都可靠。

中间没人事难成

没有中间人参与，事情就难以办好。意谓不管做什么事情，都需要有人从中帮忙，才容易成功。

忠臣不怕死，怕死不忠臣

指忠心报国的臣子不会害怕死亡，贪生怕死的臣子不会为国牺牲。

终天不做生活计，住家吃尽斗量金

指在家坐享其成，即使家财万贯也终究会消耗殆尽。

种禾得稻，敬老得宝

栽下禾苗就会收获稻谷，尊敬长者便会得到宝贵的财富。

重孙有理告太公

比喻只要有理，辈分或地位低的人可以告辈分或地位高的人。

主意出在百人口，田地一步收三斗

大家一起想办法交流经验，庄稼就会长得好，获得大丰收。意谓众人的智慧是取得胜利的关键。

自己的梦自己圆

意谓自己的问题要由自己去解决。

自己跌倒自己爬

意谓失败了要振奋起来，有了过错要自我改正。

自家掘坑自家埋

意谓自食其果。

自推自跌自伤嗟

因自己的失误遭受了损害，只能独自去感叹。

纵有大厦千间，不过身眠七尺

人的需求有限，没有必要贪得无厌。

走不走留路，吃不吃留肚

意谓做事要留有余地，要给自己留好出路。

昨夜灯花爆，今朝喜鹊噪

灯花爆放与喜鹊叫都是吉兆。比喻喜兆不断。

坐不改名，行不改姓

在任何情况下都不更改自己的姓名。比喻光明磊落，毫无畏惧。

坐不更名，站不改姓

做事敢作敢当，为人光明磊落。

坐吃山空，立吃地陷

意谓只支出没有收入，再大的家业也会吃光耗完。

坐得船头稳，不怕浪来颠

意谓只要行为端正、心底坦荡，就不怕任何外来的冲击。

做得矮人，才做得将军

意谓只有能忍受屈辱才能成就大事，要想成就大事就要能上能下。

做活不由主，白落二百五

替主人做事就要按主人的意见去办，否则就会使主人不满意，让自己白受苦。

做事留根线，日后好相见

指做事要留有退路，不可做绝。

第三卷 教育文化

A

爱在心里,狠在面皮

指父母对子女的爱是藏在心里的,尽管表面上对子女很严厉。换句话说,教育子女要把爱埋在心中,平时要严肃认真,严格要求自己的子女,这样子女将来才能有所作为。

爱之愈深,责之愈严

责:要求。指对孩子越是喜爱,要求就越要严格。

爱而不教,禽犊之爱

禽:鸟类。犊:小牛。指对下属和子女只溺爱而不注重教育,是一种动物式的"慈爱"。也指爱要表现在对子女的严格要求上。

爱徒如子,尊师如父

老师要像爱护子女一样爱护学生,学生要像尊敬父母一样尊敬老师。指师生感情极为深厚。

鳌鱼脱了金钩去,摆尾摇头更不回

意谓有能力的人一旦摆脱困境,就会远走高飞。

矮子队里选将军

比喻在能力差的人中间选择一个比较好的。

暗中设罗网,雏鸟怎生识

雏鸟:幼小的鸟。比喻年轻人没有处世的经验,容易中他人暗设的圈套。

B

八仙过海,各显神通

八仙:民间传说中的铁拐李、汉钟离、吕洞宾、张果老、何仙姑、蓝采和、曹国舅、韩湘子八位神仙,他们曾各施法术,渡过海去。后用来比喻各人展示各自的本事。

百炼才成钢

比喻人要经过反复的磨炼才会成才。

百星之明,不如一月之光

指一百颗星星的光,也不如一轮明

月亮。比喻平庸的人再多，也不如一个能人起的作用大。

把式要常踢打，算盘要常拨拉

武术要经常练，算盘要经常打。意谓任何本领都要经常练习才能更熟悉、更精通。

拜此人须学此人

指如果拜某人为师，就得谦虚地朝他学习。

拜德不拜寿

指敬人重在德高望重，而不在于年长。

拜师如投胎

指师父好比再生父母。

板凳上学不会骑术，澡盆里学不会游泳

比喻要学习真的本领就必须吃苦流汗。

棒教不如言教，言教不如身教

棍棒式的体罚不如言语上的教育，言语上的教育不如行动上的以身作则。

棒头出孝子，娇惯养逆儿

指严厉管教才能出孝子，娇生惯养只能养出忤逆不孝的儿子。

棒头出孝子，箸头出忤逆

箸头：筷子。忤逆：不孝顺父母。指如果从小就严加管教，会成为孝子；如果从小就溺爱，会成为六亲不认的人。比喻对子女要严加管教，将来才能有所作为。

宝刀不磨不锋利，没有谚语话无力

指谚语在增强语言表现力上起很大的作用。

宝剑不磨要生锈，人不学习要落后

宝剑不磨砺就会生锈，人不学习就会落在他人的后面。意在说明学习的重要性。

宝石不磨不放光，孩子不教不成长

宝石不经过磨砺就不会折射出光芒，孩子不经过教育就不会茁壮成长。

蓓蕾在枝叶上孕成，知识在学习中积累

蓓蕾：没有开放的花，花骨朵儿。花骨朵儿是在枝叶上孕育成的，知识是在日常学习中积累得到的。

本领是学出来的，功夫是练出来的

本领：技能；能力。功夫：技能。高超的本领通过刻苦学习才能够获得，出色的功夫通过刻苦练习才能够得到。

比赛必有一胜，苦学必有一成

比赛中肯定会有一个胜利者，刻苦学习终究会有所成就。

笔是智能之犁，书是攀登之梯

指勤于写作能锻炼人的思想，博览群书会使人不断进取。

臂力大，胜一人；知识多，胜千人

指知识的力量远非人的臂力可比拟。强调学习知识的重要性。

扁担从竹笋长大，博学业从无知起步

指从竹笋长到扁担，从无知达博学需要一个成长和学习的过程。强调坚持学习的重要性。

别君三日，当刮目相看

指读书人三天不见，就要另眼看待。比喻读书人的进步很快。

伯乐一顾，马价十倍

伯乐：春秋时擅长相马的人。马只要被伯乐看一眼，它的身价就会提高十倍。比喻经过有声望的人提携，人的身价就会大大提高。

不挨骂，长不大

指孩子难免犯错误，只有接受批评改正错误，才能健康地成长起来。

不吃苦中苦，难得甜上甜

指只有经受艰苦磨炼，才能得到事业上的成功或生活上的改善。

不吃馒头也要争口气

比喻即使达不到目的，也要奋发努力。

不打不成才

旧时认为体罚是促使孩子成才的必要的教育手段。

不打不成人，打到做官人

官人：妻子称丈夫（多见于戏文和早期白话）。指对孩子要严格管教到他结婚成家。

不到黄河心不死

比喻不达目的绝不罢休。

不到西天，不知佛大小

比喻不经过亲自实践，就不知事情的轻重。换句话说，不亲身实践就不知道真实的情况。

不读哪家书，不识哪家字

意谓没有学过就不会知道。

不读书，不识字；不识字，不明理

指不认识字、没有文化，有些事理就不明白。

不耕种，耽误一年；不学习，耽误百年

强调学习文化知识的重要性。

不患老而无成，只怕幼而不学

指人年老的时候一无所成并不可怕，可怕的是年少的时候没有学习。

不会撑船赖河弯

比喻自己没有本领却推说客观条件不好。

不会做官看前样

如果不知道怎样做官，不如看看以往历史的成败教训。指人们对于自己不会做的事情，可参考从前的例子仿照着做。

不经霜的柿子不甜，不过九的皮毛不暖

指没有经过霜打的柿子不甜，没有经过数九寒天的皮毛不暖和。比喻没有经受过锻炼的人不成熟、不老练。

不经一师，不长一艺

没有老师的教导，学会一门技艺很难。

不怕不懂，就怕不问

不怕不懂不会，只怕不虚心请教别人。

不怕千着会，只怕一着熟

指棋下到末尾之时，也得保持冷静。

不怕千着巧，就怕一着错

指在下棋时，每一步棋都要走得非常巧妙，如果关键的一步走错了，就会导致前功尽弃。

不怕学不会，只怕不肯钻

世上的事，只要用心钻研，没有学不会的。

不是一番寒彻骨，怎得梅花扑鼻香

指不经历寒冷的冬天，就不会有梅

花的开放。比喻只有经历了艰难的磨炼，才会有美好的结果。

不受苦中苦，难为人上人

指不受过艰苦磨难，是不可能出人头地的。

不受磨炼不成佛

指人不经受磨难就不会达到新的一个境界。

不为良相，当为良医

指不能做好宰相，就应当做一个好医生。也指以解除天下的困苦为自己的志向。换句话说，辅佐天子治国，可以活天下命；探究医家奥旨，可以治人之病。

不严不成器，过严防不虞

不虞：不测。指对人要求不严就不会成才，而要求过严则要防备意料之外的事发生。

不因渔父引，怎得见波涛

渔父：以打鱼为生的人。指不是因为有了渔父引导，怎么能够有机会领教波涛呢？比喻若无内行人指点引见，就不会有某种见识。换句话说，要想知道根底缘由，或想见到某人某物，必须有适当的人指引。

不遇盘根错节，不足以成大器

指要成为杰出的人才，就必须有失败和挫折的磨炼。

不遇盘根错节，无以别利器

比喻不经过艰难困苦的考验，就不能识别一个人。

不琢磨，不成大器

琢磨：雕刻和打磨。比喻人不经好的培养教育就不会成为栋梁之材。

布衣可佐王侯，秀才可任天下

布衣：平民。指出身微贱的人可以辅佐王侯成大业，读书人可以担当救国治天下的重任。

C

才高必狂，艺高必傲

意谓有学问、技艺高超的人，经常会狂傲不羁。

才高遭忌，器利人贪

才能出众的人会遭人忌妒，锐利的器械人人贪用。意谓人与物一样，一旦靓丽出众，就会遭人忌妒。

草莽存英雄，江湖多义士

草莽：指民间。民间存在着英雄豪杰，江湖中有许多的侠义之人。指民间有各种各样的人才。

草字出了格，神仙认不得

草字不按规律书写，神仙也辨认不了。指草书也是有一定规律的，不能随便乱写。

长考出臭棋

考：思考。臭棋：错棋，败棋。思考过久，举棋不定的时候容易走错棋。指考虑过久过多，反而容易出差错。

长他人志气，灭自己威风

指高抬别人，贬低自己。

常读口里顺，常写手不笨

指学习要常读常写，才能朗读顺口，书写流利。

唱戏的不忘词儿

从事哪一行，就精通哪一行。

朝忘其事，夕失其功

早晨忘记某事不去做，到了晚上就不可能把事办成。指学习、工作要勤勉。

臭棋肚里有仙着

比喻被别人看不起的人，往往有别人意想不到的高招儿。

初生牛犊跑大，学步伢子摔大

伢子：小孩。摔：跌跤。指刚出生的牛犊是自己跑大的，刚学步的小孩是经过多次跌倒长大的。比喻要放手让年轻人承担重任，让他们在实践锻炼中成长。

除了死法还有活法

指事情的成功在于人的努力，人遇到困境总会有摆脱的办法的。比喻做事情既要按部就班，又要灵活处理。

雏鸟不练飞，是永远振不起翅膀的

雏鸟：刚出窝的小鸟。比喻年轻人不在社会上闯荡就坚强不起来。

处处留心皆学问

只要用心留意，到处都有知识可以学习。

处处有路通长安

长安：今西安，汉、隋、唐的都城。比喻达到目的的途径很多。

慈父教孝子，严师出高徒

意谓仁慈的父亲教育出来的儿子孝敬父母；要求严格的师傅教育出来的徒弟技艺肯定高超。

慈母多败子，严家无格虏

格虏：强悍不驯的奴仆。心肠仁慈的母亲往往会惯养出败家的儿子，家风严厉的家庭中不会有强悍不驯的奴仆。

从师如从父

师徒间的关系就像父子关系一样。意指要像尊敬父亲一样尊敬老师。

从小看大，三岁看老

意谓人一生的好坏作为，三岁孩童时就能看到端倪。

措大谒儒流

措大：古时蔑称穷困的读书人。谒：拜见。指读书人拜见读书人。也指什么样的人就接触什么样的人。

错走一步棋，满盘皆是输

指在关键时刻出现失误，往往会导致全局失败。

D

打出来的铁，炼出来的钢

比喻坚强意志是从艰苦的实践中磨

炼出来的。

打是亲，骂是爱

指对后代严格管教才是真正的爱护。

打着灯笼也没处找

提着灯笼到处去找也找不到。意谓人或物非常出众。

大不正则小不敬

年长的行为不端正，小辈就不会尊敬他。

大才必有大用

意谓真正有才能的人肯定会受到重用。

大材不可小用，小材不能大用

大材小用，屈才；小材大用，误事。

大虫不吃伏肉

大虫：老虎的别称。伏：降伏。比喻本领高超的人不欺负弱小者。换句话说，真正的强者不欺负已经降伏了的人。

大萝卜还用屎浇

浇："教"的谐音。萝卜本来就茁壮，不用施肥。指很高明的人还需别人来教吗？用作反问句。比喻生来就高明的人，用不着别人来开导。

大器多晚成

指成就大事业的人往往成功较晚。

大人办大事，大笔写大字

指有大才能的人应去成就大事。

大丈夫报仇，十年不迟

意谓有志气的人等待时机报仇雪恨。

大丈夫报仇，三年不迟

指有志气的人会等待时机成熟后，才报仇雪恨。比喻有大作为的人，报仇不会急于求成，会等到时机成熟时，再采取行动。

担水向河里卖

意谓在行家面前卖弄自己。

耽误了庄稼是一季，耽误了孩子是一代

指教育孩子事关重大，一旦耽误了，会影响一辈子。

胆大如斗，心细如发

意谓胆大心细，遇事不慌，有勇有谋。

胆量是斗出来的，志气是逼出来的

意谓艰苦的环境可以磨炼出坚强的意志。

胆是吓大的，力是压大的

意谓胆量是在惊吓中变大的，力气是从锻炼中增长的。

但存方寸地，留与子孙耕

方寸地：指良好的精神品质。指把良好的精神财富留给后代是最重要的。

当家方知柴米贵

指当了家才知道生活的不易。

刀钝，石上磨；人钝，世上磨

指刀如果不锋利，要放在砥石上磨砺；人如果不明智，要放到社会上锻炼。

刀快不怕脖子粗

比喻有本领就不怕工作棘手。

到处留心皆学问

指所到之处，只要用心观察，都能学到知识。

道高龙虎伏，德重鬼神钦

指道行高能降伏龙虎；德高望重就连鬼神都钦佩。

道化贤良释化愚

道：指道教。释：指佛教。指人是

可以被教育被感化的。

道在圣传修在己

道：学问。圣：老师。指学问由老师教给，而真正掌握并用于实践则要靠自己的努力。

得十良马，不若得一伯乐；得十利剑，不若得一欧冶

得到好马再多，不如得到伯乐一个；得到利剑再多，不如得到欧冶一人。指人才比什么都重要。

灯不亮要人剔，人不明要人提

指人有时需要他人的提醒才会明白一些事理。

低棋也有神仙着

着：棋着，棋局中落子为一着。指低劣的棋手，有时也会下出极高明的一步棋。也指低能的人有时会有过人之处。

读哪家书，解哪家字

指做什么营生，就要打算什么事，讨论什么道理。

读书不离案头，种地不离田头

意谓干任何事情都要专心致志。

读书不知意，等于啃树皮

指读书如果不能领会其中的含义，那就同啃树皮一样没有滋味，得不到好处。

读书人怕赶考，庄户人怕薅草

薅草：用手拔草。指读书人怕的是考试，庄户人怕的是弯腰拔草。指各个行业的人都有自己最头疼的事。

读书人识不尽字，种田人识不尽草

任何一个读书人也认不全所有的字，任何一个种地人也认不全所有的草。意谓学习知识是没有尽头的。

读书三到：心到口到眼到

指读书要求聚精会神，心要领会，口要朗诵，眼要凝神。

读万卷书，行万里路

指既要懂书本知识，又要亲身参加社会实践，获得实际经验。

E

儿女做坏事，父母终有错

指儿女做了坏事，做父母的要承担一定的责任。

F

焚香挂画，未宜俗家

指焚香料、挂字画，不是普通人家做的事。比喻焚香挂画过于铺张浪费，普通人家承受不起。

夫子门前读孝经

比喻在行家里手面前卖弄本领。

扶不起的刘阿斗

比喻扶植无法培养的庸人。

父强子不弱，将门出虎子

虎子：指勇猛的儿子。指父辈出类拔萃，儿女不会平庸。

父兄失教，子弟不堪

指父亲、兄长家教不严，家中的小辈就很难有作为。

富不教学，穷不读书

指教学太清苦，读书费钱财。

G

甘吃苦中苦，果为人上人

指甘愿经受艰苦的磨炼，之后才可以出人头地。

赶鸭子上架

比喻被逼着去做超过自己能力的事。

高门出高足

高足：指好学生。指技艺高超的师傅能培养出优秀的徒弟。

高山出俊鸟

指山高了才会有俊美的鸟。比喻偏远地方往往会孕育出许多优秀的人才和美妙的事物。

高者不说，说者不高

本事大的人不炫耀，炫耀自己的人本事不大。指有学问、高明的人不说大话，爱说大话、爱吹牛皮的人并不高明。

各师傅各传授，各把戏各变手

指每一个师傅都有自己独特的传授方法，就像不同的戏法有不同的变化一样。

给学生一杯水，教师先要有一桶水

指只有老师拥有了丰富的知识，才能更好地教育他的学生。

根子不正秧子歪

比喻如果长辈的品行不端正，就会给晚辈造成不良的影响。

工多出巧艺

指工夫花费得多，技艺自然精湛。

公修公得，婆修婆得，不修不得

修：指修行。得：指佛教所谓的得到正果。比喻谁努力谁就能得到他想要得到的东西，不努力就什么也不会得到。比喻只要努力就会有收获。

狗肉上不得台盘

比喻人的能力或品质差，不够基本水准。也比喻卑劣的东西在庄重正式的场合是没有地位的。

苟有恒，何必三更眠五更起；最无益，莫过一日暴十日寒

暴：同"曝"。一日暴十日寒：晒一天，冻十天，比喻勤奋的时候少，懒惰的时候多，没有恒心。指做事情如果能坚持到底，就用不着晚睡早起搞突击，最不好的就是时勤时懒没有恒心。

姑娘十八变

指女孩子在发育成长的过程中容貌会有很大变化，往往会出落得更加秀美。

孤犊触乳，娇子骂母

指牛犊往往会顶撞母牛的乳房，娇惯的儿子则会骂自己的母亲。也指娇惯的子女不孝顺，不成器。

乖子看一眼，傻子看一晚

乖：伶俐，机警。指聪明的人只要看一眼就学会了，而笨拙的人即使看上一个晚上也学不会。

关公面前耍大刀

比喻在行家面前卖弄本领。

观棋不语真君子，把酒多言是小人

把酒：端起酒杯。指看他人下棋不给任何一方出主意才是真正的君子，喝醉了酒胡乱瞎说是小人。

观千剑而后识器

千：形容多。指看过许多剑之后才能识别出真正的宝剑。比喻只有在反复学习和阅读中才能提高鉴赏力。

惯子如杀子

惯：纵容子女养成不好的习惯或作风。过分宠爱孩子就如同亲手杀了孩子一样恐怖。告诫不要溺爱自己的孩子。

棍头出孝子，娇养无义儿

娇：过度爱护。只有严格管教才能培养出孝顺的儿子，娇生惯养只会使子女无情无义。

蝈蝈多了显不出你叫，八哥多了显不出你俏

比喻在人才聚集的地方，普通人不容易显露出来。

H

孩子长成人，转眼一瞬间

指孩子成长得很快。

孩子提娘，说来话长

指孩子长大成人，全靠母亲的哺育，提起母亲就有说不完的话。也指事情复杂曲折，一言难尽。

海鸥老在窝里不飞，翅膀是不会硬的

常用来比喻人是在实践中锻炼成长的。

汗水换来丰收，勤学取得知识

指只要辛勤劳动、努力学习，就可以取得成功学到知识。

好刀要在石上磨，好钢要在火中炼

比喻人要想有所作为，必须在实践中锻炼成长。

好舵手会使八面风

好舵手：此处指有经验有才能的领导者。使：用，控制。八面：指多方面。风：指风浪、风险。比喻有经验的领导者能处理各种艰难的局面。换句话说，有经验有才干的领导，能控制来自方方面面的艰难险阻，不论出现什么样的异常情况都足以应付。

好汉不怕出身低

指只要人的才能出众，出身低微是无关紧要的。也指只要人品高尚、有才能，不必担心出身低微，自会展现杰出本领。

好汉不提当年勇

指有作为有志气的人不夸耀以往的业绩。

好汉做事好汉当

指谁做的事就由谁来担当责任。换句

话说，正直的人敢于承担责任，即便有过错，也不诿过于人。

好记性弗如烂笔头

弗如：不如。指记忆力再好，也不如用笔记下来准确。比喻应勤于用笔记录应该记住的东西，否则容易遗忘。强调积累知识，充实头脑，不能只靠好记性，而要用笔把好的有益的东西随时记下来。

好书不厌百回读

百回：很多遍。指好书要多读，读得越多收获越多。

好树结好桃，好葫芦开好瓢

意谓一个人成才与否，与先天条件有很大的关系。

好铁不打不成钢

意谓人必须经过艰苦的磨炼才能成才，就像铁经过千锤百炼才能成钢一样。

好铁靠千锤，好钢靠火炼

钢铁是经过千锤百炼而成的。意谓优秀的人物是从实践中经受磨炼而产生的。

行家看门道，外行看热闹

指内行的人注意的是行业的窍门，而外行人只看外表的热闹情况。比喻懂行的人才能看出问题的关键，不懂行的人只能是看看表面现象。

行家莫说力巴话

力巴：外行。指内行人不要说外行话，不要故意兜圈子，应直截了当地说明白。

行家一伸手，便知有没有

意谓内行人经验丰富，一看就能知道真实的情况。

行行出状元

指不论是哪一种行业都可以出人才。

河界三分阔，计谋万丈深

棋盘虽小，但摆阵厮杀的棋术却非常深奥。

河深海深，最深莫过父母恩

意谓天底下最为深厚的感情是父母的养育之恩。

黑发不知勤学早，白头方悔读书迟

指年轻时不勤奋学习，年老了再后悔就来不及了。

恨铁不成钢

怨恨铁不变成钢。意谓对所期望的人不求进步而表现出焦急不满。

花开在春天，读书在少年

指少年是读书的最好时期，应努力学习文化知识。

花盆里长不出栋梁，鸡窝里练不出翅膀

比喻只有在广阔的天地里，在艰苦的环境中，才能锻炼青年成长为有用的人才。

画鬼容易画人难

指鬼是虚无的，想怎么画就怎么画；人是现实存在的，不可以乱画。

画匠不信神

指画匠知道神像是人画的，所以不信神。比喻假的事物骗不过知道底细的人。

槐花黄，举子忙

举子：古时参加科举考试的读书人。指槐花开时，正是举子忙于考试的季节。

皇天不负读书人

指只要下苦功攻读诗书，终有飞黄腾达的一天。

皇天不负好心人，皇天不负苦心人

指心肠好的人会得到好的回报；勤奋刻苦的人终归会成功。也指读书人只要肯下苦功夫学习，总会有出头之日。

黄狸黑狸，得鼠者雄

狸：山猫。比喻不管是谁，能办成事情的就是能人。换句话说，不管采取哪种办法，效果好、能达到目的就是好办法。

黄筌画鹤，薛稷减价

薛稷：唐代著名画家。指五代后蜀画家黄筌善画六鹤，使唐代以画鹤著称的画家薛稷的名声大减。

会捉老鼠的猫儿不叫，会偷情的人儿不躁

比喻有真本事的人不动声色。换句话说，会办事的人不露声色，能做实事儿的人不一定非得吵吵嚷嚷。

浑身是铁打得多少钉儿

指能力有限。比喻一个人的能力再大再强，也是有限的。提醒人们不要恃强自满。

活到老，学到老

指学无止境。比喻世上值得学习的知识非常广博，学习是没有尽头的，每个人都需要不断地学习。

活人还能叫尿憋死

指困难难不倒人，总会有办法去克服。比喻遇到任何困难总有解决的办法。

J

鸡窝里飞不出金凤凰

荒山僻壤里出不了杰出的人才。比喻在普通的环境中产生不了优秀的人才。这句谚语有片面性，因此有反其意而说的"鸡窝里飞出了金凤凰"，是说穷山沟里也会出有本事的人才。

积财千万，不如薄伎在身

伎：同"技"。指积累成千上万的钱财，不如学会点小技能在身上。也指有一专长胜过有很多积蓄。告诫人们，不可长期依靠父母，钱财也不可能永聚，应该学一技之长而自立，以应不时之需。

积丝成寸，积寸成尺，寸尺不已，遂成丈匹

把蚕丝一根一根地积累起来，不停地纺织，就能织成成丈、成匹的绸缎。比喻学习日积月累，持之以恒，肯定会有很大的收获。

既成童，经义通；秀才半，纲鉴乱

童：童生，明清时称未考取秀才的学子。纲鉴：明清人仿宋代朱熹《通鉴纲目》编的史书。指在做童生时，儒家经书的义理已经通晓了；秀才还没考上，纲鉴等史书已经反复读过了。旧时指治学首先从经书史书上下功夫。

家富小儿骄

指家庭富有，孩子性格就骄横。比喻家庭富裕的孩子容易养成骄奢放纵的性格。

家里有了梧桐树，不愁招不来金凤凰

意谓俊男俏女自能吸引异性追求，就像凤凰专择梧桐树栖息一样。也指好的条件自能吸引有才能的人。

家无读书子，官从何处来

读书才能当官。古时指读书是做官的主要途径。

家有三斗粮，不当孩子王

指只要家中还能勉强度日，就不要选择教师这个职业。这是因为旧社会给孩子当老师既不容易，又无社会地位。

家有一老，黄金活宝

指老年人丰富的阅历，比金银财宝还珍贵。

肩不能挑担，手不能提篮

比喻没有任何能力。

见不尽者天下事，读不尽者天下书，参不尽者天下之理

指人的阅历和知识有限，不可能见尽天下的事，读遍世上的书，参透世上的理。

箭头虽利，不射不发；人虽聪明，不学不知

比喻再聪明的人也要不断学习才能得到新知识。

江山风月，本无常主

自然景观不是某个人专有的，人人都可以享受拥有。

将门出虎子，名师出高徒

指世代为将的门第会产生英武的子弟，有名的师傅会带出技艺超群的徒弟。

将帅无能，累死三军

指领导者没有本事，下属便会受苦遭殃。

将相本无种，男儿当自强

指将军、宰相都不是天生的，男子汉应当努力进取，奋发向上。也指才干、本领不是靠遗传得到的，作为男子汉理应奋发图强。

娇养不如历艰

对子女娇生惯养，不如让他们到艰苦的环境中去磨炼。

浇花要浇根，教人要教心

指教育人要从根本上，即从思想上入手。也指解决问题要从根本上着手。

浇树要浇根

给树浇水，要浇在树的根部。常用来比喻教育人要先从根本抓起，从提高人的思想素质入手才会奏效。

蛟龙得云雨，终非池中物

蛟龙：传说中的无角龙。指蛟龙遇到云雨就会飞腾，不会一直在水池中。比喻有才能的人一旦有好的机遇，就会充分发挥他的才干，有所建树。

教不严，师之惰

指管教不严是老师的失职。

教妇初来，教儿婴孩

指教导媳妇的好时机是她刚嫁来的时候，教育孩子最好是在其还是婴孩的时候。比喻教育宜早不宜迟。

163

教会徒弟，饿死师傅

师傅的手艺给了徒弟，徒弟就会变成师傅的竞争对手，抢师傅的饭碗。

教人先要知心

指教育者要首先了解受教育者的思想情况，才能有效地施教。

教学相长

指教育者与受教育者应互相促进。

教子不严父之过，养女不周娘之错

意谓对儿子教诲不严是父亲的过失，对女儿培育不周是母亲的过错。

教子之法，莫叫离父；教女之法，莫叫离母

教育子女的有效办法，就是不要让他们离开父母。指父母对子女的教育作用最大。

界河三寸阔，智谋万丈深

指棋盘上的界河虽然只有三寸宽，但摆阵厮杀出来的棋术却相当深奥难懂。

金角银边

比喻围棋棋盘的边角部位是战略要地。

金玉其外，败絮其中

表面上像金玉一样美好，而里边却是破棉絮一堆。意谓人光有华美的表面而没有真才实学。

经师不名，学艺不高

指没有受过名师的指教，技艺不会高强。

经一番挫折，长一番见识

经过一次失败，就会吸取一次教训，增长一些见识。意谓失败可以使人从中吸取教训。

经一事，长一智

经历一次挫折，从中吸取教训，就可以增加聪明才智。

井水越打越来，力气越使越有

指人的力气越锻炼越大。

井淘三遍吃甜水，人从三师武艺高

指井多淘几遍就会有甘甜的水，人多跟几个师傅学习，就会见多识广，本领高超。比喻多下功夫就有收获。说明只要不辞劳苦，广识多学，功夫下到家，就会有所成就。

井要淘，儿要教

儿女要经常教育，就像水井要经常淘淤泥一样。

镜越磨越亮，泉越汲越清

镜：这里指铜镜，古时以铜做镜，故须常磨。汲：提取水。比喻技艺或为人处世，越磨炼越纯熟。

君子不吃无名之食

意谓正派的人不收取不明不白的礼物。

君子不夺人之所爱

意谓有道德修养的人不抢走别人所喜爱的东西。

K

开卷有益

卷：书卷。只要打开书本，就会有好处。指书能给人教益。劝诫人应当多读书。

开口奶要吃得好

开口奶：第一口奶。指婴儿第一口奶吃得好，以后喂养才会顺利。比喻一开始，基础打好了，学习才会扎实、深入。

看好样，学好样

意谓看见好样的人就向他学习。

看景不如听景

亲自观看风景，有时反而不如听他人讲解了解得多。

看了《诗经》会说话，看了《易经》会算卦

读了《诗经》，人就懂修辞，说话有文采；学了《易经》，人就懂阴阳，会算卦占卜。

看戏问名角，吃饭问名厨

指名角主演的戏会吸引众多观众，名厨掌勺的饭店会招来大批顾客。

炕头上练不出千里马，花盆里长不出万年松

比喻要想成为栋梁之材，必须在实战中经受磨炼，经受考验。

考试的童生，出阵的兵

旧指参加考试的童生及将要出征打仗的兵都是不好惹的。

空心萝卜大肝花

意谓人外表壮实，内里却没有真才实学。

孔子家儿不识骂，曾子家儿不识斗

孔子家的子弟不骂人，曾子家的子弟不打架斗殴。指知书识礼人家的孩子讲文明懂礼貌。

口上仁义礼智，心里男盗女娼

意谓嘴上说得冠冕堂皇，实际上道德却极其败坏。

苦海无边，回头是岸

原是佛家用语，指尘世间的苦难就像大海一样无边无际，但只要皈依佛法、修身悟道，就可以获得超脱。现今多用来劝诫人改恶从善。

快刀不磨是块铁

指快刀不磨，和一块废铁一样无刃。比喻人不学习、不磨炼，纵然聪明也不能成才。

快马不用鞭催，响鼓不用重锤

比喻有头脑的人物，不用多说就明白事理。

快马跑断腿

比喻能干的人多做事多受累。

快棋慢马吊，纵高也不妙

指下棋时，切忌出子太快，否则会连连失误。

L

来者不拒，去者不追

对来求学的人一概不拒绝，对自愿离去的人也不勉强。

烂肉煮不出香汤

比喻在不好的环境里，造就不出好的人才。

郎不郎，秀不秀

郎：明清时代对低贱者的称呼。秀：对高贵者的称呼。比喻人高不成低不就，没出息。

稂不稂，莠不莠

既不像稂又不像莠。意谓人平平庸庸，碌碌无为不成才。

老将出马，一个顶俩

指经验丰富的人，一个人能起到两个人的作用。

老人不讲古，后生会失谱

古：过去的传统。谱：指标准。指老年人如果不告诉年轻人以前的传统，年轻人做事就会没有标准。

老人发一言，后生记十年

指老年人的话对年轻人有深远的教育指导作用。

老天不负苦心人

意谓只要肯下大功夫，就肯定能获得成功。

老子偷瓜盗果，儿子杀人放火

如果父亲的行为不检点，儿子就会变本加厉。指父母的行为对子女的影响极大。

老子英雄儿好汉，强将手下无弱兵

父亲优秀能干，儿子也肯定是好样的；将领武艺高强，士兵就没有胆怯懦弱的。

历经苦中苦，才为人上人

意谓人只有经过各种艰难困苦的磨炼，才能够出人头地。

良贾深藏若虚

良贾：善于做生意的人。指善于经商的人经常深藏财物不外露。比喻有才学有本领的人不炫耀自己的才能。

良马不窥鞭，侧耳知人意

窥：察看。指好马不等驾车人挥起鞭子，侧耳就能领会驾车人的心意。比喻才智高的人，善于体会领导者的意图，办事不用督促。

良马见鞭影而行

比喻有才干的聪明人做事不需要催促，就能领会意图，主动去做。

两耳不闻窗外事，一心只读古人书

比喻不关心世事，只顾埋头读书的人生态度。

烈火才见真金

意谓只有通过严峻的考验才可以发现优秀的人才。

烈火炼真金

比喻严峻的斗争，才能锻炼出意志坚强的人。

烈火识真金，百炼才成钢

比喻只有经过严峻的考验才可以辨

出真正的强者，经过千锤百炼才可以成为有用的人才。

临渊羡鱼，不如退而结网

渊：深潭。结网：制作捕鱼的工具。指走到深潭边，看到鱼肥鲜美，空想得到，不如返回去结网捕鱼。比喻要想达到某种目的，与其空想，不如实际去做。

龙归沧海，虎入深山

比喻有才干的人要到适合自己、能发挥自己优势的地方去。

路遥知马力，日久见功夫

遥：远。指路途遥远才能知道马的脚力的强弱，时间长了才可以看出一个人的功夫是否精湛。

M

麻布袋做不出漂亮的衣服

比喻素质差的人是很难培养提高的。

马上不知马下苦，饱汉不知饿汉饥

指骑马的人不知道步行人的辛苦，吃饱饭的人不知道饿肚子人的饥饿。比喻条件好的人不知条件差的人的苦衷，没有需求的人理解不了有需求人的感受。

马行千里，无人不能自往

指马行路的能力再强，若无人驾驭，自己也不能前往。常比喻人在推动事态发展中所起的作用。也比喻杰出的人才如果没有人举荐，也发挥不了才能，无法建功立业。

马要骑，人要闯，生铁不炼不成钢

指人不经过实践锻炼是不会成长起来的。

马异视力，人异视识

指马之间的差异是看力气的大小，人之间的差异要看见识的多寡。比喻有才能的人往往见多识广。

蚂蚁爬树不怕高，有心学习不怕老

劝勉人们不要怕困难，要坚持不懈，活到老、学到老。

慢工出巧匠

指慢慢地精心细作，就可以锻炼出能工巧匠。也指精心细作，能显示出巧匠手艺之高超。

忙家不会，会家不忙

比喻会干事的人能干得有条不紊，不显得忙乱，而不会干事的人往往就显得手忙脚乱。

毛羽未成，不可以高飞

指小鸟的羽毛没有干，翅膀没有硬，不能展翅高飞。比喻力量还没有壮大，不足以成就大事。

没吃过猪肉，也见过猪跑

比喻虽没亲身经历过，但见到过。

没风难下雨，无巧不成书

没有狂风就不会下雨；没有巧合的情节，就构不成精彩的故事。指经常会有非常巧的事情发生。

没舅不生，没舅不长

旧时认为外甥要靠舅舅照管成长，外甥家的事要靠舅舅出主意想办法解决。

没有打虎将，过不得景阳冈

景阳冈：《水浒传》里武松打虎的地方。比喻要解决困难还得需要有特殊本领的人才才行。

没有功劳，还有苦劳

指虽然没有太大的成绩，但也出过一些苦力。

没有修成佛，受不了一炷香

比喻还没有达到一定的水平，承受不起别人的礼遇和给予的责任。

没有严师，难出高徒

指没有严格的师傅，很难培养出高明的徒弟。

眉头一皱，计上心来

眉头一皱：人思考问题时的样子。计：计划，主意，办法。比喻多思考，

出智慧。也比喻计谋很快就考虑成熟。

门里出身，自会三分

指家庭环境对孩子成长的影响很大。

民生于三，事之如一

三：指君王、父亲、老师。指人一生中对君王、父亲和老师的侍奉要始终如一。

明人点头即知，痴人拳打不晓

指聪明人只要稍微给予暗示就能心领神会，愚笨的人即使打他都不能明白。

磨墨如病夫，握管如壮士

指写毛笔字时，磨墨不要用力，宜轻缓，拿笔写则要用大力。

莫嫌知事少，只欠读书多

不要抱怨自己知道的事情太少，因为自己读的书不多。劝勉人们要多读书。

N

哪个鱼儿不会识水

比喻一个行业有一个行业特有的技能。也比喻干哪一行业，就会熟悉哪一行业的事情。

男儿不得便，刺头泥里陷

指男子汉大丈夫没有好机会，就如同尖刺陷在泥坑里一样。比喻才干被埋没。

男要勤，女要勤，三时茶饭不求人

三时：指三餐。比喻一个家庭里，如果夫妻都很勤劳，一日三餐就没有困难。

男子汉不激不发

指男人受到激励才会奋发上进。

男子汉志在四方

指男子汉应该立志天下，建功立业。比喻有志气的男子汉应该有雄心壮志，以四海为家，成就一番事业。

难者不会，会者不难

指做任何事感到困难就学不会，已经掌握的就不觉得难。告诉人们，任何难做的事，只要用心学，都能由不会做到会做。

能人之外有能人

指有能力的人很多。也指在能力强的人中间，还有更高强的人。比喻学识、本领无止境。告诫人们要谦虚谨慎，千

万不要骄傲自大。

能书不择笔

擅长书写的人，从来不在乎笔的好坏。比喻真正有能力的人，绝不会受客观条件的限制。

能者为师

指谁有真才实学，谁就可以为人师。

泥鳅掀不起大波浪

比喻小的骚动闹不了大的乱子。换句话说，力量弱小者成不了大事。

泥胎变不成活佛

比喻素质差的人难以变成出众的人。

逆水行舟，不进则退

意谓学习就如同逆水行舟一样，应不停地前进，否则就会顺水而退。

年年防俭，夜夜防贼

俭：指歉收。比喻费尽心思地筹划、经营。

宁扶旗杆，不扶井绳

指为有志气、奋进向上的人提供帮助才有价值。

宁输一子，不失一先

下棋时输掉几个棋子没什么，关键不能没有全局的主动权。也比喻不论什么事都要努力争取主动。

宁为玉碎，不为瓦全

玉：珍贵之物。瓦：一般的东西。指宁愿作为珍贵的美玉被人打碎，也不愿当作一般的瓦块而保全无损。比喻宁可为保全清白或坚持正义而死，也不苟且偷生。用以赞誉忠贞不屈的英雄。

宁养顽子，莫养呆子

宁可养育顽皮的孩子，也不愿意养育痴呆的孩子。因为顽皮的孩子智力正常，只要养育得当，就会成才。

宁养一条龙，不养十个熊

比喻养育孩子或培养学生，宁可只出一个英才，也不要出十个蠢才。

宁愿站着死，决不跪着生

指宁可为正义事业丢掉性命，也决不可跪着向敌人乞怜求生。比喻宁死不屈。

牛要耕田马要骑，孩子不管要赖皮

指孩子要从小管教才能成才，就像牛马要调教才能听人使唤一样。

驽马恋栈豆

栈：养牲畜的栅栏。豆：指饲料。指能力低下的马匹，大部分贪恋马棚的饲料，懒于行走。常比喻只贪图短时利益，没有远大志向的人。也比喻学识浅薄、贪图安逸、留恋故土、缺乏雄心壮志的人不堪重用。

P

捧不起的刘阿斗

捧：用双手托，指扶助。刘阿斗：三国蜀汉后主刘禅，刘备的儿子，小名阿斗，懦弱无能。比喻资质差、碌碌无为的人，想扶助他都没有用。

捧上不成龙

本身就不是龙，捧上天也成不了龙。比喻不成器的人，再扶持也不会有大作为。

平时不肯学，用时悔不迭

迭：及，赶上。平时不肯用功学习，到时候知识不够用，后悔也来不及。

平时车走直，事急马行田

车、马：象棋棋子。指按规定，车走直线，马走日字格；遇到紧急情况，马走了田字格。比喻人遇到紧急情况时就会手忙脚乱。

破罐子破摔

比喻自暴自弃，不求上进。

破蒸笼不盛气

蒸笼：用竹篾、木片等制成的蒸食物的器具。盛气：容纳蒸汽。"盛气"跟"成器"谐言，借指成为有用的人。指破烂的蒸笼留不住蒸汽。比喻人素质低下，没有什么出息。也比喻如果没有志气，就不会有所成就。

Q

七分人事，三分天资

意谓事业的成功，七分靠勤奋，三分靠天资。

七讨饭，八教书

指古时教师的社会地位还比不上乞丐。

棋不看三步不捏子儿

指下棋时不先看准三步，便不要拿起棋子。比喻办事情应该先看准再动手。

棋差一着便为输

指棋局中一步走错就会输棋。比喻做事情时关键性的一步走错，就很难在竞争中取胜。

棋错一步，全盘输光

指下棋走错关键性的一步，全盘棋都会输掉。比喻办事如果在关键处失误，会造成全局失败。

棋错一步，一步输，就步步输

指下棋时走错一步，就会步步被动。比喻在做事时一步失误，会步步赶不上。

棋错一着满盘输

一着：一步棋。指只要走错了关键性的一步，整盘棋就赢不了了。

棋低一着，碍手碍脚

指棋艺低人一等，便步步被动。

棋逢敌手难藏行

行：行迹，这里指计谋。比喻足智多谋的人相遇了，双方都难以施展诡计。

棋逢敌手难相胜，将遇良才不敢骄

指双方本领相当，都不敢轻视对方。

棋逢对手难摘离

摘离：分开。比喻双方武艺差不多，打起来就难分难解。

棋高一着满盘赢

指在双方较量中，本领高的总是胜利者。

棋高一着难对敌

指下棋双方，一方棋高一着，对方就难以应对。比喻在武术较量中，不是同一个级别的就很难应对。

棋局既开，终有了时

指一盘棋既已开始，无论时间多长，终有下完的时候。比喻一件事既已开始做，迟早有个结果。

棋输棋子在，摆开再重来

指输了一局棋，还可以再决胜负。劝诫人不要因为一次的失败就灰心丧气。

棋无一着错

指对弈时一步也不能走错，否则会输掉全局。比喻做事情关键时刻不可有一点失误。

棋争一着先

指下棋时要争取先手。比喻做事要运筹在先，掌握主动权。

棋中无哑人

指人们看下棋时，总是忍不住要发表意见。

千般易学，千窍难通

般：种。窍：窟窿，指窍门。千种本事容易学，千种窍门却不容易精通。指任何事要学会它容易，但要精通其中的诀窍就不容易。

千部一腔，千人一面

多种乐队演奏的全是一个腔调，许多人是同一个脸谱。意谓文艺作品千篇一律、公式化，没有新意。

千锤成利器，百炼成纯钢

利器：锋利的刀剑等。炼：烧。指生铁经过千百次锤子的敲打，才能制成锋利的刀剑；经过千百次的烧炼，才能炼出精纯的钢材。比喻经过反复磨炼才能获得优秀的才能。

千个师傅万个法

指不同的师傅，各有不同的方法。也泛指物品种类不同，用法和效果也就不同。

千斤念白四两唱

念白：戏曲中的道白。指念白比演唱更重要。

千金难买心中愿

指人心甘情愿地做事是最难能可贵的。

千军易得，一将难求

将：将领，指有领导才能的人。指千万人的军队容易组建，能统率千军万马的优秀人才，却极难寻觅到。比喻杰出的人才难以寻找。

千日琵琶百日琴，告化胡琴一黄昏

告化：叫花子，乞丐。指精巧技艺的不好学，粗浅的容易学会。

千羊之皮，不如一狐之腋

腋：野兽腋下之毛皮，较珍贵。比喻众多平庸之辈抵不上一个杰出的人。

千招要会，一招要好

指人应会多种技能，并且对其中的一门要掌握精通。

青柴难烧，娇子难教

青湿的柴不容易燃着，娇惯的孩子不好教育。

青成蓝，蓝谢青；师何常，在明经

青：这里指靛青，一种用蓼蓝叶子发酵而制成的青蓝色染料。蓝：蓼蓝，植物名，用此提炼靛青。谢：逊色，不如。指青出于蓝而蓝反不如青之色深；老师怎能一直当老师，谁通晓经术谁就是老师。这是北魏时人们对孔璲、李谧互相为师的评论。

青出于蓝而胜于蓝

指靛青是从蓼蓝里提炼出来的，但是颜色比蓼蓝更深。比喻学生胜过老师。

清明不拆絮，到老不成器

指清明节天气转暖，年轻人如果还穿着棉袄棉裤，不及时换下来拆洗，就容易养成懒散的习气，身体穿得过暖不利于抵御风寒的侵袭，娇生惯养，就是活到老也不会有什么作为。比喻过分追求舒适，会养成懒惰的习气，丧失志向，将来不会有出息。

穷不离猪，富不离书

指穷离不开养猪，富离不开读书。旧时认为喂猪是穷孩子的事，读书是富家子弟的事。

穷秀才人情纸半张

人情：指赠送的礼物。古时指读书人因没钱送不起厚礼，只好作画写字，充当赠品。

求人不如求己

指请求别人帮助，不如依靠自己。指依赖别人，还不如靠自己的能力去努力。

拳不打少林，脚不踢武当

指少林派擅长拳术，武当派精通脚功。

拳不离手，曲不离口

练习唱歌要不间断，练习拳术要坚持不懈。指只有经常反复练习才能掌握某种技能。比喻熟能生巧，多练就能提高技艺，持久不断，功夫就会到家。

群众过百，能人五十

比喻群众中有才能的人多的是。

R

热练三伏，冷练三九

指练功贵在坚持，特别是一年中最热和最冷的时节不能间断。泛指在最艰苦的环境中锻炼才能出好成绩。

人不论大小，马不论高低

指不能只依据年龄的大小来判别人的能力，就像不能只依据个头高低来判断马的优劣一样。说明存在有年纪轻轻、本领却很高超的人。

人不怕低，货不怕贱

指出身低微的人仍有机会成功。

人不劝不善，钟不敲不叫唤

劝：劝诫。指人如果不劝诫，就不能改恶从善，就像钟不敲不响一样。比喻人只有听从别人的劝导，才能变好。告诉人们，对犯错误的人要进行教育，才能使他改正错误，步入正途。

人才对了口，必能显身手

有才能的人到了合适的环境中，做利于发挥其特长的事，就必定能显出本领，做出成绩来。

人多一技有益，物裕一备有用

裕：富余。备：准备。指人多学一门技术总有好处，多准备一些东西总有用得着的时候。比喻多学一些技能有备无患，总有益处。意在提醒人们，多学几种本事，以备万一。

人各有志，不可相强

强：勉强。指各人有各人的志向，他人不能勉强他改变。

人过三十不学艺

指人到中年后再学习技艺有比较多的不便。

人生在勤，勤则不匮

匮：缺乏，短缺。指人贵在勤劳，只要勤劳，就不会缺少钱财。也指勤劳是最可贵的，不勤劳就会穷匮。说明只有勤劳才可以富足。

人受一口气，佛受一炉香

指人都不愿忍辱受气。

人无钢骨，安身不牢

安身：指立身处世。指人如果没有刚强的性格，就难以立身处世。

人无三天力巴

指人只要勤学苦练，很快就会成为内行。

人心都是朝上长

指人们都希望生活越过越好。

人心无刚一世穷

刚：刚强。指人若没有刚强的意志或要强的志气，就会一辈子受穷。

人要闻，刀要砺

砺：带花纹的石头，这里指在磨刀石上磨。指人要在社会中经受磨炼，就

如同刀要在磨刀石上磨一样。

人有薄技不受欺

薄技：简单的技艺。指人哪怕掌握了一点薄技，在生活中也不会受困。

人有古怪相，必有古怪能

指相貌奇特的人，肯定有奇特的本事。

人有人门，狗有狗窦

窦：洞。人走为人而设的门，狗钻为狗设的洞。指为人处世应保持人格尊严，不能做辱没自己人格的事情。

人有一技之长，不愁家里无粮

指人只要精通一门技艺，就能维持生计，不用担心家人挨饿。

人在世上炼，刀在石上磨

指人必须经受磨炼才能成熟，就像刀要在石头上磨才能变锋利一样。换句话说，人只有经受锻炼，才能增长才干，就像钢刀只有在石头上反复磨砺，才能锐利一样。

日日杭州，夜夜床头

指每天都向往杭州，想去杭州看看，却每天待在家里，不愿远行。比喻有抱负，想做一番事业，但却因恋家实现不了。讥讽只有愿望而没有行动的人。

如鱼饮水，冷暖自知

指鱼生活在水中，水的温度高低，自己当然清楚。常用以喻学习的心得，各人自己有数。比喻生活在其中，又亲身体验过，其中的滋味自己清楚。

儒变医，菜变齑

齑：细，碎，也指切碎的腌菜。指读书人学做医生，就同切碎菜一样容易

173

入门。

若无破浪扬波手，怎取骊龙颔下珠

骊龙：黑色的龙。颔：下巴。指如果没有在水中搏击波浪的好身手，怎么能取下黑龙下巴上的明珠呢？比喻只有在某方面具备过硬的本领，才能担负责任，取得令人满意的成绩。

S

洒多少汗水，有多少收获

意谓在学习或工作中，下多大的功夫，就会有多大的收获。

三代不读书会变牛

意谓一户人家如果几代都没有读书人，就会变得愚昧无知。

三翻六坐九拿爬，十个月的伢儿喊爸爸

指出生三个月后的婴儿能翻身，六个月后能坐起，九个月后能拿东西也能爬动，十个月后能发音喊爸妈。

三分画儿七分裱

裱：裱装。指好画还需要有好的装裱。比喻人要想有好的外表还需要适当装饰打扮。

三分教，七分学

学习本领三分靠老师的传授，七分靠自己的勤学苦练。

三分诗，七分读

意谓朗读技巧有窍门，能为诗作增色添彩。

三军可夺帅，匹夫不可夺志

三军：对军队的统称。匹夫：泛指平常人。指可以改变三军的元帅，但却改变不了平常人的志向。形容意志坚强、不可动摇。比喻要坚守自己的志气和节操。

三日不弹，手生荆棘

荆棘：山野中带刺的小灌木。三天不弹琴，手上就会长出荆棘。指技艺需要常常练习，否则就会荒废。

三日打鱼，两日晒网

指打三天鱼，晒两天网。比喻做事或学习没有恒心，时断时续，就将一事无成。

三岁学，不如三岁择师

指用三年的时间自学，不如用三年的时间选择老师。也指投奔名师是学业中比较重要的一步。

三天不打，上房揭瓦

上房揭瓦：比喻捣乱生事。指调皮的孩子如果不严加管教，就会经常惹是生非。

啥师带啥徒

指什么样的师傅就会教育出什么样的徒弟。

山山出老虎，处处有强人

比喻到处都有才能出众的人。

山要绿化，人靠文化

山要绿化，才能保持住水土；人有文化，就可以把握住前进的方向。

山再高也高不过两只脚

比喻困难大，决心更大，即使是高

山骇浪，也吓不倒生活中的强者。也比喻邪不压正，即使困难再大，也能够战胜它。

杉木尾子做不了正梁

比喻人才使用不当，小才大用。也比喻小才派不上大用场。

上有天堂，下有苏杭

苏杭：指苏州和杭州。指苏州和杭州风景秀丽，和神话中的天堂一样美好。

少所见，多所怪

形容人因见识少，遇事总是大惊小怪的。比喻人见识少，碰到以前没有见过的新鲜事，就容易大惊小怪。

身教重于言教

指以身作则比泛泛而谈更有效。

神仙下凡，先问土地

土地：掌管一个小区域的神。比喻位高权重者来到一个地方也需要向该地的当权者请教。

生有涯，学无边

涯：边际，界限。指人的生命是有限的，而学习知识永远没有尽头。

圣人府里没文盲，老师手下没白丁

白丁：封建时代指没有功名的人，现今指没有文化的人。指在良好的环境中，人们就会受到熏陶。

圣人门前卖字画，佛爷手心打能能

比喻浅薄的人总爱在高人面前卖弄自己，表现出无知。

师访徒，徒访师，各三年

指师傅要花费时间挑选好的徒弟，徒弟要花费时间寻访好的师傅。也指师访徒、徒访师是件严肃而认真的大事，不可草率行事。

师傅是镜子，徒弟是影子

指师傅的品德和技艺集中在徒弟身上反映出来。

师傅不明弟子浊

浊：糊涂。师傅平庸一般，徒弟也就糊涂无能。

师傅教不了自家儿

指为师再严，教导再有方，也不一定能教好自己的儿子。比喻官位再高，在自己家里也难施威力。

师傅领进门，修行在个人

修行：这里泛指自我进修学业。指师傅把人领进门里来了，学好与否，全凭自己。也指师傅只起着启发、引导的作用，深入探讨钻研还得靠自己的努力。

师高弟子强

指师傅高明，教出来的徒弟也一定是强手。

师徒如父子

指师傅和徒弟的关系，就好比父子关系，非常亲密。

十步之内，必有芳草

芳草：香草，指贤人或才士。比喻人才济济。换句话说，到处都有贤能的人或出色的人才。

十个读书九个呆

指读书人多死读书，不懂世事，不明事理。

十磨九难出好人

指经历过许多磨难，才能成为有作为的人才。

十年窗下无人问，一举成名天下知

指读书人长期埋头读书，默默无闻，无人知晓，一旦取得功名便扬名天下。

十年树木，百年树人

培育树木需要十年的时间，培养人才却需要百年的时间。指培养人才是漫长而艰巨的任务。

十室之邑，必有忠信

指即使是仅有十户人家的小城中也一定有忠信的人。比喻处处都有品行优秀的人。

石头是刀剑的朋友，障碍是意志的朋友

指石头能磨砺刀剑，使刀剑锋利；困难能锻炼人的意志，使人意志坚强。指逆境往往能磨炼人的意志。

屎棋贪食卒

屎棋：臭棋，棋艺低劣的人。指低劣的棋手为的只是吃掉对方的棋子。比喻目光短浅的人只图小利，不顾大局。

士别三日，即更刮目相待

读书人三天不见面，就要另眼看待。指读书人时时在进步，不可等闲视之。

士各有志，不可相强

指读书人各有各自的志愿和抱负，不可以勉强。

世上无难事，只怕有心人

有心人：意志坚决，又肯动脑筋的人。指只要有决心和恒心，不论什么事都可以办成功。

事非经过不知难

指没有亲身经历过这件事情，就不知道事情的难处。

手大遮不过天来

比喻能力有限。

手下一着子，心想三步棋

下棋时要从全局着眼，走一步，就要想到后面的三步。比喻做事要把眼光放长远，想得周全。

受得苦中苦，方为人上人

指能经受得住常人难以忍受的艰难困苦的磨炼，才能出人头地。

书到用时方恨少，事非经过不知难

知识到了用的时候，才知道学得太少；事情没有亲身体验，不知道困难。指书要勤读，事要实践。

书读百遍，其义自见

见：显现。反复多次地读一本书，自然就会明白书中蕴含的深刻道理。

书囊无底

指书是读不完的，学习无止境。

书山有路勤为径，学海无涯苦作舟

径：门径，道路。指勤奋是读书的路径，刻苦是学术的航船。指要掌握丰富的知识，只有勤奋、刻苦学习。

书生不离学房

指读书人死守书房读书。

书生不知兵

书生：指只有书本知识的人。兵：行军用兵。指只有书本理论而没有实际领兵经验的人，是不能指挥作战的。

书生治兵，十城九空

治兵：领兵作战。十城九空：十座城就有九座守不住。指书生指挥战斗，非遭惨败不可。

书无百日工

练习写字在短时间内不可能见效。指学习书法，必须长期坚持，方能取得明显的成绩。

书真戏假

指书上记载的都是真实的，戏剧编演的都是虚构的。

书中车马多如簇

簇：聚集。比喻诗书中的车马很多。古时认为，读书可以当官，当了官就会有很多车马簇拥着自己。

书中自有千钟粟，书中自有黄金屋，书中自有颜如玉

千钟粟：非常优厚的官俸。黄金屋：非常富丽的房屋。颜如玉：容颜美如玉的女子。指男子只要专志攻读诗书，就可从书中获得荣华富贵。

熟读《唐诗三百首》，不会吟诗也会吟

指熟读《唐诗三百首》一书，自会领悟到写诗的要领。

熟读王叔和，不如临症多

王叔和：名熙，魏晋时名医，这里借指王叔和的医书。即使把王叔和的医书读熟了，不如多看病症。指多读医书比不上多积累临床经验。说明治疗疾病中临床经验的重要性。

蜀中无大将，廖化作先锋

廖化：三国襄阳（今湖北襄阳）人，三国后期，蜀汉名将相继死亡，廖化就成为突出人物。比喻没有合适的人才，只好将就使用差一点的人。

树不打杈要歪，人不教育要栽

指人不受教育就会栽跟头、犯错误，就如同树不经过修剪就会歪斜一样。

树不修不成材，儿不育不成人

指子女只养不教就成不了人，就像树木只长不修就成不了材一样。

树大分杈，人大分家

指兄弟成年后就要分家立业，就好比树木长大以后树枝要分杈一样。

树苗好栽成材难

指栽棵树苗容易，要使它长大成材很难。比喻要培养一个人才，必须长期下功夫。

霜打过的柿子才好吃

比喻经过艰苦磨炼才能成为有用之才。

谁走的路长远，谁能到西天佛地

比喻谁有毅力有恒心，谁就能达到目的。也比喻谁能一直有善心做善事，谁就能得到好的结果。

水大漫不过鸭子去

比喻力量超不过一定的限度。也比喻困难再大，也难不倒有本领、有办法的人。

水浅养不住大鱼

指水太浅了，养不了大鱼。比喻小地方盛不下大人物。也比喻环境或条件不好的地方留不住人才。

水深不响，水响不深

比喻有真才实学的人不在人前张扬。

水深见长人

指高个子站在深水里不会被淹没。比喻在关键时候才能显现出一个人的才能来。

睡着的人好喊，装睡的人难叫

比喻真正不懂的人好施教，有意不接受的人难施教。

说书的嘴，唱戏的腿

说书靠的是嘴上的功夫，唱戏靠的是腿上的功夫。指每个行业都有自己的独到之处。

死狗扶不上墙

比喻无用的人，想扶植他也扶植不起来。

死棋腹中有仙着

死棋：无步可走的棋。指看起来是死棋，却有一步高着能使棋局转活。比喻陷入绝境时，常常还会有使局势起死回生的上策妙计。

四两拨千斤

比喻使巧劲能获得更大的效果。换句话说，只要掌握好要领，用很小的力气，就可以克敌制胜。

四书熟，秀才足

意谓只有熟读四书，才能考中秀才。

苏李居前，沈宋比肩

汉苏武、李陵开拓诗风在前，唐沈佺期、宋之问革新诗律在后。指沈、宋对诗歌发展贡献很大。

苏文熟，吃羊肉；苏文生，吃菜羹

苏：苏东坡，唐宋八大家之一。苏文：指苏东坡的文章，一说指"三苏"（苏东坡和他的父亲苏洵、弟弟苏辙）的文章。熟读苏东坡的文章，就可以考取功名，就会有好吃的食物；如果不读熟苏东坡的文章，就考取不了功名，自然就没有好吃的。比喻苏东坡的文章写得非常好，风行一世，影响非常大。

T

台上一分钟，台下十年功

舞台上的成功表演是台下多年勤学苦练的结果。泛指一切成就都是经过长期艰苦奋斗得来的。

泰山高还有天，沧海深还有底

比喻强手背后还有更强的人。

泰山压顶不弯腰

形容勇于承担繁重任务的气魄。比喻人不怕困难，迎着困难上，表现出一种坚忍不拔的英雄气概。

塘里无鱼虾也贵

比喻没有好的人或物，差劲儿的也显得非常珍贵。

讨饭怕狗咬，秀才怕岁考

岁考：也叫岁试，一种科举考核制度。指秀才怕岁考就像讨饭的怕狗咬一样。比喻人各有为难之处。

天不生无禄之人

禄：古代官吏的俸给。指世上的人只要肯努力，都会有吃有穿。也指不管境遇多么糟糕，只要人活在世上，总会有办法走出困境，会有出头之日。

天上下雨地下滑，各自跌倒各自爬

比喻每个人都要依靠自己的力量去

解决困难。

天下名山僧占多

天下著名的风景山区，大多建有佛家寺庙。

调皮的骡子能拉套

比喻淘气的孩子灵活机警，只要引导正确，就可以担当重任。

铁不炼不成钢

比喻人不经过实践锻炼就不能成才。

铁打房梁磨绣针

只要努力下功夫，再困难的目标也可以达到。比喻功夫到家了，事情自然就会办成。

听君一席话，胜读十年书

指听了对方一次谈话，比自己常年读书的收获都大。比喻同知识渊博的人交谈，能获得很大的教益，胜过死读书。多用作对人讲话的赞语。

听蛞蝼叫还不耩芝麻喽

比喻不能让闲言碎语影响了正事，

认准了目标，就要排除一切干扰，努力干下去。

偷来拳打不倒师傅

指不是通过正道从师学艺练出来的，往往本领有限。

偷去的拳头打不死本人

指没有经过苦练，轻易得来的技术，算不上是真本事。

投师不如访友，访友不如交手

习武之人与其拜师学艺，不如拜访友人相互切磋；与友人切磋，不如找对手实练。指相互交流实践，本领提高得快。

兔子多咱也驾不了辕

多咱：任何时候。辕：驾车子用的直木或曲木。指兔子什么时候也驾不了辕。比喻力不胜任，做不了事。换句话说，能力差的人无论怎么也担当不了重任。

W

弯木要过墨，横人要过理

墨：木工用来打直线的墨绳。指蛮横的人要经过说理才能转变，就像弯曲的木头要用墨绳才能取直一样。

万般皆下品，唯有读书高

下品：下等。古时认为各行各业里，唯有读书最为高尚。

万般事仗少年为

指人一生事业的成就，都应当在青

少年时期打下基础。

万宝全书缺只角

万宝全书：指无所不知的人。指自以为什么都知道，可还是缺乏一部分知识。常用于讽刺自以为什么都知道的人，也有不懂的事情。

为老不正，带坏子孙

做长辈的行为不端正，后辈也会随着变坏。

唯大英雄能本色

唯：只有。只有杰出的英雄才可以保持住英雄本色。

文不能像秀才，武不能当兵

指在文武两方面都没有本领。比喻什么也没学会。

文场之上无父子

文场：科举考场。指考场上无尊卑之分。也泛指文人会友，彼此之间平等切磋。

文如其人

文章的思想内容或艺术风格，体现作者的思想作风。

文章不妨千次磨

文章可以而且应该经过很多次修改。

文章自古无凭据

意谓评定文章的好坏，自古以来就没有一定的标准。

文字看三遍，疵累便百出

疵累：指语病或文字不简练。多看几遍文字，其中的瑕疵就会暴露出来。

屋里驯不出千里马，炕上养不成万年松

指要驯千里马就得在广阔的原野上，要植万年松就得在高山深涧中。比喻对青年的培养，必须放在火热的斗争中，放在广阔的天地里，让他们锻炼成长。

无君子不养艺人

艺人：旧时江湖上靠卖艺为生的人。指江湖艺人全靠观众慷慨解囊相助。请观众赏赐的常用语。

无巧不成话

话：话本，民间艺人说唱的底本。指缺少巧合，就构不成说唱的故事情节。古时说书人的口头语。

五谷不熟，不如莠稗

五谷如果成熟不了，还不如稗子一类的杂草。比喻富家子弟若不能成才，还不如贫穷人家子弟。

五岳归来不看山，黄山归来不看岳

游览过衡山、泰山、恒山、华山、嵩山之后，就会觉得其他山都不值得欣赏；而当游览过黄山之后，觉得连这五岳也不值得看了。

X

嬉笑怒骂，皆成文章

说笑、谩骂，随口说出的话，都是好文章。意谓不拘题材形式，任意发挥，皆成妙文。

习武不在老少，拜师不怕年高

指练武拜师不受年龄限制。

戏包人，人包戏

戏剧团体依赖好演员才可以兴盛，好演员又必须依赖优秀的团体才能发挥出才能。

戏不够，神仙凑

指戏剧的故事情节编不下去，往往请出神仙鬼怪来打圆场。

戏场小天地，天地大戏场

戏场中的戏是社会的缩影，社会则是人生进行表演的大舞台。

戏唱得好不好，不在开锣早

开锣：开场锣鼓。戏演得好坏，不在于开场锣鼓打得早。比喻事业上的成功，不在于时间的早晚。

戏台三尺有神灵

指演戏不仅仅是为了娱乐，而是一件很庄重的事情，要起到教化世人的作用。

戏有戏德，台有台规

指演员有艺德，戏台有台规。

下棋看三步

指下棋要有全局观念，每下一子，都要想到后面的几步该怎么走。比喻做事不能只顾眼前，要有长远的眼光。

下棋千着，全看最后一着

指下棋时开盘布子、中间行棋固然重要，但能否取胜却在最后几步。比喻做事情要有始有终，最后的步骤一定要做好。

夏虫不可语冰

指同夏天的虫子不可以谈论有关冰的事。比喻人见识浅陋。意在提醒人们，不可跟见识浅薄的人谈论深奥的问题。

先进山门是师父

山门：佛寺大门。指先当和尚的是师父，后当和尚的是徒弟。

闲时不烧香，急来抱佛脚

比喻平时不努力，问题来临时才匆忙对付。

响鼓不用重锤敲

比喻聪慧的机灵人一点就透，一说就明白，不必费多大的力气进行教导。

小错护短，大错不远

指子女有了小错一直护着，小错就会酿成大错。

小鬼不曾见过大馒头

比喻人见识少，没见过大世面。

小孩要管，小树要砍

指小孩不管教就不会成才，小树不修剪就不会长成参天大树。

小河沟里练不出好艄公，驴背上练不出好骑手

艄公：船上掌舵的，比喻久经锻炼有指挥能力的人。指不经风险，练不出好的本领。

小脚不中看，小孩不中惯

就如同小脚越看越丑一样，小孩则是越宠越任性。

小马乍行嫌路窄，雏鹰初舞恨天低

乍：刚刚开始。雏：幼小的，刚生下不久。指小马刚开始行走时，总是嫌路太窄；雏鹰刚学飞时，总是恨天太低。比喻青少年思想解放，敢想敢干，无所顾忌。也比喻刚见世面的年轻人自命不凡，不知天高地厚。

小曲好唱口难开

在旧社会，卖艺人在开口唱歌时总会感到很难堪。

小时不防，大了跳墙

跳墙：指偷窃作案。指孩子小时不加防范，不严格管教，孩子长大后就有可能做坏事触犯法律。

小时不禁压，到老没结煞

结煞：结果。指如果小时候没有管教好，到年老时就不会有什么好的结果。

小时偷针，大了偷金

小时敢偷一根针，长大就敢偷金银财宝。指从幼年就应该注重对孩子的教

育，以防小的恶习酿成以后的大祸。

小小卒子吃大将

指象棋到了残阵阶段，小卒常常能将死对方。

小卒过河赛如车

指象棋对局时，卒子一旦攻过河界，威力就像车一样，尤其在残局时，胜败往往取决于一卒之差。也比喻小人物在一定条件下能做出大事来。

孝顺还生孝顺人，忤逆还生忤逆人

忤逆：不孝。孝顺父母的人所生养的孩子也孝顺，不孝顺父母的人所生养的孩子也不会孝顺。意谓父母的一举一动都会成为孩子效仿的对象。

写字像画狗，越描就越丑

指中国书法讲究意在笔先，一气到底，如有败笔，描画只能越描越坏。也比喻对某事越辩解越不能自圆其说。

心宽不在屋宽

指只要心情舒畅，就不在乎房子是否宽敞。比喻心胸宽广是最重要的，即精神生活比物质生活更重要。换句话说，人如果心胸旷达，就无须居大厦，就是住在陋室里也会自得其乐。

新瓶装旧酒

意谓用新的形式表现旧的内容。

新书不厌百回看

好的新书百看不厌。比喻漂亮的人看再多次也看不够。

星随明月，草伴灵芝

灵芝：仙草。比喻才能平凡的人追随才能出众的人才能共成其事。

秀才不出门，能知天下事

秀才：泛指读书人。指读书人知识渊博，无所不知，即便不出门，也能了解天下事。多用于诙谐之语。

秀才不怕书多，种田不怕粪多

指种田靠的是粪，粪越多越好；读书人靠的是书，书越多越好。

秀才靠笔杆，当兵靠枪杆

指文人靠笔杆子展现才华，当兵的靠枪杆子作战。

秀才说话三道弯

指读书人文质彬彬，不会直来直往，总是绕着弯说话。

秀才造反，三年不成

指念书人做事优柔寡断，很难成功。

学成文武艺，货与帝王家

文武艺：文才武艺。指封建时代认为掌握了文才武艺就可以报效帝王。

学到老，不会到老

指人一生要学习的东西非常多，到老也学不完。

学到老，学不了

意谓学无止境。

学好，千日不足；学歹，一日有余

指一个人学好不容易，需要经过长期的努力；学坏则很容易，不需要太长的时间。

学坏容易学好难

意谓人学坏非常容易，学好却很难。

学书者纸费，学医者人费

学习书法费纸，学习医术费人。

学徒三年，三年吃苦

旧时指学徒生活很苦，只干活不拿

报酬，还要给师傅做家务。

学问勤乃有，不勤腹空虚

指勤奋学习才可以获得学问，懒惰就会觉得内心空虚，无所作为。

学问学问，勤学好问

指人求学一定要勤学好问，才能有成果。

学艺不亏人

指学有专长总归会有用处的。

学者如牛毛，成者如麟角

牛毛：指数量很多。麟：麒麟，传说中的瑞兽，很少出现。麟角：比喻人才稀有可贵。指学习的人多如牛毛，但成功的人却相当稀少。

Y

压大的力，吓大的胆

指力气是从沉重的压力中练出来的，胆量是从生死的搏斗中练出来的。也指艰难困苦最能锻炼人。

鸦窝里出凤凰，粪堆上产灵芝

意谓普通人家出了杰出的大人物。

严将出强兵，严婆出巧媳

意谓严格要求，才能培养出有用的人才。

严师出高徒，厉将出雄兵

厉将：严厉的将领。意谓要求严格的师傅和严厉的将领才能培养出技艺高超的徒弟和勇敢顽强的士兵。

严是爱，松是害

管教严格是爱的体现，管教松弛是害的表现。

言之无文，行之不远

意谓说的话没有文采，传播得就不远。

眼观六路，耳听八方

六路：指上、下、四方。八方：指东、南、西、北、东南、东北、西南、西北。意谓人聪明机警。

眼经不如手经，手经不如常舞弄

常舞弄指反复做一种动作，达到熟练程度。说明学习技艺，关键在于实践。

眼亮不怕夜黑

视力好不怕夜里黑。指有真才实学就不怕任何艰难险阻。

眼嫩的人怕见血，耳嫩的人怕听雷

指没经历过斗争锻炼的人，遇事胆怯。

演戏的是疯子，看戏的是傻子

演员像疯子似的在戏台上无所顾忌地表演，观众像傻子似的在台下忘我地观看。

雁头先受箭，佳材早挨刀

箭伤领头雁，刀砍好木材。比喻有才能的人容易遭到打击。

燕雀安知鸿鹄志

燕子和麻雀怎能知道天鹅的志向呢？指平庸之辈不可能知道道德高尚的人的心胸。

羊群里跑出骆驼来

指平庸的群体里出现了优秀的人物。

养不教，父之过；教不严，师之惰

比喻对孩子只养不教育，这是做父亲的过错；教育学生不严格，这是做老师的失职。

养儿不读书，只当喂个猪

生养儿女不教他读书识字，和养口猪没什么区别。指生儿女就得给予其读书和受教育的机会。

养女不教如养猪，养子不教如养驴

养育子女而不进行教育，子女就会像猪、驴一样愚蠢、呆傻。

养身百计，不如随身一艺

指维持生活的办法再多，也不如有一技之长，受用终身。

养子不教父之过，训道不严师之惰

指抚养孩子却没有教育好，这是父亲的过失；教授学业却不严厉要求，这是教师的错误。说明教育好孩子是父亲的责任，严格要求学生是教师的职责。

养子不易，教子更难

生养子女不容易，教育子女成人更难。

要得惊人艺，须下苦功夫

意谓只有下苦功钻研，才能把技艺练到惊人的程度。

要练武，莫怕苦，怕苦难成虎

指要想练武功，就不要怕受累，怕吃苦终究不会成功。

要人知重勤学，怕人知事莫做

意谓想被人认可就得勤奋学习，害怕让人知道就别做坏事。

要想武功好，从小练到老

要想练成一身好功夫，就要持之以恒地苦练。

要想学得会，就得跟师傅睡

指想要把师傅的技艺全部学好，就得和师傅生活在一起，全心领教。

要学真本领，须下苦功夫

指要想学到真正的本事，就必须刻苦勤练。

要知山下路，须问过来人

要了解山下道路必须询问走过的人。意谓要明白一件事，必须请教有经验的人。

要知天下事，须读古人书

意谓只有博览群书，才能明白天下事理。

要知心上事，但听口中言

要想知道一个人的心思，只要专心地听人讲的话就行了。指言为心声。

夜不号，捕鼠猫

号：指叫。善于捕捉老鼠的猫，夜里是不叫的。比喻不喜欢吹嘘自己的人，大多真有本事。

一辈子不出马，总是个小驹

指不出阵打仗的马，总算不得战马。比喻不在斗争中磨炼的年轻人，很难有出息。

一笔画不成两道眉

指两道眉毛不能一笔画成。比喻一起发生的两件事不能同时叙述。

一步棋错，满盘皆输

指走一步错棋，容易导致全盘失败。比喻关键时刻失误，会造成永远无法挽回的损失。

一锄挖个金娃娃

比喻盼望极容易地获得极大的利益。

一法通，百法通

指某一方面的方法、技巧精通了，别的相关方面的技术便也会精通。

一个师傅一个传授

指每个师傅都有自己不同的传授方式。

一号藤子结一号瓜

意谓什么样的家庭就培养出什么样的子女。

一口气吃成个胖子

比喻急于求成的心理太急切。

一力降十会

降：降伏。会：指懂武艺的人。指一个力气十足的人，能同时打败十个会武艺的人。比喻武林角逐中，力气大的占优势。

一路荣华到白头

意谓仕途上一帆风顺，直到终老。

一面墙能挡八面风

比喻一个人能抵挡许多的人。

一命二运三风水，四积阴功五读书

旧时认为，人的一世，能否飞黄腾达，决定于命运、风水，也靠先辈积德和自身勤奋读书。

一年二年，与佛齐肩；三年四年，佛在一边

指信佛的人一两年内能和佛亲近，三四年就把佛放在一旁了。比喻人的志气和情感，随着时间的推移难以保持。

一年之计在于春，一生之计在于勤

指一年之中的关键时候是在春天；一生之中的关键是勤奋。也指一年的计划在春天时就要安排好；一生的计划要实现，最关键的是勤奋。

一泡屎一泡尿

意谓养育孩子艰辛不容易。

一人立志，万夫莫夺

指一个人立下志气，多少人也不能改变。形容决心坚定。

一日不书，百事荒芜

指一日不看书，许多事情就会生疏。比喻一天不读书写字，学业就要荒废。告诉人们，要持之以恒地读书学习。

一日读书一日功，十日不读一场空

指读书持之以恒，日积月累，才能学业有成，如果不能坚持，将前功尽弃。

一日功好做。百日功难磨

指短时间做事容易，长期坚持很难。

一日师徒百日恩

指师傅对徒弟恩重如山。

一日为师，终身为父

指徒弟对师傅应如对待父亲一样，尊敬和侍奉。也指一旦认作老师，就应一生像对待父亲一样尊敬他。

一身之戏在脸，一脸之戏在眼

指文艺表演主要体现在面部，面部表情又主要用眼神来体现。

一生不出门，终究是小人

指一生没有见过世面，终究是眼界窄小。换句话说，一个人一辈子不出去闯荡闯荡，终究不会有出息。

一事不知，君子之耻

意谓即使博学君子，有一件事偶尔不懂，也感到脸上无光。

一手穿针，一手捻线

指一人承担了所有的事情。

一岁学步，两岁会走，三岁离手

指婴儿长到三岁，才能离开娘的怀抱，自己学着走。

一着不到处，满盘都是空

指下棋时走错关键的一步，就会导致全盘皆输。比喻做事关键的一环处理坏了，就会导致全局失败。

一字值千金

一个字的价值能值千金。意谓文辞相当精确。

遗子黄金满籯，不如教子一经

意谓留给儿子满筐的黄金，不如让他们熟读经书。

蚁可测水，马能识途

比喻富有经验的普通人能解决艰巨复杂的问题。

艺不压身

比喻学好一些本领或技艺，对自己总会有益处。

艺高人胆大

指技艺或本领高强的人做事情有胆量。

英雄不怕出身低

指成为英雄人物，与出身贵贱是没有关系的。

英雄出少年

指自古以来，英雄好汉大都是从青少年开始显露的。也指杰出的英雄人物往往出现在年轻的人中间。

英雄生于四野，好汉长在八方

四野：广阔的原野，泛指四方。指无论何时何地都有英雄好汉。

英雄无用武之地

指有才能的人得不到施展能力的舞台。

鹰立如睡，虎行似病

指鹰站立时眼睛闭着，好似在睡觉；老虎走路摇摇晃晃，好似生了病似的。比喻真有本领的人不会轻易表露自己。

有其母必有其女

意谓有什么样的母亲，必定有什么样的女儿。

有其师必有其徒

指什么样的师傅，就会带出什么样的徒弟。

有钱无钱，买画过年

北方民俗，过大年家家贴年画。不管多穷，总会买张年画过年。

有享不起的福，可没有吃不起的苦

指经过生活磨难的人，任何艰难困苦也承受得住。

有意栽花花不活，无心插柳柳成荫

指用心栽花，却不成活；随便插根柳条，却长得很茂盛。比喻用心去做的事却做不成；但无心去做的事倒有了效果。也比喻希望太大，容易落空；顺其自然，反倒成功。

有志者事竟成

指只要有志气的人，做事必然成功。

有状元徒弟，没有状元师傅

指学识、本领的提高乃至有所成就主要靠自身的勤奋、钻研，师傅的作用是有限的。

幼而学，壮而行

指少年时刻苦学习，壮年时就能实现自己的目标。也指少年时刻苦学习，长大后就可以施展才能。

与其喊破嗓子，不如做出样子

指领导或家长以实际行动做出表率的效果要比单纯的说教强好多倍。

玉不琢，不成器

指玉石要经过打磨才能成为器物。比喻人要想成才就得接受教育、经受磨炼。

欲高门第须为善，要好儿孙在读书

高：抬高，提高。门第：旧时指家庭的社会地位。要想提高家庭的社会地位必须多做好事，要想有好的后代关键是让他们好好读书。

远来的和尚会念经

比喻外面来的人受到重视，被认为有才能，有讽刺的意味。

越经过风雨的草越兴旺，越经过苦难的人越坚强

指人的坚强品格是从艰苦的环境中磨炼出来的。

云从龙，风从虎

龙生云，虎生风。比喻事物之间的相互感应。

云里千条路，云外路千条

指路有千条，就看你怎么走。比喻解决问题的办法有许多种。

运动不出汗，成绩不见面

指体育训练时不能吃苦就不会取得好成绩。

Z

宰相肚里好撑船

指有作为有抱负的人，心胸宽广气量大。换句话说，心胸开阔的人能包容各种人和事，而心胸狭隘的人一点小事也不能容忍。

早起三朝当一工

朝：早晨。指连续早起三天，三个早晨的工作时间就能赶得上一整天的工作效率。

赠人千金，莫若教人一技

莫若：不如。赠送给人金银不如教会别人一种技术更有好处。

丈夫非无泪，不洒别离间

大丈夫不是没泪，只是不要在离别时流下。意谓男子汉应有志气，不要受儿女情长的困扰。

照着葫芦会画出瓢来

比喻照样子，把事做成。

真金不能终陷

意谓有真才实学的人一定会有显露头角的时候。

真金不怕火炼

意谓正确的事物能经得住历史考验。

郑板桥的竹子能碰死家雀

郑板桥：清代乾隆年间进士，工画兰竹，扬州八怪之一。喻意郑板桥画的竹子，笔力道劲。

郑玄家牛，触墙成八字

郑玄：东汉末年著名学者。指推崇郑玄学识渊博，影响面大，连家中的牛都识字。

187

知恩不报非君子，万古千秋作骂名

指知道别人对自己有恩不去报答，算不上品德高尚的人，会永远被世人唾骂。

知过必改，便是圣贤

意谓品行高尚的人知道自己错了就改正。

只愁不养，不愁不长

指发愁的是不能生下孩子来，只要生下来，就不愁养大成人。指只要精心培育，孩子一定会长大。

只有不快的斧，没有劈不开的柴

比喻只有没有能力的人，没有解决不了的问题。换句话说，只要勤于思考，努力去做，任何的困难都能克服。

只有穷秀才，没有穷举人

秀才，只取得了进学的资格；举人，已经取得了做官的资格。指只有读书的穷书生，没有当官的穷举人。

只有状元学生，没有状元师傅

在状元面前，唯有当学生的份，没有当师傅的份。另一说，状元唯有学生出身的，没有师傅出身的。

只知我外面行状，哪知我肚内文章

行状：指人品或事迹。意谓只了解外表，不知道内里的学问。

指儿不养老，指地不打粮

指：指望。指只求别人帮助是达不到目的的。

指头当不了拳，兔子驾不了辕

比喻小材不能顶替大梁。

致富先治愚，治愚办教育

指要想富裕必须先改变愚昧，改变愚昧的方法是办好教育。

智慧的头脑胜似闪光的金子

意谓有聪明的头脑，比黄金更可贵。

智者千虑，必有一失

聪明有才智的人，考虑问题久了，也难免会有出现错误的时候。

种花一年，看花十日

比喻短暂的享受是长期勤苦劳动的结果。

种火又长，挂门又短

指一根木料，用来引火嫌它太长，用来撑门又嫌它太短。比喻高不成低不就的人，没有用处。

种了高粱不长谷子

指种下什么样的种子，就生长什么样的苗。比喻什么样的父母就会教养出什么样的孩子。

种田不离田头，种园不离园头

比喻干一行就要专心致志地去做。

种田弗离田头，读书不离案头

弗：不。案：书桌。意谓做事必须坚持不懈，才有成效。

庄稼靠种树靠苗

指庄稼要好，要靠良好的种子；树要好，要靠良好的树苗。也比喻家庭或事业都指望着下一代人。

子大父难为，徒大师难当

指儿子长大成人，父亲不好管教；徒弟学业有成，师傅要受冷落。

子弟宁可不读书，不可一日近匪人

指年轻一代宁可不去念书，也不能和坏人混在一起。

字是黑狗，越描越丑

指写下的毛笔字不能回笔描写，否

则会越描越不好看。

字是门牌书是屋

指书好比屋子，字好比门牌，好屋子要用好门牌来装饰。也指读好书还必须写好字。

字是一匹马，孔夫子学了半个胯

连孔圣人也有许多字认不得。指汉字多，不可能都识得。

字要习，马要骑

指字要经常练习写，马要经常骑。意谓勤学苦练才能学业有成。

自古书生多薄命

意谓自古以来读书人大多命运不济。

自古英雄多磨难

指英雄人物的成长，往往要经历许多磨炼与挫折。

走棋不悔大丈夫

下棋不悔步，这才是棋场上的高手。指刚正不阿的人做事不反悔。

尊师学手艺，爱徒授技能

指徒弟学习技术的时候要尊敬师傅，师傅传授技术的时候要爱护徒弟。

坐经拜道，各有一好

坐经拜道指学佛和学道。意谓每人皆有各自的爱好。

做一日和尚撞一日钟

本指撞钟是和尚的职责。现多比喻不思进取，混天度日。

第四卷　感情心态

A

爱之深，妒之切

指男女之间的感情越深，就越容易产生强烈的嫉妒心理。

爱戴高帽子

指喜欢阿谀奉承。

爱情不是强扭的，幸福不是天赐的

只有双方心心相印，彼此真心相爱才会得到真正的爱情；美满的生活要靠自己去营造。

爱情要像高山松，莫学昙花一现红

昙花一现：昙花开放后很快就凋谢了。意谓人或事出现不久就消失了。劝诫人们要珍惜情感。

哀莫大于心死

心死即指意志极度消沉，万念俱灰。说明人最可悲的事，莫过于丧失斗志。

B

八十有娘还是孩

指人不管年纪多大，在母亲眼里永远是孩子。

百岁老公公，难忘父母恩

哪怕是一百岁的老公公，也不能忘记父母的养育之恩。

板斧能砍千年树，快刀难砍有情丝

板斧：刃平而宽的大斧子。缠绵的情意很难割断。

包办的婚姻不美满，强扭的瓜儿不香甜

包办：不和有关的人商量，独自做主办理。包办或勉强的婚姻是不幸福的。

悲莫大于无声

指最让人伤心的是有话不说，闷在心里。

悲伤忧愁，不如握紧拳头

茫然地悲伤和忧愁，还不如挺直腰板奋斗。

便重不便轻

指使惯了重的，就不习惯用轻的。也指适宜做重大的事情而不适宜承担小事。意谓习惯不容易改变。

不对仇人哭，泪向亲人流

指心里的痛苦和冤屈不对自己的仇人讲，要对自己的亲人诉说。

不见棺材不落泪

形容固执己见，不到彻底失败或最后一败涂地的时候，绝不罢休或不肯认输。

不见可欲，使心不乱

指看不见自己所希望得到的东西，就不会感到心烦意乱。

不可一日无此君

意思是一天也不能离开它。用指某个人爱好或需要的感情。

不怕肚不饱，只怕气不平

指受欺凌要比忍饥挨饿更加痛苦，难以忍受。

不是骨肉不连心

骨肉：通常指子女等后代。说明不是自己的亲生骨肉就不会心疼。

不是冤家不聚头

冤家：仇人或给自己带来苦恼而又舍不得离开的情人。古代观点认为前世的冤家总会聚在一起。

C

才子佳人，一双两好

比喻有才智的男子与相貌美丽的女子相配，非常合适。

恻隐之心，人皆有之

指同情别人痛苦的心情，人人都有。

茶越泡越浓，人情越交越厚

茶泡得时间越长味道越浓，人交往得时间越长友情越深厚。说明朋友越老情谊越深。

肠里出来肠里热

比喻自己亲生的孩子只有自己疼爱。

秤不离砣，公不离婆

指老夫老妻相依为命，就像秤和砣一样不能分离。意指关系密切，不可分离。

吃了秤砣铁了心

形容下定了决心，不再改变。

愁人苦夜长

苦：感到痛苦。指忧愁的人在夜深人静时更加痛苦，感到黑夜漫长十分难熬。

愁最伤人，忧易致疾

指忧愁对人的精神伤害最大，容易引发疾病。

丑是家中宝，可喜惹烦恼

可喜：指美丽。指妇女相貌丑陋，不会招惹麻烦；相貌出众，易招风惹祸。

处贫贱易，耐富贵难；安劳苦易，安闲散难

指世人处在贫贱、劳苦时还可忍受痛苦，保持节操；一旦富贵、安闲，便容易图享受，难以保持节操。

穿衣戴帽，各人所好

指每个人都有自己的爱好。比喻在

191

生活上的事不能强求千篇一律。

船头怕鬼，船尾怕贼

意谓人畏首畏尾，过分胆小怕事。

捶楚之下，何求不得

捶：刑具。楚：痛苦。指严刑拷打之下，什么样的口供都能得到。

春寒冻死老牛

指春季非常寒冷，如果疏忽大意，很容易冻坏牲畜，不但给经济造成损失，还会给春耕带来麻烦。也指冬季虽然过去了，但还要注意防寒保暖。

此地无银三百两

比喻企图掩盖，但因手法拙劣反而暴露。

聪明人上当就一回

指聪明人善于吸取教训，不至于再次上当受骗。

D

打了牙往自己肚里咽

意谓吃了苦头不愿和别人说。

打了一辈子雁，被雁啄瞎了眼睛

人要时刻提高警惕，防止因麻痹大意发生意外，遭遇不测。

打是疼，骂是爱

指态度严厉而实质是出于疼爱。比喻长辈对晚辈的严厉是疼爱，是为了晚辈有长进。有时用于夫妻嬉闹。

打死会拳的，淹死会水的

意谓有本领的人往往由于疏忽大意而出现不测。

大江大浪见过多少，河沟子里边最易翻船

指有经验、有阅历，本领高强的人，往往会因一时麻痹大意遭到失败。

大者不伏小

意思是辈分或地位高的人不愿向辈分或地位比自己低的人认错。

淡淡长流水，酽酽不到头

酽：浓烈。指人际交往平平淡淡才能相处长久，过于亲密反而短暂。

得病想亲人

意指人处在病痛中最想念自己的亲人。

得宽心处且宽心

应该放宽心的地方就要放宽心。说明要尽可能地消除烦恼忧愁，使心情放松。

得意夫妻欣永守，负心朋友怕重逢

负心：背信弃义。相爱的夫妻以终生相伴为幸福，背弃情意的朋友担心的却是再次相见。

得意时车辆盈门，失意时门庭冷落

形容人情趋炎附势，有权力时都来奉承，落魄时谁都不会来。

得意走官场，失意写文章

古时说明文人意气风发，是在官场飞黄腾达的时候；失意落魄之下，往往写文章以寄托情怀。

等闲不管人家事，也无烦恼也无愁

对与己无关的事一概不管，就会免

去种种愁烦。说明不多管闲事可一身轻松。

东山看着西山高，真到西山，西山还达不到东山的腰

意指不肯踏实苦干，见异思迁，到头只会落得失望和后悔。

豆腐嘴，刀子心

人心狠，嘴却很甜。

对待失意人，别说得意事

指在遇到困难的人面前，不要讲得意高兴的事情，以免引人伤情，遭人嫌恶。

E

恩爱夫妻不到头

古时认为感情很好的夫妻往往难以白头到老。

儿女是娘身上的肉

指母亲非常疼爱自己的子女。也指母子连心。

儿行千里母担忧

儿女出门远行，母亲总是牵挂在心。指母亲最担忧儿女的安全。

F

烦恼不寻人，人自寻烦恼

意指烦恼都是人自己找来的。说明烦恼不会主动来找人，是人不会排忧解难，不会解脱自己而已。

饭好吃，气难咽

受人欺负是难以忍受的。

福过灾生，乐极悲至

指幸福享受完了就会发生灾祸，欢乐到了极点悲伤就会到来。也通常指狂欢之后往往出现败兴的事。

父债子还

指父亲欠下的债，儿子有义务偿还。

父子无隔宿之仇

父子间的矛盾很快就能消除。

富汉子不知穷汉子饥

指处境优越的人体会不到处在困境中的人的难处。

缚虎休宽

指捆绑老虎不能宽松。比喻对付本领高强的人不可疏忽大意，要严加防范。

G

隔山隔水不隔亲

相距再远也割不断亲戚关系。

狗不嫌家穷，人不嫌地薄

地薄：土地不肥沃。狗不嫌自己的家境贫困，人不会嫌弃故乡的土地贫瘠。意指人总是留恋自己的故土。

姑表亲，舅表亲，打断骨头连着筋

姑表、舅表：指一家的父亲和另一家的母亲是兄妹或姐弟的亲戚关系。指姑舅亲情深厚，世代绵延不断。

古今一个理，兄妹手足情

兄妹感情深厚，从古到今都是一样的。

顾三不顾四

指照顾到这里就会疏忽那里。

顾头不顾尾

只顾着脑袋不顾尾巴。形容只顾眼前，不顾今后，缺乏长远规划。

瓜田不纳履，李下不整冠

纳履：提鞋。整冠：戴正帽子。指在瓜田中不提鞋，在李树下不整理帽子，以避免产生摘瓜采李的嫌疑。比喻在容易引起是非的地方，要特别注意自己的言行，防止产生误会。

寡妇寡妇，满脸孤苦

指寡妇精神不好，生活压力大，容易衰老。

乖的也是疼，呆的也是疼

做父母的都疼爱自己的孩子，不管子女是聪明还是笨拙。

H

好船者必溺，好战者必亡

喜爱划船的人最终会麻痹大意溺水而死，好作战的人终会不慎伤亡。也指沉溺于某事，不免会因此丧生。

好汉流血不流泪

指勇敢坚强的人可以流血，但泪不能轻易流。比喻坚强勇敢的人不怕在战场上流血牺牲，绝不轻易流眼泪。

好汉眼泪往心窝里掉

指意志坚定的人，痛苦、委屈埋在心里，不肯向外人诉说。

好女也怕缠

指女子常常会因为求婚者的软磨硬泡而答应婚事。

好死不如恶活

指活着再痛苦也比死了强。意指生命非常可贵。

虎毒不食子

比喻再狠毒的人也不会伤害自己的孩子。

虎口里探头儿

比喻不顾生死地去冒险。

画龙画虎难画骨，知人知面不知心

画龙和虎的外形并不难，要画出龙和虎的内在气质却很难。形容看一个人能看到他的表面，却很难看到他的内心。

欢喜鸡婆打烂蛋

鸡婆：孵蛋的母鸡。指鸡婆高兴了，会把蛋打烂。说明人若因一时胜利而冲昏头脑，就会把事情弄糟。

欢娱嫌夜短，寂寞恨更长

火头子上走险，气头子上寻短

人极度愤怒的时候，就会不顾一切地冒险；人在极度生气时，甚至会自杀。

J

见过鬼怕黑

比喻遭过灾祸后仍心惊胆战。

见人只说三分话，不可全吐一片心

对人说话要有所保留，不可都照实说出去。指与人相交要有戒心，不可太大意。

叫亲了的娘，住亲了的房

指房子住久了，有亲切依恋感。

今朝有酒今朝醉，明日愁来明日愁

指今天有酒，今天就痛饮；明天有什么愁事来了，明天再说。意思是只顾眼前享乐。

九牛拉不转

主意已定，绝不回头。多形容人执拗倔强。

久治生乱，乐极生悲

意谓社会长期安定之后，必定会出现混乱；高兴到了极点，悲哀的事就快来了。比喻事物发展到了极端，就必然向相反方向转化。

酒在肚里，事在心头

指酒虽然喝下去了，心事依然存在。

K

看得破，忍不过

指虽能清楚地认识某事，但情感上难以忍受。

看人挑担不吃力，自己挑担压断脊

看内行人做事似乎很轻松，轮到自己去做时却极为艰难。比喻事情不亲自动手去做，就不知道其中的艰难。告诫人们如果不亲身参加实践，就不会得到真知。

客多主人欢

指客人来得越多，效益好，店主自然高兴。

空肚子火大

指饿着肚子的人容易发脾气。

L

懒牛懒马屎尿多

懒惰的牛马，故意借拉屎撒尿拖延时间。形容人偷懒往往要寻找一些借口。

狼多肉少，神仙也苦恼

比喻人多物少，供不应求，事情很难办。

老巢难舍

老巢：鸟的老窝。这里比喻人的老家。指人恋旧，故土难离。

老虎还有打盹时候

意谓再有才智的人，也难免有疏忽大意的时候。

老虎屁股摸不得

意谓自以为是，听不进别人的批评。换句话说，凡是自以为了不起的人，都容不得别人的批评和劝告。

老虎头上拍苍蝇

比喻触犯强横有力之人。也比喻无意中冒犯了有权势的人物。

老怕丧子，少怕丧母

老年人最害怕儿子死亡，小孩子最怕母亲离世。

老嫂比母，小叔比儿

指年长的嫂子和年幼的小叔子之间

的关系如同母子般感情亲密。

乐不可极，欲不可穷

行乐不可超过限度，否则必招灾祸。

乐处光阴易过，愁时岁月难挨

形容在欢乐高兴时，会感到时光过得很快；在忧愁苦闷时，会感到时间很难熬。

乐极生悲，否极泰来

凡事都有可能向相反的方向转化。

冷水浇头怀抱冰

比喻心灰意冷，心情坏到了极点。

立儿不觉坐儿饥

指生活富裕的人不能理解处于困苦饥饿当中的人的难处。也通常比喻人不理解别人的心情。

良鸟恋旧林，良臣怀故主

好鸟眷恋旧日栖息的地方，贤良的臣子怀念原来的君主。

临危望救，遇难思亲

指人遇到危难时，总是盼望有人相救；遇到灾难时，常常容易想起亲人。

六神不定，总会得病

指人心神不定，精神恍惚容易得病。

M

马行软地易失蹄，人贪安逸易失志

人贪图安逸享受容易丧失志气，就像马在软地上行走容易摔倒一样。

马遇伯乐嘶鸣，人逢喜事流泪

意指人遇上喜庆的事就高兴得流泪，就像马遇到伯乐就嘶鸣起来一样。

卖孩子，哭瞎眼

古时指穷人生活困苦不堪，被迫卖儿，最为伤心。

盲人骑瞎马，夜半临深池

指盲人骑着瞎马，半夜里走近深水池边。比喻在不知情况时冒险，很有可能会陷入十分危险的境地。

猫老吃子，人老惜子

指人越到老年越疼爱自己的孩子。

每逢佳节倍思亲

泛指漂泊异乡的人，在过节时就更加思念故乡的亲人。

猛虎尚有打盹之时，骏马也会偶失前蹄

比喻再聪明能干的人也难免有疏忽大意的时候。

梦到神仙梦也甜

意谓美好的事情即便只是想一想，也觉得很甜美。

梦随心生

梦是因心中有所思而形成的。

莫替古人担忧

不要替古人担心。比喻不要为与自己无关的人或事担心、焦虑。

N

哪个女子不怀春，哪个男子不钟情

意思是青春年少的男男女女，人人都有对爱情的渴望和追求。

奶水连心

一个人吃了谁的奶水，就和谁有了深厚的感情。

南北一家，兄弟一堂

南方人和北方人是一家人，就如同亲兄弟一样。

难得者兄弟，易得者田地

指兄弟之间的友情，比耕地更为重要。

难受莫过于死了娘老子

人生最伤心痛苦的事莫过于失去父母。

宁可爹娘羡儿女，切莫儿女羡爹娘

天下所有的父母都希望儿女比自己有发展。

宁死一咳，不死一该

咳：表示惊讶。指人的一生多行善事，死时大家都感到悲伤惋惜；不要光做坏事，死时大家都说活该。

宁走十步远，不走一步险

指宁可多费力也不要去冒险。比喻要办成一件事就要下功夫、花力气，不可图省事、找捷径。换句话说，宁可绕道多走些安全的路，也不走危险的近路。

怒从心上起，恶向胆边生

指心里一旦涌起怒气，胆子就大了。

怒中出差错

指人一发怒，容易失去理智，做事往往出错。

P

爬得高，跌得重

意谓追求的欲望越多，失败就越惨。也比喻名利的欲念越强烈，失望的痛苦就越重。

朋友之间不言谢

朋友之间的帮忙是正常的，用不着客气。

皮里生的皮里热，皮里不生冷似铁

是自己亲生的，自然就关系亲近；不是自己生的，自然就冷漠。

贫贱夫妻恩爱多

贫穷困苦的夫妻患难与共，相互体贴，反而更加恩爱。

破除万事无过酒

酒可以使人忘掉一切忧愁烦恼，也形容酗酒最能败事。

Q

骑者善堕

指精于骑马的人由于麻痹大意，常常被摔下来。比喻精于某行业的人，也往往在这行中失败。

气是无明火，忍是敌灾星

怒气太大容易干出失去理智的事情来，忍让控制可以消除灾祸。

千不如人，万不如人

指什么事情都不及别人做得好。

千朵鲜花一树开

比喻一奶同胞的兄弟姐妹，骨肉相连，感情深厚。

千金难买意相投

指人与人之间的情投意合是最可贵的。

千金易得，知音难求

指人生在世，知音难觅。

千里能相会，必是有缘人

相距千里的人能够聚会在一起，一定是有缘分的。

千里相送，归于一别

相随送行千里之远，最后还得离别。

千里姻缘一线牵

民间传说中认为月下老人专司人间婚姻，将命中注定成为夫妻的人用红线连起来。指若有缘分，即使路途遥远也能结为夫妻。

千里征途靠骏马，万里难关靠亲人

意谓战胜困难要靠亲人的帮助。

千两黄金容易得，人间知己最难寻

知音是很难得到的，比黄金都可贵。

千年不断亲

指时间再久远，也隔不断血脉亲缘关系。

千年的大道成了河，多年的媳妇熬成婆

指千年的大道变成了河道，多年的媳妇熬成了婆婆。意谓人只有经痛苦磨炼，才会有出头的时候。

千针难缝人心碎

意谓人的精神痛苦是极难治愈的。

亲帮亲，邻帮邻

指亲戚或邻里间应互相照应帮助。

亲不亲，故乡人；美不美，乡中水

人还是故乡的亲，水还是家乡的甜。意指人对故乡都有深厚的感情。

亲的掰不开，疏的贴不上

关系亲近的人是分不开的，关系疏远的人硬拉也拉不近。

亲的是儿，热的是女

儿女与父母之间的感情最深。

情人眼里出西施

西施：春秋时代的美女。意谓男子总认为自己的情人是最美的。

情人眼里容不下一颗沙子

形容情人间容不下影响爱情的因素出现。

情真不言谢

指相互帮助若出于真挚的友情，是

不用说谢的。

请将不如激将

指用刺激性的或反面的言辞鼓动人去做事比正面请求效果更好。比喻派人做事，别人勉强从命；如果用话语激励对方，对方就会态度坚决，主动请缨，容易把事情办好。

穷家难舍，故土难离

家乡再穷，也舍不得离开。

穷人的孩子早当家

意思是贫苦人家的孩子懂事早，知道操劳家事。

穷人有穷人的难处，富人有富人的悲哀

指人不论贫富，都各有各的烦恼。

囚人梦赦，渴人梦浆

赦：赦免。浆：汁。指囚犯常梦见自己被赦免，口渴的人常梦见水。也指梦中所见，多为内心所期望。

R

热心肠招揽是非多

心肠好的人喜欢帮助人，却容易给自己带来麻烦或烦恼。

热心闲管是非多，冷眼觑人烦恼少

指人过于热心多管闲事会招惹是非，对别人的事冷眼旁观就会没有烦恼。

人不伤心不落泪

意谓人的内心不感到悲伤时，不会流泪哭泣。

人不中敬

指有些人不适宜去敬重他们。意思是有些人你越是敬重他们，他们反而把你看轻，不把你放在眼里；要是你不理睬他们，他们反而畏惧你、重视你。

人愁不要喜悦

人在忧愁中无心谈论喜悦的事。

人非草木，谁能无情

指人都是有感情的。

人逢喜事精神爽

指人遇到高兴喜庆的事，精神就格外兴奋和振作。

人逢喜事精神爽，闷上心来瞌睡多

人遇到高兴的事，精神就焕发；遇到烦恼忧愁的事，便无精打采。

人逢喜事精神爽，月到中秋分外明

意指人遇到喜事精神特别兴奋，就像月到中秋时分外明亮一样。

人老不算老，心老才算老

意谓人真正的老是心理上的衰老。

人怕饿，地怕荒

指人最害怕的是饥饿，因为饥饿会有损身体健康；而地怕荒，因为荒芜便会丛生杂草，颗粒无收。

人怕伤心，树怕剥皮

指人在感情受到伤害后，很长时间难以恢复，就如同树被剥掉树皮一样。告诫人要尊重别人的感情，不要做伤害别人内心的事情。

人怕上床，字怕上墙

上床：指人死后尸体停在床板上。指人害怕躺在停放尸体的床板上，写得不好的字最怕挂在墙上。

人亲骨头香

意谓亲人之间的感情是发自内心的，是最真挚的。

人生唯有别离苦

生离死别，是人生最痛苦的事。

人咸踬于垤，莫踬于山

踬：跌倒。垤：小土堆。人经常不小心被小土堆绊倒，可谁也不会被大山绊倒。指人的失误常常是由于麻痹大意。

人想人，愁煞人

从内心深处想念一个人是最痛苦的事。

人有三尺长，天下没落藏

指没有藏身之所，难免被人发现。

肉多餍肥

指肉吃多了，对肥肉就腻了。意谓东西多了，便不知道爱惜。

肉麻当有趣

形容把轻佻或虚伪的言行当作有趣味。

若欲不忙，浅水深防；若欲无伤，小怪大禳

意思是要想不慌张，浅水当深水来防范；要想无损伤，小怪异当大怪异来化解。通常说明做事宁可谨慎预防，也不能疏忽大意。

S

三斧头劈不开

用来比喻人思想顽固或性格倔强。

三尸暴跳，七窍生烟

三尸：道家认为在人的身上有三个作祟的神。七窍：指人的耳、目、口、鼻七孔。形容人非常气愤的样子。

三十三天离恨天最高，四百四病相思病最苦

三十三天：古代传说中认为天有三十三重。三十三重天中，离恨天最高；

四百四十种病中，相思病最为痛苦。指相思和离愁最令人难以忍受。

色胆大如天

指好色之人的胆子比天还大。形容贪图女色可以使人变得胆大妄为，不顾一切。

杀人之心不可有，防人之心不可无

意指为人处世不能害人，也不能疏忽大意，毫无防备。

上阵亲兄弟，打仗父子兵

指在战场上，只有骨肉相连的父子兄弟，才能同心协力，出生入死。说明兄弟、父子感情深厚。

少女的心，秋天的云

意指少女的心事如同秋云一样很难猜测。有时也指少女的心像秋云一样纯洁明朗。

蛇咬一口，见了黄鳝都怕

指人受过一次伤害，常常心有余悸，对相同的事多了防备之心。

神仙也有打盹时

形容任何人都有疏忽大意、失算失策的时候。

生不能养，死不能葬

意思是对父母没有尽到应尽的赡养和安葬的责任。

生儿方知父母恩

只有当自己体验过生儿育女的辛苦之后，才能懂得父母对自己的恩情。

生则同衾，死则同穴

衾：指被子。活着同盖一条被子，死后合葬在一座坟墓里。形容夫妻之间感情至深。

盛喜中不许人物，盛怒中不答人简

简：书信。喜悦高兴的时候不要允诺给别人东西，愤怒的时候不要给人写信。指人在情绪波动的时候，言行会有所偏颇。

狮子老虎也护犊

像狮子和老虎这样凶猛的动物也知道爱护自己的幼崽。说明人都会疼爱自己的子女。

十步九回头

形容犹豫不断，徘徊不前。也比喻非常留恋，有些不舍得。

十指连心

意指十指中无论伤着哪一个，都会疼痛刺心。比喻父母对每个孩子都很疼爱。

世间苦事莫若哭，无言之哭最为苦

意思是说不出话、流不出泪的悲伤最痛苦。

世上莫过手足情，打断骨头连着筋

手足情：同胞兄弟姐妹之间的情义。指兄弟姐妹之间的情义最深厚，任何力量也无法割断。

世上难得事，子孝与妻贤

人世间最可贵的就是子女孝顺、妻子贤惠。

世上知心能有几

知心朋友非常难得。

事不关心，关心则乱

指凡事不要放在心上，一放在心上难免会心烦意乱。

事要前思免后悔

指事前做好详细筹划，事后就不会

因失误而后悔。

事有一利，必有一弊

一件事情，出现有利的一面，也就必然有不利的一面。说明任何事物都是相对的，不存在绝对的利，也不存在绝对的害。

是非终有日，不听自然无

是非是造成烦恼的根源，不听不理，就是对付是非的最好方法。

是灰比土热，是盐比酱咸

形容亲人之间，总比一般人的感情密切。

是亲三分向

向：偏袒。只要沾亲带故，总会相互照顾。

是一亲，担一心

凡是对沾亲带故的人，都会有所挂念。

手掌手背都是肉

父母对待子女，不管亲生的还是收养的，都一视同仁，平等相待。

树怕伤了根，人怕伤了心

指树伤了根就很难存活，人伤了心就很难恢复。

树叶子掉下来都怕打了头

指胆子特别小。

谁养的孩子谁操心

意思是父母对自己的儿女十分操心。也形容一个人对自己开创的事业会格外爱惜。

说不出的，才是真苦；挠不着的，才是真痒

有苦无法诉说才是最痛苦的，就像有痒无法抓挠才最难忍受一样。说明埋在内心深处的愁苦最让人难受。

死寡易守，活寡难熬

死寡：夫死后妻守寡。活寡：丈夫久别不归，爱人独守空房。指妻子与丈夫，生离比死别更折磨人。

四海之内皆兄弟

四海：普天下。普天下的人都亲如兄弟。

T

天下尽多意外事，天师亦有鬼迷时

天师：张道陵，东汉人，传说中的道教始祖。多用来劝诫人不可疏忽大意，须防范意外。

甜极变苦，乐极生悲

意思是甜得过了头，就会变成苦；欢乐到了极点，就会产生悲伤。比喻事物发展到极限时，就会向相反的方向转化。

甜言美语三冬暖，恶语伤人六月寒

指甜美的语言，即使在冬天也会让人感觉到温暖；伤人的恶语，即使在大热天也会让人心寒。

推倒了油瓶儿不扶

比喻故意做了坏事，还装作若无其事。

W

外乡酒，不如故乡水

外乡的酒再好，也不如故乡的水甜。形容人对故乡总有偏爱，觉得什么东西都是故乡的好。

万金易抛，旧土难舍

万金之钱可以抛弃，而家乡旧地却是难舍难离。比喻人总是留恋故乡。

闻道百以为莫己若

意思是人掌握比较多的道理以后，就以为没有人能赶得上自己了。

我亲不用媒和证，暗把同心带结成

意指男女自由相爱，不需要别人帮忙。

无儿女也贵

指如果没有儿子，女儿就显得金贵。

无面目见江东父老

江东父老：指家乡的父老。指因无所成就而感到羞愧，所以没有颜面回去见故乡人。

无情未必真豪杰

指感情冷淡的人，不是真正的英雄好汉。说明真正的英雄豪杰是有感情的。

无丧不掉泪，无仇难开刀

指没有伤心事不会掉泪，没有冤仇不会动刀伤人。比喻喜怒哀乐都是出于真情。

无事而戚，谓之不祥

戚：悲伤。指没有缘由地悲伤哭泣，是灾祸来临的预兆。

无子媳妇喜他儿

已婚妇女如果没有孩子，就往往喜爱别人的孩子。

X

喜酒、闷茶、生气烟

指人在心情好时，爱喝酒；烦闷时，爱喝茶；恼怒时，多爱抽烟。

喜时多失言，怒时多失理

指高兴的时候容易说错话，生气的时候容易失去理智。

系狱之囚，日胜三秋

意思是人在痛苦时，总觉得时间过得非常慢。

香不过的猪肉，亲不过的娘舅

意思是食物中数猪肉最香，亲戚中数娘舅最亲。

小别胜新婚

指夫妻短暂的离别后感情更加浓烈。

小脚一双，眼泪一缸

意思是古代女子缠小脚很痛苦，要哭干眼泪。

小心天下去得，大胆寸步难行

比喻办事谨慎会处处顺利，粗心大意往往会出错。

笑多了没喜

指笑声多，不一定真有喜事。

心安茅屋稳

内心宁静，居住在茅屋里也感到安稳满足。指无求于人，自足于己，心里安泰，即使在物质条件较差的环境里也能生活得很快乐。形容安贫乐道的闲适心情。

心沉坠死人

意思是人的心情沉重，压力过大，会影响健康，甚至危及生命。

心慌吃不得热粥，骑马不看"三国"

形容心慌意乱无法把事情办好，三心二意也不可能把事情办好。

心去意难留

指人想走，如果下定了决心，硬留是留不住的。

新婚不如久别

指夫妻久离远别，乍一见，感情比新婚还要浓烈。

性命关天

指人的生命是第一位的，不可轻视。

Y

淹死会水的，打死犟嘴的

会游泳的人，常因疏忽大意被淹死；不会来事的人，往往因为要强而吃亏。

眼不见，嘴不馋；耳不听，心不烦

指没有看见美味佳肴就不馋；没有听见令人心烦的事，就自然没有烦恼。

眼为心苗，苗伤动根

指眼睛是心灵的窗户，眼睛受到伤害，人在心理上就会受到沉重的打击。

雁飞千里也恋亲

形容人虽然远离家乡，但内心还是依恋着家乡的亲人。

燕飞千里总归窝

不管燕子飞行多远，最终还是要回到燕窝里。形容人不管走出去多远，最终还是要回到故乡的。

野花不种年年有，烦恼无根日日生

让人烦恼的事总是一件接一件出现，好比野花一样年年都会自己生长出来。

叶落归根，人老还乡

人老了都要回到自己的故乡，就像树叶终究要落到地面一样。

一尺不如三寸近

一尺没有三寸的距离近。形容外人总比不上自家人亲近。

一家人，心连心，打断骨头连着筋

亲人骨肉心连心，感情最深，任何情况下都不会使他们断绝关系。

一畦萝卜一畦菜，自己生的自己爱

父母对自己亲生的儿女，不论俊丑愚贤都非常疼爱。

易求无价宝，难得有情郎

意谓对女子来说，无价之宝容易求得，而有情夫君却难以得到。

英雄气短，儿女情深

指英雄气概不足，男女情意绵长。常形容英雄人物沉溺于男欢女爱，失去奋发向上的斗志。

油儿酱儿糖儿醋儿倒在一处

多种味儿混杂在一起。意谓心里不是滋味，不自在。

油锅上的蚂蚁

比喻心情焦躁、坐立不安。

有情哪怕隔年期

隔年期：隔一年时间。指真正的爱情能禁得住时间的考验。

有情人终成眷属

眷属：这里指夫妻。有真挚爱情的男女最终会结成夫妻。

有再生的儿女，没有再生的爹娘

指儿女还可以再生，爹娘去世了却不能复生。告诉人们父母在世时，做子女的应尽心孝顺。

雨不大，淋湿衣裳；事儿不大，恼断心肠

意谓事情虽然不大，但也搅得人心情烦躁。

远亲不如近邻

指远方的亲戚比不上近处的邻居在各方面的照顾。

Z

早知今日，何必当初

既然知道会有今天这样的结局，何必当初为之。多用来表示自我悔恨，也用来责备别人。

第五卷　天象时令

A

暗室亏心，神目如电

古时候认为人暗中做的亏心事，神的眼睛就像闪电一样，会看得清清楚楚。意思是劝诫人不要做亏心事，否则有朝一日终会受到惩罚。

B

八月暖，九月温，十月还有个小阳春

秋天的气候还算比较暖和。

不吃奔牛酒，枉在江湖走

奔牛：地名，在今江苏省，盛产美酒佳酿。指没有喝过奔牛镇的美酒，就可以说是白白在江湖上行走闯荡。也指奔牛塘所酿美酒甜美极佳。

不到长安辜负眼，不到两浙辜负口

意思是不到长安去看看就对不起自己的眼睛，不到两浙去走走，就对不起自己的嘴巴。通常指长安景色宜人，两浙食物香甜。

不到春分地不开，不到秋分籽不来

春分、秋分：都是二十四节气之一。指只有过了春分才能种地，过了秋分才能收获粮食。

不到冬至不寒，不到夏至不热

冬至、夏至：均是二十四节气之一。指只有到了冬至寒冷才会到来，到了夏至才到了炎热的时候。

不冷不热，五谷不结

只有气候冷暖更替，五谷才能生长成熟。

不挑秦川地，单挑好女婿

秦川：泛指今陕西、秦岭以北的关中平原地带。意指挑选一个好的女婿比挑选一片好的平川地还要重要。

百里不同风，千里不同俗

风：这里指风俗。意思是各地风俗都不相同。指各地的风俗习惯不同，告诫人们外出要入乡随俗，要尊重当地的习惯。

C

长不过五月，短不过十月

意思是在一年之中，农历五月白天时间最长，十月白天时间最短。

长虫咬一嘴，十年怕井绳

长虫：指蛇。比喻在某件事上受过一次打击，再遇到同类事物，总会提心吊胆。

长安有贫者，为瑞不宜多

瑞：瑞雪。指大雪虽然兆丰年，但长安街头仍然还有很多吃不饱、衣不遮体的贫困人，即使是瑞雪也不宜下得太多。同时也说明好事也有不利之处。

陈谷子，烂芝麻

比喻多年以前的琐碎小事。

吃多了蜜不知道甜

意指蜜虽然很甜，但吃多了也不感觉到甜。说明再好的事物，接触久了，感觉就会淡化。

池湖积水，四世不流

四世：三十年为一世，四世是约数，说明时间很长。指池塘湖泊里的积水，多年也不流动。

冲风之衰，不能起毛羽；强弩之末，不能入鲁缟

冲风：凶猛的大风。弩：用来射箭的兵器。鲁缟：鲁地生产的一种薄的白色丝织品。指冲风力量衰退后，连羽毛也刮不起来；强弩射出的箭，最后连很薄的鲁缟也穿不透。比喻再强大的力量，锐气削减之后，也无能为力。

苍蝇专找臭狗屎

坏人专与坏人交往，经常干一些见不得人的丑恶坏事。

草青鱼儿新，草黄鱼儿壮

意思是野草发青时的鱼儿新鲜，野草发黄时的鱼儿肥壮。通常指春季鱼儿鲜嫩，秋后鱼儿肥壮。

草遮不住鹰眼，水遮不住鱼眼

比喻只要认真分析判断，就能透过现象看到本质。

重阳无雨一冬晴

重阳：农历九月九日为重阳节。古时认为重阳节那天不下雨，则整个冬天雨雪都不会充足。

出山进山一条路，不走山口无路行

意思是白云山只有一条路，进山、出山都必须经过南山口。

初出日头暴出世

暴：刚。指刚出生的婴儿同初升的太阳一样，朝气蓬勃。

初伏浇，末伏烧

指入伏这天下雨了，预兆末伏将有大旱情。

初三月下有横云，初四日里雨倾盆

意思是初三这天，新月下面有黑云横截，预兆初四白天会有倾盆大雨。

初雪早，终霜早

指入冬初雪来得早，预示第二年开春后停霜的时间也早。

初一初二不见面，初三初四一条线，初五初六月挂钩，初七初八月露半，十五十六月儿圆

意思是每月农历初一、初二还看不到月亮，初三、初四月亮刚露出一点儿，像一条线；初五、初六月形如钩状；初七、初八月亮呈半圆形；到了十五、十六，月亮就圆了。比喻月有阴晴圆缺是自然规律。

础润知雨，月晕知风

础：垫在房柱下面的石头。指础石润湿，就知道天将要下雨；月亮出现晕圈，就知道将要刮风。

船过大悲口，盐方是你的

大悲口：地名，在今四川省巫溪县境内，溪心有两巨石相对，水流湍急。船驶过了大悲口，船上装的盐才算是货主的。指大悲口水势险恶，航行艰难，船只时常遇险沉没。

创业难，创业难，创成事业如登山

指创业非常不容易，事业有成就像登山一样艰难。

吹啥风，落啥雨

指风雨同调，风猛雨猛，风长雨长。

吹一日南风，还一日北风

意思是刮过南风之后就会刮北风。指自然界的风雨是一来一回的。比喻社会事物是一还一报的。

春不刮，地不开；秋不刮，籽不来

指春天不刮风，大地就不会解冻；秋天不刮风，庄稼就不会长熟。

春打六九头，穿吃不用愁

春：指立春。倘若立春正巧在六九的第一天，就预示着当年是一个丰收年。

春分分芍药，到老不开花

如果春分时候分株种植芍药，芍药到老也不能开花。

春风不刮，杨柳不发

意思是不经春风抚育，杨树、柳树都发不了芽，生长不了。

春风吹破琉璃瓦

春风能把刚硬的琉璃瓦吹坏。指春天的风依然寒冷有力。

春风踏脚报

踏脚报：指跑腿报信的人。意思是春风就像报信人到处传报一样，不停地转变风向。

春寒多雨水

如果春天寒冷，预兆当年雨水就会增多。

春落雨到清明

如果立春那天下了雨，直到清明时候雨水都会非常多。

春天不生产，秋后白瞪眼

指春天如果不播种的话，秋后将一无所获。

春天后母面

后母：指继母。春季的天气就像继母的脸色一样，喜怒无常，变化多样。

春天误一晌，秋天误一场

意思是春耕如果耽误了一晌，到了秋天将会耽误一场收成。

春捂秋冻

意谓春天温度不稳定，不要及早脱

掉冬衣，以防受凉感冒；秋季不要急于加穿棉衣，多冻一冻，能增加耐寒力。

春雾花香夏雾热，秋雾凉风冬雾雪

意指杭州、绍兴一带，春天下雾后天空会放晴，夏天下雾后天气会格外闷热，秋季下雾后凉风四起，冬季下雾后天就会下雪。

春夏东南风，不必问天公

指春夏两节刮东南风一定下雨，没必要问老天爷。

春蟹夏鲎秋翅冬参

鲎：生活在海洋中的节肢动物。指春季的螃蟹、夏季的鲎肉、秋季的鱼翅、冬季的海参，味道鲜美，营养价值高。

春雨贵如油

指春天的细雨像油一样可贵。

春扎骨头秋扎肉

指春天河里的水，冰冷刺骨；秋天河里的水，只是皮肉上感觉凉。

春争日，夏争时

意谓春耕播种，一天半天也不能耽误，夏季田间管理更为紧急，差一晌半晌，收成就大不一样。

从来好事不坚牢，彩云易散琉璃脆

形容好事往往不会持续，像彩云一样稍纵即逝，如琉璃一样容易破碎。

翠潴芙蕖薄水涯，儒冠道服僧袈裟，红花白藕青荷叶，三教原来是一家

翠潴：青翠的积水。芙蕖：荷花。指儒、道、释三教就像荷花、荷叶和藕一样是相得益彰的。

D

打鱼人盼望个好天气，庄稼人盼望个好收成

渔民要出海打鱼，总盼望有个好天气；农民辛劳耕种，总希望有个好收成。

大地开花，垄沟摸虾

意指大地春暖花开时，可在田垄水沟中捉到鱼虾。

大风刮不多时，大雨下不多时

狂风暴雨不会维持很久。比喻特殊情况维持不了多长时间。

大寒一场雪，来年好吃麦

大寒：二十四节气之一。大寒这天下雪，小麦就会生长得好，来年会有好收成。

大旱不过五月十三

意思是天再旱，不会旱过农历五月十三日。旧指五月十三日关公磨刀，雨是一定要下的。

大麦亮芒，小麦发黄

大麦长出麦芒的时候，小麦已经发黄。

大暑小暑，灌死老鼠

大暑、小暑：节气名。指在大暑小暑期间雨水很多。

担轻好过岭

如果担子轻，走山路就不费劲。比喻承担的事务少，自会有一种轻松感。

到乡随乡，骑马随鞍

指到哪个地方就要适应哪个地方的风俗习惯。

滴水成河，积米成箩

形容积少可以成多。劝人要珍惜小的东西。

滴水成河，积少成多

指一滴滴的水可以汇聚成江河。说明大数量是由无数小数量聚合成的。

地和生百草，人和万事好

意思指天地人事，和为第一。

地上跑的数狗，天上飞的数斑鸠

斑鸠：一种鸟。指味道最美的，走兽中数狗肉，飞鸟中数斑鸠。

典账买黄鱼

典账：指用东西作抵押借钱。黄鱼：头大尾窄，身体侧扁。指宁愿典账，也要吃黄鱼。形容黄鱼味美诱人。

钓鱼比吃鱼舒服

比喻人在精神上的享受，往往比物质上得到满足更舒服。

钓鱼凭竿，捉雀凭筛

意思是钓鱼离了竹竿不行；捉雀离了竹筛不行。说明不论干什么事都必须有得心应手的工具。

东北三件宝：人参、貂皮、乌拉草

人参：为东北三宝之首。貂皮：一向被人视为保暖珍品。乌拉草：主要用于做乌拉鞋，这种鞋在寒冷地区踏雪过冬十分管用。

东风急，披蓑笠

蓑笠：草编的斗篷和竹编的帽子。意思是东风刮得紧，雨天很快就要来临。

东鲎日头西鲎雨

鲎：虹。东边天空出现虹，预示晴天来临；西边天空出现虹，预示雨天来临。

东驴西磨，麦城自破

意指湖北当阳一带有驴城、磨城、麦城。只要攻下了东面的驴城和西面的磨城，麦城就会不攻自破。

东明西暗，等不到撑伞

指天空东面变亮，西边变暗，预兆大雨即将来临。

东闪日头西闪雨，南闪乌云北闪风

指东面闪电，天晴；西面闪电，下雨；南面闪电，天阴；北面闪电，刮风。

冬不冷，夏不热

意指冬天如果不冷，夏天就不会热。言外之意，冬天要冷，夏天要热，这是气候正常的表现。

冬东风，雨太公

指冬季里如果刮起东风，就会不停地下雨下雪。

冬冷不算冷，春冷冻煞鹦

意思是冬季寒冷，是正常现象；春天寒冷，会酿成灾害。

冬凌树稼达官怕

树稼：指雪雨受冻在树上凝固的晶体。达官：朝廷贵官。古时认为冬凌树稼出现，是达官贵族遭灾遭祸的征兆。

冬前不结冰，冬后冻杀人

冬：指冬至。冬至节前若不见结冰，冬至节后天气就会非常冷。

冬三天，年四天，清明要过十二天

意思是在我国个别地方，冬至节、清明节和春节一样过得非常隆重。

冬天戴棉帽，胜过穿棉袄

冬天在室外戴顶棉帽，对人体能起到保温的功效。

冬夜的黎明觉最甜

意谓冬夜黎明时候，人们最舍不得被窝的舒适。

冬至长于岁

长：大。指在民间习俗中，冬至节在排序上比过大年还重要。

冬至未来莫道寒

指最寒冷的时候要算冬至以后的三九、四九，冬至节以前，天不算最冷的。

冬走十里不明，夏走十里不黑

意思是冬天夜长，天亮得晚；夏天昼长，天黑得晚。

冻不死的葱，饿不死的僧

指葱耐冻，再冷的天也冻不死；和尚到处能化斋，此处闹饥荒便到别处。

侗不离酸，汉不离官

侗：侗族，我国少数民族之一，在贵州、湖南和广西均有分布。指侗族人喜欢喝酸汤，汉族人喜欢当官。

都说十五月亮好，一夜不如一夜圆

比喻事物在最美好的时候，也就是开始走向衰败的时候。

队伍怕水不怕山

意指行军时怕水阻拦，再高的山也能爬过去。

E

恶风尽日没

恶风：指暴风。暴风刮到太阳落山时便会停止。

恶犬护三村

意谓凶恶的狗能看护很多户人家。

耳朵朝前照，不是骑马便坐轿

迷信的观点认为，双耳竖起来向前的人，将来一定会有福享。

洱海水不会倒流，人死不能复生

洱海：湖名，位于云南省，以湖形如耳得名。指人死了不可能复活，就像洱海的水不可能倒流一样。

二八月，乱穿衣

指农历二月和八月是气候冷暖不定的季节，人们穿衣有厚有薄，没有规律。

二月二，龙抬头

指过了农历二月初二，气温逐渐变暖，冬眠的动物开始苏醒，慢慢出来活动。

F

贩马贩马，四处为家

意思是贩马的人常年四处奔波，风餐露宿，四海为家。

焚林而畋，明年无兽；竭泽而渔，明年无鱼

焚：烧毁。畋：打猎。泽：聚水的

211

地方。指为了打猎去烧毁树林，捕兽虽然多，可明年山上就不会再有野兽；为了捕鱼而抽干河水，捉鱼固然多，可明年塘泽就再没有鱼了。形容过度征税，税源就会枯竭。

风不摇，树不动

不起风，树就不会摇动。说明事出必有原因。

风不扎脸就算春天

指风从脸上刮过不觉寒冷，说明已经进入春天了。

风吹弥陀面，有米弗肯贱；风吹弥陀背，有米弗肯贵

指风从南面吹来，无雨，米价上涨；风从西北吹来，主雨，米价下跌。也指冬天刮西北风，来年会丰收。

风从地起，云自山出

古代认为风生成于地，云形成于山。

风大要伴岸走，浪急要落篷行

意谓行船遇到大风要靠近岸边，水急浪高要落下船帆。

风后暖，雪后寒

指寒风过后，气温会变暖回升；大雪之后，雪化吸收热量，寒气更加逼人。

风急雨落，人急客作

客作：给他人干活挣钱。指风刮急了定有雨落，人穷困时就会不择职业。

风急雨至，人急智生

意思是风势急促，立刻就会下雨；人到着急处，会立即想出解决办法。

风沙一响，地价落三落，粮价涨三涨

指在沙漠一带，由于风沙的破坏性极大，使得地价跌落，粮价上涨。

风灾一条线，水灾一大片

指遇风灾时，受灾区呈线状；遭遇水灾时，受害区则是片状。

蜂虿垂芒，其毒在尾

虿：蝎类毒虫。芒：刺。蜂、蝎类的芒刺垂下时，毒就在尾部。指蜂、蝎尾部的毒量大。

逢山有盗，遇林藏贼

古时候认为山林中常常隐藏着坏人。告诉人们遇到山、林要严加防范，提高警惕。

凤凰飞上梧桐树，自有旁人话短长

意思是发生了一件意想不到的事情，人们免不掉闲说是非。

父要子亡，不得不亡

古时候认为儿子要绝对服从父亲。

富贵草头霜

草头霜：草叶上的水珠儿。形容富贵不会长久。

富贵香饵抛将去，哪有鱼儿不上钩

比喻拿着富贵作为香饵来引诱别人，没有不去卖命的。

富跑京，穷跑陕，死逼无奈下关东

意谓生活条件不同的人，到不同的地方去谋生，受苦极致的是去关东。

G

高鸟相良木而栖，贤臣择明主而佐

指鸟儿会选择适合自己生存的树木落脚，贤良的臣子遇到明君才愿辅佐。

隔山不算远，隔河不算近

隔山可以很容易爬过去，隔河却很难绕过去。指古代隔河比隔山交通更不便。

各处各乡俗，一处一规矩

各地有各地的风土民情，乡规村约。比喻各地的风俗习惯和规矩都不一样。

狗肉好吃名声丑

指狗肉味美但不名贵。

狗要吃屎，沙糖换弗转

弗：不。形容人要做坏事，别人怎样劝阻也无济于事。

瓜见花，二十八

指瓜秧开花后二十八天，就可以见到果实。

官不偶，遇冀部

不偶：指机遇不好。冀部：古时的冀州。指冀人多强悍，难以驯服。也指到冀州去做官，实在是机遇不好，官运不佳。

鹳鸟仰鸣晴，俯鸣雨

鹳：鸟类的一种，与白鹤相似，常年生活在水边，以鱼虾为食。意谓鹳鸟抬起头来叫，预兆天晴；低下头叫，预兆天要下雨。

光阴荏苒，日月不等人

荏苒：指时光渐渐流走。意谓时光流逝是不以人的意志为转移的。

鬼门关，十人九不还

鬼门关：古关名，在今广西北流县西。指鬼门关多瘴疠，到这里的没有几个人能活着回来。

贵人出门招风雨

古代认为贵人外出常常碰到不好的天气。

贵州没天理，十里当五里

形容贵州山多，计算里程都不准确，看起来离得很近，走起来却很远。

桂林山水甲天下，阳朔山水甲桂林

天下的景色数桂林最美，桂林的景色数阳朔宜人。

鳜鱼易得，活的难求

鳜鱼：生活在淡水中的鱼。指活的鳜鱼味鲜美，但不易得到。

锅边馒头嘴边食

形容非常容易便可获得。

过得牯牛抄石滩，寄书归去报平安

牯牛抄石滩：在广东省。指牯牛抄石滩水流湍急，十分危险，船只通过之后，才算平安。

过了八达岭，征衣添一领

八达岭：在北京延庆。指往北过了八达岭，气候变冷，出征的军人要添军衣。

过了冬，长一针；过了年，长一线

冬：冬至，这一天北半球白天最短，夜晚最长。年：春节。指冬至一过白天就变长了，过了大年白天就更长了。

H

海上飘白云，海底藏黄金，只要海不干，龟虾便成群

意思是海洋是取之不尽、用之不竭的宝贵资源。

海蛇怕火龙，大鱼怕锦鸡

意指在自然界中，一物降一物，相生相克是普遍的自然规律。

寒霜偏打独根草

意谓灾难偏偏降临在最弱小或孤苦无依的人身上。

寒在五更头

五更头：指第五更刚开始的时候，就是黎明前。说明一夜最冷的时候是黎明前。

好花还得绿叶扶

好花虽然美丽，还须绿叶来衬托。比喻英雄好汉也得有个助手。

好马不用鞭催

指良马上路会自觉奔驰，根本不用主人加鞭催促。通常比喻行动自觉的人，不须别人督促。

好女不砍柴，好男不放排

古时认为女子砍柴、男子放排都是非常危险的事。

好天也得防阴雨

比喻日子平安时，也应该有忧患意识，防范出现坏的事情。

荷花出水才见高低

荷花尚未露出水面难以知其高低。

比喻事情还没有结果，不可过早下定论。

和尚有本经，道家有本忏

忏：指道士念诵的经书。指三教九流都有各自的章规法典。

河水打圈，鱼虾成串

形容鱼虾喜欢聚集在河湾处游动。

河水炖河鱼，撑破你肚皮

指用河水炖河鱼，味道鲜美无比，永远吃不够。

河鱼跳，大雨到

鱼跳出水面，是大雨将要来临的征兆。

河中无鱼虾也贵

意谓没有最好的，次的也显得珍贵。

黑云黄梢子，过来带刀子

黑云黄梢子：指黑云的边沿附着黄云。黑云黄梢的天气是冰雹来临的预兆。

红花开，幸福来

红花：特指一品红，是一种观赏植物，在枝顶部开花。旧指一品红开花，就会给人带来快乐和幸运。

红牛黑牛，能曳犁的都是好牛

意思是不需要讲究外在样式，只要效果好就可以了。

虹挂东，一场空；虹挂西，雨弥弥

特指彩虹在东，表示没雨；彩虹在西，表示有大雨将至。

呼牛应牛，呼马应马

意谓别人想叫什么就答应叫什么，

一切事情自己都没有主张。

湖里有一百种鱼，渔家就有九十九种业司

业司：方言，指措施或方法。渔民对每一种鱼都有不同的捕捉措施和办法。

湖区出好谷，山区有好屋

意思是湖区浇灌得利，稻谷长得丰盈；山区木材富饶，房屋盖得结实。

湖水好测，人心难猜

指人的心理活动是很难琢磨、洞悉的。

花开必落，月圆必缺

花开了就会凋落，月圆后必定残缺，意谓顺应规律，物极必反。

花开花谢自有时

花开、花落各自有一定的规律。喻人有春风得意的时候，也有垂头丧气的时刻。

花可再开，鬓不可再绿

花凋谢枯萎了还可以再开，人年岁大了却不能永葆青春。指人不可能回到从前。

花有花妖，木有木怪

指草木万物都有它的灵魂和生命。

黄河百害，只富一套

意思是黄河由于流经黄土高原，挟带大量泥沙，经常给下游人民带来灾害。但在河套地区，河段水流缓慢，两岸沟渠纵横，农业发达，瓜果飘香，六畜兴旺，有"塞上江南"之称。指旧时黄河时常泛滥成灾，只有河套地区免受灾害。

黄昏兽入山，日落鸟归林

意指禽兽到了黄昏时分都回到自己的窝巢。

黄梅天，十八变

指黄梅季节，天气忽晴忽阴，变化多样。

黄梅雨未过，冬青花未破；冬青花已开，黄梅雨不来

冬青：常青乔木，夏天开小花。指梅雨季节到来时，冬青大多不开花，若开花，即是旱兆，梅雨便停。

黄云雨多

意谓黄云是暴风雨来临的预兆。

J

鸡蛋没有两样，傈僳不分两家

傈僳：分布在四川的少数民族。指傈僳族人团结一致，不分你我。

既到灵山，岂可不朝我佛

灵山：印度的灵鹫山，相传释迦牟尼曾在此讲经。到了灵山，就一定要朝拜佛祖。也指到了一个地方不能不拜见主人。

夹雨夹雪，无休无歇

指雨夹雪的天气，天很难放晴。

家屋养壁虎，蚊蝇夜夜除

指壁虎善于捕捉蚊蝇，有了它，蚊蝇就跑不掉了。

拣日不如撞日

拣日：挑选好日子。撞日：碰到哪天就哪天。指办事先选择好日子，不如

碰到哪天就哪天办。言外之意说明挑选日期还不如碰巧遇上的日子吉利。

江阴莫动手，无锡莫开口

古时候有江阴人善拳、无锡人善歌的说法，所以告诫人到了江阴不要动手打架，到了无锡不要开口唱歌。

胶翁潍母，无媒不成

胶：胶河，即新河。潍：潍河。媒：媒河。三条河都在今山东省境内。意思是胶河与潍河是通过媒河才流到一起的。

节令不饶人

节令：指一年二十四个节气的气候和物候。饶：饶恕宽容。意思是节令不会宽容不根据气候变化规律从事农业活动的人。

今年雪盖三层被，明年枕着馒头睡

在我国北方头年冬天能下场三尺厚的雪，下一年小麦就能大丰收。

金马门外聚群贤，铜驼街上集少年

金马门：汉代宫门名，门前有铜马，因此而得名。铜驼街：汉代洛阳一闹市区，因有二铜驼而得名。金马门外聚集着许多等待召见的文武官员，铜驼街上聚集着众多的少年游客。也指东汉京城洛阳人物荟萃，市井繁华。

金山屋裹山，焦山山裹屋

金山、焦山：位于江苏省镇江市，是著名风景区。指金山龙游寺，绕山建屋，所以叫"屋裹山"；焦山的建筑多隐于山中，所以称"山裹屋"。

金张掖，银武威，秦十万

秦：秦州，就是现在的天水市。意思是张掖、武威、天水是甘肃省最富足的地方，尤以张掖为最。

九九八十一，家家做饭坡里吃

九九八十一：意思是从冬至这一日算起，每九天为一"九"，总共八十一天。节令过了九九，春耕开始，农家为赶节令，只得在地里吃饭。

九日雨，米成脯

米成脯：米像干肉一样值钱。意思是如果重阳节那天下雨，整个冬春就会多雨，来年收成就不会好。

九月九，蚊虫叮石臼

九月九：指重阳节。叮石臼：连石臼也敢叮。意思是秋后的蚊子非常厉害。

九月冷，十月温，秋底下还有个小阳春

意谓天气到了秋后，往往还有一段气温回升的时间。

久晴必有久雨

旱的时间长了，必然会转为长时间下雨。

京油子，卫嘴子，保定府的狗腿子

卫：这里指天津。保定：河北省的一个城市。古时北京城有很多油滑的人；天津城有许多会耍嘴皮子的人；保定府给人当差、善于逢迎的人很多。

居就粮，梁水鲂

居就：地名，以产粮著称，在辽宁省辽阳县。梁水：河名，在辽宁省东部。鲂：淡水经济鱼类。古时候指居就是以产粮著称，梁水是以产肉厚味鲜的鲂鱼闻名。

军有头，将有主

任何地方都有带头的人。

K

开门风，闭门雨

开门风：清早刮的风。闭门雨：黄昏下的雨。清早刮风，会越刮越猛烈；黄昏下雨，会持续不断，天难以放晴。

靠山采薪，居江食鱼

意思是靠近山居住就要砍山上的柴，临着江居住就要吃江里的鱼。

靠山吃山，靠山养山

意思是挨着山区生活的人要凭借山区的物质资源来养活自己，同时也要爱护和建设山区。

快雨快晴

只要是雨势来得猛烈，那么雨停、天气放晴也快。

狂风不竟日，暴雨不终朝

狂风、骤雨总有停息的时候。说明困难的境地总会改变。

L

腊鼓鸣，春草生

腊鼓：腊日是指夏历十二月初八，这一天有击鼓驱瘟的风俗习惯。意思是腊鼓击响之后，草开始萌发。

腊七腊八，冻掉下巴

腊七腊八：农历十二月初七初八，是一年中最寒冷的日子。腊七腊八这两天非常冷，要注意防寒防冻。

腊天一寸雪，蝗虫入地深一尺

腊月天下雪能够消灭蝗虫。

腊雪培元气

腊月下的雪能够培植麦根，对小麦生长有利。

腊雪是被，春雪是鬼

意思是立春前下雪，有利于农作物；立春后下雪，有害于农作物。

腊月冻，来年丰

意思是腊月天气寒冷，能够把害虫杀死，对来年庄稼丰收有利。

腊月有三白，猪狗也吃麦

三白：比喻下雪多。意思是腊月里多下几场雪，是来年小麦丰收的预兆。

腊月有雾露，无水做酒醋

指腊月雾气多，是来年天气干旱的征兆，就连酿酒做醋的水都没有。

老鲤斑云障，晒杀老和尚

老鲤斑云：学名高积云，云状如同鲤鱼的鳞片。天空弥漫老鲤斑云，预示着来日是个酷热天。

老勿入川，少勿入广

意思是老年人不宜去四川，年轻人不宜去广东。旧时四川交通不发达，老人行动不方便；广东有麻风女，青年男子易被勾引染病。

浪从风来，草从根来

水里的波浪是因风掀起的，地中的草木是由根而生的。说明事情的发生总有前因后果。

雷高弗雨

弗：不。高处打雷不会落雨。

雷公不打笑脸人

再厉害或是再不讲理的人，也不会打笑脸相迎的人。

雷公先唱歌，下雨也不多

过早打雷，不一定会下雨，即使下雨也不会大。

雷鸣不合酱

合酱：酱做好后，搅拌均匀，放置在烈日下暴晒。说明合酱需要火热天气，最忌雷雨天。

冷在三九，热在三伏

三九：冬至节后第三个九天，为一年中最寒冷的时候。三伏：初伏、中伏、末伏，是一年中最炎热的时候。一年四季中，三九天最为寒冷，三伏天最为炎热。

离家三里远，别是一乡风

形容各地风俗习惯不一样，即便相隔不远，也会是另一种习俗。

立春日暖，冻杀百家卵

立春这天天气晴暖，则表示冬天天气会很寒冷。

立夏不下，田家莫耙

立夏那天不下雨，预兆天气干旱，农家不需要平田整地。

立夏晴，蓑笠满田临；立夏雨，蓑笠挂屋柱

立夏日晴，预兆雨水偏多；立夏日雨，预兆雨水稀少。

立夏三朝开蚕党

三朝：三天。蚕党：育蚕人，这里指育蚕。立夏三天后开始养蚕。

利不百，不变法；功不十，不易器

利益不到百倍，不变更法令；功效不达十倍，不改换工具。是旧时抵制变革的一种借口。

连阴雨，泛泡泡

指下雨时，雨点打在积水上，积水泛起水泡，表示下雨会持续一段时间。

梁园虽好，不是久恋之家

旧梁园：汉代梁孝王为接待天下宾客而建造的一座大花园。梁孝王好客，广结天下友，对来者都以礼相待。表示在他乡作客尽管不错，然而他乡终究不是久恋之地，必须得离开。

亮一亮，下一丈

一丈：形容雨量非常大。久雨之后，天色忽然明亮，预兆还有大雨。

林无静树，川无停流

森林里没有不晃动的树木，江湖里没有静止不动的水流。说明世间万物总是在不停地运动着。

林中不卖薪，湖上不鬻鱼

鬻：卖。意思是树林里不卖柴火，湖水边不卖鱼虾。也用来形容东西多了，人们便不觉得稀奇。

临淄出古物

意思是临淄以出土古物而闻名。

六月的日头，后娘的拳头，媒人的舌头

夏历六月的太阳晒得最厉害，如同后娘责打非亲生的孩子、媒人骗人一样狠毒。

六月的天，小孩的脸

夏历六月的天气阴晴不定，如同小孩的脸一样说变就变。

六月盖夹被，田里不生米

夏历六月持续出现低温天气，地里的庄稼就没有收成。

六月六，看谷秀

秀：指农作物抽穗开花。夏历六月上旬就可以看见谷子抽穗开花。

六月有迷雾，要雨到白露

六月里下雾，预兆天气一直要旱到白露之后才会下雨。

龙下三泷，舟楫莫当

泷：指湍急的水流。三泷：三处湍急险滩。表示船只很难通行。

龙行熟路

夏季龙卷风带来的雷阵雨时常在固定的地方下。

龙行云，虎行风

指龙行动的时候会产生云，虎行动的时候会产生风。表示事情发生之前，总会有预兆。

露结为霜，雨结为雪

气温降到零度以下，地面的露水能够凝结成霜，空中的水蒸气能够凝结成雪。

庐山戴帽，平地安灶；庐山系腰，平地安桥

戴帽、系腰：代指山头或半山腰起云雾。庐山顶上起云雾，预兆天气晴朗，能够安置炉灶；庐山半山腰云雾缭绕，预兆大雨将要来临，就是平地也得搭桥。

鸬鹚不打脚下塘

鸬鹚：鱼鹰，栖息于河、湖、海滨，擅长潜水捕食鱼类。指鱼鹰不捕食栖息之处的鱼类。

鹭鸶相逐成胎

鹭鸶鸟雄雌追逐，便能够让雌鸟受孕。

洛阳多钱郭氏室，夜月昼星富难匹

郭氏室：汉代郭况的家。洛阳钱财最多的要数郭况，其富无人能敌，所藏珠宝就像夜空之星那样闪闪发光。

M

马无头不行，鸟无翅不飞

意思是马没有头就不能前行，鸟没有翅膀就不能翱翔。形容不管做什么事情，都要有带头的人。

蚂蚁搬家，天要下雨

意思是蚁群纷纷出洞，向高处迁移，

预兆即将降雨。

蚂蚁作坝必下雨

意思是蚂蚁出洞垒土，预兆天一定会降雨。

麦高于禾，风必吹之；人高于群，众必推之

意思是人但凡出了名，就会惹来各种麻烦，如同麦子长得过高，就会被风吹刮倒伏一样。

麦过芒种根必死

意思是麦子过了芒种这个时节就不再生长了。

麦收三月雨

意思是春天降雨多，麦子就能获得丰收。

麦秀风摇，稻秀雨浇

意思是麦子抽穗开花时最好有风，稻子抽穗开花时最好有雨。

蛮子穷在球上，鞑子穷在头上

蛮子：旧指代汉人。鞑子：旧指代蒙古人。是说旧时汉人把钱花在玩弄女人上，而蒙古人则把钱花在拜佛上。

瞒鬼瞒神，瞒不过雷公

已经做了的事情，是不管怎么样都瞒不过去的。

满天星斗光乱摇，或风或雨欲连朝

连朝：连日。满天繁星闪烁不定，预兆风或雨将接连不断。

猫喜月

猫喜好在月亮下玩耍。

没毛鸟子天照应

意思是羽毛还没有丰满的小鸟，得依靠老天照顾。形容无人抚养的孤儿得

靠老天爷护佑。

梅花优于香，桃花优于色

梅花好在香气浓郁，桃花好在色泽艳丽。表示世间的人或物都难以兼备所有的优点。

梅里雷，低田坼合龟

梅里：芒种后、夏至前的黄梅天。坼：开裂。龟：天旱开。意思是梅雨时节响雷，预示雨多，雨水能使干旱晒裂的低田水涝。

梅里勿落时里落

时里：夏至后半月，也称为"时中"。意思是黄梅天雨水较少，那么夏至后雨水就较多。

梅里西南，时里潭潭

意思是黄梅天吹西南风，则夏至后有大雨。

梅里一声雷，时中三日雨

意思是黄梅天里雷声响，预示夏至后有阴雨天。

美女嫦娥不如床头的黄脸婆

意思是美貌的天仙也没有自家的丑老婆好。

猛雨连三场，龙行旧道儿

夏天雷阵雨，通常在同一地方接连下三场。

蠓虫飞过都有影

蠓虫：蠓科的昆虫。说明人做过的事情，总会留下踪迹。

米脂的婆娘安塞的汉

米脂：地名，位于陕西榆林市。安塞：地名，位于陕西省延安市。米脂的女人长得漂亮，安塞的男人长得俊美。

蜜溪水，神潭茶

蜜溪：溪水名。神潭：潭水名。意思是蜜溪的水甘甜爽口，神潭边种的茶香美。

庙里猪头是有主的

形容人或事物已有归属。

民无二王，天无二日

比喻老百姓没有两个君主，如同天空中没有两个太阳一样。

命运低，得三西

三西：山西、江西、陕西，旧时这几个地方人穷地薄，经济落后。旧时指到"三西"地方任官不能够中饱私囊。

门前插柳青，农夫休望晴；门前插柳焦，农夫好作娇

休：休想。作娇：得意的模样。意思是清明时插的柳枝泛青，预兆雨水多；插的柳枝枯焦，预兆风调雨顺。

牡丹不带娘家土

娘家：这里指代牡丹移植前生长的地方。移植牡丹，要把根部泥土洗净，方可开花。

牡丹为花王，芍药为花相

意思是牡丹、芍药是花中魁首。

木有蠹，虫生之

蠹：蛀蚀，损害。木头腐烂了，就容易生长蛀虫。形容人本身有了弱点，就会被人利用。

N

难拜年，易种田

指过年时下雪，尽管人们拜年不方便，但对农作物有很多好处，有利于种田。

南海的天，孩子的脸

意思是南海的天气，如同孩子的脸，说变就变。

南甜北咸，东辣西酸

指我国东西南北各地百姓的饮食习惯。说明各地人对食品的味道喜好不一样。

闹热冬至冷淡年

旧俗冬至大如年，比春节还隆重。

嫩草怕霜霜怕日，恶人自有恶人磨

嫩草怕霜煞，霜怕日晒；作恶的人自有比他更恶毒的人来制服他。

能吃飞禽一口，不吃走兽半斤

意思是飞鸟的肉比走兽的肉要好吃得多。

能隔千山，不隔一水

旧时水上交通非常不便，山行尽管艰难，但早晚也能够到达；一水相望，却难以相通。

年年防旱，夜夜防贼

旱灾年年会有，盗贼也夜夜会有，应该提高警惕，事先做好防备。

娘儿们的心是天上的云

旧时说妇女的心性不稳定，如同天上飘忽不定的云。

娘要嫁人，天要落雨

娘：这里指代寡妇。意思是寡妇要改

嫁，就像天空下雨一样，谁也没法阻止。

鸟爱羽毛，人爱脸皮

比喻人总是爱惜自己的脸面，就像鸟儿爱护它的羽毛一样。

鸟过留音，人过留名

意思是人在自己所经历过的地方，应该留下好声誉，如同鸟儿飞过应该留下美好的叫声一样。

鸟穷则啄，兽穷则攫，人穷则诈

穷：窘迫没有出路。说明到了走投无路时，鸟会用嘴乱啄，兽会用爪乱抓，人会丧失礼义的制约。

鸟雀虽小，飞得颇长

鸟雀尽管小，但飞的路途却很长。形容小事情也可能有大影响。

宁得醇酒消肠，不与日月争光

醇酒：味道纯正的好酒。形容饮美酒的乐趣，超乎一切。

宁去累世宅，不去掣鱼额

掣鱼：浅海鱼类，味道鲜美。宁肯不要世代居住的宅屋，也不要放弃享受掣鱼头的美味。也形容掣鱼头的美味很诱人。

牛食如浇，羊食如烧

形容牛吃过的禾苗就像肥浇灌过一样生长繁茂，羊吃过的禾苗就像火烧过一样枯萎不长。

女人的心，秋天的云

形容女子的心思就像秋天的云一样飘忽不定。

P

攀人滚动天下

办事时人托人拉关系，可以把各方面的有关人员都调动起来。

烹牛而不盐

煮牛肉而舍不得放盐，淡而无味，无法吃。形容人贪图节俭，由小失大，结果前功尽弃，白白辛劳。

Q

七九河开，八九雁来

至七九，天气已变暖，河冰化开；八九，过冬南飞的大雁，重返归来。

七两为参，八两为宝

意思是海参重量达到八两，就被视为宝贝；人参重量达到七两，就称宝参。

七月看巧云

形容七月的云彩，变幻无穷。

欺山莫欺水

指涉水比登山更危险，宁愿爬山，也不要涉水。

骑马坐轿还有三分险

指骑在马背上或坐在轿子里，尽管

轻松，但也要担风险。意谓不管做什么事情，都要考虑风险。

起了雾，晒破肚

晒破肚：比喻阳光强烈。意思是早晨雾气能消，必定是个大晴天。

千金之锯，命悬一丝

锯：锯鱼，牙齿如同锯一样。丝：这里指代织渔网的丝。锯鱼价值千金，但却在一根网丝上丧命。

千山万湖，只差一步

形容即使走遍千山万水，还差一步，也不能算是已经抵达目的地。

千载难遇虎瞌睡

形容好机会是难得遇到的。

黔地山水不入画

贵州山水奇特，就连画家都难以描摹。

遣泰山轻如芥子，携凡夫难脱红尘

芥子：盖菜的籽。凡夫：凡人。红尘：人世间。携带凡人脱离尘世比挪动泰山还难。

墙头上挂根绳，用不了半天穿过山

墙头：指小丘顶。翻山越岭绕行费时，走直线则近些而且便利。

茄子不开虚花，真人不说假话

形容诚实的人心口如一，不会说假话。

亲戚骑上马，吃面细箩打；亲戚骑上驴，荞麦去了皮；亲戚就地走，菜汤窝窝头

指假如骑马来的亲戚，用细箩筛过的上等面招待；骑驴来的亲戚，用去掉皮的荞麦面招待；步行而来的亲戚，用菜汤窝头招待。形容人的地位、身份不同，接待的规格有所区别，态度也冷热不一，人情十分势利。

清明不带柳，红颜成皓首

皓首：形容年老。指清明时戴柳圈，能永驻青春。

清平豆腐杨老酒，黄丝姑娘家家有

旧时贵州境内的清平县出产豆腐，杨老城出产好酒，黄丝出美女。

穷八站，富八站，不穷不富十八站

站：提供往来官员食宿的驿站，从甘肃阳关（今敦煌西南）到新疆乌鲁木齐必须经过三十四站，其中有的站较繁华，有的站较静僻。

穷山恶水出刁民

穷山：不生草木的山。恶水：没有鱼虾的水。刁民：恶人。指山穷水恶的地方民风不淳朴。

穷上山，富下川

川：指平地。比喻穷时上山容易生活，富时下川可以享乐。

穷嫌富不要

意思是穷人嫌弃，有钱人不要。形容这东西毫无用处，谁都不愿要。

秋风一起，光棍见底

意思是秋风吹起，天气转凉，光棍缺少御寒的衣物。

秋阳如老虎

立秋之后，天气依旧炎热（有"秋老虎"的说法）。

蛆枣先红，破蛋先臭

蛆枣：生虫的枣。意思是生虫的枣先发红，破裂的蛋先发臭。也用来说明人或物变质，起初是内因起作用。

娶淫妇，养海青，食水不到想海东

海青：海雕，又名海东青。娶淫荡女子为妻，就像饲养海青，稍不顺心，就想离去。

去河北贼易，去朝中朋党难

河北贼：指占据黄河以北的侵犯者。

朋党：指士大夫为利益而结成的党派。形容驱逐外寇容易，清除内患则困难。

劝君莫打三春鸟，子在巢中望母归

春天时鸟儿正在哺育后代，不能捕捉。说明要保护动物的繁衍。

R

人背时盐罐子生蛆，人走运卵子都放光

背时：倒运倒霉。卵子：指禽蛋。指人倒运的话，什么倒霉的事都会遇上；人走运的话，什么好事都会涌现。

人逼造反，狗逼跳墙

人要是被逼迫得没有办法，就会采取激烈的反抗行为；狗要是被逼迫得走投无路，就会不顾一切地跳墙而逃。形容人受情势过分威逼，就会感到绝望，会铤而走险，采取过激的行为。

人不辞路，虎不辞山

意思是人不能离开道路，就如同虎不能离开山一样。也用来说明人总是要上路的，上路就离不开别人的帮忙。

人不划算家不富，火不烧山地不肥

划算：筹划，打算。烧山：放火烧山。家业要兴旺，一定要精打细算。

人不宜好，狗不宜饱

待人不宜过好，过好反而会滋生怨恨；喂狗不宜过饱，过饱狗就会懒得守夜。形容人生活条件好了，就容易不知足，如同狗喂饱了，就会变得很懒散，

而不去看守家门。

人过三十天过午

意思是人的年纪一过三十岁，犹如一天中的太阳开始偏西一样。也用来说明人过三十就走下坡路了。

人叫人死天不肯，天叫人死定不容

人想害死他人，老天不会答应；但是天要灭谁，那是无论谁也挡不住的。指人的生死存亡，全凭老天掌控。

人靠饭，铁靠钢，一顿不吃饿得慌

人是靠饭养活的，一顿不吃也不行。

人可饶人，理不饶人

指人对人能够通融饶恕，不过道理却要作出严正的裁决，丝毫也不含糊。

人来投主，鸟来投林

意思是人到了一个地方一定要找一个可倚仗的人，才能安全。

人老三不贵：贪财、怕死、不瞌睡

有的人上了年纪却增添了三种病：一爱钱，二怕死，三瞌睡少。

人力可以回天

人主观上的奋斗努力，能够改变客观上既定的局势。

人貌荣名，岂有既乎

荣名：美好的名声。既：确定。一个人的相貌和他的名声并不都是完全相符的。也指人的容貌假如像美德一样，就会受人景仰，永无止境。

人没了人群找，羊丢了羊群找

意思是寻人找物，不能漫无方向，一定要找对路。

人没名难呼唤，地没名难送饭

地和人一样，都必须有自己的称呼。

人莫知其子之恶，莫知其苗之硕

人们总是看不见自己的儿子如何丑陋，总是感觉自己的庄稼长得比不上人家的好。意思是人之常情，看儿子是自家的好，看庄稼是别人的好。

人怕横祸，船怕横浪

意思是人怕意想不到的大祸，船怕无法抵制的横浪。

人怕见面，树怕剥皮

指树剥了皮，难以成活；人见了面，不好撕破情面，事情难做。

人怕遇难，船怕上滩

是说人怕遭遇灾难无人援救，船怕被搁在浅滩没法前行。

人情大于债

指接受了他人的人情，比欠了他人的债负担还重。

人情溺爱，虽明亦愚

意思是对人偏宠溺爱，即便是聪明人也会被受宠者耍弄。

人穷低三辈

比喻人穷了，在别人面前犹如低了三辈一样，显得卑微。

人生世上一台戏

形容人生一世，如同演一台戏一样，喜怒哀乐，转眼即过。

人是地行仙

地行仙：指神话中走路如飞的神仙。指人就像地行仙一样，想要去哪里，很快就能到达。

人是贱虫，不打不招

认为人是贱骨头，不施用重刑是不会招供的，指旧时衙门逼供的常语。

人是三截草，不知哪节好

人一生的命运，好的、坏的时候都有，犹如三节草一样，不清楚哪一节好。

人是一盘磨，睡着了就不饿

人体就像一盘石磨一样，停止运转时就不需要加料。是说睡眠能够缓解饥饿。

人往活路走，鸟向明处飞

哪里生活道路宽广，人就奔向哪里，这同哪里明朗鸟儿就飞向哪里一样。

人未伤心不得死，花残叶落是根枯

树根死了，花叶才会枯萎；人假如没有伤及心脏，就不会死去。

人闻长安乐，则出门向西笑；知肉味美，则对屠门而嚼

听闻长安生活安逸，就出门向西而笑；听闻肉的味道香美，就朝着杀猪坊嚼着嘴巴。说明人总是急切向往自己喜欢的事物。

人无志气铁无钢

意思是人没志气就不会有所作为，这同钝铁毫不锋利的道理是一样的。

人养人，吓死人

意思是旧时条件比较落后，女人生孩子常常由于难产而致死。

人要貌相，布要尺量

人的智愚善恶，能够从容貌上看出来，就像布的长短能够用尺量出来一样。

人要屋住，鱼要窝歇

人有了房子居住，生活才能安稳；鱼有草窝歇息，才能优游自如。

人直有人和，路直有人行

人正直，就有人拥戴，如同道路直了就有人走一样。

人嘴两层皮，反正都是理

指话是由人说的，或反或正，都可以说出道理。

日落十里赶县城

意思是太阳落山时，离城十里还能够走到县城里。也用来形容夏天天黑得晚。

日没胭脂红，无雨也有风

日落时，西方天边呈现出胭脂红色，预示来日不是降雨就是刮风。

日头钻嘴，冻死小鬼

钻嘴：指太阳刚从东方地平线上露出头。说明冬天太阳刚升出地面时，天气最为寒冷。

入国问禁，入里问俗

禁：禁令，指法令不容许的事情。俗：风俗，指风俗不容许的事情。指到了一个新国家或地方，要先了解当地的禁令和风俗禁忌，以便遵循，免得触犯，招致麻烦。

入山要拜土地，出外要靠贵人

入山要拜山神土地，护佑平安；出外要投靠当地有权有势的人，当作靠山。

入乡随俗

到了哪里，就要随哪里的风土人情。

入乡随乡，骑马随鞍

无论到什么地方，都要随着当地的风俗习惯。

瑞雪兆丰年

大年前的一场好雪，预兆着来年小麦的丰收。

S

塞北梅花少，江南美女多

塞北：也称塞外，即长城以北。塞北气候极为寒冷，连耐寒的梅花也很少开放；江南风景宜人，随处能够看到丽质美女。

三朝迷路发西风

指接连三天出现大雾弥漫，必定会刮西风。

三朝雾露起西风

入冬后，接连几天大雾不散，必定会起西风。

三辰不轨，擢士为相；蛮夷不恭，拔卒为将

三辰：指日、月、星，泛指天道。擢：提拔。蛮夷：汉族对外族四夷的称呼。天道异变时，普通士子也可提升为宰相；外族侵犯时，一般士兵也可擢用为将帅。也用来形容处于特殊时期，应当破格用人。

三伏不热，五谷不结

三伏：初伏、中伏、末伏的总称，

是一年中最为炎热的时候。三伏天天气
不热的话，庄稼就不能够成熟。

三九四九冻死狗

形容三九和四九时天气极其寒冷。

三日三夜上杭州，三日三夜回苏州

旧时交通不便，苏、杭相隔不远，
但行程也需要三天。

杀了高粱才能露出谷子来

高粱是高秆作物，谷子是低秆作物，
把高粱砍倒，谷子才能显露出来。形容
高层人物不去，低层人物就不能突出。

鲨性沙抱

鲨：鲨蛇，即吹沙小鱼。意思是鲨
蛇生性喜欢在沙中活动。

山不碍路，路自通山

山不管多高多深，总是有路可行的。

山藏贼，岭藏寇

旧时认为深山僻岭常常是贼寇出没
和藏身的地方。

山大有虎，林密多兽

意思是大山密林之中，一定有虎和
其他野兽。

山东出相，山西出将

山：指崤山和华山。崤山、华山以
东称为山东，以西称为山西。秦汉时山
东多出文官；山西多出武将。

山东响马四川贼

响马：旧时拦路抢劫的强人。旧时
山东响马多，四川则盗贼多。

山东一条葛，无事莫撩拨

葛：本指葛藤，此处指代五代后梁
葛从周。葛从周威慑山东，智勇超群，
无人敢冒犯。

山高必有怪，岭峻却生精

旧时认为高山峻岭之中一定有妖魔
鬼怪。

山高雾浓茶才香

名茶多出产在高山峻岭、云雾弥漫
的地方。

山高一丈，水深一尺

意思是山有一丈高，水就有一尺深。
也用来说明有山就有水。

山高自有客行路，水深自有渡船人

再高的山，也有人走的路；再深的
水，也有渡人的船。也用来表示世上没
有走不通的路。

山沟里头藏美女，鸡窝里头出凤凰

意思是美貌女子常常出在僻野山庄。
也说明稀世宝物常常出在不引人注目的
地方。

山糊海幔，晒杀老鹳

鹳：一种水鸟。意思是夏天日出时，
云雾弥漫，山海模糊，当日就天晴无云，
太阳酷晒。

山里猴子不识货，错把扫把当老虎

形容山沟里面的人见识少，不明白
世事。

山路山路，没有准数

形容山里的路程，看着近，走着却
远，没有个确切的里数。

山难改，性难移

人的本性难改，如同大山难移一样。

山食鹧鸪獐，海食马鲛鲳

獐：形状像鹿。马鲛、鲳：都是海
鱼名。山里的野味，要数鹧鸪和獐子味
美；海味，则数马鲛和鲳鱼味美。

山瘦马，怒苦身

意思是跑山路最能把马累瘦，时常发怒最容易伤害身体。

山水还有相逢日，岂可人无会合时

人在离别之后，总会有再见面的时候。

山有木，工则度之；宾有礼，主则择之

度：估量。山上只要有木材，工匠就会量材使用；宾客讲究礼仪，主人就会优先招待。

山有山脉，水有水道

无论什么事情都有它的特点。也用来形容每个人都有自己的个性。

商陆子熟，杜鹃不哭

商陆：多年生粗壮草本植物，浆果呈扁球形。杜鹃：鸟名，啼声凄厉如哭。指商陆的果实酸甜味美，杜鹃贪食不鸣。

上车不落则著作，体中何如则秘书

著作：官名，著作郎。秘书：官名，掌管图籍。意思是上车不落的孩童便作著作郎，只会问候"体中何如"的后生便当了秘书。讥讽门阀制度下贵族子弟凭靠门第当官。

上灯圆子落灯糕

上灯：正月十三夜设灯，称为上灯。圆子：指糯米做成的粉团。落灯：正月十七日收灯，称为落灯。意思就是，上灯时吃粉团，落灯时吃糕。这是一种民间习俗。

上山不跑非马，下山不跑非人

意思是上山跑不动，便不是好马；下山不敢跑，便不是英勇的人。

上山问樵，下水问渔

樵：打柴的人。渔：捕鱼的人。指要上山，得向对山路熟悉的樵夫问路；要下海，得向对水路熟悉的渔夫问路。用来说明要了解情况，得和内行人请教。

上乡熟，不抵下乡一锅粥

下乡：宋代指苏州、湖州、常州等地。上乡：宋代指杭、睦以东衢州、婺州等地。一锅粥：用粥充饥，此处指荒年收成。上乡地区丰年的产粮，还比不上下乡地区荒年的收成。也用来表示下乡是产粮的中心地带。

深山出俊鹘，十字街头出饿殍

鹘：鹘鹰。殍：饿死的人。意思是深山僻野里会出英俊的人才，喧哗闹市里也会存在无力生存的人。也用来形容人才不择地而生。

神山佳话多

意思是神仙居住之处，流传的奇闻逸事通常非常多。

神仙难过正二三

正二三：农历正月、二月、三月。旧时一入正月，便青黄不接，即便有神仙的手段，也无法熬过春荒。

生居洛阳，死葬朱方

朱方：地名，位于江苏。指生前要在繁荣富饶的洛阳居住，死后则要安葬在土质坚固的朱方。

生在苏杭，葬在北邙

北邙：邙山，位于河南省洛阳市。活着的时候要住在苏、杭，死后要安葬在北邙。

十七十八，月从根发

农历每月十七、十八，入夜无月，一更天时月亮才从地平线缓慢升起。

时和岁丰为上瑞

风调雨顺、五谷丰登，是最大的祥瑞。

时来风送滕王阁，运去雷轰荐福碑

滕王阁：位于江西南昌赣江边。荐福碑：荐福寺的碑文。意思是时运好时，风能送你上滕王阁；时运不好时，连个碑文也拓不成。也用来形容时运来时能格外称心，时运去时会分外倒霉。

事不过三

指相同的事不能再三重复。形容不能屡次犯相同的错误。

守山的吃山，靠海的吃海

指长久居住在山上的人，凭借山的资源来谋求生活；长久居住在水边的人，凭借水的物产来养活自己。也用来说明干什么营生，靠什么吃饭。

守夜雁后有群雁

守夜雁：担当守夜任务的雁，大雁夜间群栖一处时，有一两只雁担任警戒。有守夜雁的地方，就一定有群雁。形容有放哨的人，周围必定有受保护的人群。

兽鲜头，鱼鲜尾

意思是吃兽肉，头部是最鲜美的；吃鱼肉，尾部是最鲜美的。

双日不着单日着

着：碰上，遇到。表示总有一天有可能遇到。

霜凇重雾凇，穷汉备饭瓮

凇：雾或水汽结成的冰花。冬天多凇，预示来年丰收，穷人也能有饭吃。

水底生青苔，卒逢大水来

指水底长出青苔，预兆有暴雨来临。

水浸钓鱼台，上下不得来

浸：被水淹没。钓鱼台：位于广东省。钓鱼台一旦被水淹没，上下游的船只便不能通行。

水来打破李家堤，荆州便是养鱼池

李家堤：李家埠防洪堤岸。荆州：今属湖北省。指李家埠堤岸十分重要，假如决堤，洪水就会淹没荆州。

水能载舟，亦能覆舟

意思是水能载船行驶，也能让船翻没。形容人民能够拥戴一个政权，也能够推翻一个政权。

水是福，雪是财

旧时认为梦到水的有福气，梦到雪的将会发财。

水贼不伤船家，旱贼不伤驮夫

意思是水上强盗不伤及摆渡的船家，旱地强盗不伤及赶车的驮夫。也用来说明水贼伤害船家，旱贼伤害驮夫，就会斩断财路。

水至清易污，人至清遭谤

形容水太清了容易被污染，人太廉洁了容易惹来毁谤和嫉恨。

顺风的旗，逆水的鱼

意思是旗要顺风打，鱼要逆水游。也说明事物各有特点，不能强求一律。

思播田杨，两广岑黄

思播：指思州和播州，都属于贵州省。两广：广东、广西。旧时指思、播两州的田姓、杨姓和广东、广西的岑姓、黄姓，都是名族大姓。

四时皆是夏，一雨便成秋

一年四季都非常热，一下雨就如同秋天般凉。也说明海南气候炎热而又多变。

苏杭不到枉为人

不到苏州、杭州一游，就算白来这世间一趟。也用来形容苏、杭景致绝佳。

苏杭两浙，春寒秋热；对面厮啜背地厮说

厮：相互。啜：喝。旧时认为，苏杭等地人情不淳朴，当面吃喝玩乐，暗地里又互相非议，如同当地春寒秋热多变的天气一样。

苏州头，杭州脚

旧时指苏州的女子喜爱装饰头，杭州的女子喜好装饰脚。

T

太湖三万六千顷

太湖：位于江苏省南部，是我国的第三大淡水湖。用来形容太湖面积广大。

太华之下，白骨狼藉

太华：西岳华山。白骨狼藉：比喻死人很多。上华山原本是为了求长生，但是上山不得法，反倒会葬身山下。

太婆八十八，弗曾见东南阵头发

阵头：此处指云雨的阵势。发：下雨。指未曾有人看到过东南方向起的云能下成雨。是说东南方起的云不会下雨。

泰山不是堆的，火车不是推的

用来说明做事靠的是真实本事，而不是空口说白话。

泰山也有坍倒的日子

再强大、再坚牢的东西也有衰落破灭的时候。含有"等着瞧"的意味。

泰山自言高，不及东海崂

崂：崂山，旧时称为劳山或牢山。指崂山比泰山还高。

昙花易谢，好景不长

昙花：花大，白色，多在夜里开放，开花时间非常短暂。得意的日子如同昙花一样，很容易就会消失。

天不可一日无日，国不可一日无君

意思是国家不能没有君王，就像天上不能没有太阳一样。

天干没望朵朵云

意思是天旱时，天上没有接连成片的云彩就不会降雨。

天旱莫望疙瘩云，人穷莫上亲戚门

天旱时，云结疙瘩不会降雨；人穷时，去亲戚家招人嫌弃。

天旱收山，雨涝收川

天旱时山区庄稼比平川收成好，雨涝时平川庄稼比山区收成好。

天将雨，鸠逐妇

鸠：斑鸠。妇：指雌斑鸠。雄斑鸠追赶雌斑鸠，是降雨的预兆。

天冷水寒，饥寒相连

天气严寒，人体的能量损耗大，容易饥饿。比喻饥饿和寒冷是相连的。

天晴吃猪头，下雨吃羊头

形容贪婪的人不管是晴天还是雨天，

都要变着花样让人进献物品。

天若不降严霜，松柏不如蒿草；神灵若不报应，积善不如积恶

蒿：草名。指假如上天不下霜雪，松柏和蒿草便区分不出来；假如神灵不给作恶者以应得的报应，行善也就不如作恶。

天上无云难下雨

天上没有云就不会落雨。

天上下雨地下浸，人留子孙草留根

好像雨水要浸入地下、草要留下根芽一样，人应留下后代子孙，延续生命，继承事业。

天上有了扫帚云，不出三天大雨淋

日落时天上显现扫帚般的云彩，三天内必定会有大雨。

天上有星皆拱北，世间无水不朝东

天上的星星都环绕着北斗星，世间的河水最后都东流汇入大海。形容万物都有中心和归宿。

天上竹林，地上少林

竹林：指竹林寺，原离少林寺不远，相传后来升天了。少林寺：位于河南省。意思是少林寺和竹林寺齐名。

天生重庆，铁打泸州

形容重庆和泸州历来都是军事要地。重庆、泸州地势险要，易守难攻。

天下黄河富宁夏

旧时指黄河百害，仅富河套地区。

天下黄河富一套，祁连雪水灌三州

形容河套平原和甘州、凉州、肃州一带水源充裕，美丽富饶。

天下黄河一道桥

指甘肃省兰州用船连接而成的桥是黄河上唯一的桥。

天下太平，夜雨日晴

夜雨日晴，不误农事，五谷丰登，天下就能太平。

天下未乱蜀先乱，世界易平川难平

四川地势险要，易守难攻，从古至今叛乱较多。

天下无水不朝东

中国的河流都自西向东流。

天糟有雨，人糟有祸

糟：谐"燥""躁"。是说天燥热就会降雨，人烦躁就有灾难。

田怕秋旱，人怕老穷

田禾怕秋季干旱没有收成，人怕老来穷困没有倚靠。

铁树也有硬虫攒

形容再坚硬的东西，也会遭虫咬。

吐鲁番葡萄、哈密瓜，库车姑娘一枝花

用来说明吐鲁番的葡萄和哈密瓜，库车美丽的姑娘，都是新疆人引以为豪的。

W

晚晌火烧云，明早晒煞人

意思是黄昏时西边天空云朵火红，

预示来日大晴。

万里长江，险在荆江

荆江：为长江的一段。形容荆江河道蜿蜒曲折，水流湍急。

王母甘桃，食之解劳

意思是洛阳所出产的王母桃，甜美爽口，吃了能够消除疲劳。

网鱼得屿，不如啖茹

屿：鱼名，也称为鲢鱼。啖：吃。茹：蔬菜的总称。鲢鱼肉不好吃，吃它还不如吃素菜。

网中得蟹，无鱼可卖

旧时指网鱼网到蟹，是不吉利的征兆，预示会捕不到鱼。

望山走倒马

看到山觉得很近，事实上还有很远的路途。

望雨看天光，望雪看天黄

望：盼望，期盼。意思是天色发亮有雨，天色发黄则有雪。

为人解愤息争，胜造七级浮屠；唆人告状倾家，定入阿鼻地狱

为人须给人调解争纷，不能教唆人告状吃官司。

未到乌江心弗死，待到乌江死弗及

人没有到死时很多事想做，一旦临死，就任何事也来不及做了。

乌鸦共喜鹊同行，吉凶事全然未保

乌鸦预示着凶事即将来临，喜鹊预示着喜事即将来到。乌鸦和喜鹊同时来，便不清楚是福是祸。

屋檐水滴三分雨

表示农家常常在下雨时以屋檐滴水来判定雨量。也指见到屋檐开始滴水，便清楚有三分雨量。

无陂不成镇

陂：湖北黄陂。假如没有黄陂人去那里做生意，这个地方就不能称得上一个贸易集市。形容黄陂人最擅长贸易。

无湘不成军

意思是没有湖南人就不成军队。旧时指湖南人当兵的相当多。

五更天鬼龇牙，寒冬腊月人冻煞

一天中最寒冷的时候是五更，一年中最寒冷的时候是腊月。

五月旱，不算旱，六月连阴吃饱饭

夏历五月是麦收节气，即便天旱也无关紧要；而夏历六月正是农作物生长的时候，雨水多则有利于以后的收成。

五月下峡，死而不吊

峡：此处指长江三峡。农历五月间长江三峡水流险急，船行到此会造成船毁人亡，无人吊唁。

物各有主

形容世上不管什么物类，都有它的主人。

雾沟晴，雾山雨

指雾笼罩住山沟，预示天晴；笼罩住山顶，预示下雨。

雾露不收即是雨

意思是太阳出山后，雾露依旧不消散，是将要降雨的预兆。

X

西风吹得紧，东风来回敬

西风大作之后，就会转变为东风。也形容顺境逆境，通常交相出现。

西风响，蟹脚痒

西风：秋风。秋风一刮，螃蟹就忙着爬动，找寻交配、产卵的地方。

下雪不冷消雪冷

意思是下雪时吸冷放热，人们不感觉冷；雪融化成水时，吸热放冷，因此感觉冷。所以，消雪天感觉较冷。

先下牛毛没大雨，后下牛毛不晴天

下雨时，起初是牛毛细雨，不会有大雨；大雨歇后，天不放晴，牛毛小雨淅沥不断，接着还会有大雨。

小麦盖层被，搂着馒头睡

意思是冬天有一场好雪覆盖麦田，来年麦子必定丰收，有吃不尽的白面馒头。

歇山靠山，靠山养山

住在山边，就要凭借山里的资源生活；要靠山生活，就必须建设山，爱护山。

性急钓不得大鱼

钓大鱼需要有很好的耐心。也比喻性急的人难成就大的事业。

雪花六出，预兆年丰

六出：雪花形状为六边形。雪片分六瓣，预示来年庄稼会有好收成。

Y

蚜虫腻一腻，秋后唱大戏

唱大戏：表示庆贺丰收。农作物有少量蚜虫并无大害，同样能够获得丰收。

牙郎牙郎，信口雌黄；没本没利，买田盖房

牙郎：牙侩，指买卖时居中的介绍人。雌黄：一种颜料。旧时牙行只凭借一张嘴欺诈钱财，发家致富。

严霜出杲日，雾露是好天

杲：形容明亮。清早出现浓霜雾露，必定是个晴朗的好天气。

雁过成人，鱼过成群

雁是排成"人"字而飞的，鱼是聚成一群游弋的。

燕子不吃落地的，鹁鸪不吃喘气的

鹁鸪：也称为水鹁鸪。燕子不吃落地的食物，鹁鸪不食带病的虫蚁。形容富贵人家生活讲究。

燕子低飞要下雨

燕子飞得很低的话，就是下雨的征兆。

扬子江心水，蒙山顶上茶

扬子江：古时长江在扬州的一段称扬子江。蒙山：这里指四川省雅安县境内的蒙山。扬子江心的水，蒙山顶上的茶，不仅是水与茶中的上品，并且有治病的功效。

杨柳青，放风筝；杨柳黄，扯响簧

扯响簧：是四川盛行的一种游戏，响簧形如哑铃，木质中空，用绳扯起，能腾空旋转，嗡嗡作响。四川地区春天时流行的民间习俗——放风筝和扯响簧。

养痴奴，乘羸马

羸：指瘦弱。用奴仆要用不机敏的，骑马要骑脚力较差的。旧时认为奴才精要惹祸，马太骏会撒野。告诫人们，要使用老实驯服的仆人为好。

要得穷，弄毛虫

毛虫：长毛的虫子，指鸟。形容玩弄鸟儿，不务正业，必定会变穷。

要捉栖鸟必留窝

栖鸟：夜间在窝里过夜的鸟。要捕捉窝里的鸟，一定要给它留着窝。形容要捕有家室的人，就不要惊动他的家。

叶落各有期，花开自有时

叶生叶落，花开花谢，都有一定的时期。也用来形容一切事物都有定律和规则。

一笔写不出俩绿林来

绿林：泛指聚众造反的武装力量，也指打富济贫的群体。旧时指普天下的绿林好汉都是一家。

一表三千里，表到哪里是哪里

原指说书人讲故事，话题冗长，常常讲到哪里就在哪里告一段落。也形容在亲属中表亲最多，分布地域很广阔，很难算得明白。

一场秋雨一场寒

意思是入秋后，每降一场雨，气温就会降低一次。

一个星，保夜晴

雨后夜空只要呈现一颗星，当夜必定会晴。

一方水土养一方人

意思是不同地域的人，风俗习惯等都各不相同。

一黑一亮，石头泡涨

石头泡涨：比喻雨势又大，时间又长。时而天色黑沉，时而又呈现明亮，是阴雨连绵的预兆。

一花不是春，独木不成林

一枝花扮不成春天，一棵树构不成森林。形容一人一家的兴旺，不是真正意义上的繁荣昌盛。

一滩高一尺，十滩高一丈；仔细思量起，郴州在天上

郴州：今湖南省郴州市。形容郴州地势很高。

伊洛鲤鲂，美如牛羊

伊洛：伊河和洛河。鲤鲂：鲤鱼和鲂鱼。伊河、洛河中的鲤鱼和鲂鱼，味鲜美如牛羊肉。

以时及泽为上策

时：适当的农时。泽：雨润。适宜的农时和适当的雨润，是农田播种的最好时机。

易涨易落山溪水

山间的溪水没有固定的流量，山洪暴发时水势便凶猛，山洪过后，水势便回落。

有鸡就有蛋

意思是饲养了母鸡，便不愁没有蛋。形容只要保存主体力量，就不愁事业得不到发展。

有钱难买雨浇梁

意思是建房上梁时难得有一场细雨浇洒。也用来说明雨水浸润能让榫头卯眼更加牢固。

有心避谤还招谤，无意求名却得名

存心回避毁谤，反倒会招惹诽谤；无意求取声望，声望却很高。说明修身重在务实。

有心不在忙

意思是既然有诚恳的心愿，就不必争时间的早晚。

鱼儿离不开水，渔民离不开船

泛指渔民凭靠鱼船来维持生计。

鱼过千层网，网后还有鱼

捕渔网织得再密，撒网的次数再多，也还会有漏掉的鱼。也用来形容搜查再严密，也会有搜不到的地方。

鱼知三日水，水知三日风

洪水来临之前，鱼有反应；风暴来临之前，水有反应。

雨打五更，日晒水坑

天亮之前突然降雨，那中午必定是个大晴天。

雨打一大片，雹打一条线

下雨是一方全下的，而下冰雹是顺着一条线下的。

欲知世味须尝胆，不识人情只看花

形容世味犹如苦胆一样苦涩，人情犹如花开花谢一样变得快。

月过十五光明少，人过中年万事休

旧时认为人一过中年，就一天天走下坡路，不会再有什么大的作为，就像过了月半的月亮一样，光明一天天在变弱。

月如悬弓，少雨多风；月如仰瓦，不求自下

月牙的缺口向下，预示多风；月牙的缺口向上，则预示多雨。

月晕主风，日晕主雨

晕：指日月周围的光圈。意思是月亮周围有晕圈，预示有风；太阳周围有晕圈，预示有雨。

云行东，车马通；云行西，马溅泥；云行南，水涨潭；云行北，好晒麦

从行云方向上可判断风雨。云往东，则无雨；云往西，则有细雨；云往南，则将降暴雨；云往北，则将会是晴天。

Z

早霞不出门，晚霞行千里

指清晨有霞光，预示当天天气不好，不宜远行；黄昏有霞光，预示第二天天气好，适合出远门。

早知灯是火，饭熟已多时

形容早知道是这样，事情早已做好了。

子孝双亲乐，家和万事成

表示儿子孝顺，父母就没有忧愁；家庭和睦，万事都能办成。说明孝顺与和睦是家庭生活的两大支柱。

自个儿事，自个儿急

表示自己的事情，自己最关切，最担心。

自古华山一条路

华山：位于陕西省华阴市，山势巍峨险峻，陡峭如削。自古以来，自华山山脚到山顶南北一线仅有一条相当艰险的通道。

自古饶人不是痴

能饶恕别人的人，并不是痴汉。

自己的孩子，自己知道小名儿

小名儿：又称乳名，孩子刚生下时取的名。比喻对自己人最清楚底细。多指清楚自己人的短处。

自己伤风打喷嚏，莫怨人家炒辣椒

形容毛病要从自己身上找，不要只责怪他人。

扎鱼不扎母子鱼，打猎不打失群雁

母子鱼：即将产子的鱼。失群雁：离群的孤雁。说明即便是捕鱼打猎，也要存有怜悯之心。

朝发黄牛，暮宿黄牛；三朝三暮，黄牛如故

黄牛：指湖北黄牛山黄牛峰。意思是清早从黄牛山下出发，到晚上仍旧宿在黄牛山下；身行三天，看见的黄牛峰还是原来的模样。指黄牛山下江水险急，身行艰难。也形容黄牛峰非常高，走远了仍然能够看到。

朝西暮东风，正是旱天公

意思是农历五月，早上刮西风，到晚上又转为刮东风，预示着天气晴朗。

朝霞暮霞，无水煎茶

意思是久晴之后，假如一天之中早晚都有红霞，那就要遭遇大旱灾。

涨潮一尺，鱼满一仓

表示潮水越大，捕的鱼就越多。

猪长三秋，鱼长三伏

猪长膘最快的时节在秋天，鱼生长最快的时节在暑天。

纵有家产万贯，不如钧瓷一件

形容钧瓷的价值非常高。

竹子开花，改朝换代

旧时认为竹子开了花，就是改朝换代的征兆。

嘴是扁的，舌头是软的

话是由人说的。同样的事，能够说好，也能够说坏，能够说成，也能够说不成。

作好千日不足，作坏一朝有余

做好事即便千日也还难结善果，做坏事即便是一日，也能够使事业败坏。说明做好事贵在坚持，坏事则绝对不能做。

第六卷　生理保健

A

爱笑者，心不衰；善保养，身不老

意思是乐观的人，心理就不会衰老；善于保养的人，身体就会充满活力，不会衰老。

安定病人心，疾病去七分

指解除病人的精神痛苦，对缓解病情有很好的帮助。

安谷则昌，绝谷则亡

比喻病人能吃得下饭，身体就会很快康复；吃不下东西，生命就不会长久。

B

百病从脚起

意思是人的许多疾病与脚受风有关，所以要注重对脚部的保护。

百病可治，相思难医

相思：泛指男女因相互爱慕又无法接近而引起的思念。指各种疾病中，相思病最难医治。

不除病邪，不能治本；不经风雨，不能强身

指不能根除病痛，就不能医治好身体；不加强锻炼，就不能增强体质。

不懂望闻问切，怎辨虚实寒热

望闻问切：中医诊断病情的方法。意思是如果医生不懂望闻问切的方法，怎么能知道病人的病因，怎么能医治好病人？

不服药，胜中医

指生病时不吃药，靠自身的免疫系统去抵抗也是一种治疗方法。也指用药要十分小心。

不干不净，吃了没病

古时候认为吃东西不必太讲卫生，抵抗力强了不容易生病。

不生气，不犯愁，无痛无灾到白头

白头：指年老。指遇到问题不要生气、忧虑，这样就可以快乐健康地活到老。

不说不笑，不成老少

老年人和年轻人之间不应拘束，在一起说说笑笑才显得气氛融洽。

饱食伤心，忠言逆耳

指吃得过饱，容易损害身体；良言相劝，听着不顺耳。

蹦蹦跳跳筋骨壮，畏畏缩缩百病生

形容运动会对身体有好处，而萎靡不振只会对身体造成损伤。

避色如避仇，避风如避箭

躲避女色就像躲避仇人，躲避寒风如同躲避利箭。指贪图女色会伤害身体；风邪侵入人体会引起疾病。

病不除根，遇毒还作

指疾病不彻底铲除，遇到不利因素还会发作。比喻有问题若不彻底解决，必将留下后患。

病不瞒医

指病人要向医生说明自己的真实病情。

病床前的人都挂三分病

意思是照顾病人的人由于焦虑和劳累，也都面带病状。

病笃乱投医

笃：指病情很重。病情加重的时候就会乱找医生看病。意谓出现问题时，往往盲目地到处乱求人帮助。

病来如山倒，病去若抽丝

指疾病来势凶猛，顿时就使人陷入痛苦之中；而使身体恢复健康却很慢。也通常比喻学坏容易，学好难。

病来如山倒，不如预防早

意思是说由于疾病发作的时候非常迅速，因此要早作防范。

病人不忌口，枉费大夫手

假如人在生病的期间不注意合理膳食，那么治病的效果就不会好。

病人心事多

指人在得病期间的心理压力很大，容易想些乱七八糟的事。

病僧劝患僧

比喻有同样遭遇的人互相安抚、劝慰。

病无良药，自解自乐

治病没有什么灵丹妙药，病人自己思想开朗，情绪乐观，病就会好得快。

病有四百四病，药有八百八方

意思是说疾病虽然多种多样，但治病的良药更多。通常比喻解决问题有很多方法。

C

茶喝多了养性，酒饮多了伤身

指茶喝多了可修身养性；酒喝多了伤害身心健康。

柴多入灶塞死火，药量过重吃坏人

指柴可燃烧，但往灶里填得太满会把火压灭；药虽然可治病，但用量过大反会伤害身体。比喻用人或物过犹不及。

产前病，手弹弹

指女人生孩子前的一段时间里，得病是正常现象，用手摸一摸感觉就会好。

常病无孝子

意思是说长期病卧不起，就连亲生

儿子也会变得不孝顺。

趁我十年运，有病早来医

趁我这些年里医运正好，有病的人及早来就诊，一定会手到病除。通常比喻抓住机遇，将会收到事半功倍的效果。

吃得邋遢，做个菩萨

邋遢：不整洁。菩萨：这里比喻健康长寿。古时候认为饮食不讲究卫生，反而能使人增强抗病力，使人长寿。

吃饭少一口，睡觉不蒙首

意思是饭不要吃得太饱，睡觉的时候不要把头裹在里面，这样有利于健康。

吃五谷杂粮，保不住不生病

人只要活着，就难免会得病。

吃药不如自调理

指吃药有副作用，不如自己加强调养身体。

虫草鸭子贝母鸡

虫草：冬虫夏草。贝母：多年生草本植物，鳞茎入药。意思是说用鸭子和虫草、鸡和贝母煮出来的汤是很好的滋养保健品。

愁人莫向愁人说，说与愁人转转愁

意谓有了愁事不要向有苦难的人诉说，不然就会与愁人同病相怜，愁上加愁。

愁一愁，白了头；笑一笑，十年少

意思是忧愁、烦恼让人过早衰老，快乐能使人青春焕发。

臭鱼烂虾，得病冤家

指吃了臭鱼烂虾，最容易生病。

出气多，进气少

吐出来的气多，吸进去的气少。用来比喻病情危重、濒临死亡。或支出多、收入少。

穿山甲，王不留，妇人服了乳长流

穿山甲：哺乳动物，鳞片可入药。王不留：又叫王不留行，一年生草本植物，种子可入药。意思是说穿山甲和王不留是催乳、下奶的良药。

疮口出了脓，比不长还受用

受用：这里指身体舒服。指疮口成熟破裂流出了脓，比没有长疮时还要痛快。

疮怕有名，病怕无名

指有名的疮和说不出名的病最难治愈。

床上无病人，狱中无罪人，即是天下福人

意思是说一个家庭如果没有卧床不起的病人和犯罪入狱的人，就是一个美满的家庭。通常指人要知福惜福，不要过分强求。

床上有病人，床下有难人

指床上有一个卧床不起的病人，家人就会非常难过。

从未伤心不得死，花残叶落是根枯

通常指人心受到严重伤害，毫无生活的趣味，容易导致人的死亡。

粗茶淡饭保平安

意思是粗茶淡饭，有利于身心健康。

D

打拳练身，打坐养性

打坐：指静坐。运动能强身健体，静坐能修身养性，二者对身体都有益处。

大病要养，小病要抗，无病要防

抗：抵抗。对付疾病要有针对性。也比喻做事情要有针对性，不要盲目行事。

大病用工，小病用药

工：这里指时间。指大病要长时间用心调养，小病要及时吃药治疗。

大饿不在车饭

车饭：一车饭，形容饭多。指饥饿过度的人，要适量进食，吃得过多会对身体造成伤害。

大汗后，莫当风，当风容易得伤风

意思是出了许多汗时，避免吹风，否则容易得伤风感冒。

大饥而食宜软，大渴而饮宜温

指人在极度饥渴的情况下，应当吃软食，喝温水。

大蒜百补，独损一目

指大蒜营养丰富，但吃多了会伤害眼睛。

大灾之后必有大疫

指大的自然灾害之后，必将有疫病流行。

单方一味，气煞名医

单方：民间流传的药方。意思是民间流传的药方，常常能治好一些疑难病症，使名医都自叹莫及。

耽误一夜眠，十夜补不全

指一夜不睡觉，身体乏力，长时间补不回来。意谓夜间睡眠很关键，一定要得到保证。

弹打无命鸟，药治有缘人

弹弓打死的鸟，是命中注定该死的鸟；医药治好了病，是人命中该活的。古代指人的缘分命运，皆有定数。

刀疮药虽好，不割为妙

尽管有很好的治疗刀疮的药，但还是不受伤为好。

得谷者昌，失谷者亡

谷：泛指粮食。意谓人能吃上粮食，身体自然康健；要是绝了饭食，生命也就难保。

冬吃萝卜夏吃姜，不找郎中开药方

意思是冬天多吃萝卜，夏天多吃生姜，便可以保持健康，不必看病吃药。

冬令进补，立春打虎

意思是冬天要用保健品滋补身体，春季到来时就会身强力壮，精神抖擞。

肚大如柳斗，神仙难下手

肚大：指臌症。指臌症病患者肚子大到和柳斗一样时，那是连神仙也治不好的。也指臌症难治。

断酒白首，哺糟而朽

哺糟：吃糟酒。指断酒不饮能长寿到白头，乱喝酒会使人体弱多病。

E

蛾眉皓齿,伐性之斧

皓:洁白。伐性之斧:这里指危害身心的事物。意谓沉溺美色对身体健康损伤很大。

饿不死的伤寒,吃不死的痢疾

指得伤寒的病人少吃点没关系;得痢疾的病人多吃对身体会有益处。

饿则思饱,冷则思暖,病则思健,穷则思变

意思是肚子饿了想吃饱饭,身体冷了想着取暖,得了病才知道健康的好处,处于困境就要设法谋求改变。

F

凡药三分毒

意思是药里都含有一些对身体有害的物质,服用过量会起副作用。

饭菜嚼成浆,身体必健康

指细嚼慢咽,能减少胃的压力,有助于消化,对身体健康也非常有利。

饭后百步,不问药铺

指饭后多散步,有利身体健康,没必要到药铺买药。

饭后百步走,活到九十九

意思是吃过饭后经常散步,有助于消化吸收,对健康很有好处。

饭前便后要洗手,各种病菌不入口

手是传播病菌的媒介,尤其要注意手的干净卫生。

饭养身,歌养心

饮食能保障身体健康,唱歌能保持心神愉快、舒畅。

防病于未然

预防疾病,要在未发病之前多注意。

房劳促短命

意思是房事过于频繁,对精气有损伤,会使人减少寿命。

疯狗咬人无药医

疯狗:指患狂犬病的狗。意谓疯狗咬了人,传染狂犬病,无药医治而致人死亡。也比喻恶人对好人的陷害,十分毒狠。

疯痨臌膈,阎罗王请的上客

古代认为得了疯、痨、臌、膈等病的人,无药治疗,只能等待死亡的来临。

夫病而娶妇,则有勿药之喜

勿药:不用服药。古时候指男子得了病,通过结婚也能使病情好转,就是平常说的"冲喜"。

伏天吃西瓜,药物不用抓

热天吃西瓜可解暑降温泻火,有益健康,免去了吃药的痛苦。

服药求神仙,多为药所误

古时候人们吃灵丹妙药希望长寿,

结果反而被药所害，甚至为此葬送了　性命。

G

公道世间唯疾病，贵人身上不轻饶

只有疾病是世间最讲道理的，即使是贵人，同样也不会放过他们。

关节酸痛，不雨必风

意思是人身体的关节有时会随着天气的变化而产生反应。

关门卖疥药，痒者自来

疥：一种传染性皮肤病。指关起门来卖治疗疥疮的药，自会有痒得难受的人找上门来。比喻手中掌握紧俏物品，需要的人会想尽办法找来。

官不差病人

指当官的也不轻易差使生病的人去做事。

归为官人，病为死人，留为番人

番人：外国或外族人。指南宋建炎年间，随军征战异国的人，能顺利回来的都能当官，生病的大多死了，没有回来的成了外族人。

过了七月半，人似铁罗汉

农历七月十五过后，炎热的天气不见了，气候渐渐转凉，秋粮丰收，农民可以吃饱饭，身体强壮得像铁罗汉一般。

H

寒从脚底来

指人的寒冷首先从脚底感觉到。

汗水没有落，莫浇冷水澡

指满头大汗时切忌用冷水洗澡，这样对健康很不利。

好汉只怕病来磨

再坚强的英雄好汉也难以抵挡疾病折磨。

好酒除百病

古代认为酒有许多治病的功效。此谚语常被用作喝酒人的借口。

好人不长寿，祸害一千年

祸害：这里指坏人。好人偏偏死得早，坏人却老死不了。意思是好人过早

地离开人世，应感到惋惜。

喝冷酒，使官钱

意思是喝冷酒伤胃，容易得病；行贿受贿犯法，必受严惩。

禾怕寒露风，人怕老来穷

指禾苗遇到寒露将枯萎，禁不住寒风；人到晚年，体弱多病，丧失了劳动能力，生活艰难困苦。

禾怕枯心，人怕伤心

指禾苗的心枯萎了很难生长，人伤了心很难恢复。

恨病用药

要想疾病好得快，必须保证一定的

药量。

厚味必腊毒

腊：极其。指特别甜美的食品会损害健康。说明味道鲜美浓厚的食物往往会含有毒素。

换汤不换药

指只换了熬药的水，所熬的药却没换。比喻只改变形式，没改变内容。

黄金有价药无价

黄金即使贵重也有固定的价格；良药能挽救人的性命，和黄金比起来，更贵重。

黄泉路上无老少

意谓人死不论年龄大小。

活动好比灵芝草，何必苦把仙方找

坚持运动是最好的保健方法，比灵芝还有用。

J

饥梳头，饱洗澡

古代认为梳头应该在饭前，饭后适宜洗澡。

急脱急着，胜如服药

随着天气的变化而及时增减衣服，可使身体保持健康，此种方法比吃药还有效。

家无十年粮，休去背药箱

古时认为家里经济不富裕，就不要去当医生。意思是医生辛苦，无力照顾家。

见食不抢，到老不长

意思是吃饭的时候没有胃口，身体不会健康，老了身体也不会强壮。也指胃口好是长寿条件之一。

荐贤不荐医

指推荐人只推荐贤士，而不推荐医生。意谓医生给人治病，是人命关天的事，给人推荐医生容易招惹麻烦。

贱买鱼不如贵买菜

指买便宜的烂鱼吃了容易生病，还不如买贵一点的新鲜蔬菜有益健康。

匠不富，医不长

古时候指做工匠的不会富裕，当医生的寿命都不长。

九折臂而成医

九：这里指多次。指多次折断胳膊的人就会成为治疗断胳膊的医生。意谓得同样病的次数多了对病情非常熟悉，用什么药也明白，可以成为这方面的专家。

久病成名医

指得病时间久了，在治疗过程中可以学到不少医疗常识，逐渐成为这方面的医生。比喻对某一问题接触多了，就可以熟悉它掌握它，逐渐成为这一方面的内行。

救病扶危是善举

指救助病人与扶助处在危难之中的人是一种慈善的举动。

K

苦药利病，苦口利用

意思是药虽苦，对治病很有利；劝诫的话虽不好听，却有利于今后的行动。

裤带长，寿命短

裤带长：指肥胖的人肚子大。形容过于肥胖的人，寿命往往不长。

狂大夫没有好药

意思是狂妄、喜欢吹牛的医生没有真本领，治不好病。

L

劳动强筋骨，无病便是福

意思是劳动能强身健体，不生病便是福分。

痨病怕过秋

痨病：中医指结核病。古时候痨病无法医治，到了秋天气候变冷，病人性命更是难保。

老的别惹，小的别逗

指老人和小孩逗惹不得，也指要尊老爱幼。

老黄忠不减当年勇

意思是人虽年老，但精神等各方面都跟年轻时一样。

老健春寒秋后热

意思是老年人的健康像春天的寒冷、秋后的闷热那样，不会很长久。

老医少卜

意思是治病应找年纪大的医生，占卜算卦应找年轻人。

乐观出少年

比喻精神乐观可保持青春。

冷水洗脸，美容保健；温水刷牙，牙齿喜欢；热水洗脚，如吃补药

指用冷水洗脸，对皮肤和身体都有益处；用温水刷牙，对牙齿有好处；用热水泡脚，如吃补药一样有益健康。

梨百损一益，木瓜百益一损

吃梨对人的健康害多益少，吃木瓜益多害少。

力士怕黄金，财主怕穷汉，穷汉敌不过阎王势

指大力士怕黄金收买，有钱的人怕穷人造反，穷人逃不过生老病死。比喻各类人都有担心的事。

良药苦于口而利于病，忠言逆耳而利于行

指药吃起来虽苦，但能治病；真诚的劝告听起来不好听，但有利于端正言行。

良药难治思想病，好话难劝糊涂虫

指好的药物医治不好精神上的疾病，

真诚的劝慰开导不了糊涂的人。

良医成于折肱

肱：胳臂。指胳臂折断了，医治过程中，自己也成了医生。形容切身的经验教训能使人增长见识。

良医救病，庸医害人

意思是医术高超的医生能治病救人，医术低劣的医生会危害人的性命。

留得梧桐在，自有凤凰来

凤凰：古代传说中的百鸟之王。通常指只要保养好身子，以后就有幸福日子到来。

六十六，不死掉块肉

古时候指人活到六十六岁，即使是不死，也会因体弱多病变得消瘦。

卢医不自医

卢医：指扁鹊，后泛指良医。指好医生能给别人治病，却不能给自己治病。

鹿老蹄滑，人老眼花

意思是鹿老了四肢不灵活，走路易滑倒，人老了眼睛看不清。

驴倒了架子不倒

比喻患病的人，还能打起精神硬撑。

绿色是一剂良药

指绿化环境，能使人身心健康。也指食绿色蔬菜，可以保持康健。

萝卜上了街，药方把嘴噘

指多吃萝卜对健康有好处，可以预防疾病。

M

卖药者两眼，用药者一眼，服药者无眼

意思是卖药的人最了解药的真假和疗效，开药方的人不完全了解，吃药的人则什么也不知道。

卖嘴的郎中，没有好药

郎中：指中医。自夸医术高明的医生，没有治病的真本事。

慢病在养，急病在治

慢性病要注重调养，急性病要赶紧治疗。

没病没灾也算福

古时指穷人没有疾病和灾害就算有福气。

没钱买肚肺，睡觉养精神

意谓没钱买东西吃，就用睡觉来静养身心。

眉好不如耳毫，耳毫不如老饕

指眉上长有长毛的人，不如耳朵长有长毛的人寿命长；耳朵长有长毛的人又比不上胃口好的人寿命长。通常指年龄大的人胃口好能长寿。

美酒不过量，好菜不过食

指酒再好喝也不能喝多了，菜再好吃也不能吃多了，否则会伤害身体。

门神老了不捉鬼

门神：古时贴在门上用来驱邪逐鬼的神像。比喻老年人体力衰退，什么事

也办不了，起不了作用。

苗怕虫咬，儿怕娘娇

意谓母亲对子女娇生惯养，不利于子女的成长。

明医暗卜

指看病时要对医生说出真实病情，占卜算命时则不要说明真实情况。

莫饮卯时酒，莫食申时饭

卯时：早晨五时至七时。申时：下午三时至五时。意思是卯时饮酒、申时吃饭，不利于健康。

母健儿女壮，师高弟子强

指母亲身体健康，儿女的身体也会强壮；师傅技艺高明，徒弟的技艺必然高强。

N

内练一口气，外练筋骨皮

意思是练习武功要气脉、筋骨结合，这样才能练出真本领。

男怕出血，女怕生气

古代认为男子出血对身体损害很严重，很难调养过来；妇女生气容易得病。

男怕穿靴，女怕戴帽

意思是男子脚肿，妇女脸肿，是病情恶化的表现。

恼一恼，老一老；笑一笑，少一少

指烦恼使人衰老，欢乐使人年轻；笑能使人血脉流通心情好，人就会显得年轻健康；忧愁会使人心情郁闷，更容易衰老。

脑怕不用，身怕不动

指脑袋不常运用，就会逐渐变得迟钝；身体不经常运动，关节就要衰退。

能吃就能干

意思是从事体力劳动，饭量大，吃得多，干活就有力气。

能叫挣死牛，也不能打住车

能叫：宁可。意思是宁可把牛累死，也不能让车不行。形容宁可损害个人的

健康，也不能让工作停止。

能医病不能医命

意指医师只能治好病，不能挽救人的性命。比喻面对绝症，再高超的医术也无能为力。

年里不老日里老

指老年人在不知不觉中一天天变老。

年轻勤锻炼，老来身体健

年轻时多锻炼身体，到年老时身体也会健康。劝诫人要及早注意锻炼身体。

宁叫累了腿，不叫累了嘴

指身体劳累一些没关系，但不能让肚子饿着。

宁可折本，休要饥损

意思是宁可损失钱财，也不能饿坏身体。比喻宁可使钱财损失，也不能损害身体。

宁治十男子，莫治一妇人；宁治十妇人，莫治一小人

小人：指小孩。古时中医治病，最难的是儿科，其次是妇科。

怒后不可便食，食后不可便怒

指吃饭前后生气发怒，不利于身心

健康。

怒气伤肝

发怒伤害肝脏，危害人的健康。劝诫人不要经常生气发怒。

怒伤肝，喜伤心

中医认为发怒会损害肝脏，太高兴会损伤心脏。

怒于室者色于市

指在家里生了气，到了外面就不会有好脸色。也指有怒气的人，容易向别人发怒。

P

怕痒怕痛，做不得郎中

指要做医生，就不能因怕病人痒或痛，而不敢医治。比喻要想有所得，就必须付出代价。

枇杷黄，医者忙；橘子黄，医者藏

黄：枇杷、橘子成熟时皮呈金黄色。古时指枇杷在盛夏成熟，那时疾病流行，医生忙于给人治病；橘子入冬成熟，那时不易发病，医生闲居无事。

疲劳过度，百病丛生

意思是体力和脑力的消耗超过一定限度，容易得病。

脾寒不是病，发起来要了命

脾寒：疟疾。指疟疾虽然不会马上置人于死地，但发作起来叫人痛苦难忍。

偏方治大病

偏方：也称土方。指偏方常常能医好疑难杂症。

Q

七分补养三分药，七分补养三分觉

对人的健康来说，除了调养以外，睡觉与吃药一样重要。

七十不留宿，八十不留饭

指老年人身体弱多病，所以不能轻易留七八十岁的老人住宿、吃饭。

七十三，八十四，阎王不叫自个去

古时认为七十三岁、八十四岁是老年人难以跨越的界限，不在七十三岁时死，就可能在八十四岁时死。

七太公，八太婆

太公、太婆：太公为曾祖父，太婆为曾祖母，这里指高寿之人。古时认为怀胎七个月出生的男孩寿命长，能做太公；怀胎八个月出生的女孩寿命长，能做太婆。

七叶一枝花，深山是我家；痈疽如遇者，一似手拈拿

七叶一枝花：又名重楼金线、蚤休、独脚莲，多年生草本植物。痈疽：因邪毒所致的局部化脓性疾病。指七叶一枝花治疗痈肿等病症，效果非常好。

起得早，身体好

早起有益于身心健康。

气大不养人

意思是发脾气不利于身心健康。

气短体虚弱，煮粥加白果

白果：银杏。指喝白果粥对身体虚弱的人很有益处。

气恼便是三分病

意思是人生气恼怒本身就已经生了三分病。

气恼得伤寒

古时认为生气恼怒易得伤寒。

千金难买老来瘦

意指人到老年身体清瘦，可以避免体胖的老年人常患的各种疾病。

强长发，弱长甲

意思是身体健壮，头发长得快；身体虚弱，指甲长得快。

憔悴皆因心绪乱，从来忧虑最伤神

憔悴：面容消瘦。心绪：心情。指忧愁烦恼对身体健康最不利。

勤脱勤着，不用服药

指随着季节冷热变化，随时增减衣服，可避免生病吃药。

青菜豆腐保平安

意思是多吃青菜、豆腐，能保证人的身体健康。

清晨叩齿三十六，到老牙齿不会落

每天清晨上下齿叩击几十次，可以保持牙齿到老不脱落。

请医须请良，传药须传方

指请医生一定要请良医，传药给人一定要传授药方。

穷人无病抵半富

指穷人不害病就称得上半个富翁。意思是穷人得不起病，无病便是最大的幸福。

穷生虱子富生疥

古时指穷人没有换洗的衣服，身上容易生虱子；富人骄奢淫逸，习性懒惰，容易长疮生疥。

去家千里，勿食萝蕈、枸杞

萝蕈：植物名，多年生蔓草。指离家远行，不要吃萝蕈、枸杞等，以防纵欲伤身。

R

热不走路，冷不坐街

意谓天气炎热时最好不要长时间走路，天气寒冷时最好不要坐在街上。

热水烫脚，顶住吃药

指每天都用热水烫脚，有除病健身的功效。

人不该死终有救

古时认为人要是命里注定不该死，在危险关头终会有人相救。

人到三十五，半截入了土

古时认为人生不过七十岁，活到三十五，正好离死还有一半。通常指人到三十五功业不就，也就没什么作为了。

人黄有病，天黄有风

指脸色发黄，是人有病的症状；天色泛黄，是刮风的预兆。

人活六十不远行

古时指人活到六十岁，生命将尽，不宜离家远行。

人活七十，谁不为一口吃食

古时认为人活着，从生到死，都是为了有饭吃。

人活一口气

指人活着就要有骨气，要活得像个人样。

人见稀奇事，必定寿元长

古时认为，人要是见到稀奇罕见的事物，寿命一定会增长。

人老骨头硬，越干越中用

意谓老年人在生活实践中磨炼得非常坚强，遇事靠得住。这是鼓励老年人做事的谚语。

人老猫腰，树老焦梢

猫腰：弯着腰。人上了年纪，身板就直不起来；树老了，枝梢就会干枯。

人老腿先老

人老往往先从双腿不灵开始。

人老一时，麦老一晌

比喻时光过得很快，转眼间就变老了。

人老易松，树老易空

人老了，凡事容易懈怠，不思进取，就像大树老了容易空心一样。

人老珠黄不值钱

古时认为人年岁大了，就像珍珠放久了变黄一样不值钱。通常指漂亮女子年龄大了，失去了往日的风采。

人怕屙血，地怕种麦

指人屙血损伤身体，地种麦消耗地力。

人怕老来病，禾怕钻心虫

指人上了年纪，体质衰弱，最怕疾病缠身；禾苗生长，最怕钻心虫的侵害。

人生百岁，总是一死

意思是人即使活到一百岁，也逃不过死的那一天。也指心甘情愿地死去。

人是铁，饭是钢

人好比是铁，饭好比是钢。通常比喻人必须吃饱了饭才有力气去干活。

人死如灯灭

指人死了，如同灯熄灭了一样。比喻人是一切事务的关键，只要人一死，所有的一切都消失了。

人闲生病，石闲生苔

人的生活要充实，在有生之年要奋力做事，一旦闲得无聊，就会出毛病，就像石头放久了会生青苔一样。

人有可延之寿，亦有可折之寿

古时认为人的寿命本是上天注定的，但也可以改变，积德行善可延长寿命，作恶就会减少寿命。

人有了心病，猫叫也心惊

人如果得了心病，有一点儿惊吓都受不了。

若要安乐，不脱不着

意谓要想平安不生病，切不可在天气乍冷乍暖时更换衣服。

若要小儿安，常带三分饥与寒

意思是想要小孩儿平安不生病，不

能让他吃得过饱，穿得过暖。

S

三百六十病，唯有相思苦

意谓在所有的疾病中，只有相思病最叫人难熬。

三餐莫过饱，无病活到老

指一日三餐不要吃得过饱，这样可以益寿延年。

三分吃药，七分调理

调理：调养护理。想让病快点好，三分在于吃药，七分在于调养。比喻人生病尽管需要吃药，但精心调养更为重要。

三十人找病，四十病找人

指三十岁时身体强健，不容易得病；四十岁时身体渐渐衰弱，疾病会慢慢入侵。

三岁弗吃鸡，到老不用医

意思是小的时候不吃像鸡肉那样难消化的食物，长大后就不会生病。说明幼儿的肠胃要特别注意保护。

色上有刀

意思是过于沉湎美色会招致杀身之祸。

伤筋动骨一百天

指损伤筋骨的疾病一般需要疗养一百天才能恢复健康。

上天远，入地近

比喻人奄奄一息，就快死了。

少不舍力，老不舍心

指年轻时不可用力超过极限，以免

影响发育；老年人不可过度操心，以免有损精神。

少吃多滋味，多吃坏肚皮

意思是吃得少能品尝出食物的味道来，吃得太多会损伤肠胃。比喻吃得过量就有损身体健康。

少吃一口，安定一宿

想要平安不生病，饭不宜吃得过饱，特别是晚饭。

少年休笑白头翁，花开有得几时红

指花红了，不久就要凋谢。说明时光流逝极快，青春少年转眼就成白发老人。

身安抵万金

指人的平安、健康是非常难能可贵的。

身病好医，心病难治

生理上的疾病很容易治疗，心理上、精神上的创伤却很难医治。

身发财发，量大福大

古时候指身体肥胖，就意味着财运到来，度量宽宏，自然福气就大。

身静养指甲，心静养头发

指身闲的人，指甲养得长；心静的人，头发长得长。

身面有汗莫当风

指身上、头部有汗时当着风站立，容易受风感冒。

神丹不如药对症

意思是治病，不在于药有多名贵，

即使是灵丹妙药，不对症也不会有疗效。

神农尝药千千万，可治不了断肠伤

神农：神农氏，亲自尝百草。断肠伤：指因过度悲伤或相思使肠断裂。意思是即使有千万种药却无法治好心病。

生气催人老，笑笑变年少

指发怒对人的健康有极大的损伤，愉快高兴能使人益寿延年。

生死道上无老少

生死：这里指死。指在死亡的道路上，没有年龄大小之分。多指年轻人有时会死在年老人之前。

什么病吃什么药

指治病要对症下药。也比喻办事要根据不同情况采取不同方法。

是药能治病，当今无死人

意思是如果只要吃药就能把病医好，那就不会有人因病而亡了。也指药只有对症才可见效，并非万能。

树老见根，人老见筋

树年月久了暴露出来的根很多，人年纪大了暴露出来的筋多。指年龄一大，肌肤失去了光彩。

树老怕风摇

指树老了，经受不起大风的摇晃。比喻人老了，经受不住强烈的刺激。

树老生虫，人老无用

指人老了精力减弱办不成事，就像树时间长了会生虫被蛀空一样。

树老心空，人老百通

指人年纪大了，什么事情都经历过，什么人情世故都明白。

树老心空，人老颠东

颠东：指糊涂颠倒。比喻人年长了，判断能力衰退，一言一行往往紊乱无条理。

树一老，遭虫咬；人一老，迷心窍

意思是人老了，容易被贪念迷住心窍。

水不流要臭，刀不磨要锈

指流动的水不会发臭，常磨的刀不会生锈。比喻身体必须经常运动，才能永葆健康。

水要深拨，病要浅治

意思是划桨划得深，船走得快；治病先治浅，疗效比较好。

死后方知万事休

指生前的一切恩恩怨怨，死后全部消失。比喻人生应该珍惜美好生活，否则死去一切都消失了。

死了家主妇，折了擎天柱

意思是一个家庭主妇去世了，就像天塌了下来一样悲惨。比喻持家离不开妇女。

死了男人绝一房，死掉女人坍块墙

旧时指死了男的是断根的大事，死了女的却像墙上掉了一块土块一样无足轻重。

虽有神药，不如少年；虽有珠玉，不如金钱

指即便有神奇的药可治疗顽疾，也比不上青春少年健康有生机；即使有昂贵的珠宝玉石，也比不上金钱在手，可以方便使用。

251

T

太平年月寿星多

意思是社会安定团结，长寿的人就增多。

贪吃贪睡，添病减岁；少吃多餐，益寿延年

指贪吃贪睡，容易生病减少寿命；每次控制一点，吃的次数增多，有益于健康长寿。

贪多嚼不烂

指吃东西贪多，无法细嚼消化，就会伤害脾胃。比喻如果仅仅追求数量，就会影响质量。

贪酒不顾身，爱色不顾病，争财不顾亲，斗气不顾命

意思是酗酒、贪色、好财、生气这四桩，都是伤害身体、危及生命的祸根。

贪钱郎中医不了病

指贪财的医生缺乏治疗疾病的诚意。

贪人吃顿饼，三天不离井

指贪吃的人，吃完饭后总觉得渴，喝水就多。讽刺喜欢占便宜的人总是自食其果。

瘫痨蛊疾，百无一生

旧指得了瘫痪症、肺痨以及中蛊毒之人，基本都丧命。

桃养人，杏伤人，李子树下埋死人

桃吃了滋养身体，杏吃多了伤害肠胃，李子吃多了对身体没有好处。

体力是个基础，拳术是个架子

意思是打斗主要靠强健的体魄，而不是靠拳术的花招。

天不能总晴，人不能常壮

指人不可能永葆健康，就像天空不可能一直晴空万里一样。也指意外之事难免发生。

天君泰然，百体从令

天君：指"心"。如果能心神镇定，身体各个器官就会听从使唤。也指主事的人镇定不慌，属下才能不慌乱。

天雷不打饿肚人

意思是对饥饿的人要多加谅解和照顾。

天冷不冻下力人

下力人：指体力劳动者。指干活时体温增高不觉得冷。

田父可坐杀

田父：指农夫。指农夫体格强壮，但如果整天不运动，也会生病而死。也指多活动身体，有益于健康。

铁不锤炼不成钢，人不运动不健康

指如同生铁不经受锤炼就无法成为好钢一样，人不参与体育运动就不会身体健壮。

铁不磨要锈，水不流要臭，人不动要减寿

指人要经常运动才能健康长久，如同铁要经常打磨才能光亮、水要经常流动才会清澈。

同病相怜，同忧相救

指患有同样疾病和忧虑的人会相互

同情，彼此理解帮助。

痛者不通，通者不痛

肚子痛是由于肠胃不通，肠胃通了肚子也就不痛。指身体某一部分疼痛是由于气血不通。

W

外科不治癣，内科不治喘

外科不愿治疗癣病，内科不愿治疗喘病。指癣和喘是绝症，不易治疗。

晚上脱了鞋和袜，不知清晨穿不穿

指晚上脱下衣上床，不知道明早还能否穿衣下床，也指人的生死无常，谁也说不定命丧何时。

碗里不见青，肠胃倒钩心

青：指青菜。指长期不吃青菜有害身体健康。

痿人不忘起，盲人不忘视

痿：指患者身体萎缩，筋脉衰退。指身患疾病的人还想走路，双眼失明的人还记得看东西。比喻人总是怀念过去。

巫师斗法，病人吃亏

巫师：指旧时以巫行医的人。指巫师互相斗起法来，倒霉的是病人。比喻大人物之间发生战斗，受罪的是老百姓。

无病一身轻，有子万事足

指没有病痛，全身舒服；有了儿子，一切都满足。

无钱买补食，早困当休息

没钱买滋补品食用，就早睡觉多休息。指睡眠充足能强健身体。

无钱买药吃，困困当将息

将息：指休息调养。指穷人有病时买不起药，只把睡觉当作休养的办法。也指休息调养也有治病功效。

无钱药不灵

不花钱财，药也治不好病。也指没钱什么事也做不成。

无求到处人情好，不饮从他酒价高

指只要无求于人，人们对你就表达友好；你不喝酒，不管酒价涨得多高，也不受影响。比喻于人无求、与世无争，便可获得超脱。

X

仙果难成，名花易陨

陨：指陨落。指传说仙果几千年成熟一次，名花开放期很短暂。常比喻才气十足的男子、美若天仙的女子寿命都不长。

闲人愁多，懒人病多，忙人快活

指忙碌人的生活充满乐趣，闲散的人却充满愁病。

小病不治成大病，漏眼不塞大堤崩

小病不趁早治疗就会积累成大病，小漏洞不补救就会变成大漏洞，从而造成大堤崩溃。指小问题不趁早解决，迟早会造成大的祸患。

小儿欲得安，无过饥与寒

指想要小孩少灾少病，最好的办法是吃饭要少，衣服不要厚重。

小伢儿手多，老头儿嘴多

小伢儿：指儿童。指小儿好奇心强，见到新鲜物品总爱动手摸弄；老年人经验丰富，总觉得年轻人办事不全面，往往会变成叨唠之人。

心病还须心上医

心病：指相思病，也指不好表露的隐情或隐痛。指精神方面的问题必须从精神上着手解决。换句话说，思想、精神上的病痛，无法用药物来医治，要从思想、精神上入手，找出病根，才能救治。

心不忧伤，喜气洋洋；心不添愁，活到白头

指人在生活中要习惯忘却烦恼，做到心情畅快，乐观快活，自然健康长寿。

心宽增寿，愁能催老

指心胸开朗，有益于强体，使人长寿；郁郁寡欢，有损健康，催人早衰。

心里没病，不怕鬼叫门

意指没有做违法的事，心安理得，不会有恐慌之感。

心里痛快百病消

指人的心情明快，自然能减少疾病，有利于健康。

心则不竞，何惮于病

则：只是。竞：强。指担忧的是本身不强壮，如果强壮，哪里害怕什么病。也指自身强壮，就不怕外患。

新米粥，酱萝卜，郎中先生见了哭

指新米熬的粥，面酱腌的萝卜，吃了有益于身体健康，根本不用看医生。

虚不受补

指病人如果身体过于虚弱，就不适合吃补品。

宣医纳命，敕葬破家

宣医：指皇帝派遣医生。敕：一般指皇帝的诏令。旧指大臣生病，皇帝命令医生诊治，本是好意，反而使病人丧命；大臣死亡，皇帝命大葬，本是恩惠，丧家却被折腾得倾家荡产。

Y

牙疼不是病，病杀无人问

指牙疼没有规律的发病时间，说疼就疼，疼起来撕心揪肺，别人无法体谅。

牙疼不是病，疼起来要人命

意思是牙疼虽然不是关乎性命的大病，但疼痛起来却叫人几乎丧命。

牙痛才知牙痛人苦

指只有经历过牙疼的人，才知道牙

疼的滋味。比喻穷人最能互相体贴。

眼见稀奇物，寿年一千岁

意思是能亲眼见到罕见的人或物，就等于丰富了生命的长度。

眼前一亮，胜如吃仔八样

八样：指八色美味佳肴。指房间光线充足，比吃美食还有益于身体健康。

眼是五官门，耳是七窍窗

指眼睛和耳朵是头部众器官的关键。

养病如养虎

指有病不趁早治疗，就如同养老虎一样，会危及人命。比喻有病不治，任其发展，就会很难治疗，后果是不堪设想的。

养痈成患，不如操刀一割

痈：指皮肤或皮下组织化脓性炎症。与其让脓包危害生命，倒不如彻底把它切除。比喻发现坏人应及时除掉，否则后患无穷。

药补不如食补

意谓用再好的药品滋养身体，也不如各种各样的食物营养齐全，对身体有好处。

药不对症，参茸亦毒

参茸：人参和鹿茸。参茸是滋补品，但若不对症乱补，也会给人带来伤害。比喻只有分析清楚问题，采取相应方法，才会事半功倍。

药不轻卖，病不讨医

意思是药不能随便卖给他人，医生不能主动要求给人医病。

药不执方，合宜而用

意指用药不必拘泥于固定方子，只要有利治病就用。

药不治假病，酒难解真愁

意思是药不能治好装出来的病，美酒虽好但不能消除真正的烦恼。

药饵难医心上病

指心上的病灶，不是药物能消除的。

药能生人，亦能死人

指药能救助人的性命，也能置人于死地。言外之意是用药必须慎重。

药能医假病，不能医死病

指药只能治好那些假的危急病状，而病情危险的绝症便无药可救。

药农不知草名，渔翁不知鱼名

以采药为业的药农，不能认识全部药草；以捕鱼为业的渔翁，不能说出所有鱼的名。也指药草与鱼类的种类繁多。

药投了方，只要一碗汤

如果药不对症，吃得再多也没有用；如果对症，一碗汤药便能把病治好。也指对症就是好药，不在用量大小。

药物三分治，精神七分疗

指治疗疾病时，药物治疗和精神治疗都很重要，而精神治疗的作用更不容忽视。

药医不死病，佛度有缘人

度：超度。指药只能治疗可救治的病人，佛只能帮助与佛门有缘的人逃离苦海。比喻起死超生，都有限定。

药医不死病，死病无药医

指药能治好可以挽救的病人，病入膏肓的绝症病人就无药可救。

药医得倒病，医不倒命

古时候认为命中注定要死的，医药也无能为力。也指身患绝症，药物无法可治。

要长寿，多走路

意谓多走路是健康长寿的法宝。

要吃药，不可瞒郎中

只有向医生说出真实病情，才能对

症下药，治好病。通常比喻求人办事，必须以诚相见。

要得健康，常晒太阳

指常晒太阳是保持健康的方法之一。

要叫皮肤好，粥里加红枣

意思是粥不但可以充饥，而且有治病的功效，加红枣一起煮，又可调养皮肤。

要想吃饱饭，专看一窝旦

旦：戏剧中的旦角，这里泛指妇女。妇女病是最难医治的，有能力治妇女病的医生不愁没顾客。

要想身体壮，饭菜嚼成浆

意指吃东西细嚼慢咽，容易消化，有益于身体健康。

要想睡得美，就得打通腿

打通腿：指两人同盖一双被，抵足而睡。说明两人打通腿睡觉很温暖。

要做长命人，莫做短命事

意思是人要想长命百岁，就不要做那些伤天害理、损人利己的事。

夜饭少吃口，活到九十九

指晚饭少吃点，对身体健康有好处。

一分精神一分福

指精力越旺盛，福分就越大。通常说明身体健壮、精神饱满，是人生的福分。

一日三笑，不用吃药

指人精神饱满、笑口常开，就会身强力壮。

一树梨花压海棠

梨花：这里指老人的白发。海棠：这里指少女的容颜。指老夫少妻。

一碗饭能顶三服药

指治病靠药物，抗病靠饭食。意思是说病后恢复体力，饮食胜于吃药。

一夜不睡，十夜不足

一夜不睡觉，身体乏力，长久不能休息过来。意指要合理安排休息时间。

一夜五更，当不得一个早晨

意思是睡一整夜觉，还抵不过早晨一觉睡得香甜。

一夜筵赶不得一夜眠

意谓吃一夜筵席，也不如睡一夜觉。指睡眠对身体健康非常重要。

一症配一药，跳蚤无涎捉不着

意思是什么病症就得什么药治，手指上不沾口水便捉不住跳蚤。比喻什么样的人就要用什么方法去对付。

医得病，医不得命；医得身，医不得心

医生可以治疗疾病，却不能让人起死回生；医生能治疗身体上的病症，但对心病却无能为力。

医家不忌

指医生是以救人性命为己任，不避忌世俗的风言风语。

医家怕四子

古代医生最怕给四种病人治病：痞子（胸腹痞闷结块的病人）、顿子（悲观厌世不愿求生的病人）、癫子（神经错乱的病人）、市子（或作"世子"，出身高贵的病人）。

医家有空青，天下无盲人

空青：又名杨梅青。指人间有了空青，就可治好所有眼病，天下就没有盲人了。

医生越老越好

指医生越老，经验越丰富。

医有医德，药有药品

意指行医有行医的道德，药物有药物的特性。

医杂症有方术，治相思无药饵

指各种疑难病症都有治疗方法，唯独相思病无药可医。

医者父母心

意思是医生对病人有一颗父母对子女那样的慈爱之心。

以财为草，以身为宝

意谓把钱财看作草木，把身体看作宝贝。通常指人要爱惜生命。

隐疾，难为医

隐疾：生在隐处不易发现的病。指不容易发现的疾病难以治疗。比喻把缺点错误掩盖起来，别人不好帮助，不容易改正错误。

英雄只怕病来磨

指英雄人物纵有呼风唤雨的气魄，一旦疾病缠身，也就无可奈何了。

硬汉禁不住三泡稀

三泡稀：指一天拉三次稀屎。指身体再强壮的汉子，也禁不住一天拉三泡稀。也指拉稀最损害健康。

硬汉子怕病魔

指再强壮的汉子，也禁不住病魔的折磨。

庸人多厚福

古时候认为平庸没本事的人，往往富贵长寿。

忧思成疾疢

疢：病。指经常忧虑会酿成疾病。

忧易致疾，怒最伤人

指忧愁和暴怒最容易导致疾病，影响健康。

忧郁伤肝

意谓忧愁郁闷，会伤损肝脏。

油干灯草尽

形容病人已经生命垂危，死到临头，支撑不了多久。通常比喻生活困窘，已经到了山穷水尽的地步。

有病不忌医

指生了病就不应忌讳医生诊治。

有病不瞒医，瞒医害自己

得了病不能对医生隐瞒病情，对医生隐瞒，结果往往受害的是自己。

有病不治，常得中医

中医：中等水平的医生。有病不请医生治疗，靠自身机能抵抗疾病，不失为中医。指患病不治比找庸医治疗还划算。

有病自己知

是否得病，自己心里最明白。意谓一个人最了解自己的缺陷。

有愁皆苦海，无病即神仙

意思是忧愁能使人陷入苦海，健康就是神仙的生活。说明健康的人是最幸福的。

有钱的药挡，没钱的命抗

指有钱的人生病靠药物抵挡，穷困的人生病只能听任命运安排，以命相抗。也就是说，有钱人一生病就找医生治疗；没钱人生病只能是听天由命，硬抗着。

有钱难买黎明觉

天快亮时的觉最甜美。

有三岁之翁，有百岁之童

指有的人过早地衰老，有的人虽老了，但犹如小孩一般。通常指精神与健康状况可在一定程度上改变人的年龄。

有什么别有病，没什么别没钱

意谓有什么都行，只要没病；没有什么都行，就是不能没有钱。

有药敷在疼处，有话说在明处

指有药敷在疼处，有益于医病；有话说在明处，免得猜疑。

与其病后能服药，莫若病前能自防

意思是病后服药，不如提早预防。也比喻事情发生后虽然有解决办法，也不如事前防范，不使其发生为好。

欲多伤神，财多累心

欲：欲望。指欲望太强、钱财过多就会给人们的思想带来负担，最终影响健康。

Z

治病容易治心难

指肉体上的病易治，心上的病难治。说明心病不是医药所能治疗的。

治病要治本，刨树要刨根

指要想治好病，必须从病根入手，彻底治疗，就如同刨树必须挖根一样。

治了病治不了命

古时认为命中注定要死的病，是无论如何也治不好的。

治什么病，用什么药

意思是要对症下药。也比喻处理不同的人或事，要采用不同的手段。

治珠翳而剜眼，疗湿痹而刖足

翳：眼珠上的翳膜。剜：用刀子挖。湿痹：风湿症。刖：砍去脚。治疗眼珠上的翳膜而挖去眼珠，治疗风湿性关节炎而砍去脚。通常比喻不识本末、不分主次、不辨轻重的盲目行为。

杂症好医，吏瘌难治

指一般的病症容易治疗，官吏贪赃舞弊的病无药可治。

早起早睡身体好

早晨早点起床，晚上早点休息，对健康是有好处的。

早上跑三步，饿死老大夫

指早上跑跑步，对身体健康有益，根本不用请医生。

早生儿女早享福

古时候认为早生儿女，就可早得安闲，早享幸福。

扎针拔罐，病轻一半

拔罐：拔火罐。指针灸和拔火罐，是很好的治病手段。

肢体疲软下，粥里放山楂

指人体四肢软弱无力，常饮山楂粥对身体有好处。

壮夫不病疟

指身强力壮的年轻人不容易患疟疾病。

自病不能自医

意思是自己的病，自己下不了药。

比喻自身的缺点必须借助外力才能改正。

纵欲催人老

指无节制地放纵性欲，必然会过早地衰老。

第七卷　生活起居

A

爱美之心，人皆有之

在生活中每个人都对美好的事物充满热爱之情。

B

八成饱健身，十成饱伤身

合理控制饮食有益于身体健康。

八十四，懂人事

上了年纪的人生活阅历丰富，非常明白事理。也说明人到了一定的年龄才会真正地懂得事理，感悟人生。

白菜萝卜汤，益寿保健康

多吃白菜萝卜汤，对自己的健康长寿有很大的帮助。

百金买房，千金买邻

选择好邻居比购置好房子更为重要。

百年前结下缘

旧指男女姻缘原是五百年前注定的。

百岁不为高，无病寿更长

活到百岁也不算是高寿，只要没有病就会更加长寿。

半大小子，吃跑老子

十多岁至二十多岁的小伙子饭量很大。

半桩小，吃过老

个头不高的孩子，饭量超过成人。意谓半小不大的孩子，吃起饭来比大人的饭量还要大。

邦之不臧，邻之福也

国家不强大，邻国便得到好处。

膀宽腰细，必定有力

肩膀宽而腰细的男人，是非常有力气的。

饱乏饿懒

人吃饱了就会感到疲倦，饿肚子便没有力气，懒得动。

饱时酒肉难入口，饿时吃糠甜如蜜

吃饱了，酒肉一类的美食也难以下咽；饥饿时，吃糠也感到格外香甜。

饱厌烹宰，饥餍糟糠

饱的时候大鱼大肉也吃不下；饿的

时候糟糠一类的粗劣食物也会感到满意。

暴食无好味，暴走无久力

吃得太猛，品不出好味道；走得太快，会感到力不可支。意谓不能急于求成。

碧桃花下死，做鬼也风流

意谓为男女风情而死，死了也是风流鬼。

别人的金屋银屋，不如自己的穷屋

别人的家再富有，也比不上待在自己家里舒适。

不经厨子手，没有五味香

如果没有经过厨师的烹调，就不会有饭菜的香甜。

不怕慢，就怕站，不走弯路就好办

走路或做事不怕行动得慢，就怕停顿，就怕走弯路。

不怕人老，只怕心老

年岁大并不可怕，意志衰退才是最可怕的。意谓不怕人年岁大，就怕人的心情老，意志衰退。

不听老人言，吃亏在眼前

不听从老人的意见，马上就会有损失。意谓不听老年人的教导，随时都会吃亏上当。

C

说明再多、再高的草也不会阻碍走路。

意谓一些细枝末节的东西是不影响大局的。

茶房酒店最难开

酒店、茶馆易闹事，最难经营。

茶馆酒店无大小

在茶馆、酒店里不必拘于辈分、年龄、职位等，可以随便谈论。

茶馆酒肆，没有撅朋友的

在茶馆、酒店里没有难为朋友的。

茶喝二道酒喝三

二道茶味正浓，三杯酒后便会兴奋起来。

茶喝后来酽，好戏压轴子

茶越喝到后头越浓，戏越演到后头

越好。泛指后边的往往更精彩。

茶瓶用瓦，如乘折脚骏登高

用瓦器装茶，如骑跛马登高坡一样。指用瓦器装茶，会使茶味变坏。

菜根滋味长

蔬菜清淡味美，百吃不厌。

菜里虫儿菜里死

蚕食蔬菜的虫，最终还是死在菜里。意谓从事某种冒险行当的人，如不及早收敛，最终不会有好下场。

菜养容颜饭养命

多吃蔬菜可使容颜润美，维持生命却要靠饭食。

蚕老不中留，人老不中留

意指蚕一老，就会迅速作茧自缚，一刻也不能停留。也说明蚕老了没用，人老了要离世，女大了要出嫁，想留也留不住。

草活一秋，人活一世

人的一生虽比草活的时间要长，但也是短暂的。比喻人应该珍惜光阴，不要虚度年华。

茶是草，箬是宝

用箬竹焙茶，味道纯正；用箬叶包茶，茶味不走。离了箬，茶如同草一样无味。也说明箬对保护茶叶味道起到较大的作用。

茶水喝足，百病可除

常喝茶水对身体健康是非常有益的。

茶为花博士，酒是色媒人

茶和酒往往是撮合色情关系的媒介。

茶烟不分家

茶、烟不分你我，可共同享用。这是让人喝茶、抽烟时的客气语。

拆散人家好姻缘，死了要进地狱门

拆散或破坏别人的好姻缘是最不道德的事，即使死后也要入地狱受惩罚。

馋猫鼻子尖

爱吃好食的猫，嗅觉特别灵敏。意谓吃嘴的人贪图美味。也说明贪恋女色的人总不放过任何可乘之机。

长安虽好，不是久恋之家

京城虽然繁华但不是久留之地。也泛指某地虽好，但不可久留。

长兄如父，长嫂如母

父母去世后，大哥与大嫂代替父母行使职权，承担起家庭的责任。

长者赐，不敢辞

对于长辈的赏赐，晚辈应恭敬接受，不应推辞。

常常坐首席，渐渐入祠堂

常常坐在首席之上的人，生命就不长久了。

车轮是圆的，两口子打架是玩的

年轻夫妻吵架是平常小事，转眼就会和好如初。

称过的骨头买过的肉

女子被娶到夫家，如同骨头和肉一起被称着卖过去一样，任人家主宰。

秤砣虽小压千斤

意谓年龄小、外表不雄伟，却具有非凡的能力、起大作用。

吃百家饭，得百家福

吃了百家的饭，就能分享百家的福分。

吃不了辣椒汤，爬不上高山冈

受不了辣椒汤的冲刺，便没勇气爬高山顶。也说明喝下辣椒汤，能增加体内热力，才能爬上高山。

吃菜不如看菜，看景不如听景

没有尝过的菜，没有看过的景，倒还觉得新鲜，一旦尝过看过，反而会觉得很平常。

吃菜要吃心，听话要听音

吃菜要吃菜心，才能尝到最鲜嫩的部分；听话要听音，才能体会到对方的真正意图。

吃葱吃白胖，吃瓜吃黄亮

白胖的葱有味道，外形黄而发亮的黄瓜好吃。

吃到着，谢双脚

吃到了好东西，得感谢自己的两只

脚跑得快，赶上了。

吃得慌，咽得忙，伤了胃口害了肠

吃饭过快对身体有害。

吃得筵席打得柴

既能在宴席上当上客，也能去深山老林中打柴。也说明人要能享得富贵又能受得住穷苦。

吃饭不要闹，吃饱不要跳

吃饭时不要打闹；吃饱后不要做剧烈运动。

吃饭穿衣，人人不离

吃饭穿衣是人最基本的生活需求，谁也离不开。

吃饭先喝汤，不用请药方

吃饭前先喝几口汤，能滋润肠胃，提高消化功能。

吃过肚记

吃了多少食物，肚里应该有个数。意谓自己做的事，心里最清楚。

吃过黄连的人，才知道蜜糖的甜

意谓生活的苦与甜，只有通过亲自体验才能真正明白。

吃过黄连的人不怕苦

黄连味最苦，能吃黄连，其他的苦就不怕了。也说明受过大苦的人不怕吃苦。

吃姜还是老的辣

姜放得时间久了，其味道才更辣。意谓老年人阅历深，经验丰富。

吃尽味道盐好，走遍天下娘好

在所有的味道中，盐的味道最不能缺少；在所有的人里，母亲的恩情最重。

吃酒包婆娘，亦空三千粮；摘醋咬生姜，亦空三千粮

摘醋咬生姜：形容生活困苦。意谓挥霍、节约都要欠债，倒不如图个畅快。

吃酒不吃菜，必定醉得快

光喝酒不吃菜便容易醉。

吃来总嫌淡，喝茶嫌不酽

吃菜总嫌味道淡薄，喝茶总嫌味道不浓。也指菜味过咸，茶味过浓，不合饮食之道。

吃了不疼糟蹋痛

食物也好，药物也好，吃了不算浪费，糟蹋了就可惜。

吃了冬至饭，巧女儿多做一条线

过了冬至，白天渐长，姑娘们在家里可以多做一些穿针引线的活儿。

吃了饭儿不挺尸，肚里没板脂

饭后不卧床休息，体内便缺少脂肪。也说明饭后适当休息能保养身体。

吃了河豚，百样无味

吃过河豚之后，吃什么都觉得没有味道了。意谓放了肥缺后，就觉得什么官都没干头了。

吃了萝卜菜，百病都不害

常食萝卜可强身健体，预防疾病。

吃了僧道一粒米，千载万代还不起

提醒人不要轻易吃和尚、道士的饭。

吃了十分酒，方有十分力

人吃饱喝足了，才能充分发挥其力量。

吃了是福，穿了是禄

吃在肚里、穿在身上才是真正的福气。

吃米带点糠，一家老小都安康

吃一些粗粮对身体是有益处的。

吃馍喝凉水，瘦成干棒槌

光吃粮食不吃蔬菜副食，对身体是有损害的。

吃奶像三分

新生婴儿吃了谁的奶就有点像谁。

吃人家的下眼角子食不香

看着人家的脸色吃饭或依靠别人资助生活，心里不是滋味。

吃肉得润口肉

吃肉要吃适合口味的肉。

吃杀馒头当不得饭

老是享用一种平常的东西，便不会感到满意。

吃素不吃荤，长不成强壮人

光吃素食不吃肉食，身体就不结实。

吃一个席，饱一集

吃了好席面能耐饥饿。

吃鱼别嫌腥，嫌腥别吃鱼

意谓要干不正当的事，就不要怕损坏名声，怕名声不好就别干。

吃在脸上，穿在身上

饮食营养丰富，脸色就好；穿得阔气，全身就显得精神。

吃在中国，味在四川

中国人讲究吃，四川菜尤其香浓可口。

吃着碗里的，看着锅里的

指端着碗吃饭时，还看着锅里。意谓人心贪婪。

吃着滋味，卖尽田地

只图吃得有滋有味，会把田地都卖光。也说明吃喝没有止境，有多少都可吃空。

痴心女子负心汉

男女婚恋，女子心眼实，多相思入迷，男子多新喜厌旧，无情无义。

迟饭是好饭

饭吃得迟了，肚子很饿，因此食欲就强，便会觉得饭特别香。

出的门多，受的罪多

出门在外总会有许多不便，总是吃苦受累。

出门方知在家好

出门在外才能真正领会到在家的好处。

出门三辈小

在外闯荡，常会有求于人，所以要谦虚，要尊敬别人。

出门由路，进屋由天

比喻一旦出了门，回家的日子就难以确定。

出门嘴是路

出了门不认识路不要紧，要向别人询问。

出外十里，为风雨计；出外百里，为寒暑计；出外千里，为生死计

外出十里远，要做好防风避雨的防备；外出百里远，要带好防寒避暑的衣物；外出千里远，危险多，更要谨慎。

出外一里，不如家里

出门在外总不比在家里自在。

出外做客，不要露白

出门在外，不要暴露自己所携带的钱财，以防不测。

穿鞋不知光脚的苦

意谓条件优越的人体谅不到处在困境的人的苦处。

穿衣吃饭量家当

要根据自己的经济状况，决定吃穿的好坏。

穿衣见父，脱衣见夫

穿上外服见父亲，脱掉外服见丈夫。指妇女按符合礼仪的态度对待丈夫和父亲。

穿着缝，没人疼；穿着连，万人嫌

衣服有破绽时，不可穿在身上缝补，不然就没人疼爱你。

船看风头车看路

行船要看风向，行车要走正确的道路。意谓出行要处处小心。

春不忙减衣，秋不忙加帽

春天的气温不稳定，不要急于脱掉外衣，以防感冒；秋天不要急于添加衣装，冻一冻，能够增强抗寒能力。

春困秋乏夏打盹，睡不醒的冬三月

春暖易困倦，秋凉易疲劳，夏热易打瞌睡，寒冬三个月易贪睡。

葱辣鼻子蒜辣心

指生葱的辣味刺激鼻子，生蒜的辣味刺激肠胃。

粗粮杂粮营养全，既保身体又省钱

吃饭时，只有粗粮细粮搭配，才能营养均衡，身体强壮。

村里夫妻，步步相随

农民夫妇，一辈子生活在一起，相亲相爱，从不离开。

D

大虫恶杀不吃儿

老虎再凶恶，也不吃自己的孩子。意谓父母爱子女是一种天性。

大葱蘸酱，越吃越胖

大葱蘸酱能刺激胃口，使人食欲大长，易使人发胖。

大缸里打翻了油，沿路儿拾芝麻

大的丢了不管，反而去拾小的。比喻不分主次。

大姑娘十八变，变到上轿观音脸

少女在发育成长过程中，性格容貌变化很大，越变越俊。

大锅饭，小锅菜

用大锅煮饭，因为米较多，所以饭香更浓；用小锅炒菜，因为菜相对少、油相对多，所以菜更香。

大火开锅，小火焖饭

指做饭时先用大火把锅里的水烧开，再用慢火把米焖熟。意谓做事该快就快，该慢就慢。

大家闺女小家妻

指没出嫁的姑娘自然是出生于大户人家的好，但选择妻子是出生于小户人家的女子好。

大嚼多咽，大走多跌

吃多了容易噎着，走快了容易摔跤。比喻要谨慎行事，不要急于求成。

大事瞒不了庄乡，小事昧不了邻居

乡邻最知道情况，无论大小事都瞒不了他们。

打不断的亲，骂不断的邻

亲戚或邻居之间即使闹了纠纷，但不久就会和好，继续往来。意谓亲戚关系和邻居关系是密切的，虽然有时会发生矛盾，但冲突是暂时的，不会永不往来。

打打闹闹，白头到老

夫妻之间难免发生一些小的摩擦冲突。

打兔的不嫌兔多，吃鱼的不怕鱼腥

意谓需要的东西不嫌多，也不嫌差。

打在儿身，痛在娘心

对于父母来说，子女遭受灾祸是最为痛心的事。

但得一步地，何须不为人

只要有生存条件，就要活下去。

但添一斗，不添一口

一次多吃一斗粮不要紧，只是不要再增加一口人。意谓家里添一个长期吃闲饭的人，负担要大大增加。

当家才知柴米价，养子方晓父母恩

指当了家才懂得柴米的价贵，自己有了子女才懂得父母的恩情。比喻只有亲身经历，才能体会到其中的甘苦。

当家人，恶水缸

当家人因什么事都管，所以各种议论都会集中在他身上，如同泔水缸。

当家人疾老，近火的烧焦

当家人非常辛苦，容易衰老，如同靠近火的树容易被烧焦似的。

当家三年狗也嫌

当家人和每一个家庭成员的切身利益都会发生冲突，时间一长，谁都会厌恶。也指做领导的，大家对其有意见是平常事。

到什么山上打什么柴

比喻时间、地点、条件等改变了，人的思想与生活习惯也随着转变。

灯靠油，人靠饭

人吃了饭才有力气。

碟大碗小，磕着碰着

指碗和碟放在一起，难免磕磕碰碰。比喻一家人在一起，难免会争吵。

碟碗也有磕碰时

指碟碗放在一起会互相磕碰。比喻人与人相处，免不了会发生纠纷的时候。

东到吃羊头，西到吃猪头

指到了东边吃羊头，到了西边吃猪头。比喻贪吃的人到处骗吃喝。

东家不知西家苦，南家不知北家难

哪家都有困难和心烦之事，只是外人不知而已。

冬至馄饨夏至面

民间习俗，冬至吃馄饨，夏至吃面。

豆芽菜炒两盘儿，小两口打仗闹着玩儿

炒豆芽菜是最平常不过的，年轻夫妻吵闹也是寻常之事。

肚皮勿痛，骨肉不亲

不是自己生养的儿女，就不会心疼。

度过寒夜觉春暖，尝过苦豆知馍甜

比喻只有经历艰苦困难的人，才懂得幸福的日子来之不易。

断钱如断血

金钱极为重要，生活中没了钱就像人体断了血一样。

多一分享用，减一分志气

比喻安逸的生活会销蚀人的毅力。

多则半月，少则十日

指时间长的话就半月，时间短的话就十天。比喻日子不会长久。

E

儿女之情，夫妻之情

父母和儿女之间、丈夫和妻子之间的感情最真挚。

儿孙自有儿孙计，莫与儿孙作马牛

后代自有他们的生活，当父母的不必为他们过度操劳。意谓子孙后代会有自己的打算，长辈不必为他们当牛做马，劳神操心。

恶虎不食子

意谓再凶恶的人也不会伤害自己的孩子。

饿肚酒，醉死牛

空着肚子喝酒，很容易醉。

恩爱不过夫妻

人际关系中，数夫妻之间的感情最深厚。

F

发怒的母豹赛猛虎

在母豹哺乳期，如果遇到威胁小豹崽的险情，为了保护小豹，母豹发起怒来比老虎更厉害。

饭饱肉不香

饭吃饱了之后，即便吃肉也不觉得香甜。意谓东西多了，就不珍贵了。

饭后一袋烟，赛过活神仙

旧时认为饭后抽烟，精神特别舒畅。

饭后一支烟，危害大无边

饭后抽烟，会带来很大的危害。

饭前便后洗净手，各种病菌不入口

指饭前、便后洗手能预防疾病。

饭前饭后一碗汤

饭前饭后喝汤，有润肠化食的功能。

房中无君难留娘，山中无草难养羊

妻子离不开丈夫，如同羊离不开草一样。

非宅是卜，唯邻是卜

选择宅基，不是看宅基自身如何，只是看邻居如何。说明选宅基重在选邻居。

分家如比户，比户如远邻，远邻不如行路人

兄弟分家后就成了两户人家，关系越来越疏远。

风流自古恋风流

自古以来爱情忠贞、情投意合的人总是难以分离。

蜂蚁也有君臣，虎狼也有父子

昆虫也明白君臣之义，动物也有父子之情，那么，人就更应该重情义了。

凤不离窠，龙不离窝

比喻不要离开自己居住的环境。

凤凰靠羽毛，姑娘靠衣裳

意谓女性的美丽离不开穿着打扮。

佛门虽大，难度无缘之人

没有缘分的人，不能修炼成佛。也说明没有缘分的人，不能结合到一起。

夫唱妇随

旧时认为妻子没有独立性，丈夫怎样引导，妻子就怎样附和。后也常用来形容夫妻和谐相处。

夫大一，金银堆屋脊；妻大一，麦粟无半粒

旧时认为丈夫比妻子大一岁，日子会过得富足；妻子比丈夫大一岁，家里会穷得挨饿。

夫贵妻荣

旧时认为丈夫显贵了，妻子的地位也会随之提高。

夫妻不和，子孙不旺

夫妻不和睦，后代也不兴旺。

夫妻恩情是一刀割不断的

夫妻的恩情深厚，难以割舍。

夫妻交市，莫问谁益；兄弟交憎，莫问谁直

夫妻间做买卖，不必问谁得了利；兄弟间争斗不必问谁占着理。也说明夫妻、兄弟毕竟是一家人，没有必要争高低，论曲直。

夫妻如一体

夫妻好像一个人似的。意谓夫妻关系非常密切。

夫妻是福齐

夫妻不管哪一方有了福分，总是共同分享。

夫妻相思爱，久别如新婚

恩爱夫妻久别相逢，如同新婚之夜一样幸福。说明久别重逢的夫妻特别亲热。

妇女半边天

妇女的能力才智跟男子是相同的。意谓妇女在社会生活中起的作用很大，妇女同男人一样不可缺少。

富对富，穷对穷，榜青的找个牧羊工

男女婚配要门当户对。

富贵随口定，美丑趁心生

旧时媒人说亲，总是迎合男女双方的心意，富贵美丑随心而说，多不切实际。

G

干柴烈火，没个不着的

互相爱慕的男女一接触就会结合在一起，如同干柴遇到烈火，马上就能燃烧起来一样。

干柴烈火，一拍就合

形容热恋中的男女，爱情炽烈、情投意合的状况。意谓感情强烈的男女，碰到一起就会结合。

干大则枝斜

指树干大了，上面就会长出倾斜的枝条。比喻一个大家族中难免会有不肖的后代，或一个集体当中难免会有落伍的人。

干土打不成高墙，没钱盖不成瓦房

比喻没钱干不成事，如同没和过水的干土不能砌墙一样。

甘蔗老来甜，辣椒老来红

意谓老年人思想成熟，经验丰富，人越老越精神，日子过得越兴旺。也说明事物只有完全成熟了，才最美好。

高不成，低不就

指高攀不成，低的不肯迁就。比喻婚姻难办。

高门不答，低门不就

女子择偶攀高不成，也不想往低迁就，左右为难。也指选择职业困难。

胳膊折了往袖子里藏

意谓家中出了问题，相互体谅，不要向外宣扬，让外人看笑话。也意谓自家人出了问题，要加以袒护。

鸽子斑鸠大不同，童养媳妇难做人

童养媳身份低，受尽婆婆家人虐待。

隔村的井水担不得，隔邻的母鸡叫不得

意谓不知道底细的人不要轻易打交道。

隔墙花扭不成连理枝

意谓恩爱夫妻。说明素不相干的人结不成恩爱夫妻。

隔山如隔天

指隔着一座山如隔着一重天一样。说明旧时的山区交通极不方便，信息不通畅。

隔夜茶，毒如蛇

假如饮用放了一晚的茶水，就会对身体造成很大的损害。

各有姻缘莫羡人

人各有不同的缘分，不要羡慕别人。

公鸡抱窝，母鸡司晨

指公鸡孵出小鸡，母鸡司晨打鸣。比喻男女性别、角色倒换，或说明事情根本不可能发生。

公说公有理，婆说婆有理

指公婆争论是非，做媳妇的不好表态。比喻双方各持己见，旁人无法明断是非曲直。

狗肉滚三滚，神仙站不稳

狗肉是美味佳肴，连神仙见了都想吃。比喻什么人都抗拒不住吃喝的诱惑。

姑口烦而妇耳顽

指婆婆唠叨说个没完，媳妇却装作听不见。比喻上级反复强调，下级却充耳不闻。

姑爷进门，小鸡没魂

形容全家老小热情忙乱，招待女婿的情景。

姑做婆，是活佛

旧社会表兄妹成婚，姑母成了婆母，对媳妇格外疼爱。

孤柴难烧，孤人难熬

比喻一个人过日子，没有人关心饥寒饱暖，生活十分困苦。

骨鲠在喉，不吐不快

指骨头卡在喉咙里，不吐出来难以忍受。比喻闷在心里的话不讲出来不痛快。

瓜菜半年粮

瓜果、蔬菜可以代替粮食充饥。

观音菩萨，年年十八

祝福话，祝人青春长在。

管山吃山，管水吃水

意谓管什么事情就靠什么生活。

管山的烧柴，管河的吃水

指守山的烧柴容易，管河的喝水便利。比喻干哪一行，就能靠哪一行来维持生计。

光棍不吃眼前亏

比喻聪明人处于被动形势时会灵活机动，妥协让步。

光棍回头饿死狗

比喻让流氓、地痞等坏人悔过自新，是十分困难的事情。

棍棒底下出孝子

比喻只有严格管束才能培养出孝敬的儿子。

锅边拴不住金马鹿

马鹿：也叫赤鹿，产于东北、内蒙古、山西等地。意谓有能力的妇女，不能捆在家务琐事上。

锅盖揭早了煮不熟饭

比喻时机不成熟时不能硬去做，不然达不到目的。

锅里馒头嘴边食

指锅里的馒头马上就能送往嘴里。比喻某种东西必定无疑地属于自己的了。

过了床头，便是父母

指走过了父母的床头，礼分上就是自己的父母。意谓父亲的续弦、小妾，母亲的后夫，按伦常都是儿女的父母辈。

H

好饭不怕晚

比喻大的成就晚一点取得也没有关系。

好夫妻不长久

恩爱夫妻常常难以白头到老。

好不过郎舅，亲不过夫妻

郎舅关系最和好，夫妻最亲近。

好出门不如赖在家

出门在外，环境再优越也不如在自

己家里方便舒适。

好狗不拦路，癞狗当路坐

指好狗不会阻拦道路，只有癞狗坐在路中间不让人通过。比喻明事理的人不会阻拦别人前进。

好狗不咬鸡，好汉不打妻

好男子不随便欺侮妻子。

好汉饿不得三日

指本事再大的人也不可能几天不吃饭。

好话不瞒人，瞒人没好话

指好话不怕别人听见，怕人听见的不是好话。

好话不说二遍

指好话讲过之后不再重复。比喻再好听的话，一经重复就变得乏味了。

好话说三遍，聋子也心烦

指再好听的话多次重复，听的人也会反感。说明说话要简明，不要唠叨。

好话一句三冬暖，恶语伤人六月寒

比喻好言好语能温暖人心，恶语中伤使人感到心寒。

好伙计顶不住赖女人

关系再好的朋友也不如妻子关怀、体贴。

好货不怕看，怕看没好货

比喻东西的质量好，就不怕人仔细看；怕人仔细看的东西，质量一定不好。

好酒说不酸，酸酒说不甜

比喻事实胜于雄辩，好的东西不怕别人说坏，坏的东西别人说好也不会变好。

好郎没好妻，癞痢配花枝

英俊的男子娶不下好妻，丑陋的男子却娶了美女。也说明男女婚配往往很不相称。

好了伤疤忘了痛

指伤疤愈合了，便忘记了疼痛。比喻条件变好了便忘了过去所受的痛苦。

好马不备二鞍，好女不嫁二夫

旧时认为好女子应该从一而终，不嫁第二个丈夫。

好男不跟女斗

有出息的男子不与女子计较。

好俏不穿棉，冻死不可怜

为了外表美丽而不穿棉衣，冻死也是自找的，不必怜惜。

好人多难，好事多磨

比喻好人的一生常常有不少坎坷，做成一件好事往往多磨难曲折。

好人还得好衣装

比喻面貌再好的人也得有漂亮的衣服来打扮。

好事多磨难

指令人如意的事情常常要经过许多磨难。多指爱情、婚姻上的困难。

好事没下梢

比喻做了好事，也没有好结果。

好事做到底，送佛送西天

比喻帮助人要帮其彻底摆脱困境。

好笋钻出笆外

意谓让外人得到好处。多用以感叹好女孩嫁给外人。

好物不坚牢

指好东西常常不结实。比喻美好的事物一般不能长久。

好物不在多

东西在于质量好，不在于量多。

好物难全，红罗尺短

比喻美好的事情难保完美无缺。

好一块羊肉，倒落在狗口里

指很好的一块羊肉却被狗叼去了。比喻好东西被糟蹋，或漂亮女人嫁给丑陋呆笨的男人。

和尚口，吃遍四方

和尚云游四方，化斋生活。

河里孩儿岸上娘

形容母亲眼见子女遭受苦难时焦急、无可奈何的心情。

横草不动，竖草不拿

指横着的草不动一动，竖着的草不拿一拿。比喻人极为懒惰，啥都不想干。

红梅做过青梅来，扁担当过嫩笋来

意谓老年人都是从青年时走过来的。

红丝一系，千金莫易

传说中月下老人专管人间婚姻，暗用红线把命里注定做夫妻的人的脚牵连起来。旧时指婚姻一定，终身不变。

胡姑姑，假姨姨

比喻不是真正的亲戚。

虎毒不吃儿

意谓父母再恶毒，也不会残害自己的孩子。

虎生三子，必有一彪

老虎生的几只小老虎中，一定会有一只凶悍的小老虎。意谓强悍的父母养的孩子，其中必会有强悍者。

花草需要雨露，女人需要温抚

妻子需要丈夫体贴、关怀。

花对花，柳对柳，破畚箕对折笤帚

比喻成亲的男女双方门户相当，郎才女貌。

花娇子必稀

花儿娇嫩，一定结籽不多。意谓美貌娇弱的妇人生儿育女少。

花轿领到场，媒人跨过墙

结婚以前，媒人是红人；婚以后，媒人便被冷落了。

花香飘千里，有女百家求

姑娘到了应婚年龄，上门求婚的人自然接连不断。

花须叶衬，佛要金装

红花要绿叶衬托才艳丽，佛像要涂金才庄严。意谓人有得体的服装，形象才显得完美。

换了钥匙对不上簧，夫妻还是原配的好

另换的钥匙和原锁簧难配合得好，再婚的夫妻总不如原配夫妻和睦恩爱。

患难夫妻到白头

共过患难的夫妻，才能相依为命，白头偕老。

患难朋友，艰苦夫妻

患难中建立的友谊最牢靠，困苦中生活过来的夫妻最恩爱。

荒年传乱信，隔夜定终身

在战乱或饥荒年代，无法得到准确的信息，男女婚事，常常处理得很简单。

黄莺不打窝下食

意谓有见识的人，不管做什么事，绝不损害亲戚、邻居的利益。

会吃千顿香，乱吃一顿伤

饮食有节制，顿顿吃得香；暴饮暴

食伤胃，倒胃口，对身体有害无益。

J

饥时饭，渴时浆

指饥饿时吃饭，干渴时喝汤。

饥时过饱必殒命

在极度饥饿时一下子吃得太饱，一定会伤害身体，甚至危及生命。

饥食荔枝，饱食黄皮

荔枝能充饥，黄皮能助消化。

急行无好步

指走得快了便会跌跌撞撞。意谓仓促行事常常会把事情办坏。

脊背对脊背，强如盖双被

指两个人背对背地睡觉，倒比盖两层被子还暖和。

佳人难得

有才学的美貌女子很难碰到。

佳人有意郎君俏

比喻女子总以为她所钟情的男子是最英俊的。

佳人有意郎君俏，红粉无情子弟村

指男子无所谓美丑，就看女子中意不中意。

佳人自古多命薄

旧时认为美貌女子容易招惹灾祸。

家常便饭吃得长，粗布衣裳穿得久

指勤俭持家，不求奢华，细水长流，日子过得虽然清贫却能平安持久。

家大担子重

指家庭人口多，生活负担就重。

家和万事兴，家衰吵不停

家里人和睦团结，所从事的事业就会兴旺发达；如果家里人不和睦，经常争吵不断，家庭就会衰落。意谓内部的安定团结才能使各项事业兴旺发达。

家花没得野花香

意谓家中的妻子没有外面的女子可爱。

家家有一本难念的经

意谓各家各户都有各自的愁事。也就是说，哪家都难免有一些难以解决的问题，都难免有一些烦心的事。

家宽出少年

家境富裕的人，身心不遭受劳苦，在面貌上显得比较年轻。

家贫思贤妻

清贫人家，要有贤明的主妇才能维持生活。

家私不论尊卑

比喻不管地位高低，家里的财产每人都有份。

家无住，屋倒柱

指房屋长期没人住，就会遭受损坏，破烂不堪。

家乡的山坡不嫌陡

指人不会嫌弃自己家乡的环境不好。

家有患难，邻保相助

比喻一家有难处，四邻八舍都来帮助。

家有三件宝，丑妻薄田破棉袄

旧社会穷苦人家，全靠贤能的妻子、薄瘠的田地与破烂的棉袄维持生计。

嫁汉嫁汉，穿衣吃饭

旧社会轻视妇女，认为女子嫁人是为了过上富裕的日子。

奸生杀，赌生盗

不正当的男女关系会引发人命案件，赌钱的人一旦还不起赌债，就可能成为盗贼。

见路不用问，小路就比大路近

小路通常比大路离目的地要近，因此最好走小路。

剑老无芒，人老无刚

宝剑旧了便失去锋芒，人到老年后刚毅的气质就会消退。意谓强调自然规律的必然性。

街死巷不乐

一家有白事，邻居都会伤痛。

借米赶得上下锅，还米就赶不上下锅

指借出去的米能赶上人家往锅里下，可等别人还回来的米再下锅，肯定就耽误了做饭。比喻借出去容易收回来困难。

借汁儿下面

比喻用他人的东西送人情。

今日不知来日事

比喻以后的事情不可揣摸。

金花配银花，金葫芦配银瓜

意谓男女婚配要门户相当，或彼此相称。

金花配银花，西葫芦配南瓜

意谓男女婚配，好的配好的，差的配差的。也意谓婚姻要门当户对。

金钱儿女，柴米夫妻

父母没钱，儿女就不孝顺；丈夫没钱，夫妻就不和睦。

金水子，银水子，买不下这个奶水子

什么食品都比不上母亲的乳汁。

金窝银窝，不如自家的草窝

比喻别处环境再好，也比不上自己家里舒适自在。

金乡邻，胜于银亲眷

好邻居比一般亲戚还亲近可依赖。

金乡邻，银亲眷

乡亲比亲戚更重要。

紧火粥，慢火肉

指煮米粥应用快火，因慢了会焦锅；炖肉应用慢火，快了会不入味。

久病床前无孝子

长时间有病卧床不起，连孝子也没耐性伺候了。意谓病得时间长了，在床前长期伺候的儿女们也有厌烦情绪。

久住令人厌

比喻在别人家住时间长了，会让人厌烦。

酒不在多，只要醇；蜜不在多，只要甜

意谓好的东西不在数量多，而在于质量高。

酒不醉人人自醉，色不迷人人自迷

酒色本身并不迷乱人，是因为人自己去靠近，迷恋其中，才造成烦恼的。意谓在酒和美色面前，心荡神迷，是自身不能把持造成的，是主观上的缘故。

酒陈性足，姜老味辣

酒放得时间越长味越香，姜越老味越辣。意谓人的年龄越老，阅历越丰富。

酒多伤身，气大伤人

喝酒多了会伤害身体，火气大了会伤害别人或伤害自己的身心。

酒儿不凝，伢儿不冷

酒不怕低温，温度再低也不凝结；小孩不怕冷，再冷都在外边玩耍。

酒盖三分羞

酒能助人胆量，使人忘记羞涩。

酒鬼见酒脚步收，刀架头颈喝三口

嗜酒成性的人见酒不要命。

酒好不怕巷子深

只要酒的质量好，即使酒店在偏远的深巷里，也有人去买。也说明不怕吸引不来顾客。

酒后吐真言

酒醉后人的思想失去控制，会说出平常不想说或不敢说的话。

酒壶虽小胜大海，淹死多少贪杯人

过量饮酒会丧命。也说明贪杯会导致身败名裂。

酒解愁肠

喝酒能麻木人的脑子，使人暂且忘记忧愁。

酒令不分亲疏

喝酒行令时，一切都得依酒令的规定办，不能迁就人的关系。

酒令严于军令

对喝酒的人来说，酒令比军令还严厉，谁也不得违抗。

酒乱性，色迷人

美酒与女色能迷乱人的心智而导致犯罪。

酒能成事，酒能败事

饮酒能促使事情成功，但也能破坏事情的发展。

酒怕牛肉饭怕鱼

牛肉最适宜佐酒，有了牛肉，喝酒就有兴趣；大米饭就鱼吃最香，有了鱼，饭就吃得多。

酒钱酒钱，酒后无言

喝酒前先付清酒钱，免得酒后发生分歧。

酒肉朋友，柴米夫妻

有酒有肉就能维持朋友关系，有柴有米就能维持夫妻关系。也说明人际关系总不免要建立在物质条件的基础上。

酒肉朋友短，患难夫妻长

酒肉朋友缺少真情，久不了；患难与共的夫妻，感情深厚，能白头到老。

酒色财气，人各有好

美酒、女色、钱财、怒气这四样最能害人，但人们却不免各有所好。

酒色祸之媒

贪杯与贪女色，是祸患发生的因素。

酒是穿肠毒药，色如刮骨钢刀

酗酒如穿肠的毒药一样有损健康，好色如刮骨的钢刀一样有损人的品格。意谓不可贪酒好色，毒害自身。

酒是高粱水，醉人先醉腿

醉酒首先是腿软走不稳路。

酒是解乏的良药

喝酒适量，能消除人的疲劳。

酒头茶脚

酒性轻，以容器上部的为好；茶性重，以容器下部的为好。

酒为色媒，色为酒媒

美酒与美女常常紧密相连，无论哪个都容易使人堕落。

酒斟满，茶倒浅

指斟酒要斟满，表示热情；倒茶却不能倒满，表示文雅。

酒壮英雄胆

酒能使人精神振奋，胆量大。

酒醉聪明汉，饭胀傻脓包

被酒醉倒的多是些聪明人，被饭撑坏的多是些愚笨人。

酒醉话多

醉酒的人，大脑极度亢奋，话语就多。

酒醉心里明，银钱不让人

人喝醉了酒心里还是清楚的，不会把金钱白给人。

K

开门七件事，柴、米、油、盐、酱、醋、茶

指人们日常过日子离不开的必需品。

靠山吃山珍，靠海食海味

靠近山区的人能常吃到山里的飞禽走兽，靠近海边的人能常吃到海洋里的各种鱼虾。

靠水识鱼性，近山知鸟音

指在水边长大的人熟知各种各样的鱼，在山里长大的人能明白各种鸟的叫声。意谓人总是对自己所处的环境非常熟悉。

可着头做帽子

指按头的大小做帽子。比喻过日子精打细算。

口子大小总要缝

意谓有了问题，不管大小，总要想法处理。

快刀割不断的亲戚

比喻双方关系密切，不可分开。

L

癞蛤蟆想吃天鹅肉

意谓男子想得到自己所爱恋的女人。也指一味幻想难以实现的事。

癞痢头儿子自家的好

指即使自己儿子的头上长满癞痢，也认为好看。比喻人总偏爱自己的东西。

狼虎虽恶，不食其子

意谓在通常情况下，再凶恶的人也不会伤害自己的子女。

老蚌出明珠

年老的父母生养了才貌出众的子女。意谓老年人生活阅历丰富，常常能出一些好主意，提一些好建议。

老不以筋骨为能

老年人应量力而行，不能再硬撑逞能。意谓老年人体质下降，绝不能不服老，在体力方面不要不服气。

老儿不发根，婆儿没布裙

丈夫不赚钱，妻子也跟着过艰苦生活。

老将不讲筋骨威，英雄还在少年堆

老年人不能以体力逞强，英雄人物还是在年轻人中。

老将刀熟，老马识途

意谓老年人阅历深，经验丰富。

老马不死旧性在

意谓有本领的人即使年纪大了，也还想着要发挥一定的作用。

老婆是墙上的泥坯，去了一层又一层

旧社会认为妇女就像墙上的泥坯似的不值钱，老婆死了还可以再娶，如同墙上的泥坯掉了，可以再涂一样。

老鼠养的猫不疼

意谓对与自己感情不相合的人的劳动果实不爱惜。

雷公不打吃饭人

人在吃饭时不可受惊吓，因为心情不好会影响消化，损害肠胃。

累了一袋烟，赛过活神仙

工作疲乏的时候，抽上一袋烟，能消除疲乏。

离家一里，不如屋里

离家外出，即使走得不远，也不如在家里安全方便。

篱笆不打灶

不应该在靠近篱笆的地方建灶，以免引起火灾。

脸丑怪不着镜子

意谓做错了事情，不能抱怨别人。

两个婆娘一面锣，三个婆娘一台戏

妇女聚在一起，有说有笑，热闹得如演一台戏。意谓女人多了会发生矛盾。

两相情愿，好结亲眷

双方都同意，可结成好亲眷。意谓男女双方情投意合，方可结成美好姻缘。

露水夫妻，钱尽缘尽

不正当的男女关系，由金钱维持，钱花光了，姻缘也就没了。

露水夫妻，也是前缘分定

露水夫妻，也是由前生缘分注定的。

陆人居陆，水人居水

自然环境不同，居住习惯也各不一样。

路在脚下，路在口边

指出门不认识路，可以随时问人。

鸾凤只许鸾凤配，鸳鸯只许鸳鸯对

古代用鸾凤比喻夫妇。意谓有才能的男子只能和美貌的女子相配。

萝卜就茶，气得大夫满地爬

多吃萝卜，又饮用茶水，有益身体健康。

骡马上不了阵

意谓妇女办不了大事。

落花有意，流水无情

指落花有意跟随流水，而流水却没有留恋落花的情意。比喻男女恋爱中一方有情，另一方无意。

M

马老腿慢，人老嘴慢

指马老了跑得就慢了，人上了年纪说话就不利索了。

猫生的猫疼，狗养的狗疼

意谓通常做父母的总是疼爱自己的孩子。

毛头姑娘十八变，临到结婚变三变

女孩子的面貌、性情变化很大。意谓小姑娘正在生长发育时期，其容貌会随之发生变化。

每尝美味者，必先将舌头用线羁住

每到吃鲜美食物时要把舌头拴好，免得随食物一起咽下肚里去。常用作对贪食好吃人的讽语。

美女累其夫

指貌美的女子常常会连累丈夫遭受祸患。

门不当，户不对，日久天长必成灾

成亲的男女双方，家庭的社会地位与经济状况均不相称，时间久了必有不好后果。

梦祸得福，梦笑得哭

梦里发生的事情和现实生活中的事情是反着的。

民非水火不能生活

指老百姓缺米少盐就不能生活。

民可百年无货，不可一朝有饥

老百姓可以长时间没有财物，但不能一天没有食物。意谓人民的吃饭问题最重要。

民以食为天

粮食是人们赖以生存的根本。

莫图颜色好，丑妇良家之宝

丑陋的妻子是家中的宝物，可避免很多麻烦。也说明娶妻不要只图容貌好看，貌丑的妻子往往贤惠，善于持家。

母狗不掉尾，公狗不上身

男女淫乱，女方也负有责任。

N

男不与女斗

有出息的男人通常不跟女人争论长短。

男当下配，女望高门

男女婚嫁，男方的各方面条件应该好于女方。

男儿无妻不成家

男子到了年龄应该结婚成家。意谓主妇在家庭里是一个重要的角色，没有主妇，便不成其家。

男憨福大，女丑贤惠

憨厚的男人，常常有福气；貌丑的女子，常常贤惠。

男婚女嫁凭媒证，不要媒人事不成

旧社会男女婚姻必须有媒人做证，不然就得不到社会认可。

男女授受不亲

旧社会礼教规定男女之间不准直接接触、言谈或接受物件。

男怕输笔，女怕输身

男子怕被人抓住文字的把柄，女子怕被人破坏了贞操。

男人三十一朵花，女人三十豆腐渣

意谓男人三十岁时，风华正茂，精力充沛；女人三十岁时青春已逝，没有魅力。

男想女，隔重山；女想男，隔张纸

男女之间的结合，女方主动比男方主动容易成功。

男要俏，一身皂；女要俏，三分孝

男子要打扮得英俊，衣着应是一身黑；女子要打扮得俊俏，应穿白色的服装。

男也懒，女也懒，落雨落雪翻白眼

夫妻都懒散，平时不勤劳，遇事只能干着急。

男子痴，一时迷；女子痴，没药医

对待爱情，男子没有女子专一。

南风不及北风凉，旧花不如新花香

北风比南风凉，新花比旧花香。意

谓男子常常喜欢新结识的女性。

南人北相，北人南相

旧社会认为南方人与北方人的长相各有特点，南方人聪明秀气，北方人粗犷憨厚。如果南人有北相，北人有南相，就会兼南北之所长。

能吃野味四两，不吃家禽半斤

野味比家禽更好吃。

年年有储存，荒年不慌人

每年储备好粮食，即使碰上灾荒年月，心里也不发慌。

年轻的夫妻爱钉磕，年老的夫妻爱啰唆

说明年轻夫妻互不相让，常常顶嘴吵架；老年夫妻嘴零碎，遇事总爱唠叨。

年岁不饶人

体格、精神因年龄大而不如从前。意谓学习、工作要趁着年轻时多努力争取。

娘好囝好，秧好稻好

有好的母亲就有好的孩子；就像稻秧长得旺盛，稻粒就会丰满一样。意谓母亲善良，她的小孩便会善良。强调父母的为人能直接影响下一代。

宁吃对虾一口，不吃杂鱼半篓

宁愿只吃一口对虾，也不吃半篓杂鱼。说明对虾肉鲜味美，招人喜爱。

宁吃天上二两，不吃地上一斤

宁肯只吃天上的飞禽二两肉，也不愿吃地上的走兽肉一斤。说明鸟肉比兽肉味美。

宁跟男子汉吵顿架，不跟妇道人说句话

男人气量大，心烦的事一会儿就忘

了；而妇女心胸狭窄，心里放不下一句话。旧社会重男轻女，认为男子知情达理，容易交往；女子不懂事理，不好交往。

宁嫁穷汉，莫嫁孩蛋

宁可嫁给与自己年岁相当的穷家子弟，也不嫁给比自己小得多的富家子弟。

宁叫男大十，不叫女大一

男女婚配，男的宜大，女的宜小。

宁恋本乡一捻土，莫爱他乡万两金

比喻外乡再富饶，故乡总是让人依恋的地方。

宁为故乡鬼，莫作异乡人

比喻客居他乡的人急切地盼望回到故乡。

浓茶消酒

指浓茶可以醒酒（这种说法不科学）。

女大十八变，越变越好看

比喻女孩子在发育成长过程中容貌、性格会有较大变化。

女大五，赛老母

妻子如比丈夫大五岁，在相貌上就会如丈夫的母亲。也说明女子比男子老得快。

女大一，不是妻

女性面容衰老得快，比丈夫大一岁都会显得夫妻不相配。

女的愁了哭，男的愁了唱

男女犯愁，表现不一样。

女儿不断娘家路

说明女儿虽然出嫁，总要经常到娘家走动，和娘家保持亲密联系。

女儿嫁出门，总归自家人；媳妇抬进门，还是外头人

旧社会指女儿和娘家总连着心，媳妇与婆家总隔着心。

女人三十三，太阳落西山

妇女比男子老得早，三十以后，好像落山的太阳，开始衰老。

女人是锅沿子，男人是地堰子

旧社会指农家妇女整天围着锅沿转，男子下地不离地堰子。也说明看锅沿就知女人是否勤快，看地堰就知男人是否勤劳。

女人是家庭的灵魂

家务靠妻子主持，若无主妇，便不像个家庭。

女人是枕头边的风，不听也得听

妻子、小妾或情妇的意见，男人无法不接受。意谓丈夫或妻子的甜言蜜语很容易使对方相信。

女人无夫身无主

旧社会指女人没有丈夫，自己就没有依靠。

女人一朵花，全靠衣当家

女子的漂亮，全靠衣服来打扮。

女人越离越胆大，男人越离越害怕

女人离婚次数越多，越觉得无所谓；男人离婚次数越多，越感到承受不起。

女婿有半子之劳

女婿是半个儿子，因此女婿应尽半个儿子的义务。

女子无才便是德

指封建社会认为妇女没有才学是一种美德。意谓女子没有才学便是品德好。

这是歧视妇女的观点。

O

藕断丝不断

藕折断了，丝还连着。意谓男女之间的恋情不容易完全割断。

P

怕问路，要迷路

懒于说话请教人，常常会走弯路或失败。

怕走崎岖路，莫想攀高峰

怕走难行的路，就别想登上山的顶峰。意谓不经过磨炼便不会成功。

配了千个，不如先个

女子多次改嫁，总不如跟初配的好。

贫贱夫妻百事哀

身处贫贱之中的夫妻，应付什么事情都困难。意谓穷苦人家的夫妻，社会地位低，日子不好过，往往受愁苦的困扰，难得有欢乐。

牝鸡无晨

母鸡不能打鸣。意谓妇女不能主持或干预国政。这是旧社会男尊女卑的封建思想。

破家值万贯

指虽然家业败落，但家产还值不少钱。说明家虽贫穷，但家中的各种物品一样也少不得。

破家值万贯，一搬三年穷

指搬一次家总会扔掉一些生活用品。说明搬家损失很大。

破茧出俊蛾

意谓地位低贱或容貌丑陋的妇女生出优美或漂亮的子女。

Q

七十三，八十四，不死也是儿女眼里一根刺

旧社会指七十三岁、八十四岁是老人的关卡，此时不死也不能劳动，成为子女的累赘。

七岁八岁讨狗嫌

孩子七八岁的时候最顽皮，连狗都嫌弃他们。

妻不如妾，妾不如偷

旧社会指放荡的男子认为明媒正娶

的妻妾，不如婚外偷情好。

妻大一，有饭吃；妻大二，多利市；妻大三，屋角摊

旧社会认为妻子年岁大于丈夫，能帮助丈夫致富。

妻跟夫走，水随沟流

妻子跟着丈夫走，就像水顺沟流一样自然。

妻是枕边人，十事商量九事成

夫妻同床共枕，遇事商量，大多能取得一致。

妻贤夫祸少，子孝父心宽

妻子贤惠，丈夫祸患就少；子女孝顺，父母的心便觉得安慰，心情就会舒畅。

妻以夫贵

丈夫地位显贵了，妻子的地位也随之提高。

妻应夫，急如鼓

妻子应麻利迅速地按丈夫的意思行事。

其母好者其子抱

后妃受宠爱，生的儿子便会被君主宠爱。也说明受到宠爱的妻子，生的儿子有希望享受继承权。

骑马坐船三分险

指骑马、坐船也会有风险。意谓不论做什么事都有一定的风险。

起新不如买旧

比喻造新房子不如买旧房子划算。

千朵桃花一树儿生

意谓兄弟姐妹骨肉相连，由一母所生。

千金难买两同心

夫妻一起生活，最难得的是两人同心同德。

千金难买六月泻

旧时认为六月天热，不想吃东西，泻泻肚子，可以增强食欲。

千金难买美人笑

美人一笑，价值超过千金。说明博得美人一笑很难。

千金难买亲生子

旧社会认为人生最难得的是有亲生儿子。

千金置家，万金置邻

置家：指购买宅院。意思是选择一个好邻居比建造房屋更重要。

千肯万肯，只怕男的嘴不紧

指男女恋爱，女方最怕的是男方嘴不牢，泄露了恋情。

千里不捎针

意思是路途遥远，即便很轻的东西也不容易携带。

千里红丝，姻缘已定

红丝：指红色的丝线。民间传说认为，男女双方的姻缘，是由月下老人用红丝牵到一起的。指人的婚配是命中早已注定了的。

千里之行，始于足下

走千里远的路程，是从脚下的第一步开始的。

千年治山，万年治邻

治：这里指维护。指邻里关系须多年维护。

千死敢当，一饥难忍

比喻长期饥饿比死亡还难以忍受。

前世姻缘由天定

旧社会认为婚姻大事前生就由老天注定了，不可改变。

强扭的瓜不甜

意思是瓜不成熟，强摘下来也不会甜。通常说明施加压力，不会让人干成事。也指用强迫手段结成的夫妻并不会幸福美满。

强作的夫妻苦一生，情愿的两口甜中甜

指勉强做成的夫妻痛苦一生，双方自愿结成的夫妻幸福美满。

亲戚不如邻

意思是遇到紧急的事，即使是亲戚也不如邻里来得及时。

亲无怨心

意思是亲人之间遇事能够互相谅解，不存在怨恨之心。

青春过去无年少

指青春岁月一去不复返。

清明前后乱穿衣

指清明节气前后，气候处在冷热不定的时期，人们衣着厚薄各不相同。

情有情根，冤有冤种

古时候认为爱情与冤仇都是前生注定的。

穷家出美女

意思是美女往往出生在贫穷人的家里。

穷人的苦难在脸上，富人的油水在嘴上

旧社会认为从面部皱纹能看出穷人的苦难境况，从富人嘴上流油能看出他们的吃喝享乐。

穷灶门，富水缸

旧时认为灶门口要少放柴火，水缸里要注满水，这样对防火很有效。

穷找穷亲，富找富邻

意思是穷人找穷人结亲，富人找富人为邻居。比喻穷富之间互不相通。

秋不食姜，令人泻气

泻气：指泄气。说明秋天不宜吃生姜，吃了会使人气虚。

秋冬食獐，春夏食羊

獐：也叫河麂、牙獐，行动灵敏，能泳，多生长于沿海芦滩及草原地区，肉可食。指秋天的獐肥，春夏季节的羊肥，肉嫩鲜美。

娶到的媳妇买到的马，由人骑来由人打

旧社会娶来的妻子和买来的马一样没地位，可以任意欺凌，随意打骂。比喻当了媳妇后，就失去了人身自由，成了男人的私有物品，随人摆布和打骂。

拳头上立得人，胳膊上走得马

意谓妇女的作风清白。也通常指为人行为端正，作风正派。

R

热饭不能热食

烫嘴的饭吃下去后会对肠胃有伤害，

因此不能吃。说明做事不能过于急躁，要有耐心。

人不立家身无主

指男子不娶妻成家，自身生活就无所依托。

人大十八变

比喻人在成长过程中会发生很多变化。

人到三十把头低

意思是人到三十岁还没有成立家业，就不免要求别人帮助。

人到中年，百事相缠

指人到中年，各种事务繁重，负担不轻。

人到中年万事和

意谓人到了中年，有了丰富的社会经验，待人处事，深知以和为贵。

人过五十，就该修桥补路

修桥补路：这里指做对公众有益的好事。旧指人过五十，在世上的时光已不多，应多做些积德的善事，以修好来生。

人绝粮必死，鱼无水自亡

指人没有粮食吃就会饿死，就像鱼儿没有水会死亡一样。

人靠衣服马靠鞍

身着漂亮的衣服，人会显得格外精神；备一副耀眼的雕鞍，马会显得非常威风。说明衣服对人的形象有极大的影响。

人靠衣装，佛靠金装

人要靠衣服来打扮，佛像要靠金粉来装饰。意指人要注重自己的形象。

人老变性

指人到老年，往往性情变得执拗，不可理喻。

人老精，姜老辣

生姜越老味越辣。说明人老了经验丰富，处理事情更为得当。

人老是一宝

指人年纪大了，经验丰富，考虑周到。

人老无能，神老无灵

人老了做事能力差，就像神老了不灵验一样。

人老先老腿

指人往往先从腿脚开始衰老。

人老心不老

指虽然年龄已大，却还有年轻人的情怀。说明人年纪虽然大了，但壮志雄心没有消失，仍富有朝气。

人冷披袄，鱼冷钻草

意思是人感觉冷了要加穿衣服，就像鱼儿冷了会钻进水草中一样。

人离乡贱

古时候认为人远离了家乡，就很容易被人瞧不起。

人怕老来贫

指人最怕老年遭受贫困。说明人年龄大了，丧失了劳动力，再遇到贫困，就无法应付了。

人前教子，枕上教妻

指教育子女应当当众教育，但夫妻之间的互相规劝，却不宜在公开场合进行。

人亲骨肉香

意思是对待跟自己有血缘关系的人，感情就特别深厚。比喻亲戚之间血肉相连，感情深厚超过外人。

人生莫作妇人身

古时候指不要做女人，女人没有社会地位，一辈子任人摆布使唤，喜怒均由别人决定。

人生七十古来稀

古时候认为人能活到七十岁是很难得的。说明自古以来，能活到七十岁的人很少见，很不容易。

人是桩桩，全靠衣裳

指人的仪表、形象、风度，全凭衣服来装饰。

人死饭甑开，不请自己来

饭甑：指蒸米饭的用具。古时候一家有丧事，乡里邻居都会主动来帮助料理，吃送葬饭。

人行千里，处处为家

指远离家乡的人，到处都可作为自己的家。

人有三像，物有同样

指人有容貌相似的，物品也有形状一模一样的。

人有三灾六难

指人生在世，免不了要遭受某些灾难。

人在世间，日失一日

指人的生命是有限的，活一天便减少一天。

人争一口气，鸟争一口食

人活着要争一口气，不能活得太窝囊。

人作千年调，鬼见拍手笑

指人生不过短短几十年，却一直想着活千年，连鬼也会讥笑。

忍得十日破，忍不得十日饿

意思是衣服破旧受冻还能忍受，连续挨饿却难以忍受。

日求三餐，夜求一宿

比喻人没有太多的奢望，只求白天能吃上三顿饭，晚上睡个好觉，就心满意足了。

日有所思，夜有所梦

白天所想的事情，晚上就会梦见。

肉肥汤也香

肉肥了，煮肉的汤自然也就香甜无比。比喻集体富裕了，个人也随之生活好了。

肉贱鼻子闻

便宜的肉，要用鼻子闻闻，以防买下臭的。也泛指价钱便宜没好货。

若要好，问三老

三老：这里指有经验的前辈。指如果要想把事情办好，就要向有经验的老人请教。比喻老年人阅历多，经验丰富。如果遇到疑难问题，向他们请教，有利于解决问题。

若要甜，加点盐

食物中加点盐味道会更好。意谓生活中有些波折，才能感到更美满幸福。

撒手不为奸

指男女即使有奸情，但如果抓获时两人已离开现场，也构不成犯罪。

三百六十行，行行吃饭着衣裳

指无论做什么工作，第一要解决的是吃饭穿衣的问题。

三口子不如两口子亲

两口子：指夫妻俩。指夫妻关系最亲密不过。

三千银子兵，杀不得邻里情

意指不管怎样有钱有势，都不应在乡邻面前耍威风。

三人同行小的苦

指三个人一起走路，年龄小或辈分低的人吃苦。意谓在外旅行时，年轻人应该多分担一些事务。

三十过，四十来，双手招郎郎弗来

指女人一过适婚年龄，就很难找到合适的丈夫。

三十里莜面四十里糕，二十里面条饿断腰

莜面：莜麦磨成的面，糕：此处指用黄米面做成的糕。指最耐饥的是糕，其次是莜面，最不耐饥的是面条。

三世仕宦，方会着衣吃饭

指官场礼仪复杂，一连几代人做官，后代才懂得官场穿衣、吃饭的讲究和规矩。也指官宦子孙生活奢华。

三条腿的蛤蟆没见过，两条腿的人有的是

指三条腿的蛤蟆人世间没有，但要找人，到处都是。比喻男女寻求配偶不必发愁，可以任意挑选。也通常指招募人员，不怕没有来源。

三言两语成夫妻

意指对婚姻大事采取了轻率的态度。

啥人扮啥相，啥将骑啥马

指人的衣着打扮要和自己的身份相适合。

上床萝卜下床姜

萝卜能帮助消化，应当在睡前食用；生姜能开胃，适宜起床后吃。

少年偏信，老汉多疑

指年轻人社会经验少，容易轻信人言；年长者阅历深，遇事考虑过多。也指青年人和老年人，考虑事务有欠缺。

少女少郎，相乐不忘；少女老翁，苦乐不同

指男女婚配，必须年龄相当；男老女少，毫无乐趣。

蛇粗窟窿大

意谓家大业大，开销也大。

身无挂体衣，家无隔宿粮

身上没有可以遮蔽的衣服，家中没有一点粮食。形容生活极其困难。

生姜是老的辣

意谓老年人经验丰富，处理问题手段高明。也比喻年轻人比不上老年人稳重、老练。

生子莫生多，生多换破锅

意思是生儿育女负担过重，不宜生多，否则连生活都难以保证。

十八廿三，抵过牡丹

指女子在二十岁左右时，体态娇美，胜过艳丽的牡丹花。

十层单不如一层棉

指在天冷的时候，单衣穿得再多也不如穿一件棉衣暖和。

十个儿子十个相

即使是一母所生的儿子，长相也各不相同。意谓人各有其貌。

十命九奸

意指十起命案中，有九起属于男女奸情。也说明人命案多由奸情引起。

十七的养了十八的

意指年轻人不能在年长者面前妄自尊大。

十七十八力不全

指十七八岁的青少年还不够强壮，力气不是很大。

十七十八力不全，二十多岁正当年

意指人到二十多岁时，体力充沛，身体健壮，正是大干事业的时候。

十七十八无丑女

指十七八岁的女子，正当青春，即使长相一般，也有一种纯真的美。

十七十八一枝花

指十七八岁的女子，青春年少，充满活力，就好像一朵娇艳妩媚的鲜花惹人喜爱。

十说客不及一破客

说客：指说合人。破客：指从中破坏的人。通常指生意交易，男女婚姻等，十个说客未必能说成，只要一个人从中破坏就能使事情办不成。

食多伤胃，忧多伤身

指吃多了对肠胃有害；忧愁多了对身体健康有害。

是亲必顾，是邻必护，沾亲带故，暗中相助

指亲戚、邻里之间有一定关系的都要相互维护、相互帮助。

是姻缘棒打不开

指命中注定结为夫妻的两个人，就是用棒子打，也不会使两人分开。说明有姻缘的男女是拆不散的。也比喻经过许多波折结合在一起的婚姻，感情很牢固。

手背也是肉，手心也是肉

比喻同两方有同样密切的关系，不分彼此，同等对待。

手中有粮，心中不慌

只要有粮，民心就能安定而不慌乱，因为民以食为天。

瘦女儿，胖媳妇

女子未出嫁时一般较瘦，出嫁后做了媳妇就会发胖。

暑日无君子

天气炎热时，谁也不讲究外表整齐。

树大枝散

指树大了枝杈就扩张分散。意谓一个家族庞大，难以约束成员。

树老招风，人老招贱

指人到老年遭人轻视。说明人老了精力不旺盛，没有能力做事了。

双相思好害，单相思难挨

指男女双方相互思恋爱慕，自然有相爱成功的希望；单方面的思恋，很难走到一起，很容易造成悲剧。

谁个少男不钟情，谁个少女不怀春

男女到了青春期，哪个没有追求爱情的愿望？

水是故乡甜，月是故乡明

指家乡的一草一木都是美好的。

睡如弓，立如松，行如风，声如钟

意思是，睡觉像弓一样弯曲，站立像松树一样笔直，行走像风一样敏捷，声音像钟一样洪亮。

说媒三家好，过后两家亲

旧社会男女婚姻，全依仗媒人说合。

意指未成亲时，男方、女方和媒人三方 都亲热，成亲之后，便把媒人遗忘了。

T

他妻莫爱，他马莫骑

对别人的妻子不要贪爱，就如同别人的马不能乱骑一样。指不要爱慕别人的妻子，不要插足别人的家庭。

他乡虽好，终非久留之地

异乡的风景再美，也不是长期居住的地方，比喻游子思念故乡。

太公八十遇文王

太公：指姜尚。比喻虽然年纪大，但仍有展示才能的机会。也形容到老年还会遇上知己，有机会展示才华。

天生一对，地产一双

指两人非常合适。通常指夫妻或恋人。

天生一个人，必有一分粮

意谓人活在世上总会少不了一口吃的。

天下无不是的父母

旧社会指父母总是对的，做儿女的不得反对。意谓父母总是对的，子女要无条件服从，即使父母有错也要原谅。

田要冬耕，崽要亲生

崽：儿女。冬耕翻土，使土质疏松，可以蓄水，提高农作物产量；孩子要亲生的，有血缘关系，才能对父母孝顺。

听书长智，看戏乱心

古时候观点认为听评书可以汲取历史教训，增长才智，而戏剧多表现男女爱情，看多了容易丧志。

同鸟不同巢，同树不同根

意谓不是一家人，不进一家门。

头戴大帽身穿青，不是衙役便是兵

指根据着装打扮可判断出一个人是干什么工作的。

头戴三尺帽，不怕砍一刀

指卖主谎抬物价，即使顾客给一半的价钱，仍赚不少。

头锅饺子二锅面

饺子是头一锅煮出来的味道好，面条是第二锅煮出来的香甜。

头嫁由亲，二嫁由身

古代指女子第一次结婚由父母做主，第二次结婚由自己决定。

投亲不如住店

指在亲戚家食宿不如住到旅馆自由自在。

推车的进了店，半个县长也不换

意指过度疲劳后，休息是最舒适的享受，再好的事情也比不上，哪怕是为官。

W

娃娃是道盖面菜

盖面菜：覆盖在菜盘上面的一层美味佳肴。指小孩子穿戴一新，能够给父母增光添彩。比喻光彩的事情能让人脸面有光彩。

外甥多似舅

意思是多数的外甥长得都像舅舅。说明外甥的容貌品性与舅舅差不多。

外头有个挣钱手，家里有个聚钱斗

既勤劳又节俭的夫妻，才能生活幸福。

晚饭少一口，活到九十九

指晚饭少吃一点，有利于身体健康。

晚娘的拳头，云里的日头

晚娘：指后娘。说明后母对待前妻的子女非常凶狠。也形容继母往往心狠手辣，对待丈夫前妻的孩子绝不会手软。

万两黄金未为贵，一家安乐值钱多

指全家人的安宁和欢乐，比万两黄金还难得。

万种恩情，一夜夫妻

意指即使只过了一夜的夫妻生活，也有无限恩情。比喻夫妻感情深厚。

望山跑死马

形容对面的山看似很近，但实际距离却非常远。比喻目标看起来容易实现，实际上需要费一番苦功夫。

未看老婆，先看阿舅

阿舅：指妻子的兄弟。指在讨论婚事时，先看舅舅，就能联想出未来妻子的品貌。比喻介绍对象时，假如没有看到女方的相貌，只要看一下女方的舅舅，便能判断女方的长相。

未晚先投宿，鸡鸣早看天

不要等到天黑先找好住店的地方，早晨鸡叫的时候就看天气好坏准备赶路。古时候旅店门口常贴这副对联，以招徕旅客。

未有名士不风流

古时候指名士多不拘礼节，有风流韵事不足为怪。

屋要人支，人要粮撑

有人居住的房屋才能得到维护，才不会倒塌；人要靠粮食的营养支撑，才能维持生命。

无谎不成媒

不说谎就难以做成媒。意谓旧时媒婆如果不说谎，就说不成媒。

无酒不成席

宴席上一定要有酒，没有酒就算不上是宴席。

无事一身轻

人没有事务缠身，就会感到一身轻松。

无药可延卿相寿，有钱难买子孙贤

意指一个家族最难得的是子孙后代贤良孝顺。

无冤不成夫妇，无债不成父子

古时观点认为前生无冤孽，今世便做不成夫妻；前生无债务，今世便不能成为父子。

五谷天下宝，救命又养身

指五谷杂粮是世上最宝贵的东西，人们有了它才可以保持身体健康。

五十不造屋，六十不种树

旧时认为人进入老年后不必作长远打算。意谓人活到六十岁不要栽树，因为已经享受不到栽树的好处了；人活到五十岁不要盖房，因为享受的日子不多了。

五十五，下山虎

形容男子五十多岁时，仍然精强力壮，犹如下山猛虎一般。

五月鲤赛如活人参

鲤鱼到五月间，肥嫩鲜美，对人的滋补如同人参一样。

X

西瓜一只，好酒数滴，味甜且香，寒温相宜

西瓜能清热解暑，除烦止渴，但脾胃不健康的人不宜多食，否则积寒助湿，容易生病。如果加入几滴好酒，既能增加西瓜的甜度，又可防止对肠胃的刺激。

呷得三斗醋，做得孤孀妇

呷：喝。指做寡妇很不容易，要面对非常辛酸的生活。形容人能喝三斗醋的人，才能受得住做寡妇的滋味。

虾有虾路，鳖有鳖路

意谓人各有各的谋生方式。

夏葛而冬裘，渴饮而饥食

葛：夏布缝制的衣服。裘：毛皮衣服。夏天穿葛衣，冬天穿皮袄；渴了喝水，饿了吃饭。说明做事要适合时宜。

夏季多吃蒜，消毒又保健

指夏季气温高，容易滋生细菌，蒜的杀菌能力很强，多吃蒜有防疾保健的功效。

先花后果

指果树总是先开花，后结果。古时观点认为人生了女孩，接着就应生男孩了。

闲人有忙事

空闲的人也有忙碌的时候。

嫌吃嫌穿没吃穿

在吃穿上过于挑三拣四，到头来就会缺衣少吃。意指过日子不要过分讲究。

险山不绝行路客，恶水仍有渡船人

比喻旅途难险再多，行人总会想方设法地前行。

险中的船儿划得快

船行在风急浪险的河段时，众人齐力奋进，船行自然加快。形容困难能激励人奋勇向前。

乡里夫妻，步步相随

指乡里的夫妻，劳动在一起，生活在一起，处处不分离。

相逢漫道恩情好，不是冤家不聚头

古时候认为相互聚合的青年男女，并不是先有爱慕之情，而是注定非聚合不可。

香花不一定好看，好人不一定漂亮

人和事物的好坏，不能光看外表。

香油拌藻菜，各人心中爱

比喻每人都有自己所爱。

小大人儿，老小孩儿

指小孩的言行举止偶尔带有成年人的味道；老年人往往有类似孩童的表现。

小儿犯罪，罪在家长

指小孩子犯罪，应该惩罚家长。说明如果小孩子犯了法，家长就要承担责任。

小舅小叔，相追相逐

意指尽管辈分不同，但因年龄相仿而在一起毫无拘束。意谓辈分不同而年龄相仿的小孩，同样可以无拘无束地在一起玩耍。

小马儿乍行嫌路窄，雏莺初舞恨天低

乍：刚刚开始。雏：幼小的，刚生下不久。意思是小马刚开始行走时，总是嫌路太窄；雏莺刚学飞时，总是恨天太低。比喻青少年敢想敢干，无所顾忌。也通常说明刚见世面的年轻人自命不凡，不知天高地厚。

鞋不加丝，衣不加寸

丝：长度单位，十丝等于一毫。指鞋的大小加一丝，衣服的大小增加一寸，就不合适了。

心急马行迟

意指心里着急，总嫌骑的马行得慢。

心宽出少年

心胸宽阔的人不易衰老。比喻心情舒畅，无忧无虑，人就能延年益寿。

心里有谁，就爱看谁听谁

比喻男女青年对爱慕者常怀有某种特殊感觉。

新婚不如远归

指夫妻远离久别，乍一相聚，比新婚时更为欢乐恩爱。

行要好伴，住要好邻

指出门旅行要有个好旅伴，居住要有个好邻居。意谓周围环境的好坏对人的生活影响很大。

性急嫌路远，心闲路自平

指心里有急事，自然会埋怨路远；心里无事，走路也觉得自在从容。

兄弟谗阋，侮人百里

谗：指说别人的坏话。兄弟间虽有争吵，但依旧共同抵抗外人的侵侮。形容兄弟之间即使存在纠纷，在关键时刻也能携手一心。

兄弟如手足，妻子如衣服

形容兄弟关系的亲密。旧时观点认为兄弟如同手足，感情深厚，不可分离，妻子像衣服一样可随意穿脱。

休道黄金贵，安乐最值钱

指黄金虽然价值昂贵，但买不来安稳快乐的生活。

休恋故乡春色好，受恩深处便为家

比喻不必留恋故乡，哪里对自己有利就在哪里为家。

休妻毁地，到老不济

休妻：指旧时丈夫把妻休回娘家，断绝夫妻关系。毁地：毁掉了耕地。意谓休妻毁地，会使一个男人终生潦倒，一事无成。

Y

丫头做媒，自身难保

未结婚的女孩子自己还没婆家，无法替人说媒。说明自己立足未稳，无法帮助别人。

咽喉深似海，日月快如梭

如梭：指像织布时梭子来回穿行一样快。人要天天吃饭，时间过得飞快。说明人要为将来精打细算。

盐罐发卤，大雨如注

盐罐里的盐如果发潮，是大雨来临的征兆。

阎王催命不催食

传说阎王催人命时也得让人把饭吃完。意谓再要紧的事也得让人把饭吃完了再说。

眼大肚子小

意谓食物做得多，事实上却吃不完。

扬州虽好，不是久恋之家

形容不是自己的家，不能久留不归。

养儿防老，积谷防饥

生儿育女可以在年老体衰时有个依靠，积蓄粮食可以防备饥荒。

养儿像娘舅，养女像家姑

指男孩的长相像舅舅，女孩的长相像姑姑。

腰中有钱腰不软，手中无钱手难松

指腰包有钱就能挺直腰板，手中没钱就不敢放开手脚办事。

摇车儿里的爷爷，拄拐棍儿的孙子

意思是年龄小而辈分大，年龄大而辈分却小。

要饱还是家常饭，要暖还是粗布衣

只有家常便饭才能让人吃饱，只有粗布土衣才能让人感到暖和。告诫人们吃饭、穿衣但求舒适，不求奢侈。

要和人家赛种田，莫与人家比过年

过年时节，当然吃好穿好，悠闲自在，但过日子要勤劳节俭，不要和人家攀比吃喝玩乐。

要暖粗布衣，要好自小妻

粗布衣服最暖和，年轻时成婚的妻子感情最深。

要热是火口，要亲是两口

意指夫妻间感情最融洽，关系最密切。

一白遮百丑

意思是皮肤白净能够掩掉长相上的许多缺陷。

一般树上两般花，五百年前是一家

同姓本是一家人。同姓的人，都是一个宗族的，具有相同的宗族特征。

一不积财，二不结怨，睡也安然，走也方便

一不积累钱财，二不与人结下仇怨，生活得就非常悠闲自在。

一处不到一处迷

没有到过那里就不会了解那里的情况。比喻管理照顾不到的地方就会出现混乱。

一朵鲜花插在牛粪上

通常比喻美女嫁了丑男。

一儿一女一枝花

指一对夫妻只生一儿一女，是很幸福的。

一分酒量一分胆

指有一分酒量就增添一分胆量。

一竿子插到底

形容男女结婚后一辈子厮守，白头偕老，或将事情一下子做完。

一个姑娘小喘气，十个姑娘一台戏

通常比喻众多年轻姑娘聚在一起热闹欢快的场景。

一官护四邻

古时候指一家出了当官的，街坊四邻都受保护。

一家有女百家求

指上门求亲的人很多。意谓一家有女儿，许多家会来上门提亲。

一家有事，四邻不安

指一家出了事，众邻居都会感到焦急不安。

一家有一主

每家都有一个主事的人。

一龙九种，种种各别

指传说一条龙生下的九个儿子，它们各有各的相貌特征。意谓即使是同胞兄弟姐妹，同一祖宗的后代，其性格、长相和好坏也会有所不同。

一马不跨两鞍

常用来比喻女子不能嫁给两个丈夫。

一年大，二年小

形容虽然长大了，可依然很幼稚。

一人有难众人帮

意指一人有了危难，乡亲邻里都愿伸出援助的手。

一日不害羞，三日吃饱饭

形容为填饱肚子而不顾忌廉耻。

一日不见，如隔三秋

指一天没见面，就如相隔了三个季度。比喻离别后的思念之情深切。

一日叫娘，终身是母

指一旦被称作娘，一辈子就有了做母亲的资格。

一日相思十二时

十二时：指全天。指整天整夜都在相思，极言情深。

一世破婚三世穷

形容破坏别人的姻缘要受到三世穷困的惩罚报应。

一树之果，有酸有甜；一母之子，有愚有贤

指同一棵树上结出的果子，有酸也有甜；同一个母亲所生的孩子，有愚笨的，也有聪明的。意谓人和人之间是有差别的，不可能一模一样。

一丝为定，千金不易

意指极其微小的东西便可作为订婚的信物，即使价值千金贵重的东西也不能改变已订的婚约。

一岁是男，百岁是女

封建礼教限制男女之间接触，即使年龄相差悬殊，也必须遵守"男女有别"的规矩。

一夜夫妻百日恩，百日夫妻一辈子亲

指一旦结成夫妻就有长久的恩爱感情，形容夫妻之间的感情是非常深厚的。

一夜只盖半夜被，米缸做在斗笠里

斗笠：指用竹篾夹油纸或竹叶做成的一种尖顶帽子。一般用来比喻生活非常贫困。

一竹竿打到底

比喻男女相爱相守久远。

一醉解千愁，酒醒愁还在

喝酒喝醉了只能消除一时的烦恼，不可能帮助人彻底解除忧愁。

衣是精神钱是胆

指穿上合身的衣服，人看起来就精

神焕发；有了金钱，人就有了做事情的胆量。

以财为革，以身为宝

意思是把钱财看得像杂草一样，把身体看得像宝贝一样贵重。经常劝勉人不要看重钱财。

以色事他人，能得几时好

用自己的青春美色讨别人的喜欢，能有多少好日子？意谓青春易逝，把受恩宠寄托在美貌上是靠不住的。

姻缘本是前生定，不是姻缘莫强求

古时候认为男女婚配是前生就注定了的，不可强求。

姻缘本是前生定，曾向蟠桃会里来

蟠桃：指三千年一熟的仙桃。蟠桃会：第一种意思是指旧历三月三日是西王母的祭日，第二种意思是指仙人蟠桃聚会。比喻姻缘是前生早就注定了。

姻缘配合凭红叶，月老夫妻系赤绳

旧社会认为男女婚配都是命中注定由月老做媒介的。

姻缘姻缘，事非偶然

旧指男女婚配并不是巧合，都是命中注定的。

姻缘有分片时成

分：缘分。旧指男女之间只要有缘分，婚姻很快就会促成。

英雄难过美人关

多指有才能的人很难拒绝美色的诱惑。比喻有志向的英雄人物常容易被年轻美貌的女子所迷惑，因而丧失理智不能自拔。

迎新不如送旧，新婚不若远归

意思是迎接新来人不如送走身边的老朋友激动，夫妻新婚不如远别归来感情浓烈。也指人与人相处，新不如故。

有钱莫娶生人妻

生人妻：指丈夫还在世的妇女。意思是娶生人妻会引起各种非议、麻烦。

有钱千里通，无钱隔壁聋

指有钱人办事，远隔千里都畅通无阻；无钱人办事，近邻隔壁也装聋不应。

有情何怕隔年期

指双方若是有感情，哪怕等待一年的时间也愿意。比喻只要男女双方有感情，就不怕长时间的分别。

有情铁能发光，无义豆腐咬手

形容有情有义，什么事情都好办；无情无义，办什么事都困难。

有说有的话，没说没的话

手头富裕做富裕的打算，手头拮据做拮据的安排。说明做事情要从实际情况出发。

有天没日头

比喻处境极为艰难困苦。

有腿没裤子

指贫穷到了极点。

有一顿没一顿

指吃了上顿没有下顿。形容生活艰难。

有缘千里能相会，无缘对面不相逢

指有缘分的人，远隔千里也能相见；无缘分的人，即使在眼前也难碰到。古时指人的相聚，特别是男女姻缘，是靠缘分的。

有种有根，无种不生

比喻下一代人的所作所为与上一代人一样。

远亲近邻，不如对门

指远亲不如近邻，近邻又不如对门更便于亲近互助。

远行无急步

指走长路不宜走得太快，因为后劲不足，反而耽搁行程。

愿天下有情人皆成眷属

祝愿情投意合的男女都能结成夫妻。常用作对未婚青年的祝词。

月里嫦娥爱少年

嫦娥：指神话中的月宫仙女。形容美女喜爱小伙子。

月亮出来是圆的，小两口打架是玩的

指年轻夫妻吵嘴打架是常有的事。

Z

在家不知出门的苦

出门在外的辛苦，在家的人是体会不到的。

在家敬父母，何用远烧香

孝敬父母是第一位的，不必去远处烧香拜佛。比喻与其到外地去烧香敬神，还不如在家孝敬父母。

在家靠娘，出门靠墙

在家时凡事可依靠母亲，出门住店时要靠着墙壁睡觉。指出门在外的人无依无靠。

在家千日好，出门一时难

意思是离家外出即便时间很短也不如在家舒适方便。比喻在家做什么事都方便，到了外面就会感到处处不便。

在山靠山，在水靠水

指依靠当地的自然条件生活。

在一方，吃一方

形容依靠所处的环境过日子。

宰相回乡拜四邻

说明当朝一品的大官回到家乡，也要拜访四邻。形容官位再高也不能欺压乡亲。

再好的儿女也不如半路夫妻

半路夫妻：指男子再娶或女子再嫁所结成的夫妻。指儿女再孝顺，也不如夫妻之间体贴温暖。

贼打、火烧喊四邻

发生盗窃或火灾时，首先要向四邻求救。也指处好邻居关系非常重要。

站有站相，坐有坐相

指人无论站还是坐，都要讲究姿态美。

朝朝寒食，夜夜元宵

寒食：指清明前一天，古代这天不生火做饭。元宵：农历正月十五，又称灯节。意指每天都像过节一样快乐。

珍馐百味，一饱便休

馐：好吃的东西。指再美好的饭食，也只能吃饱为止。经常用于劝人不要贪食。

正锅配好灶，歪锅配整灶

意思是好的与好的相配，有缺陷的与有缺陷的相配。多指夫妻婚配。

知己者莫过夫妻

指夫妻昼夜相伴，彼此间最为了解，最为相知。

知冷知热是夫妻

夫妻间在生活上应互相关照，彼此体贴。

脂粉虽多，丑面不加；膏泽虽光，不可润草

指脂粉再多，也不能改变丑陋的容貌；膏油再光亮，也不能使枯草发出光彩。

只要风度，不要温度

只追求外表漂亮而不顾身体冷暖。

只有私房路，哪有私房肚

私房：借指个人的、不愿与别人分享的。指道路可以由你独占，肚子却不能由你多吃。

至亲莫如父子，至爱莫如夫妻

意思是父子间的感情最好，夫妻间恩爱最深。

种田不熟不如荒，养儿不肖不如无

指种庄稼不能生长成熟，还不如把田抛荒；养儿子不孝顺，还不如没有儿子。

妯娌多了是非多，小姑多了麻烦多

大家庭中因妯娌、小姑多，会产生很多是非和麻烦。

竹门对竹门，木门对木门

竹门：指贫穷人家。木门：指有钱人家。古时认为男女婚配应当门当户对。

赚钱伙计，柴米夫妻

合伙经商，有钱可赚就是好伙计；男女结合，有吃有穿才能做好夫妻。

庄稼不照只一季，娶妻不照是一世

庄稼没种好，只是一季的事；媳妇没娶好，却是一生的事。说明娶妻要谨慎。

装啥像啥，卖啥吆喝啥

比喻做什么就得装得像什么。

自古白马怕青牛，虎兔相逢一代休；金鸡不与犬相见，猪与猿猴不到头

旧时认为属马的与属牛的，属虎的与属兔的，属鸡的与属犬的，属猪的与属猴的，相冲相克，不宜结为夫妻。

自古妇人无贵贱

旧时认为妇女自身没有固定地位，丈夫或儿子显贵时，她就身份高贵；丈夫或儿子微贱时，她就地位低下。

自古红颜多薄命

红颜：指年轻漂亮的女子。薄命：指短命。自古以来，貌美的女子大都遭逢悲惨的命运。

自古月老管说媒，不管夫妻不夫妻

月老：指媒人。指媒人只管把婚事说成，两口子能不能过得幸福，媒人就不管了。

走尽天边是娘好，诸亲百眷莫轻求

指不管走到哪里，母亲总是最亲最好的人。

走千里路，问千里话

指走到哪里就要问到哪里，要入乡随俗。也说明各地风俗不同，人情各异。

祖坟上冒青烟

旧时观念认为积了德的祖辈，其后代自有出息。

嘴上无毛，办事不牢

指年轻人办事情往往不牢靠。说明年轻人缺乏经验，考虑问题、办事情往往不周全。

醉人不醉心

指人喝醉了，但往往心里并不十分糊涂。

作者不居，居者不作

指造屋的人不住，住的人不造屋。

做天难做四月天，做人难做在中年

指人到中年，上有老下有小，家庭负担很重，犹如四月的天气，晴也不是雨也不是。